国内外经典教材辅导系列·经济类

平狄克《微观经济学》（第9版）笔记和课后习题详解

主编：圣才考研网
www.100xuexi.com

中国石化出版社

内 容 提 要

本书是平狄克《微观经济学》(第9版)的学习辅导书。本书遵循第9版的章目编排，共分4篇19章，每章由三部分组成：第一部分为复习笔记，总结本章的重难点内容；第二部分为课(章)后复习题详解，对第9版的所有课(章)后复习题都进行了详细的分析和解答；第三部分为课(章)后练习题详解，对第9版的所有课(章)后练习题都进行了详解的分析和解答。

圣才考研网(www.100xuexi.com)提供平狄克《微观经济学》网授精讲班【教材精讲+考研真题串讲】、电子书、题库。购书即可享受大礼包增值服务【本书电子书+微观经济学考研全真模拟试卷及详解电子书+考研专业课咨询服务】。手机扫码(本书封面右上角)领取本书大礼包。

图书在版编目(CIP)数据

平狄克《微观经济学》(第9版)笔记和课后习题详解/圣才考研网主编.—北京:中国石化出版社,2020.4(2021.6重印)
国内外经典教材辅导系列·经济类
ISBN 978-7-5114-5767-7

Ⅰ.①平… Ⅱ.①圣… Ⅲ.①微观经济学-研究生-入学考试-自学参考资料 Ⅳ.①F016

中国版本图书馆CIP数据核字(2020)第051858号

中国石化出版社出版发行
地址:北京市东城区安定门外大街58号
邮编:100011 电话:(010)57512500
发行部电话:(010)57512575
http://www.sinopec-press.com
E-mail:press@sinopec.com
武汉市盛宏源印务有限公司印刷
全国各地新华书店经销

*

787×1092毫米 16开本 24.25印张 612千字
2020年7月第1版 2021年6月第2次印刷
定价:69.80元

序言

我国各大院校一般都把国内外通用的权威教科书作为本科生和研究生学习专业课程的参考教材，这些教材甚至被很多考试(特别是硕士和博士入学考试)和培训项目作为指定参考书。为了帮助读者更好地学习专业课，我们有针对性地编著了一套与国内外教材配套的复习资料，并提供配套的名师讲堂、电子书和题库。

平狄克所著的《微观经济学》(第9版)被列为"十三五"国家重点图书出版规划项目，是我国众多高校采用的经济学优秀教材，也被众多高校(包括科研机构)指定为"经济类"专业考研参考书目(详细介绍参见本书书后附录)。作为该教材的配套辅导书，本书具有以下几个方面的特点：

1. 浓缩内容精华，整理名校笔记

本书各章的复习笔记对该章的重难点进行了整理，并参考了国内外名校名师讲授平狄克《微观经济学》的课堂笔记，因此，本书的内容几乎浓缩了经典教材的知识精华。

2. 解析课后习题，总结知识考点

国内外教材一般没有提供课(章)后习题答案或者答案很简单，本书参考国外教材的英文答案和相关资料对每章的习题进行了详细的解答。为了强化对重要知识的理解，对相关重要知识点进行了延伸和归纳。

3. 补充相关要点，强化专业知识

一般来说，国外英文教材的中译版本不太符合中国学生的思维习惯，有些语言的表述不清或条理性不强而给学生带来了不便，因此，对每章复习笔记的一些重要知识点和一些习题的解答，我们在不违背原书原意的基础上结合其他相关经典教材进行了必要的整理和分析。

与本书相配套，圣才考研网提供平狄克《微观经济学》网授精讲班【教材精讲＋考研真题串讲】、电子书、题库。

要深深牢记：考研不同一般考试，概念题(名词解释)要当作简答题来回答，简答题要当作论述题来解答，而论述题的答案要像是论文，多答不扣分。有的论述题的答案简直就是一份优秀的论文(其实很多考研真题就是选自一篇专题论文)，完全需要当作论文来回答！

购书即可享受大礼包增值服务，手机扫码(本书封面右上角)领取本书大礼包。具体包括：①本书电子书(手机版、电脑版)；②微观经济学考研全真模拟试卷及详解电子书；③考研专业课咨询服务。

圣才考研网(www.100xuexi.com)是圣才学习网旗下的考研考博专业网站，提供全国各高校经济类专业考研考博辅导班【一对一辅导(面授/网授)、网授精讲班等】、电子书、题库、全套资料(历年真题及答案、笔记讲义等)、经济类国内外经典教材名师讲堂、考研教辅图书等。

圣才考研网编辑部

目　录

第1篇　导论：市场与价格

第2篇　生产者、消费者与竞争性市场

第 3 篇　市场结构与竞争策略

第 4 篇　信息、市场失灵与政府的角色

第1篇　导论：市场与价格

第1章　绪　论

1.1　复习笔记

【知识框架(庖丁解牛)】

- 市场与价格
  - 微观经济学的主题
    - 研究对象
    - 核心内容
    - 经济模型
    - 经济理论的局限性
  - 微观经济学的分析方法
    - 实证分析
    - 规范分析
  - 市场
    - 含义
    - 范围
    - 价格
  - 名义价格与实际价格
    - 含义
    - 关系

【考点难点归纳(厚积薄发)】

考点一：微观经济学的主题(见表1-1)　★

表1-1　微观经济学的主题

要点	具体内容
研究对象	①个体经济单位(如消费者、工人、投资者、土地所有者和企业)的行为； ②消费者和厂商相互影响构成的市场和行业的过程及行为
核心内容	稀缺资源的配置问题
经济模型	也称经济数学模型，是指用数学形式表述的经济过程或经济理论结构。现实世界的情况是由各种主要变量和次要变量构成的，因而非常复杂。运用经济模型，事先做出某些假设，可以排除掉次要因素，从而建立并运用经济模型，对错综复杂的现实世界做出简单的描述
经济理论的局限性	理论的有用性和合理性取决于它是否对其试图解释和预测的一系列现象成功地做出了解释和预测。比如说，厂商并不总是追求其利润的最大化的，因此，厂商理论在解释厂商某些行为(如资本投资决策的时机)时只获得了有限的成功

考点二：微观经济学的分析方法——实证分析和规范分析(见表 1－2)　★★

表 1－2　微观经济学的分析方法——实证分析和规范分析

<table>
<tr><th>要点</th><th colspan="2">具体内容</th></tr>
<tr><td>实证分析</td><td colspan="2">是对有关命题进行的逻辑分析，旨在解释经济过程实际是什么、将会是什么、为什么会这样，而不涉及对结果好坏和是否公平的评价，即不包含任何价值判断。实证分析既有定性分析，也有定量分析，主要研究因果关系的解释和预测</td></tr>
<tr><td>规范分析</td><td colspan="2">以一定的价值判断作为出发点，提出行为的标准，并研究如何才能符合这些标准。它力求说明“应该是什么”的问题，或者说它回答这样的问题：为什么要做出这种选择，而不做出另一种选择</td></tr>
<tr><td rowspan="2">实证分析和规范分析的关系</td><td>区别</td><td>①规范分析在研究经济事物时旨在树立一个判别标准，以便能对分析结果做出好与坏的判断；而实证分析则只对经济运行过程本身做出描述，并不涉及价值判断。
②二者要解决的问题不同。规范分析解决“应该是什么”的问题，实证分析则解决经济“是什么”的问题，并对未来做出预测。
③规范分析没有客观性，其结论受到价值标准的影响；实证分析的内容具有客观性，其结论可以接受事实的验证</td></tr>
<tr><td>联系</td><td>①规范分析以实证分析为基础，而实证分析则以规范分析为指导。
②实证分析的结果往往要以一定的价值判断作为最终目标，而规范分析的结论往往又是实证分析的出发点</td></tr>
</table>

考点三：市场　★

市场是指买者和卖者的集合，以及由此确定的潜在的买卖。微观经济学中的市场不仅有买方和卖方都不会影响市场的竞争性市场，还有卖方影响市场的非竞争市场，如寡头市场、垄断竞争市场等。

市场是有范围的，不仅要考虑地理边界，还要考虑包含产品范围的大小。如住房市场是高度当地化的，而黄金市场却是世界性的。

市场的价格是在买卖双方互动的基础上形成的。微观经济学所考察的市场均衡价格是市场的供给和需求相等时的价格。

考点四：名义价格与实际价格　★★

1. 名义价格与实际价格的含义

名义价格是指以货币表示的，未剔除通货膨胀因素的价格。实际价格是指名义价格剔除通货膨胀因素之后的价格。

2. 名义价格与实际价格的关系

名义价格与实际价格的关系需要引入消费价格指数(CPI)。居民消费价格指数是反映居民家庭所购买的消费品和服务项目价格水平变动情况的宏观经济指标，它是衡量通货膨胀的主要指标之一。

某年商品的实际价格与名义价格之间的关系为：

某年商品的实际价格＝基准年消费物价指数/计算年消费物价指数×计算年的名义价格

1.2 课后复习题详解

1. 人们常说，一个好的理论是可以用实证的、数据导向的研究来加以证伪的。试解释为什么一个不能用经验事实来验证的理论不是一个好理论。

答：(1)理论是指对事物的合理解释和预测，对客观事物本质及其运动规律的科学认识，是关于应该做什么的规定和建议。它既是实践的总结，又是实践的向导。

评价一个理论有两个步骤：①需要检验这个理论假设的合理性；②把该理论的预测和事实相比较加以验证。

(2)理论和实证的关系其实反映了规范分析和实证分析的关系。规范分析以一定的价值判断作为出发点，提出行为的标准，并研究如何才能符合这些标准，它力求说明"应该是什么"的问题；实证分析则是对有关命题进行的逻辑分析，旨在解释经济过程实际是什么、将会是什么、为什么会这样，而不涉及对结果好坏和是否公平的评价，即不包含任何价值判断。

(3)一个好的理论在原则上可以用经验的、注重数据的研究来加以验证，经得起经验和实践的检验，也就是说规范分析要以实证分析为基础。如果一个理论无法被检验的话，它将不会被接受，因为它对理解现实情况没有任何帮助。

所以，一个不能用经验事实来验证的理论不是一个好的理论。

2. 下面两个陈述哪个是实证分析，哪个是规范分析？这两类分析有什么不同？

(1)汽油配给制(为个人每年可购买的汽油量设置一个最大限额)是一个糟糕的社会政策，因为它阻碍了竞争性市场体系的运转。

(2)由于汽油配给制而境况变差的人要多于因此而境况变好的人。

答：实证分析是对有关命题进行的逻辑分析，旨在理解经济过程实际是什么、将会是什么、为什么会这样，而不涉及对结果好坏和是否公平的评价，其中不包含任何的价值判断。实证分析既有定性分析，也有定量分析，主要研究因果关系的解释和预测。

规范分析也是经济学分析经济问题的一种方法，它以一定的价值判断作为出发点，提出行为的标准，并研究如何才能符合这些标准。它力求说明"应该是什么"的问题，或者说，它回答这样的问题：为什么要做出这种选择，而不做出另一种选择？

陈述(1)中包括两种分析，批评这是一种"糟糕的社会政策"——是规范分析，说明其破坏了市场的竞争性——是实证分析。

陈述(2)说明在汽油配给制下总社会福利的损失(即汽油配给制使多数人境况变坏)，而没有对这项政策本身做出价值判断——是实证分析。

实证分析和规范分析既有相同点又有不同点。规范分析和实证分析的不同可归纳为以下三点：

①规范分析在研究经济事物的同时树立一个判别标准，以便能对分析结果做出好与坏的判断；而实证分析则只对经济运行过程本身做出描述，并不做出好与坏的判断。

②二者要解决的问题不同。规范分析要说明经济事物是否符合既定的价值标准；实证分析则要解决经济"是什么"的问题，要研究经济变量的规律及其相互之间的联系，并对未来做出预测。

③规范分析没有客观性，其结论受到价值标准的影响；实证分析的内容具有客观性，其结论可以接受事实的验证。

3. 假设在新泽西州，无铅的普通辛烷汽油的价格比俄克拉何马州的同类汽油每加仑高出 20 美分，你认为存在着套利机会吗(也就是说，厂商可以在俄克拉何马州买进汽油，然后在新泽西州售出，获取一定的利润)？为什么？

答：(1)套利通常是指(在同一市场或不同市场)某种实物资产或金融资产拥有两个价格的情况下，投机者以较低的价格买进，较高的价格卖出，从而获取无风险收益。例如，某支股票同时在伦敦和纽约交易所上市，同股同权，但是在纽约标价 10 美元，在伦敦却标价 12 美元，投资者就可以在纽约买进，到伦敦卖出，赚取差价。

(2)由于两个市场在空间上是分离的，商品在两地间的运输是套利实现的条件。如果运输成本为零，则可以在俄克拉何马州购买汽油，到新泽西州出售，赚取差价；如果这个差价无法弥补运输成本则不存在套利机会。

(3)在这个例子中，考虑到交易成本和运输成本，每加仑 20 美分的成本差价比较小，不太可能具有通过套利而获取利润的空间。

4. 在(教材)例 1.3 中，用什么经济因素可以解释，当大学教育的实际价格上升时，鸡蛋的实际价格却下降了？这些变化如何影响消费者的选择？(注：例 1.3，在 1970 年，买一打 A 级大鸡蛋大约要花 61 美分，同年一所四年制私立大学的年教育成本(包括食宿)约为 2112 美元。到 2016 年，鸡蛋价格涨至每打 2.47 美元，而大学教育的平均成本约为 25694 美元。那么，按实际量来衡量，2016 年的鸡蛋是否比 1970 年的更贵？大学教育是否变得更为昂贵了?)

答：当比较不同时期的价格时，要扣除通货膨胀的因素，即用实际的而不是名义的价值来测定价格。一种商品的名义价格(有时又称它为“现值美元”价格)是指它的绝对价格。一种商品的实际价格(有时又称它为“不变美元”价格)是按照价格指数综合计算后的价格。

用供求可以解释当大学教育的实际价格上升时鸡蛋的实际价格下降，商品(例如鸡蛋)和服务(例如大学教育)的数量与价格是由供求关系决定的。

鸡蛋的实际价格从 1970 年至 2016 年的下降，一方面是由于人们健康意识的提高而导致对鸡蛋需求的减少，同时也因为生产成本的降低。在这两种因素下，鸡蛋的价格下降了。大学教育的实际价格的升高，是由于越来越多的人倾向于获得大学教育而导致需求增加，同时教育的成本也在升高(例如大学教职员工的工资提高)。在这两方面因素的作用下，大学教育费用提高了。

5. 假设日元相对美元升值，也就是说，现在需要花更多的美元去购买一定数量的日元。请解释：为什么对美国消费者而言，日元的升值导致日本汽车的实际价格上升；同时对日本消费者而言，美国汽车的实际价格又下降了。

答：随着日元相对美元升值，意味着与升值前相比，兑换同样数量的日元需要支付更多的美元，兑换同样数量的美元需要支付更少的日元。假设美国汽车和日本汽车生产成本都保持不变，按照新汇率，美国消费者购买日本汽车需要支付更多的美元，即日元的升值导致日本汽车的实际价格上升；按照新汇率，日本消费者购买美国汽车需要支付更少的美元，即日元的升值导致美国汽车的实际价格下降。

6. 长途电话费由 1996 年的每分钟 40 美分下降至 1999 年的每分钟 22 美分，在此期间下降了 45%（ =18/40）。在 1996 ~ 1999 年间，消费者价格指数上升了 10%。请问长途电话费的实际价格是怎样变动的?

解: 计算某年商品的实际价格 $=\dfrac{\text{基准年消费物价指数}}{\text{计算年消费物价指数}}\times$计算年的名义价格

定义 1996 年 CPI 为 100，则 1999 年 CPI 为 110。因此，1999 年的长途电话服务实际价格为:

$$\frac{\text{1996 年消费物价指数}}{\text{1999 年消费物价指数}}\times \text{1999 年的名义价格}=\frac{100}{110}\times 22=20(\text{美分})$$

因此，长途电话服务的实际价格在 1996 ~ 1999 年之间下降了 20/40 =50% 。

1.3 课后练习题详解

1. 下面的命题正确与否? 请解释原因:

(1)诸如麦当劳、汉堡王和温迪之类的快餐连锁店遍布全美，所以快餐市场是一个全国性的市场。

(2)人们一般是在他们所生活的城市购买服装，所以亚特兰大的服装市场有别于洛杉矶的服装市场。

(3)有些消费者强烈偏好百事可乐，而有些消费者则偏好可口可乐，所以不存在可乐饮料的单一市场。

答: (1)错误。因为美国各地区之间的此类商品几乎没有什么替代性，所以快餐市场是区域性市场。例如，一个洛杉矶的消费者，不会仅仅因为华盛顿、亚特兰大或者纽约的汉堡包的价格比较低而跑到这些城市去吃午饭。同样的道理，即使在洛杉矶的价格比较高，纽约的麦当劳和汉堡王也不会在洛杉矶提供汉堡包。换句话说，纽约快餐的价格上涨既不会引起洛杉矶等其他城市快餐需求数量的改变，也不会引起其供给数量的变动。

(2)错误。尽管消费者不可能跑遍整个国家去买衣服，供给者却很容易把衣服从该国的一个地区转运到另一个地区。如果衣服在亚特兰大的价格相对高于在洛杉矶的价格，制衣公司会把供给转移到亚特兰大，这将会导致该城市衣服价格的下降。

(3)错误。尽管一些人可能是百事可乐或者可口可乐的忠实爱好者，但仍然有许多消费者会根据价格的差异替代地消费这两种饮料，所以存在销售可乐的单一市场。

2. 下表显示的是 1980 ~ 2010 年黄油的平均零售价格和 CPI，1980 年 CPI =100。

年份	1980	1990	2000	2010
CPI	100	158.56	208.98	218.06
黄油零售价格(咸味，AA 级，美元/磅)	1.88	1.99	2.52	2.88

(1)计算以 1980 年美元衡量的黄油实际价格。1980 ~ 2000 年，实际价格是上升了、下降了抑或没有变化? 1980 ~ 2010 年呢?

(2)1980 ~ 2000 年黄油实际价格(1980 年美元)的变化率是多少? 1980 ~ 2010 年呢?

(3)把 CPI 转换成 1990 年 =100 的指数，然后以 1990 年美元来确定黄油的实际价格。

(4)1980～2000 年黄油实际价格(1990 年美元)的变化率是多少？试和你在(2)部分得出的答案进行比较，你注意到什么了吗？请给出解释。

解：(1)以 1980 年为基准年，t 年的实际价格 $=\frac{CPI_{1980}}{CPI_t}\times t$ 年的名义价格，计算各年的实际价格如下表所示：

年份	1980	1990	2000	2010
CPI	100	158.56	208.98	218.06
黄油实际价格	$ 1.88	$ 1.26	$ 1.21	$ 1.32

由上表可以看出，1980～2000 年的实际价格下降了。1980～2010 年的实际价格也下降了。

(2)以 1980 年为基准年，从 1980 年到 2000 年，黄油实际价格的变化率为：

$$\frac{1.21-1.88}{1.88}\times 100\% \approx -35.6\%$$

从 1980 年到 2010 年，黄油实际价格的变化率为：

$$\frac{1.32-1.88}{1.88}\times 100\% \approx -29.8\%$$

(3)将消费者价格指数转变为 1990 年为 100，t 年的消费者价格指数为：

$$CPI'_t=\frac{CPI_t}{CPI_{1990}}\times 100$$

其中，CPI_t 和 CPI_{1990} 分别为以 1980 年为基准年的消费者价格指数，CPI'_t 为以 1990 年为基准年的消费者价格指数。

以 1990 年为基准年，t 年的实际价格 $=\frac{CPI'_{1990}}{CPI'_t}\times t$ 年的名义价格，计算各年的黄油的实际价格如下表所示：

年份	1980	1990	2000	2010
新 CPI	63.07	100	131.80	137.53
黄油实际价格	$ 2.98	$ 1.99	$ 1.91	$ 2.09

(4)以 1990 年为基准年，从 1980 年到 2000 年，黄油实际价格的变化率为：

$$\frac{1.91-2.98}{2.98}\times 100\% \approx -35.9\%$$

与(2)结果对比，可以发现以 1990 年为基准年和以 1980 年为基准年计算出的黄油的实际价格的变动百分比是相同的(除了舍入误差)。也即，价格改变的百分比与基准年的选择无关。

3. 在本书即将付印的时候，最低工资水平是 7.25 美元。要找到当前的 CPI 指数值，请访问 http：//www.bls.gov/cpi/home.htm。点击“CPI-Tables”，就在页面的左侧。然后选择“Table Containing History of CPI-U.S.A. All Items Indexes and Annual Percent Chan-

ges from 1913 to Present"。你会得到从 1913 年到现在的 CPI 值。

(1)根据所有的数据，请以 1990 年美元计算当前的实际最低工资。

(2)以 1990 年美元来衡量，从 1985 年到如今实际最低工资发生了怎样的变化?

解: (1)当前(以 2010 年为例)的最低实际工资为:

$$\frac{CPI_{1990}}{CPI_{2010}}\times 7.25=\frac{130.7}{218.056}\times 7.25\approx \$\ 4.35$$

(2)1985 年的名义最低工资为 3.35 美元，所以 1985 年的实际最低工资为:

$$\frac{CPI_{1990}}{CPI_{1985}}\times 3.35=\frac{130.7}{107.6}\times 3.35\approx \$\ 4.07$$

实际最低工资 1985 年至 2010 年变化的百分比为:

$$\frac{4.35-4.07}{4.07}\times 100\%\approx 6.88\%$$

第2章　供给与需求的基本原理

2.1　复习笔记

【知识框架(庖丁解牛)】

- 供给与需求的基本原理
  - 供给和需求
    - 供给－需求分析
    - 替代品和互补品
  - 市场机制
    - 市场机制概览
    - 供求函数与供求曲线
    - 市场均衡或市场出清
  - 市场均衡的变动
    - 供给量的变动和供给的变动
    - 需求量的变动和需求的变动
    - 供给和需求变动后的均衡
  - 弹性
    - 弹性的概念
    - 几类弹性概览
  - 短期弹性和长期弹性
    - 需求角度：耐用品和非耐用品
    - 供给角度：再生性供给和非再生性供给
  - 市场变动和政府干预
    - 影响供给和需求变动的因素
    - 政府的价格控制

【考点难点归纳(厚积薄发)】

考点一：供给和需求　★★★

1. 供给－需求分析

供给－需求分析是微观经济学的一个基本方法和有力工具。在竞争性市场中，供给和需求曲线都是价格的函数。这些函数表示，在一定的价格水平下，厂商愿意且能够生产多少产品，而消费者愿意且能够购买多少产品。

2. 替代品和互补品

(1)替代品：如果一种商品的价格上升会导致另一种商品的需求量增加，称这两种商品是替代品。替代品能够相互替代以满足消费者的某一种欲望，例如苹果和梨。

(2)互补品：如果一种商品的价格上升会导致另一种商品的需求量下降，称这两种商品是互补品。互补品必须要配套消费才能满足消费者的某一种欲望，例如汽油与汽车。

考点二：市场机制 ★★★

1. 市场机制概览

市场机制是指市场运行中的价格、供求关系和竞争性等要素之间相互联系和相互作用的制约关系及调节功能。它具有自发性、灵活性、事后性和微观性等特点。通过市场机制的制约和调节，供给和需求会趋向均衡(即价格趋向市场出清水平)，从而既不存在超额需求，也不存在超额供给。

如图 2-1 所示，市场在价格 P_0 和数量 Q_0 处出清。在更高的价格 P_1 处，有剩余产生，所以价格将下跌；在更低的价格 P_2 处，有短缺发生，所以价格将上涨。

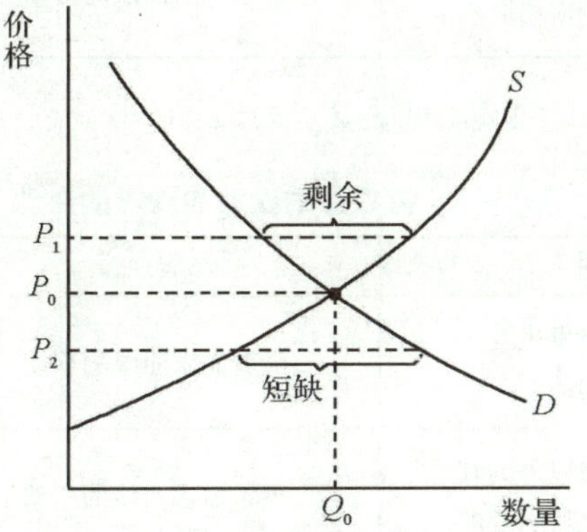

图 2-1　供给和需求

2. 供求函数与供求曲线(见表 2-1)

表 2-1　供求函数与供求曲线

曲线	曲线含义	函数表达	相应性质
供给	在其他因素不变的情况下，特定市场上在一定时期内，每一价格水平下，生产者愿意且能够供应的商品数量	$Q_S = Q_S(P)$	通常情况下，商品供给量与商品价格成正相关，供给曲线向上倾斜
需求	在其他因素不变的情况下，特定市场上在一定时期内，每一价格水平下，消费者愿意且能够购买的商品数量	$Q_D = Q_D(P)$	通常情况下，商品消费量与商品价格成负相关，需求曲线向下倾斜

3. 市场均衡或市场出清

均衡的最一般的定义为：经济事物中相关变量在一定条件相互作用下所达到的一种相对静止的状态。经济事物之所以能处于这样的静止状态，是由于在这样的状态下，有关该经济事物的各方面力量能够相互制约和抵消。同时，在均衡状态下，有关经济事物的各方面愿望都能得到满足。市场中供给和需求相等时的状态，就是市场均衡状态，同时市场也达到出清的状态。

图 2-1 中两条曲线相交于均衡的或市场出清的价格和数量。在均衡价格 P_0 处，供给量与需求量恰好相等，等于均衡数量 Q_0。

考点三：市场均衡的变动 ★★★★

1. 供给量的变动和供给的变动（见表2-2）

表2-2 供给量的变动和供给的变动

变动	区别	表现	影响因素
供给量的变动	商品自身价格发生变化所引起的	沿着供给曲线的移动	商品自身价格
供给的变动	商品自身价格以外的其他因素的变化所引起的	整条供给曲线的移动	投入的生产要素成本、厂商技术状况等

2. 需求量的变动和需求的变动（见表2-3）

表2-3 需求量的变动和需求的变动

变动	区别	表现	影响因素
需求量的变动	商品自身价格发生变化所引起的	沿着需求曲线的移动	商品自身价格
需求的变动	商品自身价格以外的其他因素的变化所引起的	整条需求曲线的移动	收入、偏好、其他商品价格的变动等

3. 供给和需求变动后的均衡（见表2-4）

表2-4 供给和需求变动后的均衡

供求	变动	结果
供给	供给扩大	均衡价格下降，均衡数量上升
	供给减少	均衡价格上升，均衡数量下降
需求	需求扩大	均衡价格和数量都上升
	需求减少	均衡价格和数量都下降

在其他条件不变的情况下，需求的变动会引起均衡价格和均衡数量同方向的变动；而供给的变动会引起均衡价格反方向的变动，均衡数量同方向的变动。

考点四：弹性 ★★★★★

1. 弹性的概念

弹性是指一个变量变动1%将引起另一变量变动的百分比，用于描述经济变量间某变量对另一变量变化的反应程度。在经济学中，弹性的一般公式为：

弹性系数＝因变量的变动比例/自变量的变动比例

2. 几类弹性概览

（1）需求弹性与供给弹性：

表 2－5　需求弹性与供给弹性

弹性	含义	表达式
需求价格弹性	指商品价格上升1%所导致的需求量变动的百分比，它用来测度商品需求量变动对于商品自身价格变动反应的敏感程度	$E_P=(\Delta Q/Q)/(\Delta P/P)$ $=(P/Q)\times(\Delta Q/\Delta P)$
需求收入弹性	表示在一定时期内消费者对某种商品的需求量的变动对于消费者收入变动的反应程度，也即表示在一定时期内消费者的收入变化1%所引起的商品需求数量变化的百分比	$E_I=(\Delta Q/Q)/(\Delta I/I)$ $=(I/Q)\times(\Delta Q/\Delta I)$
需求交叉价格弹性	简称为需求交叉弹性，表示在一定时期内一种商品的需求量的变动对于另一种商品的价格变动的反应程度，也即表示在一定时期内一种商品的价格变化1%所引起的另一种商品的需求量变化的百分比	$E_{XY}=(\Delta Q_X/Q_X)/(\Delta P_Y/P_Y)$ $=(P_Y/Q_X)\times(\Delta Q_X/\Delta P_Y)$
供给价格弹性	指某商品价格上升1%导致供给量变化的百分比，被用于测定该商品供给量变动对于商品自身价格的变动反应的敏感程度	$E_s=(\Delta Q/Q)/(\Delta P/P)$ $=(P/Q)\times(\Delta Q/\Delta P)$

(2)需求价格弹性的影响因素：

①需求曲线的斜率。

②价格和数量。随着价格与数量的变化，需求价格弹性沿着曲线而变化。如图 2－2 所示，在线性需求曲线上的点的位置越高，相应的弹性系数绝对值就越大；相反，位置越低，相应的弹性系数绝对值就越小。在线性需求曲线的中点处，对应的弹性系数绝对值为 1。

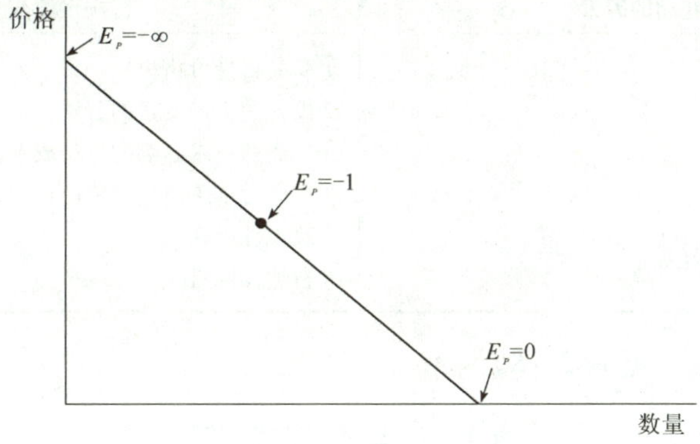

图 2－2　线性需求曲线的弹性值

考点五：短期弹性和长期弹性　★★★

弹性属于一个时间框架，并且对绝大多数商品来说，将长期弹性和短期弹性区分开来是很重要的。短期弹性和长期弹性的具体内容见表 2－6。

表 2－6　短期弹性和长期弹性

弹性类别	考察角度	弹性的时间特点	弹性时间特点的影响因素
需求弹性	非耐用品	长期需求比短期需求富有弹性	消费者对于价格变化的反应速度以及获得替代品的难易程度
	耐用品	短期需求比长期需求富有弹性	
供给弹性	非再生性供给	长期供给比短期供给富有弹性	厂商调整产能的速度
	再生性供给	短期供给比长期供给富有弹性	

1. 需求角度：耐用品和非耐用品

对许多商品而言，长期需求比短期需求更富有价格弹性，原因之一就是人们改变消费习惯需要较长的时间。符合这种规律的商品一般都是非耐用品。

对有些商品而言，短期需求的弹性则要大于长期需求的弹性。这些商品一般都很耐用，消费者拥有这类商品的总量大于其年产量，从而导致消费者想要购买这类商品的数量的一个微小变化都会引起购买水平的大幅度变化。

2. 供给角度：再生性供给和非再生性供给

对许多商品而言，长期供给的价格弹性大于短期供给的价格弹性。这是因为，在短期内厂商会面临生产能力的制约，他们想要扩展生产能力就需要时间来建造新的生产线并配备更多的工人。符合这种规律的商品一般都是非再生性供给商品。

对有些商品而言，短期供给则比长期供给更富有弹性。这类商品一般是耐用品，在价格上升时这类商品可以作为供给的一部分被重复利用。比如金属的再生性供给（即对废旧金属可以熔化后加以重铸）等。

考点六：市场变动和政府干预 ★★★

1. 影响供给和需求变动的因素（见表 2－7）

表 2－7　影响供给和需求变动的因素

影响需求变动的因素	影响供给变动的因素
①商品自身价格； ②相关商品价格； ③消费者个人可支配收入； ④消费者个人偏好； ⑤消费者对未来商品价格的预期	①商品自身价格； ②投入的生产要素的价格； ③厂商的技术影响的生产成本； ④厂商对未来商品价格的预期； ⑤政策性因素； ⑥自然性因素

2. 政府的价格控制（见表 2－8）

表 2－8　政府的价格控制

措施	含义	结果
支持价格	政府为了支持某一行业的发展而规定的该行业的最低价格，总是高于市场均衡价格	①消费者：价格上升，需求下降； ②厂商：价格上升，供给上升； ③市场：供过于求； ④政府：增加政府支出
限制价格	政府为了防止物价上涨而规定的某种产品的最高价格，总是低于市场均衡价格	①消费者：价格下降，需求上升； ②厂商：价格下降，供给下降； ③市场：供不应求； ④政府：增加政府支出； ⑤排队抢购、黑市交易和投机

2.2　课后复习题详解

1. 假定异常炎热的天气会使冰淇淋的需求曲线向右移动，解释为什么冰淇淋价格会上升到一个新的市场出清水平。

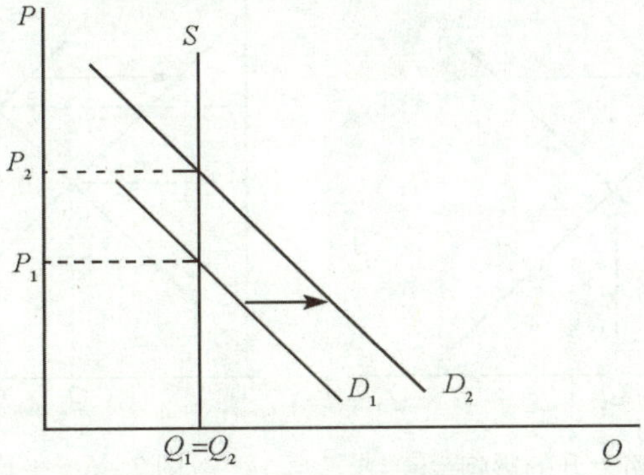

图 2－3　冰淇淋的供求分析

答：如图 2－3 所示，假设供给曲线固定，垂直的供给曲线 S 与初始的需求曲线 D_1 相交，确定均衡价格为 P_1，均衡数量为 Q_1。异常炎热的天气会使冰淇淋的需求曲线向右移动，在当前价格 P_1 上造成短期需求过剩，消费者为获得冰淇淋，愿意为每一单位冰淇淋出价更高。在需求压力下，冰淇淋价格将上升，直到供给与需求达到均衡，新的均衡价格为 P_2。

2. 请运用供给曲线和需求曲线来说明以下各事件会怎样影响黄油的价格以及黄油的销售量、购买量：

(1) 人造黄油价格上升；

(2) 牛奶价格上升；

(3) 平均收入水平下降。

答：(1) 人造黄油和黄油是一对替代品。人造黄油价格上升将导致黄油消费量的上升，因此黄油的需求曲线将从 D_1 向右移动至 D_2，均衡价格将从 P_1 上升至 P_2，均衡数量将从 Q_1 增加至 Q_2，如图 2－4 所示。

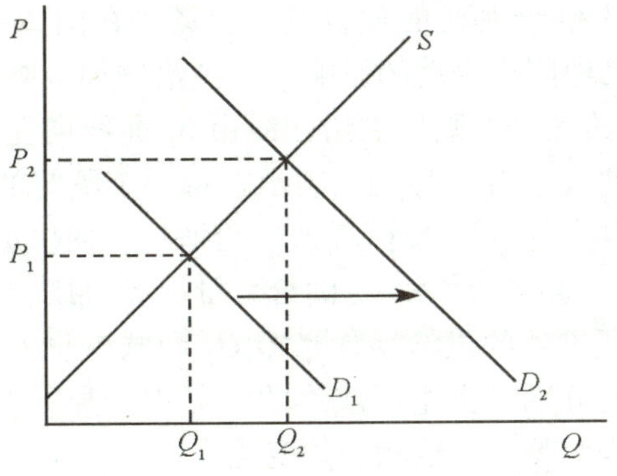

图 2－4　人造黄油价格上升的影响

(2) 牛奶是黄油的主要原料。牛奶价格上升将增加黄油制造成本。黄油的供给曲线将从

S_1向左移动至S_2，在更高的价格P_2实现均衡，同时供给量减少到Q_2，如图2－5所示。

(3)假设黄油是正常商品。平均收入水平下降将导致需求曲线从D_1向左移动至D_2，结果价格降至P_2，需求量也下降至Q_2，如图2－6所示。

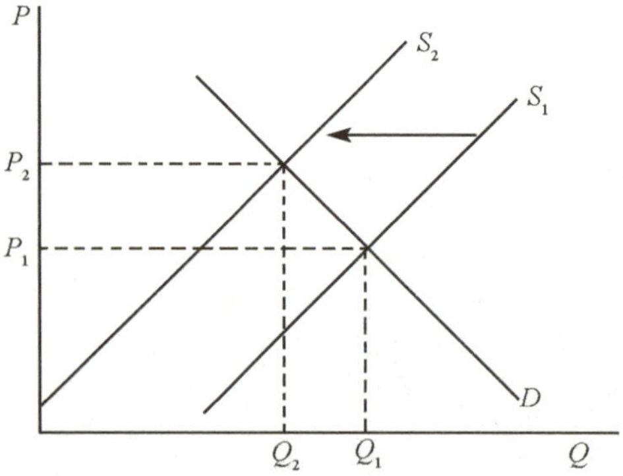

图2－5　牛奶价格上升的影响

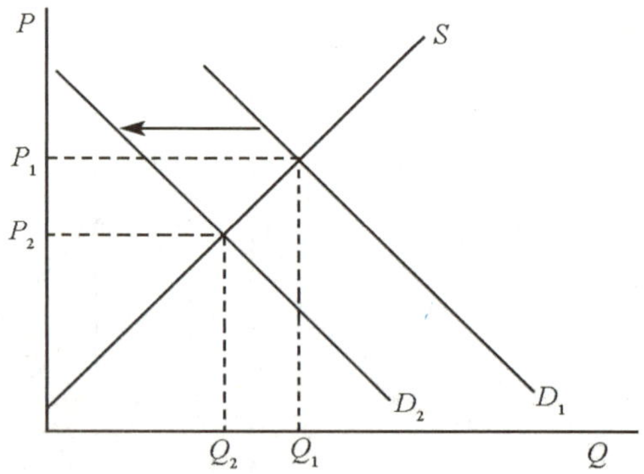

图2－6　平均收入下降的影响

3. 如果玉米片的价格上升3%致使其需求量下降6%，那么玉米片的需求价格弹性是多少？

答：需求价格弹性指某种商品需求量变化的百分率与价格变化的百分率之比，它用来测度商品需求量变动对于商品自身价格变动反应的敏感程度。

所以，玉米片的需求价格弹性是：$E_P^D=\frac{\%\Delta Q}{\%\Delta P}=\frac{-6\%}{3\%}=-2$。在这里，需求价格弹性的绝对值大于1，表明它在需求曲线的富有弹性区域。

4. 试解释供给曲线的移动和沿着供给曲线的移动之间的区别。

答：(1)供给曲线的移动是指在商品价格不变的条件下，由于其他因素变动所引起的该商品的供给数量的变动，从而引起的整条供给曲线的移动。沿着供给曲线的移动是指在其他条件不变时，由某商品的自身价格变动所引起的该商品供给数量的变动，从而引起的沿着供给曲线的移动。

(2)供给曲线的移动和沿着供给曲线的移动之间的区别在于：

①几何表示不同。

供给曲线的移动表现为供给曲线的位置发生移动。在图2－7中，原有的供给曲线为S_1。在除商品价格以外的其他因素变动的影响下，供给增加，则使供给曲线由S_1曲线向右平移到S_2曲线的位置；供给减少，则使供给曲线由S_1曲线向左平移到S_3曲线的位置。由供给的变化所引起的供给曲线位置的移动，表示在每一个既定的价格水平供给数量都增加或者都减少了。例如，在既定的价格水平P_0，供给增加，使供给数量由S_1曲线上的Q_1上升到S_2曲线上的Q_2；相反，供给减少，使供给数量由S_1曲线上的Q_1下降到S_2曲线上的Q_3。这种在原有价格水平所发生的供给增加量Q_1Q_2和减少量Q_3Q_1，都是由其他因素的变化所带来的。譬如说，它们分别是由生产成本的下降或上升所引起的。供给的变动所引起的供给曲线位置的移动，表示整个供给状态的变化。

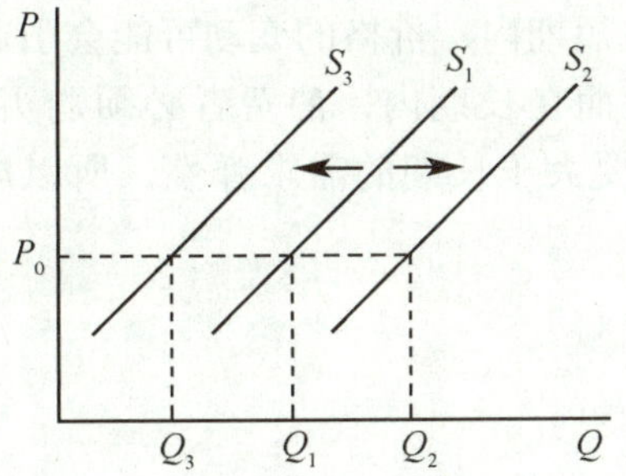

图 2－7　供给的变动和供给曲线的移动

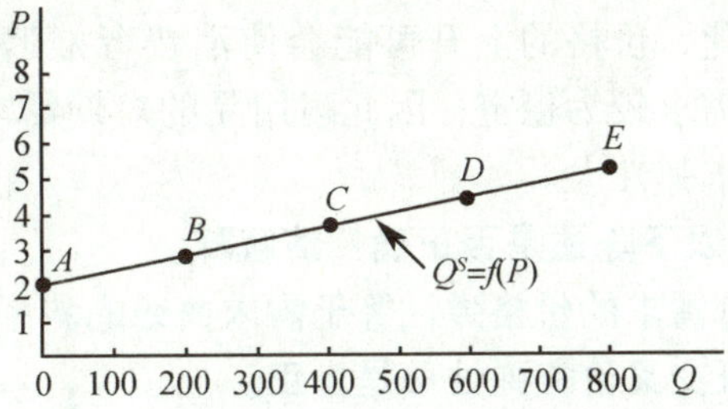

图 2－8　供给量的变动和沿着供给曲线的移动

沿着供给曲线的移动在几何图形中表现为商品的价格－供给数量组合点沿着同一条既定的供给曲线的运动。图 2－8 表示的是供给量的变动：随着价格上升所引起的供给数量的逐步增加，A 点沿着同一条供给曲线逐步运动到 E 点。

②引起变动的因素不同。

沿着供给曲线的移动是由于商品价格变动所引起的该商品供给量的改变，这种变化在供给曲线中表现为沿着同一条供给曲线的移动。

供给曲线的移动是由于商品价格以外的其他因素，如生产成本或技术进步等变量的变化所引起的商品供给量的变化，这种变化在供给曲线中表现为整条供给曲线的移动。

5. 试解释为什么许多商品的长期需求弹性要大于短期需求弹性。

答：(1)需求价格弹性是需求量变动的百分比和价格变动百分比的比值。需求价格弹性又可以分为长期价格弹性和短期价格弹性。短期需求价格弹性指时间不长，消费者尚未改变消费习惯以适应价格的变化。长期需求价格弹性指消费者有足够的时间调整需求以适应价格的变化。

(2)价格上升将引起需求的减少。但由于改变消费习惯需要时间，消费者在短期内无法迅速调整需求。因此在短期内，需求是缺乏弹性的。然而在长期情况下，消费者得以改变消费习惯，调整对该商品的需求。因而，从长期来看，需求是富有弹性的。

6. 为什么长期需求弹性与短期需求弹性会有不同？考虑两种商品：纸巾和电视机。哪一种是耐用品？你觉得纸巾的短期需求价格弹性大，还是长期需求价格弹性大？为什么？电视机的需求价格弹性又是怎样的？

答：(1)弹性属于一个时间框架，并且对绝大多数商品来说，将长期弹性和短期弹性区分开来是很重要的。长期弹性和短期弹性的区别在于消费者对价格变化的反应速度以及可获得的替代品。

(2)耐用品和非耐用品是两种不同类型的消费品。其区别是，耐用品的购买尽管是一个消费决策，却更多地具有投资决策的特点。买这些商品是因为它将在许多年中提供服务，如买纸巾，几天可以把它用完，而一台彩电却可以持续使用多年。

所以在纸巾和电视机之中，电视机是耐用品。

(3)对于非耐用品来说，长期需求远比短期需求富有价格弹性。原因之一就是人们需要较长的时间才能改变他们的消费习惯。对纸巾这样的非耐用品，价格上升，消费者在短期内的反应很小。但在长期，随着替代品进入市场，消费者对纸巾的需求将会变得富有弹性。所以，纸巾的长期需求弹性大。

(4)但是，对于像电视机这样的耐用消费品，在短期内，价格的变动可能会引起需求的剧烈变化，价格的上升可能会使消费者推迟购买。而在长期内，消费者必须购买耐用品，其长期需求较为稳定，因此耐用品的短期需求弹性要大于长期的需求弹性，所以电视机的短期需求弹性大。

7. 以下陈述是否正确？请解释。

(1)需求的价格弹性等于需求曲线的斜率。

(2)交叉价格弹性总是为正。

(3)公寓的短期供给弹性要低于其长期供给弹性。

答：(1)错误。需求价格弹性的计算公式为：$E_P=(P/Q)(\Delta Q/\Delta P)$。对于线性需求函数 $Q=a-bP$ 而言，需求价格曲线的斜率为：$-1/b$，需求弹性为：$E_P=(P/Q)(-b)$。显然两者并不相等。

(2)错误。一般而言，替代品的交叉价格弹性为正，而互补品的交叉价格弹性为负。对于互补品而言，它们往往是搭配使用的，当一种商品的价格上涨时，同时会降低另一种商品的消费量。

(3)正确。短期内，由于土地供给的限制以及新的公寓建设需要较长的周期和投入较大的成本，所以公寓的供给不会随价格变化而有较大的变化，公寓供给往往缺乏弹性。但是在长期，开发商能够提高开发和建设能力，价格上涨会刺激开发商提供更多的公寓，因而长期供给弹性比短期供给弹性大。

8. 假设政府控制牛肉和鸡肉的价格，把价格设在低于市场出清的水平。试解释为什么这些商品会出现短缺，有哪些因素决定了短缺的大小。猪肉的价格会发生什么变化？请扼要说明一下。

答：限制价格是政府管制物价的措施之一，是指政府为了防止某些生活必需品的价格上涨而规定的这些产品的最高价格。限制价格总是低于市场均衡价格。

(1)如果商品价格被政府定在市场出清水平以下，则厂商愿意提供的产量将低于消费者希望购买的数量，因此这些商品会出现短缺。

(2)短缺的程度取决于供求的相对弹性。例如，供求均富有弹性情况下的缺口要大于双方缺乏弹性时的情况。而需求和供给的弹性分别取决于消费者少吃鸡肉和牛肉的意愿以及农民减少饲养这两类动物以减少产量的能力。

(3)由于消费者无法在价格管制的情况下购买到他想购买到的数量，所以他将去购买替代品，这样，替代品的价格会上升。牛肉和鸡肉的价格被控制在低于市场出清水平之后，消费者对作为替代品的猪肉的需求量将增加，于是猪肉价格将上升。

9. 有一所规模不大的大学城，市议会决定控制房租以降低学生的生活成本。设想两床位套间在市场上的平均租金为 700 美元/月(此时该市场出清)，并假设租金可能会在一年后增加到 900 美元/月。所以市议会决定将租金控制为现在的 700 美元/月的价格水平。

(1)画出供给曲线和需求曲线来解释在实施价格控制之后两床位套间在市场上的租金价格会怎样变动。

(2)你认为这一价格控制政策是否会对所有学生都有利？为什么？

答：(1)如图 2-9 所示，假设房屋租赁市场原来的需求曲线为 D_0，供给曲线为 S，供给曲线和需求曲线交于 E_0，从而决定了均衡的房屋出租数量为 Q_0，均衡的租金价格为 $P_0=$ 700 美元/月。

在当前，市议会决定将租金控制在现在的 700 美元/月的价格水平，这对平均租金价格没有影响，因为租金限价等于市场均衡的租金水平。

在一年之后，假如政府不实施租金控制政策，租金可能会在一年后增加到 900 美元/月，不妨假设这是因为人们对出租房需求的增加所引起的。如图 2－9 所示，此时需求曲线将从 D_0 右移到 D_1，从而与供给曲线交于 E_1，市场上均衡的平均租金上涨为 $P_1=900$ 美元/月。但是，此时市议会决定将租金控制在现在的 700 美元/月的价格水平，则市场的租金水平将下降为 $P_0=700$ 美元/月。

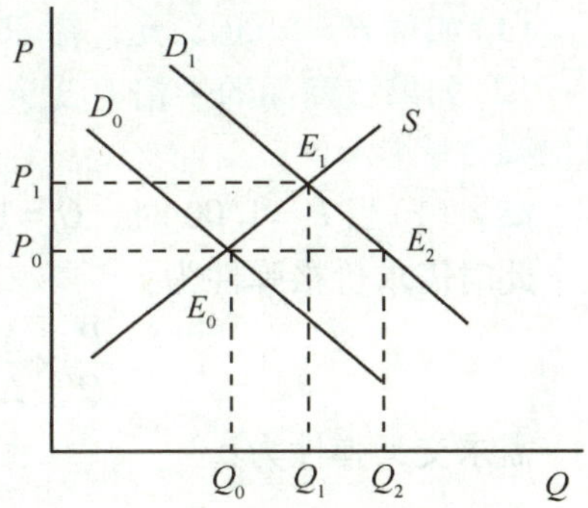

图 2－9　租金控制及其对市场租金的影响

(2)这一价格控制政策不会对所有的学生都有利。如图 2－9 所示，在租金控制下，市场供给为 Q_0，而市场需求为 Q_2，此时存在着 (Q_2-Q_0) 的超额需求。超额需求会造成短缺，从而政府有时不得不用抽签或“排队”的方式来解决此问题。排队购买对于一些幸运的租得房屋的学生而言能够获益，能以更低的价格租住公寓；而对于处于“配给外”未能租得房屋的学生而言，境况将变坏，因为他们将支付更高的租金或租住在更远的郊区，支付较高的交通费。

10. 在一场关于学费水平的讨论中，一位大学官员争辩说，入学需求是完全无弹性的。她所提出的证据是，在过去的 15 年里，大学学费（实际值）已翻了一番，但申请入学的学生数量和学生质量都没有任何下降。你是否接受这一观点？请扼要说明一下。（提示：虽然该官员对入学需求做了断言，但她是否真的遵守需求曲线的变动规律？是否还有发生其他情况的可能？）

答：不接受这种观点。理由如下：

(1)需求价格弹性是指某种商品需求量变化的百分率与价格变化的百分率之比，它用来测度商品需求量变动对于商品自身价格变动反应的敏感程度。如果无论价格如何变化，需求量都固定不变，则称该物品的需求为完全无弹性。

(2)该大学官员假定过去 15 年入学申请的需求保持不变（即需求曲线没有发生移动），这并不符合事实。大学教育入学申请随着时间的增加是由许多因素引起的，这些因素包括：实际收入的增加、人口增加和大学学历价值的提升等。如图 2－10 所示，一种可能发生的情况是，学费的价格翻了一番，从 T_1 上涨到 T_2，但同时入学申请需求的增加使得需求曲线从 D_1 右移到 D_2，两种效果相互抵消，最终入学申请的数量仍然稳定在 A，显然此时需求曲线并不是大学官员断言的那样完全无弹性。

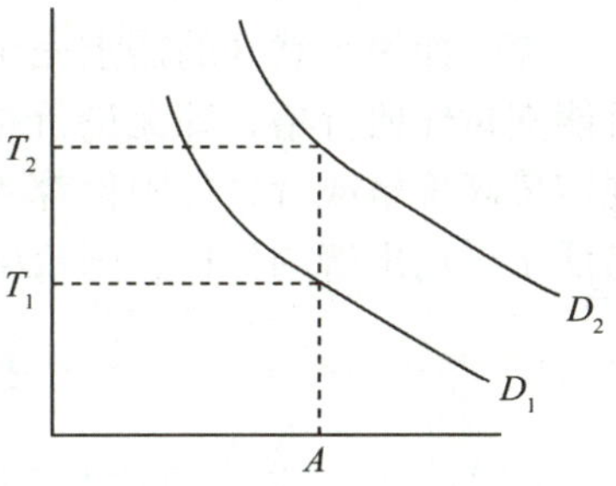

图 2－10　入学的需求与供给分析

11. 假设某种商品的需求曲线为 $Q=10-2P+P_S$，其中，P 是该商品的价格，P_S 是某种替代品的价格。已知该替代品的价格是 2.00 美元。

(1) 如果 $P=1.00$ 美元，需求的价格弹性等于多少？交叉价格弹性又等于多少？

(2) 如果该商品的价格 P 上升至 2.00 美元，那么现在需求的价格弹性又是多少？交叉价格弹性呢？

解：(1) 当 $P=1.00$ 时，$Q=10-2\times1+2=10$。

此时需求价格弹性为：

$$\frac{P}{Q}\times\frac{\Delta Q}{\Delta P}=\frac{1}{10}\times(-2)=-\frac{2}{10}=-0.2$$

需求交叉弹性为：

$$\frac{P_S}{Q}\times\frac{\Delta Q}{\Delta P_S}=\frac{2}{10}\times1=0.2$$

(2) 当 $P=2.00$ 时，$Q=10-2\times2+2=8$。

此时需求价格弹性为：

$$\frac{P}{Q}\times\frac{\Delta Q}{\Delta P}=\frac{2}{8}\times(-2)=-0.5$$

需求交叉弹性为：

$$\frac{P_S}{Q}\times\frac{\Delta Q}{\Delta P_S}=\frac{2}{8}\times1=0.25$$

12. 假设在(教材)例 2.8 中需求并没有下降，铜生产成本的下降使得供给曲线向右移动了 40%。在这种情况下，铜的价格会如何变化？(需求曲线为 $Q=27-3P$；原供给曲线为 $Q=-9+9P$。)

解：如果供给曲线向右移动 40%，每个价格下的新供给量将会是原来供给量的 140%，所以新供给曲线为：$Q'=1.4\times(-9+9P)=-12.6+12.6P$。

为得到这种情况下的均衡价格，让新供给与原来的需求相等，即 $-12.6+12.6P=27-3P$，可以解出 $P=2.54$(美元/磅)。所以，价格下降了 46 美分，价格从 3.00 美元下降到 2.54 美元，下降了 15.3%。

13. 假设天然气的需求是完全无弹性的，那么对天然气的价格控制可能会导致什么样的后果？

答：如果天然气的需求完全无弹性，则需求曲线是垂直的。消费者对一定量的需求将可能支付任何价格，即无论价格如何变动，需求均不变动。在这种情况下，政府对天然气规定最高价格或者最低限价都不会对需求产生任何影响。如果供给曲线向上倾斜且控制价格低于市场出清的价格，则价格控制会引起短缺，因为此时天然气的供给量小于需求量。

2.3　课后练习题详解

1. 假设某种商品的需求曲线是 $Q=300-2P+4I$，其中 I 是以千美元计量的收入。供给曲线是 $Q=3P-50$。

(1) 如果 $I=25$，求出这种商品的市场出清价格和数量。

(2) 如果 $I=50$，求出这种商品的市场出清价格和数量。

(3)画图来说明你的答案。

解：(1)当 $I=25$ 时，该商品的需求曲线为：$Q=300-2P+100=400-2P$；

市场出清条件为该商品的供给和需求相等，需求曲线和供给曲线相交之点便是均衡点，即有：$400-2P=3P-50$，从而解得市场出清的价格为：$P=90$；市场出清的数量为：$Q=400-2\times90=220$。

(2)当 $I=50$ 时，该商品的需求曲线为：$Q=300-2P+200=500-2P$；

市场出清条件为该商品的供给和需求相等，需求曲线和供给曲线相交之点便是均衡点，即有：$500-2P=3P-50$，从而解得市场出清的价格为：$P=110$；市场出清的数量为：$Q=500-2\times110=280$。

(3)如图 2－11 所示，收入 $I=25$ 时，对应需求曲线为 Q_d，与供给曲线 Q_s 相交得到出清价格 $P=90$，出清数量 $Q=220$；收入 $I=50$ 时，对应需求曲线向右上方移动，新的需求曲线为 Q'_d，与供给曲线 Q_s 相交得到出清价格 $P=110$，出清数量 $Q=280$。

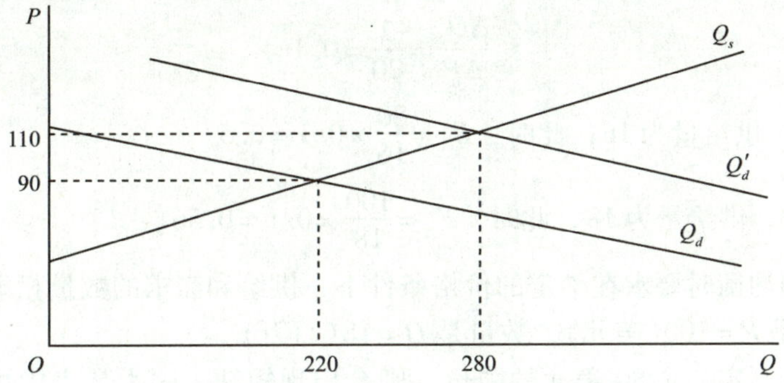

图 2－11　收入变化前后的两次均衡

2. 考虑一个竞争性市场，在不同的价格下，其需求量和供给量(每年)如下表所示：

(1)当价格为 80 美元和 100 美元时，分别计算需求的价格弹性。

(2)当价格为 80 美元和 100 美元时，分别计算供给的价格弹性。

(3)均衡价格和均衡数量是多少？

(4)假设政府制定了一个 80 美元的最高限价，该市场是否存在短缺？如果存在，短缺有多大？

价格(美元)	需求(百万)	供给(百万)
60	22	14
80	20	16
100	18	18
120	16	20

解：(1)需求价格弹性是需求变动的百分比与价格变动的百分比的比值，即：

$$E_P=\frac{\frac{\Delta Q_D}{Q_D}}{\frac{\Delta P}{P}}=\frac{P}{Q_D}\times\frac{\Delta Q_D}{\Delta P}$$

因为价格每提高 20 美元，需求会减少两百万，所以：

$$\left(\frac{\Delta Q_D}{\Delta P}\right)=\frac{-2}{20}=-0.1$$

当 $P=80$ 时，需求量为 20，此时，$E_P=\frac{80}{20}\times(-0.1)=-0.40$。

当 $P=100$ 时，需求量为 18，此时，$E_P=\frac{100}{18}\times(-0.1)=-0.56$。

(2)供给弹性公式为：

$$E_S=\frac{\frac{\Delta Q_S}{Q_S}}{\frac{\Delta P}{P}}=\frac{P}{Q_S}\times\frac{\Delta Q_S}{\Delta P}$$

因为价格每提高 20 美元，供给会增加两百万，所以：

$$\frac{\Delta Q_S}{\Delta P}=\frac{2}{20}=0.1$$

当 $P=80$ 时，供给量为 16，此时，$E_S=\frac{80}{16}\times0.1=0.5$。

当 $P=100$ 时，供给量为 18，此时，$E_S=\frac{100}{18}\times0.1=0.56$。

(3)供给达到均衡时要求在给定的价格条件下，供给和需求的数量相等。由表中可以看出，均衡的价格是 $P=100$(美元)，数量是 $Q=18$(百万)。

(4)如果政府制定一个 80 美元的限价，则会出现短缺。因为从表中可以看出，当 $P=80$ 时，需求量为 20 百万，而供给量只有 16 百万，所以将出现 4 百万的短缺。

3. 参见(教材)例 2.5 的小麦市场。1998 年，美国对小麦的需求是 $Q_D=3244-283P$，且本国的供给是 $Q_S=1944+207P$。假设在 1998 年年底，巴西和印度尼西亚向美国开放了它们的小麦市场。如果这些新开放的市场使得美国小麦的需求增加了 200 百万蒲式耳，小麦市场的完全竞争价格是多少？美国农民生产和出售的小麦数量是多少？

解： 如果巴西和印度尼西亚购买 200 百万蒲式耳美国小麦，那么将会产生新的需求曲线 Q'_D，$Q'_D=Q_D+200=3444-283P$，而此时小麦的供给曲线没有变动。令需求等于供给，可求得新的均衡点：

$$3444-283P=1944+207P$$

解得：$P\approx3.06$(美元/蒲式耳)。

将 $P\approx3.06$ 代入供给或需求函数，可得均衡数量 $Q\approx2578$(百万蒲式耳/年)。

4. 一种植物纤维在竞争性的世界市场上进行交易，世界市场价格为 9 美元/磅。在该价格下，美国可以得到无限多的进口商品。在不同的价格水平下，美国国内市场的供给和需求如下表所示：

价格	美国的供给(百万磅)	美国的需求(百万磅)
3	2	34
6	4	28

续表

价格	美国的供给(百万磅)	美国的需求(百万磅)
9	6	22
12	8	16
15	10	10
18	12	4

(1)求出需求方程和供给方程。

(2)价格等于9美元处，需求的价格弹性是多少？在价格等于12美元处呢？

(3)价格等于9美元处，供给的价格弹性是多少？在价格等于12美元处呢？

(4)在自由市场上，植物纤维在美国的价格是多少？此时的进口数量是多少？

解：(1)设需求方程为 $Q_D=a-bP$，斜率 $-b=\frac{\Delta Q_D}{\Delta P}=\frac{-6}{3}=-2$，故 $Q_D=a-2P$。

将表中任意一对价格和国内需求的数值代入 $Q_D=a-2P$，得 $a=40$。

因此，需求方程为：$Q_D=40-2P$。

设供给方程为 $Q_S=c+dP$，斜率 $d=\frac{\Delta Q_S}{\Delta P}=\frac{2}{3}$，故 $Q_S=c+\frac{2}{3}P$。

将表中任意一对价格和国内供给的数值代入 $Q_S=c+\frac{2}{3}P$，得 $c=0$。

因此，供给方程为：$Q_S=\frac{2}{3}P$。

(2)价格为9美元时，需求价格弹性为：$\frac{P}{Q_D}\times\frac{\Delta Q_D}{\Delta P}=\frac{9}{22}\times(-2)=\frac{-18}{22}\approx-0.82$。

价格为12美元时，需求价格弹性为：$\frac{P}{Q_D}\times\frac{\Delta Q_D}{\Delta P}=\frac{12}{16}\times(-2)=\frac{-24}{16}=-1.5$。

(3)价格为9美元时，供给价格弹性为：$\frac{P}{Q_S}\times\frac{\Delta Q_S}{\Delta P}=\frac{9}{6}\times\frac{2}{3}=\frac{18}{18}=1$。

价格为12美元时，供给价格弹性为：$\frac{P}{Q_S}\times\frac{\Delta Q_S}{\Delta P}=\frac{12}{8}\times\frac{2}{3}=\frac{24}{24}=1$。

(4)在无贸易限制条件下，美国市场的价格将等于世界市场的价格，即9美元/磅。在这一价格水平下，国内供给为 $Q=\frac{2}{3}P=6$，而国内需求为22，因此进口量为 $22-6=16$(百万磅)。

5. 对美国农产品的需求很多是来自其他国家。如在1998年，小麦的总需求是 $Q=3244-283P$，其中美国国内的需求是 $Q_D=1700-107P$，国内的供给是 $Q_S=1944+207P$。假设小麦的出口需求下降了40%。

(1)美国农民注意到出口需求下降了，这对于美国小麦的自由市场价格会产生什么影响？农民有理由担心吗？

(2)现在假设美国政府想要购买足够的小麦使得价格上升至3.50美元/蒲式耳，如果没有出口需求，政府需要购买多少小麦？政府的购买行为需要支付多少货币？

解：(1)令总需求等于国内供给，可求得小麦市场的最初均衡价格和数量：

$$3244-283P=1944+207P$$

解得：$P\approx2.65$(美元)。

将 $P\approx2.65$ 代入总需求或供给函数，可得均衡数量 $Q=2492.55$(百万蒲式耳)，总收益 $PQ=2.65\times2492.55\approx6605.26$(百万美元)，即 66.05 亿美元。

对小麦的国外需求 $Q_F=Q-Q_D=3244-283P-1700+107P=1544-176P$。

小麦的出口需求下降了 40% 以后：

总需求 $Q'=Q_D+0.6Q_F=1700-107P+0.6(1544-176P)=2626.4-212.6P$。

此时再令总需求等于国内供给，可求得出口需求下降 40% 后的均衡价格和数量：

$$2626.4-212.6P=1944+207P$$

解得：$P\approx1.63$(美元)。

将 $P\approx1.63$ 代入总需求或供给函数，得均衡数量 $Q\approx2281$(百万蒲式耳)，总收益是 $PQ=1.63\times2281\approx3718$(百万美元)，即 37.18 亿美元。

将出口需求变化前后两组数据作比较可知，美国自由市场上的小麦价格将从 2.65 美元减至 1.63 美元，美国农民的收益从 66.05 亿美元降低到 37.18 亿美元，这不能不引起美国农民的担忧。

(2)政府将价格提高至 3.50 美元，市场上小麦的供给量 $Q_S=1944+207\times3.5=2668.5$(百万蒲式耳)；总需求量 $Q_D=1700-107\times3.5=1325.5$(百万蒲式耳)。市场上供大于求的数量为 $Q_S-Q_D=2668.5-1325.5=1343$(百万蒲式耳)，政府每年购得 1343 百万蒲式耳的小麦。

美国政府为购买这些小麦，每年需要付的金额为：$1343\times3.5=4700.5$(百万美元)。

6. 纽约市的房租控制机构发现，总需求是 $Q_D=160-8P$，其中数量以万间套房为单位；而价格(即平均月租金水平)则以百美元为单位。该机构还注意到，在 P 较低时，Q 的增加是因为有更多的三口之家从长岛进入该市，从而需要住房。市房地产经纪人委员会承认，房租控制机构得到的总需求方程是较好的需求估计值，并且他们认为住房的供给为 $Q_S=70+7P$。

(1)如果房租控制机构与该委员会在需求和供给上的观点都是正确的，自由市场的价格是多少？如果该机构设定一个 300 美元的最高平均月租金，且所有未找到住房的人都离开纽约市，那么纽约市人口的变动会是怎样的？

(2)假设该机构迎合了该委员会的愿望，且对于所有住房都设定一个 900 美元的月租金，以给房东一个公平的回报率。如果套房长期供给增长的 50%来自新建筑，那么需要建造多少住房？

解：(1)在自由市场条件下，令需求等于供给可求得均衡的价格和数量：

$$160-8P=70+7P$$

解得：$P=6$(百美元)。

将 $P=6$ 代入需求或供给函数，可得均衡数量为 $Q=112$(万间套房)。

在自由市场条件下，平均月租金将为 600 美元，此时有 112 万间套房出租。

如果房租控制机构将最高平均月租金设定在 300 美元，因为租金太低，房东愿意提供

的供给量 $Q_S = 70 + 7 \times 3 = 91$(万间套房)。如果以三口之家来计算，那么将有(112 - 91) × 3 = 63 万人口离开城市，如图 2 - 12 所示。

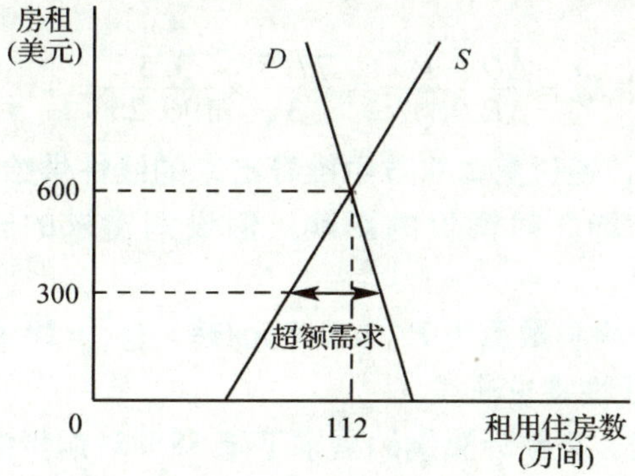

图 2 - 12　房屋的供求分析

(2)当月租金设定为 900 美元时，住房的需求量为 $Q_D = 160 - 8 \times 9 = 88$(万间套房)，与自由市场条件下均衡数量 112 万间套房相比，减少了 24 万间套房的需求。因此，不需要建造住房。

7. 2010 年，美国人总共消费了 3150 亿支香烟，合 157.5 亿包。香烟的每包零售价(含税)大约平均为 5 美元。统计研究表明，需求的价格弹性是 -0.4，供给的价格弹性是 0.5。

(1)根据这些消息，请推导香烟市场的线性需求曲线和线性供给曲线。

(2)1998 年，美国人共消费了 235 亿包香烟，每包零售价为 2 美元。1998 ~ 2010 年，香烟消费下降的部分原因是人们更多地认识到吸烟对健康的危害，部分原因是价格的上升。假设消费下降的所有原因都是价格上升，你可以推断出需求的价格弹性具有什么特征吗?

解：(1)设香烟市场的需求方程为 $Q_D = a - bP$，由题意可知，香烟的需求价格弹性为 $E_P^D = \frac{P}{Q_D} \times \frac{\Delta Q_D}{\Delta P} = -0.4$，根据题意可知 2010 年的平均消费量 157.5 亿包，则：

$$-0.4 = \frac{5}{157.5} \times \frac{\Delta Q_D}{\Delta P}$$

$$\frac{\Delta Q_D}{\Delta P} = -0.4 \times \frac{157.5}{5} = -12.6 = -b$$

当 $P = 5$ 时，$Q_D = 157.5$，所以，$157.5 = a - 12.6 \times 5$，解得：$a = 220.5$。

所以，需求方程为 $Q_D = 220.5 - 12.6P$。

设香烟市场的供给方程为 $Q_S = c + dP$，由题意可知，香烟的供给价格弹性为 $E_P^S = \frac{P}{Q_S} \frac{\Delta Q_S}{\Delta P} = 0.5$，即：

$$0.5 = \frac{P}{Q_S} \times \frac{\Delta Q_S}{\Delta P}$$

$$\frac{\Delta Q_S}{\Delta P} = 0.5 \times \frac{157.5}{5} = 15.75 = d$$

当 $P = 5$，$Q_S = 157.5$，所以 $157.5 = c + 15.75 \times 5$，解得：$c = 78.75$。

所以，供给方程为：$Q_S=78.75+15.75P$。

(2) $\Delta Q=157.5-235=-77.5$，$\Delta P=5-2=3$，$\overline{P}=\frac{2+5}{2}=3.5$，$\overline{Q}=\frac{157.5+235}{2}=196.25$，因此需求价格弹性 $E_P=\frac{\Delta Q}{\Delta P}\cdot\frac{\overline{P}}{\overline{Q}}=-\frac{77.5}{3}\times\frac{3.5}{196.25}=-0.46$。

8. 在(教材)例 2.8 中，通过第 2.6 节中推导出来的线性供给曲线和线性需求曲线，我们研究了铜的需求量下降 20% 对铜价的影响。假设铜需求的长期弹性是 −0.75，而非 −0.5。

(1) 如前假定，均衡价格和数量为 $P^*=3$ 美元/磅，$Q^*=18$ 百万公吨/年，试推导出与更小的需求弹性相一致的线性需求曲线。

(2) 运用这一需求曲线，重新计算铜的需求下降 55% 对铜价的影响。(注：铜的供给曲线为 $Q_S=-9+9P$。)

解： (1) 假设线性需求曲线：$Q_D=a-bP$。

在线性需求曲线中，$E_D=-b\left|\frac{P^*}{Q^*}\right|$，而这里 $E_D=-0.75$，$P^*=3$，$Q^*=18$，所以：$-0.75=-b\left|\frac{3}{18}\right|$，解得 $b=4.5$。

将 $b=4.5$、$P^*=3$ 和 $Q^*=18$ 代入需求曲线中，有：$18=a-4.5\times3$，解得 $a=31.5$。

所以需求的弹性为 −0.75 时，线性需求曲线为：$Q_D=31.5-4.5P$。

(2) 当铜的需求下降 55% 时，新的需求曲线为：

$$Q'_D=0.45Q_D=0.45\times(31.5-4.5P)=14.175-2.025P$$

令需求等于供给，得：$14.175-2.025P=-9+9P$，解得：$P\approx2.10$。

即当铜的需求量下降 55% 时，铜价从 3.00 美元/磅下降到 2.10 美元/磅，每磅价格下降了 90 美分，下降了 $(0.90/3)\times100\%=30\%$。

9. 我们在(教材)例 2.8 讨论了近几年铜的全球需求的下降，部分归因于中国不断下降的消费。不过，如果中国的需求上升了会怎么样呢？

(1) 利用初始的需求弹性和供给弹性(即 $E_S=1.5$ 且 $E_D=-0.5$)，计算铜的需求增加 20% 对铜价的影响。

(2) 计算该需求增加对均衡产量 Q^* 的影响。

(3) 正如我们在例 2.8 中讨论的，美国铜产量在 2000～2003 年下降了。计算铜的需求增加 20%(如你在(1)部分所做的)且铜的供给下降 20% 对均衡价格和产量的影响。

解： (1) 原先的需求函数为 $Q=27-3P$；供给函数为 $Q=-9+9P$。原来的供求均衡为：$P^*=3$，$Q^*=18$。

需求上升 20% 意味着新需求是原先需求的 120%，因此新的需求函数为：

$$Q'_D=1.2Q_D=1.2\times(27-3P)=32.4-3.6P$$

当新的需求等于原先供给时达到新的均衡，即：

$$32.4-3.6P=-9+9P$$

解得新的均衡价格为：$P^*=3.29$(美元/磅)。

所以，需求增加 20% 使得价格上升 29 美分/磅，即上升 9.7%。

(2)将新的均衡价格 3.29 美元代入供给函数得到新的均衡产量为 $Q^* = -9 + 9 \times 3.29 = 20.61$(百万公吨/年)。所以需求增加 20% 使得产量每年增加了 2.61 百万公吨，即上升了 14.5%。

(3)当铜的供给下降 20% 意味着新的供给是原先供给的 80%，所以新的供给函数为：

$$Q_S' = 0.8Q_S = 0.8 \times (-9 + 9P) = -7.2 + 7.2P$$

当 $Q_D' = Q_S'$ 时达到新的均衡，即：

$$32.4 - 3.6P = -7.2 + 7.2P$$

解得新的均衡价格为 $P^* = 3.67$(美元/磅)，新的均衡产量为 $Q^* = -7.2 + 7.2 \times 3.67 \approx 19.22$(百万公吨/年)。

所以当需求增加 20% 并且供给下降 20% 时，相对原先的均衡点，价格会上升 67 美分/磅，上升 22%，产量上升 1.22(百万公吨/年)，上升 6.8%。

10. (教材)例 2.9 分析了世界石油市场。利用该例所提供的数据：

(1)证明短期需求曲线和竞争性供给曲线的确是如下形式：

$$D = 36.75 - 0.035P$$

$$S_C = 21.85 + 0.023P$$

(2)证明长期需求曲线和竞争性供给曲线的确是如下形式：

$$D = 45.5 - 0.210P$$

$$S_C = 16.1 + 0.138P$$

(3)在例 2.9 中，我们考察了沙特阿拉伯的石油减产对石油价格的影响。假设由于沙特阿拉伯开发了新油田，从而欧佩克的产量每年增加 20 亿桶。计算石油产量增加对短期和长期石油供给的影响。

解：(1)假设供给方程为：$S_C = c + dP$，非欧佩克的供给 $S_C = Q^* = 23$；

由 $E_S = 0.05$，$P^* = 50$，且 $E_S = d \cdot (P^*/Q^*)$，得：$d = 0.023$。

将 d，S_C 和 P 代入供给方程，得 $c = 21.85$。

即短期供给曲线为：$S_C = 21.85 + 0.023P$。

同理，假设需求方程为：$D = a - bP$。因为 $Q_D = 35$，$E_D = -b(P^*/Q^*)$，可得 $b = 0.035$。

将 $b = 0.035$，$Q_D = 35$ 和 $P^* = 50$ 代入需求方程，得：$35 = a - 0.035 \times 50$，解得：$a = 36.75$。

即短期需求曲线为：$D = 36.75 - 0.035P$。

(2)由 $E_S = 0.3$，$E_D = -0.3$，$E_S = d \cdot (P^*/Q^*)$，$E_D = -b \cdot (P^*/Q^*)$，得：

$$0.3 = d \times (50/23)$$

$$-0.3 = -b \times (50/35)$$

解得：$d = 0.138$，$b = 0.21$。

$S_C = c + dP$，即：$23 = c + 0.138 \times 50$，解得：$c = 16.1$。

$D = a - bP$，即：$35 = a - 0.21 \times 50$，解得：$a = 45.5$。

即长期供给曲线和需求曲线分别为：$S_C = 16.1 + 0.138P$；$D = 45.5 - 0.210P$。

(3)欧佩克年产量从 120 亿桶增加到 140 亿桶以后，将这 140 亿桶加到短期和长期供给方程中：

$$S_T^t = 14 + S_C = 14 + 21.85 + 0.023P = 35.85 + 0.023P$$

$$S_T^{tt} = 14 + S_C = 14 + 16.1 + 0.138P = 30.1 + 0.138P$$

分别令短期供给等于短期需求、长期供给等于长期需求，得：

$$35.85 + 0.023P = 36.75 - 0.035P$$

解得：$P = 15.52$（美元）；

$$30.1 + 0.138P = 45.5 - 0.210P$$

解得：$P = 44.25$（美元）。

欧佩克每年增产 20 亿桶以后，短期的石油价格是每桶 15.52 美元；长期的石油价格是每桶 44.25 美元。

11. 参见（教材）例 2.10，该例分析了价格控制对天然气的影响。

（1）利用该例中的数据，证明下述供给曲线和需求曲线的确描述了 2005～2007 年的市场：

$$\textbf{供给：} Q = 15.90 + 0.72P_G + 0.05P_O$$

$$\textbf{需求：} Q = 0.02 - 1.8P_G + 0.69P_O$$

其中，P_G 和 P_O 分别是天然气和石油的价格。

另外请证实，如果石油价格为 50 美元，这些曲线意味着天然气的自由市场价格为 6.40 美元。

（2）假设天然气的调控价格是 4.50 美元/千立方英尺，而非 3 美元/千立方英尺，那么超额需求会是多少？

（3）假设天然气的市场并没有受到调控，如果石油价格从 50 美元涨至 100 美元，天然气的自由市场价格又将会发生什么变化？

证明：（1）假设供给函数是：$Q = a + bP_G + cP_O$，那么，

$$\text{供给的价格弹性 } E = \frac{\Delta Q_G/Q_G}{\Delta P_G/P_G} = \frac{\Delta Q_G}{\Delta P_G} \cdot \frac{P_G}{Q_G} = b \cdot \frac{P_G}{Q_G}$$

将 $E = 0.2$，均衡状态下 $P_G = 6.4$，$Q_G = 23$ 代入上式，得 $0.2 = 6.4b/23$，即 $b = 0.72$。

$$\text{供给的交叉价格弹性 } E_{GO} = \frac{\Delta Q_G/Q_G}{\Delta P_O/P_O} = \frac{\Delta Q_G}{\Delta P_O} \cdot \frac{P_O}{Q_G} = c \cdot \frac{P_O}{Q_G}$$

将 $E_{GO} = 0.1$，均衡状态下 $P_O = 50$，$Q_G = 23$ 代入上式，得 $0.1 = 50c/23$，即 $c = 0.05$。

将 $b = 0.72$，$c = 0.05$，$P_G = 6.4$，$P_O = 50$ 和 $Q_G = 23$ 代入供给函数，得 $23 = a + 0.72 \times 6.4 + 0.05 \times 50$，即 $a = 15.9$。

所以供给函数是：$Q = 15.9 + 0.72P_G + 0.05P_O$。

同理，假设需求函数是：$Q = d + eP_G + fP_O$，那么，

$$\text{需求的价格弹性 } E = \frac{\Delta Q_G/Q_G}{\Delta P_G/P_G} = \frac{\Delta Q_G}{\Delta P_G} \cdot \frac{P_G}{Q_G} = e \cdot \frac{P_G}{Q_G}$$

将 $E = -0.5$，均衡状态下 $P_G = 6.4$，$Q_G = 23$ 代入上式，得 $-0.5 = 6.4e/23$，即 $e = -1.8$。

$$\text{需求的交叉价格弹性 } E_{GO} = \frac{\Delta Q_G/Q_G}{\Delta P_O/P_O} = \frac{\Delta Q_G}{\Delta P_O} \cdot \frac{P_O}{Q_G} = f \cdot \frac{P_O}{Q_G}$$

将 $E_{GO}=1.5$，均衡状态下 $P_O=50$，$Q_G=23$ 代入上式，得 $1.5=50f/23$，即 $f=0.69$。

将 $e=-1.8$，$f=0.69$，$P_G=6.4$，$P_O=50$ 和 $Q_G=23$ 代入需求函数，得 $23=d-1.8\times 6.4+0.69\times 50$，即 $d=0.02$。

所以需求函数是：$Q=0.02-1.8P_G+0.69P_O$。

如果石油价格为 50 美元，则：

天然气的供给函数为：$Q=15.9+0.72P_G+0.05\times 50=18.4+0.72P_G$；

天然气的需求函数为：$Q=0.02-1.8P_G+0.69\times 50=34.52-1.8P_G$。

令供给等于需求，得：$18.4+0.72P_G=34.52-1.8P_G$，解得 $P_G=6.40$（美元）。

这就证实了如果石油价格为 50 美元，供求曲线的含义是天然气的自由市场价格为 6.40 美元。

(2)若 1975 年天然气的调控价格是 4.50 美元/千立方英尺，$P_O=50$ 美元，那么，

$$需求：Q_D=0.02-1.8\times 4.50+0.69\times 50=26.42$$

$$供给：Q_S=15.9+0.72\times 4.50+0.05\times 50=21.64$$

超额需求量为 $26.42-21.64=4.78$（千立方英尺）。

(3)如果石油价格从 50 美元涨至 100 美元，那么对于天然气来说：

$$需求：Q_D=0.02-1.8P_G+0.69\times 100=69.02-1.8P_G$$

$$供给：Q_S=15.9+0.72P_G+0.05\times 100=20.9+0.72P_G$$

令供给等于需求，得：$20.9+0.72P_G=69.02-1.8P_G$，解得 $P_G=19.10$（美元）。

所以，如果石油价格从 50 美元涨至 100 美元，而天然气的市场没有受到调控，那么天然气的价格将从 6.40 美元涨至 19.10 美元。

12. 下表显示的是速溶咖啡和烘焙咖啡两年中的零售价格和销售量。

(1)利用下面的数据，估计烘焙咖啡需求的短期价格弹性，并推导烘焙咖啡的线性需求曲线。

(2)估计速溶咖啡需求的短期价格弹性，并推导速溶咖啡的线性需求曲线。

(3)哪一种咖啡的短期需求价格弹性大一些？你认为这是什么原因？

年份	速溶咖啡零售价格（美元/磅）	速溶咖啡销售量（百万磅）	烘焙咖啡零售价格（美元/磅）	烘焙咖啡销售量（百万磅）
第一年	10.35	75	4.11	820
第二年	10.48	70	3.76	850

解：(1)为计算烘焙咖啡的短期需求弹性，首先求出烘焙咖啡需求曲线的斜率。

$$\frac{\Delta Q}{\Delta P}=\frac{820-850}{4.11-3.76}=-85.7$$

因此，

$$E_P^1=\frac{P}{Q}\frac{\Delta Q}{\Delta P}=\frac{4.11}{820}\times(-85.7)=-0.43$$

$$E_P^2=\frac{P}{Q}\frac{\Delta Q}{\Delta P}=\frac{3.76}{850}\times(-85.7)=-0.38$$

$$E_P^{AVE}=\frac{\frac{P_1+P_2}{2}}{\frac{Q_1+Q_2}{2}}\frac{\Delta Q}{\Delta P}=\frac{3.935}{835}\times(-85.7)=-0.40$$

设烘焙咖啡需求曲线为 $Q=a-bP$，且 $-b=-85.7$。当 $P=4.11$ 时，$Q=820$。

所以，$a=820+85.7\times4.11=1172.2$，烘焙咖啡需求曲线为 $Q=1172.2-85.7P$。

（2）为计算速溶咖啡的短期需求弹性，首先求出速溶咖啡需求曲线的斜率。

$$\frac{\Delta Q}{\Delta P}=\frac{75-70}{10.35-10.48}=-38.5$$

因此，

$$E_P^1=\frac{P}{Q}\frac{\Delta Q}{\Delta P}=\frac{10.35}{75}\times(-38.5)=-5.31$$

$$E_P^2=\frac{P}{Q}\frac{\Delta Q}{\Delta P}=\frac{10.48}{70}\times(-38.5)=-5.76$$

$$E_P^{AVE}=\frac{\frac{P_1+P_2}{2}}{\frac{Q_1+Q_2}{2}}\frac{\Delta Q}{\Delta P}=\frac{10.415}{72.5}\times(-38.5)=-5.53$$

设速溶咖啡需求曲线为 $Q=a-bP$，且 $-b=-38.5$。当 $P=10.35$ 时，$Q=75$。

所以，$a=75+38.5\times10.35=473.5$，速溶咖啡需求曲线为 $Q=473.5-38.5P$。

（3）速溶咖啡比烘焙咖啡弹性大得多。烘焙咖啡在短期内弹性很小，是因为人们把烘焙咖啡看作一种必需品，价格的变化不会引起需求的很大变化。然而，很多人把速溶咖啡看成是烘焙咖啡的虽不完美但比较方便的替代品。因此，如果速溶咖啡的价格上升了，人们就不会愿意付更多的钱来购买这种质量较低的替代品，从而使得销售量大量减少。由题可知，速溶咖啡的价格变动幅度小于烘焙咖啡，但消费量减少的幅度却大于烘焙咖啡消费量增加的幅度，因此速溶咖啡比烘焙咖啡弹性大得多。

第2篇　生产者、消费者与竞争性市场

第3章　消费者行为

3.1　复习笔记

【知识框架（庖丁解牛）】

- 消费者行为
  - 消费者偏好
    - 偏好的基本假定
    - 序数排列和基数排列
    - 无差异曲线和边际替代率
    - 完全替代品和完全互补品
  - 预算约束
    - 预算线
    - 收入和价格变化的效应
  - 消费者选择
    - 消费者效用最大化
    - 边际收益和边际成本
    - 角点解
  - 显示偏好与两部收费制
  - 边际效用
  - 生活成本指数

【考点难点归纳（厚积薄发）】

考点一：消费者偏好　★★★

1. 偏好的基本假定（见表3－1）

表3－1　偏好的基本假定

基本假定	具体内容
完备性	消费者可以对所有可能的消费组合进行比较和排序
传递性	消费者对于不同消费组合的偏好是可以传递的，即 A 好于 B，B 好于 C，则 A 好于 C
越多越好	在其他条件不变的情况下，某种商品越多，消费者越是偏好这种消费组合

2. 序数排列和基数排列

序数排列是按照消费者的偏好程度进行排列的，不反映消费者对于不同消费组合偏好程度有多大差别。基数排列则可以同时反映偏好程度和顺序，基数排列把消费者的偏好进行量化，从而可以在人与人之间进行比较。

3. 无差异曲线和边际替代率

无差异曲线是描述消费者偏好相同的情况下，不同消费组合的轨迹，它表示能给消费者带来同等效用水平和满足程度的两种商品的不同数量的各种组合。无差异曲线是向右下方倾斜的，并且不同的无差异曲线不会相交，离原点越远表示效用越高。

边际替代率衡量了消费者愿意用一种商品去替代另一种商品的比例。无差异曲线的斜率的绝对值即为两种商品的边际替代率。商品 X 对商品 Y 的边际替代率为 $MRS=-\Delta Y/\Delta X$，如图 3－1 所示。

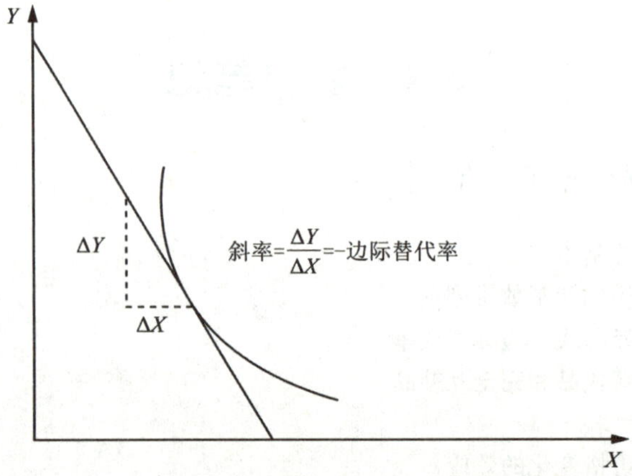

图 3－1　商品 X 对商品 Y 的边际替代率

当沿着一条无差异曲线下移时，边际替代率递减。当存在着一个递减的边际替代率的时候，无差异曲线是凸的。

4. 完全替代品和完全互补品

当一种商品对另一种商品的边际替代率是一个常数时，这两种商品是完全替代品，即描绘这两种商品消费的权衡抉择的无差异曲线为斜率为负的直线。

当两种商品的边际替代率为零或无穷大且无差异曲线为直角形状时，它们就是完全互补品。

完全替代品和完全互补品的无差异曲线分别如图 3－2 中的(a)和(b)所示。

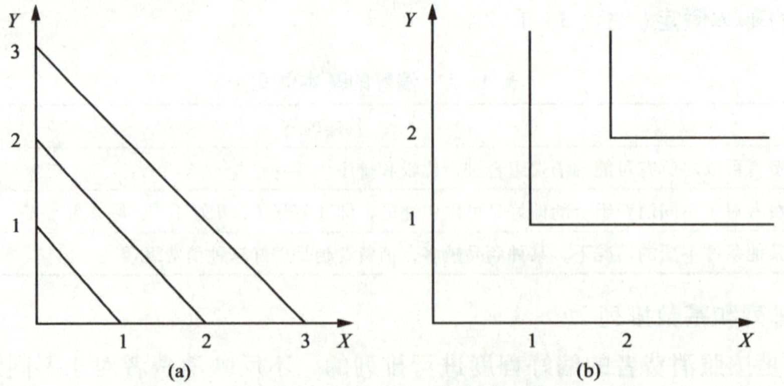

图 3－2　完全替代品和完全互补品的无差异曲线

考点二：预算约束 ★★★

1. 预算线

预算线代表了消费者在既定收入和商品价格的条件下所能购买的商品组合。一个收入为 M 的消费者对于价格分别为 P_X 和 P_Y 的商品 X 和商品 Y 的预算约束为：$P_X X + P_Y Y = M$。

当消费者收入增加时，预算线外移；但是，当一种商品的价格(假设在横轴上)发生变化，而收入和另一种商品的价格保持不变时，预算线会以某个固定的点(在纵轴上)为轴心而旋转。

2. 收入和价格变化的效应

收入上的变化改变了预算线的纵向截距，而并不改变斜率(因为两种商品的相对价格都不曾有过变化)。图3-3描绘了收入增加对预算线的影响。

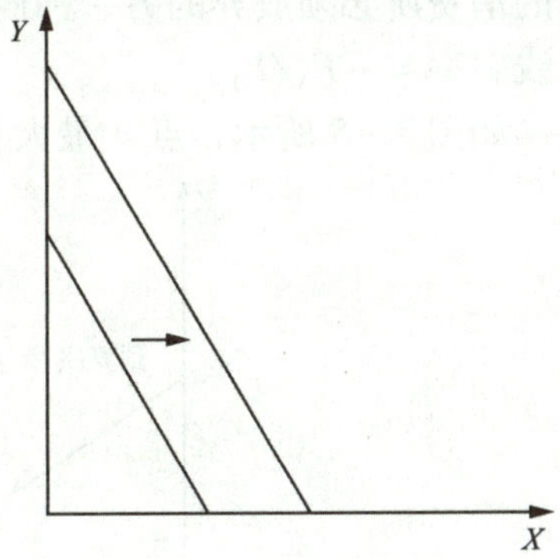

图3-3 收入变化对预算线的影响

如果一种商品的价格发生变化，而另一种商品的价格保持不变，那么预算线的纵向或横向截距保持不变，但斜率发生变化。如果两种商品的价格都有变化且价格之比保持不变，则由于预算线的斜率等于两种价格之比，斜率保持不变，而预算线的截距必须移动，以使新的预算线平行于旧的预算线。图3-4的(a)和(b)分别描绘了 P_Y 保持不变，P_X 减小时以及 P_X 和 P_Y 同比例减小时预算线的变化。

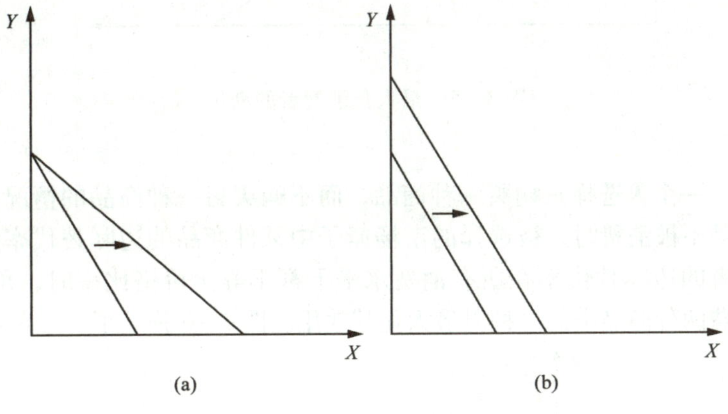

图3-4 价格变化对预算线的影响

考点三：消费者选择 ★★★★★

1. 消费者效用最大化

假定消费者是理性的，那么他们的消费选择总是在充分利用现有预算的情况下，使自身的效用最大化。效用最大化的市场篮子必须满足两个条件：①它必须位于预算线上；②它必须给予消费者最偏好的商品和服务组合。这两个条件使消费者效用最大化的问题简化为在预算线上选一个最优点的问题。

2. 边际收益和边际成本

使消费者满足程度最大化的市场篮子必定位于那条与预算线相切的、最高的无差异曲线上。消费者效用最大化的条件可以简化为：边际收益 = 边际成本。

边际收益，即额外 1 单位商品的消费所对应的收益，是以 MRS 来度量的，$MRS = -\Delta Y/\Delta X$。

边际成本，即额外 1 单位商品的消费所对应的成本，也可以指消费者增加一单位该商品的消费所必须放弃的另一种商品的数量，边际成本是以预算线斜率的数值来度量的，预算线斜率 $= -P_X/P_Y$。

如图 3－5 所示，点 A 最大化了消费者的效用，满足 $MRS = P_X/P_Y$。

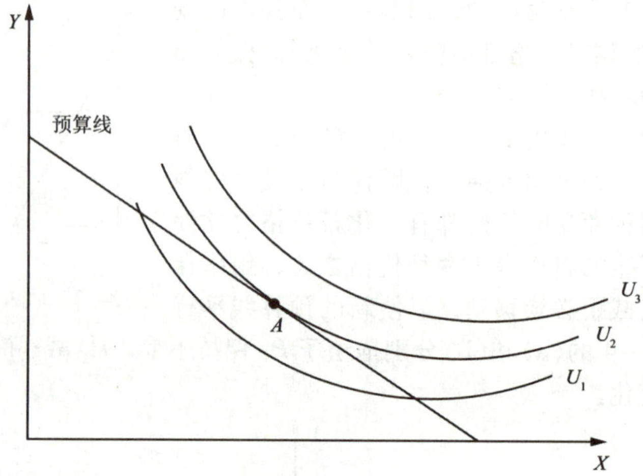

图 3－5　最大化消费者的满足

3. 角点解

面对预算线，一个人选择只购买一种商品，而不购买另一种商品的情况被称作是一个角点解。当一种商品不被消费时，被选择的市场篮子中某件商品的边际替代率并不等于预算线的斜率。当消费者的边际替代率在所有消费水平下都不等于价格比率时，角点解便会出现。消费者通过只消费两种商品中的一种以最大化其效用。图 3－6 描绘了一个角点解的例子。

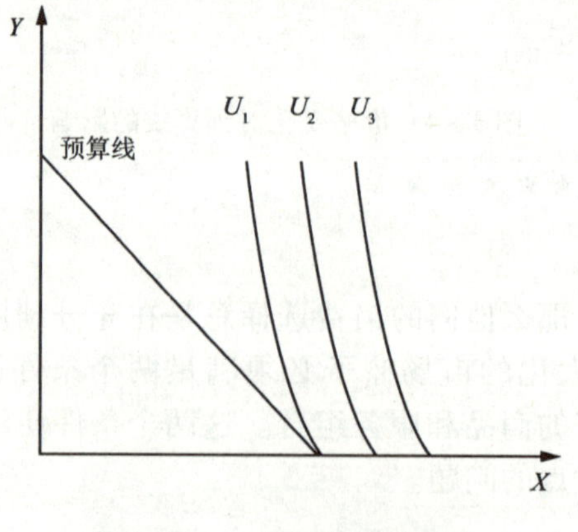

图 3－6　一个角点解的例子

考点四：显示偏好与两部收费制 ★★★

1. 显示偏好

如果 A 组合价格高于或等于 B 组合，而消费者却选择 A 组合而不选 B 组合，很明显地，消费者偏好 A 组合，亦即有选择的组合可显示消费者的真正偏好。此种反推的方法即称为显示偏好。显示性偏好理论表明，可以利用消费者在价格和收入变动时做出的选择来确定他们的偏好。如图 3－7 所示，若消费者在市场篮子 A、B、D 中选择了 A，可以推断出 A 比 B 和 D 更受消费者偏好。

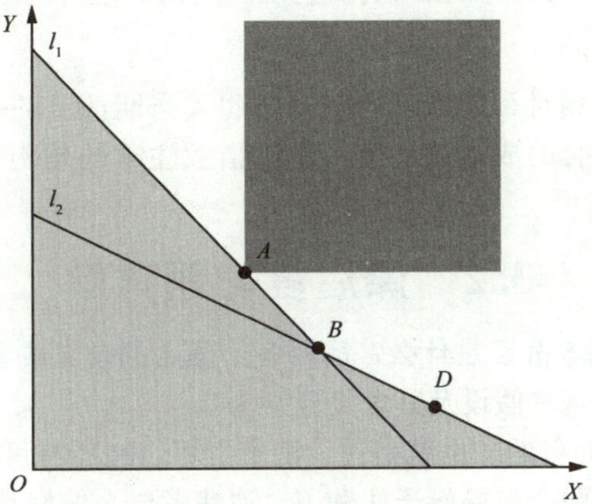

图 3－7　显示偏好两条预算线

2. 两部收费制

两部收费制是指消费者为购买某种产品或服务要支付两部分费用，一部分为“注册费”，用于购买“消费权”；另一部分为“使用费”，用于直接按数量购买产品和服务。“两部收费制”较常用于电信、零售、旅游、娱乐等行业。

考点五：边际效用 ★★★★★

1. 效用和效用函数

效用是消费者从一个市场篮子中得到的满足程度的数值表示。效用完全是一种主观的心理评价，它和人的欲望联系在一起。

给每个市场篮子一个效用水平，这样如果市场篮子 A 比市场篮子 B 更受到偏好，那么 A 的数值就会比 B 的大，通过这一途径便可以获得一个效用函数。例如效用函数 $U(X, Y) = XY$ 表示，从消费 X 单位商品 X 和 Y 单位商品 Y 之中获得的满足程度是 X 和 Y 的乘积。

2. 边际效用和边际效用递减

边际效用度量了从消费一种商品的一个额外的数量中所获得的额外的满足。边际效用服从边际效用递减规律，即随着一种商品的消费数量的增长，该商品额外数量的消费所带来的效用增加值将越来越小。

3. 消费者实现效用最大化的均衡条件

运用效用函数方法时，如果消费者消费两种商品，当两种商品的边际效用之比（边际替代率）等于价格之比时，即 $MU_X/MU_Y=P_X/P_Y$ 时，效用最大化便实现了。

考点六：生活成本指数 ★★

1. 理想生活成本指数

理想生活成本指数是指达到一个给定效用水平的当期成本与基期成本的比值。

2. 拉氏指数

拉氏指数表示以当期价格购买一个基期选定的商品组合的成本相对于以基期价格购买同一组合的成本的比值。拉氏指数强调购买基期固定商品组合的成本。

3. 帕氏指数

帕氏指数与拉氏指数相对，计算以当期价格购买当期选定的一个商品组合的成本相对于用基期价格购买同一组合的成本的比值。帕氏指数注重的是购买一个固定现期商品组合的成本。

3.2　课后复习题详解

1. 个人偏好的四个基本假设是什么？解释各个假定的含义或者意义。

答： 个人偏好的四个基本假设及其含义分别为：

（1）完备性：偏好是完备的，也就是说，消费者可以在所有可能的市场篮子中进行比较和排序。例如，对于任何两个市场篮子 A 和 B，消费者要么偏好其中的 A，要么偏好其中的 B，要么觉得两者无差异。其中，无差异是指消费者从两个篮子中获得相同的满足程度。

（2）可传递性：偏好是可以传递的。这意味着，如果消费者在市场篮子 A 和 B 中更偏好 A，在 B 和 C 中更偏好 B，那么消费者在 A 和 C 中更偏好 A。这一假定保证了消费者的种种偏好是一致的，因而也是理性的。

（3）越多越好：商品被假定为是令人愉悦的，也就是好的。消费者总是偏好多的任何一种商品，而不是少的。另外，消费者是永不满足的，商品多多益善。

（4）边际替代率递减：消费者的无差异曲线是凸的，即沿着无差异曲线，边际替代率是递减的。这意味着，消费者通常偏好一个平衡的市场篮子，而不是只有一种商品、没有其他商品的市场篮子。

2. 一组无差异曲线能向上倾斜吗？如果是这样，你怎么看待这两种商品？

答： 一组无差异曲线有可能向上倾斜。在偏好理论中一个重要的假定是消费者总是偏好任何一种商品中的多，而不是少。此假定认为商品总是令人愉悦的，即总是好的。因此，如果减少消费者手中某种商品的数量（保持另一种商品数量不变），那么他们的满意度将降低，因此对应的无差异曲线斜率都是为负，向下倾斜的。然而，如果某种商品对于消费者来说是不受欢迎的，那么减少这种商品的数量，将使消费者的状况变得更好。例如，消费者更愿意减少有毒废水的排放，而不是增加。如果一种商品是不受欢迎的，那么对应的无差异曲线则是向上倾斜的。如图 3－8 所示，在无差异曲线 U_1 和 U_2 中，消费者更偏好于 U_2。

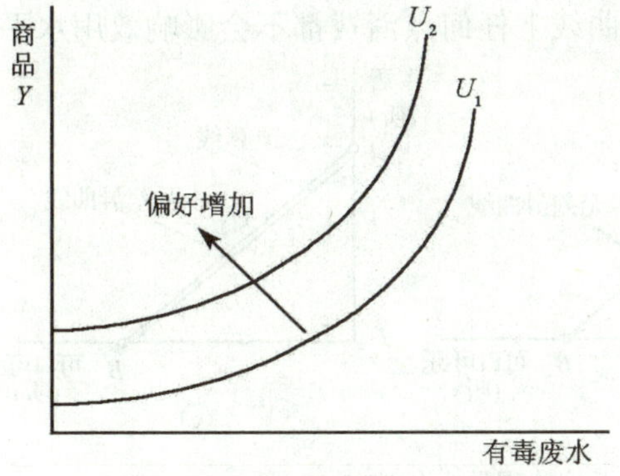

图3－8 向上倾斜的无差异曲线

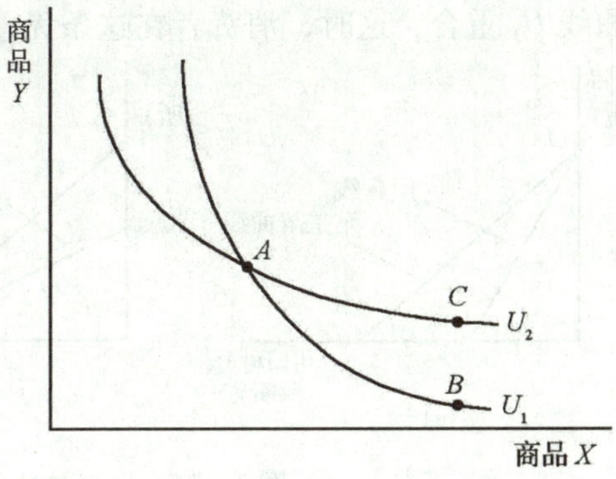

图3－9 无差异曲线不能相交

3. 解释为什么两条无差异曲线不能相交。

答：无差异曲线是指用来表示消费者偏好相同的两种商品不同数量的各种组合的一簇曲线，或者说，它是表示能给消费者带来同等效用水平和满足程度的两种商品的不同数量的各种组合。如图3－9所示，假设两条无差异曲线相交于A点。无差异曲线的定义决定了在同一条无差异曲线上消费者会获得相同的效用。所以，A点和B点的效用水平是相同的，因为这两个点都在U_1曲线上。同理，既然A点和C点都在U_2曲线上，那么它们所表示的效用水平也相同。但是，从图中可以看出，C点的位置高于B点，即C点表示的效用较高，与前面所述矛盾。所以，两条无差异曲线不可能相交。

4. 乔恩总是愿意以一听可口可乐换取一听雪碧，或者以一听雪碧换取一听可口可乐。

(1)你如何看待乔恩的边际替代率？

(2)画出乔恩的一组无差异曲线。

(3)画出两条斜率不一样的预算线，并说明效用最大化的选择。从中你能得出什么结论？

答：(1)乔恩的边际替代率为固定的常数1，因为他总是愿意以一听可口可乐换取一听雪碧，或者以一听雪碧换取一听可口可乐，因此，可口可乐与雪碧之间是完全替代的关系。

(2)乔恩的无差异曲线如图3－10所示。

(3)乔恩的无差异曲线为一条斜率绝对值为1的直线。由于预算线也是直线，两条直线只可能有一个交点或无数个交点(即预算线与无差异曲线重合)，所以当无差异曲线和预算线相交时才能满足最大化的条件，交点处对应的消费组合即为效用最大化的消费组合。

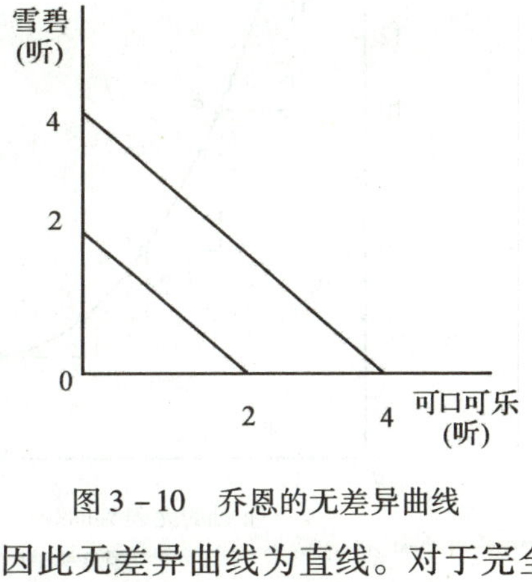

图3－10 乔恩的无差异曲线

如图3－11所示，可口可乐和雪碧是完全替代品，因此无差异曲线为直线。对于完全替代品来说，消费者总是会购买相对便宜的那一种以获得最大化的效用。例如，如图3－11(a)所示，如果雪碧比可口可乐便宜，那么消费者将面临预算线L_1，并在A点获得最大化效用；如图3－11(b)所示，如果可口可乐比雪碧便宜，消费者将面临预算线L_2，并在B点获得最大化效用；如图3－11(c)所示，如果可口可乐和雪碧的价格相同，预算线L_3将会与无

差异曲线 U_3 重合，这时，消费者在这条无差异曲线上任何点消费都不会影响效用水平。

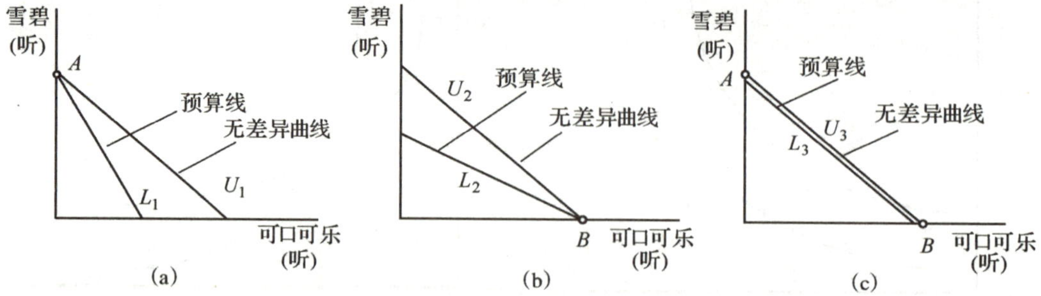

图 3－11　完全替代偏好下的效用最大化选择

5. 当你沿着一条凸的无差异曲线移动时，边际替代率如何变化？如果是一条线性的无差异曲线呢？

答： 边际替代率是消费者为获取更多的一种商品而愿意放弃的另一种商品的数量。其几何表示为：消费者为了获得横轴上额外 1 单位商品而愿意放弃的纵轴上的商品的数量。因此，无差异曲线的斜率度量了消费者的边际替代率。

(1)当沿着一条凸的无差异曲线向下移动时，边际替代率递减。如图 3－12(a)所示，凸的无差异曲线意味着沿着无差异曲线移动时，无差异曲线的斜率绝对值越来越小，而无差异曲线的斜率度量了消费者的边际替代率，因此，沿着凸的无差异曲线移动，边际替代率递减。

(2)当沿着一条线性的无差异曲线移动时，边际替代率不变。因为线性无差异曲线具有不变的斜率，如图 3－12(b)所示。

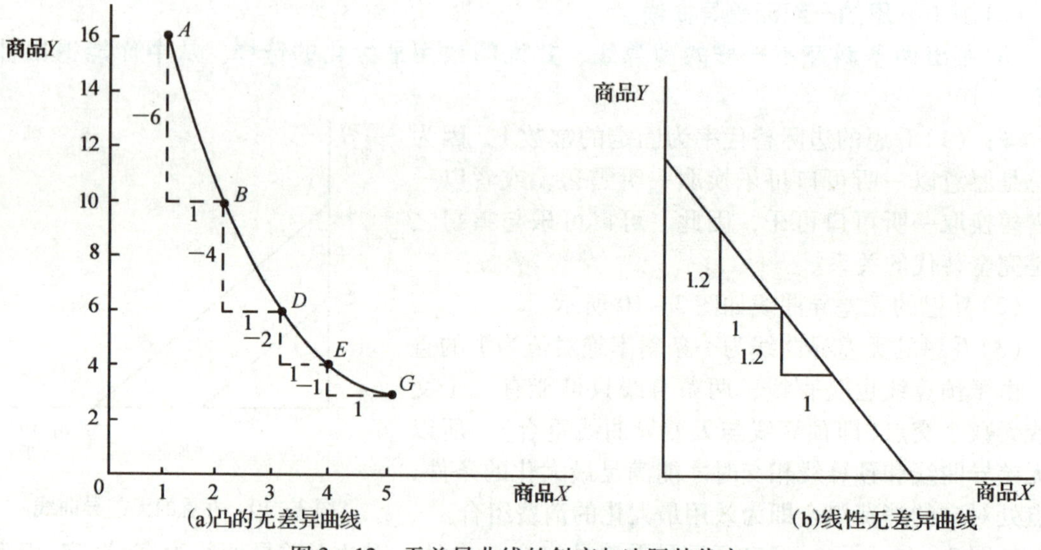

图 3－12　无差异曲线的斜率与边际替代率

6. 说明为什么当消费者实现最大化满足时，两种商品的边际替代率必定等于商品的价格比率。

答： 边际替代率是指在效用不变的情况下，消费者愿意拿一种商品与另一种商品交换的比率。商品的价格之比是由市场决定的两种商品可以相互交换的比率。在无差异曲线和预算线的切点上，这两种比率相等，消费者获得最大的满足。

如果两种商品的边际替代率不等于价格之比，那么消费者可以以市场价格拿一种商品去换取另一种商品，从而增加满足程度，这种交换会一直持续下去，直到获得最大的满足，即边际替代率等于商品的价格之比。

7. 描述与互为完全替代品的两种商品相对应的无差异曲线。假如为完全互补品又怎么样呢？

答：(1)完全替代品是指两种商品之间的边际替代率是一常数的商品，这两种商品在效用上可以相互替代(按某一固定的比例)，满足消费者的同一种欲望。完全替代品的无差异曲线是线性的，如图3-13(a)所示，对于某消费者而言，橙汁和苹果汁可以视为完全替代品，喝一杯橙汁或苹果汁之间是无差异的，因而无差异曲线的斜率为-1。当然，对于完全替代品而言，其无差异曲线的斜率未必等于-1。

(2)完全互补品是指两种商品之间的边际替代率为零或无穷大的商品，这两种商品在效用上互相补充，从而满足消费者的同一种欲望。完全互补品的无差异曲线是直角形的。一副眼镜架必须和两片眼镜片同时配合，才能构成一副可供使用的眼镜，则相应的无差异曲线如图3-13(b)所示。

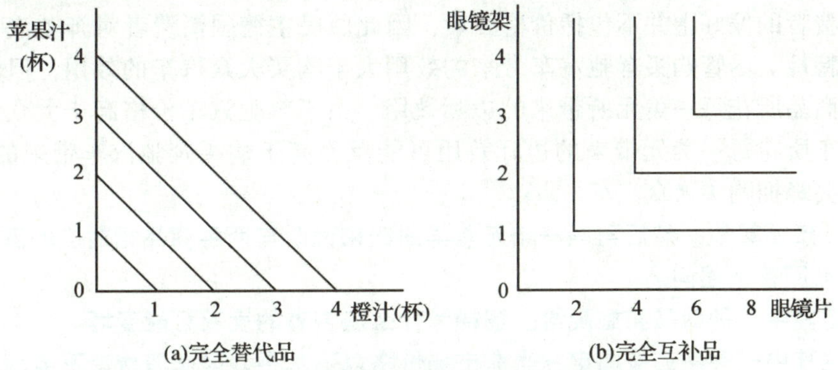

图3-13 完全替代品和完全互补品

8. 序数效用和基数效用的区别是什么？解释对消费者选择进行排序时为什么不需要基数效用的假定。

答：(1)序数效用和基数效用的区别：

序数效用把主观满足表达成一种可排序的偏好的方式；基数效用将消费的满足程度即效用在数量上用统一的、单一的单位来精确地加以衡量。两者的差异主要体现在以下几点：

①假设不同。基数效用论假设消费者消费商品所获得的效用是可以度量的，可以用基数表示，每个消费者都可以准确地说出自己所获得的效用值，边际效用具有递减规律；序数效用论则认为消费所获得的效用只可以进行排序，只可以用序数来表示，效用的大小及特征表现在无差异曲线中。

②使用的分析方法不同。基数效用论使用MU，即边际效用作为工具；而序数效用论则使用无差异曲线、预算线作为分析工具。

③均衡条件的表达不同。基数效用论使用表达式为$MU_i/P_i=\lambda$；序数效用论则表示为$MRS_{XY}=MU_X/MU_Y=P_X/P_Y$。

④基数效用论认为效用是可以计量并加总求和的，故效用可以用基数(1，2，3，…)来表示；而序数效用论表示效用作为一种主观的感受是无法用基数来衡量其大小的，故效用只能用序数(第一，第二，第三…)来表示满足程度的高低和顺序。

(2)不需要基数效用的假定以排列消费者选择的原因：

对同一消费者的选择排序时，由于个人主观心理的影响这一条件相同，所以并不需要确定效用的具体大小，只需要知道消费者对不同的市场篮子的偏好就可以进行排序。例如，只要知道 A 优于 B，而不用知道 A 在多大程度上优于 B 就可以对偏好进行排序，所以并不需要基数效用的假定。

9. 在德国统一之后，原民主德国消费者在梅赛德斯－奔驰和大众汽车之间更偏好前者。然而，当他们将其储蓄兑换成德国马克时，就蜂拥至大众特约经销商。如何解释这一显见的悖论？

答：解释这一悖论需要以下两个假设：

(1)奔驰汽车比大众汽车昂贵。

(2)原民主德国消费者的效用函数包括两种商品：奔驰汽车和所有其他以德国马克标价的商品(包括大众汽车)。

由于消费者的偏好中并不包括价格因素，因此原民主德国消费者对奔驰汽车的偏好仅仅基于产品特性。尽管购买奔驰汽车带来的效用大于购买大众汽车的效用，但消费者会考虑购买每种商品所花每一美元所带来的边际效用。由于奔驰汽车价格高于大众汽车，所以购买大众汽车所花每一美元带来的边际效用可能反而高于购买奔驰汽车带来的边际效用，因此消费者会蜂拥购买大众汽车。

10. 画一条预算线，然后再画一条无差异曲线来说明与两种商品相对应的满足最大化选择。利用图形回答下述问题。

(1)假定其中一种商品实施配给。解释为什么消费者的境况可能变坏。

(2)假定其中一种商品被固定在当前市场价格以下水平，因此消费者不能想买多少就买多少。你能判断消费者的境况是变好了还是变坏了吗？

答：假定消费者消费两种商品 X 和 Y，其价格分别为 P_X 和 P_Y，消费者的收入为 I，因此消费者的预算约束线为：$P_X \cdot X + P_Y \cdot Y = I$，如图3－14所示。

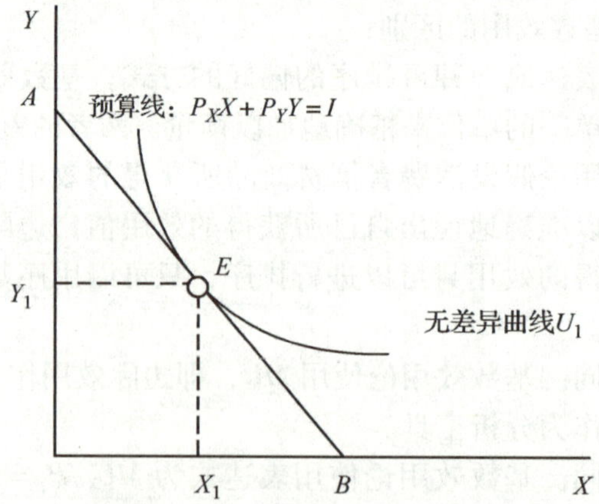

图3－14　消费者的最优选择

对于消费者而言，效用最大化的市场篮子必须满足两个条件：①它必须位于预算线上；②它必须给予消费者其最偏好的商品和服务组合。因此，效用最大化的市场篮子必定位于无差异曲线与预算线的切点上。如图3－14所示，预算线AB与无差异曲线U_1的切点E决定了消费者的最优选择，两种商品的最优组合为：(X_1, Y_1)。在E点处，$MRS_{XY}=P_X/P_Y$。

(1)假定对商品X实行配给，将商品X消费量控制在X_2时，如图3－15所示，消费者的预算线将由原来的直线AEB变为折线AFC。此时消费者效用最大化的点为F点，在该点，$MRS_{XY}>P_X/P_Y$。此时经过F点的无差异曲线U_2位于原来无差异曲线U_1的下方，因而消费者获得的效用水平减小，消费者的境况变坏。

但是，如果将商品X消费量控制在X_1(或大于X_1)时，消费者的最优选择点仍是E点，消费者获得的效用水平不变，此时消费者的境况不变。

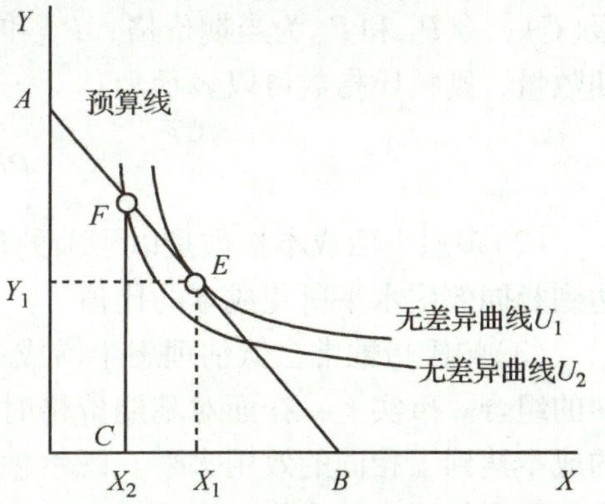

图3－15 配给对消费者选择行为的影响

综上所述，配给可能使消费者的境况变差。

(2)当一种商品的价格被固定在当前价格(市场均衡价格)以下的水平，则该商品将会存在超额需求，产生短缺现象。最终该商品将不得不实施配给。由(1)可知，消费者将有可能因为无法达到效用最大化点而境况变差。

11. 描述边际相等原则。解释一下，为什么如果一种或两种商品的消费具有递增的边际效用，这一原则可能并不成立。

答：(1)边际相等原则的含义：

边际相等原则是指为了获得效用最大化，消费者所消费的各种商品的边际效用与价格的比值应该相等。也就是说，当消费者花在每一种商品上的最后一美元所带来的边际效用相同时，便实现了效用最大化。

(2)这一原则可能不成立的原因：

当一种商品的边际效用递增时，该商品的使用量越大，其边际效用也越大，这样，如果该商品价格不变，消费者会把所有的预算花到这种商品上。这种商品的无差异曲线与预算线只可能相交而不可能相切，不满足$MRS=P_F/P_C$，即$MRS\neq P_F/P_C$。对于由$0=MU_F\cdot\Delta F+MU_C\cdot\Delta C$，得出$MRS=MU_F/MU_C$，由$P_F/P_C\neq MU_F/MU_C$，即：$MU_F/P_F\neq MU_C/P_C$，所以边际相等原则在这种情况下不成立。

12. 在过去20年中计算机的价格已经大幅下跌。请用这一价格下跌的情况解释为什么消费者价格指数可能在很大程度上高估了那些密集使用计算机的人的生活成本指数。

答：消费者物价指数，英文缩写为CPI，是为反映与居民生活有关的产品及劳务价格统计出来的物价变动指标，通常作为观察通货膨胀水平的重要指标。消费者物价指数是由统计部门根据基期的固定消费组合来计算的物价指数。因为CPI以基期的消费结构作为固定比例结构进行计算，相对于以前计算机价格高时，密集使用计算机的个人现期有更多的支出用于计算机的购买，使得现期实际的消费支出结构中计算机的比重大于CPI公式计算中的计算机所占的比重，而计算机的价格是下降的，所以消费者物价指数可能很大程度上低估了计算机价格下降的效应。因此，CPI 可能会高估密集使用计算机的个人的生活成本指数。

13. 解释为什么帕氏指数通常会低估理想生活成本指数。

答：（1）帕氏指数是一个人以当期价格购买当期一个商品服务组合所需的货币数除以按基期价格购买同一组合所需的货币数所得的商。一般地，假定有两种商品：食物（F）和衣服（C），令 P_{Ft} 和 P_{Ct} 为当期价格；P_{Fb} 和 P_{Cb} 为基期价格；F_t 和 C_t 为当期数量；F_b 和 C_b 为基期数量，则帕氏指数可以表示为：

$$PI=\frac{P_{Ft}F_t+P_{Ct}C_t}{P_{Fb}F_t+P_{Cb}C_t}$$

（2）理想生活成本指数是以当前的价格达到一个给定效用水平所花成本相对于基期价格达到相同效用水平所花成本的比值。

（3）帕氏指数常会低估理想生活成本指数，因为帕氏指数是假设一个人将在基期购买现期的组合。事实上，在面对基期价格时，消费者可能已经通过改变他的消费组合而以更低的成本达到了相同的效用水平。既然帕氏指数是购买现期组合的成本除以以基期价格购买当期组合的成本的比值，那么放大以基期价格购买当期组合的成本（即公式中的分母）也就使得指数本身被低估了。

3.3　课后练习题详解

1. 在本章中，对于不同商品的消费者偏好在分析中没有发生变化。不过在有些情况下，消费时偏好的确会变化。讨论一下，就消费下述这两种商品而言，偏好为什么以及怎样在一段时间后可能会变化。

（1）卷烟；

（2）在一家有特色菜肴的餐厅里初次用餐。

答：消费者偏好不变的假定在消费者选择与时间没有关系的时候是成立的。但如果加入了习惯的形成和上瘾的因素，它就不成立了。

（1）对于卷烟而言，当消费一段时间后，由于对它的依赖性越来越大，消费者会越来越偏好卷烟；而同时对有些人而言，由于消费到一定程度后意识到卷烟对人身体健康的危害，从而戒烟，最终对卷烟变得不偏好。

（2）在一家有特色菜肴的餐厅里初次用餐后，如果特色菜肴符合消费者的口味，那么他会经常来用餐，从而对这家特色菜肴的餐厅变得偏好；如果特色菜肴不符合消费者口味，那么初次用餐后他会对该餐厅变得不偏好；如果形成偏好，当消费一段时间后，由于其新奇感消失，可能转而消费其他，则对这家特色菜肴的餐厅变得偏好减弱，甚至不偏好；还存在一种情况是消费者已经厌恶了再去寻找新的餐厅，而习惯了在该餐厅用餐，那么他会一直偏好该餐厅。

2. 画出下述两种商品个人偏好的无差异曲线：汉堡包和软饮料。指出个人满足（或效用）增加的方向：

（1）乔的无差异曲线为凸的，汉堡包和软饮料都不喜欢。

（2）简喜欢汉堡包，但不喜欢软饮料。如果服务员给她一份软饮料，她会不喝倒掉。

（3）鲍勃喜欢汉堡包，但不喜欢软饮料。但是如果服务员给他一份软饮料，为了礼貌起

见他会喝掉。

(4)莫利喜欢汉堡包和软饮料，但坚持精确地按照两个汉堡包搭配一份软饮料来吃。

(5)比尔喜欢汉堡包，但对软饮料无所谓喜欢或不喜欢。

(6)玛丽从额外一个汉堡包中获得的满足是从额外一份软饮料中所获得满足的两倍。

答：(1)因为乔不喜欢汉堡包和软饮料，所以他的无差异曲线簇将凹向原点，而不是通常情况下那样凸向原点。同时，离原点越近，其无差异曲线所代表的满足程度越高。无差异曲线的凸性意味着，他的无差异曲线将有正常的形状，即无差异曲线将凹向满足程度递增的方向。无差异曲线的凸性同时还意味着，对于任意给定的两个消费束(X和Y)，其“平均的”消费束($C=aX+(1-a)Y$，$0\leqslant a\leqslant 1$)也将在受偏好的集合内，或者至少与原来的两个消费束无差异。因此，乔的无差异曲线如图3－16所示。

(2)因为简会自由处置服务员给她的软饮料，所以可以认为软饮料对于她而言是一种中性物品。这意味着她不太关心软饮料的数量。在以汉堡包数量为纵轴的坐标图上，简的无差异曲线是一条水平线，无差异曲线越向上代表的效用水平越高。因此，简的无差异曲线如图3－17所示。

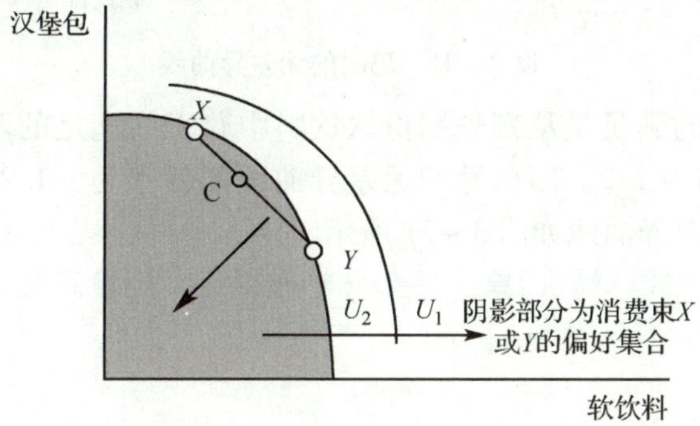

图3－16　乔的无差异曲线

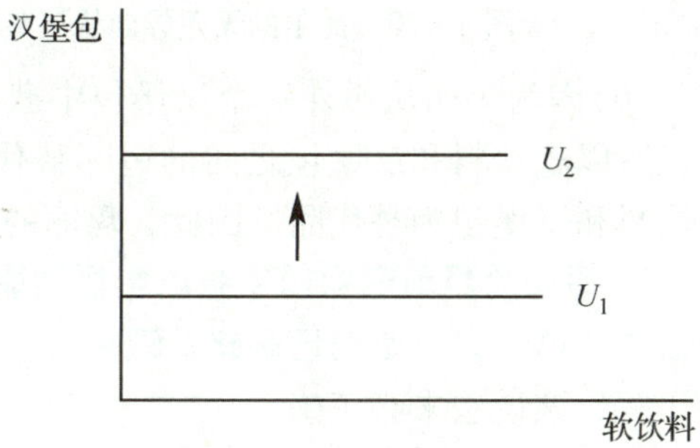

图3－17　简的无差异曲线

(3)因为鲍勃不喜欢软饮料，但出于礼貌他会喝掉服务员给他的软饮料，所以可以认为软饮料对于他而言是一种“坏东西”。当鲍勃得到一个软饮料时，他将需要更多的汉堡包才能维持满足程度不变。更多的软饮料但没有给他更多的汉堡包将使鲍勃的效用恶化；反之，更多的汉堡包和较少的软饮料将会增加他的效用。因此，鲍勃的无差异曲线如图3－18所示。

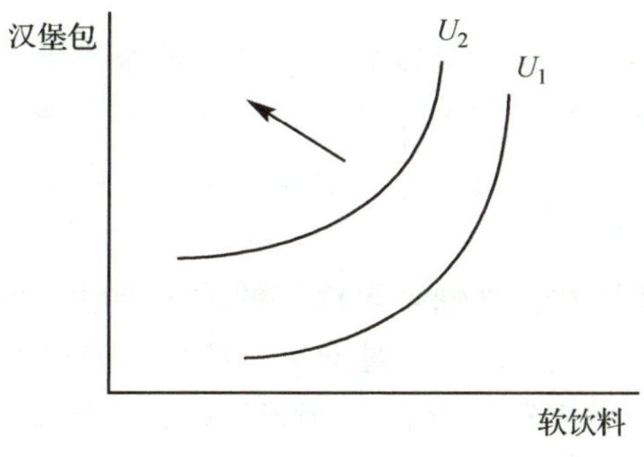

图3－18　鲍勃的无差异曲线

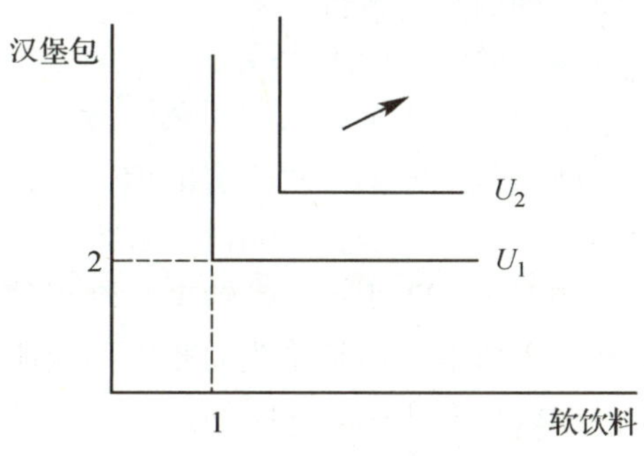

图3－19　莫利的无差异曲线

(4)因为莫利坚持精确地按照两个汉堡包搭配一份软饮料，所以她的无差异曲线是直角形(或“L”形)的。对于给定量的一种商品，另一种商品的增加不会给她带来任何额外的满足。只有两种商品都按相同的比例增加时，才能增加莫利的满足程度。软饮料和汉堡包是互补品。因此，她的无差异曲线如图 3 – 19 所示。

(5)和简一样，可以认为对于比尔而言，软饮料是一种中性物品。因为他对软饮料无所谓喜欢和不喜欢，所以当汉堡包数量不变，而软饮料数量变化时，他的效用将保持不变。他的满足程度完全取决于汉堡包的消费量。因此，比尔的无差异曲线如图 3 – 20 所示。

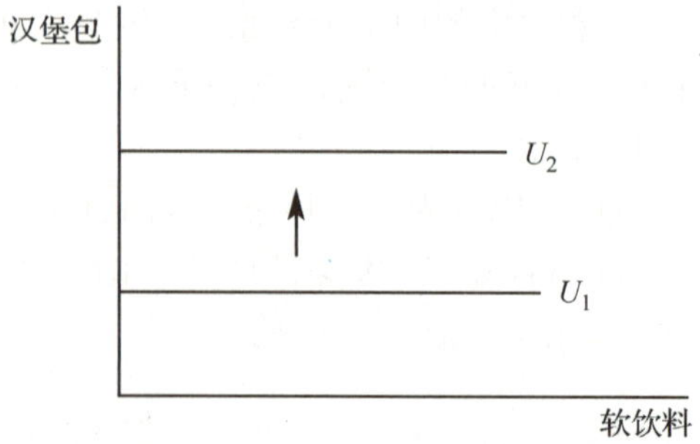

图 3 – 20　比尔的无差异曲线

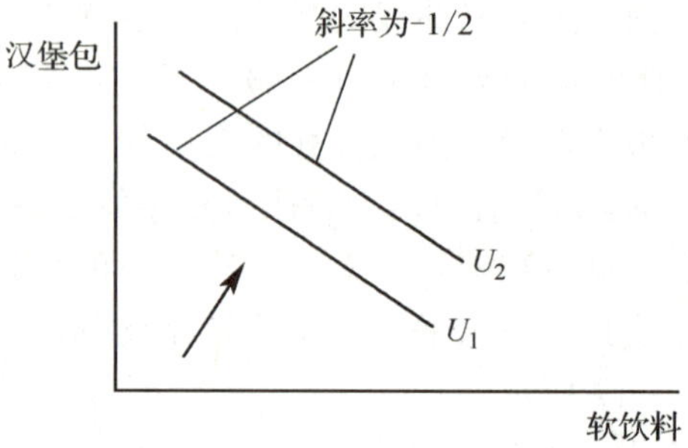

图 3 – 21　玛丽的无差异曲线

(6)因为玛丽从额外一个汉堡包中获得的满足是从额外一份软饮料中获得的满足的两倍，所以软饮料和汉堡包之间的边际替代率为 1/2。因而她的无差异曲线的斜率为 – 1/2，软饮料和汉堡包为替代品。因此，玛丽的无差异曲线如图 3 – 21 所示。

3. 假如简目前愿意以 4 张电影票换取 1 张篮球赛门票，那么与电影相比，她肯定更喜欢篮球。这一说法是对还是错？请解释。

答： 该说法未必正确。

如果简总是愿意用 4 张电影票换取 1 张篮球赛门票，则该说法正确，即简更喜欢篮球，因为她总是能从 1 张篮球赛门票中获得与 4 张电影票相同的效用。

但是也有可能的情形是，简的偏好是凸的(即边际替代率是递减的)，并且她的商品篮子中电影票相对于篮球赛门票而言较多，此时为了“平衡”消费(即每种商品都多消费一点)，获得更高的满足程度，简愿意放弃较多的电影票而换取 1 张篮球赛门票。因此，这并不意味着简更为喜欢篮球。在这种情况下，她愿意放弃电影票的行为取决于商品篮子中所拥有的每一种商品的数量。

4. 加内勒和布赖恩每个人计划花费 20000 美元在汽车的款式和油耗这两个性能上。他们可以选择款式，也可以选择油耗，或者是两者的组合。加内勒对款式无所谓，但是希望油耗尽可能地低。布赖恩对两者的偏好程度相同，想在每样性能上花费相同数额的钱。利用无差异曲线和预算线，说明两人各将做怎样的选择。

答： 如图 3 – 22 所示，横轴表示汽车的油耗特性，纵轴表示汽车的款式特性。因为加内勒对款式无所谓，但是希望油耗尽可能地低，所以款式特性对于他而言是“中性的”，他的无差异曲线如图 3 – 22(a)所示，是一条垂线。他将花费所有的 20000 美元用于汽车的油耗特性上，因此他的最优选择点为点 A。

因为布赖恩对两者的偏好程度相同，想在每种性能上花费相同数额的钱，则油耗特性和款式特性对于他而言是互补的，因而他的无差异曲线为“L”形。如图3－22(b)所示，他的最优选择点为B，他将花费10000美元用于满足油耗方面的要求，用10000美元用于满足款式方面的要求。

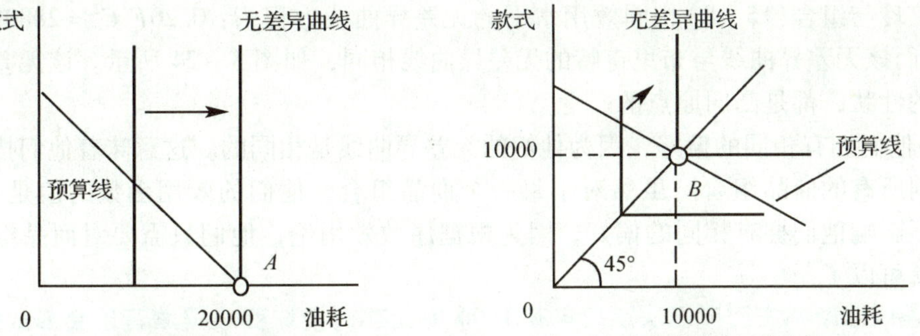

(a)加内勒的最优选择 (b)布赖恩的最优选择

图3－22 消费者的最优选择

5. 假如布里奇特和艾玲的收入花在两种商品上——食品(F)和衣服(C)。布里奇特的偏好用效用函数$U(F, C)=10FC$表示，而艾玲的偏好用效用函数$U(F, C)=0.20F^2C^2$表示。

(1)以食品为横轴，以衣服为纵轴，在图上找到能给予布里奇特与组合(10，5)相同效用水平的点集。在另一幅图上为艾玲找到相同的点集。

(2)在同样两幅图上，分别找出能给予布里奇特和艾玲与组合(15，8)一样效用水平的点集。

(3)你认为布里奇特和艾玲的偏好相同吗？请解释。

答：(1)组合(10，5)给布里奇特带来的效用水平为：$U=10FC=10\times10\times5=500$。因此，能给予布里奇特与组合(10，5)相同效用水平的无差异曲线方程为：$10FC=500$，即$FC=50$，该无差异曲线如图3－23所示。

组合(10，5)给艾玲带来的效用水平为：$U=0.20F^2C^2=0.2\times100\times25=500$。因此，能给予艾玲与组合(10，5)相同效用水平的无差异曲线方程为：$0.20F^2C^2=500$，即$FC=50$，因而该无差异曲线与布里奇特的无差异曲线相同，如图3－23所示。该无差异曲线具有良好的性状，都是凸向原点的。

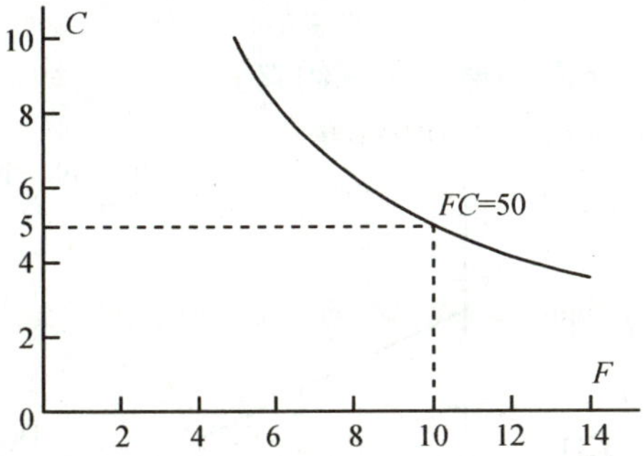

图3－23 布里奇特和艾玲的无差异曲线

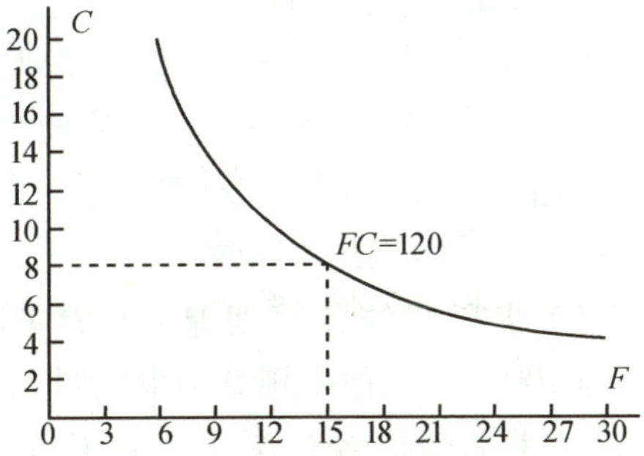

图3－24 布里奇特和艾玲新的无差异曲线

(2)组合(15，8)给布里奇特带来的效用水平为：$U=10FC=10\times15\times8=1200$。因此，

能给予布里奇特与组合(15，8)相同效用水平的无差异曲线方程为：$10FC=1200$，即 $FC=120$，该无差异曲线如图3－24所示。

组合(15，8)给艾玲带来的效用水平为：$U=0.20F^2C^2=0.2\times225\times64=2880$。因此，能给予艾玲与组合(15，8)相同效用水平的无差异曲线方程为：$0.20F^2C^2=2880$，即 $FC=120$，因而该无差异曲线与布里奇特的无差异曲线相同，如图3－24所示。该无差异曲线具有良好的性状，都是凸向原点的。

(3)他们拥有相同的偏好，因为他们的无差异曲线是相同的。这意味着他们按照相同的顺序排列所有的商品组合。虽然对于每一个商品组合，他们的效用函数的值是不一样的，但这并不影响他们拥有相同的偏好，因为根据序数效用论，他们只需要对商品组合有相同的排序就可以了。

6. 假设琼斯和史密斯已决定每年花1000美元在曲棍球赛或摇滚音乐会形式的娱乐上。他们都喜欢曲棍球赛或摇滚音乐会，将会选择消费正数量的这两种商品。但对这两种形式的娱乐，琼斯和史密斯在他们的偏好方面分歧很大，琼斯更偏好曲棍球赛，而史密斯则更偏好摇滚音乐会。

(1)为琼斯画一组无差异曲线，为史密斯画第二组曲线。

(2)运用边际替代率概念解释为什么这两组曲线彼此不一样。

答：(1)如图3－25所示，琼斯的无差异曲线为 J_1，J_2；史密斯的无差异曲线为 S_1，S_2。

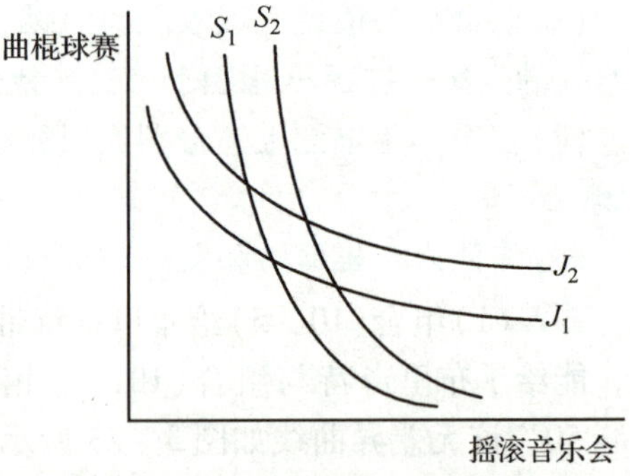

图3－25 琼斯与史密斯的无差异曲线

(2)边际替代率是指在维持消费者效用不变的前提下，消费者为增加一单位某商品的消费而愿意放弃的另一种商品的数量。对于琼斯而言，因其偏好于曲棍球赛，曲棍球赛较摇滚音乐会的边际替代率大，所以无差异曲线的斜率的绝对值较小；而对于偏好摇滚音乐会的史密斯而言，曲棍球赛较摇滚音乐会的边际替代率小，所以无差异曲线的斜率的绝对值较大。

7. DVD的价格(*D*)是20美元，CD的价格(*C*)是10美元。菲利普有一笔100美元的预算，可以花在这两种商品上。假设他已经购买了1张DVD和1张CD。另外，他其实还想再购买3张DVD和5张CD。

(1)在上述价格和收入下，以横轴表示CD，画出菲利普的预算约束。

(2)考虑菲利普已经购买的和仍然想要购买的这两种商品，找出他可以购买的三个不同的CD与DVD的组合。假定他只能购买整数单位。

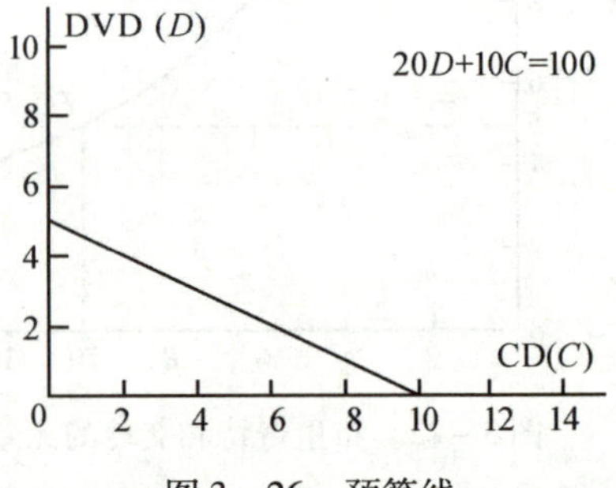

图3－26 预算线

答：(1)菲利普的预算线是：$P_DD+P_CC=I$，即 $20D+10C=100$。因此他的预算约束如图3－26所示。

(2)因为菲利普已经购买了1张DVD和1张CD，所以他还剩下 $100-20-10=70$(美元)。剩下的这70美元可以购买的DVD和CD的组合为：3张DVD(用去60

美元)和1张CD(用去10美元)；2张DVD(用去40美元)和3张CD(用去30美元)；1张DVD(用去20美元)和5张CD(用去50美元)。因此菲利普还可以购买的商品组合和最终拥有的商品组合如下表所示。

类别 / 商品组合	还可以购买的商品组合		最终拥有的商品组合	
	DVD	CD	DVD	CD
组合1	3	1	4	2
组合2	2	3	3	4
组合3	1	5	2	6

8. 安妮的工作要求她每四个星期中有三个星期要外出，假定她有一个年交通预算，可以乘火车或者坐飞机。她经常去的航空公司实施了一个里程积分项目，根据她的飞行里程对机票价格打折。当她一年内的飞行里程达到25000英里之后，航空公司在该年的剩余时间里对机票减价25%；达到50000英里之后，减价50%。以纵轴表示火车里程数，以横轴表示飞行里程数，画出安妮的预算线。

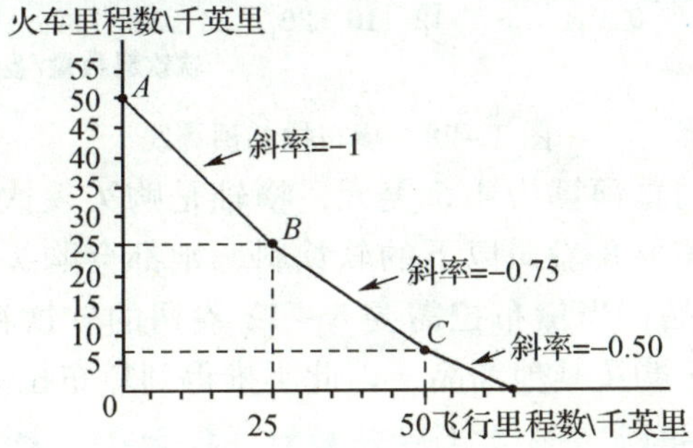

图 3－27　安妮面对的预算约束

答： 如图3－27所示，用M表示飞行距离，用G表示火车里程数，安妮的预算线是：

$$Y = P_M M + P_G G$$

即：

$$G = \frac{Y}{P_G} - M\left(\frac{P_M}{P_G}\right)$$

预算线的斜率是$-\frac{P_M}{P_G}$。

因为随着飞行距离的变化，飞行价格也变化，所以在飞行距离25000英里和50000英里两处，预算线都会折弯。假设在飞行距离小于或等于25000英里时，每英里的价格P_M是1美元。那么，在$25000 < M \leqslant 50000$时，$P_M = 0.75$美元，在$M > 50000$时，$P_M = 0.5$美元。再假设$P_G = 1$美元，那么预算线上$A$、$B$点间的斜率是$-1$，$B$、$C$点间斜率是$-0.75$，$C$点以下斜率是$-0.5$。

9. 黛布拉去电影院的时候经常购买软饮料，她有三个选择：8盎司的饮料要价1.50美元，12盎司的饮料要价2.00美元，16盎司的饮料要价2.25美元。画出黛布拉购买饮料时面临的预算约束。(假定黛布拉处理她不需要的软饮料时无须花费成本。)

答： 首先注意到随着软饮料数量的增加，其单价在下降。所以，如果黛布拉需要16盎司的软饮料，她就会去买 16 盎司而不是两份 8 盎司；如果她需要 14 盎司的软饮料，她也应该去买 16 盎司然后处理掉剩下的 2 盎司。因此黛布拉的预算约束线是一系列水平线，如图 3－28 所示。

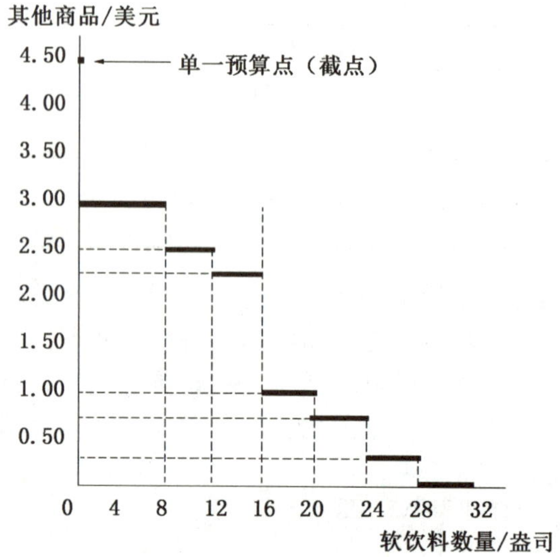

图 3－28　黛布拉的预算线

图 3－28 假设黛布拉的总预算为 4.5 美元，横轴是购买软饮料的数量，纵轴是购买其他商品的数量。当黛布拉需要 8 盎司以下的软饮料，她都会购买 8 盎司的软饮料，将其余的 3 美元用于购买其他商品；当黛布拉需要 8～12 盎司的软饮料时，她会买 12 盎司软饮料，将其余的 2.5 美元用于购买其他商品，以此类推得到黛布拉的预算约束线。

10. 安东尼奥在读大一时买了 5 本大学新教材，每本花了 80 美元。而二手教材每本只卖 50 美元。当书店宣布新教材涨价 10%、旧教材涨价 5%的时候，安东尼奥的父亲多给了他 40 美元。

(1)安东尼奥的预算线如何变动？以纵轴表示新教材进行说明。

(2)在价格变动之后，安东尼奥的境况是变好了还是变坏了？请解释。

答：(1)新书的购买数量记为 Y，旧书的购买数量记为 X。安东尼奥读大一时买了 5 本大学教材，每本花了 80 美元，因此他的总支出为：$5\times80=400$(美元)，此时他的预算约束为：$80Y+50X=400$，即 $Y=5-0.625X$。

价格上涨以后，新书的价格涨到 88 美元，旧书的价格涨到 52.5 美元。当新书和旧书都涨价，以及安东尼奥的父亲多给了他 40 美元时，他的预算约束为：$88Y+52.5X=440$，即 $Y=5-0.597X$。此时在以旧书为横轴、新书为纵轴的坐标图中，预算约束线变得平坦，但是纵截距保持不变，如图 3－29 所示。

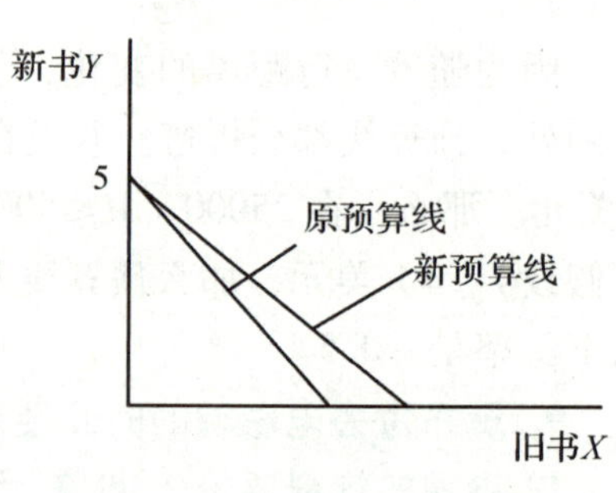

图 3－29　预算线的变动

(2)第一年安东尼奥以每本 80 美元的价格购买了 5 本新书，共花去了 400 美元。涨价后 5 本新书的总费用是 440 美元。而父亲给的 40 美元可以用于弥补新书价格上涨的多余费用支出。可以断定他的境况没有变坏，因为他在价格上涨后仍然能够买得起 5 本新书。实际上，如果他决定转而购买旧书，他的境况甚至可能会变好。

11. 在佐治亚，鳄梨的价格是桃子的两倍。不过，在加利福尼亚，两者的价格是一样的。假如两州的消费者都最大化了其效用，对他们来说，桃子对鳄梨的边际替代率是否相同？如果不同，哪个州的消费者该值更高？

答：边际替代率是指在保持效用不变的条件下，消费者每得到额外一单位商品甲之后必须放弃的商品乙的数量。桃子对鳄梨的边际替代率就是在保持消费者效用不变的条件下，增加一单位桃子的购买而必须放弃的鳄梨的数量。

当消费者效用最大化时，边际替代率等于价格的比率。在佐治亚州，$P_{鳄梨}=2P_{桃子}$，意味着当消费者效用最大化时，$MRS=\frac{P_{桃子}}{P_{鳄梨}}=\frac{1}{2}$。在加利福尼亚州，$P_{鳄梨}=P_{桃子}$，意味着当消费者效用最大化时，$MRS=\frac{P_{桃子}}{P_{鳄梨}}=\frac{1}{1}$。

所以在这两个州桃子对鳄梨的边际替代率是不同的，加利福尼亚州的高些。

12. 本在两种商品间分配其预算：比萨饼和墨西哥玉米煎饼。

(1) 以横轴表示比萨饼，用图说明本的最优组合。

(2) 假定现在对比萨饼征税，使得其价格上涨了 20%，说明本现在的最优组合。

(3) 假定比萨饼现在实行配给制，在本要求的数量以下，说明本此时的最优组合。

答：(1) 如图 3－30 所示，横轴表示比萨饼 (X)，纵轴表示墨西哥煎饼 (Y)。比萨饼和墨西哥煎饼的价格分别为：P_X、P_Y。本的收入为 I。因此消费者的预算约束为：$P_XX+P_YY=I$。假设本有正常的偏好，则效用最大化的市场篮子必定位于无差异曲线与预算线的切点上。如图 3－30 所示，预算线 AB 与无差异曲线 U_1 的切点 E 决定了消费者的最优选择，比萨饼和墨西哥煎饼的最优组合为：(X_1，Y_1)。在 E 点处，$MRS=P_X/P_Y$。

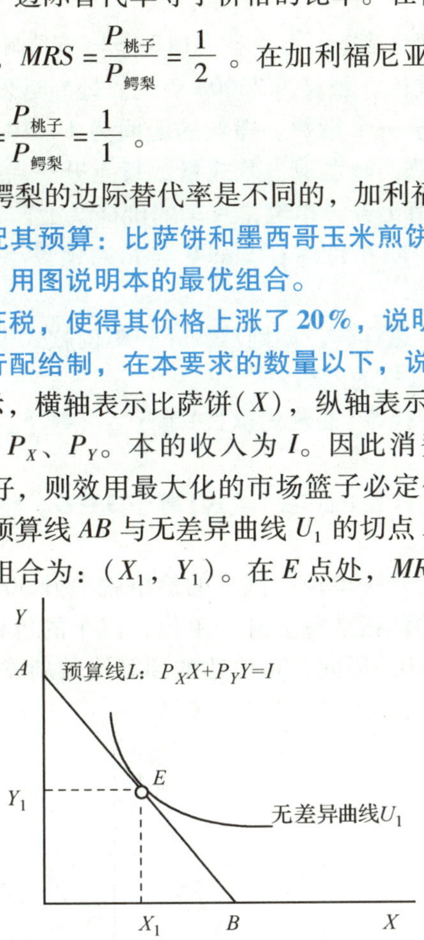

图 3－30 消费者的最优选择

(2) 当比萨饼价格上涨 20% 时，如图 3－31 所示，本的预算线将由 AB 变为 AC，从而最优选择点将由 E 变为 F 点。比萨饼和墨西哥煎饼的消费都将减少。

(3) 对比萨饼实行配给，将商品 X 消费量控制在 X_2 时，如图 3－32 所示，消费者的预算线将由原来的直线 AEB 变为折线 AFC。此时消费者效用最大化的点为 F 点，在该点，$MRS>P_X/P_Y$。此时经过 F 点的无差异曲线 U_3 位于原来无差异曲线 U_1 的下方，因而消费者获得的效用水平减小，消费者的境况变坏。

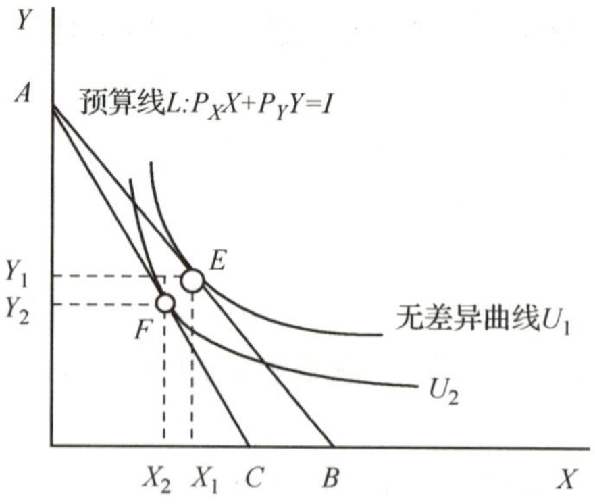

图 3－31　消费者的最优选择

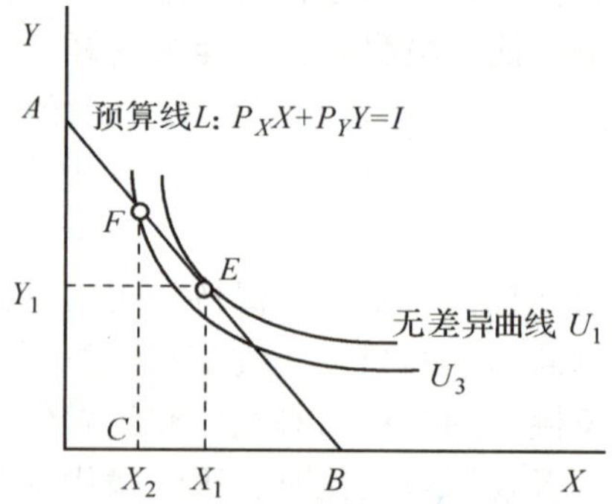

图 3－32　配给制对消费者选择行为的影响

13. 布伦达打算购买新汽车，预算为 25000 美元。她新近发现了一本杂志，该杂志给每辆汽车就款式和油耗分别赋予一个指数，指数的区间为 1～10，10 代表最好的款式或者最低的油耗。通过观察汽车清单，她发现当款式指数每上升一单位，汽车的价格就上升 5000 美元。她还发现，油耗指数每上升一单位，汽车的价格就上升 2500 美元。

(1) 以横轴表示油耗，说明布伦达在 25000 美元的预算下所能选择的款式(S)和油耗(G)的各种组合。

(2) 假定布伦达的偏好是这样的，即她从额外一单位款式中获得的满足总是从油耗中获得的三倍。布伦达将选择什么样的汽车？

(3) 假定布伦达的边际替代率(油耗对款式)等于 $S/(4G)$。她希望她的汽车的各项指数为多少呢？

(4) 假定布伦达的边际替代率(油耗对款式)等于 $3S/G$。她希望她的汽车的各项指数为多少呢？

答：(1) 当款式指数每上升一单位，汽车的价格就上升 5000 美元，因而布伦达所能获得的最高的款式指数为 5；油耗指数每上升一单位，汽车的价格就上升 2500 美元，因而她所能获得的油耗指数最高为 10。因此，布伦达的预算线的斜率为 $-1/2$，如图 3－33 所示，她的消费选择将位于该预算线上。

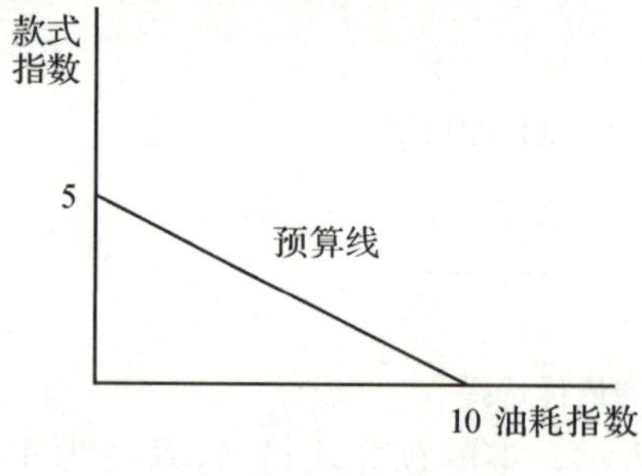

图 3－33　布伦达的预算线

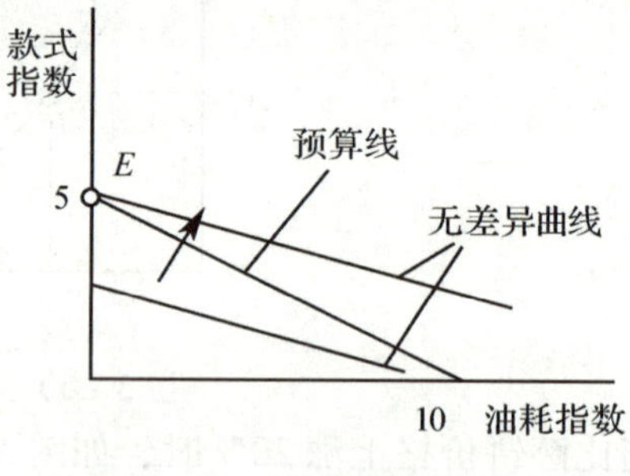

图 3－34　消费者最优选择

(2) 如果布伦达从额外一单位款式中获得的满足是从油耗中获得的三倍，则油耗指数与款式指数之间的边际替代率为 1/3，即无差异曲线的斜率为 $-1/3$ 的直线。因此，如图 3－34所示，布伦达的最优选择点为 E 点，她将全部收入用于满足款式方面的要求。

(3) 对于最优选择而言，边际替代率之比等于价格之比，即：$S/(4G)=1/2$，所以有：

$S=2G$。将其代入预算约束 $5000S+2500G=25000$ 之中，可得：$G=2$，$S=4$。

(4)与(3)相同，由边际替代率之比等于价格之比，可得：$3S/G=1/2$，所以有：$G=6S$，将其代入预算约束 $5000S+2500G=25000$ 之中，可得：$G=7.5$，$S=1.25$。

14. 康妮每月将200美元的收入用于购买两种商品：肉和土豆。

(1)假设肉每磅是4美元，土豆每磅是2美元，画出她的预算约束。

(2)再假设她的效用函数由方程 $U(M, P)=2M+P$ 给出，她应该购买哪种肉和土豆的组合以使其效用最大化？(提示：肉和土豆是完全替代品。)

(3)康妮去的超市有一项特价促销活动，如果她购买20磅土豆(每磅2美元)，超市就免费再赠她10磅土豆，这一赠送只限于她购买的最初20磅土豆。超过最初20磅以上的所有土豆(除了奖励的土豆之外)仍然是每磅2美元。画出她的预算约束。

(4)假设一场使土豆腐烂的病害的爆发将土豆的价格抬至每磅4美元。超市结束了其促销活动。康妮现在的预算约束又是怎样的呢？哪种肉和土豆的组合使其效用最大化？

答：(1)以 M 表示肉，以 P 表示土豆，康妮的预算约束方程是：$200=4M+2P$ 或 $M=50-0.5P$。

康妮的预算线如图3－35所示。

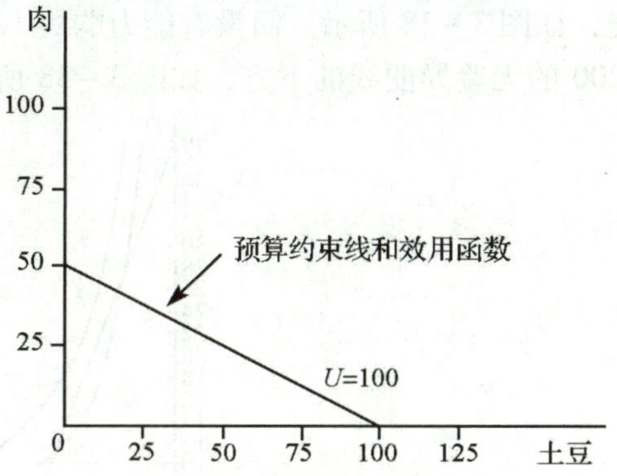

图3－35　康妮的预算约束

(2)由效用函数 $U(M, P)=2M+P$ 可知肉和土豆的边际替代率为2，而两者的价格比为2，所以预算线上的任意一点的消费组合都能使得她的效用最大化。她的效用为 $U=100$。

(3)图3－36表示了康妮此时的预算线。在购买20磅土豆之前，和购买土豆超过30磅以后预算线的斜率是一致的，中间的10磅土豆因为免费，而使预算线平坦。

(4)当土豆价格涨到4美元时，康妮的预算最多只能购买50磅肉或者50磅土豆，预算线发生变化，如图3－37所示。此时效用最大化时存在一个拐角解，她将在 A 点消费，即消费50磅肉，而不消费土豆。她的最大化效用是 $U=100$。

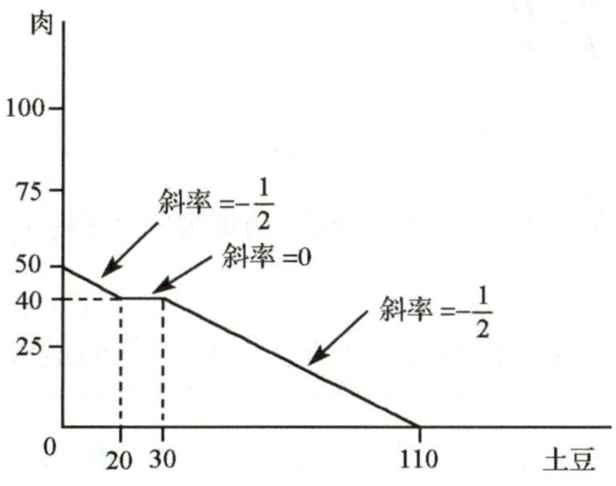

图3－36　超市促销时康妮的预算约束

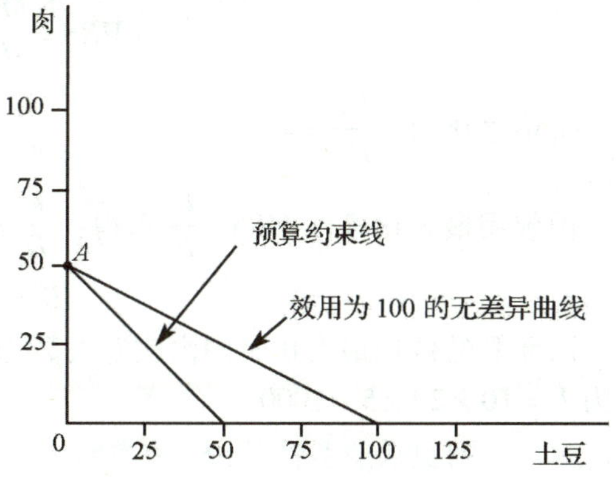

图3－37　土豆价格上升且超市无促销时康妮的预算约束

15. 简从在国内旅游的天数(D)和国外旅游的天数(F)中获得效用，由效用函数 $U(D, F)=10DF$ 给出。另外，在国内旅游每天的价格为 100 美元，在国外旅游每天的价格为 400 美元，简旅游的年预算为 4000 美元。

(1)分别说明与效用水平 800 和 1200 相对应的无差异曲线。

(2)在同一幅图上画出简的预算线。

(3)简有能力购买能给她 800 效用的组合吗？1200 呢？

(4)求简实现效用最大化时国内旅游的天数和国外旅游的天数的选择。

答：(1)效用水平为 800 的无差异曲线方程为：$10DF=800$，即：$DF=80$，该无差异曲线如图 3－38 所示。效用水平为 1200 的无差异曲线方程为：$10DF=1200$，即：$DF=120$，该无差异曲线如图 3－38 所示。

(2)简的预算约束为：$100D+400F=4000$，即：$D=40-4F$，如图 3－38 所示。

(3)简有能力购买 800 效用的组合，因为代表效用水平为 800 的无差异曲线与预算线相交，如图 3－38 所示。简没有能力购买 1200 效用的组合，因为预算线位于代表效用水平为 1200 的无差异曲线的下方，如图 3－38 所示。

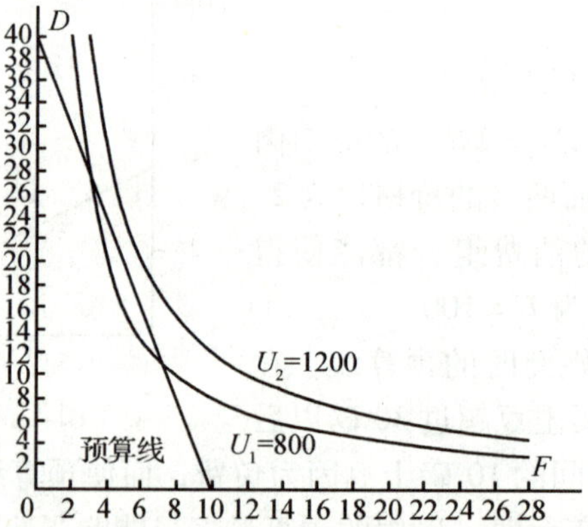

图 3－38　简的无差异曲线与预算线

(4)边际替代率为：

$$MRS=\frac{MU_F}{MU_D}=\frac{10D}{10F}=\frac{D}{F}$$

价格之比为：$\frac{P_F}{P_D}=4$。

由效用最大化条件 $MRS=\frac{P_F}{P_D}$可得：$\frac{F}{D}=\frac{1}{4}$，即：$4F=D$，代入预算约束方程可得：

$$D=20,\ F=5$$

因而简的效用最大化时国内旅游天数为 20 天，国外旅游天数为 5 天。她获得的最大效用为 $U=10\times 20\times 5=1000$。

16. 朱利奥从消费食品(F)和衣服(C)中获得效用，由效用函数 $U(F, C)=FC$ 给出。另外，食品的价格为每单位 2 美元，衣服的价格为每单位 10 美元，朱利奥每星期的收入为 50 美元。

(1)当朱利奥实现效用最大化时，食品对衣服的边际替代率是多少？请解释。

(2)假设与效用最大化时的组合相比，朱利奥多购买了食品，少购买了衣服，他的食品对衣服的边际替代率会大于还是小于(1)部分的答案？请解释。

解：(1)当 $MRS_{FC}=P_F/P_C$ 时，朱利奥的效用实现最大化。因而此时边际替代率为：

$$MRS_{FC}=2\div 10=0.2$$

即食物对衣服的边际替代率为0.2。

(2)朱利奥多买了食物，少买了衣服，他的食物对衣服的边际替代率小于(1)的答案。如图 3-39 所示，消费者的最优消费点为预算线与无差异曲线的切点 A，在 A 点处无差异曲线的斜率的绝对值等于预算线斜率的绝对值，都为0.2。而当前的消费点为预算线上的 B 点，在 B 点无差异曲线的斜率的绝对值小于预算线斜率的绝对值。

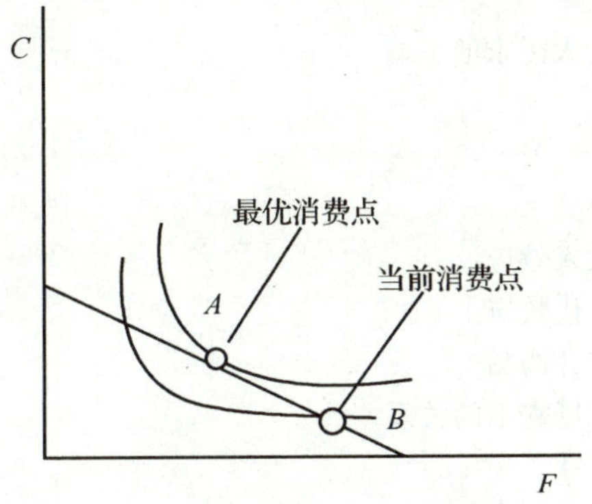

图 3-39　消费者的当前选择与最优选择

17. 玛莉蒂斯从消费食品(*F*)和衣服(*C*)获得效用，由效用函数 $U(F, C)=FC$ 给出。假设 1990 年她的收入为 1200 美元，食品和衣服的价格均为每单位 1 美元。但是到了 2000 年，食品价格上升至 2 美元，衣服价格上升至 3 美元。以 100 表示 1990 年的生活成本指数。请计算玛莉蒂斯 2000 年的理想生活成本指数和拉氏指数。(提示：这样的偏好下，玛莉蒂斯将购买相同数量的食品和衣服。)

解：按照效用最大化条件，1990 年，玛莉蒂斯的消费结构为 600 单位食物和 600 单位衣服，总效用 $U=600\times 600=360000$。

2000 年，当食物和衣服价格都上升后，为了达到 360000 的效用，需要满足两个方程：

$$\begin{cases}\dfrac{MU_F}{MU_C}=\dfrac{C}{F}=\dfrac{P_F}{P_C}=\dfrac{2}{3}\\ U=F\times C=360000\end{cases}$$

解方程，得：$F\approx 735$，$C\approx 490$。

则其理想生活成本指数为：$\dfrac{2\times 735+3\times 490}{1\times 600+1\times 600}\times 100=245$。

拉氏指数为：$\dfrac{2\times 600+3\times 600}{1\times 600+1\times 600}\times 100=250$。

第4章　个人需求与市场需求

4.1　复习笔记

【知识框架(庖丁解牛)】

- 个人需求与市场需求
  - 个人需求
    - 价格变化对个人需求的影响
    - 个人需求曲线
    - 恩格尔曲线
    - 替代品和互补品
  - 收入效应和替代效应
    - 收入效应
    - 替代效应
    - 吉芬商品
  - 市场需求
    - 个人需求和市场需求的关系
    - 需求的价格弹性
  - 消费者剩余
  - 网络外部性
    - 攀比效应
    - 虚荣效应

【考点难点归纳(厚积薄发)】

考点一：个人需求　★★★★

1. 价格变化对个人需求的影响

当价格发生变化时，预算线的斜率会发生变化(不考虑两种商品的价格同比例变化的情况)，预算线就会以纵轴截距或者横轴截距为轴心旋转。消费者会根据新的预算线调整消费商品组合，即个人需求发生变化。

2. 个人需求曲线

(1)价格变化的效应：

价格-消费曲线是指在消费者的偏好、收入以及其他商品价格不变的条件下，与某一种商品的不同价格水平相联系的消费者效用最大化的均衡点的轨迹。

个人需求曲线把单一消费者将会购买的商品数量和该商品的价格联系起来，即描述某一消费者的需求量与某一商品价格的关系。

需求曲线有两个重要特征：

①曲线上的每一点对应着不同的效用水平。

②在曲线的每一个点上，消费者通过满足两商品的边际替代率等于两商品的价格之比

这一条件来使效用最大化。

(2)收入变化的效应：

收入 - 消费曲线是指在消费者的偏好和商品价格不变的条件下，与消费者不同收入水平相联系的消费者效用最大化的均衡点的轨迹。当收入发生变化时，需求曲线本身向内或向外平移。

根据收入 - 消费曲线的斜率将商品分为两类：

①正常品。当收入 - 消费曲线的斜率为正时，需求量随着收入的增加而增加，需求的收入弹性为正。

②劣等品。当收入 - 消费曲线的斜率为负时，需求量随着收入的增加而减少，需求的收入弹性为负。

3. 恩格尔曲线

由消费者的收入 - 消费曲线可以推导出消费者的恩格尔曲线。恩格尔曲线表示消费者在每一收入水平下对某商品的需求量。

4. 替代品和互补品

如果一种商品价格的上涨导致另一种商品需求量的上升，那么这两种商品互为替代品。反之，如果一种商品价格的上涨导致另一种商品需求量的下降，那么这两种商品互为互补品。

考点二：收入效应和替代效应 ★★★★

一种商品价格变动引起该商品需求量变动的总效应可分解为替代效应和收入效应两部分。替代效应在不改变消费者效用水平的前提下衡量，而收入效应则表示消费者的效用水平发生了变化。

1. 收入效应

收入效应是指由商品的价格变动引起实际收入水平变动，进而由实际收入水平变动引起的商品需求量的变动。例如，正常品的收入效应如图 4 - 1 中的收入效应所示。

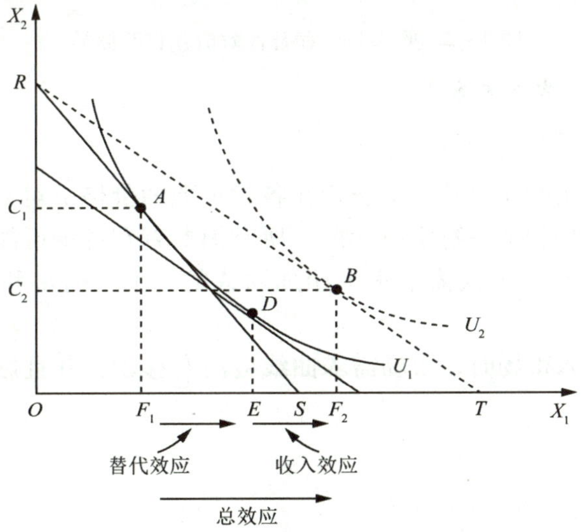

图 4 - 1 收入效应和替代效应：正常品

2. 替代效应

替代效应是指由于商品的价格变动而引起商品相对价格的变动，进而由商品的相对价格变动所引起的商品需求量的变动。例如，正常品的替代效应如图 4－1 中的替代效应所示。

3. 吉芬商品

作为一种特殊的低档商品，吉芬商品的替代效应与价格成反方向的变动，收入效应与价格成同方向的变动，但是由于其收入效应的作用大于替代效应，吉芬商品价格变动的总效应与价格成同方向变动，使得吉芬商品的需求曲线向右上方倾斜。

图 4－2 显示了吉芬商品的收入效应和替代效应。消费者原先位于 A 点，但在 X_1 商品价格下跌后，消费者移至 B 点，减少了 X_1 的消费。因为收入效应 EF_2 大于替代效应 F_1E，所以 X_1 价格的下跌反而导致了 X_1 需求量的减少。

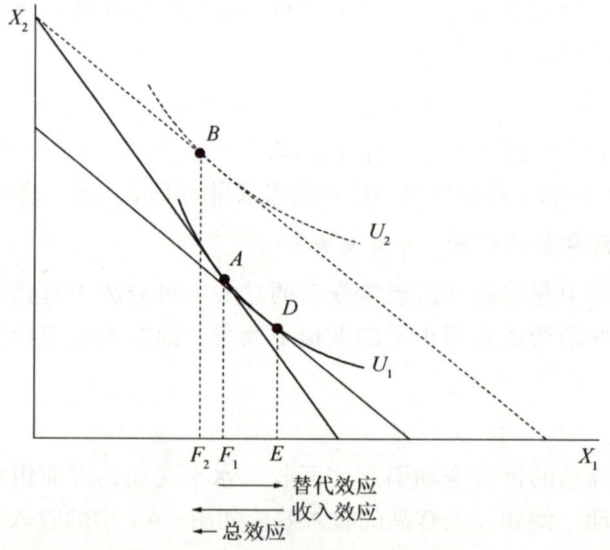

图 4－2　收入效应和替代效应：吉芬商品

考点三：市场需求　★★★★★

1. 个人需求和市场需求的关系

个人需求是指在一定时间内某一消费者在各种可能的价格下对某种商品的需求。市场需求是指在某一特定市场和某一特定时期内，所有消费者在各种可能的价格下将购买某种商品的总量。市场需求是由个人需求水平相加而成的。个人需求和市场需求的关系如图 4－3所示。

当更多的消费者进入市场时，市场需求曲线会向右移动，并且影响消费者需求的因素也会影响市场需求。

2. 需求的价格弹性

（1）点弹性和弧弹性：

①需求的点弹性表示需求曲线上特定点的价格弹性，其计算公式为：$E_P = (P/Q)(\mathrm{d}Q/$

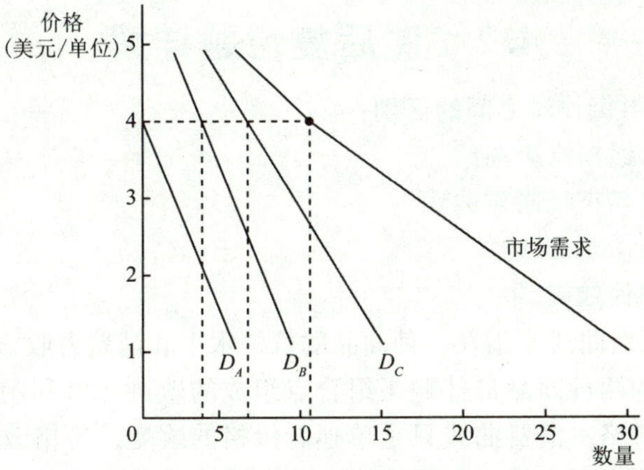

图 4-3　通过加总获得市场需求曲线

dP) = (P/Q)(1/斜率)。因为需求曲线上点与点之间的斜率会变动，所以点弹性只能用来定义价格变动极小时的弹性。

②需求的弧弹性表示需求曲线上两点之间的弹性，其计算公式为：$E_P = (\Delta Q/\Delta P)(\overline{P}/\overline{Q})$，其中 $\overline{P}$ 是需求曲线上两点对应价格的平均值，$\overline{Q}$ 是需求曲线上两点对应商品数量的平均值。

(2)分类：

需求的价格弹性是负数，使用时一般取其绝对值。当弹性值大于 1，表示富有弹性；当弹性值等于 1，表示单位弹性；当弹性值小于 1，表示缺乏弹性。

考点四：消费者剩余　★★★★

消费者剩余是指消费者愿意支付的金额与其实际支付的金额之间的差额。它代表了消费者以低价购买商品所获得的利益。

消费者剩余度量了消费者在一个市场中的总收益或总福利的情况，常用于公共政策分析和福利分析。

考点五：网络外部性　★★★

网络外部性是指一个人的需求直接受到其他消费者购买决定的影响。网络外部性可以是正的，也可以是负的。如果一名典型消费者的商品需求量随着其他消费者购买数量的增加而增加，那么就存在着正网络外部性；反之，则存在着负网络外部性。

1. 攀比效应

攀比效应是指消费者想拥有其他消费者已拥有的商品的偏好，即一种追随潮流的欲望，属于正网络外部性的一种。

2. 虚荣效应

虚荣效应是指消费者想拥有只有少数人才能享用的或独一无二的商品的偏好，属于负网络外部性的一种。

4.2　课后复习题详解

1. 解释下面各项中每一对之间的区别：

(1)价格－消费曲线与需求曲线；

(2)个人需求曲线与市场需求曲线；

(3)恩格尔曲线与需求曲线；

(4)收入效应与替代效应。

答：(1)价格－消费曲线是指在一种商品的价格水平和消费者收入水平不变时，另一种商品价格变动所对应的两种商品最佳购买组合点组成的轨迹。可利用价格－消费曲线来推导出需求曲线。由于价格－消费曲线只是单独看价格的改变，价格改变会导致实际收入改变，但是名义收入是假定不变的。利用价格－消费曲线推导出来的需求曲线，是名义收入不变的需求曲线。

(2)个人需求曲线是表明某一个消费者的消费需求数量与商品价格的函数关系的曲线；市场需求曲线是表明整个消费群体的消费需求数量与商品价格的函数关系的曲线。通过将个人需求曲线进行水平加总可以得出市场需求曲线。两者的主要区别在于它们所表示的需求量的主体不同，一个是某一个消费者，一个是整个消费群体。

(3)需求曲线是在保持收入和其他条件不变的情况下，表明在各种可能的价格下某一商品的需求数量的一条曲线。而恩格尔曲线是在保持价格和其他条件不变的情况下，将一种商品的消费量与收入联系起来的一条曲线。

(4)替代效应衡量了当效用水平保持不变时，由于商品相对价格变动而导致的对该商品消费数量的变化。而收入效应衡量了当商品相对价格保持不变时，由于购买力的变化(由一种商品的价格变化所引起)而导致的对一种商品消费量的变化。

2. 假定某人在食品和衣服这两种商品上花费他全部的预算。两种商品是否可能都为劣等品？请说明原因。

答：如果消费者不储蓄，且消费者的偏好满足“越多越好”的假定，则两种商品不可能均为劣等品。其原因为：如果某人仅消费食品和衣服，假定此人没有储蓄，则任何增加的收入将要么花费在食品上，要么花费在衣服上。假设食品是一个劣等品，则随着收入的增加，食品消费将下降。在价格保持不变的情况下，额外增加的收入将全部花费在衣服上，即衣服是一种正常品。同理，如果衣服是一种劣等品，则食品将是一种正常品。因此，不可能出现两者都是劣等品的情况。

3. 解释下述说法是对还是错：

(1)当人们沿着其需求曲线往下移动时，边际替代率递减；

(2)当人们沿着其需求曲线往下移动时，效用水平上升；

(3)恩格尔曲线总是向上倾斜的。

答：(1)正确。消费者将会通过在其预算线上选择价格比等于 MRS 的点来最大化其效用。假定消费者选定商品 1 和 2 的消费量，使得$\frac{P_1}{P_2}=MRS$。当人们沿着对商品 1 的需求曲线往下移动时，商品 1 的价格下降，价格比将会变小，从而边际替代率 MRS 也会变小。这意味着，随着商品 1 的价格下降，消费者为了获得额外 1 单位商品 1 而放弃的商品 2 的数量会减少。

(2) 正确。当人们沿着其需求曲线往下移动时，随着价格的下降，预算线将会向外转动，消费者的选择空间变大，从而可以移动到更高的无差异曲线上。

(3) 错误。恩格尔曲线是在所有其他条件不变的情况下，将一种商品的消费量与收入联系起来的一条曲线。如果一种商品是劣等品，则随着收入的增加，需求数量会减少，从而导致恩格尔曲线向下倾斜。

4. 一场摇滚音乐会的门票售价为 10 美元。但在该价格下，需求远大于可供的门票数量，那么额外一张门票的价值或边际收益是大于、小于还是等于 10 美元？你怎样来确定这一价值呢？

答：额外的一张门票的价值或边际收益是大于 10 美元的。因为在价格为 10 美元的情况下需求远大于供给，消费者对门票的支付意愿大于 10 美元。

测定的一种方法是拍卖这额外的一张门票，最高的出价就是这张门票的价值或边际收益。如果出价高于该门票的边际收益，则消费者购买它没有任何意义；如果出价低于该门票的边际收益，则会有另外一个消费者会报出等于该门票边际收益的价格，并且获得门票，同时实现了最大化的满足。

5. 在下面的商品组合中，哪些是互补品？哪些是替代品？在不同的情形下，它们可以两者兼而有之吗？讨论一下。

(1) 一堂数学课和一堂经济学课；

(2) 网球和网球拍；

(3) 牛排和龙虾；

(4) 目的地相同的飞机和火车；

(5) 培根和鸡蛋。

答：如果一种商品价格的上涨(下跌)导致另一种商品需求量的上升(下降)，就称这两种商品是替代品；反之则称它们为互补品。

(1) 数学课和经济学课在有些情况下是互补品，有些情况下是替代品：如果两堂课在时间安排上有冲突，那么这两堂课是替代品；当时间安排上没有冲突时，对经济学的学习有助于激励对数学的学习，而对数学的学习则有助于理解经济学的观点和研究方法，所以这两堂课是互补品。

(2) 网球和网球拍是互补品，因为它们是一场网球比赛中不可缺少的两部分。

(3) 食品之间经常既可以相互替代，又可以互补。牛排和龙虾有时是替代品，比如当牛排价格上升时，可以选择吃龙虾；有时它们又是互补品，比如将两种菜肴同时上到餐桌上时，它们的味道和营养可以互补。

(4) 目的地相同的飞机旅行和火车旅行是替代品，因为去同一目的地，要么选择坐火车，要么选择坐飞机。

(5) 因为培根和鸡蛋经常一起吃，所以它们是互补品；但是当把它们和其他食品，比如煎饼联系起来时，它们就成为了替代品。

6. 假定有一个消费者每月花费固定数额的收入在下述成对商品上：

(1)玉米薄饼和辣调味汁；

(2)玉米薄饼和炸土豆片；

(3)电影票和由咖啡豆磨制的咖啡；

(4)乘公共汽车出行和乘地铁出行。

假如上述成对商品的其中一种商品价格上涨，说明这对每种商品需求的影响。在各对商品中，哪些可能是互补品？哪些可能是替代品？

答：(1)玉米薄饼和辣调味汁可能是互补品，因而当玉米薄饼的价格上升时，两种商品的需求都会下降，此时辣调味汁的需求曲线将会左移。

(2)玉米薄饼和炸土豆片可能是替代品，因而当玉米薄饼的价格上升时，玉米薄饼的需求会下降，而炸土豆片的需求会增加，炸土豆片的需求曲线会向右移动。

(3)当电影票价格上升时，消费者对电影票的需求将减少。由于消费者会有固定的预算花费在这两种商品上，因此对咖啡的需求将取决于消费者在电影票上的支出(当电影票价格上升时)是增加、减少抑或不变。

当消费者对电影票的需求富有价格弹性时，电影票价格上升将使他减少对其支出，此时，他将更多的固定数额的收入花费在咖啡上，对咖啡的需求增加，在这种情况下，两者为替代品；当需求缺乏价格弹性时，电影票价格上升将使他将增加对其支出，此时，他将更少的固定数额的收入花费在咖啡上，对咖啡的需求减少，在这种情况下，两者为互补品；当需求为单位弹性时，电影票价格上升，他在电影票上的支出不变，此时，他在咖啡上的花费也不变，对咖啡的需求不变，在这种情况下，两者可视为无关品。

(4)乘公共汽车出行和乘地铁出行可能是替代品。当汽车票价提高时，汽车票需求会下降，而地铁票需求会增加，此时地铁票的需求曲线右移。

7. 在下面的事件中，哪一件会引起沿美国国产服装需求曲线的一次移动？哪一件又会造成需求曲线的移动？

(1)取消对外国服装进口的配额；

(2)美国公民收入的增加；

(3)全行业生产国内服装成本的降低，这种降低又以服装价格变得更低的形式反映在市场上。

答：需求量的变动是指在其他条件不变的情况下，当商品自身的价格发生变动时，所引起的需求数量的变动，这里特指在同一条需求曲线上各点的变动。需求的变动是指在商品自身的价格不变的条件下，由于其他因素中任一因素的变化所引起的需求数量的变化，也就是说，需求的变化是同一价格下需求量的变化，表现为整个需求曲线的移动。

(1)进口配额的取消将使消费者可以买到更多的外国产的服装。因为进口服装是国产服装的替代品，因此进口配额的取消将使消费者减少对美国国产服装的需求，需求曲线向左移动。此外，进口配额的取消将使服装的总供给增加，服装价格下降，这将导致消费者购买较多的美国国产服装，表现为沿着一条需求曲线的移动。

(2)美国公民收入增加后，将有更多的支出用于服装消费，需求曲线将向右移动。

(3)行业生产成本的降低将导致供给曲线右移，均衡价格将下降，均衡数量将增加，从而引起需求量沿着需求曲线的移动。

8. 下列商品中哪一种商品的价格上涨可能会导致较大的收入（包括替代）效应？

（1）盐；

（2）住房；

（3）剧院门票；

（4）食品。

答： 收入效应是指某种商品的价格上涨（下降）时，购买同等量的该商品需要更多（更少）的收入，即该商品价格的上涨（下降）使得消费者拥有更少（更多）的收入，从而使得该商品的消费量减少（增加）；替代效应是指在实际收入保持不变的情况下某种商品的价格的变化使得两种商品的交换比率发生变化，引起该商品需求量的变化。

（1）盐的收入效应和替代效应都很小。人们花在盐上的收入相对而言非常少，所以，当盐的价格上涨时，消费者的实际收入水平下降非常少，而且，盐又几乎没有替代品，因此人们几乎不会减少对它的消费。

（2）住房的收入效应较大，而替代效应较小。人们花在住房上的钱相对较多，所以如果住房价格上涨，消费者的实际收入将会有明显的降低，故收入效应较大。但是住房对消费者的效用与其他商品的替代性较小，故替代效应较小。

（3）剧院门票的收入效应较小而替代效应较大。消费者花在剧院门票上的钱相对比较少，因此剧院门票的收入效应较小。而因为消费者很容易找到替代看戏剧的其他娱乐方式，所以剧院门票的替代效应比较大。

（4）食品的收入效应较大而替代效应较小。与住房类似，人们花在食品上的钱相对而言比较多，所以食品价格上升时会比较明显地减少人们的实际收入，从而收入效应比较大。同时，因为食品是维持人们生活的必需品，很大程度上是别的消费无法替代的，替代效应比较小。但是，人们的食物消费通常是有一个限度的，过多的食物消费对消费者并不一定带来效用，所以食物价格下降并不会带来食物消费量的大幅度增长。

9. 假设某个州的一般家庭每年消费 800 加仑汽油。现在开征 20%的汽油税，同时每户每年有 160 美元的退税，在这一新的计划下，他们的境况是得到了改善还是恶化？

答： 新计划的实施使他们的生活得到了改善还是恶化，取决于该家庭是否改变其汽油消费计划，所以要做具体的分析。

如果一个家庭不改变它的汽油消费，它消费 800 加仑汽油要交的税（$800\times20\%=160$ 美元）和退税（160 美元）正好抵消，因此新计划的实施对它没有影响。

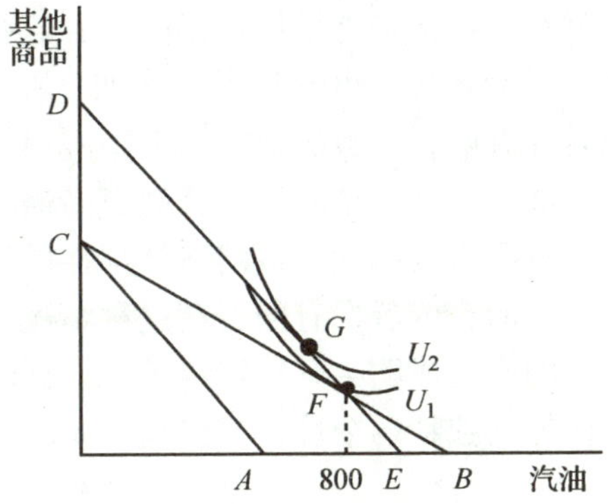

图 4－4　消费者的效用分析

如果该家庭减少了汽油的消费，那么它的境况会比新计划实施前要好。如图 4－4 所示，原来消费者的预算线为 BC，F 点表示消费 800 加仑汽油。当政府对汽油征税后，预算线变为 AC，政府的退税补贴增加了消费者的收入，使得预算线右移至 DE。DE 仍然经过 F 点，表示原来的消费计划在政府补贴下仍然可行。在这条预算线上，只要消费者每年对汽油的消费少于 800 加仑，预算线就会与更高效用的无差异曲线 U_2 相切，所以就能获得比原来更高的效用。因此如果家庭减少了汽油的消费计划，那么他们的生活会得到改善。

10. 在下面的三组人中，哪一组人对商业经济学家协会的成员资格需求具有最大的价格弹性，哪一组人又具有最小的价格弹性？

(1) 学生；

(2) 低级经理；

(3) 高级经理。

答： 三组人中，学生对商业经济学家协会的成员资格具有最大的价格弹性需求，高级经理最小，低级经理居中。

需求价格弹性是指某商品的价格变化 1% 时所引起该商品需求量变化的百分比。对某商品的支出占个人收入的比重很大，会造成收入效应明显，从而需求就会富有弹性。对商品的必需程度越高，需求弹性则越小。

学生对商业经济学家协会的成员资格具有较高的价格弹性，因为学生的收入来源较少，支付能力有限，同时商业经济学家协会的成员资格对他们来说不是很重要，需求曲线较为平坦；高级经理对商业经济学家协会的成员资格具有较小的价格弹性，因为高级经理的收入较高，支付能力相对较强，同时商业经济学家协会的成员资格对他们来说具有特别重要的意义，需求较为强烈，需求曲线较为陡峭；低级经理的需求价格弹性介于两者之间。

11. 说明下述各项中每一对需求之间哪个更富有价格弹性：

(1) 某一特定品牌牙膏的需求与普通牙膏的需求；

(2) 短期内汽油的需求与长期内汽油的需求。

答： (1) 某一特定品牌的牙膏更富有需求价格弹性，因为当价格上升时，消费者可以很容易地转而购买其他品牌的牙膏。

(2) 长期内汽油的需求更富有弹性，因为在长期内消费者有足够的时间来对价格的变化作出相应的调整。

12. 说明正网络外部性与负网络外部性之间的区别，并各给出一个例子。

答： 如果一个典型的消费者的商品需求量随着其他消费者购买数量的增加而增加，那么就存在正网络外部性。正网络外部性的一种情况是攀比效应，即消费者愿意购买一种商品是因为其他人也购买了。例如，在大学里，许多学生拥有个人电脑（台式机或笔记本），随着拥有电脑人数的增多，电脑应用的普及，电脑成了许多大学新生的必备品。

如果一个典型的消费者的商品需求量随着其他消费者购买数量的增加而减少，那么就存在负网络外部性。负网络外部性的一种情况是虚荣效应，即消费者希望拥有的商品是独一无二的，或者专有的，在这种情况下，消费者希望与众不同。例如，当许多人穿着同一款式的服装或购买某一特定类型的食品时，某一特定的个体可能会减少对这些商品的需求，以保持其独特的个性，或引领时尚潮流。

4.3　课后练习题详解

1. 某人每月都留出一定的收入花在其两大爱好上——收藏红酒和书籍。在下面给出的信息的条件下，说明与红酒价格变化相对应的价格－消费曲线以及红酒的需求曲线。

红酒价格(美元)	书籍价格(美元)	红酒数量	书籍数量	预算(美元)
10	10	7	8	150
12	10	5	9	150
15	10	4	9	150
20	10	2	11	150

答：价格－消费曲线是当一种商品的价格变动，而其他商品的价格保持不变时，两种商品效用最大化组合的变动轨迹。红酒的价格－消费曲线如图 4－5(a)所示。

需求曲线是表示商品价格和需求数量之间函数关系的曲线，是需求表或需求函数的几何表示。它表明在其他情况不变时，消费者在一定时间内在各种可能的价格下愿意而且能够购买的商品数量。红酒的需求曲线如图 4－5(b)所示。

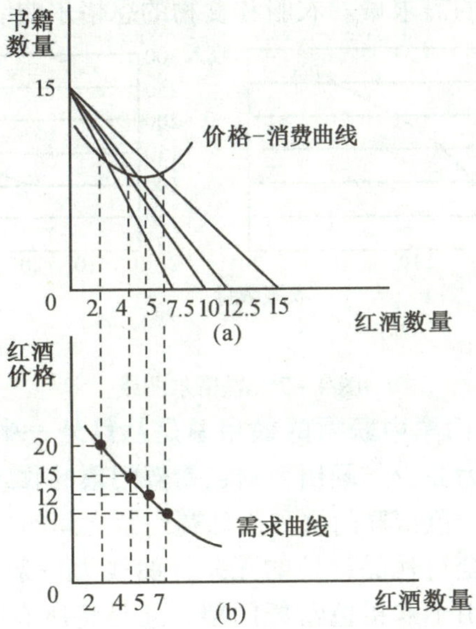

图 4－5　价格－消费曲线与需求曲线

2. 某人消费两种商品——衣服和食品。在下面给出的信息的条件下，说明衣服和食品的收入－消费曲线以及恩格尔曲线。

衣服价格(美元)	食品价格(美元)	衣服数量	食品数量	收入(美元)
10	2	6	20	100
10	2	8	35	150
10	2	11	45	200
10	2	15	50	250

答：收入－消费曲线是在消费者的偏好和商品价格不变的条件下，与消费者的不同收入水平相联系的消费者效用最大均衡点的轨迹。衣服和食物的收入－消费曲线如图 4－6 所示。

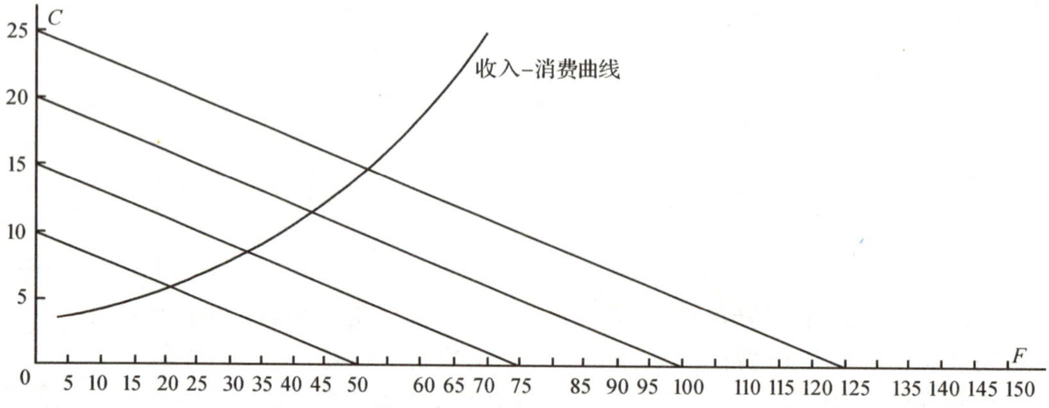

图 4－6 收入－消费曲线

由消费者的收入－消费曲线可以推导出消费者的恩格尔曲线。恩格尔曲线表示消费者在每一收入水平下对某商品的需求量。衣服和食物的恩格尔曲线如图 4－7 所示。

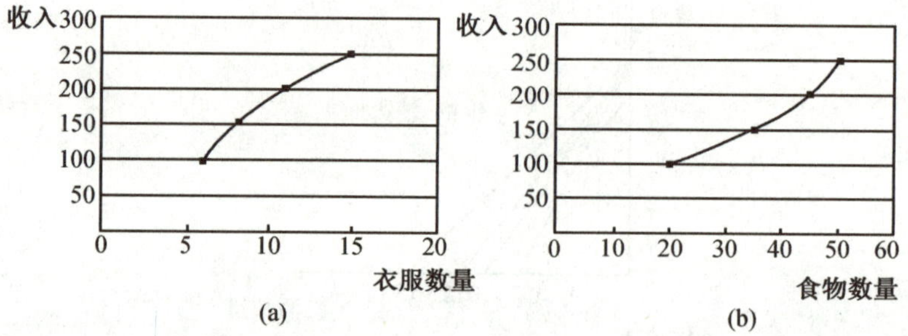

图 4－7 恩格尔曲线

3. 简从额外一张芭蕾舞门票中获得的效用总是从额外一张篮球赛门票中获得的两倍，无论她拥有的每种票的数量为多少。画出简对芭蕾舞门票的收入－消费曲线和恩格尔曲线。

答：根据简的偏好特点，芭蕾舞门票和篮球赛门票之间的边际替代率为常数 2。因而芭蕾舞门票和篮球赛门票是完全替代品，她的无差异曲线为一条直线。此时，简将视相对价格来决定是将所有收入全部用于购买芭蕾舞门票，还是将所有收入全部用于购买篮球赛门票：如果芭蕾舞门票价格低于两倍的篮球赛门票价格，则简会将所有收入全部用于购买芭蕾舞门票；如果芭蕾舞门票价格高于两倍的篮球赛门票价格，则简会将所有收入全部用于购买篮球赛门票，如果芭蕾舞门票价格等于两倍的篮球赛门票价格，则简对它们的购买是无差异的，预算线与无差异曲线重合。因此，简的收入－消费曲线将位于她所选择的那个商品轴上。当收入增加时，预算线将向右移动，她仍将额外的收入全部用于购买先前所选择的门票。

不失一般性，不妨假设芭蕾舞门票价格低于两倍的篮球赛门票价格，则简会将所有收入全部用于购买芭蕾舞门票。相应的收入－消费曲线和恩格尔曲线如图 4－8 所示。

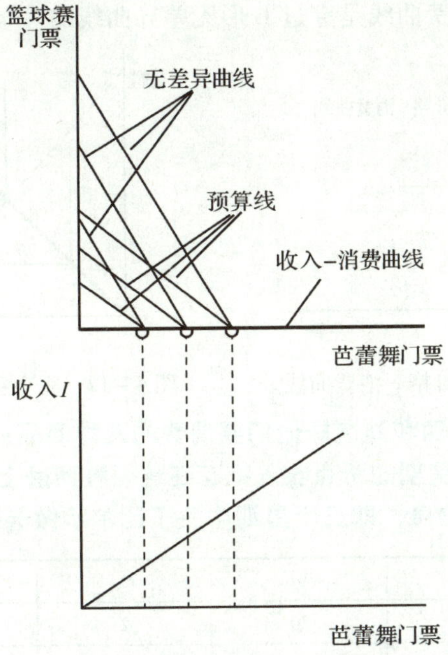

图 4－8　固定边际替代率的无差异曲线与相应的收入－消费曲线和恩格尔曲线

4.（1）橙汁和苹果汁被认为是完全替代品。画出合适的价格－消费曲线（橙汁价格变化时）和收入－消费曲线。

（2）左鞋和右鞋是完全互补品。画出合适的价格－消费曲线和收入－消费曲线。

答：（1）完全替代品的无差异曲线是直线，消费者会选择两种产品中价格较低的那一种。所以，如果橙汁比苹果汁便宜，那么消费者将只购买橙汁，消费曲线在橙汁的轴上；如果苹果汁比较便宜，消费者就只购买苹果汁，消费曲线在苹果汁的轴上；如果两种产品价格相同，那么消费者对它们是无差异的，消费曲线和无差异曲线重合。如图 4－9 所示。

假设橙汁比苹果汁便宜，消费者将只消费橙汁以满足最大化效用。随着收入的改变，只有橙汁的消费量变化。所以，如图 4－10 所示，收入－消费曲线将在橙汁的轴上。

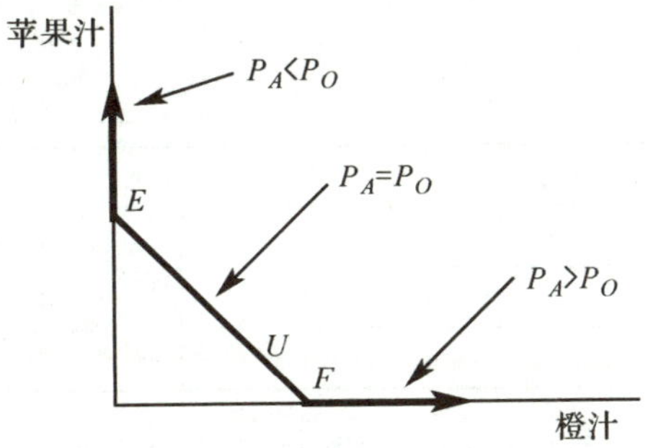

图 4－9　完全替代品的价格－消费曲线

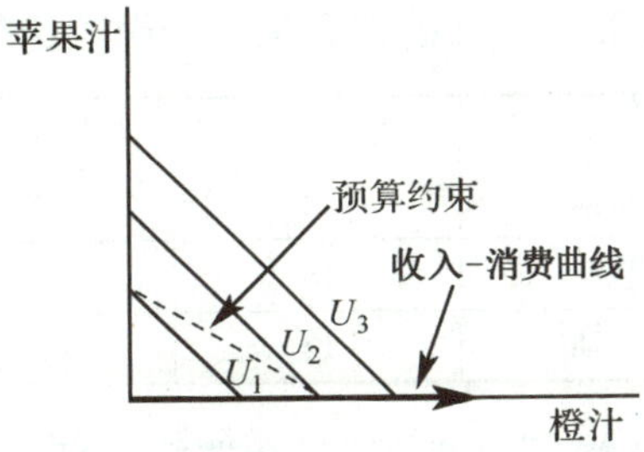

图 4－10　完全替代品的收入－消费曲线

（2）对于完全互补品来说，其无差异曲线是 L 形的。满足消费者效用最大化的点是预算线 L_1、L_2 与无差异曲线 U_1、U_2 的折弯处相交的点，因此价格－消费曲线如图 4－11 所示。

完全互补品的收入－消费曲线是穿过 L 形无差异曲线的一条直线，如图 4－12 所示。

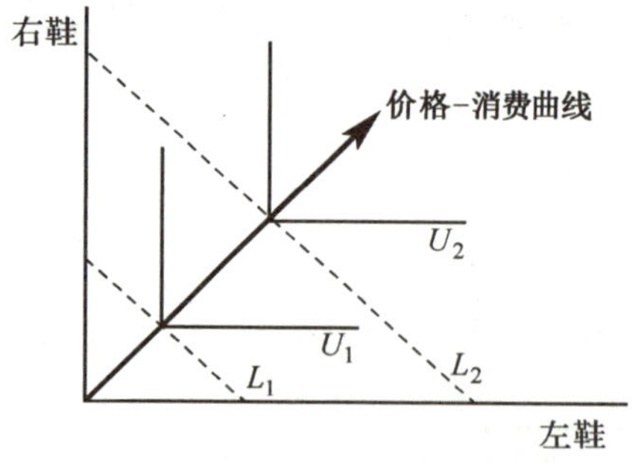

图 4－11　完全互补品的价格－消费曲线

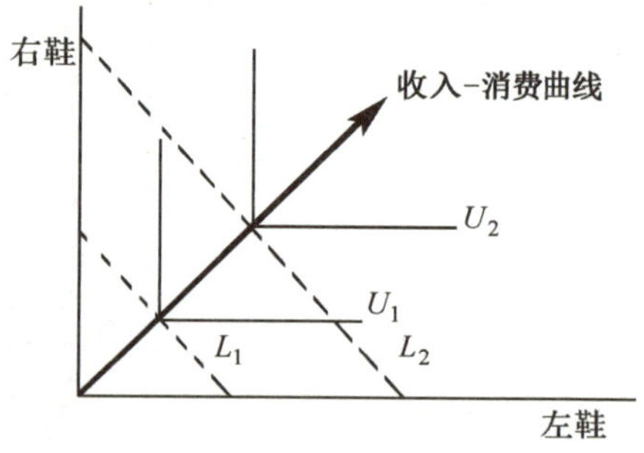

图 4－12　完全互补品的收入－消费曲线

5. 每个星期，比尔、玛丽和简选择他们要消费的两种商品：x_1 和 x_2，以最大化他们各自的效用。他们将自己一个星期的所有收入都花在这两种商品上。

（1）假定给予你下面的信息，即三个星期中关于比尔所做选择的信息：

	x_1	x_2	P_1	P_2	I
第一个星期	10	20	2	1	40
第二个星期	7	19	3	1	40
第三个星期	8	31	3	1	55

从第一个星期到第二个星期，比尔的效用是上升了还是下降了？从第二个星期到第三个星期呢？用图形来论证你的答案。

（2）现在来考虑下述有关玛丽所做出的选择的信息：

	x_1	x_2	P_1	P_2	I
第一个星期	10	20	2	1	40
第二个星期	6	14	2	2	40
第三个星期	20	10	2	2	60

从第一个星期到第三个星期，玛丽的效用是上升了还是下降了？对玛丽来说，两种商品都为正常品吗？请解释。

（3）最后，下面的信息是关于简的选择的：

	x_1	x_2	P_1	P_2	I
第一个星期	12	24	2	1	48
第二个星期	16	32	1	1	48
第三个星期	12	24	1	1	36

画出一幅说明简的这三个选择的预算线－无差异曲线图。你怎样看待本例中简的偏好呢？指出商品 x_1 的价格变动带来的收入效应和替代效应。

答：（1）从第一个星期到第二个星期，比尔的效用降低了，因为比尔对两种商品 x_1 和 x_2 的数量都减少了。在第二个星期，商品 x_1 的价格提高了，而比尔的收入保持不变。如图 4－13 所示，比尔的预算线将向内旋转，从 L_1 旋转到 L_2，他将移至一条更低的无差异曲线 U_2 上。

从第二个星期到第三个星期，比尔的效用上升了。商品的价格保持不变，但比尔的收入增加了，因此比尔对商品 x_1 和 x_2 的消费数量都增加了。如图 4－13 所示，比尔的预算线由 L_2 向外平移到 L_3，其效用移至更高的效用水平 U_3 上。

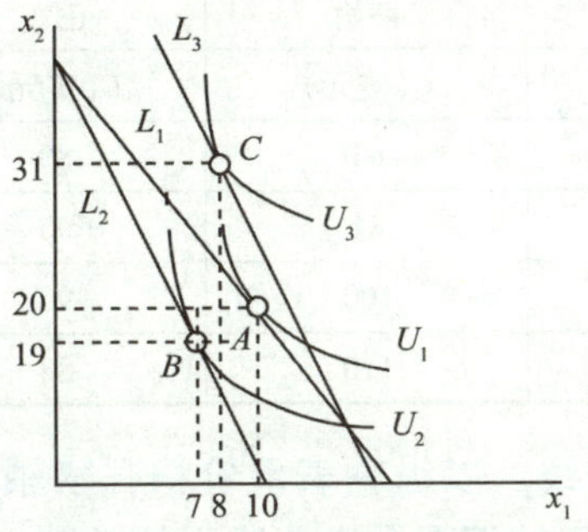

图 4－13　比尔的最优选择及其变化

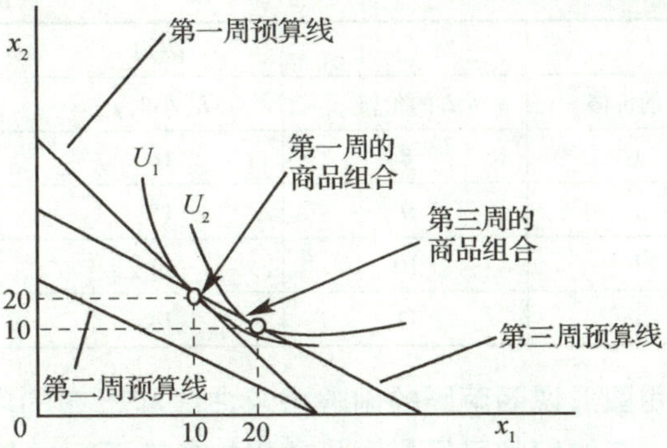

图 4－14　玛丽的最优选择及其变化

(2) 从第一个星期到第三个星期，玛丽的效用上升了。在第三个星期的价格下，玛丽所拥有的收入是能够购买第一个星期的商品组合的，因为 $10\times2+20\times2=60$。因而玛丽在第三个星期的价格和收入下，能够买得起第一个星期的商品组合，但是她却选择了新的商品组合，根据显示偏好原理，第三个星期的商品组合能够给她带来更高的满足程度，如图 4－14所示。

正常品是指随收入增加其消费也增加的商品。商品 x_2 不是正常品。因为当玛丽的收入从第二周的 40 增加到第三周的 60 时，在价格不变的情况下，他所消费的商品 x_2 的数量却减少了。

(3) 简的这三个选择的一个符合表中数据的预算线－无差异曲线图，如图 4－15 所示。在第二周时，商品 x_1 的价格下降，简对两种商品的消费都增加了。此时她的预算线向外旋转。在第三周，两种商品的价格保持不变，但是简的收入减少了，这会导致她的预算线向内平移，从而导致她对两种商品的消费都减少。由表中的数据可知，简以一个固定的比例 1∶2来消费两种商品。这意味着简将两种商品视为完全互补品，因而她的无差异曲线是 L 形的。如果两种商品是互补品，则替代效应将为零。因此，当商品 x_1 的价格变化时，收入效应将等于总效应，即收入效应将导致消费者增加 4 单位的商品 x_1 和 8 单位的商品 x_2 的消费。

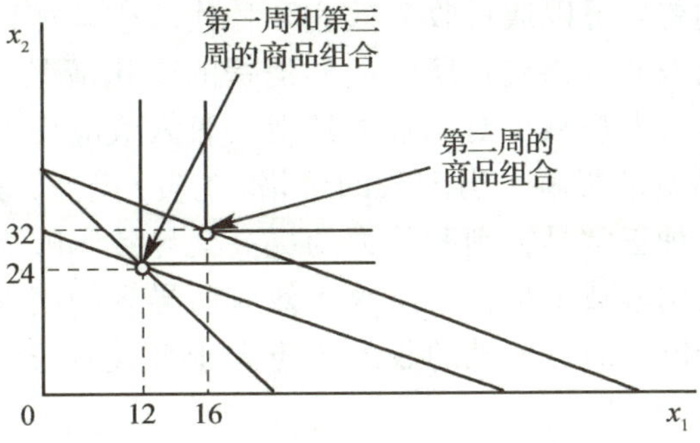

图 4－15　简的最优选择及其变化

6. 有两个人，萨姆和巴布，他们从消费的以小时计的闲暇（L）和消费的商品（G）中获得效用。为了最大化效用，他们需要将一天中的 24 个小时在闲暇时间和工作时间中进行分配。假定时间除了花在工作就是花在闲暇上。商品的价格等于 1 美元，而闲暇的价格等于小时工资。我们观察到下表的有关这两个人所做选择的信息：

		萨姆	巴布	萨姆	巴布
G 的价格	L 的价格	L（小时）	L（小时）	G（美元）	G（美元）
1	8	16	14	64	80
1	9	15	14	81	90
1	10	14	15	100	90
1	11	14	16	110	88

用图形说明萨姆的闲暇需求曲线和巴布的闲暇需求曲线。以纵轴表示价格，横轴表示闲暇。在他们都已经最大化效用的条件下，你怎样解释他们的闲暇需求曲线中的差别？

答：在更高的工资水平下，较少的闲暇意味着较多的工作时间。萨姆的闲暇需求曲线是向下倾斜的。随着闲暇价格（工资）的提高，萨姆将选择消费更少的闲暇，将更多的时间用于工作，从而可以获得更多的收入用于购买更多的商品。萨姆的闲暇需求曲线如图 4－16 所示。

而巴布的闲暇需求曲线是向上倾斜的。随着闲暇价格的提高，她将选择消费更多的闲暇，因为她的工作时间会带来更多的收入。巴布的闲暇需求曲线如图 4－17 所示。

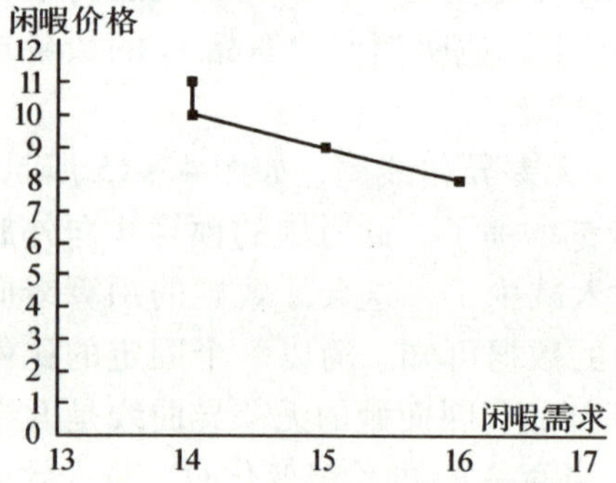

图 4－16　萨姆的闲暇需求曲线

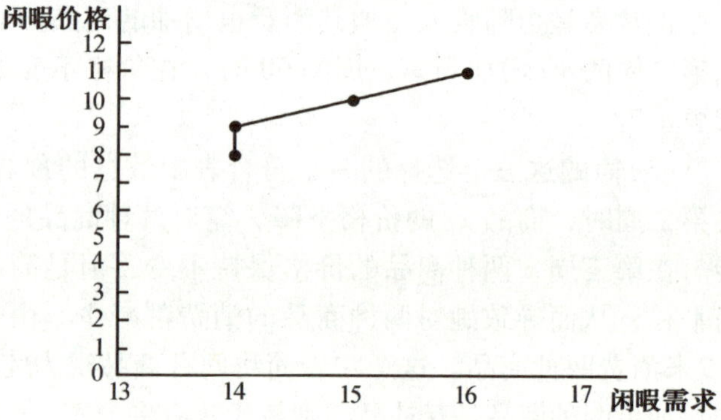

图 4－17　巴布的闲暇需求曲线

两人闲暇需求曲线的差异可以通过收入效应和替代效应来加以解释。替代效应反映的是保持效用水平不变，闲暇的价格变化所引起的消费的变化情况。替代效应总是负的，因而闲暇的价格提高会导致两人都减少对闲暇的消费。收入效应反映的是由闲暇的价格变化所引起的购买力变化对消费的影响。当闲暇的价格（工资）提高，这会导致购买力的提高。如果两人都将闲暇视为一种正常品，则购买力的提高会导致闲暇需求的提高。对于萨姆而言，由替代效应所导致的闲暇减少量大于由收入效应所导致的闲暇增加量，因而工资提高时，闲暇需求减少。对于巴布而言，她的收入效应大于替代效应，因而工资提高时，闲暇需求增加。

7. 位于一个小规模大学城中的一家剧院的经理正在考虑改变门票的定价方式。他已经聘请了一家经济咨询公司来估计门票的需求。这个公司把去该剧院的人分为两个群体，并给出了两个需求函数，普通大众的需求曲线（Q_{gp}）和学生的需求曲线（Q_s），分别由下面两式给出：

$$Q_{gp}=500-5P$$
$$Q_s=200-4P$$

（1）以纵轴表示 P，横轴表示 Q，在图上画出这两条需求曲线。假如当前的价格为 35 美元，求各个群体的需求数量。

（2）求出各个群体在当前价格和数量下的需求价格弹性。

（3）通过每张票要价 35 美元，该经理是否最大化了从门票销售中获得的收益？请解释。

（4）如果该经理试图最大化从门票销售中获得的收益，他对各个群体应该要价多少？

解：（1）普通大众群体和学生群体的需求曲线如图 4－18 所示。

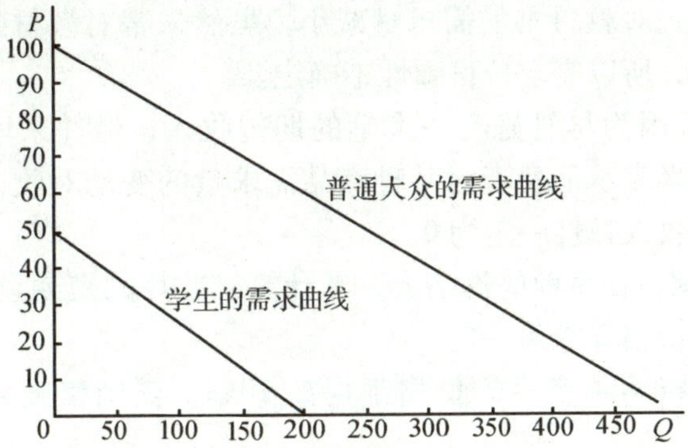

图 4－18　需求曲线

如果当前价格为 35 美元时，普通大众群体的需求为：$Q_{gp}=500-5\times35=325$；学生群体的需求为：$Q_s=200-4\times35=60$。

（2）在当前价格和数量下，普通大众群体的需求价格弹性为：

$$\varepsilon_{gp}=\frac{\mathrm{d}Q_{gp}}{\mathrm{d}P}\cdot\frac{P}{Q_{gp}}=\frac{-5\times35}{325}\approx-0.54$$

学生群体的需求价格弹性为：

$$\varepsilon_s=\frac{\mathrm{d}Q_s}{\mathrm{d}P}\cdot\frac{P}{Q_s}=\frac{-4\times35}{60}\approx-2.33$$

（3）如果每张票要价 35 美元，该经理没有最大化从门票销售中获得的收益，因为两个群体的需求的价格弹性都不等于 －1。学生群体的需求在当前价格下是富有弹性的，经理可以对学生票降价，从而大量增加学生群体的需求来增加收益。而普通大众群体的需求是缺乏弹性的，因而可以通过提高普通大众群体的票价来增加收益。

（4）当每个群体的需求价格弹性为 －1 时，经理将最大化门票收益。即对于普通大众群体而言，有：

$$\varepsilon_{gp}=\frac{-5P}{Q}=-1$$

$$5P = Q = 500 - 5P$$
$$P = 50,\ Q = 250$$

对于学生群体而言，有：

$$\varepsilon_s = \frac{-4P}{Q} = -1$$
$$4P = Q = 200 - 4P$$
$$P = 25,\ Q = 100$$

8. 朱蒂已经决定每年不多不少花 500 美元在大学教材上，尽管她知道价格每年可能要上涨 5% ~10%，并且她的祖父母明年将会给她一份可观的礼金。朱蒂对教材的需求价格弹性为多少？收入弹性呢？

答：(1)需求价格弹性是指某商品的价格变化 1% 时该商品需求量变化的百分比。朱蒂知道教科书的价格在将来会上升，如果她打算每年在教科书上花费固定的货币数额，这就意味着随着价格的上升她对教科书的需求量减小。虽然朱蒂对教材的支出不变，但教材的价格变动百分比不确定，所以需求价格弹性不确定。

(2)收入弹性为 0，因为尽管她有一大笔的期望收入，但并未增加对教科书的购买计划。需求收入弹性被用来表示消费者对某种商品需求量的变动对收入变动的反应程度，所以在这种情况下，需求收入弹性一定为 0。

9. ACME 公司确定，在目前的价格上，其计算机芯片的短期需求价格弹性为 -2，其磁盘驱动器的短期需求价格弹性为 -1。

(1)如果公司决定将两种产品的价格都提高 10%，其销售量会有什么变化？销售收入呢？

(2)你能否从已知的信息中判断，哪个产品会给厂商带来最大的收入？如果能，为什么？如果不能，你还需要什么别的信息？

解：(1)由需求价格弹性公式 $E_p = \frac{\Delta Q/Q}{\Delta P/P}$，有 $\frac{\Delta Q}{Q} = E_p \times \frac{\Delta P}{P}$，即销售量变化的百分比等于需求价格弹性乘以价格变化的百分比。故可得：

计算机芯片销售量的变化为：$-2 \times 10\% = -20\%$，即计算机芯片销售量下降 20%；

磁盘驱动器销售量的变化为：$-1 \times 10\% = -10\%$，即磁盘驱动器销售量下降 10%。

销售收入是销售量和价格的乘积，所以：

计算机芯片销售收入的变化为：$110\% \times (1 - 20\%) - 1 = -12\%$；

磁盘驱动器销售收入的变化为：$110\% \times (1 - 10\%) - 1 = -1\%$，即价格提高 10% 将使磁盘驱动器销售收入下降 1%。

综上，计算机芯片的销售收入下降 12%，磁盘驱动器的销售收入下降 1%。

(2)无法判断。虽然已知需求价格弹性，但是产品的价格和销售的数量都是未知的，因此不能计算和比较每个产品带来的收益大小。只有掌握了价格和销售数量的信息，才能比较哪种产品给厂商带来最大的收入。

10. 观察在下面概述的情形中一个人的行为，然后确定每一种商品相关的需求收入弹性（即该商品是正常品还是劣等品）。如果你不能确定收入弹性，你还需要别的什么信息？

(1) 比尔将其全部收入花在书籍和咖啡上。当他在书店的一只旧纸箱子里翻找东西时发现了 20 美元，他马上去买了一本新的精装诗集。

(2) 比尔丢失了他打算用来购买一杯双份蒸馏咖啡的 10 美元，他决定把新书折价卖给他的朋友，再用换来的钱买咖啡。

(3) 像波希米亚人那样生活已成了最新时尚，结果，咖啡和书籍的价格上涨了 25%。比尔将这两种商品的消费削减了同样的百分比。

(4) 比尔离开了艺术学校，而获得了一个工商管理硕士 (MBA) 学位。他不喝咖啡且不读书了。现在他读《华尔街日报》，喝瓶装的矿泉水。

答：(1) 书是正常品，因为随着收入的增加，对书的消费也增加了；咖啡是中性品，因为当收入增加时，对咖啡的消费没有增加。

(2) 咖啡是正常品。因为他决定把新书折价卖给他的朋友，所以收入增加了。伴随着收入的增加，他增加了对咖啡的消费。书是正常品，因为丢失了 10 美元，他的收入减少，对书的需求减少。

(3) 书和咖啡都是正常品。因为随着真实收入的减少，对它们的消费也都削减了。

(4) 不能确定收入弹性，因为比尔的品位完全改变了。要想确定他对书和咖啡的收入弹性，应该知道他现在的收入水平、相关商品的价格等等。

11. 假设食品需求的收入弹性是 0.5，价格弹性是 −1.0。假设费利西亚每年在食品上花费 10000 美元，食品价格为 2 美元，她的收入是 25000 美元。

(1) 如果一项食品销售税使得食物价格上升至 2.5 美元，她的食品消费会有什么变化？(提示：因为涉及一个较大的价格变化，所以你应该假设该价格弹性是弧弹性，而不是点弹性。)

(2) 假设费利西亚得到 2500 美元的退税以缓解该销售税的影响。她现在的食品消费又将如何呢？

(3) 当她得到的退税数额等于销售税的支付数额时，她的境况是改善还是变糟了？请说明原因。

解：(1) 因为食物价格变化较大，所以应该使用弧弹性：

$$E_P = \left(\frac{\Delta Q}{\Delta P}\right)\left(\frac{\frac{P_1 + P_2}{2}}{\frac{Q_1 + Q_2}{2}}\right)$$

已知 $E_P = -1$，$P_1 = 2$，$\Delta P = 0.5$，$Q_1 = 5000$，$P_2 = 2.5$，将这些数字代入弧弹性公式，可求出 Q_2：

$$-1 = \left(\frac{\Delta Q}{0.5}\right)\left(\frac{\frac{2 + 2.5}{2}}{\frac{5000 + (5000 + \Delta Q)}{2}}\right)$$

解得：$\Delta Q = -1000$。

即：$Q_2 = 5000 - 1000 = 4000$。

价格从 2 美元涨到 2.5 美元以后，她对食物的消费量从 5000 单位减少到了 4000 单位。

(2)她得到 2500 美元的退税以后，收入增加了 2500 美元。需求对收入的弧弹性为：

$$E_I = \left(\frac{\Delta Q}{\Delta I}\right)\left(\frac{\frac{I_1 + I_2}{2}}{\frac{Q_1 + Q_2}{2}}\right)$$

已知 $E_I = 0.5$，$I_1 = 25000$，$\Delta I = 2500$，$Q_1 = 4000$，$I_2 = 27500$，将这些数字代入上式，可求出 Q_2：

$$0.5 = \left(\frac{\Delta Q}{2500}\right)\left(\frac{\frac{25000 + 27500}{2}}{\frac{4000 + (4000 + \Delta Q)}{2}}\right)$$

解得：$\Delta Q \approx 195$。

即：$Q_2 = 4000 + 195 = 4195$。

她得到 2500 美元的退税以后，食物消费量有所增长，从 4000 单位增加到了 4195 单位。

(3)当费利西亚得到的退税数额等于销售税的支付数额的时候，她的情况可能变好了。退税使得她能够购买原来数量的食品和其他商品。在初始情况下，她只能买到 5000 单位的食物。当由于税收导致价格上涨后，她需要增加收入 2500 美元(恰好等于退税数额)，才能在不减少其他商品消费的情况下，买到相同数量的食物。但是，在退税后她并没有选择原来的商品组合，从显示性偏好原理可以推断：她可能找到了一个能给她带来更高效用水平的商品组合。如图 4－19 所示，征税使得预算线从 L_1 旋转至 L_2，退税使 L_2 右移至 L_3，从而最终的最优选择点从 A 变为 B，点 B 位于一条更高的无差异曲线上。

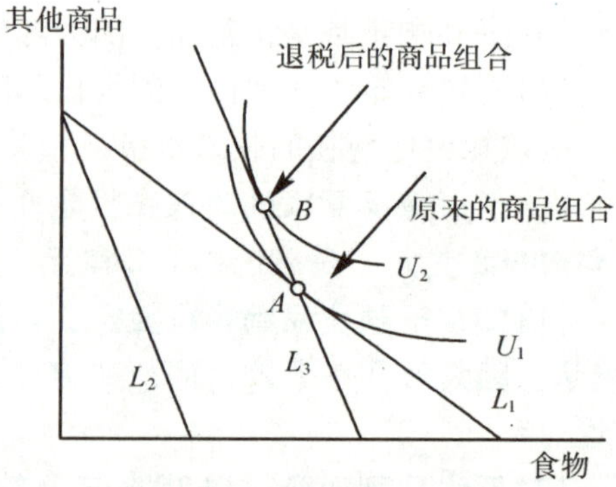

图 4－19　税收对消费者最优选择的影响

12. 假设你经营着一个小企业，想预测你的产品价格提高之后需求量会发生什么变化。虽然你不知道你的产品的确切需求曲线，但是你知道第一年时你要价 45 美元，销售了 1200 单位，第二年时你要价 30 美元，销售了 1800 单位。

(1)如果你打算把价格提高 10%，那么，以百分比的形式计，对需求量变动的一个合理预测为多少？

(2)如果你把价格提高 10%，收入将会上升还是下降？

解：(1)需求曲线的斜率值为：

$$\frac{dQ}{dP} = \frac{\Delta Q}{\Delta P} = \frac{1200 - 1800}{45 - 30} = \frac{-600}{15} = -40$$

因而当 $P = 45$，$Q = 1200$ 时，需求的价格弹性为：

$$\varepsilon_1 = \frac{P}{Q} \cdot \frac{\Delta Q}{\Delta P} = \frac{-40 \times 45}{1200} = -1.5$$

当 $P = 30$，$Q = 1800$ 时，需求的价格弹性为：

$$\varepsilon_2 = \frac{P}{Q} \cdot \frac{\Delta Q}{\Delta P} = \frac{-40 \times 30}{1800} \approx -0.67$$

当 $P = \frac{45+30}{2} = 37.5$，$Q = \frac{1200+1800}{2} = 1500$ 时，需求价格弹性为：

$$\varepsilon_3 = \frac{P}{Q} \cdot \frac{\Delta Q}{\Delta P} = \frac{-40 \times 37.5}{1500} = -1$$

利用平均值点来估计弹性值，可得需求价格弹性为 -1，因此，当价格提高 10% 时，需求将减少 10%。

（2）当需求价格弹性为 -1 时，价格提高 10%，收入将不变。

13. 假设你在管理一座营运成本基本上为零的收费桥梁。过桥需求 Q 由 $P = 15 - (1/2)Q$ 给出。

（1）画出过桥服务的需求曲线。

（2）如果不收费，会有多少人通过该桥？

（3）如果过桥费是 5 美元，相对应的消费者剩余的损失是多少？

（4）该收费桥梁的运营方打算把价格提高到 7 美元。在这一相对较高的价格上，会有多少人通过该桥？该收费桥梁的收益是上升还是下降了？从你的答案出发，你对需求弹性有何判断？

（5）求与价格从 5 美元上升到 7 美元相对应的消费者剩余的损失。

答：（1）过桥服务的需求曲线如图 4 - 20 所示。

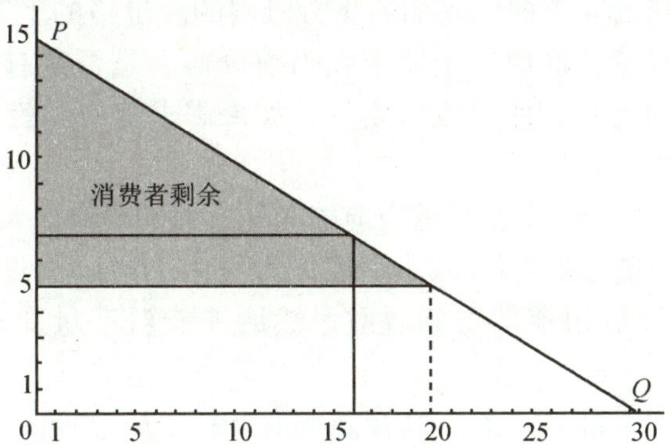

图 4 - 20　需求曲线及消费者剩余

（2）如果不收费，即 $P = 0$，那么过桥的人数是 $Q = 30$。

（3）如图 4 - 20 所示，如果过桥费是 5 美元，那么将会有 $Q = 20$ 的人通过该桥，消费者剩余是：$20 \times (15 - 5) \times 0.5 = 100$；不收费的时候消费者剩余是：$30 \times 15 \times 0.5 = 225$。所以消费者剩余损失：$225 - 100 = 125$（美元）。

（4）当价格为 7 美元时，过桥人数 $Q = 16$。此时，收益为：$16 \times 7 = 112$（美元）。而在收费为 5 美元时的总收益为：$5 \times 20 = 100$（美元）。因此，价格提高后的收益上升了。当收费提高时，收益上升是因为需求是缺乏弹性的（价格上升 40%，而需求数量仅减少了 20%）。

（5）当价格为 7 美元时，消费者剩余为：$16 \times (15 - 7) \times 0.5 = 64$，因此，消费者剩余的损失为：$100 - 64 = 36$（美元）。

14. 维拉正打算升级她那台新的个人计算机上的操作系统。她听说新操作系统 Linux 在技术上优于 Windows，而且价格低很多。然而，在询问了她的朋友之后，她发现他们用的都是装了 Windows 的个人计算机。他们也认为 Linux 是更吸引人的，但是他们又说当地商店里销售的 Linux 的拷贝相对较少。维拉选择了 Windows。你能解释一下她的决定吗？

答：(1)当一个人的需求直接受到其他消费者购买决定的影响时，就有了网络外部效应。网络外部效应可以是正的，也可以是负的。如果一名典型的消费者的商品需求量随着其他消费者购买数量的增加而增加，那么就存在着一个网络外部正效应；如果是相反的情况，那么就存在着一个网络外部负效应。

(2)维拉的消费受到了网络外部正效应(而不是攀比效应)的影响。她听说与 Linux 操作系统配套的软件选择有限并且她的朋友中没人使用 Linux 系统，最终维拉选择了 Windows 系统。但如果她买 Linux 只是为了其技术和价格的优势且不需要采纳朋友的建议，那么她有可能选择购买 Linux。

15. 假设你是一个农业合作组织的顾问，该组织正在决定其成员明年要不要将他们的棉花生产量减半。该组织需要你的建议，即这个决定是否将会提高其成员的收益。了解到棉花(C)与大豆(S)的种植面积在南方是竞争性的，你对棉花需求的估计为 $C=3.5-1.0P_C+0.25P_S+0.50I$，式中，$P_C$ 为棉花的价格；P_S 为大豆的价格；I 为收入。你是该支持还是反对这项计划？是否需要更多的信息以使你能够做出确切的回答？

答：(1)支持还是反对这个计划要做具体分析。如果棉花的产量减半，棉花的价格会上升，由题意可以知道棉花的需求曲线是向右下方倾斜的。价格的上升会导致需求量的减小，而收入可能增加也可能减少，这取决于需求在当前价格上是否富有弹性。如果需求缺乏弹性，产量的减少和价格的上升会使得收入增加；如果需求富有弹性，则产量的减少和价格的上升会导致收入减少。

(2)要做出确切的回答，还需要知道当前棉花和大豆的价格以及收入水平，求出棉花的需求量 C，然后将棉花产量(需求量)减半，假设大豆的价格以及收入不受影响，由此可求出棉花的价格，产量与价格相乘即得到收益，然后才能对产量变动前后的不同收益进行比较。

16. 一个消费者只吃牛排和土豆。其预算为每 10 天 30 美元，而她必须买足够的土豆来吃，至少每天 2 单位。

(1)土豆价格为 0.5 美元，牛排价格为 10 美元。消费者将消费两种商品各多少？

(2)现在假设土豆的价格上升为 1 美元。消费者购买每种商品各多少？

(3)现在假设土豆价格上升为 1.25 美元。消费者购买每种商品各多少？

(4)土豆是哪种商品？

(5)你预测土豆的需求曲线会一直保持这种趋势吗？为什么？

解：(1)由于消费者每天至少吃 2 单位土豆，因而消费者至少消费 20 单位土豆。土豆仅为维持生活之需，牛排则会改善消费者生活，所以土豆和牛排之间，消费者更偏好牛排。因此消费者只会选择基本所需的土豆，剩余预算用于购买牛排，即消费者购买 20 单位土豆和 2 单位牛排。

(2)与(1)类似，消费者会选择 20 单位土豆和 1 单位牛排。

(3)当土豆价格上升为 1.25 美元时，基本的 20 单位土豆需求需要花费 25 美元，剩余的 5 美元不足以购买牛排，基于越多越好的偏好假设，消费者会用 30 美元购买 24 单位土豆。

(4)土豆是吉芬商品。因为当土豆价格从 1 美元上升到 1.25 美元时，消费者对土豆的需求增加了。

(5)土豆价格继续增加时，消费者消费土豆的数量减少。当土豆价格超过 1.25 美元时，由于消费者必须买足够的土豆来吃，至少消费 20 单位，消费者消费不起牛排，所以会将预算全部用于购买土豆，且为了维持生活需要，土豆价格不能超过 1.5 美元。记土豆价格为 P，此时其购买土豆的数量为 $30/P(1.25<P\leq1.5)$。$1.25<P\leq1.5$ 时消费者的需求曲线如图 4－21 所示。

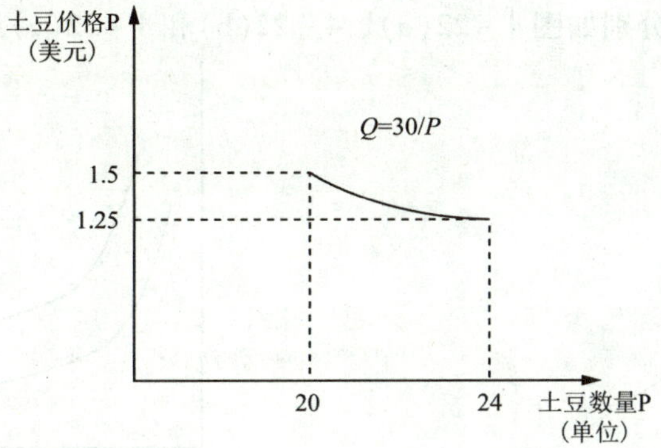

图 4－21　$1.25<P\leq1.5$ 时消费者对土豆的需求曲线

第4章附录　需求理论：一种数学的处理方法

1. 下面的效用函数中哪些符合凸的无差异曲线？哪些并不符合？

(1) $U(X, Y)=2X+5Y$；

(2) $U(X, Y)=(XY)^{0.5}$；

(3) $U(X, Y)=\min(X, Y)$，这里 min 为 X 和 Y 两个数值中的最小值。

答：(2)中效用函数符合凸的无差异曲线，(1)和(3)中的都不符合。

三者的无差异曲线分别如图4-22(a)、4-22(b)和4-22(c)所示。

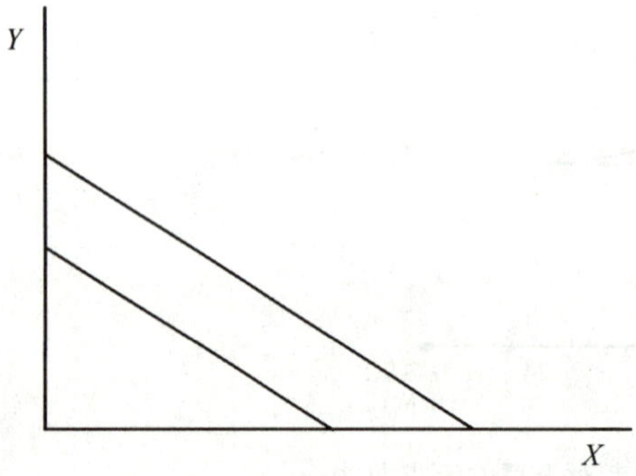

图4-22(a)　效用函数(1)的无差异曲线

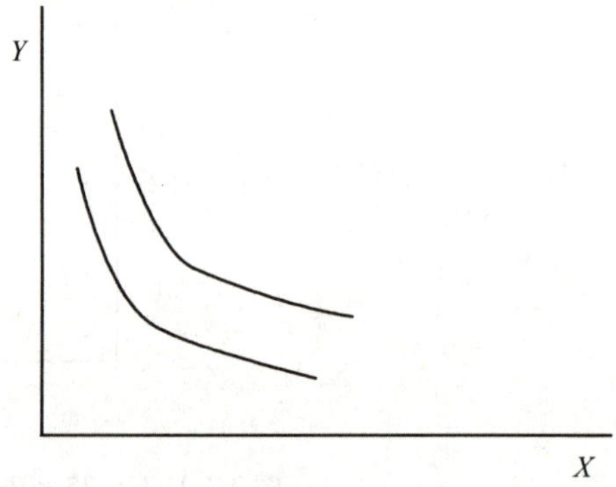

图4-22(b)　效用函数(2)的无差异曲线

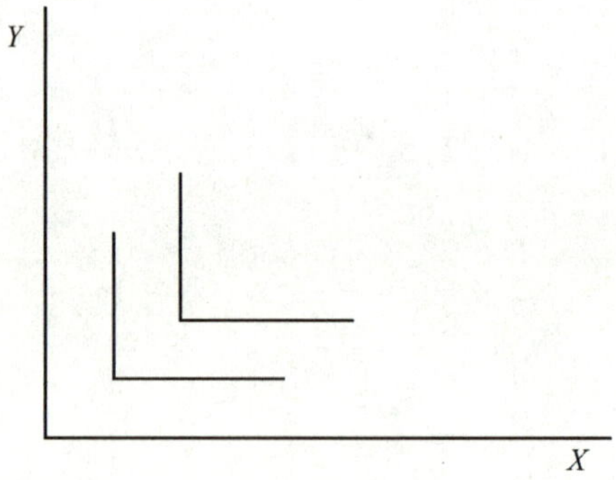

图4-22(c)　效用函数(3)的无差异曲线

2. 证明下面两个效用函数所导出的商品 X 和 Y 的需求函数相同。

(1) $U(X, Y)=\log(X)+\log(Y)$；

(2) $U(X, Y)=(XY)^{0.5}$。

证明：用 P_X 和 X 分别表示商品 X 的价格和数量，P_Y 和 Y 分别表示商品 Y 的价格和数量，用 I 表示收入。

(1)消费者的效用最大化问题为：

$$\max \log(X)+\log(Y)$$
$$s.t.\quad P_X X+P_Y Y=I$$

对应的拉格朗日函数为：

$$L(X, Y, \lambda) = \log(X) + \log(Y) - \lambda(P_X X + P_Y Y - I)$$

效用最大化条件为：

$$\frac{\partial L}{\partial X} = \frac{1}{X\ln 10} - \lambda P_X = 0$$

$$\frac{\partial L}{\partial Y} = \frac{1}{Y\ln 10} - \lambda P_Y = 0$$

$$\frac{\partial L}{\partial \lambda} = I - P_X X - P_Y Y = 0$$

通过解上面三个方程，可以得到需求函数：

$$X = I/(2P_X)$$

$$Y = I/(2P_Y)$$

(2)消费者的效用最大化问题为：

$$\max (XY)^{0.5}$$

$$s.t.\ \ P_X X + P_Y Y = I$$

对应的拉格朗日函数为：

$$L(X, Y, \lambda) = (XY)^{0.5} - \lambda(P_X X + P_Y Y - I)$$

效用最大化条件为：

$$\frac{\partial L}{\partial X} = 0.5(Y/X)^{0.5} - \lambda P_X = 0$$

$$\frac{\partial L}{\partial Y} = 0.5(X/Y)^{0.5} - \lambda P_Y = 0$$

$$\frac{\partial L}{\partial \lambda} = I - P_X X - P_Y Y = 0$$

通过解上面三个方程，可以得到需求函数：

$$X = I/(2P_X)$$

$$Y = I/(2P_Y)$$

所以，两个效用函数导出的是相同的需求函数。

3. 假设效用函数由 min(X, Y)给出，正如练习题 1 中的(3)部分所示。那么将因为 X 价格的变化而引起的其需求的变化进行分解的斯卢茨基方程是什么？什么是收入效应？什么是替代效应？

答：斯卢茨基方程是：

$$dX/dP_X = \partial X/\partial P_X \mid_{U=U^*} - X(\partial X/\partial I)$$

其中第 1 项是替代效应，第 2 项是收入效应。由于这一类型的效用函数，即完全互补型产品不存在作为价格变化的替代，所以替代效用为零。因此，固定比例效用函数的斯卢茨基方程为：

$$dX/dP_X = -X(\partial X/\partial I)$$

如图 4－23 所示，当 X 的价格下降时，预算线从 L_1 转动到 L_2，将新的预算线平行移动到与原无差异曲线 U_1 相切，可得补偿预算线 L_3。与初始预算线 L_1 一样，在补偿预算线下消费者按固定比例消费 X 和 Y，所以不存在替代效应，即替代效应为零。收入效应由预算线从 L_3 移动到 L_2 决定，此时效用从 U_1 增加到 U_2，且 X 的需求量增加。

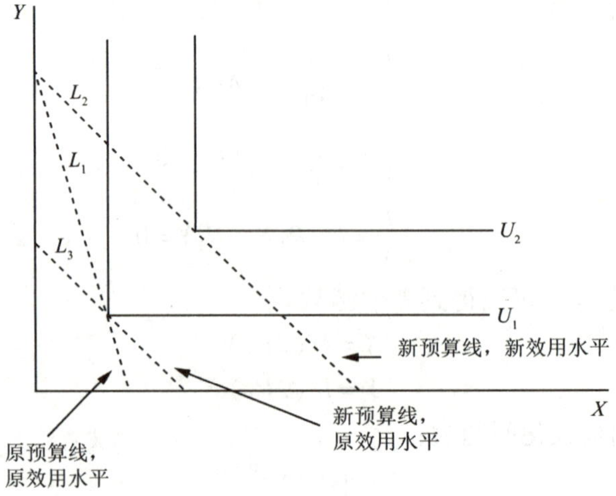

图4－23　固定比例效用函数的替代效应与收入效应

4. 莎伦的效用函数如下：

$$U(X, Y)=\sqrt{X}+\sqrt{Y}$$

式中，X 为她对单独包装的块状糖的消费量，价格 $P_X=1$ 美元，Y 为浓咖啡的消费量，$P_Y=3$ 美元。

(1)推导莎伦对单独包装的块状糖和浓咖啡的需求函数。

(2)假定她的收入 $I=100$ 美元，莎伦将消费多少数量的单独包装的块状糖和浓咖啡？

(3)收入的边际效用为多少？

解：(1)【方法一】根据效用函数：

$$U(X, Y)=\sqrt{X}+\sqrt{Y}$$

边际效用函数为：

$$MU_X=\frac{1}{2}X^{-\frac{1}{2}}, \quad MU_Y=\frac{1}{2}Y^{-\frac{1}{2}}$$

根据效用最大化原则和预算约束方程：

$$\frac{MU_X}{MU_Y}=\frac{P_X}{P_Y}$$

即

$$\frac{\sqrt{Y}}{\sqrt{X}}=\frac{1}{3}$$

$$P_XX+P_YY=I$$

即

$$1\times X+3\times Y=I$$

可以求出莎伦对单独包装的块状糖的需求函数：$X=\frac{3}{4}I$；

莎伦对浓咖啡的需求函数：$Y=\frac{I}{12}$。

【方法二】莎伦的效用最大化问题为：

$$\max_{X,Y} U(X, Y)=\sqrt{X}+\sqrt{Y}$$
$$s.t.\ X+3Y=I$$

对应的拉格朗日函数为：

$$\phi=\sqrt{X}+\sqrt{Y}-\lambda(X+3Y-I)$$

一阶必要条件为：

$$\frac{\partial\phi}{\partial X}=0.5X^{-0.5}-\lambda=0 \quad ①$$

$$\frac{\partial\phi}{\partial Y}=0.5Y^{-0.5}-3\lambda=0 \quad ②$$

$$\frac{\partial\phi}{\partial\lambda}=I-X-3Y=0 \quad ③$$

由式①、②可得：$\lambda=\frac{1}{2X^{0.5}}=\frac{1}{6Y^{0.5}}$，从而 $X=9Y$。代入③式，可解得：

$$X=\frac{3I}{4},\ Y=\frac{I}{12}$$

(2)假定其收入为 100 美元，即 $I=100$。

$$X=\frac{3}{4}I=\frac{3}{4}\times100=75$$

$$Y=\frac{I}{12}=\frac{100}{12}\approx8.3$$

所以，莎伦会消费 75 个单位的单独包装的块状糖，8.3 个单位的浓咖啡。

(3)根据本章附录的理论，收入的边际效用为拉格朗日乘子 λ。根据(1)小题【方法二】的结果得出公式：$\lambda=\frac{1}{2X^{0.5}}=\frac{1}{6Y^{0.5}}$，将相关数据代入可得 $\lambda=0.058$。这一数据表明随着莎伦消费的增加，其收入边际效用随之增加。

5. 莫里斯的效用函数如下：

$$U(X, Y)=20X+80Y-X^2-2Y^2$$

其中，X 为他对 CD 的消费量，价格为 1 美元，Y 为他对录像带的消费量，租金价格为 2 美元。他计划在这两种形式的娱乐上花 41 美元。求最大化莫里斯效用的 CD 数量与录像带租赁数量。

解： 莫里斯的效用最大化问题为：

$$\max_{X,Y} U(X, Y)=20X+80Y-X^2-2Y^2$$
$$s.t.\ X+2Y=41$$

拉格朗日方程为：

$$\phi=20X+80Y-X^2-2Y^2-\lambda(X+2Y-41)$$

一阶条件为：

$$\frac{\partial \phi}{\partial X}=20-2X-\lambda=0$$

$$\frac{\partial \phi}{\partial Y}=80-4Y-2\lambda=0$$

$$\frac{\partial \phi}{\partial \lambda}=-(X+2Y-41)=0$$

从而可得最优的 CD 数量与录影带租赁数量分别为：$X=7$，$Y=17$。

第 5 章　不确定性与消费者行为

5.1　复习笔记

【知识框架（庖丁解牛）】

- 不确定性与消费者行为
  - 描述风险
  - 对风险的偏好
    - 期望效用和期望值效用
    - 风险偏好
    - 风险溢价
    - 风险厌恶与无差异曲线
  - 降低风险的措施
  - 对风险资产的需求
    - 资产及其回报
    - 风险与回报的权衡
    - 投资者的选择

【考点难点归纳（厚积薄发）】

考点一：描述风险　★★★

面对未来的不确定性，消费者和经理人员要经常进行决策。在各种可能性结果和发生的概率可知的情况下，这种不确定性常常用“风险”来描述。风险的相关概念如表 5－1 所示。

表 5－1　风险的相关概念

概念	具体内容
概率	概率是表示某种既定结果发生的可能性，它的形成依赖于不确定事件本身的性质或人们的主观判断
期望值	期望值是对不确定事件的所有可能性结果的加权平均，权重为每种结果发生的概率。期望值衡量总体趋势，即平均结果
可变性	可变性是不确定情形下各种可能结果彼此差异的程度，即风险程度，可用离差或标准差来进行衡量
决策	在进行不确定选择时，消费者追求期望效用的最大化，期望效用等于不确定事件所有可能结果带来的效用的加权平均，权重为每种结果发生的概率

考点二：对风险的偏好　★★★★★

1. 期望效用和期望值效用

(1)期望效用的含义：

期望效用是各个可能结果相对应的效用的加权平均，其权数为各个结果发生的概率。

例如，可能结果为 X_1，X_2（概率分别为 Pr_1，Pr_2）的事件 X 的期望效用为 $E[u(X)] = Pr_1u(X_1) + Pr_2u(X_2)$。图 5－1 中 A 点对应的效用即为期望效用。

（2）期望值效用的含义：

期望值效用是指不确定事件所有可能结果的加权平均（即期望值）给消费者带来的效用。例如，可能结果为 X_1，X_2（概率分别为 Pr_1，Pr_2）的事件 X 的期望值效用为 $u[E(X)] = u(Pr_1X_1 + Pr_2X_2)$。图 5－1 中 B 点对应的效用即为期望值效用。

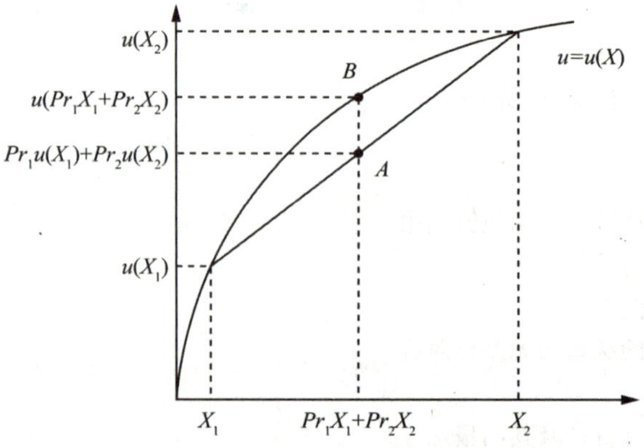

图 5－1 期望效用与期望值效用

2. 风险偏好

风险偏好是指人们对待风险的态度，描述人们在承担风险时对收益有怎样的要求。在现实生活中，人们承担风险的意愿是不同的。根据消费者期望效用与期望值效用的关系将其风险态度分为三种：风险厌恶、风险偏好和风险中性，如表 5－2 所示。

表 5－2 消费者风险态度分类

期望效用与期望值效用的关系	风险态度	效用函数的图像
$E[u(X)] < u[E(X)]$	风险厌恶	图 5－2(a)
$E[u(X)] > u[E(X)]$	风险偏好	图 5－2(b)
$E[u(X)] = u[E(X)]$	风险中性	图 5－2(c)

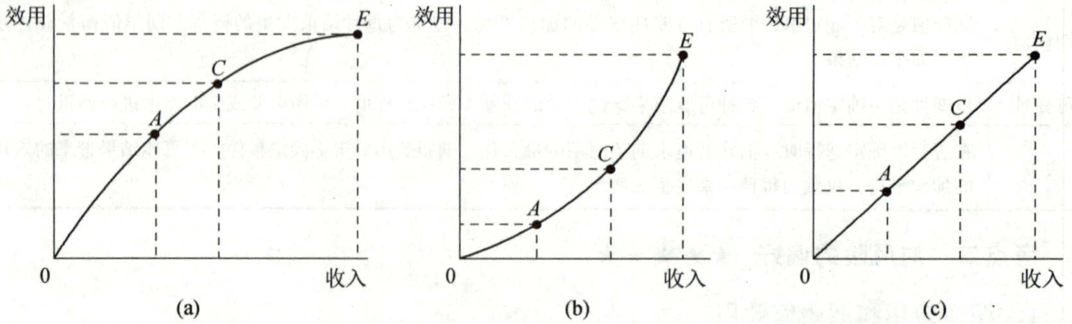

图 5－2 风险态度

3. 风险溢价

风险溢价是指风险厌恶者为规避风险而愿付出的最大货币额。通常来说，风险溢价的大小取决于其面临的风险性选择。如图 5－3 所示，风险溢价 *CF* 表示一个人为了在风险性选项和确定性选项之间保持无差异而愿意放弃的收入额。

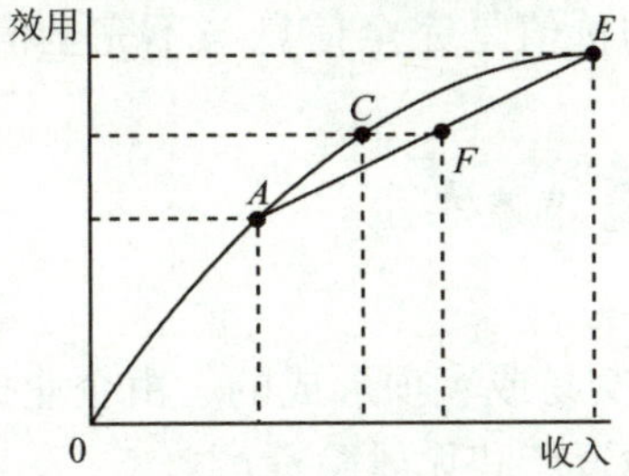

图 5－3　风险溢价

4. 风险厌恶与无差异曲线

无差异曲线可以用于描述一个人对风险的厌恶程度，消费者对于风险的无差异曲线都是向上倾斜的，且消费者的风险厌恶程度越高，无差异曲线越陡峭。图 5－4(a)代表的消费者比图 5－4(b)代表的消费者有更高的风险厌恶程度。

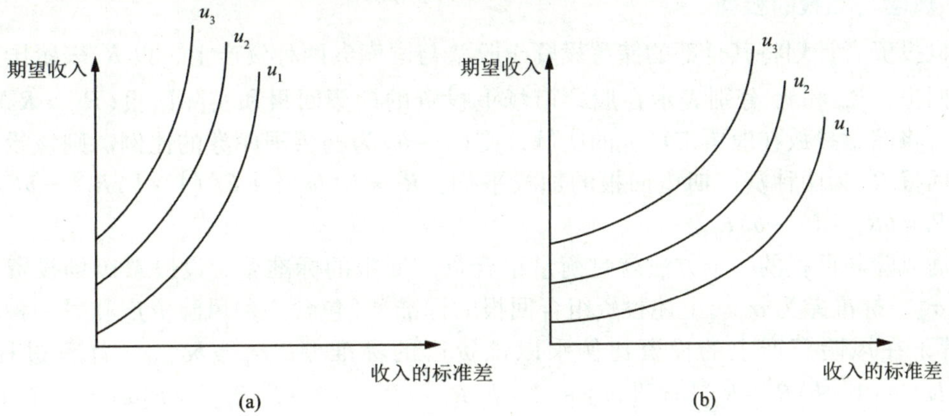

图 5－4　消费者对风险的无差异曲线

考点三：降低风险的措施　★★★

1. 分散化

分散化是指消费者通过把资源分配在那些结果不是密切相关的一系列活动上来降低风险的行为。

2. 保险

风险厌恶者为规避风险愿放弃一部分收入，如果保险的价格恰好等于期望损失，风险厌恶者将购买足够的保险，以使他们可以从任何可能遭受的损失中得到全额的补偿。

保险的购买使得投保人的收入总是固定的。因为保险的支出等于期望损失，因此这一确定性收入总是等于风险存在时的期望收入。对于一个风险厌恶者而言，确定性收入给他带来的效用要高于相同期望下不确定性收入的效用。

3. 获取更多的决策信息

当存在不确定性时，消费者是基于有限的信息进行决策的。如果他能拥有更多的信息，就能够进行更好的预计，风险也可因此降低。因为信息是有价值的商品，人们必须在完成支付后才能够享用它。故信息的价值是完全信息与不完全信息时进行选择的期望收益间的差额。

考点四：对风险资产的需求 ★★★

1. 资产及其回报

(1)资产是指由企业过去的交易或事项形成的、由企业拥有或者控制的、预期会给企业带来经济利益的资源，分为风险资产和无风险资产。

风险资产是指在资产结构中未来收益率不确定且可能招致损失的那部分高风险资产。无风险资产是指具有确定的收益率，并且不存在违约风险的资产，国债一般认为是无风险资产。

(2)资产回报是资产带来的总的货币收入与它的价值的比值，通常以通胀调整值即实际回报(名义回报减去通胀率)来表示。

2. 风险与回报的权衡

假设投资者计划将其全部的储蓄投资于股票与国库券两种资产上，以 R_f 表示国库券的无风险回报，R_m 和 r_m 分别表示在股票市场上投资的期望回报和实际回报($R_m > R_f$)。令 b 为投资者将储蓄投放在股票市场上的比例，则 $(1-b)$ 为购买国库券的比例。则该投资组合的期望回报 R_p 为两种资产期望回报的加权平均：$R_p = E(br_m) + E[(1-b)R_f] = bE(r_m) + (1-b)R_f = bR_m + (1-b)R_f$。

权衡风险与回报的一个方法就是衡量组合资产回报的标准差。设股票市场投资风险的方差为 σ_m^2，标准差为 σ_m。上述投资组合回报的标准差(包含一种风险资产和另一种无风险资产)等于在风险资产上的投资比例乘以该资产的标准差：$\sigma_p = b\sigma_m$。(计算过程如下：$\sigma_p^2 = E[br_m + (1-b)R_f - R_p]^2 = E[br_m + (1-b)R_f - bR_m - (1-b)R_f]^2 = E[b(r_m - R_m)]^2 = b^2\sigma_m^2$，两端开方即可。)

3. 投资者的选择

每个投资者都面临着风险与回报之间的权衡，可用消费者理论进行风险资产的投资决策。

预算线反映风险的价格，消费者无差异曲线反映他们对风险的态度。根据投资组合的回报 $R_p = bR_m + (1-b)R_f$ 和投资组合回报的标准差 $\sigma_p = b\sigma_m$，即可得出预算线 $R_p = R_f + (R_m - R_f)\sigma_p/\sigma_m$。

投资者选择的风险与回报的最优组合为无差异曲线(本例中为 U_2)与预算线的切点。图 5-5 描绘了投资者在风险与回报之间的选择。

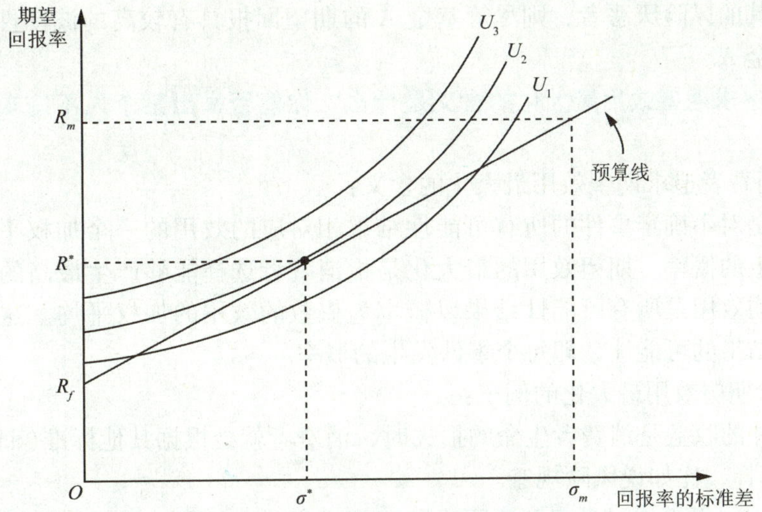

图 5－5　风险与回报间的选择

5.2　课后复习题详解

1. 如果一个人是风险厌恶者，这意味着什么？为什么有些人厌恶风险，而有些人又喜好风险？

答：(1)风险厌恶者是指那些在进行风险投资时愿意得到与期望报酬等同的确定报酬的人。如果一个人是风险厌恶者，这意味着这个人的收入的边际效用是递减的，在期望收入相同的情况下，他更愿意选择确定的收入。与之不同的是，风险偏好者的收入的边际效用是递增的，在期望收入相同的情况下，他更愿意选择不确定的收入。

(2)一个人是风险厌恶型的还是风险偏好型的，取决于他的财富的个人效用函数的斜率，还取决于风险的性质以及他的收入情况。持有财富越多的人越偏好风险；收入越多的人越厌恶风险；与大额赌注相比，人们对于小额赌注的风险态度更多表现为风险偏好的。一般而言，风险厌恶者希望结果出现较小的变化。

2. 在对可变性的度量中，为什么方差比取值范围更好？

答：(1)消费者和投资者关心不确定结果的期望值与波动性。期望值是对不确定事件的所有可能性结果的一个加权平均，而权数正是每种结果发生的概率。波动性通常用方差来度量，方差是各种可能性结果与期望值的差的平方的加权平均值。

(2)取值范围是指在最高的可能收入和最低的可能收入之间的一系列数值。取值范围并不能描述这些高收入和低收入的概率分布情况。方差则以每一个收入的概率为权数对收入与平均收入差进行加权平均，因此在对波动程度的测量中比取值范围更有效。

3. 乔治有 5000 美元可以投资于共同基金。共同基金 A 的期望回报率为 15%，共同基金 B 的期望回报率为 10%。乔治应该选择共同基金 A 还是 B？

答：乔治的决策不仅取决于每一种基金的期望回报，还取决于每一种基金期望回报的波动性以及他的风险偏好。例如，如果基金 A 回报波动性标准差大于基金 B，而且乔治是风险厌恶的，则此时尽管基金 B 的期望回报较低，但是乔治还是可能更为偏好基金 B。如果乔治不是极其的风险厌恶者，则尽管基金 A 的期望回报具有较高的波动性，但是他此时可能会选择基金 A。

4. 消费者追求期望效用最大化的含义是什么？你能否举出某个人不追求期望效用最大化的例子？

答：(1)消费者追求期望效用最大化的含义：

期望效用是对不确定事件的所有可能性结果相对应的效用的一个加权平均，而权数正是每种结果发生的概率。期望效用的最大化是指消费者选择能够产生最高的平均效用的组合，这里的平均效用是所有可能性结果以概率为权数的效用的加权平均。这个理论要求消费者知道每种结果的可能性，即每个事件发生的概率。

(2)不追求期望效用最大化的例子：

当某个事件的收益是消费者生命的损失时，消费者就会根据其他标准(而非期望效用最大化)来做出选择，比如说风险规避。

5. 为什么有时即使支付的保险费超过了期望损失，人们通常还是想要得到对风险环境的完全保险？

答：风险厌恶者的收入的边际效用是递减的，这就意味着，损失带给他们的效用减少比得到相同收入带来的效用增加更大。风险厌恶者是“损失厌恶”的，因此他们愿意支付超过了期望损失的保险费。

在面临风险而没有购买保险的条件下，如果损失发生，则消费者的收入会急剧下降到很低的水平，此时收入的边际效用是很高的；如果损失不发生，则消费者的收入会保持在一个高水平，此时收入的边际效用是很低的。所以，在面临风险的条件下，理性的消费者应该通过购买保险，将损失不发生情况下的收入转移到损失发生情况下的收入中去，便可以提高他的总效用水平。所以，即使保险金超过了投保财产的期望损失收益，风险厌恶者也会对不确定情形加以投保。

6. 为什么保险公司表现为风险中性的，即便它的经理人员是风险厌恶的？

答：一般而言，保险公司也是追求利润最大化的企业，它们知道自己在销售保险合同时，面临着较小的风险。大数定律的存在使得大规模经营能够规避风险。由该定律可知，尽管孤立的事件可能是偶发的，不可预计的，但是许多相似事件的平均结果是可预计的。在大规模经营的基础上，保险公司可以确信，在大量事件发生之后，公司的总保费收入与支付给被保险人的总支出基本相等。因此保险公司会表现为风险中性，即使它的经理作为个人是风险厌恶者。

7. 在什么时候，为了减少不确定性而花钱获得更多的信息是值得的？

答：(1)获取更多的决策信息是消费者常采取的用来降低风险的三种措施之一。完全信息的价值是信息完全时进行选择的期望收益与信息不完全时进行选择的期望收益的差额。

(2)存在不确定性时，消费者是基于有限的信息进行决策的。如果他能拥有更多的信息，那么他一定能进行更好的决策，风险也因此降低。因为信息是有价值的商品，人们必须进行支付才能享用它。所以当在有信息的情况下进行的选择(已经包括信息的成本)比没有信息的情况进行的选择的预期效用更大时，消费者就会对信息付费。而且在完全信息的价值为正时，人们为减少不确定性会对更多的信息进行支付。

8. 投资者如何通过投资组合的分散化来规避风险？

答：投资者可以将资金投资在多种不同的具有负相关性或不相关的资产上来降低风险。比如说，共同基金，它是许多不同公司股票的一个资产组合。如果持有的股票的风险具有负相关性，那么持有多种股票的风险相对于持有单支股票的风险要小得多。随着持有的股票种类的增加，风险会越来越小。但是这种资产多样化组合只能降低风险而不可能完全消除风险，这是因为相对于低风险资产，比如持有美国政府债券，资产的组合投资还存在系统性风险。

9. 为什么有些投资者将他们资产中的大部分投资于风险资产，而另一些投资者却将其大部分资产投资于无风险资产？（提示：这两种投资者得到的平均回报率是否相同？如果相同，为什么？）

答：(1)资产可以分为风险资产和无风险资产。风险资产是指在资产结构中未来收益率不确定且可能招致损失的那部分高风险资产。无风险资产是指具有确定的收益率，并且不存在违约风险的资产。

(2)每个投资者都面临着风险与报酬之间的权衡。投资者为获得更高的预期报酬愿意承担多大的额外风险取决于该投资者的风险厌恶程度。风险厌恶程度较低的投资者倾向于在他们的资产组合中包含较大比例的风险资产。

(3)之所以有些投资者将他们资产中的大部分投资于风险资产，而另一些投资者却将其大部分资产投在无风险资产上，是因为投资者追求的平均报酬率不同。在风险资产市场上，当投资者同样是风险厌恶者时，他们对高风险资产要求有高回报。因此，一些投资者之所以接受高风险的资产，是因为这些资产具有高的回报，而这并不意味着他们是风险偏好者。相反，如果不能因为增加的风险获得相应的报酬，他们将不会进行投资。

5.3　课后练习题详解

1. 考察一种有三种可能结果的彩票：

●获得 125 美元的概率为 0.2；

●获得 100 美元的概率为 0.3；

●获得 50 美元的概率为 0.5。

(1)该彩票的期望值是多少？

(2)结果的方差是多少？

(3)一个风险中性者愿意花多少钱购买这种彩票？

解：(1)期望值 $EV = 0.2\times125 + 0.3\times100 + 0.5\times50 = 80$(美元)。

(2)收益方差 $\sigma^2 = 0.2\times(125-80)^2 + 0.3\times(100-80)^2 + 0.5\times(50-80)^2 = 975$。

(3)一个风险中性者愿花 80 美元购买这种彩票，即他愿意支付的价格等于期望收益。

2. 假设你正投资于一个新成立的计算机公司，该公司的盈利取决于两个方面：(1)美国国会是否会通过关税议案，从而提高日本产计算机的价格；(2)美国经济增长的快慢。你要关注的四种相互不同的世界状态是什么？

解：四种可能处于的状态为：

	国会通过关税法案	国会未通过关税法案
美国低经济增长率	状态 1： 有关税的低速经济增长	状态 2： 没有关税的低速经济增长
美国高经济增长率	状态 3： 有关税的高速经济增长	状态 4： 没有关税的高速经济增长

3. 理查德正在决定要不要购买州发行的彩票，每张彩票的价格为 1 美元，取得回报的概率如下所示。

概率	回报(美元)
0.50	0.00
0.25	1.00
0.20	2.00
0.05	7.50

(1)如果理查德购买了一张彩票，它的期望值是多少？方差是多少？

(2)理查德的绰号是“风险－不－瑞克”，因为他极度厌恶风险。他会购买彩票吗？

(3)理查德获得了 1000 张彩票。讨论一下你将怎样确定他愿意卖出这 1000 张彩票的最低价格？

(4)从长期来看，给定彩票的价格和回报/概率表，你认为该州从该活动中可以得到什么？

解：(1)期望值 $EV=0.5\times0+0.25\times1+0.2\times2+0.05\times7.5=1.025$(美元)。

方差 $\sigma^2=0.5\times(0-1.025)^2+0.25\times(1-1.025)^2+0.2\times(2-1.025)^2+0.05\times(7.5-1.025)^2\approx2.812$。

(2)理查德是不可能购买彩票的，尽管期望收益大于价格，即：1.025 美元 > 1.00 美元。

因为对于理查德来说，从彩票中获得的期望回报并不足以补偿他所冒的风险。现假定他有 10 美元，买了一张彩票，在四种情况下，他可能得到的收入为：9.00 美元，10.00 美元，11.00 美元和 16.50 美元，假定他的效用函数为 $U=W^{0.5}$，那么期望效用为：

$$EU=0.5\times9^{0.5}+0.25\times10^{0.5}+0.2\times11^{0.5}+0.05\times16.5^{0.5}\approx3.157$$

此时，他得到的期望效用小于他不买彩票时的效用：$U(10)=10^{0.5}\approx3.162$，因此他不会买彩票。

(3)理查德获得 1000 张彩票，他的期望收益为 1025 美元，但他从这些彩票中可能获得的收益从 0 美元(所有彩票回报都为 0 的极端情况)一直到 7500 美元(所有彩票回报都为 7.5 美元的极端情况)。基于这种不确定性和理查德是风险极度厌恶者的条件，可以知道理查德会愿意在期望收益不足 1025 美元情况下出售所有彩票，更准确的说是 1025 美元减去他的风险溢价。为了找到这个价格，首先要计算彩票给他带来的期望效用，类似于教材图 5.4 中的 F 点，再利用他的效用函数，可以找到给他带来同样效用所对应的收益值，这就类似于图 5.4 中 C 点所代表的 16000 美元的收入，这一准确数值即为所求。

(4)从长期来看，该彩票发行者将会破产。给定了彩票价格和报酬概率，发行者应该提高彩票的价格或者降低彩票正收益的概率。

4. 假设有一个投资者关心的某个商业项目可能有三个前景，其概率与回报如下表所示。

概率	回报(美元)
0.4	100
0.3	30
0.3	-30

这项不确定性投资的期望值是多少？方差呢？

解：期望收益 $EV=0.4\times100+0.3\times30+0.3\times(-30)=40$(美元)。

方差 $\sigma^2=0.4\times(100-40)^2+0.3\times(30-40)^2+0.3\times(-30-40)^2=2940$。

5. 你是一名保险代理人，必须为一个新顾客山姆制定一份保单。他的公司，SCAM，目前正致力于为三明治佐料行业研制一种低脂、低胆固醇的蛋黄酱替代品。三明治行业愿意为这种蛋黄酱替代品的最先发明者支付高额的专利费。山姆的 SCAM 公司对你而言具有很大的风险性，你已计算出可能回报，如下表所示。

概率	回报(美元)	结果
0.999	-1000000	失败
0.001	1000000000	成功并卖出配方

(1)山姆的这个项目的期望回报率是多少？方差呢？

(2)山姆最多愿意付出多少钱来购买保险？假定他是风险中性的。

(3)假设你发现日本正计划于下月推出它自己的蛋黄酱替代品，而对此不知情的山姆刚刚拒绝了你提出的保险费为 1000 美元的方案。假定山姆告诉你他的公司将在 6 个月内推出新产品，以及你知道日本的上述计划，那么在你与山姆接下来的谈判中，你是提高还是降低保费？山姆在他的已有信息的基础上会接受你的建议吗？

解：(1)期望收入 $ER=0.999\times(-1000000)+0.001\times1000000000=1000$(美元)。

方差 $\sigma^2=0.999\times(-1000000-1000)^2+0.001\times(1000000000-1000)^2=1000998999000000$。

(2)因为山姆是风险中性的，期望值效用等于期望效用并且期望收入为 1000 美元，所以他不会付任何保险费。

(3)日本公司的进入将降低山姆获得高收益的可能性。例如，假设他获得 10 亿美元收益的可能性降为 0.0001，那么山姆的期望收入为：

$$ER=0.9999\times(-1000000)+0.0001\times1000000000=-899900(\text{美元})$$

这样，保险代理人应该把保险费提到很高的水平。但是，如果山姆不知道日本公司的进入，那么他将继续拒绝保险代理人的提议。

6. 假设娜塔莎的效用函数为 $u(I)=\sqrt{10I}$，其中，I 为以千美元为单位的年收入。

(1)娜塔莎是风险喜好的、风险中性的还是风险厌恶的？请解释。

(2)假设娜塔莎现在的收入为 40000 美元($I=40$)，同时明年也肯定可以获得这样的收入。她现在有另外一个工作机会，该工作获得 44000 美元收入的概率为 0.6，获得 33000 美

元收入的概率为 0.4。她会选择这份新工作吗？

(3) 在(2)部分中，娜塔莎为了规避新工作相对应的收入的波动，愿意购买保险吗？如果愿意，她愿意支付多少保费？(提示：风险溢价是多少?)

解：(1) 娜塔莎是风险厌恶型的。

因为假定她有 10000 美元，她 10000 美元的效用为 $u(I) = \sqrt{10 \times 10} = 10$。如果现在有一项投机活动，获得 1000 美元和损失 1000 美元的概率都是 50%，即 0.5，那么她的期望效用：

$$Eu = 0.5 \times (90^{0.5}) + 0.5 \times (110^{0.5}) \approx 9.987 < 10$$

所以，她不会参与赌博。

此外，还可以通过效用函数的二阶导数是负的($u'' = -\frac{\sqrt{10}}{4} I^{-\frac{3}{2}} < 0$)，即收入的边际效用是递减的，来判断娜塔莎是风险厌恶型的。

(2) 娜塔莎目前工资的效用是 $400^{0.5} = 20$；

新工作收入的期望效用是：$Eu = 0.6 \times 440^{0.5} + 0.4 \times 330^{0.5} \approx 19.85$。

因为新工作收入的期望效用小于目前工资的效用，所以她不会换工作。

(3) 她愿意购买保险。

如果娜塔莎接受了新工作，其期望收入为 $0.6 \times 44000 + 0.4 \times 33000 = 39600$ 美元。

如果娜塔莎接受了新工作，那么她将愿意为新工作收入的期望效用与新工作的期望收入的效用差距支付保险费，以保证获得期望收入水平下的效用。

在(2)中已经求出新工作收入的期望效用是 19.85，假设它相当于一项数额为 I 的稳定收入带来的效用，即 $19.85 = (10I)^{0.5}$，解得：$I \approx 39402$ 美元。

所以，娜塔莎愿意支付的保险费为：$39600 - 39402 = 198$ 美元。

7. 假定两个投资项目有相同的三个支付，但是每个支付相对应的概率各不相同，如下表所示。

支付(美元)	概率(投资项目 A)	概率(投资项目 B)
300	0.10	0.30
250	0.80	0.40
200	0.10	0.30

(1) 求每个投资项目的期望回报和标准差。

(2) 吉尔的效用函数为 $U = 5I$，其中 I 表示支付。她会选择哪个投资项目?

(3) 肯恩的效用函数为 $U = 5\sqrt{I}$。他会选择哪个投资项目?

(4) 劳拉的效用函数为 $U = 5I^2$。她会选择哪个投资项目?

解：(1) 投资项目 A 的期望收益为：

$$EV = 0.1 \times 300 + 0.8 \times 250 + 0.1 \times 200 = 250(\text{美元})$$

该项目方差为：

$$\sigma^2 = 0.1 \times (300 - 250)^2 + 0.8 \times (250 - 250)^2 + 0.1 \times (200 - 250)^2 = 500$$

因而投资项目 A 的标准差为：$\sigma = \sqrt{500} = 10\sqrt{5}$。

投资项目 B 的期望报酬为：

$$EV = 0.3 \times 300 + 0.4 \times 250 + 0.3 \times 200 = 250 (\text{美元})$$

该项目方差为：

$$\sigma^2 = 0.3 \times (300 - 250)^2 + 0.4 \times (250 - 250)^2 + 0.3 \times (200 - 250)^2 = 1500$$

因而投资项目 B 的标准差为：$\sigma = \sqrt{1500} = 10\sqrt{15}$。

(2)吉尔从项目 A 中获得的期望效用值为：

$$EU = 0.1 \times (5 \times 300) + 0.8 \times (5 \times 250) + 0.1 \times (5 \times 200) = 1250$$

吉尔从项目 B 中获得的期望效用值为：

$$EU = 0.3 \times (5 \times 300) + 0.4 \times (5 \times 250) + 0.3 \times (5 \times 200) = 1250$$

因此，两个投资项目带给吉尔的期望效用都是相等的，而吉尔又是风险中性的，所以她对这两个投资项目没有差异。

(3)肯恩从项目 A 中获得的期望效用值为：

$$EU = 0.1 \times 5 \times (300)^{0.5} + 0.8 \times 5 \times (250)^{0.5} + 0.1 \times 5 \times (200)^{0.5} \approx 78.98$$

肯恩从项目 B 中获得的期望效用值为：

$$EU = 0.3 \times 5 \times (300)^{0.5} + 0.4 \times 5 \times (250)^{0.5} + 0.3 \times 5 \times (200)^{0.5} \approx 78.82$$

肯恩将会选择投资项目 A，因为投资项目 A 能带给他较高的期望效用。此外，肯恩是风险厌恶的，因而他偏好波动性更小的投资项目。

(4)劳拉从项目 A 中获得的期望效用值为：

$$EU = 0.1 \times (5 \times 300 \times 300) + 0.8 \times (5 \times 250 \times 250) + 0.1 \times (5 \times 200 \times 200) = 315000$$

劳拉从项目 B 中获得的期望效用值为：

$$EU = 0.3 \times (5 \times 300 \times 300) + 0.4 \times (5 \times 250 \times 250) + 0.3 \times (5 \times 200 \times 200) = 320000$$

劳拉将会选择投资项目 B，因为投资项目 B 能带给她较高的期望效用。此外，劳拉是风险爱好的，因而她更偏好波动性大的投资项目。

8. 作为一位拥有 25 万美元财富的农场主，你要在将上年的收入(20 万美元)投入一个回报率为 5%的无风险货币市场基金上等待季节过去与种植夏季玉米之间做选择。种植的成本为 20 万美元，6 个月之后可以收割。如果雨水充足，那么种植夏季玉米在收割时将获得 50 万美元的收入；如果遇到干旱，那么收益将为 5 万美元。第三种选择是你可以购买农业公司的抗干旱夏季玉米，成本为 25 万美元，如果雨水充足，你将会有 50 万美元的收益；如果遇到干旱，那么收益为 35 万美元。你是风险厌恶的，同时你对家庭财富(W)的偏好由 $U(W) = \sqrt{W}$给出。这个夏季发生干旱的概率为 0.30，而雨水充足的概率为 0.70。

你将选择上述三个投资项目中的哪一个？请解释。

答：第一个投资项目所能带来的期望效用为：

$$E(U) = [250000 + 200000(1 + 0.05)]^{0.5} \approx 678.23$$

第二个投资项目所能带来的期望效用为：

$$E(U) = 0.7 \times [250000 + 200000 + (500000 - 200000)]^{0.5} + 0.3 \times [250000 + 200000 + (50000 - 200000)]^{0.5} \approx 770.53$$

第三个投资项目所能带来的期望效用为：

$$E(U) = 0.7 \times [250000 + 200000 + (500000 - 250000)]^{0.5} + 0.3 \times [250000 + 200000 +$$

$(350000-250000)]^{0.5}\approx 808.15$

因而最终将选择第三个投资项目，因为第三个投资项目所带来的期望效用最高。

9. 画出这样一个人的以收入为变量的效用函数曲线 $U(I)$：他在收入较低时为风险喜好的，但在收入较高时为风险厌恶的。你能说明为什么这样一个效用函数可能合理地描述了一个人的偏好吗？

答：假设一人维持生活的最低收入为 I^*。如图 5－6 所示，当收入大于 I^* 时，其边际效用是递减的，此时他是风险规避者，为了避免损失他可能会购买保险；当收入小于 I^* 时，他是风险爱好者，为维持生活他会冒险从事高风险的投机活动以获取较大的收入。所以，这样一种效用函数能够合理地解释该投资者的偏好。

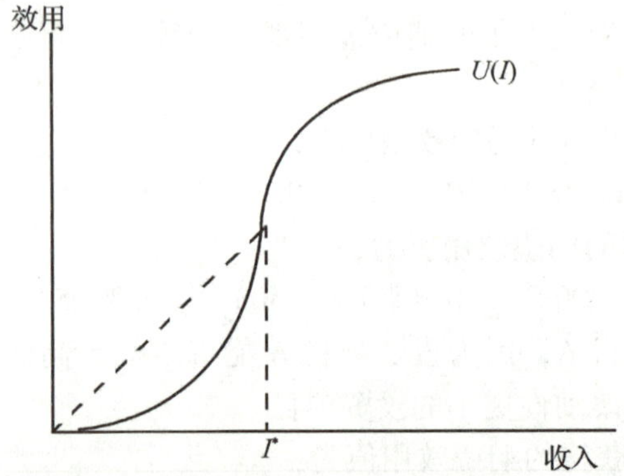

图 5－6　表示收入高低情况下不同风险偏好的效用曲线

10. 一个城市正考虑花多少钱去雇人来监控停车计时器。以下信息是城市管理员可得的：

- **雇用一个计时器监控人员每年需花费 1 万美元。**
- **雇用一个监控人员时，违章者受到处罚的概率为 0.25。**
- **雇用两个监控人员时，违章者受到处罚的概率变为 0.5；雇用三个监控人员时概率为 0.75；雇用四个监控人员时概率为 1。**
- **目前有两个监控人员，违章超时停车的罚款为 20 美元。**

(1) 假设所有司机都是风险中性的，为了在最小成本下维持现在的处罚率，市政当局会对每次违章征收多少罚款？雇用多少个监控人员(1、2、3 还是 4)？

(2) 假设所有司机都是高度风险厌恶的，你对(1)部分的回答又如何？

(3)(讨论)如果司机为规避违章停车处罚的风险购买了保险，情况又会怎样？从公共政策的角度而言，准许这样的保险合理吗？

答：(1) 如果司机是风险中性的，则他们的行为仅取决于期望的罚款数额。雇用两人时，处罚率为 0.5 且罚款为 20 美元，此时期望罚款为 10 美元。为了在最小成本下维持现在的处罚率，雇用一人时，罚款应定为 40 美元，雇用三人时，罚款定为 13.33 美元，雇用四人时，罚款定为 10 美元。

为了获得期望罚款，市政当局要尽量少雇用监视员，所以市政当局可以只雇用一人，对每次违章的罚款定为 40 美元。

(2) 如果司机是风险厌恶的，不到 40 美元的罚款将保持目前的处罚率，即只雇用一人，且罚款低于 40 美元。

（3）司机可以采取多种方法来逃避罚款，例如在他们目的地旁边不受监视的停车点停车，或者使用公共交通工具。私人保险公司可以为司机受到的处罚买单。保险费基于每个司机受到处罚的概率和提供保险服务的机会成本而定。

公共政策应该使整个社会成本和收益之间的差别最大化。因为交易费用较高，私人保险可能不是最优的。相反，市政当局可以考虑提供其他形式的保险，例如，出售停车点、对乱停车给以罚款等等。

11. 有一个投资者对风险的规避程度适中，其投资组合 50% 投资于股票，另外 50% 投资于无风险国库券。分别说明下述各个事件对该投资者的预算线以及股票在投资组合中的比重会有怎样的影响：

（1）股票市场回报的标准差增大了，但是期望回报率保持不变；

（2）股票市场的期望回报率提高了，但是回报率的标准差保持不变；

（3）无风险国库券的回报率提高了。

答：（1）根据教材 5.4 部分，可知预算线方程为：

$$R_p = \left(\frac{R_m - R_f}{\sigma_m}\right)\sigma_p + R_f$$

R_p 是资产组合的期望报酬，R_m 是风险资产的期望收益，R_f 是无风险资产的期望收益，σ_m 是风险资产报酬的标准差，σ_p 是资产组合报酬的标准差，预算线方程展示了资产组合报酬 R_p 和标准差 σ_p 的正向变化关系。

在这种情况下，如果股票市场上的报酬标准差 σ_m 增加，也即预算线的斜率变小，预算线将更加平滑。给定任何资产组合报酬的水平，该报酬水平将会对应更大的标准差，所以投资者会减少股票在资产组合中所占的比例。

（2）如果股票市场上的期望收益增加，预算线的斜率会发生变化，预算线变得更加陡峭。给定报酬的标准差 σ_p，将会对应更高的资产报酬 R_p。在这种情况下，投资者会增加股票在资产组合中所占的比例。

（3）无风险国库券的报酬 R_f 增加，预算线会向上移动，而且变得更加平滑。股票在资产组合中所占的比例可能增加也可能减少。

一方面，投资者可以从国库券上获得更大的报酬，所以可以减少对国库券或股票的持有而仍然保持原来的报酬水平；另一方面，投资者可能愿意把更多的储蓄用于风险资产的购买，这取决于该投资者的偏好和这两种资产的总报酬规模。这种情况类似于利率增加对储蓄的影响，一方面因为报酬增加所以增加储蓄；但另一方面，由于可以减少储蓄而仍然保持原来的储蓄规模下的报酬水平，所以可能减少储蓄。

第6章　生　产

6.1　复习笔记

【知识框架(庖丁解牛)】

- 生产
  - 厂商及其生产决策
  - 一种可变投入下的生产
    - 平均产量和边际产量
    - 短期生产中的边际报酬递减规律
    - 劳动生产率
  - 两种可变投入下的生产
    - 等产量线
    - 长期生产中的边际报酬递减规律
    - 边际技术替代率
      - *MRTS* 定义
      - *MRTS* 与 MP_L 和 MP_K 的关系
      - *MRTS* 递减规律
    - 生产函数的特例
  - 规模报酬

【考点难点归纳(厚积薄发)】

考点一：厂商及其生产决策　★★

1. 企业存在的原因

企业是指由经理人来管理、与企业所有者分离，并雇用和管理大量工人的工厂。企业存在的原因在于它们可以让商品和服务的生产远比没有企业时高效得多。

2. 生产技术

厂商的主要任务是将投入转化为产出(或产品)。投入也称生产要素，是指进行社会生产经营活动时所需要的各种社会资源，一般分为劳动、原材料和资本三大类。

3. 生产函数

生产函数是描述生产过程中投入的生产要素的某种组合同它可能的最大产出之间的依存关系的数学表达式。假定有两种投入要素劳动 L 和资本 K，生产函数可以表示为：

$$q = F(K,\ L)$$

这个方程显示了产出与劳动和资本这两种投入要素之间的数量关系。

4. 短期和长期

短期是指生产者来不及调整全部生产要素的数量，至少有一种生产要素数量是固定不变的时间跨度；而长期是指生产者可以调整全部生产要素数量的时间跨度。

考点二：一种可变投入(劳动)下的生产 ★★★★★

1. 平均产量和边际产量

一种要素(如劳动)可变下的生产，可用劳动的平均产量(它度量人的平均生产率)和劳动的边际产量(它度量了生产过程中最后一单位劳动的生产率)来描述。

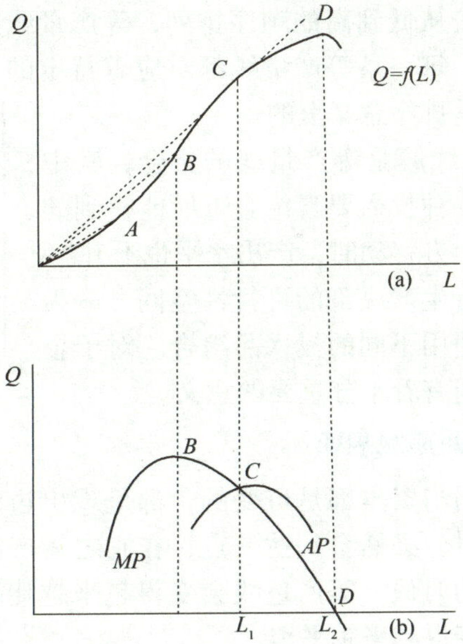

图6－1 一种可变投入下的生产

劳动的平均产量 AP_L 是每单位劳动投入的产出，由总产量 Q 除以总劳动投入 L 得到。劳动的边际产量 MP_L 是增加一单位劳动所带来的产出增加量。一般而言，劳动的平均产出由原点与总产出曲线上相应点的连线的斜率给出；某一点的劳动边际产出等于总产出曲线在该点的切线的斜率。概括而言，可用以下关系表示：

$$AP_L = \text{产出}/\text{劳动投入} = Q/L$$

$$MP_L = \text{产出变化量}/\text{劳动变化量} = \Delta Q/\Delta L$$

图6－1(a)中的总产量曲线显示了不同劳动投入数量下的产出；图6－1(b)中的边际产量和平均产量曲线由总产量曲线直接推导而得。

2. 短期生产中的边际报酬递减规律

边际报酬递减规律是指在技术水平和其他因素不变的条件下，在连续等量地将某一种可变生产要素投入增加到其他一种或几种数量固定不变的生产要素上去的过程中，该可变要素的边际产量先是递增的，在这种可变要素的投入量增加到一定数量之后，其边际产量开始递减。

3. 劳动生产率

用某个产业或整个经济体系来度量的劳动平均产量，结果即为劳动生产率。平均产量计算的是每单位劳动投入的产出，是比较容易测量的(需要知道的只是投入的劳动和最后的总产出)，可以用来衡量一个国家居民的真实的生活水平。

考点三：两种可变投入下的生产 ★★★★★

1. 等产量线

等产量线是指在技术水平不变的条件下，生产一定量的某种商品所投入的两种生产要素的各种不同组合的轨迹。等产量线与用来研究消费者理论的无差异曲线非常相似。无差异曲线将消费者的满足程度按从低到高的顺序排列，等产量线则按产出水平的高低作同样的处理。与无差异曲线不同，每一条等产量线都对应着特定的产出水平，其数值大小具有现实意义，而无差异曲线只是排序意义上的。

如图 6－2 所示，等产量线簇是等产量线的集合，其中每一条等产量线表示的是在各种投入要素组合下所能得到的最大产出。当等产量线向右上方移动时，产出水平也上升。

等产量线给出了厂商进行生产决策的可行性空间——为得到特定的产出，厂商可以使用不同的投入品组合。对于企业管理人员，这个可行性空间有着十分重要的意义。

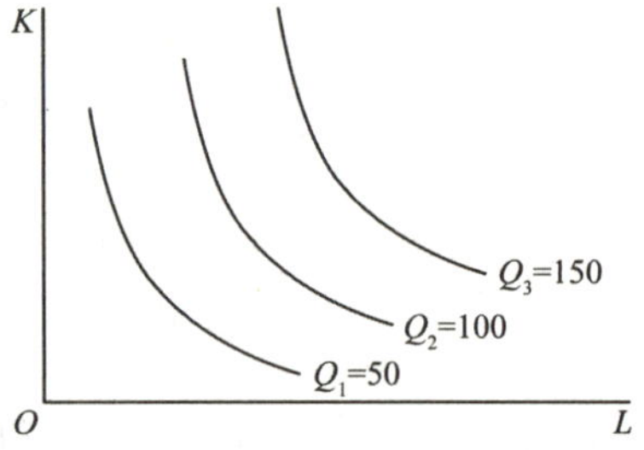

图 6－2　等产量曲线

2. 长期生产中的边际报酬递减规律

在长期生产过程中，劳动与资本都是可变的，都呈现出边际报酬递减规律。在其他要素不变，一种要素投入增加时，必然会到达一点，在它之后产出的增加量开始下降。即当利用更多的资本去替代劳动的时候，等产量线会变得越来越陡峭；当利用更多的劳动去替代资本的时候，等产量线会变得越来越平坦。

3. 边际技术替代率

(1)*MRTS* 定义：

边际技术替代率(*MRTS*)是指在产量保持不变的前提条件下，增加一种生产要素的数量与可以减少的另一种生产要素的数量之比。劳动－资本的边际技术替代率描述为维持不变的产出水平，减少一个单位的劳动投入需要增加的资本投入量。

与 *MRS* 一样，*MRTS* 也始终为正数，其公式表达为：

$$MRTS = -\text{资本投入的变化量}/\text{劳动投入的变化量} = -\Delta K/\Delta L\ (q\ \text{保持不变})$$

式中，ΔK、ΔL 是资本和劳动沿着等产量线的微小变化。

(2)*MRTS* 与 MP_L 和 MP_K 的关系：

MRTS 与劳动的边际产出 MP_L 和资本的边际产出 MP_K 密切相关。假设在产出保持不变的前提下，增加劳动投入，减少资本投入，则：

$$\text{劳动投入增加带来的产量增加} = MP_L \times \Delta L$$

$$\text{资本投入减少带来的产量下降} = MP_K \times \Delta K$$

因为沿着等产量线移动，产出保持不变，所以产出的总变化为 0，于是：

$$MP_L \times \Delta L + MP_K \times \Delta K = 0$$

重新整理后得到：

$$MP_L/MP_K = -(\Delta K/\Delta L) = MRTS$$

即两种投入间的边际技术替代率等于两种投入的边际产出之比。

(3)边际技术替代率递减规律:

边际技术替代率递减规律是指在维持产量不变的前提下，当一种生产要素的投入量不断增加时，每一单位的这种生产要素所能替代的另一种生产要素的数量是递减的。

由于等产量线是以两要素的相互替代来维持一个固定不变的产量水平，所以等产量线向右下方倾斜。又因为等产量线上某一点的边际技术替代率等于等产量线在该点斜率的绝对值，所以边际技术替代率递减规律使得向右下方倾斜的等产量线必然凸向原点。

4. 生产函数的特例

关于生产过程中的投入要素替代，有两种极端情形的生产函数。在第一种情形下，两种投入要素之间是完全可替代的。这里 *MRTS* 在等产量线上所有点处均为常数。另一种情形下，投入要素之间的比例是固定的(固定比例的生产函数)。图6-3显示了这两种极端情形下的等产量线。

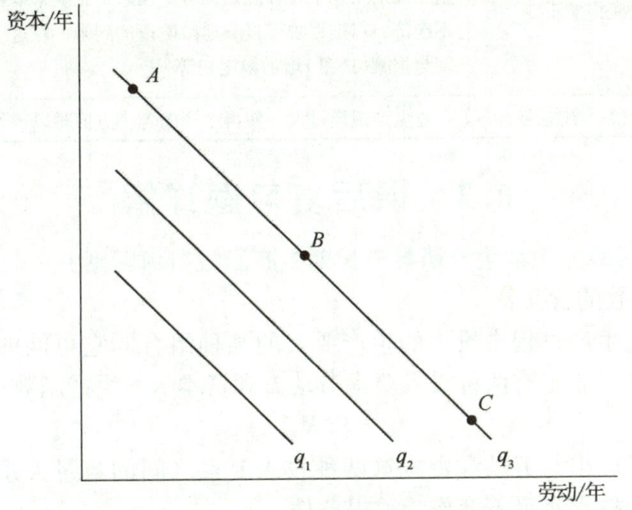

图6-3(a) 要素完全替代时的等产量线

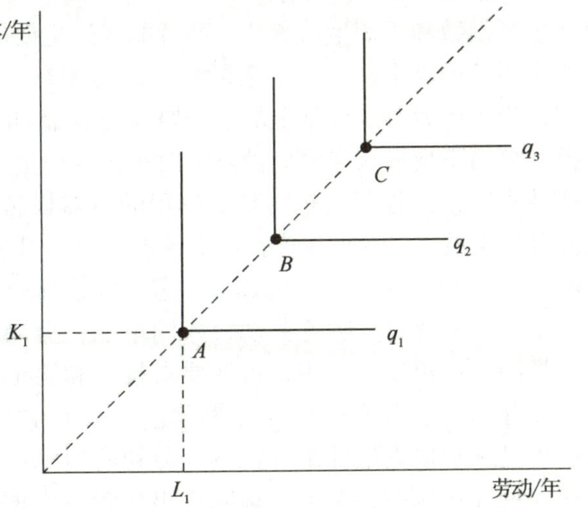

图6-3(b) 固定比例生产函数的等产量线

考点四：规模报酬 ★★★★

规模报酬变化是指在其他条件不变的情况下，企业内部各种生产要素按相同比例变化时所带来的产量变化。

对于生产函数 $Q=f(K, L)$，企业要素使用量为原来的 $\lambda(\lambda>1)$ 倍，产量变为原来的 z 倍，即 $f(\lambda K, \lambda L)=zQ$。根据 λ 和 z 的关系，可将企业的规模报酬变化分为规模报酬递增、规模报酬不变和规模报酬递减三种情况，如表 6－1 所示。

表 6－1 企业的规模报酬变化分类

λ 和 z 的关系	企业的规模报酬变化	原因
$\lambda<z$	规模报酬递增	企业生产规模扩大使得生产效率提高
$\lambda=z$	规模报酬不变	由于在规模报酬递增阶段的后期，大规模生产的优越性已得到充分发挥，企业逐渐用完了种种规划优势，同时，企业采取各种措施与努力减少规模不经济，以推迟规模报酬递减阶段的到来，在这一阶段，企业规模增加幅度与报酬（产量）增加幅度相等
$\lambda>z$	规模报酬递减	企业生产规模过大，使得生产的各个方面难以得到协调，降低了生产效率

6.2 课后复习题详解

1. 什么是生产函数？短期生产函数与长期生产函数有何区别？

答：（1）生产函数的含义：

生产函数是描述生产过程中投入的生产要素的某种组合同它可能的最大产出之间的依存关系的数学表达式。假定有两种投入要素劳动 L 和资本 K，生产函数可以表达为：

$$q=F(K, L)$$

这个方程显示了产出与劳动和资本这两种投入要素之间的数量关系。任何生产函数都以一定时期内的生产技术水平不变作为前提条件。

（2）短期生产函数和长期生产函数的区别：

生产函数分为短期生产函数和长期生产函数。两者的区别主要体现在以下几个方面：

①短期是指生产者来不及调整全部生产要素的数量，至少有一种生产要素数量是固定不变的时间周期；长期是指生产者可以调整全部生产要素的数量的时间周期。

②短期内要素的投入分为不变投入和可变投入，而在长期内生产者可调整全部投入。

③由于企业的生产技术在很大程度上是由其所使用的机器设备所决定的，因此，企业在短期内也就很难改变其生产技术。企业生产技术的改变主要与其长期决策相联系。

2. 为什么在短期生产中，随着可变投入的增加，劳动的边际产出会上升？

答：短期内，当资本投入不变时，随着劳动投入的增加，劳动的边际产出会呈现出先上升后下降的现象。这是因为在短期生产中，可变要素投入和固定要素投入之间存在一个最佳的数量组合比例。在开始时，由于资本投入量给定，而劳动投入为零，随着劳动投入的增加，资本和劳动投入量逐步接近最佳组合比例，劳动的边际产出呈现上升趋势。一旦资本和劳动的投入量达到最佳比例时，劳动的边际产出达到最大值，在这一点之后，随着劳动投入量的继续增加，资本和劳动的投入量偏离最佳组合比例，劳动的边际产出呈现递减趋势。

3. 在短期，为什么生产中最终会经历劳动的边际产出递减？

答：在生产中，劳动的边际产出最终会下降是因为：短期中，至少存在一种固定的要素投入，例如资本。当资本投入(厂房、机器设备等)固定不变时，随着劳动投入的增加，工作场所将变得拥挤不堪，机器将超负荷工作，因而额外新增工人的生产力将下降。此外，随着劳动投入的增加，固定的生产设备和工具将平分给更多的工人，最终这也将使人均资本下降，导致劳动的边际产量递减。例如，一个办公室中仅有一台电脑，随着更多的人分享该电脑，则新增的办公人员的效率也将下降。

4. 假设你是一个雇主，要招聘工厂的装配线员工，对雇用的最后一个员工，在劳动平均产出与劳动边际产出中，你更关心什么？如果你发现平均产出开始下降，你会雇用更多的工人吗？这种情况的出现意味着你刚雇用的工人的边际产出如何？

答：一种要素(如劳动)可变下的生产，可用劳动的平均产量(它度量工人的平均生产率)和劳动的边际产量(它度量了生产过程中最后一单位劳动的生产率)来描述。劳动的平均产量 AP_L 是每单位投入劳动的产量，由总产量 Q 除以总劳动投入 L 得出。劳动的边际产量 MP_L 是增加一单位劳动所带来的总产出的增加量。

(1)在劳动平均产量与劳动边际产量中，生产者更加关心所雇用的最后一名工人的劳动边际产量。因为它决定了总产量的情况：当边际产量为正时，总产量是增加的；边际产量为零时，总产量达到最大；边际产量为负时，总产量开始下降。这同时还决定了雇用额外一个工人带来的边际收益，将它与雇用额外一个工人的成本进行比较，就可以决定是否应该雇用。

(2)如果发现平均产量开始下降，我会雇用更多的工人。平均产量开始下降的点是边际产量等于平均产量的点，此时虽然平均产量开始下降，但是边际产量仍为正的，总产量是增加的。

(3)平均产量下降意味着最后雇用的一名工人的边际产量小于之前雇用的工人的平均产量，但其边际产量是大于零的。这时，虽然继续雇用工人使得平均产量继续下降，但总产量是增加的。只要增加工人带来的边际收益大于边际成本，企业会继续雇用工人。当总产量开始下降时，一个理性的生产者将会停止雇用工人。

5. 生产函数和等产量线有什么区别？

答：生产函数是描述生产过程中投入的生产要素的某种组合同它可能的最大产出之间的依存关系的数学表达式。假定有两种投入要素劳动 L 和资本 K，生产函数可以表示为：

$$q = F(K, L)$$

这个方程显示了产出与劳动和资本这两种投入要素之间的数量关系。生产函数描述了企业有效运行的技术可行性，即厂商尽可能地有效运用投入要素的每一种组合方式。

等产量线是指在技术水平不变的条件下，生产一定量的某种商品所投入的两种生产要素的各种不同组合的轨迹。等产量线给出了厂商进行生产决策的可行性空间，即为了得到特定的产出 Q_0，厂商所能够使用的不同生产要素投入组合。

6. 面对不断变化的环境，为什么厂商也会保持某种生产要素固定不变？要素是固定的还是可变的？衡量标准是什么？

答：(1)厂商保持某种生产要素固定不变的原因：

在不断变化的环境中，厂商要保持某种生产要素不变，是因为在短期内，生产者来不及调整全部生产要素的数量。短期内，生产要素投入可分为固定投入和可变投入，生产者在短期内无法调整数量的投入是固定投入，例如：机器设备，厂房等；而可调整数量的投入是可变投入，例如：劳动、原材料、燃料等。在长期，生产者可以调整全部要素投入，甚至还可以进入或退出一个行业。

(2)要素是固定还是可变的衡量标准：

要素是固定还是可变，衡量标准是短期内是否可变动。在短期内，市场需求发生变动，厂商可通过提高或降低资本设备的利用率(开工率)，增加或减少劳动力、原材料等可变要素的使用量来改变产出量以适应市场需求，而不能增加或减少资本投入量，即不改变生产规模。可见，要素是固定还是可变，衡量标准是短期内是否可变动。当然，从长期看，一切要素都可变动。但短期内，有些要素是固定不变的。需要注意，短期和长期的区分，在各行各业是不一样的。

7. 等产量线可能是凸的、线性的或者 L 形的。各种类型的等产量线代表了什么性质的生产函数？这些类型的等产量线又意味着什么样的边际技术替代率？

答：凸的等产量线意味着，在一定范围内，可以用某些数量的要素投入来替代一定数量的其他要素投入，从而使产出水平保持不变。在等产量线为凸的情况下，沿着等产量线向下移动，边际技术替代率 *MRTS* 是递减的。

线性等产量线意味着，等产量线的斜率(或 *MRTS*)是常数，此时一单位的某种要素投入总可以以固定的数量比例替代其他种类的要素投入，从而使产出水平保持不变。此时，要素投入是完全替代品。

L 形的等产量线意味着要素投入是完全互补品，厂商按某一固定的比例同时使用各种要素投入进行生产。在这种情况下，厂商一般不能通过放弃一单位某种要素投入，同时增加其他要素投入来使产出水平保持不变。例如，对于每一单位的劳动投入，厂商恰好需要 4 单位的资本投入，在这种情况下，两种要素不能相互替代。

8. 等产量线能否向上倾斜？请解释。

答：等产量线不能向上倾斜。如果等产量线可以向上倾斜，则这意味着厂商同时增加两种要素投入，但产出水平却保持不变。一般而言，如果厂商所拥有的每种要素投入都增加，它将生产更多的产出水平。显然，向上倾斜的等产量线与这个一般规则相矛盾。

9. 解释“边际技术替代率”。边际技术替代率等于 4 是什么意思？

答：边际技术替代率是指在维持产量水平不变的条件下，增加一个单位的某种要素投入量时所减少的另一种要素的投入的数量。边际技术替代率等于 4 意味着一种要素投入减少 4 单位，同时另一种要素投入增加 1 单位，能使产出水平维持不变。

10. 解释为什么随着越来越多的劳动代替资本，边际技术替代率递减？

答：随着要素投入数量的改变，每一种要素的边际产出会改变。当劳动投入越来越多时，劳动的边际产出会减小。资本减少了，这会导致剩余的每一单位资本变得更具生产力。因此，为了使产出保持不变，需要更多的劳动投入用于替代一单位资本。因而随着越来越多的劳动替代资本，边际技术替代率会递减。

11. 单个要素的生产报酬递减与规模报酬不变同时存在是可能的吗？请讨论。

答： 单个要素的生产报酬递减与规模报酬不变是两个概念，是不矛盾的。具体原因如下：

(1)规模报酬不变是指生产要素的投入增加一倍，产量也增加一倍，这里的生产要素投入的变化是全部生产要素投入的等比例变化。单个生产要素的报酬递减是指在短期内至少有一种生产要素固定不变的情况下，当要素组合超过一定比例时，出现的单个生产要素边际报酬递减的情况。

(2)在单个生产要素的边际报酬递减的情况下，如果成比例地扩大所有生产要素投入量，仍然会出现递增的、不变的或递减的规模报酬。同样，在规模报酬不变的情况下，单个生产要素的报酬也会递减。所以，单个生产要素的报酬递减与规模报酬不变并不矛盾。

12. 一个厂商的生产函数随着产出的增加是否可能出现规模报酬递增、不变、递减三种情况？请讨论。

答： 规模报酬变化是指在其他条件不变的情况下，企业内部各种生产要素按相同比例变化时所带来的产量变化。企业的规模报酬变化可以分为规模报酬递增、规模报酬不变和规模报酬递减三种情况。

(1)绝大多数企业的生产函数都能表现出规模报酬递增、不变或递减。规模报酬涉及企业的生产规模变化与所引起的产量变化之间的关系。当企业从最初的很小的生产规模开始逐步扩大的时候，所有要素投入等比例增加将带来产出更大比例的增加，即出现规模报酬递增，这是由于企业生产规模扩大所带来的效率的提高。在企业得到了由生产规模扩大所带来的产量递增的全部好处后，生产将保持在规模报酬不变的阶段。如果企业继续扩大生产规模，就会进入一个规模报酬递减的阶段。主要原因是企业生产规模过大，使得管理困难，各方面难以协调，从而降低了生产效率。

(2)对于一些特殊的生产函数则不一定出现这种情况。如果一个生产函数 $q=f(L, K)$ 满足如下等式：$f(\lambda L, \lambda K)=\lambda^n f(L, K)$(其中 λ 为大于零的常数)，则该生产函数为 n 阶齐次生产函数。对于 n 阶齐次生产函数 $q=f(L, K)$ 来说，如果两种生产要素 L 和 K 的投入量增加 λ 倍，产量相应地增加 λ^n 倍，则当 $n=1$ 时，$q=f(L, K)$ 被称为规模报酬不变的生产函数(亦称一次齐次生产函数或线性齐次生产函数)；当 $n>1$ 时，$q=f(L, K)$ 被称为规模报酬递增的生产函数；当 $n<1$，$q=f(L, K)$ 被称为规模报酬递减的生产函数。

13. 假设产出 q 是单一要素劳动(L)的生产函数。描述以下生产函数条件下的规模报酬情况：

(1) $q=L/2$；

(2) $q=L^2+L$；

(3) $q=\log(L)$。

答： (1)设 $\lambda>1$，$q=f(L)$，则 $f(\lambda L)=(\lambda L)/2=\lambda f(L)$，故在该生产函数条件下的规模报酬不变。

(2)设 $\lambda>1$，由 $f(\lambda L)=(\lambda L)^2+\lambda L=\lambda^2 L^2+\lambda L>\lambda f(L)$，故在该生产函数条件下的规模报酬递增。

(3)因为 $f(\lambda L)=\log(\lambda L)=\log\lambda+\log L$，所以该生产函数条件下的规模报酬情况无法

判断。

6.3　课后练习题详解

1. 乔伊的咖啡店供应各种咖啡饮料、糕点和三明治。增加一个工人的边际产出可以定义为在一个给定期间该工人所能服务的客人的数量。乔伊已经雇用了一个工人，正考虑再雇用两个。解释为什么第二和第三个工人的边际产出可能比第一个工人更高。为什么增加工人最终会导致边际产出下降?

答：第二个和第三个工人的边际产量增加，这是因为：如果仅有一个工人，该工人将接待客人，同时准备所有的食品等，而第二个或第三个工人的加入，将能实现专业分工，使每一个工人专门完成某一特定的任务，从而效率提高。

增加工人最终会导致边际产量减少是因为：太多的工人去完成有限的工作，每个工人的效率将降低。

2. 假设一个椅子制造商在短期内的厂房和设备是不变的，该制造商观察到劳动投入与产出之间的关系如下表所示。

工人数量	椅子数量
1	10
2	18
3	24
4	28
5	30
6	28
7	25

(1) 计算该生产函数下劳动的平均产出和边际产出。

(2) 该生产函数是否显示了劳动的边际报酬递减？请解释。

(3) 请直观地解释劳动的边际产出为负的原因?

解：(1)劳动的平均产量 = 产出/投入劳动；劳动的边际产量 = 产出变化量/劳动变化量。

劳动投入	总产量	劳动的平均产量	劳动的边际产量
0	0	—	—
1	10	10	10
2	18	9	8
3	24	8	6
4	28	7	4
5	30	6	2
6	28	4.7	-2
7	25	3.6	-3

(2)这个生产过程呈现出劳动的边际报酬递减。由于设备固定不变，每增加一个单位的劳动比前一单位劳动带来的产量更少。

(3)劳动的边际产量为负是因为设备的数量没有和劳动数量一起增加，劳动过多，设备太少，造成生产效率降低。随着使用这些设备的劳动数量增加，劳动者之间会出现互相妨碍，导致边际产量递减甚至为负。

3. 填写下表中的空白部分。

可变投入要素的数量	总产出	可变投入要素的边际产出	可变投入要素的平均产出
0	0	—	—
1	225		
2			300
3		300	
4	1140		
5		225	
6			225

解： 如下表：

可变投入要素的数量	总产量	可变要素的边际产出	可变要素的平均产出
0	0	—	—
1	225	225	225
2	600	375	300
3	900	300	300
4	1140	240	285
5	1365	225	273
6	1350	-15	225

4. 为了赢得选举，候选人要决定是加大电视宣传还是写信给潜在的投票人。请写出选举的生产函数，该生产函数的有关信息(如等产量线的形状)如何帮助他进行决策?

答： (1)设投票的数量为Z，电视宣传的数量为X，写信给潜在投票人的数量为Y，那么，生产函数为$Z=f(X, Y)$。

(2)对两种投入数量的选择取决于它们的边际技术替代率。如果电视宣传和写信是完全替代的，那么等产量线是线性的，此时该政党领导人将只使用其中的一种方式，并根据两者的相对价格选择是加强电视宣传还是写信给潜在的投票人。如果电视宣传和写信不是完全替代的，那么该政党领导人面临凸向原点的等产量线，他将使用两者的投入组合，即在加强电视宣传的同时写信给潜在的投票人。

5. 就下列情形，画出代表性的等产量线。每种情形的边际技术替代率怎样?

(1)一个厂商可以全部采用全日制工人生产，也可采用全日制员工加兼职员工的组合方式。每当一个全日制员工离职，就必须雇佣更多的兼职员工，以保持产出不变。

(2)一个厂商发现总能够用两单位劳动代替一单位资本而保持同样的产出水平。

(3)一个厂商要求每两名全职工人操作工厂里的一台机器。

答:(1)在这种情况下,代表性的等产量线如图6-4所示。此时,等产量线是凸的,因而边际技术替代率是递减的。

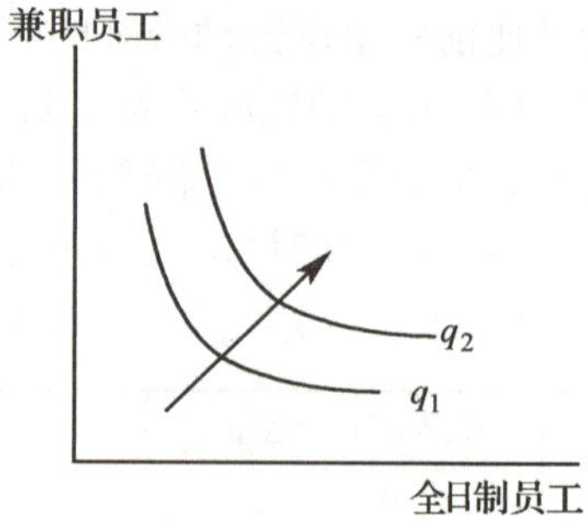

图6-4 等产量线

(2)在这种情况下,劳动和资本是完全替代的,边际技术替代率为常数1/2,因此等产量线为一条斜率为-1/2的直线,如图6-5所示。

(3)在这种情况下,厂商采用固定比例技术,因而等产量线如图6-6所示,呈L形。劳动-资本比为2:1,厂商不可能以劳动来替换资本从而使产出保持不变,因此边际技术替代率为0。

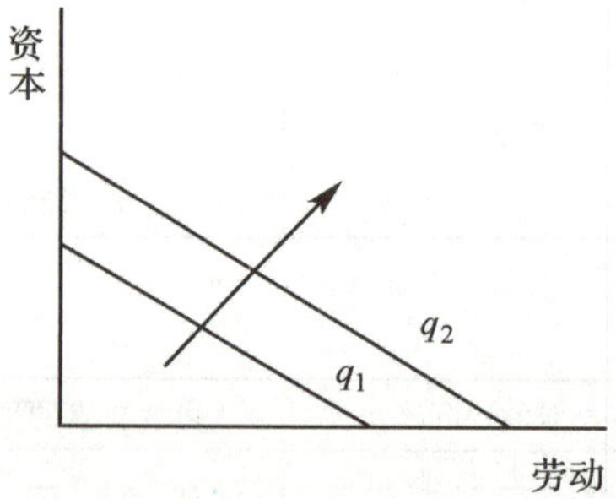

图6-5 完全替代的等产量线

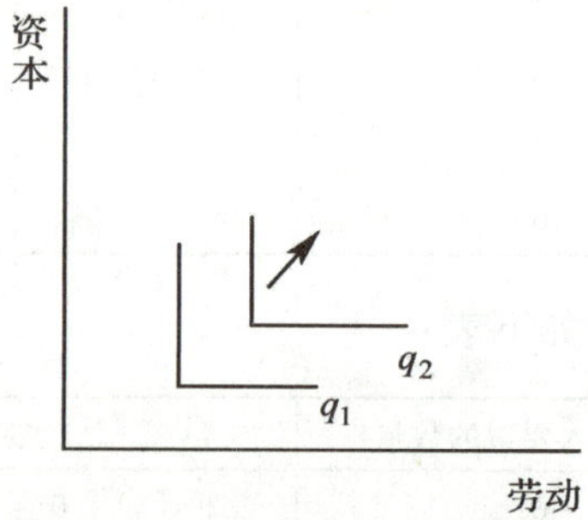

图6-6 完全互补的等产量线

6. 在长期生产过程中,一个厂商的投入间是完全可替代的,你能告诉我边际技术替代率是高还是低?是否还需要其他信息?请讨论。

答:不能说明边际技术替代率是高还是低,还需要其他信息。

(1)边际技术替代率是指在维持产量水平不变的条件下,增加一个单位的某种要素投入量时所减少的另一种要素的投入数量。

(2)边际技术替代率是等产量线斜率的绝对值。如果生产要素是完全可替代的,等产量线将是线性的。为计算等产量线的斜率,也就是要素的边际技术替代率,需要知道一种要素和另一种要素相互替代的比率。

7. 在计算机芯片的生产过程中,劳动小时的边际产出为50块,此时劳动小时和机器小时的边际技术替代率为1/4。资本的边际产出为多少?

解:在维持产量水平不变的前提下,由增加劳动投入量所带来的总产量的增加量和由减少资本量所带来的总产量的减少量必定是相等的,所以有:

$$\Delta L \cdot MP_L = -\Delta K \cdot MP_K$$

整理得:$-\Delta K/\Delta L = MP_L/MP_K$。

也就是劳动对资本的边际技术替代率$MRTS = -\Delta K/\Delta L = MP_L/MP_K$。

由题可得:$1/4 = 50/MP_K$,解得:$MP_K = 200$,即资本的边际产量为200。

8. 下面的这些生产函数的规模报酬是递增、不变还是递减?当某个要素增加而其他要素保持不变时,每个要素的边际产出会发生什么变化?

(1) $q=3L+2K$

(2) $q=(2L+2K)^{1/2}$

(3) $q=3LK^2$

(4) $q=L^{1/2}K^{1/2}$

(5) $q=4L^{1/2}+4K$

解： 规模效应表现了产出和要素等比例增加之间的关系。用 $\lambda(\lambda>1)$ 表示要素增加的比例，那么：

①若 $F(\lambda K, \lambda L)>\lambda F(K, L)$，表明规模报酬递增；

②若 $F(\lambda K, \lambda L)=\lambda F(K, L)$，表明规模报酬不变；

③若 $F(\lambda K, \lambda L)<\lambda F(K, L)$，表明规模报酬递减。

(1)当 $q=3L+2K$ 时，用 λK 代替 K，用 λL 代替 L，比较新产量 q^* 和原来产量 q 的关系：

$$q^*=2(\lambda K)+3(\lambda L)=\lambda(2K+3L)=\lambda q(\text{此处 }\lambda>1)$$

所以，K、L 的投入量增加 λ 倍，q 将增加 λ 倍，也就是说，该生产函数的规模报酬不变。

因为有：$MP_K=2$，$MP_L=3$，所以，当投入的一种要素不变而另一种要素增加时，劳动和资本的边际产出都是一个常数，保持不变。

(2)与(1)同理，用 λK 代替 K，用 λL 代替 L，比较新产量 q^* 和原来产量 q 的关系：

$$q^*=[2(\lambda K)+2(\lambda L)]^{1/2}=(2K+2L)^{1/2}\lambda^{1/2}=\lambda^{1/2}q<\lambda q(\text{此处 }\lambda>1)$$

所以，该生产函数的规模报酬递减。

因为有：$MP_K=(2L+2K)^{-1/2}$，$MP_L=(2L+2K)^{-1/2}$，所以，当投入的一种要素不变而另一种要素增加时，劳动和资本的边际产出递减。

(3)用 λK 代替 K，用 λL 代替 L，比较新产量 q^* 和原来产量 q 的关系：

$$q^*=3(\lambda L)(\lambda K)^2=3\lambda^3LK^2=\lambda^3q>\lambda q(\text{此处 }\lambda>1)$$

所以，该生产函数的规模报酬递增。

因为有：$MP_K=6KL$，$MP_L=3K^2$，所以，当投入的一种要素不变而另一种要素增加时，资本的边际产出递增，劳动的边际产出不变。

(4)用 λK 代替 K，用 λL 代替 L，比较新产量 q^* 和原来产量 q 的关系：

$$q^*=(\lambda L)^{\frac{1}{2}}(\lambda K)^{\frac{1}{2}}=\lambda L^{\frac{1}{2}}K^{\frac{1}{2}}=\lambda q(\text{此处 }\lambda>1)$$

所以，该生产函数的规模报酬不变。

因为有：$MP_K=\dfrac{L^{\frac{1}{2}}}{2K^{\frac{1}{2}}}$，$MP_L=\dfrac{K^{\frac{1}{2}}}{2L^{\frac{1}{2}}}$，所以，当投入的一种要素不变而另一种要素增加时，劳动和资本的边际产出递减。

(5)用 λK 代替 K，用 λL 代替 L，比较新产量 q^* 和原来产量 q 的关系：

$$q^*=4(\lambda L)^{\frac{1}{2}}+4\lambda K=4\lambda^{\frac{1}{2}}L^{\frac{1}{2}}+4\lambda K<4\lambda L^{\frac{1}{2}}+4\lambda K=\lambda(4L^{\frac{1}{2}}+4K)=\lambda q(\text{此处 }\lambda>1)$$

所以，该生产函数的规模报酬递减。

因为有：$MP_K=4$，$MP_L=2L^{-\frac{1}{2}}$，所以，当投入的一种要素不变而另一种要素增加时，劳动的边际产出将递减，资本的边际产出不变。

9. DISK 个人计算机公司的生产函数为 $q=10K^{0.5}L^{0.5}$。式中，q 是每天生产的计算机数量；K 是使用的机器小时；L 是投入的劳动时间。DISK 公司的竞争者 FLOPPY 公司的生产函数为 $q=10K^{0.6}L^{0.4}$。

(1) 如果两个公司使用同样多的资本和劳动，哪一个会有更多的产出？

(2) 假设资本限于 9 个机器小时，劳动的供给是无限的，哪一个公司的劳动的边际产出大？请解释。

解：(1) 当两家公司都投入同样多的资本与劳动时，设 $K=L=X$，DISK 公司的产量为 q_1，FLOPPY 公司的产量为 q_2，则：

$$q_1=10X^{0.5+0.5}=10X$$

$$q_2=10X^{0.6+0.4}=10X$$

所以 $q_1=q_2$，即两家产量相等。这里需要注意的是，如果两家公司使用相同数量的资本以及相同数量的劳动，但是资本的数量不等于劳动的数量时，那么两家公司的产量将是不相等的。实际上，如果 $K>L$，则 $q_2>q_1$；如果 $K<L$，则 $q_2<q_1$。

(2) 当 $K=9$ 时，$q_1=10L^{0.5}9^{0.5}=30L^{0.5}$，$q_2=10L^{0.4}9^{0.6}\approx 37.37L^{0.4}$。

将 q_1 和 q_2 分别对 L 求导，得：

$$MP_L^1=15L^{-0.5},\quad MP_L^2=14.95L^{-0.6}$$

令两家公司劳动的边际产量相等：$15L^{-0.5}=14.95L^{-0.6}$，解得 $L\approx 0.97$。

因此，当 $L<0.97$ 时，FLOPPY 公司劳动的边际产量较大；当 $L>0.97$ 时，DISK 公司劳动的边际产量较大。因为劳动为大于零的整数，所以 DISK 公司劳动的边际产量大。

10. 在(教材)例 6.4 中，小麦的生产函数为 $q=100K^{0.8}L^{0.2}$。

(1) 开始时资本投入为 4 单位，劳动投入为 49 单位，请证明劳动的边际产出和资本的边际产出都下降。

(2) 该生产函数显示的规模报酬是递增、递减还是不变？

解：(1) 开始时资本投入为 4，劳动投入为 49，所以：

当资本固定时，生产函数为 $q=100\times 4^{0.8}L^{0.2}$，劳动的边际产出为：

$$MP_L=\mathrm{d}q/\mathrm{d}L=20\times 4^{0.8}L^{-0.8}=20\times 4^{0.8}/L^{0.8}$$

由此可知随着劳动投入的增加，MP_L 减少。

同理可求得 $MP_K=\mathrm{d}q/\mathrm{d}K=80\times 49^{0.2}/K^{0.2}$，所以随着资本投入的增加，$MP_K$ 减少。

(2) 该生产函数的规模报酬不变。

设 λ 为要素投入增加的比例，用 λK 代替 K，用 λL 代替 L，比较新产量 q^* 和原来产量 q 的关系：

$$q^*=100\ (\lambda K)^{0.8}(\lambda L)^{0.2}=100K^{0.8}L^{0.2}\lambda^{(0.8+0.2)}=\lambda q$$

即要素投入增加 λ 倍，产出也增加 λ 倍，也就是规模报酬不变。

11. 假设预期寿命(L，按年计算)是两种投入的函数，分别是每年的医疗支出(H，百美元)和营养支出(N，百美元)。生产函数为 $L=cH^{0.8}N^{0.2}$。

(1) 开始时医疗投入为每年 400 美元($H=4$)，营养投入为每年 4900 美元($N=49$)，证明医疗投入和营养投入的边际产出都是递减的。

(2) 这一生产函数的规模报酬如何？是递增、不变还是递减？

(3)假设一个国家遭遇了饥荒，N 被固定为2，而 $c=20$。把预期寿命写为医疗支出的生产函数，以纵轴表示 L，以横轴表示 H，画出新的生产函数。

(4)现在假设另一个国家提供食品援助给那个遭遇饥荒的国家，使得后者的 N 上升到4，画出新的生产函数。

(5)现在假设 $N=4$，$H=2$。你作为一个慈善家既可以向这个遭遇饥荒的国家提供食品援助，也可以提供医疗援助。你愿意提供哪一个多1单位呢？

答：(1)由生产函数 $L=cH^{0.8}N^{0.2}$ 可得，医疗投入的边际产出为：$MP_H=0.8c\left(\frac{N}{H}\right)^{0.2}$，则有 $\frac{dMP_H}{dH}=-0.16cH^{-1.2}N^{0.2}<0$，故医疗投入的边际产出是递减的。营养投入的边际产出为：$MP_N=0.2c\left(\frac{H}{N}\right)^{0.8}$，由 $\frac{dMP_N}{dN}=-0.16cH^{0.8}N^{-1.8}<0$，故营养投入的边际产出是递减的。

(2)设 $\lambda>0$，则 $f(\lambda H,\lambda N)=c(\lambda H)^{0.8}(\lambda N)^{0.2}=c\lambda H^{0.8}N^{0.2}=\lambda f(H,N)$，故该生产函数规模报酬不变。

(3)将 $N=2$ 和 $c=20$ 代入生产函数 $L=cH^{0.8}N^{0.2}$ 可得：

$$L=20\times H^{0.8}\times 2^{0.2}=22.97H^{0.8}$$

新的生产函数如图6－7中的虚线所示。

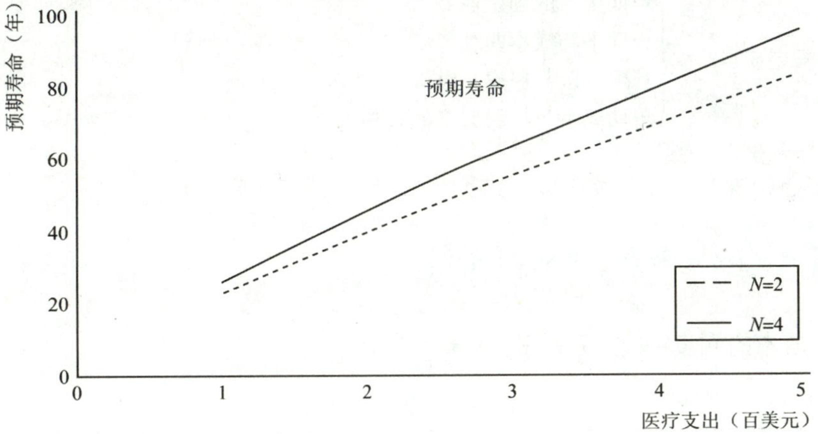

图6－7 预期寿命曲线

(4)若饥荒国家的 N 上升到4，此时生产函数为：

$$L=20\times H^{0.8}\times 4^{0.2}=26.39H^{0.8}$$

此时的生产函数如图6－7中的实线所示。

(5)我愿意提供医疗援助多1单位。根据(4)可知，当 $N=4$，$H=2$ 时，预期寿命为 $L=45.95$；若 $N=4$ 保持不变，H 增加一单位（即 $H=3$）时，预期寿命增加至 $L=63.55$。同时，如果 $H=2$ 保持不变，N 增加一单位（$N=5$）时，预期寿命上升到 $L=20\times 2^{0.8}\times 5^{0.2}=48.05$。可知，增加一单位医疗援助更有效，因为此时预期寿命上升到63.55年，而增加一单位食品援助预期寿命只上升到48.05年。

第7章　生产成本

7.1　复习笔记

【知识框架（庖丁解牛）】

- 生产成本
  - 成本的测度
  - 短期成本
    - 总成本
    - 固定成本和可变成本
    - 边际成本和平均成本
    - 短期成本的决定因素
  - 长期成本
    - 成本最小化
    - 等成本线
    - 生产者均衡
  - 长期与短期成本曲线
    - 短期生产的固定性
    - 长期平均成本曲线
    - 规模经济与规模不经济
    - 短期成本与长期成本的关系
  - 范围经济和学习曲线
  - 估计和预测成本

【考点难点归纳（厚积薄发）】

考点一：成本的测度（见表7－1）　★★

表7－1　成本的测度

成本类型	含义
经济成本：由会计成本和机会成本构成	经济成本是指厂商在生产过程中所使用的经济资源的成本，包括会计成本和机会成本。 ①会计成本：又称为显性成本，是企业在生产经营中实际支出的货币成本，其支出反映在会计账簿上。 ②机会成本：又称为内在成本，是为了采取某种决策而放弃的其他决策所可能获得的最大收益，没有反映在会计报表中，它是一种观念上的损失
固定成本和沉没成本	①固定成本是企业经营活动中必须支付的成本，与产出水平无关。如果企业退出生产，固定成本也就不会发生。 ②沉没成本是已经发生且无法收回的成本，因而不会影响企业的决策。当一项支出属于沉没成本时，其机会成本就为零

考点二：短期成本（见表 7－2）★★

短期中，企业投入生产的某些要素是固定的，而另外的要素则随企业产出的变化而变化，对企业生产成本的衡量均基于此而加以区分。

表 7－2　短期成本

要点	具体内容
总成本	总成本（TC）是指厂商在短期内为生产一定量的产品对全部生产要素所付出的成本。它等于总固定成本和总可变成本之和，即 $TC=FC+VC$
固定成本和可变成本	①固定成本（FC）是指那些短期内无法改变的固定投入所带来的成本，它不随产量的变化而变化，一般包括厂房和资本设备的折旧费、地租、利息、财产税、广告费、保险费等项目支出。即使在企业停产的情况下，也必须支付这些费用。 ②可变成本（VC）是指短期内可以改变的可变投入的成本，它随产量的变化而变化。例如：原材料、燃料、动力支出、雇佣工人的工资等。可变成本曲线是从原点出发的不断向右上方延伸的曲线，如图 7－1（a）所示
边际成本和平均成本	①边际成本（MC）也被称为增量成本，是由生产额外一单位产出而引起的成本的增加。边际成本公式为：$MC=\Delta TC/\Delta Q=\Delta(FC+VC)/\Delta Q=\Delta VC/\Delta Q$。 ②平均总成本（$ATC$）是指短期内厂商平均生产一单位产品所消耗的全部成本。平均总成本公式为：$ATC=TC/Q=(FC+VC)/Q=AFC+AVC$
短期成本的决定因素	①短期成本的变化取决于生产过程的性质，尤其是可变要素报酬递减的生产范围。假定工资率为 w，只有劳动是可变生产要素，则有： a. 边际成本与边际产出之间的关系：$MC=\Delta VC/\Delta Q=w\cdot\Delta L/\Delta Q=w/MP_L$； b. 平均可变成本与平均产出之间的关系：$AVC=VC/Q=w\cdot L/Q=w/AP_L$。 ②如图 7－1（b）所示，短期成本之间存在几条规律： a. 当 $ATC=MC$ 时，ATC 达到最小； b. 当 $AVC=MC$ 时，AVC 达到最小； c. MC 先与 AVC 相交，再与 ATC 相交

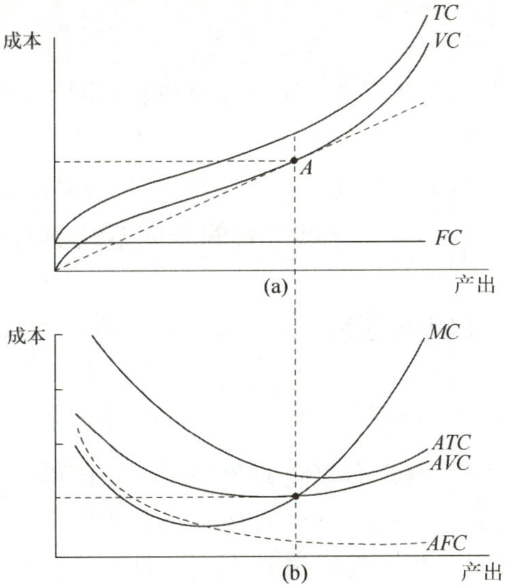

图 7－1　短期成本曲线

考点三：长期成本 ★★★★★

1. 成本最小化

如何选择生产要素的投入来最小化生产成本以生产出一定量的产出，可用数学语言表述如下：

$$\begin{cases}\min\limits_{L,K}(wL+rK)\\ s.t.\ f(L,\ K)=q^*\end{cases}$$

2. 等成本线

等成本线是指在给定总成本的前提下，企业所能够购买到的所有可能的资本和劳动组合。

因为 $C=wL+rK$，所以 $K=C/r-(w/r)L$。

因此，等成本线是一条以 $-w/r$ 为斜率，C/r 为纵截距的直线。

3. 生产者均衡

生产者均衡条件为：$MRTS_{LK}=MP_L/MP_K=w/r$，即劳动对资本的边际技术替代率等于劳动要素与资本要素的价格之比，表现在图形上为等产量曲线与等成本线恰好相切。如果资本与劳动完全互补，那么等成本线的折点位于等产量线上，如果资本劳动完全替代，则可能整条等成本线都是生产者均衡的。

将此条件稍作改写可得：

$$MP_L/w=MP_K/r$$

企业的生产扩展线反映了生产每一不同产量水平的最低长期总成本。在技术水平和投入要素价格不变的前提下，由投入总成本变化而引起的最优要素投入比例的变动轨迹，称为生产扩展线。

考点四：长期与短期成本曲线 ★★★★

1. 短期生产的固定性

(1)当 K，L 都可变时，生产 Q_1 单位产品的最优投入组合为(K_1，L_1)，生产 Q_2 单位产品的最优投入组合为(K_2，L_2)。

(2)当 K 固定在 K_1 时，要生产出 Q_2 单位产品，就必须使用 L_3 单位的劳动，该组合(K_1，L_3)所处的等成本线位于(K_2，L_2)点所处的等成本线的右边，因而前者成本要高于后者。

(3)在企业短期生产中，由于存在资本要素固定的情况，所以短期内企业的生产成本要比长期成本高。

2. 长期平均成本曲线

长期平均成本曲线是短期平均成本曲线的包络线，它能够对规模报酬递增、递减或不变的三种情形进行反映。决定长期平均成本曲线和长期边际成本曲线的形状的最重要因素是长期生产中的规模报酬问题。如果规模报酬不变，且有许多种规模可供选择，则长期成本曲线是一条水平线，它由若干个短期平均成本曲线的最低点构成。然而，如果规模报酬

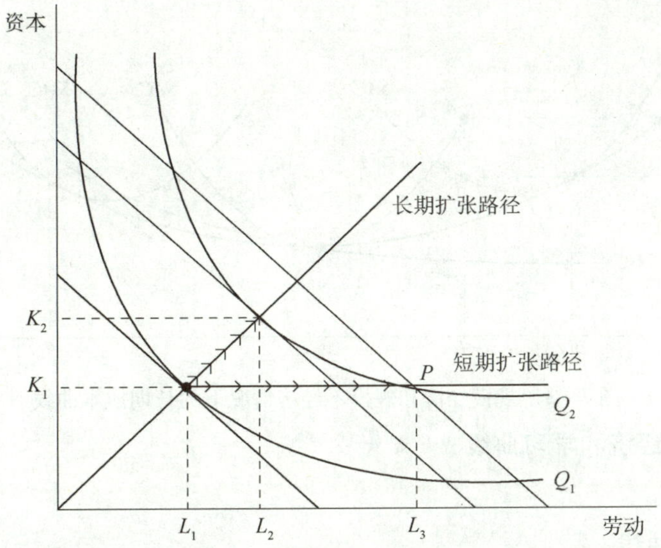

图 7－2　短期生产的固定性

递增或规模报酬递减，那么长期平均成本曲线是 U 形的，这条包络线并不经过所有短期平均成本曲线的最低点。

3. 规模经济与规模不经济

规模经济反映了厂商的经营规模与成本之间的关系。在企业生产扩张的开始阶段，厂商由于扩大生产规模而使经济效益得到提高，这称为规模经济。当生产扩张到一定的规模以后，厂商继续扩大生产规模，就会使经济效益下降，这称为规模不经济。

规模经济通常用成本－产出弹性(E_C)来计量。E_C表示单位产出变动百分率所引起的平均生产成本变动的百分率，即：

$$E_C = (\Delta C/C)/(\Delta Q/Q) = MC/AC$$

当成本与产出按相同比例增加时，即规模报酬不变，此时边际成本与平均成本相等，$E_C = 1$，意味着不存在规模经济和规模不经济；如果边际成本低于平均成本，此时 $E_C < 1$，意味着存在规模经济；如果边际成本大于平均成本，此时 $E_C > 1$，意味着存在规模不经济。

4. 短期成本与长期成本的关系

长期平均成本曲线是短期平均成本曲线的包络线。在规模报酬不变的条件下，长期平均成本曲线由短期平均成本曲线的最低点构成。在规模经济和规模不经济情况下，短期平均成本曲线的最低点并不都在长期平均成本曲线上。

图 7－3 显示了短期成本和长期成本的关系。考虑三个不同规模的企业，短期成本曲线分别为 SAC_1、SAC_2和 SAC_3。长期平均成本曲线 LAC 是短期成本曲线(SAC_1、SAC_2和 SAC_3)的包络线。但长期边际成本曲线(LMC)并不是短期边际成本曲线的包络线，长期边际成本曲线上的每个点对应的是成本效率最高的工厂的短期边际成本。短期边际成本曲线适用于特定的工厂，而长期边际成本曲线则适用于各种规模的所有工厂。

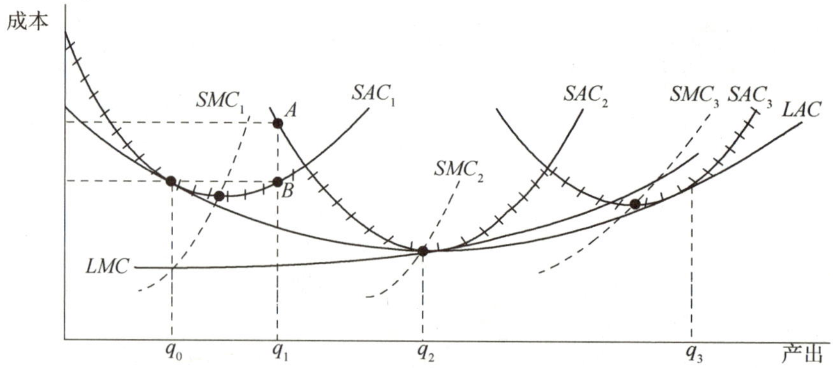

图 7－3　规模经济和规模不经济情况下的长期成本曲线

考点五：范围经济和学习曲线　★★★

1. 范围经济

(1)产品转换曲线：

产品转换曲线是指企业在资源给定的条件下能够生产的各种产品最大可能产量的组合的轨迹。产品转换曲线向外弯曲(或呈凹形)是因为存在着生产的范围经济。

(2)范围经济程度：

范围经济是指把两种或更多的产品合并在一起生产比分开来生产的成本要低的现象。

可以利用如下等式来计算范围经济的程度：

$$SC = [C_1(Q_1) + C_2(Q_2) - C(Q_1, Q_2)]/C(Q_1, Q_2)$$

其中，$C_1(Q_1)$表示单独生产 Q_1单位的一种产品所耗费的成本；$C_2(Q_2)$表示单独生产 Q_2单位的另一种产品所耗费的成本；$C(Q_1, Q_2)$表示联合生产两种产品，产量分别为 Q_1、Q_2时所耗费的成本。

若 $SC>0$，则存在范围经济；若 $SC<0$，则存在范围不经济。SC 的值越大，范围经济的程度就越高。

2. 学习曲线

学习曲线是指描绘生产一单位产出所需的投入品数量与厂商的累积产出之间关系的曲线。如果企业“学会”如何更有效地生产，企业的平均生产成本就会逐渐下降。在以横轴为厂商的累积产出，纵轴为每单位产出的投入品数量(假设为劳动)的坐标系中，学习曲线是一条凸向原点，向右下方倾斜的曲线。

考点六：估计和预测成本　★

1. 成本方程与成本函数

成本函数将企业的生产成本和产出水平及其他厂商可控制的变量联系起来。成本函数可以通过用某一时期某行业中企业的数据资料或一段时期行业的数据资料来计量，既包括长期的也包括短期的。有许多函数关系可以用来表示成本函数，其中包括线性、二次和三次函数等形式。

2. 成本函数和规模经济的计量

当规模经济存在时，成本－产出弹性 $E_C<1$；当规模不经济存在时，成本－产出弹性

$E_C > 1$。

可以用规模经济指数来衡量是否存在规模经济，规模经济指数为：$SCI = 1 - E_C$。当 $E_C = 1$ 时，$SCI = 0$，此时不存在规模经济和规模不经济；当 $E_C > 1$ 时，$SCI < 0$，此时存在规模不经济；当 $E_C < 1$ 时，$SCI > 0$，此时存在规模经济。

7.2 课后复习题详解

1. 某公司支付给会计人员 10000 美元的年费，这笔费用是一项经济成本吗？

答：经济成本是显性成本和隐性成本之和。显性成本指实际支出，所有涉及到货币交易行为的成本都属于显性成本。隐性成本是一种经济成本，不涉及到货币交易行为，但涉及到生产中所使用的资源的成本。当一个公司支付给会计人员 10000 美元年薪时，这是一笔货币交易，这笔费用是会计人员用劳动换来的收入。因此，这笔费用属于经济成本中的显性成本。

2. 某小零售店女店主自己做账，你将如何计算她工作的机会成本？

答：该店主自己做账的机会成本是：她把用于做账的时间和精力做其他事情时所能获得的最大收入。

根据机会成本的定义，如果该小零售店女店主不是自己做账，她可以在这段时间里做其他的事情，例如做小生意或者参加一些休闲活动。那么，女店主自己做账的机会成本就是她用于做账的时间做其他事情时所能获得的最大收入。

3. 请解释为什么以下说法正确或不正确：

(1) 如果一个企业的所有者不给自己支付工资，则会计成本为零，而经济成本为正。

(2) 会计利润为正的厂商不一定经济利润也为正。

(3) 厂商雇用了一些目前处于失业状态的工人，则其使用这些工人服务的机会成本为零。

答：(1) 正确。因为这里不存在货币交易，所以不存在会计成本(或显性成本)。但是，因为企业的所有者可以受雇于其他企业，因而存在经济成本。经济成本为正，反映了此人工作时间的机会成本。

(2) 正确。会计利润仅考虑显性成本。对于企业而言，可能还存在某些机会成本，这些机会成本没有像显性成本那样完全实现，所以对于会计利润为正的企业，有可能加进这些机会成本之后，经济利润为负。这意味着企业没有最有效地利用其资源。

(3) 错误。机会成本衡量了这些工人的时间价值，因而不可能为零。尽管工人目前处于失业状态，但是他们仍掌握一定的技能，这些技能具有价值，使得雇用这些工人的机会成本大于零。此外，机会成本等于工人从事其他工作所能带来的最高收入，工人有可能找到一个更好的工作，从而更有效地利用他的劳动技能。还有，工人还可能从事无支付的工作，例如在家里赡养老人和抚养小孩，这对于老人和孩子而言都是有价值的。

4. 假设某种生产中只有劳动为可变成本，如果边际成本随产量增加而下降，你认为劳动的边际产出将如何变化？

答：劳动的边际产出是递增的。产出的边际成本是指生产额外一单位产出而增加的成本。如果边际成本递减，则生产额外一单位产出所需要的劳动投入会减少，因为劳动是唯一的可变成本。如果生产一单位产出需要的劳动减少，则边际产出必然是递增的。此外，由对偶原理可得：$MC = w/MP_L$，因此，如果 MC 递减，则对于任何给定的 w，MP_L 是递增的。

5. 假定某椅子制造商发现其生产过程中资本对劳动的边际替代率实际上大于机器租金与工人工资率的比值。他会如何改变资本和劳动的使用来使成本最小化？

答：为了使成本最小化，制造商应该使用劳动和资本的组合，使得在它的生产过程中用资本交换劳动的比率与在外部市场用资本交换劳动的比率相等。如果制造商增加对资本的使用并且减少对劳动的使用以降低边际技术替代率，那么它的状况将变化。它会持续这种替代直到边际技术替代率等于租金率与工人工资率的比率。

6. 为什么等成本线是直线？

答：假定要素市场上既定的劳动的价格即工资率为 w，既定的资本的价格即利息率为 r，厂商既定的成本支出为 C，则成本方程为：

$$C = wL + rK$$

由成本方程可得：

$$K = -\frac{w}{r}L + \frac{C}{r}$$

根据以上式子可以得到等成本线。由于上式的成本方程式是线性的，所以，等成本线必定是一条直线。等成本线横轴上的点$\frac{C}{w}$表示既定的全部成本都购买劳动时的数量，纵轴上的点$\frac{C}{r}$表示既定的全部成本都购买资本时的数量，连接这两点的线段就是等成本线。它表示既定的全部成本所能购买到劳动和资本的各种组合。根据上面的公式，等成本线的纵截距为$\frac{C}{r}$，等成本线的斜率为$-\frac{w}{r}$，即为两种生产要素价格之比的负值。

所以，只要投入的价格不变，或者两种投入的相对价格不变，等成本曲线的斜率就是固定的，即等成本线是直线。

7. 假设产品的边际成本递增，这是否意味着平均可变成本递增或递减？请解释。

答：若产品的边际成本递增，平均可变成本可能递增，也可能递减。分析如下：如果边际成本小于平均可变成本，那么每增加一单位产品生产带来的成本小于之前产品的平均可变成本，从而使平均可变成本下降；反之，如果边际成本大于平均可变成本，随着边际成本的增加，平均可变成本递增。边际成本曲线和平均可变成本曲线的交点是平均可变成本的最低点。所以，需要知道边际成本是大于还是小于平均可变成本，才能判断平均可变成本是递增还是递减。

8. 假设产品的边际成本大于平均可变成本，这是否意味着平均可变成本递增或递减？请解释。

答：这意味着平均可变成本递增。原因如下：

（1）只要边际成本小于平均可变成本，边际成本就把平均可变成本下拉；只要边际成本大于平均可变成本，边际成本就把平均可变成本上拉。当边际成本等于平均可变成本时，平均可变成本必达到本身的极值点。

(2)如果产品的边际成本大于平均可变成本，那么，每多生产一单位产品所带来的可变成本将高于之前所有产品的平均可变成本，从而提高了平均可变成本，即：产品的边际成本大于平均可变成本意味着平均可变成本递增。

9. 如果厂商的平均成本曲线为 U 形的，为什么其平均可变成本曲线比平均总成本曲线在较低的产出水平上达到其最低点?

答：(1)厂商的平均成本曲线呈现出 U 形的特征，这表示：随着产量的增加，平均可变成本、平均总成本和边际成本都是先递减，各自达到本身的最低点之后再递增。

(2)若厂商的平均成本曲线为 U 形，则其平均可变成本曲线比平均总成本曲线在较低的产出水平上达到其最低点。这是因为：总成本是固定成本与可变成本之和，相应地，平均总成本是平均固定成本与平均可变成本之和。表现在图形上，U 形的平均总成本曲线高于 U 形的平均可变成本曲线，且二者之间的差是平均固定成本。又因为平均总成本曲线的最低点满足 $MC=AC$，平均可变成本曲线的最低点满足 $MC=AVC$，由于 MC 曲线是随着产出的增加而递增的，而平均可变成本曲线低于平均总成本曲线，所以，平均可变成本曲线必然比平均总成本曲线在较低的产出水平上达到其最低点。

10. 如果某厂商在达到一定产出水平前存在规模经济，随后成本随产量增加等比例变化，那么你能说出长期平均成本曲线的形状吗?

答：(1)长期平均成本曲线的形状特征是由长期生产中的规模经济和规模不经济所决定的。一般来讲，在厂商生产扩张的开始阶段，厂商由于扩大生产规模而使经济效益得到提高，这称之为规模经济。当生产扩张到一定的规模以后，厂商继续扩大生产规模，就会使经济效益下降，这称之为规模不经济。或者说，厂商产量增加的倍数大于成本增加的倍数，为规模经济；相反，厂商产量增加的倍数小于成本增加的倍数，为规模不经济。显然，规模经济和规模不经济都是由厂商变动自己的生产规模所引起的，所以，也被称作为内在经济和内在不经济。一般来说，在厂商的生产规模由小到大的扩张过程中，会先后出现规模经济和规模不经济。正是由于规模经济和规模不经济的作用，决定了一般厂商长期平均成本 LAC 曲线表现出先下降后上升的 U 形特征。

(2)如果厂商规模报酬递增，那么该厂商的长期平均成本曲线向右下倾斜；如果厂商规模报酬不变，那么该厂商长期平均成本曲线是水平的。所以，若某厂商在达到一定产出水平之前规模报酬递增，然后规模报酬不变，那么，该厂商的长期平均成本曲线先向右下倾斜，在达到该特定的产量水平之后变为水平线。

11. 一种要素价格的变化是如何引起厂商长期扩张路径的变化的?

答：扩展线反映的是在每一个产出水平上使得成本最小的投入品的组合。这种组合取决于投入品价格的比率：如果一种投入品的价格发生变化，那么价格比随之变化。例如：如果一种投入品价格上升，那么在维持总成本不变的情况下，企业所能买到的这种投入品的数量将有所下降，从而在改变等成本曲线斜率的同时使它更靠近原点。随着两种投入品价格比的变化，厂商将以变得相对便宜的投入来部分替代变得相对昂贵的投入，这样，扩张路径将向变得相对便宜的这种投入品所在的坐标轴弯曲。

12. 区分规模经济与范围经济。为什么其中一个能在另一个不存在的情况下存在?

答:（1）规模经济与范围经济的差别：

规模经济是指企业采用一定的生产规模所能获得的经济效益，即企业生产规模的变动引起生产单位成本和收益变动的情况。范围经济或称作组合经济，是指一家企业通过扩大生产经营范围，取得组合经济优势。规模经济与范围经济的区别表现在：

①规模经济注重某种产品生产能力的扩大，而范围经济则强调多品种产品生产能力，从而有更强的市场适应力。

②规模经济强调生产系统在企业内部集中，以取得生产活动的经济性，而范围经济特别是外部范围经济则是将生产系统分解到不同的企业，各个企业在专业化基础上着重发展核心能力，再通过地理范围上的专业化产业集聚，加强企业之间的协作与合作，使各个企业按价值链结成更大的生产系统，来取得生产活动的经济性。

（2）其中一个能在另一个不存在的情况下存在的原因：

厂商由于扩大生产规模而使经济效益得到了提高，即产生了规模经济；范围经济适用于至少是两种产品的生产，当多种产品联合生产所花费的总成本低于单独生产这些产品所需要花费的成本之和时，即产生了范围经济。规模经济和范围经济之间并没有直接的联系，所以其中一个能在另一个不存在的情况下存在。

13. 厂商的扩张路径是否总是一条直线?

答: 厂商的扩张路径并不总是一条直线。如果厂商总是能够以相同的比例使用资本和劳动，那么长期扩张路径是一条直线。如果资本 - 劳动比随着产出的变化递增，则企业扩张路径将不再是一条直线，如图 7 - 4 所示。

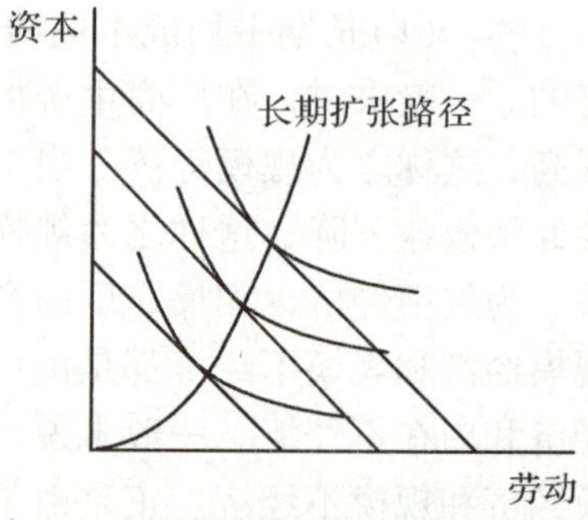

图 7 - 4　长期扩张路径

14. 规模经济和规模报酬有何不同?

答:（1）规模经济是指由于生产规模扩大而导致长期平均成本下降的情况。产生规模经济的主要原因是劳动分工与专业化，以及技术因素。企业规模扩大后使得劳动分工更细，专业化程度更高，这将大大提高劳动生产率，降低企业的长期平均成本。技术因素是指规模扩大后可以使生产要素得到充分的利用。

（2）规模报酬是指企业的生产规模变化与所引起的产量变化之间的关系。企业只有在长期内才可以变动全部生产要素，进而变动生产规模，因此，企业的规模报酬分析属于长期生产理论问题。在长期生产理论中，通常是以全部的生产要素都按相同的比例发生变化来定义企业生产规模的变化的。相应地，规模报酬变化是指在其他条件不变的情况下，企业内部各种生产要素按相同比例变化时所带来的产量变化。

规模报酬是属于实物方面的分析，而不涉及货币方面的探讨；至于规模经济则是货币方面的分析，故此二者的着重点不同。但是，若在要素价格不变及技术水平不变时，规模报酬递增会产生规模经济的现象。需要注意的是，规模报酬递增只是造成规模经济的原因之一。除此之外，管理成本的降低及大量采购原材料打折等，都是导致出现规模经济的原因。

7.3 课后练习题详解

1. 乔辞去了他在一个计算机软件公司的工作来开办自己的软件公司。辞职前他的工资为 50000 美元/年，他的新公司开在他自己的一座房子中，这座房子以前出租的租金为 24000 美元/年。新公司第一年的支出如下：支付给他自己工资 40000 美元，租金 0 美元，其他支出 25000 美元。计算乔的新软件公司的会计成本和经济成本。

答：会计成本表示实际费用，因而乔的新软件公司的会计成本为：40000 + 0 + 25000 = 65000(美元)。

经济成本不仅包括会计成本，而且也包括机会成本。因此，除了会计成本外，乔的新软件公司的经济成本还包括房子的租金 24000 美元以及额外的 10000(= 50000 - 40000)美元工资收入。因此，经济成本为：65000 + 24000 + 10000 = 99000(美元)。

2. (1)填充下表中的空格。

(2)作图，在图上表示出边际成本、平均可变成本和平均总成本。(横轴表示产量，纵轴表示成本。)

产量	固定成本	可变成本	总成本	边际成本	平均固定成本	平均可变成本	平均总成本
0			100				
1			125				
2			145				
3			157				
4			177				
5			202				
6			236				
7			270				
8			326				
9			398				
10			490				

解：(1)填表如下：

产量	固定成本	可变成本	总成本	边际成本	平均固定成本	平均可变成本	平均总成本
0	100	0	100	—	—	—	—
1	100	25	125	25	100	25	125
2	100	45	145	20	50	22.5	72.5
3	100	57	157	12	33.33	19	52.33
4	100	77	177	20	25	19.25	44.25
5	100	102	202	25	20	20.4	40.4
6	100	136	236	34	16.67	22.67	39.33
7	100	170	270	34	14.29	24.29	38.57

续表

产量	固定成本	可变成本	总成本	边际成本	平均固定成本	平均可变成本	平均总成本
8	100	226	326	56	12.5	28.25	40.75
9	100	298	398	72	11.11	33.11	44.22
10	100	390	490	92	10	39	49

(2)边际成本、平均可变成本和平均总成本如图7-5所示。

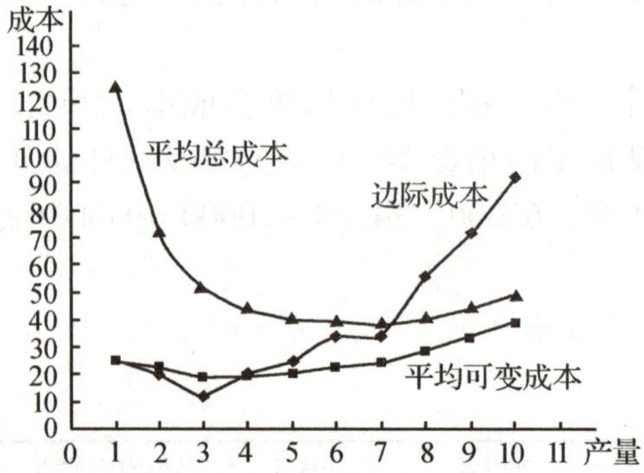

图7-5 成本曲线

3. 一个厂商的固定成本为5000美元，边际成本为常数，为500美元。

(1)总成本函数是什么？平均成本呢？

(2)如果想使平均总成本最低，它应该选择非常大的产量还是比较小的产量？解释你的结论。

解：(1)因为边际成本为常数，所以平均可变成本等于边际成本，因而可变成本为：$VC=500q$；总成本为：$TC=FC+VC=500q+5000$；平均成本为：$ATC=TC/q=500+5000/q$。

(2)随着产量 q 的增加，平均成本是递减的。因此，如果企业要使平均总成本最低，它应该选择非常大的产量。当产量 q 趋于无穷大时，平均成本趋于500。

4. 假设某公司必须支付一笔固定数目的年金税，这笔费用与该公司的产量无关。

(1)这项税收将会如何影响公司的固定成本、边际成本和平均成本？

(2)现假定该公司需支付一笔与其产量成比例的税收，那么，该税收又是如何影响公司的固定成本、边际成本以及平均成本的？

答：(1)总成本 TC 等于固定成本 FC 加上可变成本 VC。固定成本不随产量的变化而变化。因为税收 FF 支付数目固定，因而会增加公司的固定成本。因而平均成本 $\frac{FC+VC}{q}$ 会由于固定成本 FC 的增加而增加，即增加 $\frac{FF}{q}$。由于税收 FF 与产量无关，因此边际成本将不受税收的影响。

(2)令 t 为每单位产品所需支付的税收。当每一单位产品都必须支付 t 时，可变成本将增加 tq，平均可变成本也将增加 t，边际成本也将增加 t，从而平均成本也将增加 t。但是，固定成本保持不变。

5. 最近一期《商业周刊》报道说："在最近的汽车销售不景气时期，通用、福特和克莱斯勒认为，将汽车卖给出租公司的损失要比让工人暂时休息的成本小，这是因为关闭或重开工厂是代价高昂的，这部分是由于汽车制造商现有的工会契约规定，即使工人无事可做也要拿工资。"这篇文章讨论的出售汽车的"损失"，是指会计利润还是指经济利润？这两种利润不同吗？简要说说为什么。

答：这里指会计利润。会计利润与经济利润是不同的。具体分析如下：

(1)经济利润指属于企业所有者的、超过生产过程中所运用的所有要素的机会成本的一种收益。企业的会计利润是厂商的总收益与会计成本的差，也就是厂商在申报应缴纳所得税时的账面利润。但是经济学中的利润概念并不仅仅是会计利润，必须进一步考虑企业自身投入要素的代价，其中包括自有资本应得利息、经营者自身的才能及风险的代价等。这部分代价的总和至少应与该资源投向其他行业所能带来的正常利润率相等，否则，厂商便会将这部分资源用于其他途径的投资而获取利润或收益。在经济学中，这部分利润被称为正常利润，显然，它等于隐性成本。如果将会计利润再减去隐性成本，就是经济学意义上的利润的概念，称为经济利润，或超额利润。上述各种利润关系为：

企业利润 = 会计利润 = 总收益 - 显性成本

经济利润 = 超额利润 = 会计利润 - 隐性成本 = 会计利润 - 正常利润

正常利润 = 隐性成本

(2)会计利润是企业的会计所计算出来的利润，它是产品价格和显性成本，包括工资、材料成本等之间的差值；而经济利润是产品价格和机会成本之间的差值。文中提到，"即使工人无事可做也要拿工资"，这意味着公司付给工人的工资是沉没成本，从而不属于机会成本，但它属于会计成本，这使得公司的会计成本高于机会成本。

6. 假定经济处于衰退期，且劳动的成本下降了50%，人们预期劳动成本将在目前水平上保持较长的时间。试用图形表示劳动和资本的相对价格变动对扩张路径的影响。

解：如图 7－6 所示。企业的生产扩张路径反映了生产每一不同产量水平的最低长期总成本。在技术水平和投入要素价格不变的前提下，由投入总成本变化而引起的最优要素投入比例的变动轨迹，称为生产扩张路径。

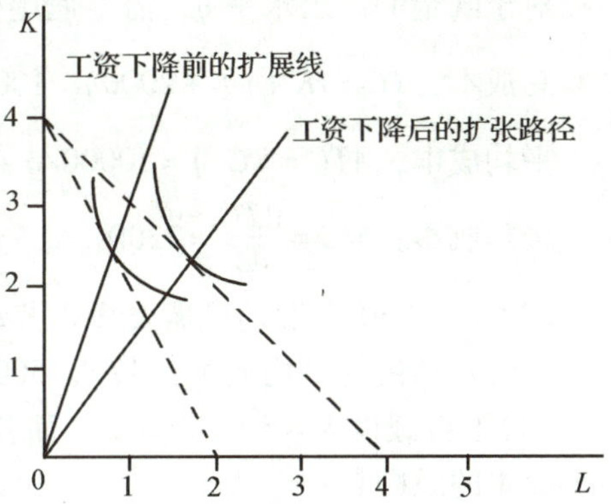

图 7－6 劳动资本的相对价格变动对企业扩张路径的影响

如果劳动力成本下降而资本价格不变，那么等成本线将以它与资本轴的交点为轴心向外移动。因为扩张路径上的点是边际技术替代率等于价格比的点，随着等成本线向外旋转，扩展线将向劳动轴弯曲，即由于劳动相对于资本价格下降，企业将使用更多的劳动。

7. 从 A 地到 B 地的飞行成本为 50000 美元，每天有四趟航班，分别在早上 7 点和 10 点，下午 1 点和 4 点。飞机容量为 240 个座位，每天第一班和最后一班都是满载的，而第二班和第三班只有一半座位坐满。计算每趟航班的平均成本。如果你是航空公司的咨询顾

问，航空公司想知道它应该吸引哪一种顾客，是非高峰期顾客(乘坐中间两趟航班)还是高峰期顾客(乘坐第一趟和最后一趟航班)。你的建议是什么?

答：对于第一趟和最后一趟航班而言，平均成本为：50000 ÷ 240 ≈ 208(美元)；

对于第二趟和第三趟航班而言，平均成本为：50000 ÷ 120 ≈ 417(美元)；

航空公司应该致力于吸引更多的非高峰期顾客来降低中间两趟航班的平均成本，对于非高峰期的两趟航班而言，增加乘客的边际成本为 0，即使票价低于平均成本，航空公司也是有利可图的；而高峰时期的平均成本已经最小化，吸引更多的乘客也无助于上座率的增加，因此没有必要吸引高峰期的顾客。

8. 你管理一个通过在装配线上的团队工作大规模生产发动机的工厂。生产技术由下列生产函数给出：

$$q = 5KL$$

其中，q 是每周生产出的发动机数，K 是装配线的数量，L 是劳动团队的数量。租用一套装配线的每周租金 $r = 10000$ 美元，每个劳动团队的成本 $w = 5000$ 美元/周。发动机的成本为劳动和装配线成本之和，外加每台发动机的原材料成本 2000 美元。你的工厂安装了固定的 5 套装配线。

(1)你的工厂的成本函数是什么？即生产 q 台发动机需要多少成本？生产 q 台发动机的平均成本和边际成本为多少？平均成本如何随 q 变动而变化？

(2)生产 250 台发动机需投入多少个劳动团队？每台发动机的平均成本为多少？

(3)假设要你为一个新的生产能力提出建议。如果你想最小化每一产出下的总成本，那么新工厂的资本/劳动比(K/L)应为多少？

解：(1)$K = 5$，故 $q = 25L$，即：

对于既定的产出水平 q，需要雇用劳动团队的数量为：$L = q/25$。

总成本：$TC = rK + wL + 2000q = 10000 \times 5 + 5000 \times \left(\frac{q}{25}\right) + 2000q = 50000 + 2200q$；

平均成本：$ATC = TC/q = 50000/q + 2200$；

边际成本：$MC = \frac{\mathrm{d}TC}{\mathrm{d}q} = 2200$。

(2)生产 250 台发动机需要投入劳动团队的数量 $L = 250/25 = 10$；

每台发动机的平均成本：$ATC = 50000/250 + 2200 = 2400$。

(3)不再假设 $K = 5$ 固定不变，而找出在任何产出水平 q 上 K 和 L 的最小成本的组合。最小成本的原则是：

$$\frac{MP_K}{r} = \frac{MP_L}{w}$$

即$\frac{5L}{r} = \frac{5K}{w} \Rightarrow \frac{K}{L} = \frac{w}{r} = \frac{5000}{10000} = \frac{1}{2}$。

所以，新厂的资本 - 劳动比率应该是 1/2。不管生产多少产量，都应维持该比率不变以实现成本最小化。

9. 某公司的短期成本函数由等式 $TC = 200 + 55q$ 给出，其中 TC 是总成本，q 是总产出数量，两者均以千计。

(1) 该公司的固定成本是多少?

(2) 如果该公司生产了 100000 单位产品，它的平均可变成本是多少?

(3) 生产的边际成本是多少?

(4) 平均固定成本是多少?

(5) 假定该公司通过贷款扩大生产规模，其固定成本增加 50000 美元，但其可变成本降至每 1000 单位产品 45000 美元，利率 i 也进入成本函数。利率每增加 1%，成本增加 3000 美元。写出新的成本函数。

解：(1) 根据该公司的短期总成本函数可知，当 $q=0$ 时，$TC=200$，故该公司的固定成本是 200(千美元)。

(2) 可变成本 $VC=55q$，所以平均可变成本 $AVC=55$(千美元)，即公司生产了 10 万单位产品时，平均可变成本是 55(千美元)。

(3) 其所生产的单位产品的边际成本为：$MC=\dfrac{\mathrm{d}TC}{\mathrm{d}q}=55$(千美元)。

(4) 平均固定成本 $AFC=FC/q=200/100=2$(千美元)。

(5) 固定成本从 200 增加到 250，可变成本从 55 降低至 45。另外，利率成本也构成固定成本的一部分。因而新的成本函数为：$C=250+45q+3i$。

10. 某椅子生产商以 30 美元/小时的价格为其生产线雇用劳动，并假定其机器设备的租金为 15 美元/小时。假定以任何劳动和机器设备的组合生产一把椅子都需 4 小时的劳动和资本组合。如果该公司现在使用 3 小时劳动搭配 1 小时机器设备，它最小化了生产成本吗？如果是，请解释原因。如果不是，怎样才能改善当前的境况？在图上画出等产量线和两条等成本线，其中一条为该厂商当前劳动和资本组合对应的等成本线，另一条为该厂商最优劳动和资本组合对应的等成本线。

解：1 小时机器设备和 3 小时劳动不能使生产成本最小化。

如图 7-7 所示，假设该生产商可以用 4 小时劳动，或 4 小时机器设备，或其他劳动资本组合生产一把椅子，那么等产量线是一条直线，其斜率为 -1，与两个坐标轴的截距分别是 $K=4$ 和 $L=4$。

等成本曲线为 $TC=30L+15K$，斜率为 $-30/15=-2$，与两个坐标轴的截距分别是 $K=TC/15$ 和 $L=TC/30$。

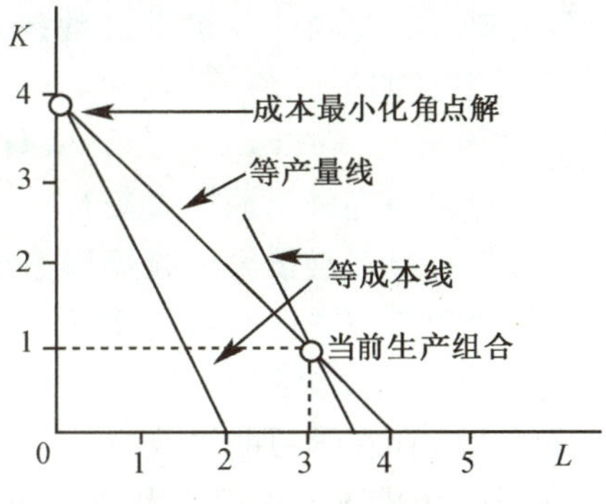

图 7-7　生产商的成本最小化分析

成本最小化的点是一个角点解，即 $L=0$，$K=4$。此时，总成本是 $TC=60$(美元)。

所以，该厂商只使用 4 小时机器设备，而不使用劳动生产椅子就可以改善当前的境况，使得成本达到最小化。

11. 假定厂商的生产函数为 $q=10L^{1/2}K^{1/2}$，每单位劳动的成本为 20 美元，每单位资本的成本为 80 美元。

(1) 厂商目前产量为 100 单位，成本最小化的劳动和资本分别为 20 和 5。在图上用等产量线和等成本线表示出来。

(2)厂商想将产量扩大为140单位，如果资本在短期是固定的，那么需要多少劳动？在图形上表示出来，并计算新的总成本。

(3)在图形上表示出厂商在长期生产140单位产品的成本最小化劳动和资本投入。

(4)如果边际技术替代率为K/L，计算生产140单位产品的最优劳动和资本投入水平。

解：(1)目前的产量为$100=q=10L^{\frac{1}{2}}K^{\frac{1}{2}}$，因此，等产量线方程为：$LK=100$。当前的总成本为：$TC=20\times20+80\times5=800$(美元)，因此等成本线方程为：$800=20L+80K$。如图7-8所示，等产量线与等成本线相切于点$A$。

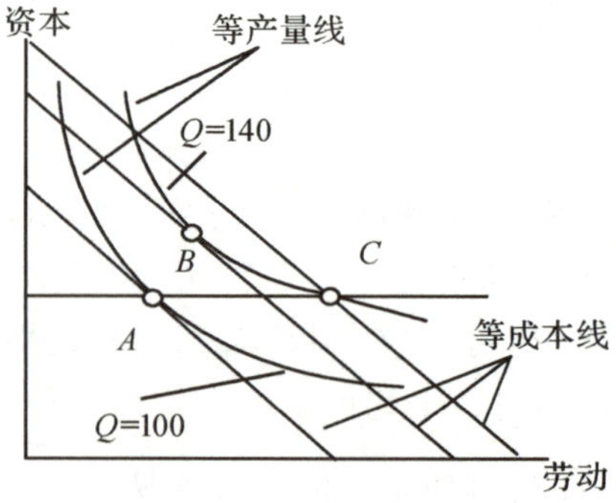

图7-8 成本最小化

(2)如果厂商产量扩大为140，而资本投入在短期内固定为5，则有：

$$q'=10L^{\frac{1}{2}}\times5^{\frac{1}{2}}=140$$

解得劳动投入为：$L=39.2$。此时的劳动与资本投入组合如图中的C点所示。新的总成本为：$TC=20\times39.2+80\times5=1184$(美元)。

(3) 厂商在长期生产140单位产品的成本最小化的资本投入组合为图中的B点。

(4)由边际技术替代率等于要素投入价格之比可得：$\frac{K}{L}=\frac{20}{80}\Rightarrow K=\frac{1}{4}L$。代入等产量线可得：$140=10L^{\frac{1}{2}}\left(\frac{1}{4}L\right)^{\frac{1}{2}}\Rightarrow L=28$，$K=7$。此时的总成本为：$TC=20\times28+80\times7=1120$(美元)。

12. 某计算机公司的成本函数将其生产的平均成本(AC)与累积的计算机产量(Q，以千计)和每年所制造的计算机千台数表示的工厂规模(q，范围在10000~50000台)联系在一起，其关系式如下：

$$AC=10-0.1Q+0.3q$$

(1)是否存在学习曲线效应？

(2)是否存在规模经济或规模不经济？

(3)公司自创立以来共制造了40000台计算机，且今年生产了10000台。下一年度，公司打算将其生产扩大到12000台。公司的平均生产成本会上升还是下降？请解释。

解：(1)存在学习曲线效应。

学习曲线描述了累积产出和平均生产成本之间的关系。如果平均成本随着累积产出的增加而下降的话，则存在学习曲线效应。所以，从平均成本函数$AC=10-0.1Q+0.3q$可以看出，随着累积产出Q的增加，平均成本AC下降，因此，存在学习曲线效应。

(2)存在规模经济。

规模经济描述了企业的长期平均成本随着产量的增加而递减。为了分析规模经济是否存在，需要计算总成本TC对Q的弹性：

$$E_C=\frac{\frac{\Delta TC}{TC}}{\frac{\Delta Q}{Q}}=\frac{\frac{\Delta TC}{\Delta Q}}{\frac{TC}{Q}}=\frac{MC}{AC}$$

如果该弹性大于 1，则存在规模不经济，反之则存在规模经济。

由总成本 $TC = Q \times AC = 10Q - 0.1Q^2 + 0.3qQ$，所以，边际成本 $MC = 10 - 0.2Q + 0.3q$。

可见 $MC < AC$，即 $E_C < 1$，存在规模经济。

(3)公司的平均生产成本会下降。

公司今年的平均生产成本为：$AC_1 = 10 - 0.1Q + 0.3q = 10 - 0.1 \times 40 + 0.3 \times 10 = 9$；

公司明年的平均生产成本为：$AC_2 = 10 - 0.1 \times 50 + 0.3 \times 12 = 8.6$。

由于学习效应的存在，公司在增加产量的情况下降低了平均生产成本。

13. 假定某行业的长期总成本函数为三次函数：$TC = a + bq + cq^2 + dq^3$。证明(用微积分)总成本函数至少在 a、b、c、d 四个参数取某些值时体现为 U 形的平均成本曲线。

证明：包含立方的成本方程意味着其对应的平均成本曲线是 U 形的，可以运用代数、微积分以及经济推理的方法来分析方程中的参数值。具体分析如下：

首先，如果总产量为零，可知 $TC = a$，此处 a 表示固定成本。短期内，固定成本是正的，即 $a > 0$，但在长期内，所有的生产要素都是可变的，即 $a = 0$。所以，假定 $a = 0$。

其次，因为平均成本是正的，由成本方程可以求出平均成本：$AC = b + cq + dq^2$。

这是个二次方程式，对应的成本曲线有两种基本形式：U 形或者倒 U 形。以 U 形为例，即假定曲线有最小值，而不是倒 U 形所具有的最大值。

在最小值的左侧，曲线是负斜率的(向下倾斜)，在其右侧，斜率为正(向上倾斜)。在最小值点，曲线的斜率为零，即在该点平均成本关于 q 的一阶导数为零。对于 U 形的 AC 曲线而言，其二阶导数一定是正的。

平均成本关于 q 的一阶导数：$c + 2dq$，二阶导数：$2d$。

如果二阶导数为正，则一定有 $d > 0$，让一阶导数为零，可推知 $c = -2dq$，因为 d 和 q 都是正的，所以 $c < 0$。

当 $c + 2dq = 0$ 时，平均成本达到最小值，而且最小值是大于零的。所以 $q = -\dfrac{c}{2d} > 0$，将其代入下面方程：

$$AC = b + cq + dq^2 = b + c\left(\frac{-c}{2d}\right) + d\left(\frac{-c}{2d}\right)^2 = b - \frac{c^2}{2d} + \frac{c^2}{4d} = b - \frac{2c^2}{4d} + \frac{c^2}{4d} = b - \frac{c^2}{4d} > 0$$

即 $b > \dfrac{c^2}{4d}$，因为 c^2 和 d 都是大于零的，所以 b 一定大于零。

总之，对于长期的 U 形平均成本曲线而言，a 必须等于 0，b 和 d 必须大于 0，c 必须是负的，而且 $4db > c^2$。然而这些条件还不足以保证边际成本是正的。为了保证边际成本是 U 形而且最小值为正，运用同样的分析方法，例如在最小的边际成本 $-c/(3d)$ 处解出 q，代入边际成本函数 $b + 2cq + 3dq^2$，可以推出 c^2 一定会小于 $3bd$，这个条件同样满足 $4db > c^2$。因此，更为严格的约束条件为 $c^2 < 3bd$。

例如，假定 $a = 0$，$b = 1$，$c = -1$，$d = 1$。总成本：$q - q^2 + q^3$，平均成本：$1 - q + q^2$，边际成本：$1 - 2q + 3q^2$。

当 $q = 1/2$ 时，达到最小平均成本；当 $q = 1/3$ 时，达到最小边际成本。

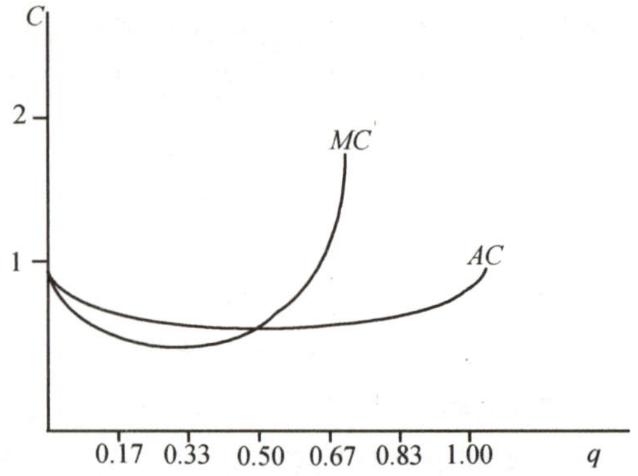

图 7－9　平均成本与边际成本曲线

14. 某计算机公司以同样的厂房和劳动生产硬件和软件。生产计算机处理器 H 和软件 S 的总成本由下式给出：

$$TC = aH + bS - cHS$$

其中，a、b 和 c 均为正数。该总成本函数是否存在规模经济或规模不经济？是否存在范围经济或范围不经济？

答：规模经济是指厂商可以以低于双倍的成本获得双倍的产出，规模不经济是指厂商需要以高于双倍的成本获得双倍的产出，两者都是厂商生产一种产品时的情形。可用成本－产出弹性 $E_C = MC/AC$ 衡量，当 $E_C < 1$ 时，存在规模经济；当 $E_C > 1$ 时，存在规模不经济；当 $E_C = 1$ 时，既不存在规模经济也不存在规模不经济。

由生产函数可知，单独生产计算机处理器时的总成本为 $TC(H) = aH$，单独生产软件时的总成本为 $TC(S) = bS$。因此，$E_C(H) = MC_H/AC_H = a/a = 1$，$E_C(S) = MC_S/AC_S = b/b = 1$。因此，该计算机公司在单独生产计算机处理器或软件时，既不存在规模经济，也不存在规模不经济。

范围经济是指一家厂商生产两种商品的产出超过两家厂商各生产一种产品的总产出，范围不经济是指一家厂商生产两种产品的产出低于两家对立的专业化厂商所能生产的总产出，可用范围经济的程度 $SC = [C(q_1) + C(q_2) - C(q_1, q_2)]/C(q_1, q_2)$ 衡量。当 $SC > 0$ 时，存在范围经济；当 $SC < 0$ 时，存在范围不经济。

由题意得，该计算机公司同时生产计算机处理器和软件的范围经济程度为：

$$SC = \frac{TC(H) + TC(S) - TC(H, S)}{TC(H, S)} = \frac{aH + bS - (aH + bS - cHS)}{TC(H, S)} = \frac{cHS}{TC(H, S)}$$

由于 $cHS > 0$，$TC(H, S) > 0$，所以 $SC > 0$，因此存在范围经济。

15. 在一篇著名文章[J. Viner, "Cost Curves and Supply Curves," Zeitschrift fur Nationalokonomie 3(Sept. 1931): 23-46]中，Jacob Viner 批评给他画图的人无法画出一系列短期 ATC 曲线，让这些曲线的最低点都与 U 形的 LAC 曲线相切。画图员辩护说根本就不能这么画。你支持谁的观点？为什么？在你的答案中也画出图形。

答：应该支持画图员的观点，即不能使所有短期 ATC 曲线的最低点都与 U 形的 LAC 曲线相切。因为长期平均成本曲线是企业短期平均成本曲线的包络线。在规模报酬不变的条件下，长期平均成本曲线由短期平均成本曲线的最低点构成，但此时 LAC 曲线是一条水平线。在存在规模经济和规模不经济的情况下，LAC 曲线呈 U 形，此时短期平均成本曲线的最低点并不都在长期平均成本曲线上。

如图 7 – 10 所示，在 LAC 曲线最低点的左边，LAC 曲线与短期 ATC 曲线（如 SAC_1）相切于这些曲线最低点的左侧；在 LAC 曲线最低点的右边，LAC 曲线与短期 ATC 曲线（如 SAC_3）相切于这些曲线最低点的右侧；只有在 LAC 曲线的最低点，才能实现其与短期 ATC（即 SAC_2）的最低点相切。因此，应该支持画图员的观点。

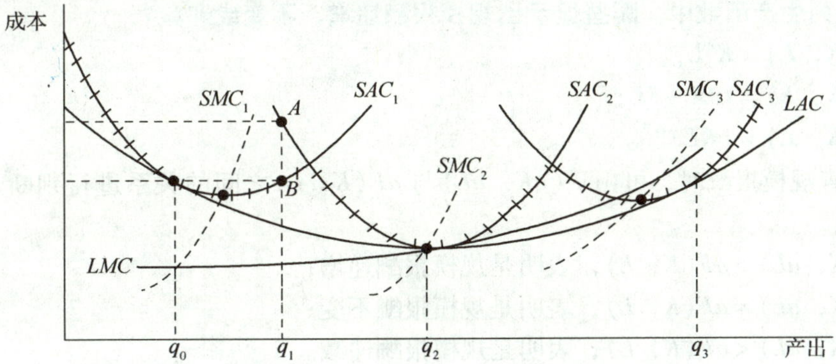

图 7 – 10　U 形 LAC 曲线是 SAC 曲线的包络线

16. 假设一个铺路厂商用给定的土地数量（T）、可变的水泥数量（C）以及劳动数量（L）铺设停车位（q）。厂商当前正在铺设 1000 个停车位。厂商的水泥成本为每英亩 4000 美元，劳动成本为每小时 12 美元。对于厂商选择的 C 和 L 的数量，$MP_C=50$，$MP_L=4$。

（1）厂商最小化成本了吗？你是怎么知道的？

（2）如果厂商没有实现成本最小化，它必须怎样调整 C 和 L 的数量以降低成本？

答：（1）厂商没有最小化成本。原因：厂商的成本最小化原则为 $MRTS_{CL}=P_C/P_L$，即 $MP_C/MP_L=4000/12=1000/3$。而对于厂商选择的 C 和 L 的数量，$MP_C/MP_L=50/4=12.5<1000/3$，所以厂商没有实现成本最小化。

（2）由于要素的边际产出与要素的投入量之间为负相关关系，即随着要素投入量的增加，这一要素的边际产出将下降，因此厂商应该增加对劳动要素的使用，减少对水泥的使用，提高 MP_C/MP_L，直至水泥对劳动的技术替代率等于 1000/3，从而实现成本最小化。

第7章附录　生产与成本理论：一种数学的处理方法

1. 在下列生产函数中，哪些显示出规模报酬递增、不变或递减？

(1) $F(K, L)=K^2L$；

(2) $F(K, L)=10K+5L$；

(3) $F(K, L)=(KL)^{0.5}$。

解： 考查规模报酬时，可由 $F(aK, aL)$ 与 $aF(K, L)$ 之间的关系进行判断，其中常数 $a>1$。

当 $F(aK, aL)>aF(K, L)$，表明是规模报酬递增；

当 $F(aK, aL)=aF(K, L)$，表明是规模报酬不变；

当 $F(aK, aL)<aF(K, L)$，表明是规模报酬递减。

(1)当 $a>1$ 时，由 $F(K, L)=K^2L$ 可得：

$$F(aK, aL)=(aK)^2(aL)=a^3K^2L=a^3F(K, L)>aF(K, L)$$

所以这个生产函数是规模报酬递增的。

(2)由生产函数 $F(K, L)=10K+5L$ 可得：

$$F(aK, aL)=10aK+5aL=aF(K, L)$$

所以这个生产函数是规模报酬不变的。

(3)由生产函数 $F(K, L)=(KL)^{0.5}$ 可得：

$$F(aK, aL)=(aKaL)^{0.5}=a(KL)^{0.5}=aF(K, L)$$

所以这个生产函数是规模报酬不变的。

2. 某产品的生产函数由 $q=100KL$ 给出。若资本价格为120美元/天，劳动价格为30美元/天，生产1000单位产出的最小成本是多少？

解： 由生产函数 $q=100KL$ 可得劳动和资本的边际产出分别为：

$$MP_L=\frac{\partial q}{\partial L}=100K,\quad MP_K=\frac{\partial q}{\partial K}=100L$$

成本最小化的均衡条件为：$MRTS=\dfrac{MP_L}{MP_K}=\dfrac{w}{r}$，即有：

$$\frac{100K}{100L}=\frac{30}{120}$$

可得：$L=4K$。

当 $q=100KL=1000$ 时，将 $L=4K$ 代入，解得：$K=\sqrt{2.5}\approx1.58$。从而 $L=4K=6.32$。

因此，生产1000单位产出的最小成本为：

$$TC=wL+rK=30L+120K=30\times6.32+120\times1.58=379.20(\text{美元})$$

3. 假定某生产函数由 $F(K, L)=KL^2$ 给出，资本的价格为 10 美元，劳动的价格为 15 美元，什么是生产既定产出的成本最小化的资本和劳动的组合？

解：根据已知条件，资本价格为 $r=10$，劳动价格为 $w=15$，则成本函数 $C=10K+15L$。从而既定产出下成本最小化问题为：

$$\min 10K+15L$$
$$s.t.\ KL^2=Q_0$$

构造拉格朗日函数：

$$\Phi(K, L, \lambda)=10K+15L-\lambda(KL^2-Q_0)$$

要使成本最小化则有：

$$\partial\Phi(K, L, \lambda)/\partial K=10-\lambda L^2=0 \quad ①$$
$$\partial\Phi(K, L, \lambda)/\partial L=15-2\lambda KL=0 \quad ②$$
$$\partial\Phi(K, L, \lambda)/\partial\lambda=Q_0-KL^2=0 \quad ③$$

联立①、②、③可得 $K/L=3/4$，此时成本最小，即生产既定产出的成本最小化的资本和劳动的组合为资本/劳动 $=3/4$。

4. 假定波莉制衣公司生产的轻型大衣的生产过程由下列生产函数给出：

$$q=10K^{0.8}(L-40)^{0.2}$$

其中，q 是大衣的生产数量，K 是计算机自动化缝纫机器工作的小时数，L 是劳动小时的数量。除了资本和劳动之外，生产每件大衣还需 10 美元的原料。

(1) 将成本最小化，推导出对 K 和 L 的成本最小化需求（作为产出 q、工资率 w 和租金率 r 的函数）。再运用这些来推导出总成本函数（成本作为 q、r、w 的函数，并且常量为 10 美元的原料成本）。

(2) 这个生产过程需要技术熟练工人，他们每小时的工资为 32 美元。机器的租金为每小时 64 美元。在这些要素价格之下，作为 q 的函数的总成本为多少？这个技术呈现出了规模报酬递减、不变还是递增？

(3) 波莉公司打算每周生产 2000 件大衣。在以上要素价格下，要雇用多少劳动（以每周 40 小时计算）和多少机器（以每周 40 机器小时计算）？这一产出水平的边际和平均成本各为多少？

解：(1) 已知 $q=10K^{0.8}(L-40)^{0.2}$，

得：$MP_L=2[K/(L-40)]^{0.8}$，$MP_K=8[(L-40)/K]^{0.2}$，

在最小成本点有：$MP_L/MP_K=w/r$。

即 $2[K/(L-40)]^{0.8}/8[(L-40)/K]^{0.2}=w/r$，$K/(L-40)=4w/r$，$L-40=Kr/(4w)$，$q=10K^{0.8}(L-40)^{0.2}=10K(r/4w)^{0.2}$，

最小需求为：$K=q/[10(r/4w)^{0.2}]$，$L=40+[q(r/4w)^{0.8}]/10$。

总成本函数为：$TC=10q+Kr+Lw=10q+(q/10)[(4w)^{0.2}r^{0.8}+(r/4)^{0.8}w^{0.2}]+40w$。

(2) 当 $r=64$，$w=32$ 时 $TC=10q+(2\times2^{0.2}+0.5^{0.8})32q/10+1280$，即总成本函数为：

$$TC=1280+10q+91.9q/10=1280+19.19q$$

假定 $K=50$，$L=60$，

$$q_1=10\times50^{0.8}\times(60-40)^{0.2}=416.3$$

当 $K=100$，$L=120$ 时，

$$q_2=10\times100^{0.8}\times(120-40)^{0.2}=956.4$$

因为 $q_2/q_1>2$，所以该技术呈现规模递增。

(3)当 $q=2000$ 时，$L=40+q\ (r/4w)^{0.8}/10\approx155$，即需要劳动力为：$155/40=3.875\approx4$。$K=q/[10(r/4w)^{0.2}]\approx230$，即需要机器为：$230/40=5.75$。

产出边际成本为：19.19 美元/件；平均成本为：$(1280+19.19q)/q=19.83$ 美元/件。

5. 斯蒂文的农场用资本和劳动生产苹果，生产函数为 $q_{apple}=KL^2-L^3$。假设农场有 600 单位资本。

(1)给出斯蒂文劳动的总产出函数。

(2)给出斯蒂文劳动的平均产出函数。

(3)给出斯蒂文劳动的边际产出函数。

(4)劳动投入超出多少后劳动的边际报酬递减?

解：(1)根据斯蒂文的生产函数可得：当 $K=600$ 时，劳动的总产出函数为 $TP_L=600L^2-L^3$。

(2)劳动的平均产出函数为 $AP_L=TP_L/L=600L-L^2$。

(3)劳动的边际产出函数为 $MP_L=1200L-3L^2$。

(4)根据劳动的边际产出函数可知其图形呈倒 U 形，且劳动的边际报酬最大化的一阶条件为：

$$\mathrm{d}MP_L/\mathrm{d}L=1200-6L=0$$

解得 $L=200$。即劳动投入超过 200 后，劳动的边际报酬开始递减。

第8章　利润最大化与竞争性供给

8.1　复习笔记

【知识框架(庖丁解牛)】

- 利润最大化与竞争性供给
  - 完全竞争市场
    - 完全竞争市场的基本假定
    - 可竞争市场
    - 竞争性厂商的利润最大化
      - 厂商的需求和边际收益
      - 利润最大化
  - 完全竞争市场的短期情况
    - 产量
    - 厂商供给曲线
    - 市场供给曲线
  - 长期产量的选择
    - 零经济利润
    - 竞争的长期均衡
    - 经济租
    - 长期的生产者剩余
  - 行业的长期供给曲线

【考点难点归纳(厚积薄发)】

考点一：完全竞争市场　★★★

1. 完全竞争市场的基本假定

完全竞争又称为纯粹竞争，是指不存在任何阻碍和干扰因素的市场情况，亦即没有任何垄断因素的市场结构。

完全竞争市场的三个基本假定：

(1)价格接受者。每个厂商和消费者的决策对市场价格均没有影响，他们将价格视为给定的。

(2)产品同质。所有厂商生产的产品之间可以完全替代，即产品为完全同质的。

(3)自由进入与退出。厂商可以自由进入和退出行业，不会产生特别的成本。

2. 可竞争性市场

即使市场上只有一个厂商，该厂商也要按竞争市场的方式来寻找利润最大化，从而避免潜在厂商进入市场降低利润。

3. 竞争性厂商的利润最大化

(1)厂商的需求和边际收益：

由于竞争性厂商是市场价格的接受者，其面临的需求曲线为一条水平线。因此，竞争性厂商的边际收益就是市场价格，即 $MR = P = AR$。

(2)利润最大化：

适用于所有厂商的利润最大化原则为边际收益等于边际成本，即 $MR = MC$。由于完全竞争性厂商面临的需求曲线是一条水平线，于是有 $MR = P$，所以其利润最大化原则是边际成本等于市场价格，即 $MC = MR = P$。

注意：由于完全竞争厂商是价格的接受者，因此这一法则是为了确定产量而非价格的。

图 8－1 显示了厂商的短期决策。在短期，竞争性厂商通过选择边际成本 MC 等于产品价格 P(或边际收益 MR)时的产量以实现利润最大化。用矩形 $ABCD$ 表示厂商的利润。无论产量较低还是较高都会导致利润下降。

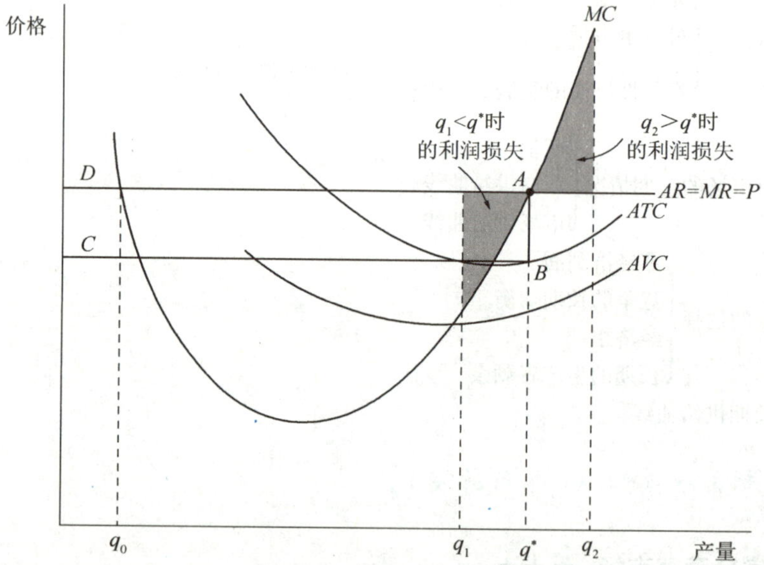

图 8－1　竞争性厂商利润最大化

考点二：完全竞争市场的短期情况(见表 8－1)　★★★★★

表 8－1　完全竞争市场的短期情况

要点	含义	策略
产量	厂商选择价格等于边际成本的产量水平，来实现利润最大化或亏损最小化	在这一产量水平上，如果价格大于平均总成本，则利润为正。如果价格低于平均总成本但高于平均可变成本的最低点，则厂商在短期处于亏损状态，但不会退出行业。如果它预期长期中将继续亏损，则厂商将退出该行业
厂商供给曲线	厂商的供给曲线表明了在每一价格水平下，厂商愿意而且能够提供的产品数量。厂商的短期供给曲线就是位于平均可变成本曲线最低点以上的那部分边际成本曲线	厂商会根据产品价格的变动改变产量水平，以保持生产的边际成本与价格相等。在图 8－2 中，对任何高于最低平均可变成本的价格 P，利润最大化产量可以直接从 MC 曲线上得出。供给曲线为 AVC 曲线最低点以上的边际成本曲线部分

续表

要点	含义	策略
市场供给曲线	短期市场供给曲线表示在每一价格水平下整个行业在短期中愿意且能够提供的产品数量。在短期中，厂商的生产者剩余是每一生产单位上边际生产成本和商品市场价格之间差额的总和，即图 8 - 3 中阴影部分的面积	—

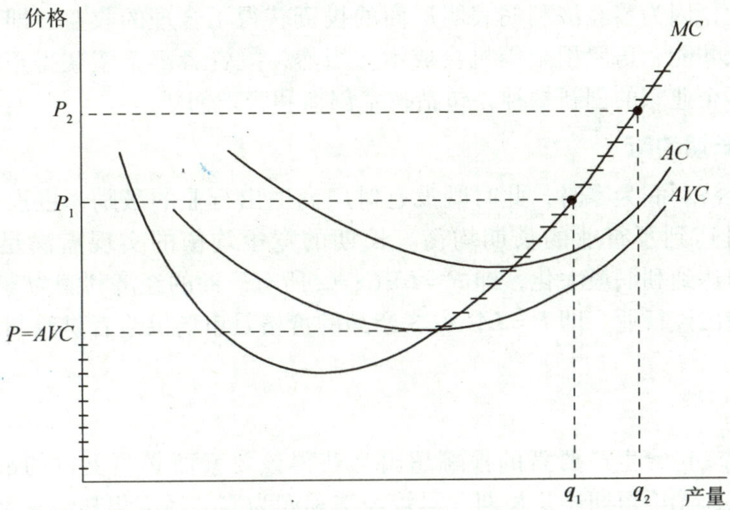

图 8 - 2　竞争性厂商的短期供给曲线

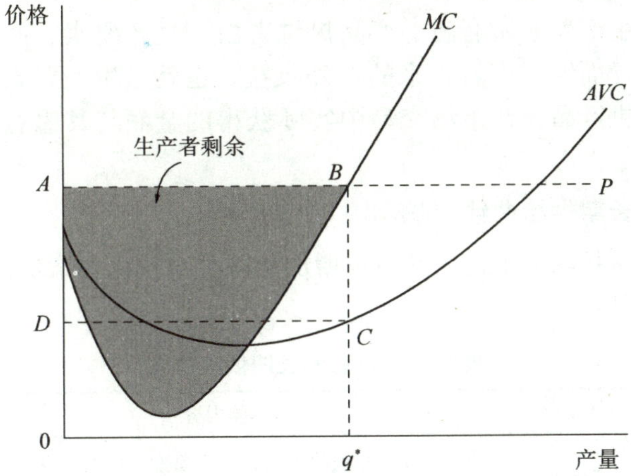

图 8 - 3　厂商的生产者剩余

考点三：长期产量选择 ★★★

在长期，一个厂商可以改变包括工厂规模在内的固定资本投入。它决定厂商是停止生产退出行业，还是重新开始生产其他产品。长期中，追求利润最大化的竞争性厂商的产量应使长期边际成本等于市场价格。

1. 零经济利润

会计利润：会计利润 = 收入 - 会计成本；

经济利润：经济利润 = 会计利润 - 机会成本。

在竞争性市场中，厂商的长期经济利润为零。因为当一个行业的经济利润为正时，会吸引其他厂商进入该行业，使得经济利润下降，这一过程将持续至经济利润为 0；相反，当行业中经济利润为负时，部分厂商会退出该行业，使得经济利润最终为 0。零经济利润并不意味着厂商经营不善，而是表明厂商所在的行业是竞争性的。获得零经济利润的厂商没有必要退出该行业，因为零经济利润表明厂商的投资获得了合理的收益，即厂商赚取的收益能够弥补企业家才能、房屋租金等机会成本。当然，投资者都希望获得正的经济利润，正是这一点激励了企业家的创新精神，包括技术创新和管理创新。

2. 竞争的长期均衡

当厂商的经济利润为零时，此时既没有对厂商退出行业的激励，也没有对其他厂商进入的激励，此时达到了行业的长期均衡。长期的竞争均衡的实现需满足以下三个条件：①行业中的厂商达到利润最大化，即 $P = LMC$；②所有厂商的经济利润为零，没有哪个厂商有激励进入或退出该行业，即 $P = LAC$；③产品的价格是市场供给者供给与消费者需求相等时的价格。

3. 经济租

经济租是指支付给生产要素的报酬超出为获得该要素而必须支付的最低报酬的部分。在竞争性市场上，无论短期还是长期，尽管经济利润为零，经济租却经常是正的。

4. 长期的生产者剩余

生产者剩余是指生产要素所有者、产品提供者由于生产要素、产品的供给价格与当前市场价格之间存在差异而给生产者带来的额外收益，也就是生产要素所有者、产品提供者因拥有生产要素或提供产品，在市场交易中实际获得的金额与其愿意接受的最小金额之间的差额。

考点四：行业的长期供给曲线（见表 8 - 2）★★★

长期供给曲线的形状取决于行业的产量增加与减少对投入要素价格（厂商为生产而必须进行的支付）的影响程度。

表 8 - 2　行业的长期供给曲线

要点	具体内容	
三种行业类型	成本不变行业	指当行业扩张或收缩时，投入要素的价格不发生变化。长期供给曲线是一条水平线，该线的价格等于产出的长期最小平均成本
	成本递增行业	指当行业扩张时，投入要素的价格将随着需求的增加而提高。长期供给曲线向右上方倾斜
	成本递减行业	指当行业扩张时，投入要素的价格将随着需求的增加而下降。长期供给曲线向右下方倾斜

续表

要点	具体内容	
税收的短期和长期效应	对单个企业征收销项税 t(短期)	①如果税收 $t<(P-\min AVC)$，厂商利润最大化原则为：$MC+t=P$； ②如果税收 $t>(P-\min AVC)$，厂商将不再生产
	对行业征收产出税 t(长期)	会促使一些企业(它们的成本高于其他厂商)退出该行业，使得市场供给曲线向上平移 t，其后果是市场价格上升，行业的供给量下降
长期供给弹性	表示长期中价格变动一个百分比所带来的行业总产出的变化。在成本不变的行业中，长期供给曲线是一条水平线，因而长期供给弹性无限大；在成本递增的行业中，长期供给弹性大于零；在成本递减的行业中，长期供给弹性小于零	

8.2　课后复习题详解

1. 为什么一个发生亏损的厂商选择继续进行生产而不是关闭？

答：一个发生亏损的厂商选择继续进行生产而不是关闭的原因在于：此时的价格仍然大于平均可变成本。具体来讲：

(1)厂商发生亏损是指总收益 TR 小于总成本 TC，此时，如果总收益 TR 仍然大于可变成本 VC，厂商继续生产将会弥补 VC，并且可以弥补一部分的固定成本 FC，弥补量是 $TR-VC$，从而使损失最小化，因此在短期内，厂商不会关闭而是继续生产。

(2)停止营业点是指一个已经投入生产的企业，在生产中总有这样一点，当根据利润最大化原则确定的产量大于这一点所代表的产量时，仍可以继续生产，小于这一点所代表的产量时，就只好关闭。该点就是企业的停止营业点。一个已经投入生产的企业是否必须关闭的条件不在于它是否盈利，而在于它关闭后的亏损与生产时的亏损哪种情况更大。如果关闭后的亏损比生产时的亏损更大，则应继续生产；如果生产时的亏损比关闭后的亏损更大，则必须关闭。实际上关闭后也是有亏损的，其亏损就是固定成本。因此，是否关闭就视生产时的亏损是否大于固定成本，若不大于，就可继续生产，若大于，就必须停止营业。企业的停止营业点可用图 8－4 说明：图中 N 点即平均可变成本最低点就是企业停止营业点。

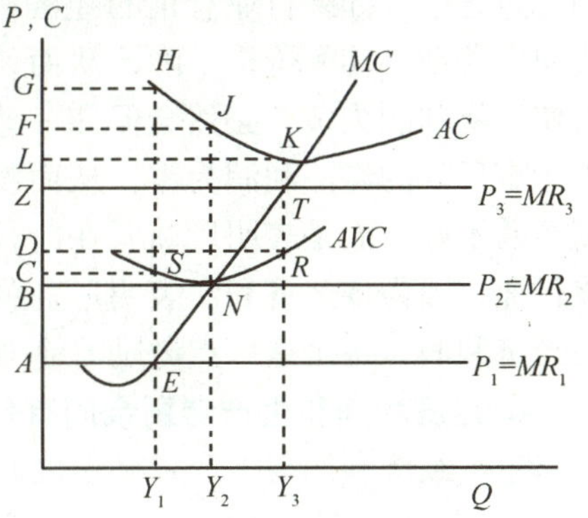

图 8－4　停止营业点

(3)当市场确定的价格为 P_1 时，均衡产量为 Y_1，小于 N 点所代表的产量。这时，总亏损为面积 $AGHE$，大于总固定成本面积 $CGHS$，所以企业不能在此点生产。当市场决定的价格为 P_3 时，均衡产量为 Y_3，大于 N 点所代表的产量。这时，总亏损为面积 $ZLKT$，小于总固定成本的面积 $DLKR$，所以企业在此点不应停止生产。当市场决定的价格为 P_2 时，均衡产量为 Y_2，恰好等于 N 点所表示的产量。这时，总亏损为面积 $BFJN$，即等于总固定成本面积 $BFJN$。此时，厂商的平均收益 AR 等于平均可变成本 AVC，厂商可以继续生产，也可以不生产，也就是说，厂商生产或不生产的结果都是一样的。这是因为，如果厂商生产的话，则全部收益只能弥补全部的可变成本，不变成本得不到任何弥补。如果厂商不生产的话，厂商虽然不必支付可变成本，但是全部不变成本仍然存在。由于在这一均衡点上，厂商处于关闭企业的临界点，所以，该均衡点也被称作停止营业点或关闭点。

2. 解释为什么行业长期供给曲线不是行业长期边际成本曲线。

答：(1)供给曲线是指在每一可能的价格下厂商愿意并且能够生产的产量。供给曲线有短期和长期之分。

(2)在完全竞争条件下，单个厂商是价格接受者。在短期，企业生产规模固定不变，厂商通过选择产量水平以实现利润最大化。厂商将增加产量直到价格等于边际成本，但如果价格低于平均可变成本，它则不会生产。因此一个厂商的短期供给曲线是短期边际成本曲线(位于最小平均可变成本点之上的部分)。

(3)但在长期，厂商无固定成本，成本全部是可变的。由于厂商能够调整生产规模，进入或退出某一个行业，因此厂商可以把生产规模调整到使短期边际成本与市场价格相等的水平上。随着长期价格的变动，厂商逐渐变动自己的要素组合来最小化其生产成本。所以，长期供给曲线是厂商不断从一组短期边际成本曲线向另一组短期边际成本曲线调整的结果，而不是长期边际成本曲线(位于最小平均总成本点之上的部分)。此外，在长期，每个厂商利润都为零，因此任何位于 $MC > AC$ 的产出水平都是不可行的。

3. 在长期均衡时，行业中所有厂商的经济利润为零。为什么?

答：在完全竞争条件下，行业没有任何的进入和退出障碍。因此，在实现长期均衡的动态过程中，如果行业有正的经济利润，就会有厂商进入。新厂商的进入使得行业供给曲线向右移动，均衡价格下降，从而使得行业中厂商的经济利润下降。而如果大量厂商的进入使经济利润为负，必然会促使一些厂商退出该行业。因此，最终的平衡状态必然是行业中所有厂商的经济利润为零，从而没有厂商进入或者退出行业。零经济利润并不意味着厂商经营不好，而是表明厂商所在的行业是竞争性的。获得零经济利润的厂商没有必要退出该行业，因为零经济利润表明厂商的投资获得了合理的收益。当然，投资者都希望获得正的经济利润，正是这一点激励着企业家的创新精神，包括技术创新和管理创新。

4. 经济利润和生产者剩余间有什么不同?

答：经济利润与生产者剩余之间的差额就是生产的固定成本 FC。具体来讲：

(1)经济利润是指属于企业所有者的、超过生产过程中所运用的所有要素的机会成本的一种收益，它等于总收益 TR 与总成本 TC 之间的差额，即 $TR - TC$。

(2)生产者剩余是指厂商在提供一定数量的某种产品时实际接受的总支付和愿意接受的最小总支付之间的差额。它通常用市场价格线以下，厂商的供给曲线(即 SMC 曲线的相应的部分)以上的面积来表示，如图 8-5 中的阴影部分面积所示。其原因在于：在生产中，只要价格大于平均可变成本，厂商进行生产总是有利的。这时，厂商就可以得到生产者剩余。因此，在图中，在生产零到最大产量 Q_0 之间的价格线以下和供给曲线(即短期边际成本曲线)以上的阴影部分面积表示生产者剩余。其中，价格线以下的矩形面积 OP_0EQ_0 表示总收益即厂商实际接受的总支付，供给曲线(即短期边际成本曲线)以下的面积 $OHEQ_0$ 表示总边际成本即厂商愿意接受的最小总支付，这两块面积之间的差额构成生产者剩余。

(3)在短期内，由于固定成本是无法改变的，所以，总边际成本必然等于总可变成本。因此，生产者剩余也可以用厂商的收益和总可变成本的差额来定义。在图 8-5 中，生产者

剩余也可以由矩形 GP_0EF 给出，它等于收益（OP_0EQ_0）减去总可变成本（$OGFQ_0$）。

总之，生产者剩余可以用厂商的总收益 TR 和总可变成本 TVC 的差额来定义，即 $TR-TVC$。而经济利润等于总收益减去总成本（总可变成本加上总固定成本），即 $TR-TVC-TFC$。所以，经济利润与生产者剩余之间的差额就是生产的总固定成本 TFC。

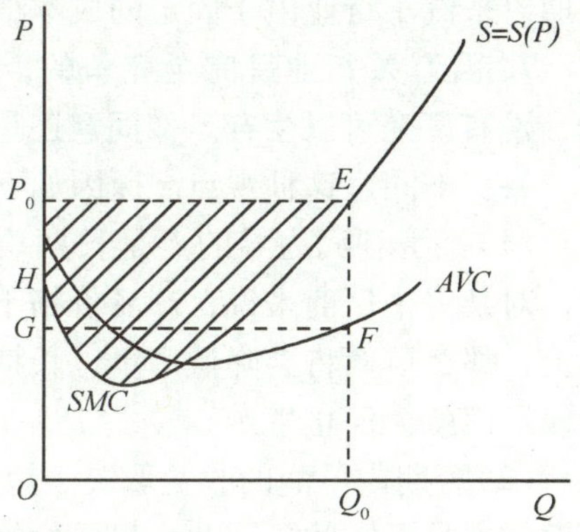

图8-5 生产者剩余

5. 当厂商知道在长期它们的经济利润将为零时，它们为什么还进入这个行业？

答：其原因可以从以下两个方面来分析：

（1）实现长期均衡是一个动态过程，需要很长时间。在长期均衡时，厂商得到的经济利润为零，而在短期内可能有相当的利润。厂商的收益依赖于他所获得的短期利润。长期均衡概念反映厂商行为的方向，即在当前的行业条件下，是进入还是退出行业，是增加还是减少投入，先进入某一有利可图的行业的厂商比后进入的厂商可赚取更多的利润，先退出某无利可赚的行业的厂商可节省很多资金。因此，最终经济利润为零的长期均衡并不会影响厂商进入行业。

（2）厂商行为是利己的，他们为了追求利润最大化而进行生产。为了达到这一目的，厂商遵循的基本原则就是边际收益等于边际成本，即 $MR=MC$。这一条件不仅适用于厂商的短期均衡，也适用于长期均衡；不仅适用于完全竞争市场，也适用于其他类型的市场。在长期中，所有的生产要素投入量都是可变的，厂商通过对全部生产要素投入量的调整来实现利润最大化的均衡条件 $MR=LMC$。所以，零经济利润并不意味着厂商经营不好，而是表明厂商所在的行业是竞争性的。获得零经济利润的厂商没有必要退出该行业，因为零经济利润表明厂商的投资获得了合理的收益。当然，投资者都希望获得正的经济利润，正是这一点激励着企业家的创新精神。

6. 在20世纪初，美国有许多小的汽车生产厂家，20世纪末则仅有三个大的厂家。假设这种情况不是反垄断法实施不力的结果，你怎样解释汽车生产厂家的数量减少？（提示：汽车行业的内在成本结构是怎样的？）

答：汽车生产厂家的数量减少与该行业的性质和成本结构有关，具体分析如下：

（1）自然垄断是指某些行业或部门为了有效生产而只需要少数几个生产者或厂商的市场状况。这种行业可能始终呈现规模报酬递增的特征，若由多家厂商生产将产生较高的平均成本、造成社会资源的浪费。自然垄断的形成，使得少数几个大规模厂商能够依靠自己的规模经济来降低生产成本，使得规模经济的益处由该厂商充分加以利用。

（2）汽车产业是资本密集型产业，总成本中固定成本所占的比例比较大。汽车的单位成本随生产规模的增大而下降，具有规模经济。规模比较大的厂商能够以一个比较低的价格销售其产品。在长期中，一些规模比较小的厂商必然会面临无利可图的市场价格，从而退出行业。因此，在长期中汽车生产厂商数量会下降。在一定的产量水平下，规模经济效应会趋于消失，从而最终结果是行业中不只存在一家厂商。所以，自然的选择是较少的企业（比如题中三家大的厂家）以较低的平均成本，生产较多的产量，享受规模经济。实际上，长期以来汽车行业由于固定的成本结构形成自然垄断。

7. 因为X行业是完全竞争的，该行业的每个厂商的经济利润为零。如果产品价格下降，没有厂商可以生存。你同意还是不同意这种认识？讨论一下。

答：不同意这种观点。原因如下：

(1)经济利润为零的点是长期均衡点，如果产品价格下降，长期均衡将被打破。短期内，对某一个厂商来说，产品价格下降了，如果价格再降到了总成本之下，但在可变成本以上，那么厂商将会降低产量，长期内会退出行业。如果价格降到了可变成本之下，短期内该厂商就会停止生产。

(2)短期内厂商的收益取决于短期利润，即短期收益与短期成本之差。而行业中厂商的短期成本是不同的。因此，只要价格不低于所有厂商的短期平均可变成本，就总有厂商的短期可变成本低于价格，从而短期内不会退出行业；只要价格不低于所有厂商的短期平均成本，就总会有厂商的短期成本低于价格，即总有厂商可以获得正的经济利润，从而不会退出行业。

(3)在长期均衡点，完全竞争市场中每个厂商只能获得正常利润，得不到超额利润。当产品的价格下降时(由需求缩小引起的)，会引起部分厂商退出该行业，由于部分厂商的退出，使该行业的供给量减少，供给曲线向左上方移动，从而使价格会上升到原来的水平，恢复到原来的价格水平时，留存下来的厂商又达到新的均衡。因而不能说当价格下降时，没有厂商可以生存。

8. 对电影的需求增加也可以增加演员的薪水。解释一下电影的长期供给曲线是水平的还是向上倾斜的。

答：长期供给曲线的形状取决于行业的产量增加与减少对投入要素价格的影响程度，投入要素价格是厂商为生产过程而必须进行的支付。如果演员的数量相对不变，随着电影需求的增加，为了邀请演员拍摄电影，必须支付更多的薪水，这使得电影行业的成本增加。因此，电影行业是成本递增的行业。在一个成本递增的行业，长期供给曲线是向上倾斜的。因此，电影的长期供给曲线是向上倾斜的。

9. 判断正误：一个厂商总是在长期平均成本最小化的地方生产。解释一下。

答：错误。其原因是：没有区分厂商生产的长期与短期决策。

在长期，在完全竞争的条件下，厂商的生产决策将使得长期平均成本最小。在长期，厂商会调整其资本和劳动投入组合，因而平均成本总是最小的。此外，自由进入与退出使得价格调整到接近于最低平均成本的水平。

但是，在短期，厂商可能无法生产长期最优产量。例如，如果存在任何固定要素投入，厂商将可能无法达到长期平均成本最小的生产。而且，在短期，厂商会在价格等于边际成本处进行生产，而该处的产量可能有别于使长期平均成本最小的产量。

10. 在具有向上倾斜的供给曲线的行业，能存在规模报酬不变吗？

答：在具有向上倾斜的供给曲线的行业，存在规模报酬不变。分析如下：

规模报酬不变的意思是一定比例的投入要素的增加导致产量同比例的增加。但是，当所有的企业增加投入要素的使用量时，一些投入要素的价格会上升，因为它们具有一条向右上方倾斜的供给曲线。比如，生产需要用到一些稀缺的资源，当产量增加时，投入要素的成本会上升。此时，双倍的投入依然可以有双倍的产出水平，但是由于要素价格上升，生产成本的上升将超过两倍。在这种情况下，该行业就是一个成本递增的行业，它具有向上倾斜的供给曲线。因此，一个行业可以同时具有规模报酬不变和一条向上倾斜的供给曲线。

11. 市场是完全竞争的必要假设有哪些？根据本章所学，解释为什么这些假设都是重要的。

答：完全竞争又称为纯粹竞争，是指不存在任何阻碍和干扰因素的市场情况，亦即没有任何垄断因素的市场结构。

(1)完全竞争市场的假设有：

①价格接受者。市场上有大量的买者和卖者，任何单个个人和厂商都不能对市场施加看得见的影响，都是市场价格(市场的供给和需求决定)的被动接受者。

②产品同质。所有的生产者提供的都是同质的无差异的产品。

③自由进入与退出。厂商进入和退出市场不会有特别的成本产生。

(2)这些假设都是非常重要的，因为：

①这些假设决定了均衡条件中 $MC=P$ 的条件，因为每一产品的市场价格既定，而且产品同质，厂商不可能通过产品差别化来竞争，只可能以相同的市场价格提供同质的商品，所以厂商的边际收益等于市场价格，即 $MR=P$，所以追求利润最大化的 $MC=MR$ 条件变成了 $MC=P$。

②这些假设决定了完全竞争条件下的长期均衡。因为资源具有完全的流动性，而且信息完全，所以厂商可以自由的进入和退出行业，从而实现竞争的长期均衡。

③这些假设保证了每一个竞争性的市场均衡是帕累托最优。竞争性市场中的激励机制迫使生产者高效率地组织生产，否则“优胜劣汰”的法则使其不能生存下去。同样，这些激励机制将鼓励企业的技术创新，并将这些创新最佳地使用于企业生产活动中，并为企业带来更大的收益。

12. 假设一个竞争性行业面临着需求的增长(即需求曲线向上移动)。一个竞争市场保证产出增加的步骤是什么？如果政府限制了最高价，你的答案会不会改变？

答：(1)假设需求增长，竞争性市场保证产出增加的步骤是：

第一步，需求增长，需求曲线向上移动和短期供给曲线相交形成短期均衡，均衡价格上升。

第二步，每个厂商增加产量，这时每个厂商获得正的经济利润。

第三步，随着时间的推移，正的经济利润吸引新厂商进入(假设新厂商与原有厂商的成本结构相同)，供给量增加，使供给曲线向右移动，直至在一个新的价格水平下达到长期均衡。每个厂商在有效规模处生产，行业供给量增加。

(2)如果政府限制了最高价，分两种情况讨论。

①最高限价位于前面的短期均衡价格之上，对调整步骤不产生影响。

②最高限价位于前面的短期均衡价格和长期均衡价格之间，则步骤为：

第一步，需求增长，需求曲线向上移动和短期供给曲线相交形成短期均衡，均衡价格上升。

第二步，每个厂商调整产量使得边际成本 = 最高限价。这时每个厂商获得正的经济利润，但存在供需缺口。

第三步，随着时间的推移，正的经济利润吸引新厂商进入(假设新厂商与原有厂商的成本结构相同)，供给量增加，这时先弥补供需缺口，然后供给量的增加使得供给曲线向下移动，直至达到长期均衡。每个厂商在有效规模处进行生产，行业供给量增加。

13. 政府通过了一项法令，允许对每英亩用于种植烟草的土地给予大量补贴。这一措施会怎样影响烟草的长期供给曲线？

答： 补贴将会使长期供给曲线向右移动。

政府给予补贴相当于等量地降低了企业的平均成本和边际成本，每个企业增加产量，存在正的经济利润，诱使新企业进入，供给量增加，供给曲线向右移动，价格下降，直至价格达到新的长期均衡，在新的长期均衡条件下，减掉补贴以后的边际成本等于新的均衡价格，每个企业在有效规模处进行生产。

14. 一个地区有若干家本地商店以及其他直销点或网站销售某种品牌的真空吸尘器。

(1) 假如所有销售商要价相同，他们的长期经济利润是否都等于零？

(2) 假如所有销售商要价相同，但是一家当地商店的经营场所为店主自己拥有的房子，不用支付租金，这个销售商的经济利润为正吗？

(3) 不用支付租金的这家销售商是否有激励去降低其销售价格？

答： (1) 如果所有销售商要价相同，它们的长期经济利润都等于零。因为，如果经济利润大于零，则行业外的其他厂商会进入该行业；如果经济利润小于零，则行业中的某些厂商会退出该行业。

(2) 这个销售商的经济利润仍然为零。如果这个销售商不支付租金，他使用经营场所的会计成本为零，但是仍然存在机会成本，该机会成本将使得经济利润为零。

(3) 该销售商没有激励去降价，因为在当前的价格水平下，销售商能够卖出他想卖的任意数量，降价会降低他的经济利润。如果所有厂商销售同质的商品，则他们将索要相同的价格。因而降价后，该销售商将不再是利润最大化。

8.3 课后练习题详解

1. 下表给出了一个厂商的单位产品销售价格(单位：美元)和总成本的信息。

(1) 填充表中空格。

		R		π	MC	MR	R	MR	π
q	P	$P=60$	C	$P=60$	$P=60$	$P=60$	$P=50$	$P=50$	$P=50$
0	60		100						
1	60		150						
2	60		178						
3	60		198						
4	60		212						
5	60		230						

续表

q	P	R P=60	C	π P=60	MC P=60	MR P=60	R P=50	MR P=50	π P=50
6	60		250						
7	60		272						
8	60		310						
9	60		355						
10	60		410						
11	60		475						

(2) 如果价格从 60 美元下降到 50 美元，厂商的产量选择和利润将如何变化？

答：(1)填表如下：

q	P	R P=60	C	π P=60	MC P=60	MR P=60	R P=50	MR P=50	π P=50
0	60	0	100	-100	—	—	0	—	-100
1	60	60	150	-90	50	60	50	50	-100
2	60	120	178	-58	28	60	100	50	-78
3	60	180	198	-18	20	60	150	50	-48
4	60	240	212	28	14	60	200	50	-12
5	60	300	230	70	18	60	250	50	20
6	60	360	250	110	20	60	300	50	50
7	60	420	272	148	22	60	350	50	78
8	60	480	310	170	38	60	400	50	90
9	60	540	355	185	45	60	450	50	95
10	60	600	410	190	55	60	500	50	90
11	60	660	475	185	65	60	550	50	75

(2)上表给出了当价格从 60 美元下跌至 50 美元时，企业的收益与成本信息。

当价格为 50 美元，生产单位为 9 时，企业获得最大利润；当价格为 60 美元，生产单位为 10 时，企业获得最大利润。所以，当价格从 60 美元下降到 50 美元，企业的产出从 10 单位下降至 9 单位，利润从 190 美元跌至 95 美元。

2. 从练习 1 表中的数据分析，如果固定成本从 100 美元增加到 150 美元，再增加到 200 美元，给定价格每单位 60 美元保持不变，厂商的产量选择和利润会发生什么变化？你从固定成本对厂商的产量选择的影响中能得出什么一般结论？

答：下表给出了当固定成本分别为 100 美元、150 美元、200 美元时，厂商的收益与成本信息。

q	P	TR	TC FC = 100	π FC = 100	MC	TC FC = 150	π FC = 150	TC FC = 200	π FC = 200
0	60	0	100	-100	—	150	-150	200	-200
1	60	60	150	-90	50	200	-140	250	-190
2	60	120	178	-58	28	228	-108	278	-158
3	60	180	198	-18	20	248	-68	298	-118
4	60	240	212	28	14	262	-22	312	-72
5	60	300	230	70	18	280	20	330	-30
6	60	360	250	110	20	300	60	350	10
7	60	420	272	148	22	322	98	372	48
8	60	480	310	170	38	360	120	410	70
9	60	540	355	185	45	405	135	455	85
10	60	600	410	190	55	460	140	510	90
11	60	660	475	185	65	525	135	575	85

当固定成本分别为100美元、150美元、200美元时，厂商为追求利润最大化(损失最小化)的产出选择都是生产10个单位。

从该题的结论可以看出，固定成本对厂商的产出选择没有影响。厂商追求利润最大化的条件是 $MC = MR$，但固定成本 FC 并不影响 MC。固定成本越高导致利润越低，但是所有的利润最大化的结果都出现在同样的产出水平上，即10单位产出。

3. 使用与练习1相同的信息。

(1)推导厂商的短期供给曲线。(提示：你可以画出适当的成本曲线。)

(2)假如市场中有100个相同的厂商，行业供给曲线是怎样的?

答：(1)在完全竞争市场上，厂商的短期供给曲线是平均可变成本 AVC 曲线最低点以上的边际成本 MC 曲线。

下表列了厂商的边际成本 MC、总成本 TC、可变成本 TVC、固定成本 TFC，以及平均可变成本 AVC 的信息。

q	TC	MC	TVC	TFC	AVC
0	100	—	0	100	—
1	150	50	50	100	50.0
2	178	28	78	100	39.0
3	198	20	98	100	32.7
4	212	14	112	100	28.0
5	230	18	130	100	26.0
6	250	20	150	100	25.0
7	272	22	172	100	24.6
8	310	38	210	100	26.3
9	355	45	255	100	28.3
10	410	55	310	100	31.0
11	475	65	375	100	34.1

根据表中数据描点画图，作出 MC 曲线、AVC 曲线如图 8－6 所示。

厂商的短期供给曲线即 MC 与 AVC 交点右边的 MC 曲线(8 单位以右的部分)。

(2)在完全竞争市场上，行业的短期供给曲线是私人厂商的供给曲线在水平方向上的加总，即生产这种产品的所有企业短期供给曲线的水平坐标之和。市场上有 100 家相同的厂商，则应将私人厂商的短期供给曲线的纵坐标不变，横坐标变为原来的 100 倍，如图 8－7 所示。

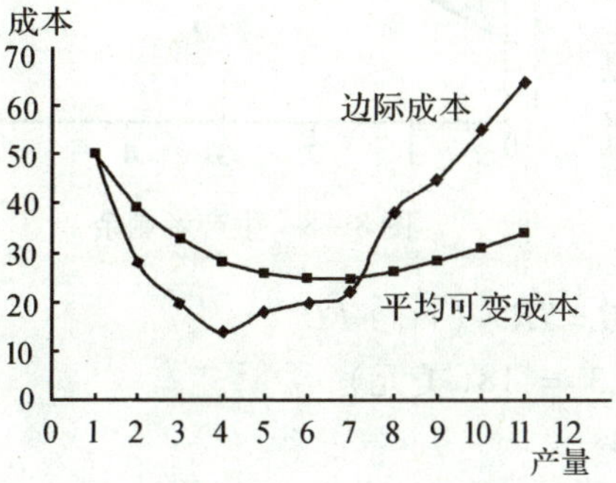

图 8－6 边际成本与平均可变成本曲线

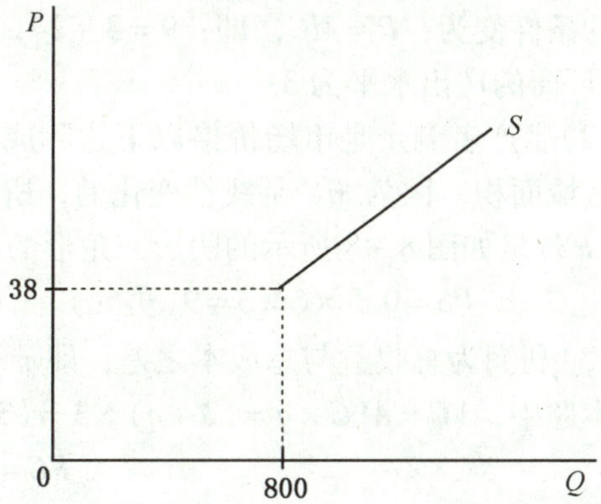

图 8－7 完全竞争市场的行业短期供给曲线

4. 假设你是竞争性市场上的一个钟表制造厂的经理，你的生产成本为：$C=200+2q^2$，q 是产出水平，C 是总成本。(生产的边际成本为 $4q$，固定成本为 200 美元。)

(1)如果价格是 100 美元，为追求利润最大化，你应该生产多少钟表?

(2)利润是多少?

(3)厂商保持正产出的最低价格是多少?

解：(1)制造厂的利润函数为：

$$\pi = pq - C = 100q - 200 - 2q^2$$

利润最大化的一阶条件为：

$$\frac{\mathrm{d}\pi}{\mathrm{d}q} = 100 - 4q = 0$$

解得：$q=25$。

(2)将 $q=25$ 代入利润函数，可得：

$$\pi = 100 \times 25 - (200 + 2 \times 25^2) = 1050(\text{美元})$$

(3)在短期，只要收益 TR 比总可变成本 TVC 大，厂商就会生产正的产出。而厂商的短期供给曲线就是平均可变成本 AVC 曲线最低点以上的边际成本 MC 曲线。

$$AVC = \frac{VC}{q} = \frac{2q^2}{q} = 2q$$

$$MC = 4q$$

因此，只要 $q>0$，就有 $MC>AVC$，即：只要价格为正，厂商在短期内就会生产正的产出。

5. 假设竞争性厂商产量为 q 时的边际成本由下式给出：$MC(q)=3+2q$。假设该产品面对的市场价格为 9 美元。回答下列问题：

(1)厂商的产出水平是多少?

(2)厂商的生产者剩余是多少?

(3)假设厂商的平均可变成本曲线为 $AVC(q)=3+q$，已知厂商的固定成本为3美元，在短期内厂商利润为正、为负还是为零?

解：(1)为了追求利润最大化，厂商生产原则为 $MR=MC$，在完全竞争市场上，$MR=P$，因此利润最大化的条件变为：$P=MC$，即：$9=3+2q$，解得 $q=3$，即厂商的产出水平为3。

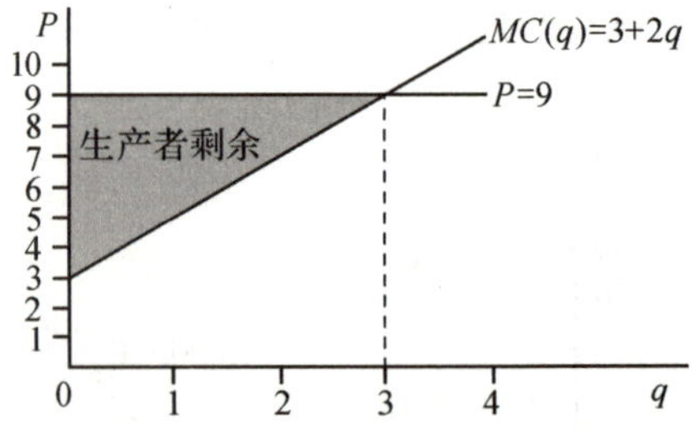

图8-8　生产者剩余

(2)生产者剩余是市场价格以下边际成本曲线以上的区域面积。因为 MC 是线性变化的，所以生产者剩余(PS)是如图8-8所示的阴影三角形的面积：

$$PS=0.5\times6\times3=9(\text{美元})$$

(3)利润为总收益与总成本之差，即 $\pi=TR-TC=TR-(VC+FC)$。

本题中，$VC=AVC\times q=(3+q)\times3=(3+3)\times3=18(\text{美元})$

$$FC=3(\text{美元})$$

$$TR=P\times q=9\times3=27(\text{美元})$$

因此，$\pi=TR-(VC+FC)=27-(18+3)=6(\text{美元})$，故短期内厂商的利润为正。

6. 竞争性市场中某厂商的生产成本函数为 $C=50+4q+2q^2$，边际成本函数为 $MC=4+4q$。当市场价格给定为20美元时，厂商产量为5，厂商利润达到最大化了吗?在长期，厂商产量应该定为多少?

解：厂商的利润函数为：

$$\pi=pq-C=20q-(50+4q+2q^2)$$

利润最大化的一阶条件为：

$$\frac{d\pi}{dq}=16-4q=0$$

$$q=4$$

厂商未达到利润最大化，在长期，厂商达到利润最大化或亏损最小化的产量为4。

此时的利润为：

$$\pi=20\times4-(50+4\times4+2\times4^2)=-18$$

因此，在产品价格或厂商的成本结构没有变化情况下，由于在价格等于边际成本的产量水平上(利润最大化时)，经济利润是负的，所以厂商在长期内应该退出该行业。

7. 假设厂商成本为 $C(q)=4q^2+16$。

(1)求出平均成本、固定成本、可变成本、平均可变成本和平均固定成本。(提示：边际成本为 $MC=8q$。)

(2)在图上画出平均成本曲线、边际成本曲线和平均可变成本曲线。

(3)找出使平均成本最小的产出水平。

(4)当价格在哪一区间时厂商产量为正?

(5)当价格在哪一区间时厂商利润为负?

(6) 当价格在哪一区间时厂商利润为正?

答: (1) 从厂商的成本函数可知,该厂商的可变成本和固定成本分别为:

$$VC = 4q^2,\ FC = 16$$

因而该厂商的平均成本、平均可变成本和平均固定成本分别为:

$$AC = \frac{C(q)}{q} = 4q + \frac{16}{q}$$

$$AVC = \frac{VC}{q} = 4q$$

$$AFC = \frac{FC}{q} = \frac{16}{q}$$

(2) 平均成本、边际成本和平均可变成本曲线如图 8-9 所示。

(3) 当 $AC = MC$ 时,平均成本最小,即有:

$$AC = 4q + \frac{16}{q} = 8q = MC$$

也即: $\frac{16}{q} = 4q$

解得: $q = 2$

(4) 当 $P = MC > AVC$ 时,厂商就会提供正的产量。如图 8-9 所示,MC 曲线始终位于 AVC 曲线的上方,因此,厂商在任何正的价格处都将提供正的产量。

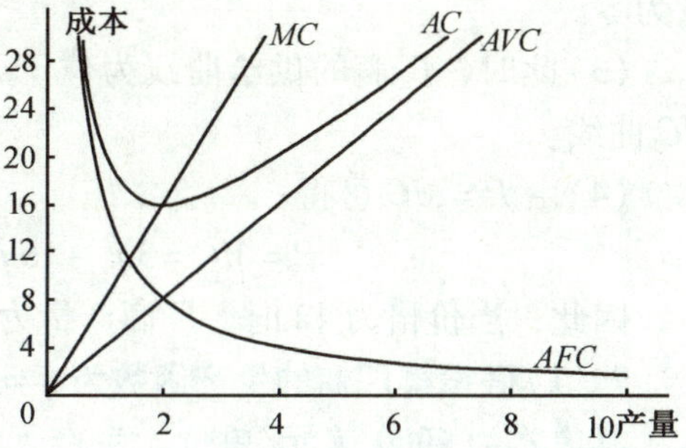

图 8-9　成本曲线

(5) 当 $P = MC < AC$ 时,厂商所获得的利润将为负。当 $MC = AC$ 时,由 (3) 可知,$q = 2$,$AC = 16$。因此,当价格低于 16 时,厂商的利润将为负。

(6) 由 (5) 可知,当价格低于 16 时,厂商的利润为负。因而只要价格高于 16,厂商就可以获得正的利润。

8. 一个竞争性厂商的短期成本函数如下:

$$C(q) = q^3 - 8q^2 + 30q + 5$$

(1) 求出 MC、AC 和 AVC,并在图形上标示出来。

(2) 当价格位于哪一区间时厂商产量为零?

(3) 在图上标出厂商的供给曲线。

(4) 当价格为多少时厂商产量为 6?

答: (1) 厂商的边际成本、平均成本和平均可变成本分别为:

$$MC = \frac{dC}{dq} = 3q^2 - 16q + 30$$

$$AC = \frac{C}{q} = q^2 - 8q + 30 + \frac{5}{q}$$

$$AVC = \frac{VC}{q} = q^2 - 8q + 30$$

相应的成本曲线如图 8-10 所示。

(2)在短期内，只要价格不低于最低平均可变成本，厂商进行生产就是有利可图的。如果价格低于最低平均可变成本，则厂商在短期内停止营业，因为此时它仅损失固定成本，而不是固定成本加某些可变成本。当 $MC=AVC$ 时，平均可变成本最小。因而有：

$$AVC=q^2-8q+30=3q^2-16q+30=MC$$

解得：　　$2q^2=8q$，$q=4$

因而最小平均可变成本为：$AVC(q=4)=4^2-8\times4+30=14$。因此，当价格 $P<14$ 时，厂商产量为零。

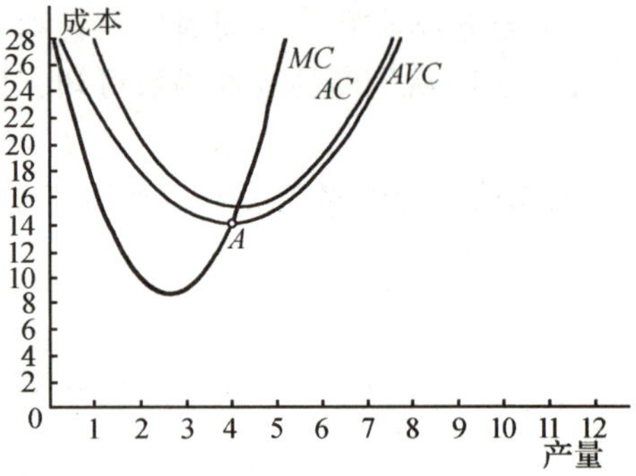

图8－10　成本曲线及其关系

(3)此时，厂商的供给曲线为位于 AVC 最低点上侧的 MC 曲线，如图中的 A 点右端的 MC 曲线。

(4)由 $P=MC$ 可得：

$$P=MC=3q^2-16q+30=3\times6^2-16\times6+30=42$$

因此，当价格为42时，厂商产量为6。

9. (1)假设某厂商的生产函数为 $q=9x^{1/2}$，在短期，固定成本为1000美元，x 为可变投入，其成本为4000美元/单位。生产 q 单位产品的总成本为多少？[即求出总成本函数 $C(q)$。]

(2)写出供给曲线方程。

(3)如果价格为1000美元/单位，厂商的产量为多少？利润水平为多少？在成本曲线图上标出你的结论。

解：(1)厂商的总成本函数为：

$$C(x)=FC+VC=1000+4000x$$

因为产量函数为：$q=9x^{1/2}$，所以有：$x=\frac{q^2}{81}$。代入成本函数可得：

$$C(q)=\frac{4000q^2}{81}+1000$$

(2)厂商供给曲线是 MC 曲线中 $MC\geqslant AVC$ 的部分。$MC=\frac{8000q}{81}>AVC=\frac{4000q}{81}$，所以整个边际成本曲线即为供给曲线：

$$P=\frac{8000q}{81}(q>0)$$

(3)如果价格为1000美元，则有：

$$P=\frac{8000q}{81}=1000\Rightarrow q=10.125$$

此时，厂商的利润为：

$$\pi=1000\times10.125-1000-4000\times10.125^2\div81=4062.5$$

厂商在价格 $P=1000$ 美元下的利润如图8－11中的阴影部分面积所示。

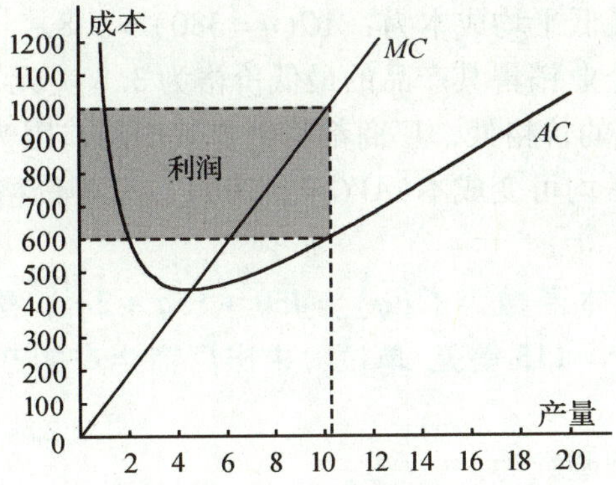

图 8－11　利润的图示

10. 假设某一特殊行业的信息如下：

$Q^D = 6500 - 100P$　　市场需求

$Q^S = 1200P$　　市场供给

$C(q) = 722 + q^2/200$　　厂商总成本函数

$MC(q) = 2q/200$　　厂商边际成本函数

假定所有厂商完全相同，而且市场是完全竞争的。

(1) 计算均衡价格、均衡产量、厂商供给产量和每个厂商的利润。

(2) 在长期将有厂商进入还是退出市场？解释你的结论。进入或退出将会对市场均衡产生何种影响？

(3) 在长期，每个厂商销售其产品的最低价格为多少？利润是正的、负的还是为零？解释你的结论。

(4) 在短期，每个厂商销售其产品的最低价格为多少？利润是正的、负的还是为零？解释你的结论。

解：(1) 由市场供给与需求相等可得：

$$Q^D = 6500 - 100P = Q^S = 1200P$$

因而可以解得市场均衡价格为：$P = 5$（美元）；均衡产量为：$Q^S = 1200P = 6000$。

厂商供给的产量满足 $P = MC$，即：$5 = \frac{2q}{200}$，因而厂商的供给产量为：$q = 500$。

每家厂商的利润为：$\pi = Pq - C(q) = 5 \times 500 - 722 - \frac{500^2}{200} = 528$（美元）。

此时，市场中厂商的数目为：$n = 6000 \div 500 = 12$（家）。

(2) 在长期中，将有企业进入市场，因为行业中现有企业的利润为正。随着新厂商的进入，供给曲线将向右移动，因而均衡价格将下降，这将使厂商的利润减为零，从而没有新企业有进入的激励。

(3) 在长期，厂商不会以低于最低平均成本的价格销售其产品。在任何低于最低平均成本的价格下，厂商的利润为负，此时厂商最好出售其固定投入退出该市场，产量减至零。

当 $MC = AC$ 时，厂商的平均成本最低，即有：

$$\frac{2q}{200} = \frac{722}{q} + \frac{q}{200}$$

解得：$q=380$，因而最低平均成本为：$AC(q=380)=3.8$。

因此，在长期，每家企业销售其产品的最低价格为 3.8 美元，此时其利润为零。

(4)在短期，在任何正的价格处，厂商都将销售其产品，因为在任何正的价格处，边际成本($MC=q/100$)都高于平均可变成本($AVC=q/200$)。只要价格低于最小平均成本(3.8)，厂商的利润就是负的。

11. 竞争性厂商的总成本函数为 $C(q)=450+15q+2q^2$，边际成本函数为 $MC(q)=15+4q$。如果市场价格为 $P=115$ 美元/单位，求出厂商生产的产量，并计算利润和生产者剩余。

解：竞争性厂商的利润函数为：

$$\pi=Pq-C=115q-(450+15q+2q^2)$$

利润最大化的条件为：

$$\frac{\mathrm{d}\pi}{\mathrm{d}q}=100-4q=0$$

解得企业的产量为：$q=25$。

此时利润为：$\pi=115\times25-450-15\times25-2\times25^2=800$(美元)。

生产者剩余等于利润加上固定成本，即 $800+450=1250$(美元)。

12. 很多商店都提供相片冲洗服务。如果每家商店冲洗胶卷的成本函数均为 $C(q)=50+0.5q+0.08q^2$，边际成本为 $MC(q)=0.5+0.16q$，则：

(1)如果冲洗一卷胶卷的收费为 8.50 美元，该行业处于长期均衡状态吗？如果不是，找出与长期均衡对应的价格？

(2)假设现在有一种新的冲洗技术出现，该技术可以使得冲洗相片的成本降低 25%。如果行业目前正处于长期均衡状态，则厂商愿意支付多高的价格来购买这项新技术？

解：(1)由 $P=MC$ 可得：

$$MC=0.5+0.16q=8.5=P$$

解得：$q=50$。

此时每家商店的利润为：$\pi=8.5\times50-(50+0.5\times50+0.08\times50^2)=150$(美元)。

因而可以断定该行业没有处于长期均衡，因为利润大于零。在长期均衡时，厂商将在价格等于最低平均成本处进行生产，因而利润为零，没有厂商有激励进入或退出市场。

由 $MC=0.5+0.16q=\frac{50}{q}+0.5+0.08q=AC$ 可得：$q=25$，此时长期均衡的价格为：$P=4.5$(美元)。

(2)如果采用此新技术，则厂商的成本变为：

$$C_{\text{new}}(q)=0.75\times(50+0.5q+0.08q^2)=37.5+0.375q+0.06q^2$$

$$MC_{\text{new}}(q)=0.375+0.12q$$

由长期价格 $P=4.5=MC_{\text{new}}(q)$ 可以解得，$q\approx34$，此时厂商的利润为 33.39 美元。因此，厂商最多愿意支付 33.39 美元用于购买这种新技术。

13. 假设某城市市中心有很多个热狗销售亭，每个销售亭的边际成本均为 1.50 美元/个，没有固定成本，每个销售亭每天最多能销售 100 个热狗。

(1)如果热狗的价格为 2 美元/个，每个销售亭每天想销售多少个热狗？

(2)如果该行业是完全竞争的，2 美元/个的价格会不会一直持续下去？如果不会，则价格为多少时会达到均衡？

(3)如果每个销售亭每天均销售 100 个热狗，市场需求函数为 $Q=4400-1200P$，市场中有多少个销售亭？

(4)市政府决定通过无偿发放许可证的方式来对热狗销售亭进行管理。如果一共发放 20 个许可证，每个销售亭的日最高销售量仍然为 100 个，热狗的销售价格为多少？

(5)如果市政府决定出售许可证，每个销售亭愿意支付的最高价格为多少？

解：(1)因为边际成本为 1.5 美元/个，而价格为 2 美元/个，每个销售亭会尽可能的多销售，即销售 100 个热狗。

(2)如果该行业是完全竞争的，则 2 美元/个的价格不会永远持续下去。因为此时每个销售亭都有激励将价格略低于 2 美元/个，从而抢占更多的消费者，销售更多的热狗。此外，新的热狗销售亭也会开张。价格最终将下降为 1.5 美元/个，与边际成本相等。

(3)市场均衡时，价格为 $P=MC=1.5$，市场销量为：$Q=4400-1200\times1.5=2600$，如果每个销售亭销量为 100，则销售亭的数目为：$2600\div100=26$(家)。

(4)此时热狗的市场供给量为：$20\times100=2000$，此时有热狗售价为：$P=(4400-2000)\div1200=2$(美元)。

(5)由于在许可证下，热狗的售价为 2 美元/个，因此每个热狗获利 0.5 美元。因此，每个销售亭愿意支付的最高价格为：$0.5\times100=50$(美元)。

14. 对竞争性行业中的一个厂商的售价为 5 美元的产品征收的销售税为 1 美元。

(1)税收是如何影响该厂商的成本曲线的？

(2)该厂商的价格、产出、利润会发生哪些变化？

(3)会有厂商进入还是退出该行业？

答：(1)由于对单个企业征收 1 美元的税，它的全部成本曲线上移一个单位。总成本变动为 $TC+q$，边际成本变动为 $MC+1$，平均成本变动为 $AC+1$。

(2)在完全竞争市场上，厂商是价格接受者，因此只对单个厂商征税并不改变市场价格。厂商是价格接受者，因此厂商的价格保持不变。

由于单个厂商的短期供给曲线是高于平均可变成本的边际成本曲线，而边际成本曲线上移了，即短期供给曲线上移。因此，对于每个价格，该厂商供给的产品减少了，即产出降低。

厂商的利润为 $\pi=(P-AC)Q$，价格 P 不变，而平均成本 AC 增大，产出 Q 减小，故利润减小。

(3)长期内，完全竞争市场上，厂商的经济利润为零($P=\min LAC$)，如果对单个厂商征税，使其 $LAC>P$，必将导致利润为负，厂商亏损，因此该厂商将被迫关闭，退出该行业。

15. 在某一竞争性行业，有一半的厂商(环境污染者)被征收 10%的销售税，这些税收收入被用于对其他厂商(没造成污染者)的销售额补贴 10%。请回答：

(1)在销售税补贴政策之前，假设所有厂商有相同的不变的长期平均成本，你认为在短期和长期，产品价格、每个厂商的产出和整个行业的产出各会发生什么变化？(提示：价格与行业投入间的关系是怎样的?)

(2)这种税收收入等于补贴支出的预算平衡政策是否总能达成?解释原因。

答:(1)商品价格依赖于行业中所有厂商生产的数量。销售税征收和补贴的实行,在短期会造成污染厂商生产数量下降,非污染厂商生产数量上升。因为行业中污染厂商和非污染厂商的数量相等,并且所有厂商有相同的不变长期平均成本,各个厂商的短期供给曲线的形状是相同的,所以,实行政策后,污染者的产量降低将与非污染者的产量增加相等,行业产出不变,价格保持不变。

如果存在长期均衡,则在实行政策以前,价格 = 边际成本 = 最低长期平均成本,实行政策后,污染者的价格 < 长期平均成本,长期内,他们会退出行业;非污染者的价格 > 长期平均成本,长期内,会有新的非污染厂商进入行业。最终达到新的长期均衡,行业中将没有污染者。非污染者享受补贴,相当于边际成本下降,达到长期均衡时,价格将会等于新的边际成本,因此价格下降,行业的产出和单个厂商的产出都有提高。

(2)这种税收收入等于补贴支出的预算平衡政策不是总能达到的。在长期,非污染者进入,污染者退出,从污染者获得的收入减少,为非污染者提供的补贴增加,由于随着污染者退出和非污染者的进入,税收越来越少而补贴逐渐增加,税收收入将会小于补贴支出。从(1)的分析中可以看出,长期内,从第一个污染者退出,或者第一个新的非污染者进入时起,这种预算平衡就被打破了。

如果想要维持预算平衡,那么税收和补贴就必须随着厂商的进入和退出做出调整。由于从污染者处获取的税收不断缩减,因此非污染者获得的补贴将不断降低,最终,税收和补贴都将为零。

第9章 竞争性市场分析

9.1 复习笔记

【知识框架(庖丁解牛)】

- 竞争性市场分析
  - 政府政策的损益评价
    - 消费者剩余和生产者剩余
    - 无谓损失
  - 竞争性市场的效率
  - 政府干预措施
    - 最高限价
    - 最低限价
    - 价格支持和生产配额
    - 进口配额与关税
    - 征税或补贴的影响
      - 从量税的效应
      - 补贴的效应

【考点难点归纳(厚积薄发)】

考点一：政府政策的损益评价 ★★★

1. 消费者剩余和生产者剩余

(1)消费者剩余的含义：

消费者剩余是消费者消费一定数量的某种商品愿意支付的最高价格与这些商品的实际市场价格之间的差额，等于需求曲线与市场价格之间的面积。

(2)生产者剩余的含义：

生产者剩余是卖者出售一种物品或服务时实际得到的价格与其能接受的最低价格之间的差额，等于供给曲线与市场价格之间的面积。

(3)总的来看，消费者剩余和生产者剩余测度竞争市场的福利效益。

2. 无谓损失

(1)无谓损失是指价格控制所导致的总剩余的净损失。

(2)无谓损失是一种低效率的体现，其形成是因为生产者剩余的损失大于消费者剩余的增加，或者是消费者剩余的损失超过了生产者剩余的增加。

(3)政府在设计和实施政策时必须考虑其政策是否会导致无谓损失。

考点二：竞争性市场的效率 ★

1. 经济效率的含义

(1)经济效率是指消费者剩余和生产者剩余总和的最大化。

(2)经济效率衡量经济主体利用经济资源的效率。

(3)如果对资源进行充分利用或进行了最有效地生产，则称经济效率高；反之，则称经济效率低。

2. 不同市场组织下的经济效率

(1)不同市场组织下的经济效率是不相同的，市场组织的类型直接影响经济效率的高低。

(2)经济效率：完全竞争市场＞垄断竞争市场＞寡头市场＞完全垄断市场。

(3)市场的竞争程度越高，则经济效率越高。

3. 政府干预竞争市场

政府干预竞争市场并不总是坏事。政府及政府所代表的社会，可能有经济效率以外的其他社会福利目标。在市场失灵的情况下，政府干预能增加其他竞争市场中消费者和生产者的总福利。

(1)市场失灵的含义：

市场失灵是指完全竞争的市场机制在很多场合下不能实现资源的有效配置，不能达到帕累托最优状态的情形。

(2)市场失灵发生的两种情况：

①外部性。当一个行动的某些效益或成本不在决策者的考虑范围内的时候所产生的一些低效率现象，也就是某些效益被给予，或某些成本被强加给没有参加这一决策的人。例如，污水排放造成的社会成本。如果没有政府干预，生产者没有动力去考虑污染的社会成本。

②信息不完备。市场参与者不拥有某种经济环境状态的全部信息，信息的不完备会造成消费者和生产者不能做出效用最大化和利润最大化的决策，导致市场失灵。

考点三：政府干预措施 ★★★★★

1. 最高限价

(1)最高限价是指政府规定的某种商品低于市场均衡价格的最高价格，显然这一设定的最高价格 P_{max} 低于市场出清价格 P_0。

(2)从图9－1分析可知，设定最高价格将给生产者和消费者的福利带来影响。生产者剩余的变化为 $\Delta PS=-A-C$，消费者剩余的变化 $\Delta CS=A-B$，因此总剩余变化为 $-(B+C)$，此即无谓损失，或社会福利的损失。需要注意的是，生产者和消费者剩余的变化受供给和需求弹性的影响。

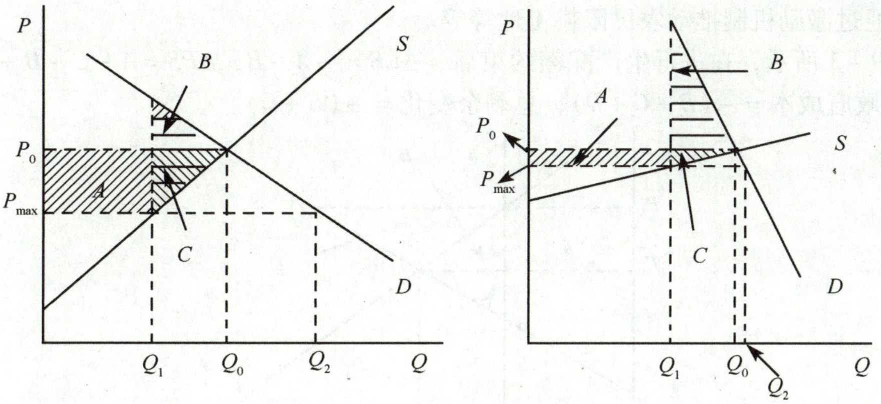

图 9－1　最高限价

2. 最低限价

(1)在特定情况下，政府还可能对市场中的产品价格设定一个最低价格，厂商如若以低于此价购买或销售产品则视为非法，显然这一设定的最低价格 P_{min} 高于市场出清价格 P_0。

(2)如图 9－2 所示，设定最低价格后消费者剩余变化为：$\Delta CS = -A - B$，生产者剩余变化为：$\Delta PS = A - C - D$，总剩余变化 $= -B - C - D$。

(3)假如梯形 D 足够大，最低价格甚至会导致生产者剩余净损失。

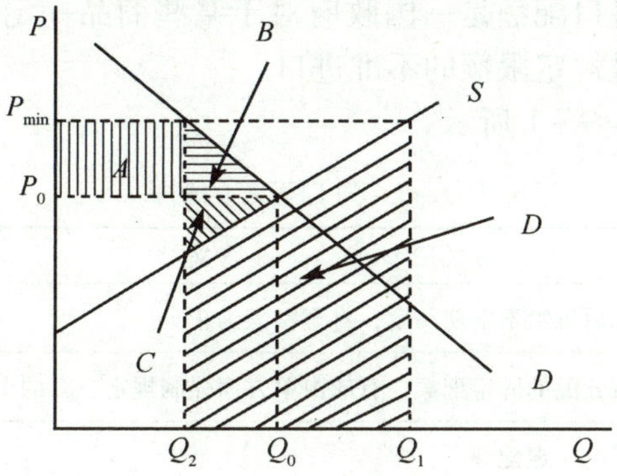

图 9－2　最低限价

3. 价格支持和生产配额

(1)价格支持：

①价格支持指政府为了扶持某一行业的发展而规定的该行业产品的最低价格，支持价格总是高于市场决定的均衡价格。

②除了规定最低价格外，政府还能通过其他途径提高商品的价格。如美国的农业政策大多建立在价格支持制度上，并常与减产或限产的激励制度结合在一起。

(2)生产配额：

政府除了进入市场买断产品增加总需求之外，还可以通过削减供给来使产品价格提高。政府可以规定每一个厂商所能生产的配额数量，通过适当的配额管理，也能够起到使价格上升的作用。譬如，中国许多城市通过控制出租车营运执照发放来维持较高的出租车收费、美国政府通过激励机制推动农民限耕土地等等。

如图9-3所示，在进行生产配额约束后，$\Delta CS = -A - B$，$\Delta PS = A - C + B + C + D = A + B + D$。政府成本 $= -(B + C + D)$；总剩余变化 $= -(B + C)$。

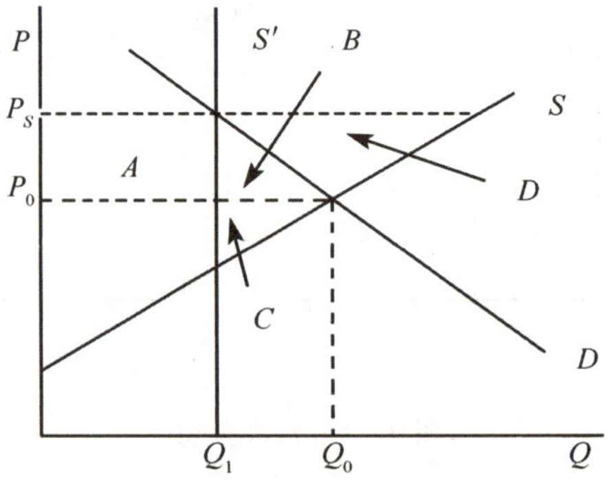

图9-3 生产配额

4. 进口配额与关税

许多国家采取进口配额和关税的方式使得国内产品价格高于世界水平，使国内产业得到比自由贸易条件下更高的利润。

(1)进口配额：

①进口配额的含义。进口配额是一国政府对于某些商品一定时期内的进口数量或金额事先加以规定的限额，超过规定限额的不准进口。

②进口配额的形式如表9-1所示。

表9-1 进口配额的形式

形式	含义
全球配额	按进口商的申请先后批给不定期额度，直至额满为止
国别配额	按国家和地区进行分配的固定配额，有的由单方面强制规定，有的由双方谈判达成协议确定
进口商配额	按不同进口商分配给一定配额
关税配额	将进口配额与征收关税结合起来，在配额以内给予低税、减税或免税待遇，超过配额则征收较高关税或附加税

(2)关税政策：

关税政策制订的根据是本国政治、经济、外交、外贸和产业政策以及有关的国际条约与协定。由于关税是调节进出口贸易政策的一种手段，许多国家把关税政策作为对外贸易政策的一个重要组成部分。各国在不同时期实行的不同关税政策，主要是由这个国家当时的社会制度、经济制度、生产力发展情况、经济和货源的特点、统治阶级的利益、以及其在国际关系中的相对地位和国际经济贸易实力的对比等因素所决定的。

5. 征税或补贴的影响

当政府征税或给予补贴时，价格通常不与税收和补贴同幅度上升或下降。税收或补贴的影响通常由生产者和消费者分担，各方最终支付或获得的份额取决于供求的相对弹性。

(1)从量税的效应:

从量税是按销售单位商品征收一定量货币金额的税收。福利损失大小由供给和需求的相对弹性决定。如图9－4所示，P_0、Q_0代表征税前的市场价格和数量；P_b是征税后买方支付的价格(含税)；P_s是卖方获得的税后净价。这里，税收负担大致由买卖双方共同分摊。消费者损失$A+B$，生产者损失$D+C$。

征税后市场出清必须满足四个条件：①销售量和购买价格P_b位于需求曲线上(因为买方只关心他们支付的价格)；②销售量和销售价格P_s位于供给曲线上(因为卖方只关心他们在税后所获得的收入)；③需求量＝供给量(图9－4中Q_1)；④买方支付的价格与卖方得到的价格间的差额为t。

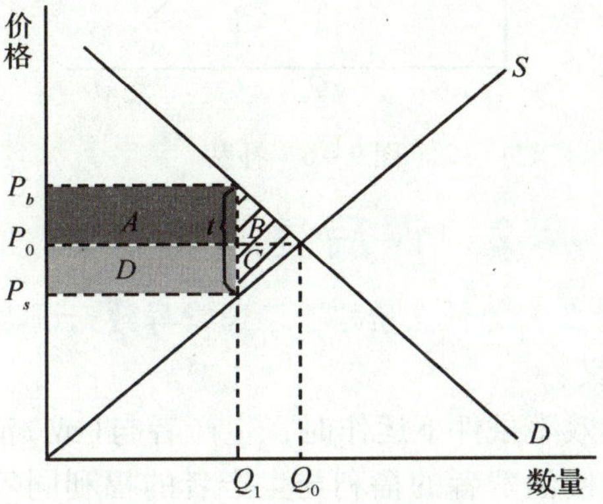

图9－4　税收的影响

供求弹性确定税负的分摊状况，如图9－5所示。一般来说，如果E_d/E_s较小，税负主要由买方承担，反之则主要由卖方承担，税负主要由弹性小的一方承担。

利用下列"转嫁"公式，可以计算生产者和消费者负担的税收：

$$转嫁因子=E_s/(E_s-E_d)$$

该式表明以高价形式转嫁给消费者的税收份额。

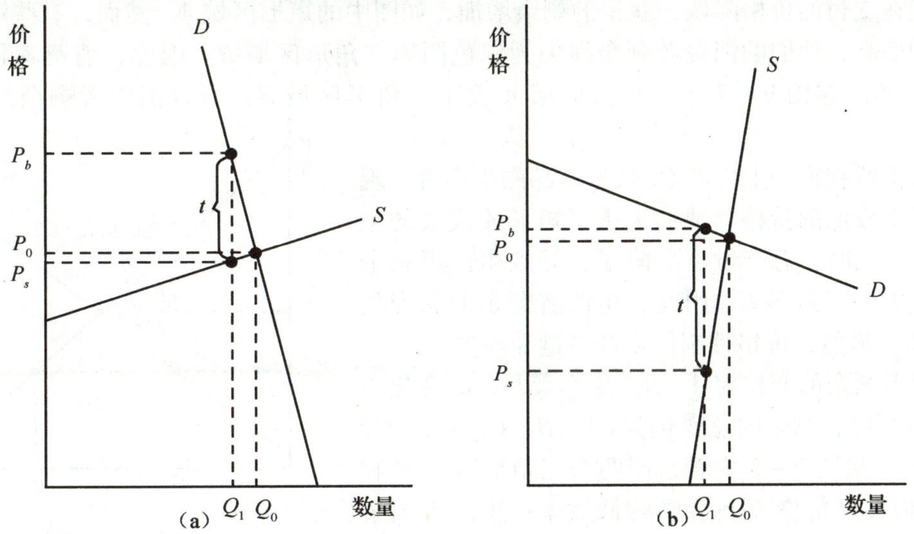

图9－5　供求弹性决定税收影响

(2)补贴的效应：

补贴的分析与税收效应的分析方法大体相同。事实上，补贴可视为负税收，补贴利益由买方和卖方分享，分享份额取决于供给和需求的相对弹性，如图 9－6 所示。

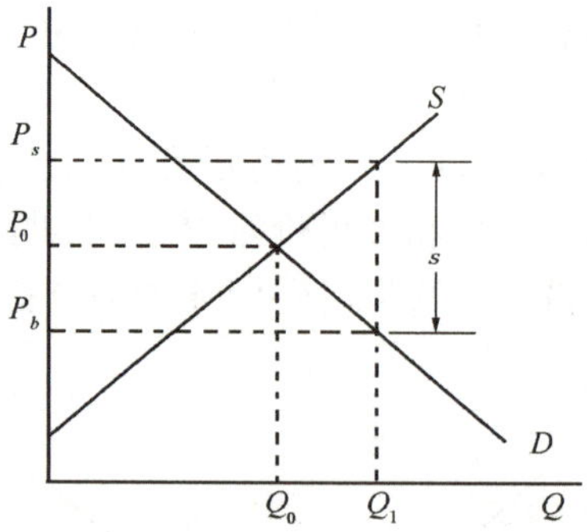

图 9－6　补贴

9.2　课后复习题详解

1. 无谓损失的含义是什么？为什么价格上限通常导致无谓损失？

答：(1)无谓损失的含义：

无谓损失是指市场在非效率条件下运作时，生产者与(或)消费者的福利净损失。政府干预一般导致无谓损失，即使消费者的福利与生产者的福利同等重要，由于政府政策将福利从一方转移给另一方，从而发生净损失。有些案例中，无谓损失较小，但有些案例，比如价格支持和进口配额，无谓损失较大。这个无谓损失是一种经济低效率的形式，在设计和实施政策时必须加以考虑。

(2)价格上限通常导致无谓损失的原因：

政府的价格上限管制所导致的消费者和生产者剩余的变化如图 9－7 所示。由于存在价格控制，生产和销售量从 Q_0 降为 Q_1。一些消费者接受到市场配给，则那些仍能买到商品的消费者现在支付的价格降低，获得的剩余增加，如图中的矩形区域 A。然而，有些消费者不再能买到商品，他们的消费者剩余损失为深色阴影三角形区域 B。因此，消费者剩余的净变化为 $A-B$。在图 9－7 中，矩形区域 A 大于三角形区域 B，所以消费者剩余的净变化为正。

那些仍留在市场上生产 Q_1 数量商品的生产者，现在只得接受较低的价格，他们失去了矩形 A 代表的生产者剩余。同时，总产量也下降了，导致生产者剩余的额外损失为三角形 C。因此，生产者剩余的总变化为 $-A-C$。显然，价格控制使生产者遭受损失。

消费者剩余的变化为 $A-B$，生产者剩余的变化为 $-A-C$，所以，剩余的总变化为 $(A-B)+(-A-C)=-B-C$，从图 9－7 中看，即两个三角形区域 B 和 C。无谓损失是价格控制造成的低效率；生产者剩余的损失超过了消费者剩余的增加。

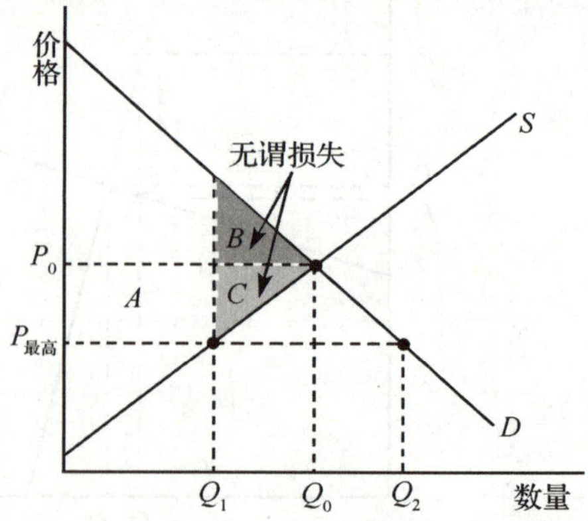

图 9－7　无谓损失

2. 假设某商品的供给曲线完全无弹性。如果政府规定的最高价格低于市场出清价格，这会导致无谓损失吗？请解释。

答：不会导致无谓损失。原因如下：

(1)供给曲线完全无弹性，即 $E_s=0$，意味着该供给曲线是纵向供给曲线，不管价格如何改变，供给量都不变。最高价格管制即政府对某一产品设定市场最高价格，显然这一设定的最高价格要小于市场出清的价格。最高价格管制是否会导致无谓损失取决于供求曲线的弹性。

(2)如果供给曲线完全无弹性，实行低于市场出清价格的最高限价政策后，生产者剩余的减少量与消费者剩余的增加量相等，因此，将不会有无谓损失，如图 9-8 所示。当实行最高限价 P_1 后，价格由 P_0降低到 P_1，需求量由 Q_0 增加到 Q_1，供给量保持 Q_0 不变。消费者剩余增加为矩形 A，生产者剩余的减少也为 A，因此无谓损失是 0。

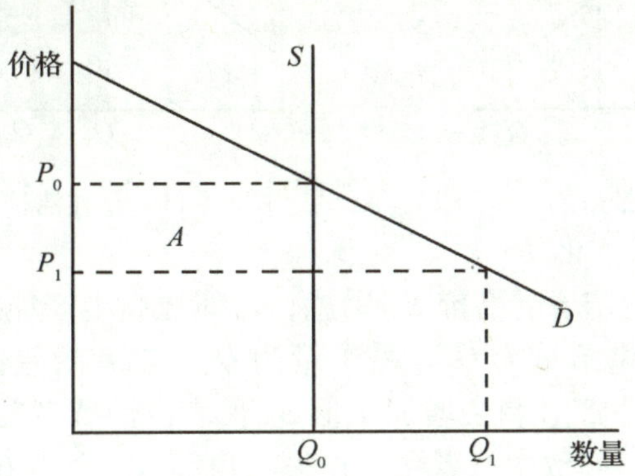

图 9-8　供给无弹性时最高限价的影响

3. 价格上限怎样改善消费者的境况？在什么条件下它可能使消费者处境变糟？

答：(1)“价格上限”也称为“最高限价”，是指政府在保持低收入阶层的人可以购买的限度内，规定某些特殊商品或服务的价格不准超越的价格。

价格上限政策规定了价格的上限，价格上限使消费者在较低的价格下购买商品，从而使消费者剩余增加，使消费者境况得到改善。

(2)在一定的条件下价格上限政策规定的价格上限会使消费者的处境变糟。

如果需求曲线十分缺乏弹性及供给曲线十分富有弹性，价格上限可能会导致消费者剩余的净损失，因为价格上限使供给减小，愿意以更高价格购买商品的消费者将无法得到商品。在图 9-9 中三角形 B 测度未被市场配给的消费者的损失，它大于那些仍能买到商品的消费者的得益矩形 A。这里，消费者对这种产品的评价很高，所以，那些未被市场配给的消费者遭受严重损失。

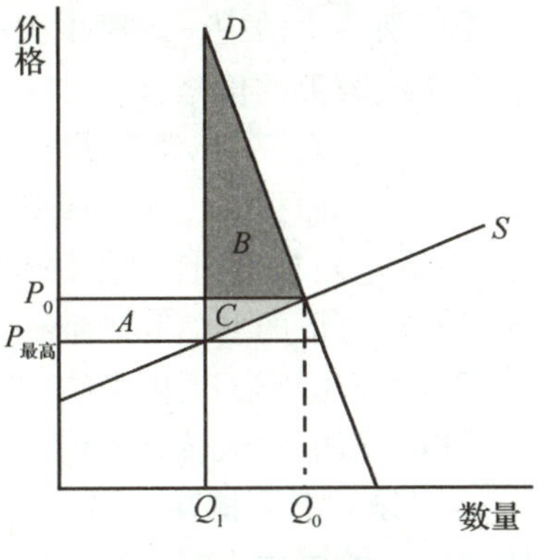

图 9-9　需求无弹性时价格控制的影响

4. 假设政府规定商品的最低价格，这会使生产者整体的处境恶化吗？请解释。

答：假设政府规定商品的最低价格，这会使生产者整体的处境恶化。原因如下：

(1)最低价格政策意味着政府规定的价格高于市场出清价格。如图 9 - 10 所示，在较高价格水平 P_2 下，生产者将生产更多的产品 Q_2，但消费者愿意购买的数量下降为 Q_3。如果假设生产者以销定产，市场产出水平将为 Q_3。在图中，矩形 A 现在表示消费者转移给生产者的剩余(他们现在接受了更高的价格)。由于价格更高，一些消费者不再购买商品，一些生产者不再生产这部分产品(生产者剩余损失为三角形 C)。生产者剩余净变化为 $A-C$。

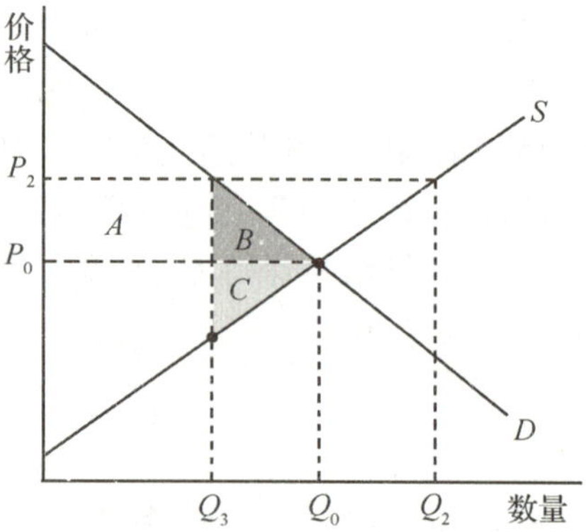

图 9 - 10　最低价格带来的消费者与生产者剩余变化

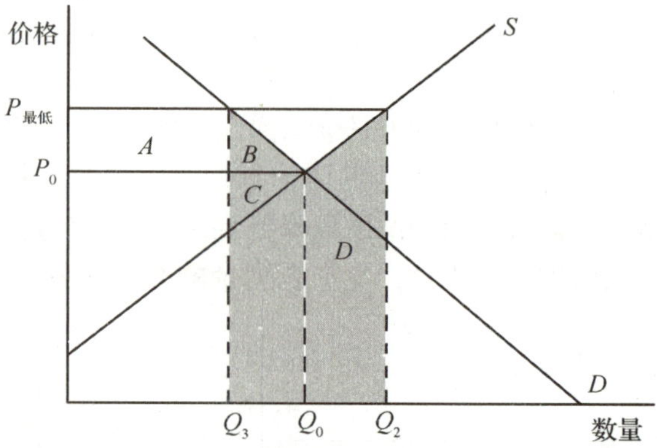

图 9 - 11　存在滞销情况的最低价格影响

(2)但事实上，有些生产者受高价 P_2 诱惑，可能提高生产能力和产出水平，导致产品滞销。如图 9 - 11 所示，供给量为 Q_2，需求量为 Q_3，二者的差额代表没有出售的供给过剩。由于销售价格提高，生产者剩余增加矩形 A(代表由消费者转移给生产者的货币)。但是，销量从 Q_0 下降到 Q_3，导致生产者剩余损失三角形 C。因为 Q_2-Q_3 为滞销，生产成本无法补偿，见图 9 - 11 中阴影梯形 D。所以，除非生产者削减生产，否则生产者剩余的总变化为 $\Delta PS=A-C-D$。假设梯形 D 足够大，最低价格政策可能会导致生产者剩余净损失。

5. 在现实生活中怎样利用限产来提高下列商品或服务的价格？(1)出租车服务；(2)餐馆或酒吧出售的酒类；(3)小麦或玉米。

答：现实生活中，政府根据不同的行业性质和产品特征而采取相应的限产措施来提高那些商品或服务的价格。

(1)政府规定，出租车需持有营业执照方可投入运营，然后通过限制发放执照总数来限制总供给，从而提高出租车服务的价格。

(2)政府可以通过限制酒类经营许可证的发放来控制经营酒类的餐馆或酒吧的数量，从而使具有许可证的餐馆和酒吧提高酒类价格。

(3)政府可以通过限耕方案来降低小麦或玉米的供给量，从而提高它们的价格。限耕方案就是以直接的收入转移支付方式给予农民资金刺激，鼓励他们将部分耕地闲置或作它用。

6. 假设政府要提高农场主的收入。为什么对社会来说，价格支持或限耕方案比直接发钱给农场主的成本大？

答：其原因可以从以下几个方面来分析：

(1)政府常常以价格支持和限耕方案来试图帮助农民提高收入水平。价格支持的方法使消费者用更高的价格消费更少的农产品，消费者的境况恶化。而生产者由于面对高价而扩大生产导致农产品过剩，使得这部分成本无法弥补，除非生产者削减生产。但在现实中农民出于追求利润最大化的目的，面对错误的价格信号，必然会做出错误的产量选择。然而生产者剩余增加的部分减去其剩余损失部分再减去其产出过剩部分的生产成本，致使价格支持政策可能会导致生产者剩余净损失。结果，由于过剩生产的成本，这种形式的政府干预可能减少生产者的利润。因此价格支持的政策极有可能最终导致事与愿违的结果。

(2)限耕方案指政府以直接的收入转移支付方式给予农民资金刺激，鼓励他们将部分耕地闲置或作它用。由于限制耕种的土地，供给曲线变得完全无弹性，市场价格进而上升。消费者剩余的损失与价格支持的情况完全一样。生产者剩余的增加也与价格支持的情况完全一样。但政府需为鼓励限耕进行非生产性支付，其支付的量至少为农民在高价格下耕种赚得的额外利润。因此，限耕方案与价格支持的优劣比较就在于两种支付的孰大孰小。通常，前者小于后者。也就是说，限耕方案较政府靠购买维持的价格支持花费要小。

(3)对于社会来说，价格支持和限耕方案的无谓损失不包括直接付给农民的政府成本，因为这部分成本只是从政府(纳税人)转移到了农民，对整个社会来说，福利总量并没有发生变化，不属于无谓损失。显然，如果政府直接发钱给农民，总的福利变化为 0。因为价格支持和限耕方案都会带来无谓损失，所以成本大于直接发钱给农民。

7. 假设政府要限制对某商品的进口。进口配额与关税，哪种政策更好？为什么？

答：相对来说，进口关税政策更好。原因如下：

实行进口配额和关税政策，对国内的生产者剩余和消费者剩余的变化的影响是相同的。两种政策都会引起国内总剩余的净损失。但是，如果采用关税政策，政府可以得到关税收入 = 进口量 × 关税额。而这些关税收入可以通过再分配来改善国内经济，从而弥补一部分国内净损失。如果采用进口配额，[(国内价格 − 世界价格) × 进口量]的货币量将被外国生产者作为利润取得。因此，关税相对于进口配额有助于提高国内福利，从而更好一些。

8. 税收负担由生产者和消费者分担。在什么情况下，消费者支付大部分税款？生产者呢？消费者从补贴中的受益份额的决定因素是什么？

答：税收负担简称“税负”，指国家通过法律规定要求纳税人承担的税款数额。一般表明纳税人或征税对象对于国家课税的承受状况，反映国家和纳税人在社会资源或财富分配上量的关系。

(1)税收分摊的两种情况：

①消费者支付大部分税款的情况。

如果需求相对无弹性，供给相对有弹性，税收负担将主要归于消费者。图 9 − 12(a)图就说明了这种情况。例如，香烟是需求缺乏弹性而供给富有弹性的商品，消费者对这种商品的价格变动反应不敏感，无法及时根据价格调整自己的需求，而生产者对这种商品的价格反应敏感，可以根据价格调整自己的供给，那么，税收就主要落在消费者身上。

②生产者支付大部分税款的情况。

图 9 − 12(b)图的情形正好相反，需求相对有弹性，供给相对无弹性，税收负担则主要归于生产者。例如，汽车是需求富有弹性而供给缺乏弹性的商品，消费者对这种商品的价格变动反应敏感，能及时根据价格调整自己的需求，而生产者对这种商品的价格反应不敏感，无法根据价格调整自己的供给，那么，税收就主要落在生产者身上。

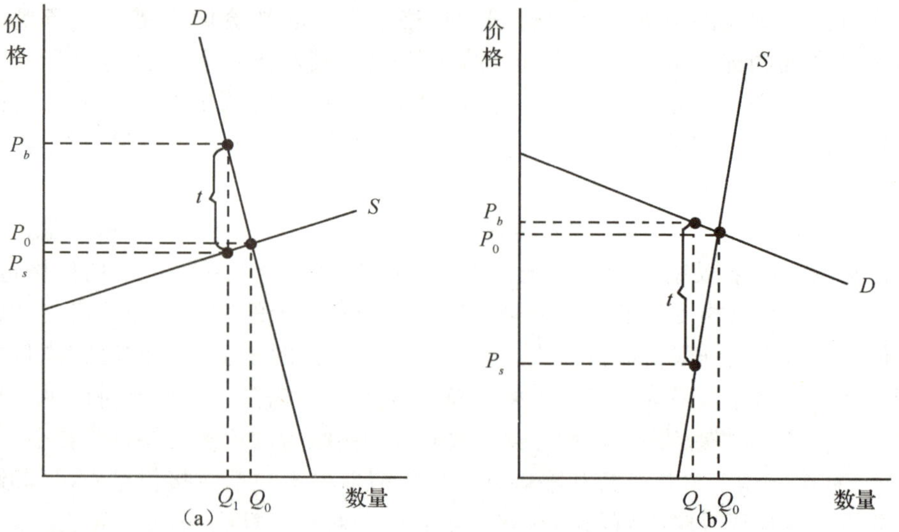

图 9－12　供求弹性决定税收影响

所以，即使只估计了某点或某区间的供求弹性，也能大致确定税负的分摊状况。一般来说，如果 E_d/E_s 较小，税负主要由买方承担，反之则主要由卖方承担。利用下列“转嫁”公式，可以计算生产者和消费者负担的税收：

$$转嫁因子 = E_s/(E_s - E_d)$$

该式表明以高价形式转嫁给消费者的税收份额。比如，当 $E_d = 0$ 时，转嫁因子 $=1$，所有税负都由消费者承担；当 $E_d = -\infty$ 时，转嫁因子 $=0$，生产者承担全部税负。

（2）决定消费者从补贴中受益份额的因素：

补贴的分析方法与税收是相同的——补贴可视为负税收。在补贴政策下，卖方价格超过买方价格，二者的差额等于补贴。补贴对生产和消费量的影响正好与税收相反——数量增加。一般来说，如果 E_d/E_s 较小，补贴的好处主要归于消费者；如果 E_d/E_s 较大，补贴的好处则主要归于生产者。

9. 为什么征税会产生无谓损失？损失的大小由什么决定？

答：（1）从经济学的角度看，税收应该避免出现“无谓损失”，无谓损失指税收引起的生产者和消费者剩余的减少与政府增加的收入之间的差异。无谓损失是价格控制造成的低效率。

税收人为地将价格提到了自由市场出清价格以上，从而使均衡数量降低。这会引起消费者剩余和生产者剩余的同时降低。所以，征税产生无谓损失。

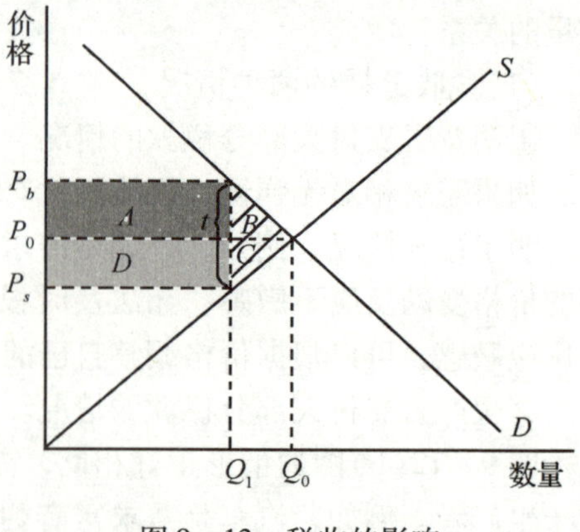

图 9－13　税收的影响

（2）损失大小由供给和需求的相对弹性以及税收的规模大小决定如图 9－13 所示。P_0 和 Q_0 代表征税前的市场价格和数量；P_b 是买方支付的价格（含税）；P_s 是卖方接受的价格（除税）。这里，税收负担大致由买卖双方分摊。买方损失

$A+B$，卖方损失 $D+C$。供给和需求弹性越大，无谓损失越大；税收越多，无谓损失越大。

9.3　课后练习题详解

1. 美国国会不时提高最低工资。有人认为，政府补贴可以帮助雇主筹款支付高工资。本练习讨论最低工资和工资补贴的经济学。假设低技术劳动的供给如下：

$$L_S=10w$$

其中，L_S 是低技术劳动的数量（每年雇用的人数，单位是百万），w 是工资率（美元/小时）。劳动的需求是

$$L_D=80-10w$$

（1）自由市场工资率和雇用水平为多少？假设政府规定最低工资为 5 美元/小时，雇用人数为多少？

（2）假定政府不规定最低工资，而是向每位雇员支付补贴 1 美元。雇用水平为多少？均衡工资率为多少？

解：（1）完全竞争市场均衡条件下，$L_S=L_D$，即：

$$80-10w=10w$$

解得：$w=4$（美元/小时），$L_S=40$（百万人/年）。

假设政府规定最低工资为 5 美元/小时，$L_S=10w=50$（百万人/年），$L_D=80-10w=30$（百万人/年）。

劳动供给大于需求，所以雇用人数为 30 百万人/年。

（2）补贴后必须满足四个条件：①销售量和购买价格位于需求曲线上；②销售量和销售价格位于供给曲线上；③需求量 = 供给量；④购买价与销售价之间的差额为补贴额。具体到本题为：

$$L_S=10w_S$$
$$L_D=80-10w_D$$
$$w_S-w_D=1$$
$$L_S=L_D$$

解得：$w_S=4.5$（美元/小时），从而有：

$$w_D=3.5\text{（美元/小时）}$$
$$L_S=L_D=10w_S=45\text{（百万人/年）}$$

故提供工资补贴条件下，雇用水平是 45 百万人/年，均衡工资率为 3.5 美元/小时。

2. 假设一种未命名的小商品的市场供求曲线为：

需求：$P=10-Q$

供给：$P=Q-4$

其中，P、Q 的单位分别为美元/件和千件。请问：

（1）均衡价格与数量是多少？

（2）假设政府征税 1 美元/件，新的均衡数量是多少？买方支付的价格和卖方接受的价格是多少？

（3）假设政府心态发生转变，意识到了此商品对美国公众的幸福程度的重要性，从而取

消税收，给予生产者补贴 1 美元/件。均衡数量是多少？买方支付的价格和卖方接受的价格（包括补贴），以及政府的总成本各是多少？

解：（1）市场达到均衡，即：

$$\begin{cases} P = 10 - Q \\ P = Q - 4 \end{cases}$$

解得：$Q_{EQ} = 7$（千件），$P_{EQ} = 3$（美元/件）。

（2）政府征税 1 美元/件，设买方支付价格、卖方接受价格分别为 P_b、P_s，新的均衡数量为 Q_1，则：

$$\begin{cases} P_b = 10 - Q_1 \\ P_s = Q_1 - 4 \\ P_b - P_s = 1 \end{cases}$$

解得：$P_b = 3.5$（美元/件），$P_s = 2.5$（美元/件），$Q_1 = 6.5$（千件）。

即：新的均衡数量是 6.5 千件，买方支付价格为 3.5 美元/件，卖方接受价格是 2.5 美元/件。

（3）政府取消税收，给予生产者补贴 1 美元/件，设买方支付价格、卖方接受价格分别为 P_b、P_s，新的均衡数量为 Q_2，则：

$$\begin{cases} P_b = 10 - Q_2 \\ P_s = Q_2 - 4 \\ P_s - P_b = 1 \end{cases}$$

解得：$P_b = 2.5$（美元/件），$P_s = 3.5$（美元/件），$Q_2 = 7.5$（千件）。

即：新的均衡数量是 7.5 千件，买方支付价格为 2.5 美元/件，卖方接受价格是3.5 美元/件，政府补贴的总成本是 7500 美元。

3. 日本大米的生产成本极高，这主要归因于土地的高额机会成本及不能取得规模经济效益。试分析两种维持日本大米生产的政策：（1）发放补贴；（2）征收进口关税。运用供求图表描绘均衡价格和数量、国内大米产量、政府收入或赤字、政策带来的无谓损失。日本政府偏爱哪种政策？日本农场主呢？

答：对两种政策分别进行分析。

（1）发放补贴：

如图 9－14 所示，图中 S、D 分别为国内供给曲线和国内需求曲线，P_S、P_B 分别为卖方接受价格和买方支付价格，Q_{EQ}、P_{EQ} 分别为补贴前均衡数量与均衡价格，Q_1 为补贴后的均衡数量。生产者剩余变化 $\Delta PS = A + B$，消费者剩余变化 $\Delta CS = C + F$，无谓损失 $= E$，政府赤字（即政府所付的补贴额）$= A + B + C + E + F$。

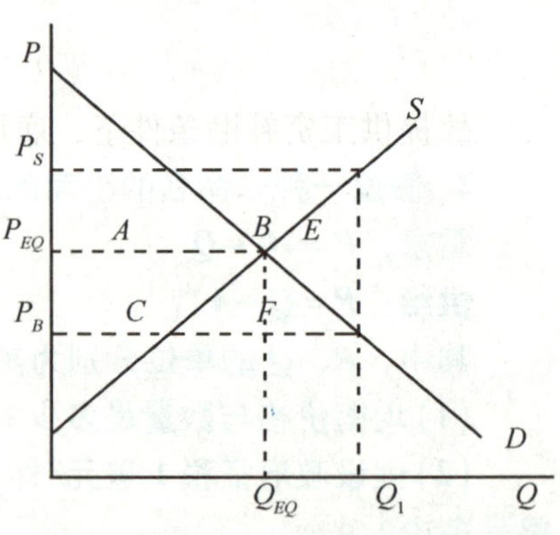

图 9－14　发放补贴的影响

（2）征收进口关税：

如图 9－15 所示。无关税时，国内供给与需求分别是 Q_1^S、Q_1^D，进口量为 $Q_1^D - Q_1^S$，征收关税后，国内供给与需求分别为 Q_2^S、Q_2^D，进口量为 $Q_2^D - Q_2^S$。生产者剩余

变化 $\Delta PS=A$，消费者剩余变化$\Delta CS=-A-B-C-E$，无谓损失 $=B+E$，政府收入 $=C$。

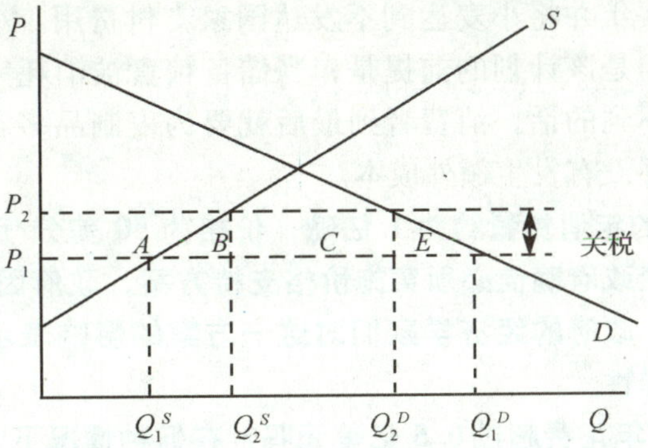

图 9－15　征收关税的影响

由以上分析对比可知，日本政府偏爱征收进口关税政策，而日本农场主偏爱发放补贴政策。

4. 1983 年里根执政时，推行"实物支付计划"(PIK)。我们以小麦市场为例，考察该计划如何奏效。

(1) 假设需求函数为 $Q^D=28-2P$，供给函数为 $Q^S=4+4P$。P 是小麦的价格，单位为美元/蒲式耳，Q 是产量，单位为 10 亿蒲式耳，试求出自由市场均衡价格和产量。

(2) 假设政府向农场主支付小麦，鼓励农场主将部分土地退耕，使供给减少了自由市场均衡量产量的 25%。用于支付的小麦来源于政府储备，数量等于退耕土地的收获量。农场主可在市场上自由出售这些小麦。问农场主的产量为多少？政府间接供应市场多少小麦？新的市场价格是多少？农场主获益多少？消费者得益还是受损？

(3) 如果政府不把小麦返送给农场主，小麦将积压或变质。纳税人从该计划中受益了吗？该计划存在什么潜在问题？

答：(1) 自由市场上均衡时，需求等于供给，即：

$$\begin{cases} Q^D=28-2P \\ Q^S=4+4P \\ Q^D=Q^S \end{cases}$$

解得：$P^*=4$(美元/蒲式耳)，$Q^*=20$(10 亿蒲式耳)。

(2) 新的实物支付计划要求减少 25% 供给，意味着农场主生产 200 亿 ×3/4 = 150 亿蒲式耳。要鼓励农场主不去耕种土地，政府必须给他们 50 亿蒲式耳小麦让他们在市场上出售。由于市场的总供给仍然是 200 亿蒲式耳，市场价格依然维持在每蒲式耳 4 美元的价位上。

农场主获得了收益，因为他们从政府那里无偿获得了 50 亿蒲式耳的小麦，可以通过计算产量在 150 亿蒲式耳到 200 亿蒲式耳之间的位于供给曲线下的面积来衡量农民获得的收益。这是生产最后 50 亿蒲式耳的可变成本，而在"实物支付计划"下农场主可以无偿取得。为了计算这个面积，先要计算出 $Q=15$ 和 $Q=20$ 时对应的价格，分别是 $P=\$2.75$ 和 $P=\$4.00$，然后就可以计算出这个梯形的面积为 $(2.75+4.00)\times 5/2=\$16.875$(10 亿美元)，即农场主从该计划中获得了 168.75 亿美元的好处。

该计划对小麦市场上的消费者没有影响，因为他们买到了与自由市场相同数量，相同价格的小麦。

(3)如果政府不把小麦返送给农场主，小麦将积压或变质。纳税人从该计划中受益，因为政府不必为储藏小麦一年并将小麦运到不发达国家支付费用。小麦能保存多久，实物支付计划就能维持多久。但是该计划的前提是，当储备粮食被消耗完以后，闲置的土地能恢复生产。如果这一点做不到的话，消费者到最后就要为麦制品多花钱了。最后，农场主发了意外之财，因为他们并没有发生额外成本。

5. 美国的果冻软糖的年消费量约为 1 亿磅，价格为 50 美分/磅。然而，软糖生产商认为自己的收入太低，并使政府确信必须实施价格支持方案，政府因而买断维持 1 美元/磅所必需的全部软糖。但是，政府的经济学家们对这一方案的影响表示担忧，因为政府没有估计过软糖需求或供给的弹性。

(1)该方案会使政府年花费超过 0.5 亿美元吗？在何种情况下？该方案会使政府的年花费低于 0.5 亿美元吗？在何种情况下？试用图表加以描绘。

(2)该方案会使消费者的年花费(以消费者剩余损失衡量)超过 0.5 亿美元吗？在何种情况下？该方案会使消费者的年花费低于 0.5 亿美元吗？试用图表加以描绘。

答：在支持价格 P_S 下，消费者需求下降为 Q_1，但供给上升到 Q_2。为了维持 P_S，避免存货积压，政府必须购买 $Q_g=Q_2-Q_1$。政府把它的需求 Q_g 加到了消费者需求上，生产者能按 P_S 卖掉他们想卖掉的全部产品。如图 9－16 所示，在本题中，P_0 为 0.5 美元，Q_0 为 1 亿磅，P_S 为 1 美元。

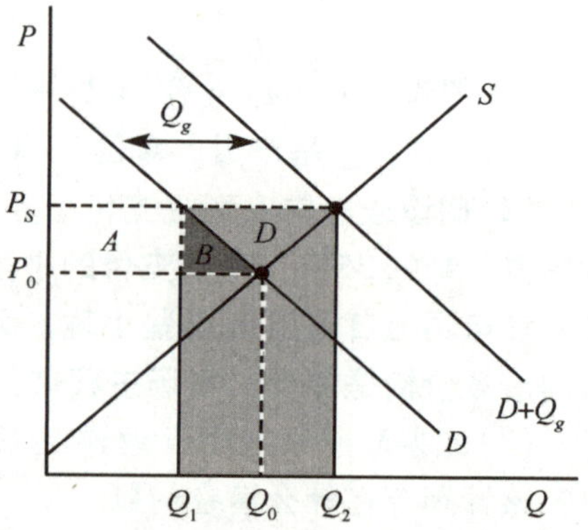

图 9－16　价格支持的影响

(1)在此价格支持方案下，政府花费为 $Q_g\times1$ 美元，即 $(Q_2-Q_1)\times1$ 美元。如果 $(Q_2-Q_1)>0.5$，则政府的年花费会超过 0.5 亿美元。从图中分析，如果供给与需求的价格弹性比较大，(Q_2-Q_1) 就会比较大，政府的花费就可能超过 0.5 亿美元。

(2)消费者年花费 $\Delta CS=A+B=0.5Q_1+1/2\times(1-Q_1)\times0.5=0.25+0.25Q_1$，如果需求完全无弹性，则 $Q_1=1$，此时消费者年花费为 0.5 亿美元，如果需求不是完全无弹性，则 $Q_1<1$，此时 $\Delta CS<0.5$，故消费者年花费 $\Delta CS\leqslant0.5$，不可能超过 0.5 亿美元。

6. 在第 2 章的练习题 4，我们已经知道在竞争性国际市场上，一种植物纤维的世界价格为 9 美元/磅。在此价格下，可供进口到美国的纤维数量无限。美国国内不同价格水平下的供给和需求如下表所示。

价格	美国供给(百万磅)	美国需求(百万磅)
3	2	34
6	4	28
9	6	22
12	8	16
15	10	10
18	12	4

试回答关于美国市场的问题：

(1) 验证需求曲线为 $Q_D=40-2P$，供给曲线为 $Q_S=(2/3)P$。

(2) 验证如果没有贸易限制，美国将进口 1600 万磅。

(3) 如果美国征收 3 美元/磅的关税，美国国内价格和进口水平为多少？美国政府将从关税中获得多少收入？无谓损失为多少？

(4) 如果美国没有关税，但规定进口配额为 800 万磅，美国国内价格是多少？对于美国的纤维消费者，这一配额的成本是什么？美国生产者的获益是什么？

解：(1) 设需求方程为：$Q_D=a+bP$，根据图表，代入两组数据求得需求曲线的方程为 $Q_D=40-2P$。

同理，设供给方程为 $Q_S=c+dP$，得到，$Q_S=(2/3)P$。

(2) 如果没有贸易限制，美国的价格将等于世界价格 9 美元，从表中可知，当价格为 9 美元/磅时，国内需求为 22 百万磅，国内供给为 6 百万磅，进口量为国内需求与国内供给之差，即 16 百万磅。

(3) 如果美国征收 3 美元/磅的关税，美国国内价格 = 世界市场价格 + 关税 = 12(美元/磅)。此时，国内供给为 8 百万磅，国内需求为 16 百万磅，因此进口水平为 8 百万磅；美国从关税中获得的收入 = 3 美元/磅 × 8 百万磅 = 24(百万美元)。如图 9－17 所示，征税后消费者福利损失为 *AECB* 的面积，生产者福利增加了 *AEFG* 的面积，因此社会的无谓损失 = 消费者福利损失 －(生产者福利增加 + 关税收入) = 1/2 × (12 －9) × (8 －6) + 1/2 × (12 －9) × (22 －16) = 12(百万美元)。

(4) 如果美国没有关税，但规定进口配额为 800 万磅，国内价格将是 12 美元/磅，国内需求与国内供给之间的差额是 16 －8 = 8(百万磅)。

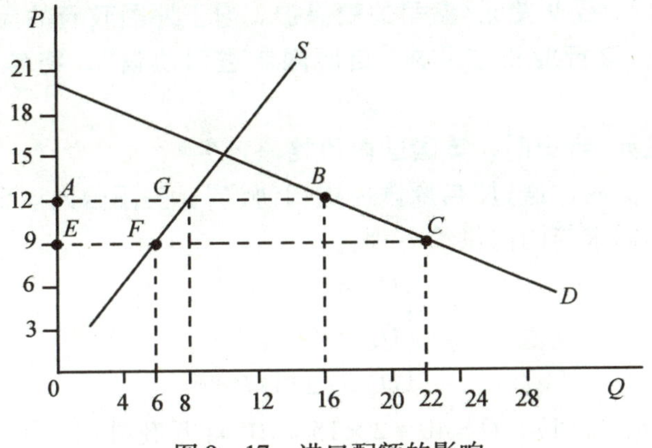

图 9－17　进口配额的影响

消费者的成本即为图 9－17 中梯形 *ABCE* 的面积，即：

$$(12-9)\times 16+\frac{1}{2}\times(12-9)\times(22-16)=57(\text{百万美元})$$

美国生产者获益即为梯形 *AGFE* 的面积，即：

$$(12-9)\times 6+\frac{1}{2}\times(8-6)\times(12-9)=21(\text{百万美元})$$

7. 美国目前对所有的进口咖啡征收关税。美国每年的咖啡需求曲线为 $Q = 250 - 10P$，其中 Q 为需求量(单位为百万磅)，P 为每磅咖啡的市场价格。世界生产者可以以不变的边际成本(也为平均成本)8 美元/磅给美国的批发商供货。美国批发商可以转手每磅加价 2 美元出售。美国咖啡市场是竞争性的。国会正在考虑对每磅进口咖啡征收 2 美元的关税。

(1) 如果没有关税，消费者为每磅咖啡支付多少？需求量为多少？

(2) 如果征收关税，消费者将为每磅咖啡支付多少？需求量为多少？

(3) 计算消费者剩余损失。

(4) 计算政府的税收收入。

(5) 税收对整个社会带来的是净福利还是净损失？

解：(1) 如果没有关税，则在一个竞争性的市场上，价格将等于边际成本，因此，消费者将为每磅咖啡支付 $8 + 2 = 10$ 美元。此时需求量为：$Q = 250 - 10 \times 10 = 150$(百万磅)。

(2) 如果征收关税，消费者支付的价格为：$P = 8 + 2 + 2 = 12$(美元)，此时的需求量为：$Q = 250 - 10 \times 12 = 130$(百万磅)。

(3) 消费者剩余的损失为：$(12 - 10) \times 130 + 0.5 \times (12 - 10) \times (150 - 130) = 280$(百万美元)。

(4) 政府的税收收入为：$2 \times 130 = 260$(百万美元)。

(5) 税收小于消费者剩余的损失，因此，税收对整个社会而言是净损失。

8. 在高度竞争的国际市场上，某种特殊金属的世界价格为 9 美元/盎司。在此价格水平上，可供出口到美国的该金属数量无限。美国国内供给方程为 $Q_S = (2/3)P$，其中 Q_S 是美国产出，单位是百万盎司；P 是国内价格。美国对该金属的需求为 $Q_D = 40 - 2P$，其中 Q_D 是国内需求，单位是百万盎司。

近年来，美国该行业受 9 美元/盎司关税保护。迫于外国政府的压力，美国打算取消关税。受这一变化威胁，该行业正在寻求“自愿限制进口协议”，将年进口量限制为 800 万盎司。

(1) 当关税为 9 美元/盎司时，美国国内价格是多少？

(2) 如果美国取消关税，通过“自愿限制进口协议”，美国国内该金属价格是多少？

解：(1) 联立国内需求与国内供给方程：

$$\begin{cases} Q_D = Q_S \\ Q_D = 40 - 2P \\ Q_S = (2/3)P \end{cases}$$

解得：$P = 15$(美元/盎司)，$Q = 40 - 2 \times 15 = 10$(百万盎司)。

当关税为 9 美元/盎司时，进口商品的价格将会是 $9 + 9 = 18$ 美元/盎司，因为国内均衡价格 15 美元/盎司小于世界价格与关税之和，所以将不会有进口。

(2) 如果美国取消关税，在“自愿限制进口协议”下，将年进口量限制为 800 万盎司，即 $Q_D - Q_S = 8$，从而可得：

$$\begin{cases} Q_S = (2/3)P \\ Q_D = 40 - 2P \\ Q_D - Q_S = 8 \end{cases}$$

解得：$P=12$（美元/盎司）。

即如果美国取消关税，通过"自愿限制进口协议"，美国国内该金属价格是12美元/盎司。

9. 国会经常讨论征收白酒税，这项税收不适用于啤酒。白酒的供给价格弹性为4.0，需求价格弹性为-0.2，啤酒与白酒的需求交叉价格弹性为0.1。

(1)如果征税，谁将承担主要税负，白酒生产者还是消费者？为什么？

(2)假定啤酒供给具有无限弹性，该税收将怎样影响啤酒市场？

答：(1)转嫁因子表示以高价形式转嫁给消费的税收份额。

$$转嫁因子=\frac{E_s}{E_s-E_d}$$

其中E_s、E_d分别表示供给与需求的价格弹性。

在本题中，转嫁因子$=\frac{4.0}{4.0-(-0.2)}\approx 0.95$，即95%的税收将由消费者负担。

(2)因为啤酒与白酒的交叉需求弹性为正，故为替代品。白酒价格上升将会引起啤酒需求增加，使啤酒需求曲线右移，因啤酒供给具有无限弹性，供给曲线为一条水平直线，所以啤酒市场价格不会发生变化，均衡产出增加。

10. 在(教材)例9.1中，我们计算了天然气价格控制带来的损益，发现无谓损失为56.8亿美元。这个结果建立在$P=50$美元/桶的基础上。

(1)如果$P=60$美元/桶，天然气的自由市场价格是多少？如果价格上限为3美元/千立方英尺，无谓损失有多大？

(2)石油价格应为多少，才会得到3美元/千立方英尺的天然气自由市场价格？

解：(1)从例9.1中知道：

$$供给：Q_S=15.90+0.72P_G+0.05P_O$$

$$需求：Q_D=0.02-1.8P_G+0.69P_O$$

式中，Q_S、Q_D为供给和需求量，单位：万亿立方英尺(Tcf)；P_G为天然气价格，单位：美元/千立方英尺(\$/mcf)；P_O是石油价格，单位：美元/桶(\$/b)。

令$Q_S=Q_D$，$P_O=60$ \$/b，那么，供给和需求曲线分别为：

$$\begin{cases}Q_S=18.9+0.72P_G\\Q_D=41.42-1.8P_G\end{cases}$$

解此方程组可得：天然气自由市场均衡价格及数量分别为8.94 \$/mcf和25.3Tcf。如果价格上限为3 \$/mcf，生产者的供给量：$Q_S=18.9+0.72\times 3=21.1$Tcf。如图9－18所示，无谓损失$=B+C$，为了计算$B$的面积，必须知道需求曲线上产量等于21.1Tcf时的价格，根据需求函数有$21.1=41.42-1.8P_G$，解得$P_G\approx \$11.29$，所以$B$的面积$=0.5\times(25.3-21.1)\times(11.29-8.94)\approx 4.9$，$C$的面积$=0.5\times(25.3-21.1)\times(8.94-3)\approx 12.5$。因此无谓损失$=4.9+12.5=17.4$。

(2)令$Q_S=Q_D$，可得：$15.90+0.72P_G+0.05P_O=0.02-1.8P_G+0.69P_O$，进而得到：$0.64P_O=15.88+2.52P_G$，将$P_G=\$3$代入上式有$P_O\approx \$36.63$。

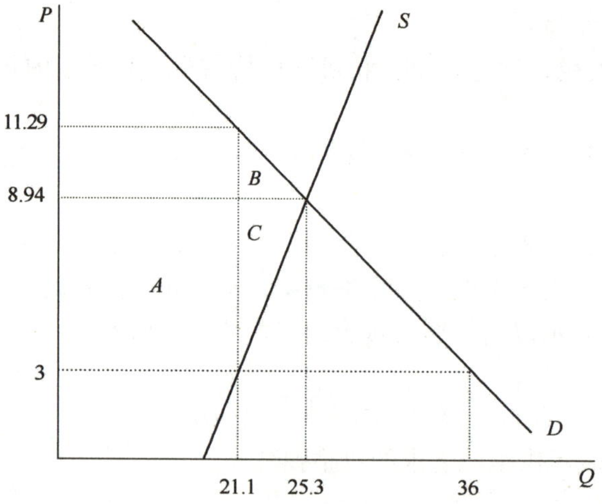

图 9-18　天然气价格控制损益

11.（教材）例 9.6 描述了食糖配额的影响。在 2016 年，进口限额为 61 亿磅，拉动国内价格上升到 27 美分/磅。假设进口限额扩大为 100 亿磅。

（1）新的国内价格将是多少？

（2）国内生产者和消费者的损益各为多少？

（3）对无谓损失和国外生产者会产生什么影响？

解：（1）由已知条件可得：

$$\begin{cases} Q_D = 31.20 - 0.27P \\ Q_S = -8.95 + 0.99P \\ Q_D - Q_S = 10 \end{cases}$$

解得：$P \approx 23.9$（美分/磅）；$Q_S \approx 14.7$（十亿磅）；$Q_D \approx 24.7$（十亿磅）。

（2）如图 9-19 所示，消费者剩余变化 $\Delta CS = A + B + C + D$，国内生产者剩余变化 $\Delta PS = -A$。即有：

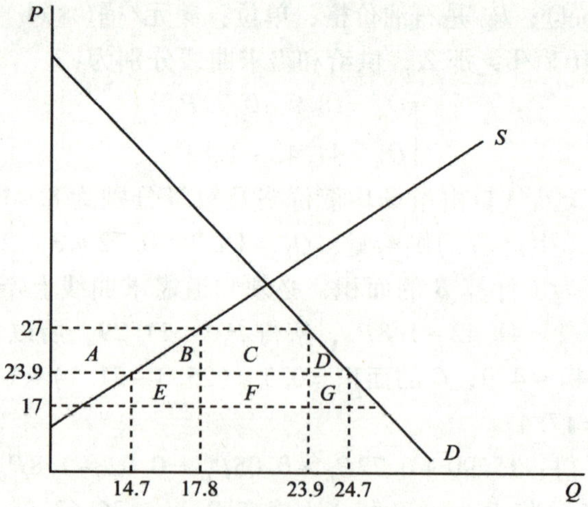

图 9-19　食糖配额的影响

$A=(27-23.9)\times(14.7+17.8)\times0.5\approx50.38$

$B=0.5\times(17.8-14.7)\times(27-23.9)\approx4.81$

$C=(23.9-17.8)\times(27-23.9)=18.91$

$D=0.5\times(24.7-23.9)\times(27-23.9)=1.24$

所以消费者剩余增加 75.34，即 7.534 亿美元，国内生产者剩余减少 50.38，即 5.038 亿美元。

(3) 国内无谓损失减少 = 消费者剩余增加量 − 生产者剩余的减少 = 2.496 亿美元。当进口限额为 61 亿磅时，国外生产者的利润是：$(27-17)\times61=610$（百万美元）；当进口限额为 100 亿磅时，国内价格下降到 23.9 美分/磅，国外生产者的利润是：$(23.9-17)\times100=690$（百万美元），国外生产者利润增加了 $690-610=80$（百万美元）。图 9－19 上显示区域为 $(E+F+G)-(C+F)=E+G-C$，限额带来的无谓损失变化为 $B+D+E+G$，因为 $E=21.39$，$G=5.52$，所以无谓损失的减少量 $=4.81+1.24+21.39+5.52=32.96$，即 3.296 亿美元。

12. hula 豆的国内供给曲线和需求曲线如下：

$$\text{供给：}P=50+Q$$

$$\text{需求：}P=200-2Q$$

其中，P 是以美分/磅计的价格；Q 是以百万磅计的数量。在世界 hula 豆市场上，美国只是一个小国，无力影响现行价格。已知时价为 60 美分/磅。国会正考虑征收关税 40 美分/磅，试找出征收关税后 hula 豆的美国国内价格，同时计算关税给美国国内消费者、美国国内生产者和美国政府带来的收益或损失。

解：如图 9－20 所示，有贸易无关税的情况下，

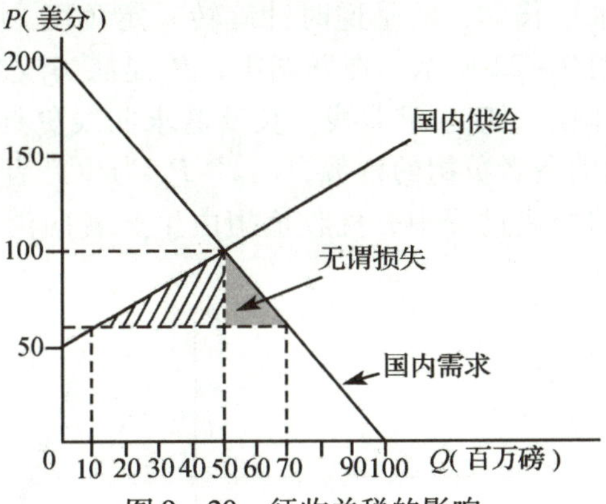

图 9－20　征收关税的影响

美国国内供给为：$Q_S=P_w-50=60-50=10$（百万磅）；

美国国内需求为：$Q_D=100-P_w/2=100-60/2=70$（百万磅）；

进口量为：$Q_D-Q_S=70-10=60$（百万磅）。

收取 40 美分/磅的关税后，则进口价格将变为 100 美分/磅，与无贸易时的均衡价格相等，因此将不会有进口。hula 豆的美国国内价格即为均衡价格 100 美分/磅。

美国国内消费者的损失为 $1/2\times(100-60)\times(50+70)=2400$ 百万美分 = 24 百万美元；

美国国内生产者的得益为 $1/2\times(100-60)\times(50+10)=1200$ 百万美分 = 12 百万美元。

因为没有任何进口，美国政府的损益为 0。

13. 当前，美国的社会保障人头税是在雇主与雇员之间分摊的。雇主向政府支付雇员工资的 6.2%，而雇员也支付其工资的 6.2%。假定这一税种有了变化，雇主支付 12.4%，而雇员无须纳税，雇员的福利会改善吗?

答： 如果劳动力市场是完全竞争的，劳动力的价格即工资是对雇主和雇员来说都是既定的，那么这种税收方式的变化将不会改善雇员的福利。因为被雇用的劳动力的均衡数量和价格是由雇员和雇主支付的税收的总量来决定的。如果税收的总量没有发生变化，无论设计什么纳税方式，劳动力的均衡数量和价格(税后工资)都不会发生变化。全部向雇主征税相当于有效需求曲线下移 12.4%，完全向雇员征税相当于有效供给曲线上移 12.4%，无论双方承担的百分比为多少，只要加起来为 12.4%，那么劳动力的均衡数量和价格(税后工资)都不会发生变化，雇员的福利都不会得到改善。

14. 我们知道，税收负担常由生产者和消费者分摊。并且，汽车需求要经历缓慢的存量调整过程。假设政府突然对进口汽车征收 20% 的销售税，在长期内消费者支付的税收份额是上升、下降还是不变? 试简要加以解释。如果征收 50 美分/加仑的汽油税，情况又将如何?

答： 税收负担由消费者和生产者分摊。消费者承担的税收份额取决于供求曲线的形状，尤其是供求的相对弹性。

(1)长期内消费者支付的税收份额上升。对于汽车市场来说，短期需求曲线比长期需求曲线更具有弹性。因为消费者在短期内可以推迟购买。比如，如果汽车的价格上升，消费者可能会继续使用其所拥有的旧车，而不买新车，但是从长期来说，最终是会买新车的。

如果政府突然对进口汽车征收 20% 的销售税，需求曲线会发生变动。因为销售税是从价税，所以需求曲线不是水平移动，而是逆时针旋转一定角度。短期内和长期内需求曲线的变化分别如图 9-21 和图 9-22 所示。在两图中，P_C 是买方支付价格，P_S 是卖方获得的税后净价，$P_C - P_S$ 为税收额。短期需求曲线比长期需求曲线更具有弹性。而两图中，供给曲线是相同的。$P_C - P_{EQ}$ 为消费者负担的税额，$P_{EQ} - P_S$ 为生产者负担的税额。从图中可以直观看出，从短期到长期的变化过程中，税收负担由生产者向消费者转移。长期内消费者支付的税收份额上升。

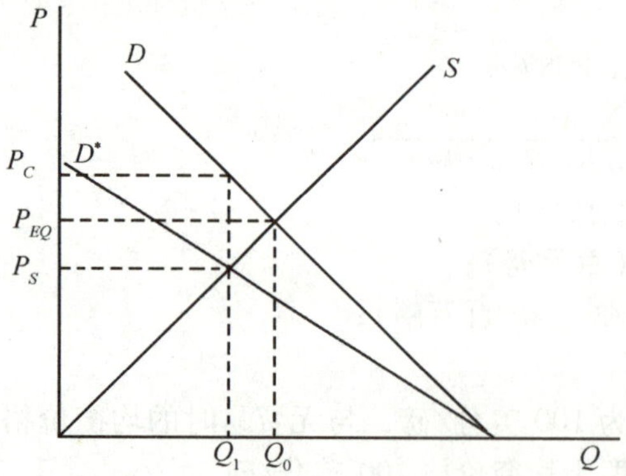

图 9-21　短期内汽车销售税的影响

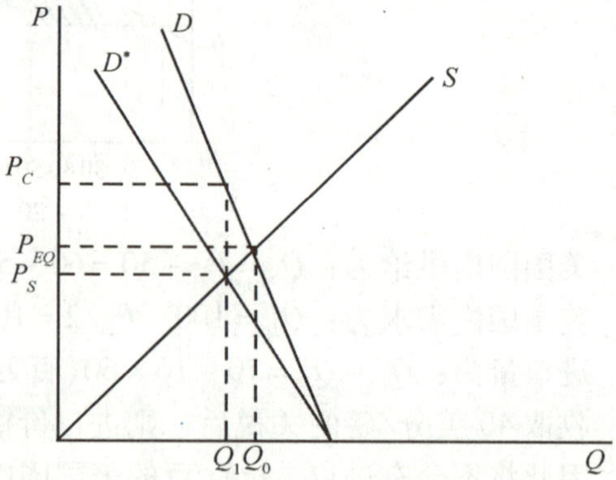

图 9-22　长期内汽车销售税的影响

(2)对于汽油市场来说，长期需求曲线比短期需求曲线更具有弹性。因为长期内汽油将会有替代品(比如酒精－汽油混合燃料、丙烷)。

如果政府征收 50 美分/加仑的汽油税，需求曲线会发生变动。因为汽油税是从量税，所以需求曲线水平移动。短期内和长期内需求曲线的变化分别如图 9－23 和图 9－24 所示。$P_C - P_{EQ}$为消费者负担的税额，$P_{EQ} - P_S$为生产者负担的税额。从图中可以直观看出，从短期到长期的变化过程中，税收负担由消费者向生产者转移。长期内消费者支付的税收份额下降。

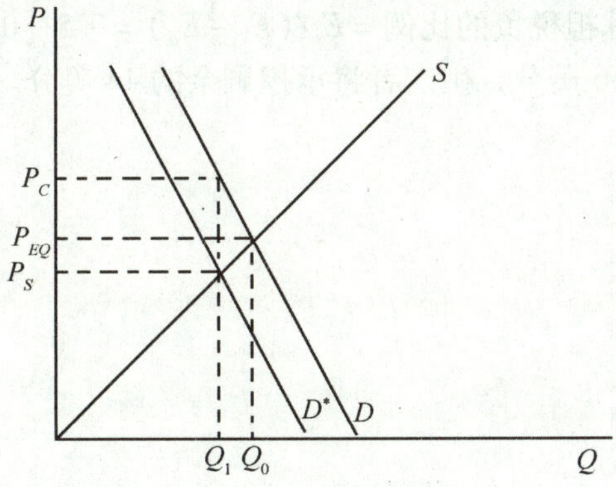

图 9－23 短期内汽油税的影响

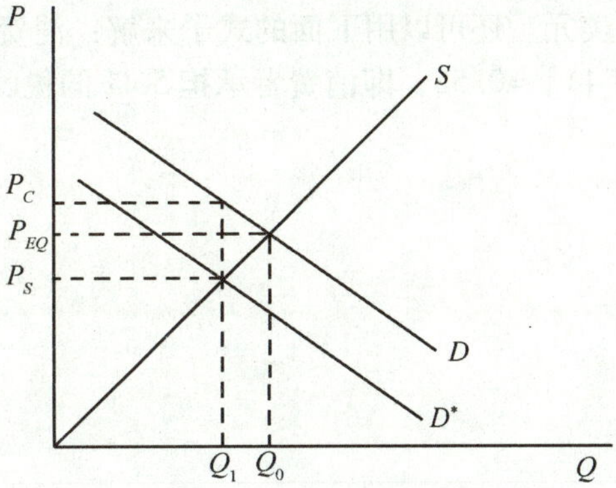

图 9－24 长期内汽油税的影响

15. 2011 年，美国人消费了 160 亿包香烟。他们支付的平均零售价格为 5 美元/包。

(1)给定供给弹性为 0.5，需求弹性为 －0.4，推导香烟的线性需求曲线与线性供给曲线。

(2)香烟税是联邦税种，2011 年大约为每包 1 美元，该税收对市场出清价格和产量产生了什么影响?

(3)消费者将支付多少联邦香烟税? 生产者呢?

解：(1)假定香烟的需求函数为 $Q = a + bP$，供给函数为 $Q = c + dP$，则有：

$$E_P^D = \frac{P}{Q} \times \frac{\Delta Q}{\Delta P}$$

由题意得：

$$-0.4 = \left(\frac{5.00}{16}\right)b$$

$$b = (-0.4) \times \left(\frac{16}{5.00}\right) = -1.28$$

将 Q、P 和 b 代入需求函数，$16 = a - 1.28 \times 5.00$，解得：$a = 22.4$。

所以，需求曲线：$Q = 22.4 - 1.28P$。

$$E_P^S = \frac{P}{Q} \times \frac{\Delta Q}{\Delta P}$$

$$0.5 = \left(\frac{5.00}{16}\right) \times d$$

$$d = 0.5 \times \left(\frac{16}{5.00}\right) = 1.6$$

将 Q、P 和 d 代入供给函数，$16 = c + 1.6 \times 5.00$，解得：$c = 8$。

所以，供给曲线：$Q=8+1.6P$。

(2)在新均衡时消费者支付的价格要比生产者得到的价格高出1美元，同时消费者的需求数量等于生产者的供给数量，即 $P_b-P_s=1$，并且 $22.4-1.28P_b=8+1.6P_s$，解得 $P_s\approx 4.56$ 美元，$P_b=5.56$ 美元，产量 $Q\approx 153$ 亿包，所以消费者支付的价格从5美元上升到5.56美元，消费量从160亿包下降到153亿包。

(3)消费者支付的税收 $=5.56-5.00=0.56$ 美元，生产者承担的税收 $=5.00-4.56=0.44$ 美元。还可以用下面的式子来解：消费者承担税负的比例 $=E_s/(E_s-E_d)=0.5/[0.5-(-0.4)]\approx 0.56$，即消费者承担56%的税收 =56美分，生产者将承担剩余的44美分。

第3篇　市场结构与竞争策略

第10章　市场势力：垄断与买方垄断

10.1　复习笔记

【知识框架(庖丁解牛)】

- 市场势力：垄断与买方垄断
  - 垄断
    - 垄断企业定产与定价
    - 需求的移动
    - 税收的影响
    - 多工厂厂商模型
  - 垄断势力
    - 垄断势力的定义
    - 垄断势力的度量
  - 垄断势力的来源
    - 市场需求弹性
    - 厂商的数目
    - 厂商间的互动
  - 垄断势力的社会成本
    - 垄断势力的社会成本：无谓损失
    - 加剧垄断势力社会成本的行为——寻租
    - 减轻垄断势力社会成本的行为——价格管制
  - 买方垄断
    - 相关概念
    - 买方垄断与垄断的比较
  - 买方垄断势力
    - 买方垄断势力的来源
    - 买方垄断势力的社会成本
    - 双边垄断
  - 限制市场势力——反托拉斯法

【考点难点归纳(厚积薄发)】

考点一：垄断　★★★★

1. 垄断企业定产与定价

垄断企业依据自身生产成本以及市场需求特征确定最优产量和最优价格，具体过程如表10－1。

表 10－1　垄断企业定产与定价

收益相关概念	产量决策和定价法则	法则推导过程
平均收益（AR）：平均每单位产品所得到的收益。 ①平均收益的大小由企业的需求曲线决定； ②垄断市场需求曲线是垄断企业需求曲线，也对应垄断企业平均收益曲线	产量决策法则： $MR=MC$	如图 10－1 所示，企业利润： $\pi(Q)=R(Q)-C(Q)$ 企业利润最大化： $d\pi/dQ=dR/dQ-dC/dQ=0$，即 $MR=MC$
边际收益（MR）：增加一单位产出变化所引起的总收益的变化	定价经验法则： $P=MC/[1+(1/E_d)]$	边际收益：$MR=\Delta R/\Delta Q=\Delta(PQ)/\Delta Q=P+Q(\Delta P/\Delta Q)=P+P(Q/P)(\Delta P/\Delta Q)=P+P(1/E_d)$，$E_d$ 表示需求弹性。 厂商利润最大化时有 $MR=MC$，因此 $P+P(1/E_d)=MC$，化简得加成定价 $P=MC/[1+(1/E_d)]$

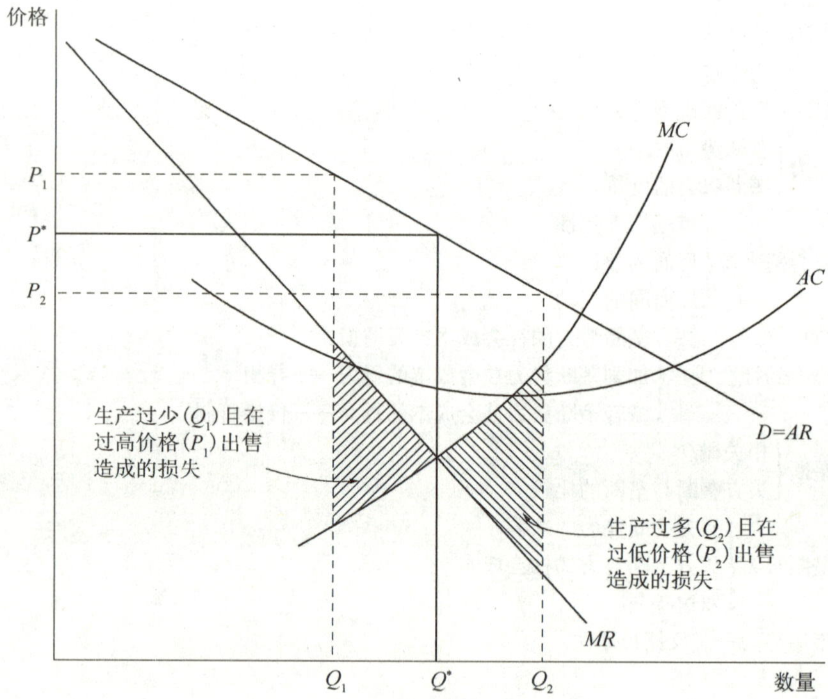

图 10－1　垄断者的产量决策

2. 需求的移动

在竞争性市场中，供给数量与价格之间存在一种函数关系，但在垄断的市场中，供给曲线不存在，即供给数量与价格之间不存在函数关系。

3. 税收的影响

在完全竞争性市场中，对整个行业的征税，会导致市场价格上涨，但上涨幅度小于税收，因而税收由生产者和消费者共同分担。在垄断市场中，价格上升的幅度可能会超过税收，但垄断者的利润由于征税而下降。

4. 多工厂厂商模型

当一个垄断厂商拥有两家或多家工厂时，它的总产量如何决定以及如何在各工厂之间分配产量遵循以下几个规则(以两个工厂的厂商为例)：

(1)企业的总产量在两个工厂之间分配；

(2)各工厂生产最后单位的边际成本必然相同；

(3)企业要达到利润最大化必然要使得边际成本等于边际收益，即应满足：$MR=MC_1=MC_2$。

考点二：垄断势力　★★★

1. 垄断势力的定义

垄断势力是指垄断厂商借助其市场垄断地位获取高于边际成本的要价能力。要价比边际成本高得越多，表明厂商的垄断势力越大。

2. 垄断势力的度量

垄断势力的大小可以采用垄断势力的勒纳指数来测定。

(1)勒纳指数的公式：$L=(P-MC)/P=-1/E_d$。其中，E_d 表示厂商需求曲线的弹性。

(2)勒纳指数的性质：

①勒纳指数总是在 0～1 之间，即 $0\leqslant L\leqslant 1$。

②对一个完全竞争厂商来讲，$P=MC$，从而 $L=0$。

③厂商的需求弹性 E_d 越小，L 越大，垄断势力越大。

考点三：垄断势力的来源　★★

1. 市场需求弹性

(1)如果市场中只有一家厂商，厂商的需求曲线就是市场需求曲线，因而厂商的垄断势力就完全取决于市场需求弹性。

(2)如果市场中有几家相互竞争的厂商，则市场需求弹性就对单个厂商的需求弹性设置了一个下限(绝对值)。

2. 厂商的数目

(1)其他条件不变，市场上厂商的数目增加时，各个厂商的垄断势力都会下降。

(2)垄断势力也和市场集中度有关，市场集中度越高，“主要参与人”的垄断势力就越大。

3. 厂商间的互动

同行的厂商之间的相互竞争可能会形成两种截然不同的局面：

(1)若厂商在竞争中进攻性很强，会轮流削价以争夺更大的市场份额，导致价格接近完全竞争的水平，各个厂商都会因为害怕失去市场份额而不敢提价。因此，厂商都只有很小或没有垄断势力。

(2)若厂商之间进行共谋，共同限制产量和提高价格，则可能产生较大的垄断势力。

考点四：垄断势力的社会成本 ★★

1. 垄断势力的社会成本：无谓损失

垄断势力会造成社会成本，使产量低于完全竞争水平，价格高于完全竞争水平，从而造成消费者剩余和生产者剩余的无谓损失，如图10-2所示。

图10-2中阴影矩形和三角形显示了当价格和产量从竞争价格 P_c 和产量 Q_c 移动到垄断的价格 P_m 和产量 Q_m 时消费者剩余和生产者剩余的变化。由于较高的价格，消费者损失 $A+B$，生产者获得 $A-C$，无谓损失为 $B+C$。无谓损失就是低效率的社会成本。

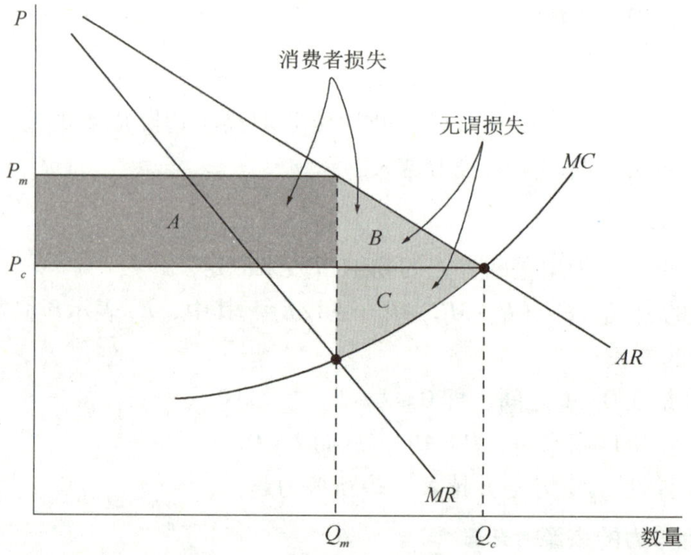

图10-2 垄断势力造成的无谓损失

2. 加剧垄断势力社会成本的行为——寻租

(1)寻租的含义：

寻租是指在没有从事生产的情况下，厂商为垄断社会资源或维持垄断地位从而得到垄断利润所从事的一种非生产性寻利活动。

(2)寻租加剧垄断势力社会成本的逻辑：

厂商寻租行为的激励与拥有垄断势力的得益直接相关，因而，从消费者转移到厂商的利益越大，垄断的社会成本也就越大。

3. 减轻垄断势力社会成本的行为——价格管制

(1)价格管制的含义：

价格管制是指国家物价部门对价格的制定、调整和保持基本稳定所进行的计划、组织、指挥、协调、控制和监督。

(2)价格管制的结果：

在竞争市场中，实施价格管制会导致无谓损失，但当厂商具有垄断势力时，价格管制却能消除由于垄断势力而造成的无谓损失。

(3) 价格管制的应用行业——自然垄断：

①自然垄断的含义。某些产品和服务由单个企业大规模生产经营比多个企业同时生产经营更有效率的现象。

②自然垄断的特征。自然垄断行业可能始终呈现高度规模经济的特征。若由两家或两家以上的厂商生产将产生较高的平均成本，造成社会资源的浪费；自然垄断的形成，使得一个大规模厂商能够依靠自己的规模经济来降低生产成本，使得规模经济的益处由该厂商充分加以利用。

③自然垄断的领域。自然垄断部门一般有电力、石油、天然气、自来水和电信等行业。

(4) 管制的实践——回报率管制与价格上限：

①回报率管制。

a. 回报率管制的含义。回报率管制是指政府为垄断厂商规定一个接近于"竞争的"或"公正的"资本回报率，它相当于等量的资本在相似技术、相似风险条件下所能得到的平均市场报酬。

b. 回报率管制的麻烦：管制滞后。由于得到用于回报率计算的数据方面的困难，常常导致管制对成本和其他市场条件变化的反应的迟缓，以及漫长且耗时的管制听证，最终导致管制滞后。

②价格上限。价格上限是指基于厂商可变成本、过去价格、可能通货膨胀率和生产率增长，政府设定的出售商品的最高价格。价格上限比回报率管制更灵活。价格上限比回报率管制更灵活。

考点五：买方垄断 ★★

1. 相关概念

(1) 买方垄断：指在一个市场中只有单一的购买者。

(2) 买方寡占：指一个市场中只有少数几个购买者。

(3) 买方垄断势力：指买方具有影响价格的能力，使买方以低于完全竞争市场价格的价格买到商品。

2. 买方垄断与垄断的比较（见表 10－2）

表 10－2　买方垄断与垄断的比较

垄断[见图 10－3(a)]	买方垄断[见图 10－3(b)]
①垄断者面临一条向下倾斜的需求曲线（平均收益曲线）； ②边际收益小于平均收益； ③垄断产量小于完全竞争的产量； ④垄断价格高于完全竞争的价格	①买方垄断者面临一条向上倾斜的供给曲线（平均支出曲线）； ②边际支出大于平均支出； ③买方垄断产量小于完全竞争的产量； ④买方垄断价格低于完全竞争的价格

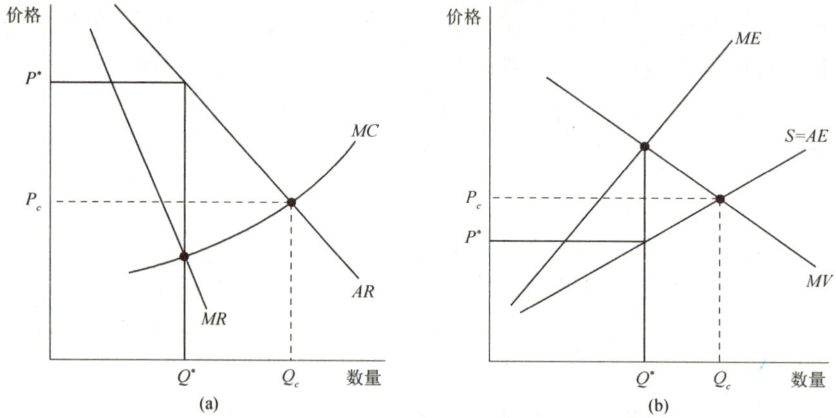

图 10－3　垄断和买方垄断

考点六：买方垄断势力 ★★

当市场中只有一个或少数几个购买者时，这个(些)购买者就可能拥有影响商品市场价格的能力，称为买方垄断势力。

1. 买方垄断势力的来源

(1)市场供给弹性。供给弹性越小，买方垄断势力越大。

(2)买方数目。当买方的数目很大时，市场供给曲线富有弹性，市场接近完全竞争，买方垄断势力很小。

(3)买方之间的相互作用。如果买方之间竞争很激烈，价格接近于产品的边际价值，买方垄断势力就很小；如果买方相互合作，买方垄断势力就比较大。

2. 买方垄断势力的社会成本

由于买方垄断势力的存在，市场的均衡结果是较低的价格和较小的购买量，使买方受益而使卖方受损。可以从社会总剩余的角度来衡量买方垄断势力的社会成本，如图 10－4 所示，四边形和阴影三角形显示了当从竞争价格 P_c 和数量 Q_c 移动到买方垄断价格 P_m 和数量 Q_m 时消费者剩余和生产者剩余的变化。由于价格和数量都较低，买方(消费者)剩余增加了 $A-B$，生产者剩余却下降了 $A+C$，$B+C$ 为买方垄断势力的社会成本，即无谓损失。

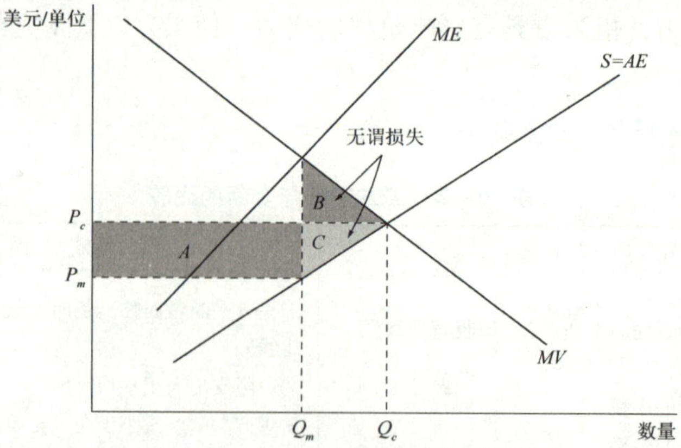

图 10－4　买方垄断的无谓损失

3. 双边垄断

双边垄断是指只有一个卖方且只有一个买方的市场结构。在双边垄断市场，买方垄断势力和卖方垄断势力倾向于相互抵消。当卖方垄断势力较大，而买方垄断势力较小时，残剩的卖方垄断势力仍然会相当大。一般来说，买方垄断势力将把价格压低至接近边际成本，而卖方垄断势力将把价格抬高到接近边际价值。

考点七：限制市场势力：反托拉斯法　★★

垄断会造成社会福利的无谓损失，很多国家都有专门的立法限制垄断势力的产生，如美国的《反托拉斯法》，限制企业之间的串谋，以保护竞争。

反托拉斯法就是禁止那些限制竞争者或者可能会限制竞争的行为的法律或规则。反托拉斯法的最初目标是通过禁止那些限制或看起来会限制竞争的行为，以及强化可允许的市场结构形式来造就一个竞争性的经济。

10.2　课后复习题详解

1. 假设某个垄断者在边际成本大于边际收益处生产，它将如何调整产量水平以增加其利润？

答： 如果一个垄断者在边际成本大于边际收益处生产，他将不断降低产量，直至边际成本与边际收益相等。

当边际成本大于边际收益时，生产最后一单位产品所增加的成本高于所增加的收入。垄断者为追求利润最大化，会不生产此最后一单位产品，即：垄断者会不断降低产量，从而使边际成本下降，边际收益升高，直至边际成本与边际收益相等，此时垄断者达到利润最大化。

2. 我们将在边际成本上的加价百分比写成（$P-MC$）/P。对一个追求利润最大化的垄断者来说，这个加价是如何取决于需求弹性的？为什么这个加价可被看作对垄断势力的一种量度？

答： 垄断势力等于需求价格弹性的负倒数，即有：

$$\frac{P-MC}{P}=-\frac{1}{E_d}$$

这个公式表明，当需求价格弹性增大时(需求变得更有弹性)，弹性的倒数变小，垄断势力变小。即当需求价格弹性变大(小)时，厂商拥有更小(大)的势力将价格提高到边际成本之上。

因此，价格超过边际成本的程度可以作为测定垄断势力的一个方法，而价格减边际成本再除以价格的加价百分比是对价格超过边际成本的程度的很好的测度。

3. 为什么在垄断下没有市场供给曲线？

答： 其原因可以从以下几个方面来分析：

(1)市场供给曲线描述的是价格和产量之间的一一对应关系。在垄断市场中，垄断者的产量决策不仅取决于边际成本，也取决于需求曲线的形状。需求的变动可以导致价格改变但产量不变，也可以导致产量改变而价格不变，也可以使两者都改变。因此，垄断厂商的价格和产量之间不存在一一对应的关系。

(2)可以通过图 10－5 对此加以说明：在该图的两部分中，初始的需求曲线都是 D_1，相应的边际收益曲线为 MR_1，而垄断者的初始价格和产量为 P_1 和 Q_1。(a)图需求曲线 D_1 变为新的需求曲线 D_2。但新的边际收益曲线 MR_2 与边际成本相交于原边际收益曲线 MR_1 与边际成本相交的同一点。虽然价格从 P_1 降至 P_2，最大利润的产量却保持不变，说明需求变动导致价格改变，但产量不变。(b)图中新的边际收益曲线与边际成本相交于一个较高的产量水平 Q_2，但因为现在需求更有弹性，故价格保持不变，说明需求变动导致产量改变，但价格不变。

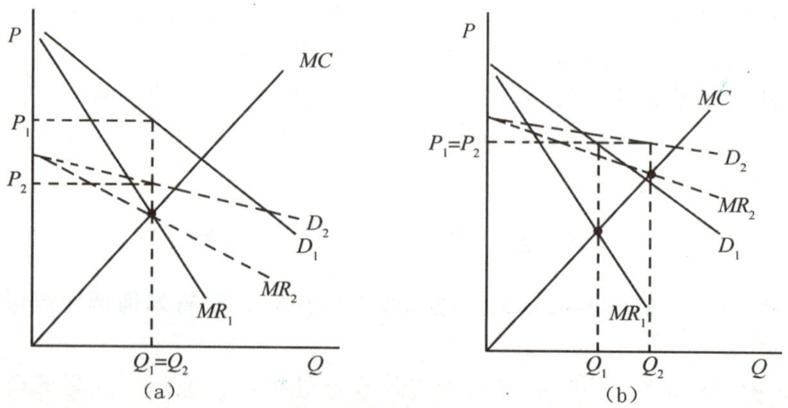

图 10－5 垄断情况下不存在市场供给曲线

(3)需求的变动通常既改变价格也改变产量。图 10－5 中所示的特例表明了垄断和竞争之间的一个重要区别。一个完全竞争的行业在每个特定的价格上供给一个特定的数量。这样的关系对垄断者不存在，对垄断者来说，根据需求变化的情况，在同样的价格上可能有几种不同的供给量，或者在不同的价格上供给量是相同的。因此，在垄断下不存在价格和产量之间的一一对应关系，即没有供给曲线。

4. 为什么即使一个厂商不是市场中唯一的生产商还可以有垄断势力？

答：垄断势力是指垄断厂商借助其市场垄断地位获取高于边际成本的要价能力，要价比边际成本高得越多，表明厂商的垄断势力越大。垄断势力的大小可以采用垄断势力的勒纳指数来测定，垄断势力的勒纳指数公式：$L=(P-MC)/P=-\frac{1}{E_d}$ 。垄断势力取决于厂商面对的需求曲线的弹性。因此如果厂商面临的需求曲线的弹性小于无穷，垄断势力程度就大于零，厂商就有一些垄断势力。

5. 有哪些不同类型的进入壁垒会引起垄断势力？各给出一个例子。

答：有几种进入壁垒的类型，包括专有权(如专利、版权和许可证)、对基本资源的控制和规模经济。

(1)专有权是指法律授予的生产或分销商品及服务的权利，如版权可以使一本书或一个计算机软件程序的销售权限于一家公司。

(2)对重要原材料的控制，比如通过控制铝或石油的生产就可以阻止其他生产铝或生产汽油的企业生产同样的产品。

(3)正向的规模经济导致“自然垄断”，因为最大的生产者通过驱逐市场的竞争性来收取较低的价格。例如，铝土矿转化为氧化铝存在规模经济。

6. 哪些因素决定了一个厂商大约会有多少垄断势力？简要解释每种因素。

答： 垄断势力取决于厂商面对的需求曲线的弹性，而决定厂商需求弹性的因素有三个，故决定厂商垄断势力大小的因素也有三个：

(1)市场的需求弹性。市场需求弹性取决于产品的独特性，即其是否很容易被其他产品所替代。厂商的需求至少有与市场需求同样的弹性，因此市场需求弹性限制了垄断势力的潜力。

(2)厂商的数目。随着厂商数量的增加，某个厂商的需求弹性会增大，因为消费者可以转移到购买其他厂商的产品。市场上厂商数量的多少则取决于进入市场的难易程度。

(3)厂商之间的相互作用。即使市场中仅仅只有两个或三个厂商，只要对手之间的攻击性很强，即各厂商都试图取得尽可能大的市场份额，则各个厂商都无法通过大幅度提价获利。

7. 垄断势力为什么有社会成本？如果生产商从垄断势力中所得好处能够被再分配给消费者，垄断势力的社会成本能够被消除吗？请做简短解释。

答： (1)垄断势力会造成社会成本，垄断和买方垄断势力都会使生产低于完全竞争水平，从而造成消费者和生产者剩余的一个无谓损失。可以通过一个竞争行业生产一种产品时的消费者和生产者剩余，与由一个垄断者供应整个市场时的消费者和生产者剩余之间的比较来分析垄断势力的社会成本。(假设竞争的市场和垄断者有相同的成本曲线。)

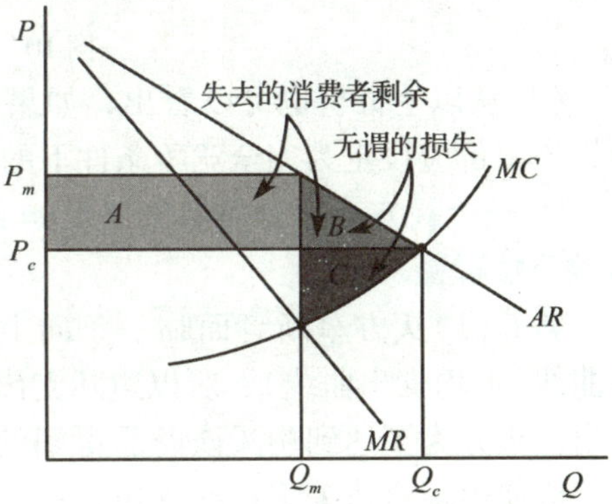

图 10-6　垄断势力的社会成本

图 10-6 给出了垄断者的平均收益曲线和边际收益曲线以及边际成本曲线。为了使利润最大化，厂商在边际收益等于边际成本之处生产，因此价格和产量分别是 P_m 和 Q_m。在一个竞争的市场中，价格等于边际成本，因而竞争价格 P_c 和产量 Q_c 由平均收益(即需求)曲线与边际成本曲线的交点决定。下面分析当竞争价格和产量 P_c 和 Q_c 移动到垄断价格和产量 P_m 和 Q_m 时，两个剩余是如何变化的。在垄断时的价格较高，且消费者购买量也较少。由于价格较高，因此购买的消费者丧失了由四边形 A 给出的消费者剩余，并且那些在价格 P_m 没买而在价格 P_c 将会购买的消费者也损失了消费者剩余，数量由三角形 B 给出，因而消费者剩余的总损失为 $A+B$。生产者通过卖较高的价格获得四边形 A，但却损失了三角形 C，即它以价格 P_c 销售 Q_c-Q_m 能赚到的额外利润，因而生产者剩余的总得益为 $A-C$。从生产者剩余的得益中减去消费者剩余的损失，就可以看到剩余的净损失为 $B+C$，这是垄断势力造成的无谓损失，即垄断势力的社会成本。同时厂商可能用一些非生产的方式如寻租行为来保持他的垄断地位，从而使社会成本更大。

(2)即使生产商从垄断势力中所得好处能够被再分配给消费者，也无法消除垄断势力的社会成本，因为产量比竞争时要低，无法消除无谓损失。

8. 如果政府迫使垄断者降低价格，为什么垄断者的产量会增加？如果政府要设置一个促使垄断者生产最大产量的最高限价，该限价如何设定？

答：(1)通过迫使垄断者降低价格(价格管制)，政府能改变厂商的边际收益曲线的形状。如图 10－7 所示，在没有管制时垄断者会生产 Q_m 和定价 P_m。当政府设了最高限价 P_1 时，对 Q_1 以下的产量，厂商的平均收益和边际收益都是常数且都等于 P_1，对更大的产量则仍然是原来的平均和边际收益曲线，因而新的边际收益曲线为与边际成本线交于 Q_1 的黑粗线。当价格低至 P_c 时，此处边际成本与平均收益相交，产量则增加至 Q_c，这也是完全竞争行业的产量。进一步降价至 P_3，产量将降至 Q_3，且会造成短缺 $Q_3'-Q_3$。由以上分析可知，价格管制使得垄断者的产量增加。

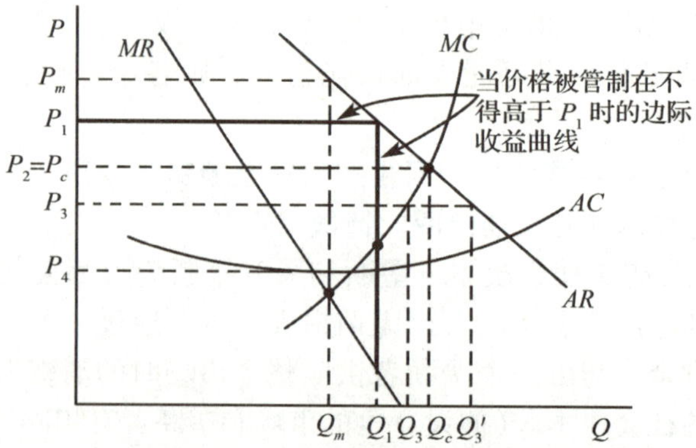

图 10－7　对垄断的价格管制

(2)从以上分析也可以看出，如果政府要设置一个促使垄断者生产最大产量的最高限价，该限价应设定为完全竞争条件下的价格 P_c，此时产量最大，达到 Q_c。

9. 一个买方垄断者是如何决定购买数量的？它会比一个竞争性的买方买得多还是少？请做简短解释。

答：(1)买方垄断者面临一条向上倾斜的供给曲线(平均支出曲线)，所以边际支出大于平均支出。买方为了达到购买该商品得到的利益最大化，应使边际价值等于边际支出，并以此来决定购买数量。

(2)买方垄断者的购买数量将会比一个竞争的买方买得少。图 10－8 显示了买方垄断条件下的购买数量和价格。市场供给曲线是平均支出曲线，并且由于平均支出曲线是向上倾斜的，因此边际支出曲线必然位于其上方。买方垄断者的最佳购买量 Q_m^* 通过需求和边际支出曲线的交点得到，而买方垄断者支付的价格则通过供给曲线得到，P_m^* 是供给达到 Q_m^* 时的价格。由图中可以看出，Q_m^* 和 P_m^* 分别小于和低于竞争市场中的数量 Q_c 和价格 P_c。

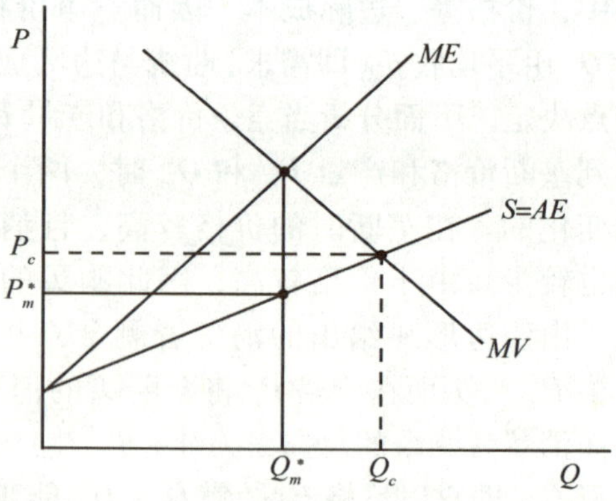

图 10－8　买方垄断均衡产量与价格的决定

10. 术语“买方垄断势力”的意思是什么？为什么即使不是市场中唯一的买方，厂商也可以有买方垄断势力？

答：（1）买方垄断势力的含义：

买方垄断势力是指购买者影响商品价格的能力，使买方能够以低于完全竞争市场价格的价格买到商品。由于买方垄断势力的存在，市场的均衡结果是较低的价格和较小的购买量，可以预计它会使买方受益而使卖方受损。

（2）即使不是市场中唯一的买方，厂商也可以有买方垄断势力的原因：

买方垄断势力的来源主要有以下几个：①市场供给弹性。市场供给弹性越小，边际支出与平均支出之间的差额就越大，买方垄断势力越大。②买方数目。③买方之间的相互作用。

买方垄断势力的大小即价格低于边际价值的程度取决于买方面临的供给弹性。因此，即使某厂商不是市场中唯一的买方，只要其所面临的供给弹性 E_s 不是无穷大，就具有一定的买方垄断势力。

11. 买方垄断势力有哪些来源？单个厂商大概有多大的买方垄断势力？买方垄断势力由什么决定？

答：（1）买方垄断势力取决于买方面临的供给弹性，而买方面临的供给弹性取决于三个因素：市场供给弹性、市场中买方的数目和买方之间的相互作用。因此，买方垄断势力也取决于这三个因素。

①市场供给弹性。供给曲线的弹性越小，边际支出与平均支出之间的差别就越大，买方垄断势力越大。

②买方的数目。当买方的数目很大时，没有哪个买方单独能对价格有很大影响，即买方垄断势力很小，市场几乎是完全竞争的。潜在的买方垄断势力只有当买方的数目很有限时才会产生。

③买方之间的相互作用。如果买方之间竞争很激烈，使价格抬到接近于产品的边际价值，从而买方垄断势力很小。如果买方之间竞争不那么激烈，或者甚至串通，则价格就不会抬高很多，买方垄断势力很大。

（2）单个厂商买方垄断势力的大小即价格低于边际价值的程度主要取决于买方面临的供给弹性。如果市场中只有一个买方，那么它的垄断势力完全由市场供给的弹性决定。如果供给是富有弹性的，买方垄断势力就很小，作为唯一的买方也只有很小的好处；相反，供给曲线的弹性越小，该厂商的买方垄断势力越大。

12. 为什么买方垄断势力有社会成本？如果买方从买方垄断势力中所获收益能被再分配给卖方，买方垄断势力的社会成本能够被消除吗？请做简短解释。

答：（1）由于买方垄断势力的存在，市场的均衡结果是较低的价格和较小的购买量，可以预计它会使买方受益而使卖方受损。可以通过比较完全竞争市场和只有唯一买方的买方垄断市场的消费者和生产者剩余分析买方垄断势力的社会成本。

图 10－9 给出了买方垄断者的平均支出和边际支出曲线，以及边际价值曲线。买方垄断者通过以价格 P_m 购买使得边际价值等于边际支出的数量 Q_m 从而实现利益最大化。在一个竞争的市场，价格等于边际价值，因此竞争价格 P_c 和数量 Q_c 是通过平均支出曲线与边际价值曲线的交点得到的。

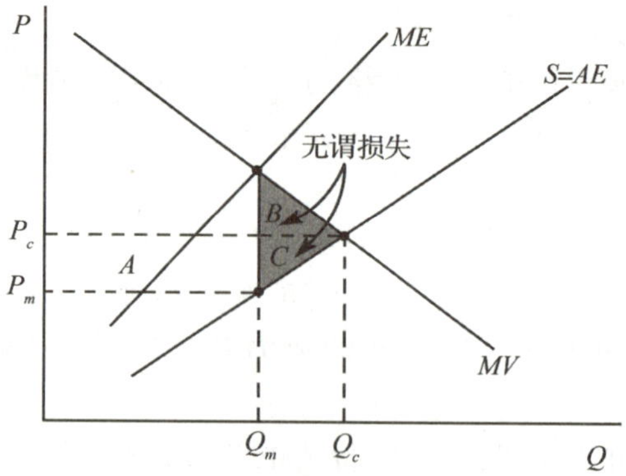

图 10－9　买方垄断势力的社会成本

（2）如果买方从买方垄断势力中所获利益能够被再分配给卖方，买方垄断势力的社会成本也不能消除。竞争价格 P_c 和数量 Q_c 移动到买方垄断价格 P_m 和数量 Q_m，两个剩余将发生变化。有买方垄断时，价格较低且销售量较小。由于价格低，卖方损失由四边形 A 给出的剩余。另外，由于销售下降，卖方还失去三角形 C 给出的剩余。因此生产者（卖方）的总损失为 $A+C$。买方由于以较低的价格购买得到四边形 A 给出的额外剩余的好处。但由于买方购买 Q_m 而不是 Q_c，购买量下降，损失三角形 B 中的剩余。因此买方剩余的总得益为 $A-B$，故净剩余损失为 $B+C$，这就是买方垄断势力的无谓损失，即社会成本。因此即使买方从买方垄断势力中所获利益能够被再分配给卖方，由于产量低于竞争产量，仍然不会消除社会成本。

13. 在美国，反托拉斯法是如何限制市场势力的？给出该法主要条款的例子。

答：（1）反托拉斯法限制市场势力的方式：

在美国，通过反托拉斯法防止厂商取得过度的市场势力。反托拉斯法是有关禁止限制或有可能限制竞争的行为的条例和规定。该法通过限制垄断势力的各种途径，如联合交易、共谋等，来限制市场势力。

（2）该法主要条款的例子：

1890 年的《谢尔曼法案》规定"任何旨在限制贸易或商业的托拉斯形式或其他形式的契约或共谋"都是非法的。例如：1993 年四家二氧化碳的主要生产商被控固定价格。

1914 年《克莱顿法案》认定对一个市场份额很大的厂商来说，要求某个商品的买方不能从竞争对手那里购买该商品是非法的，并且它还规定参与掠夺性定价为非法。

1936 年由《罗宾逊－帕特曼法案》修订过的《克莱顿法案》规定通过对基本相同的商品向购买者索取不同的价格的歧视行为为非法的（如果这些价格会损害竞争）。

《联邦交易委员会法案》（1914 年通过，1938 年、1973 年、1975 年修订），该法案创立了联邦交易委员会。该法案通过对不公正和反竞争的做法，例如欺骗性的广告和标识，同零售商之间关于排斥竞争品牌的协定等等一整套禁令，促进竞争。

14. 简要解释美国反托拉斯法是如何实施的。

答：反托拉斯法通过以下三种途径实施：

（1）通过司法部的反托拉斯局。作为行政部门的一部分，它执行的政策密切反映了执政机构的观点。作为对来自外部申诉或内部研究结果的反应，该部可决定开展刑事诉讼还是民事诉讼，或两者同时进行。

(2)通过联邦交易委员会的行政程序。其行动既可能是外部申诉的结果也可以是 FTC 自己发起的。当 FTC 决定需要采取行动时，它既可以要求对象与该法律自愿合作，也可以用一个正式的委员会命令强制该执行对象遵守。

(3)通过非公程序进行，这是最常用的实施办法。个人或公司可以控告他们的经营或财产受到三重(三倍)损害。必须付出三重损害赔偿的可能性是对可能的违法者的一种强有力的制约。个人和公司也可以要求法庭发布一个迫使犯错者停止反竞争行为的禁令。

10.3　课后练习题详解

1. 对垄断者产品的需求增加是否总会导致更高的价格？给出理由。买方垄断者面对的供给增加是否总会导致更低的价格？给出理由。

答：(1)对垄断者产品的需求的增加并不总是会导致较高的价格。举特例加以说明：如图 10－10 所示，初始的需求曲线是 D_1，相应的边际收益曲线为 MR_1，而垄断者的初始价格和产量为 P_1 和 Q_1。当需求增加，需求曲线移动到 D_2 时，新的边际收益曲线与边际成本相交于一个较高的产量水平 Q_2，但因为现在需求更有弹性，故价格保持不变，说明需求变动导致产量改变，但价格不变。在这种情况下，垄断者以相同的价格供应不同的量。

因此，可以说明对垄断者产品的需求的增加并不总是会导致较高的价格。

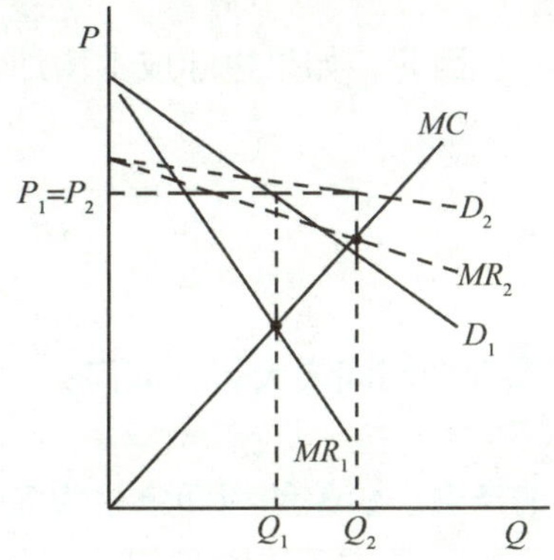

图 10－10　对垄断者产品需求增加的影响

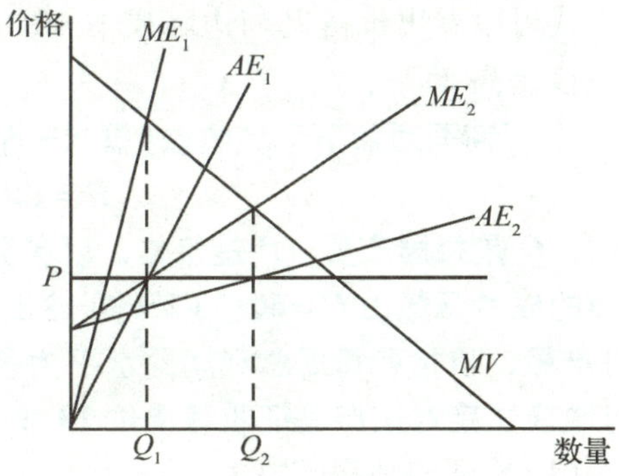

图 10－11　买方垄断者面临的供给增加的影响

(2)同理，买方垄断者面临的供给的增加也并不总是会导致较低的价格。图 10－11 举特例说明：平均的支出曲线从 AE_1 变化为 AE_2，边际支出曲线从 ME_1 变化为 ME_2。ME_1 曲线与边际价值曲线 MV(需求曲线)相交于 Q_1，价格为 P。当 AE 曲线改变时，ME_2 与边际价值曲线 MV 相交于 Q_2，价格也为 P。在这种情况下，买方垄断者以相同的价格购买不同的量。

故可以说明买方垄断者面临的供给的增加并不总是会导致较低的价格。

2. 卡特彼勒拖拉机公司，世界上最大的农用拖拉机生产商之一，雇用你为该公司的定价策略咨询师。该公司想要知道的事情之一是价格提高 5% 会减少多少销售。为了帮助该公司解决问题，你需要知道些什么？解释为何这些事实很重要。

答：当卡特彼勒公司为其产品选择价格的时候，身为一位大的农场机器的生产者，它有市场势力，应该考虑整个市场的需求曲线。身为他们的顾问，应该把重心集中在对每种产品的需求弹性的决定。为了帮助该公司解决问题，需要了解影响决策的四个重要因素，而且这四个因素是非常重要的。

(1)卡特彼勒的竞争者供应的产品的相似程度如何。如果它们是很接近的替代品，那么价格的很小提高就会促使客户转向竞争者。

(2)现有拖拉机已经使用的年数。如果现有拖拉机普遍已使用了多年，那么价格提高5%只会引起需求较小的下降。

(3)作为在农业生产中的资本投入，农业部门的预期盈利能力如何。如果农场的预期收入在下降，那么拖拉机价格的提高就会造成比根据以往的销售和价格所估计的更大的需求下降。

(4)卡特彼勒的竞争者对其涨价的反应如何。如果竞争者也跟着涨价，那么卡特彼勒的销量的下降幅度将小于竞争者不涨价的情况。

3. 某垄断厂商面对一条弹性为常数 -2.0 的需求曲线，该厂商的边际成本为每单位 20 美元，确定利润最大化价格。如果边际成本增加 25%，价格是否也应该提高 25%?

解：垄断企业的利润最大化价格为：

$$P=\frac{MC}{1+\frac{1}{E_d}}=\frac{MC}{1+(-1/2)}=2MC$$

当 $MC=20$ 时，$P=40$。

从上式可以看出价格 P 与边际成本 MC 为正比例关系，因此，如果边际成本增加 25%，价格也应该提高 25%。

4. 一个厂商面对如下平均收益(需求)曲线：

$$P=120-0.02Q$$

其中，Q 是每周产量；P 是价格，以美分/单位计。

厂商的成本函数由 $C=60Q+25000$ 给出。假设该厂商要使利润最大化，请问：

(1)产量、价格和每周总利润的水平为多少?

(2)政府决定对该产品征收每单位 14 美分的税，新的产量、价格和利润水平为多少?

解：(1)厂商的利润函数为：

$$\pi=PQ-C=(120-0.02Q)Q-(60Q+25000)$$

利润最大化的条件为：

$$\frac{d\pi}{dQ}=60-0.04Q=0$$

解得：$Q=1500$，$P=90$。

$$\pi=PQ-C=90\times1500-(60\times1500+25000)=20000(\text{美分})$$

即周利润为 200 美元。

(2)假设消费者和厂商负担的税收分别为 T_1、T_2，则 $T_1+T_2=14$ 美分，因为消费者愿意支付的价格(含税)是不会发生变化的，所以需求曲线(平均收益曲线)为：

$$P^*=120-0.02Q-T_1$$

厂商的成本函数为：

$$C^*=(60+T_2)Q+25000$$

厂商的利润函数为：

$$\pi = P^* Q - C^* = (120 - 0.02Q - T_1)Q - (60 + T_2)Q - 25000$$

利润最大化的条件为：

$$\frac{d\pi}{dQ} = 60 - 0.04Q - (T_1 + T_2) = 0$$

解得：$Q = 1150$，$P^* = 97 - T_1$。

$$\pi = (97 - T_1) \times 1150 - [(60 + T_2) \times 1150 + 25000] = 1450(\text{美分})$$

即周利润为 14.5 美元。

5. 下表显示了一个以常数边际成本 10 美元生产的垄断者所面对的需求曲线。

价格	18	16	14	12	10	8	6	4	2	0
数量	0	4	8	12	16	20	24	28	32	36

(1) 计算该厂商的边际收益曲线。

(2) 该厂商的利润最大化产量和价格是多少？该厂商的利润为多少？

(3) 在竞争性行业中均衡价格和数量各为多少？

(4) 如果该垄断者被迫以完全竞争的均衡价格生产，社会得益是什么？结果是谁获益、谁受损？

解：(1) 由上表可得需求曲线的斜率为$\frac{\Delta P}{\Delta Q} = \frac{18-16}{0-4} = -0.5$。

需求曲线(即平均收益曲线)为 $P = 18 - 0.5Q$。

故边际收益曲线为 $MR = 18 - Q$。

(2) 厂商的利润函数为：

$$\pi = PQ - TC = (18 - 0.5Q)Q - 10Q$$

利润最大化的条件为：

$$\frac{d\pi}{dQ} = 8 - Q = 0$$

解得：$Q_M = 8$，$P_M = 14$(美元)。

从而利润为：$\pi = TR - TC = 14 \times 8 - 10 \times 8 = 32$(美元)。

(3) 在竞争性行业中，达到均衡时，价格 = 边际成本，即 $P_C = MC$，即：$18 - 0.5Q_C = 10$。

解得：$Q_C = 16$，$P_C = 10$，即在竞争性行业中均衡价格和数量分别为 10 美元/单位和 16 单位。

(4) 如果该垄断者被迫以完全竞争的均衡价格生产，社会得益来自无谓损失的消失。

社会得益为：$1/2 \times (Q_C - Q_M) \times (P_M - P_C) = 0.5 \times (16 - 8) \times (14 - 10) = 16$(美元)；

消费者剩余变化为：$\Delta CS = 1/2 \times (8 + 16) \times (14 - 10) = 48$(美元)；

生产者剩余变化为：$\Delta PS = -8 \times (14 - 10) = -32$(美元)。

故社会得益为 16 美元，消费者获益 48 美元，厂商损失 32 美元。

6. 假设一个行业特征如下：

$C = 100 + 2q^2$　　每个厂商的总成本函数

$MC = 4q$　　厂商的边际成本函数

$P=90-2Q$　　行业需求曲线

$MR=90-4Q$　　行业边际收益曲线

(1)如果行业中仅有一个厂商，求垄断价格、产量和利润水平。

(2)如果行业是竞争性的，求价格、产量和利润水平。

(3)用图形描述需求曲线、边际收益曲线、边际成本曲线和平均成本曲线。以两种不同的方法指出垄断的利润水平和竞争行业中的利润水平之差。证明这两种方法在数值上相等。

解：(1)如果行业中仅有一个厂商，则该行业为完全垄断行业，垄断厂商的利润函数为：

$$\pi=(90-2Q)Q-100-2Q^2$$

利润最大化的条件为：

$$\frac{\mathrm{d}\pi}{\mathrm{d}Q}=90-8Q=0$$

解得垄断产量为：$Q=11.25$，垄断价格为：$P=90-2\times11.25=67.5$；

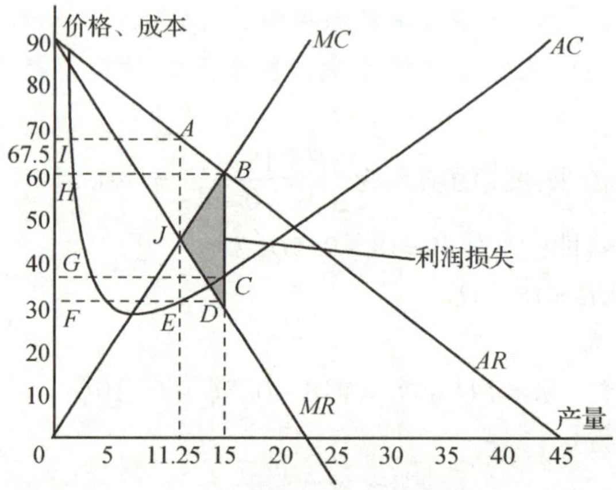

图 10－12　利润损失

垄断厂商的利润为：$\pi=67.50\times11.25-100-2\times11.25^2=406.25$。

(2)如果行业是竞争性的，则对于厂商而言，$MR=P=AR$。再依据利润最大化条件 $MR=MC$，可得：$90-2Q=4Q$，从而解得产量为：$Q=15$，市场价格为：$P=90-2\times15=60$，厂商的利润水平为：

$$\pi=60\times15-100-2\times15^2=350$$

(3)需求曲线、边际收益曲线、边际成本曲线和平均成本曲线如图 10－12 所示。由(1)、(2)可知，垄断厂商生产完全竞争产量所导致的利润损失为：$406.25-350=56.25$。

第一种衡量利润差异的图形方法是：在图中，由利润损失所表示的垄断的利润水平和竞争行业中的利润水平之间的差异为阴影部分三角形 BJD 的面积。此面积为：

$$S_{BJD}=0.5\times(60-30)\times(15-11.25)=56.25$$

第二种衡量利润差异的图形方法是：

如图 10－12 所示，完全垄断下的利润为矩形 $AEFI$ 的面积，即：

$$S_{AEFI}=[67.5-(100+2\times11.25^2)\div11.25]\times11.25=406.25$$

完全竞争下的利润为矩形 $BCHG$ 的面积，即：

$$S_{BCHG}=[60-(100+2\times 15^2)\div 15]\times 15=350$$

垄断的利润水平和竞争行业中的利润水平之间的差异可以表示为：

$$S_{AEFI}-S_{BCHG}=56.25$$

【说明】对于第一种衡量利润差异的图形方法，不妨这样理解，利润的本质是厂商每多出售 1 单位产品获得的收益 MR 与付出的成本 MC 的差。垄断厂商只出售 $MR>MC$ 的产量，所以可以获得利润最大化，竞争厂商出售这部分产量之外，还多出售了一部分 $MR<MC$ 的产量，所以其利润小于垄断厂商，这部分多出售的产量导致的利润损失就是阴影部分三角形 BJD 的面积。

7. 假设一个利润最大化的垄断者生产的产出为 800 单位，并索取每单位 40 美元的价格。

(1) 如果产品的需求弹性为 -2，求生产最后一单位产品的边际成本。

(2) 厂商边际成本上的百分比价格加成为多少？

(3) 假设生产最后一单位产品时的平均成本为 15 美元，且厂商的固定成本为 2000 美元。求厂商的利润。

解：(1) 垄断厂商的定价原则为：

$$P=\frac{MC}{1+\left(\frac{1}{E_d}\right)}$$

当 $P=40$，$E_d=-2$ 时，垄断厂商生产最后一单位产品的边际成本为：

$$MC=P\cdot\left[1+\left(\frac{1}{E_d}\right)\right]=40\times(1-0.5)=20(\text{美元})$$

(2) $\frac{P-MC}{P}=\frac{40-20}{40}=0.5$，即厂商边际成本上的百分比价格加成为 50%。

(3) 此时厂商的利润为：

$$\pi=TR-TC=800\times 40-15\times 800=20000(\text{美元})$$

8. 某厂商有两个工厂，各自的成本由下列两式给出：

$$\text{工厂 1：}C_1(Q_1)=10Q_1^2$$

$$\text{工厂 2：}C_2(Q_2)=20Q_2^2$$

厂商面对如下需求曲线：

$$P=700-5Q$$

其中 Q 为总产量，即 $Q=Q_1+Q_2$。

(1) 在一幅图中，画出两工厂的边际成本曲线、平均收益曲线和边际收益曲线，以及总边际成本曲线(即生产 $Q=Q_1+Q_2$ 的边际成本)。标出各工厂的利润最大化产量、总产量，以及价格。

(2) 计算利润最大化的 Q_1、Q_2、Q 和 P。

(3) 假设工厂 1 的劳动成本增加而工厂 2 没有增加，厂商该如何调整(即提高、降低或保持不变)工厂 1 和工厂 2 的产量？如何调整总产量和价格？

解：(1) 对两个工厂的成本曲线分别求导，得到各自的边际成本曲线：

$$MC_1=20Q_1,\ MC_2=40Q_2$$

由厂商需求曲线 $P=700-5Q$，得厂商边际收益曲线为：$MR=700-10Q$。

设总边际成本为 MC_T，MC_T 为 MC_1 与 MC_2 的水平加总。

由 $Q_1=MC_1/20$，$Q_2=MC_2/40$ 得：$Q_T=Q_1+Q_2=MC_1/20+MC_2/40=3MC_T/40$。

即：总边际成本曲线为：$MC_T=40Q_T/3$。

两工厂的边际成本曲线 MC_1、MC_2，总边际成本曲线 MC_T，平均收益曲线(即需求曲线 D)，边际收益曲线 MR 如图 10－13 所示，两工厂的利润最大化产量分别为 Q_1、Q_2，总产量为 Q_T，价格为 P_M。

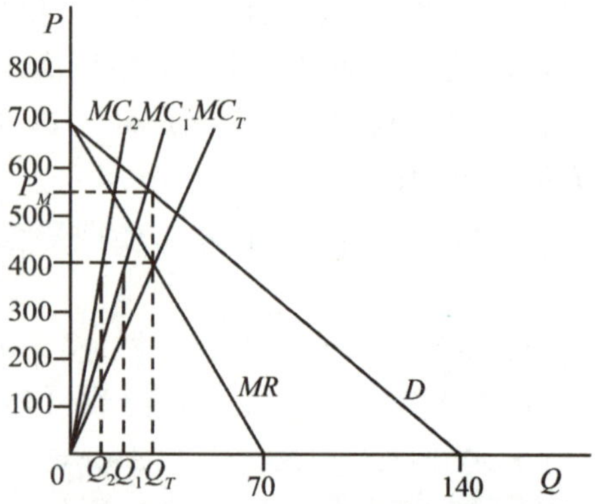

图 10－13　两工厂的利润最大化

(2)厂商的利润函数为：

$$\pi=TR-TC=(700-5Q)Q-TC$$

利润最大化的条件为：

$$\frac{\mathrm{d}\pi}{\mathrm{d}Q}=MR-MC=700-10Q-\frac{40}{3}Q=0$$

解得：$Q=30$，$P=700-5Q=550$。

$$MC_1=MC_2=MC_T=40Q/3=400$$

故：$Q_1=MC_1/20=20$，$Q_2=MC_2/40=10$。

即：利润最大化的 Q_1、Q_2、Q 分别为 20、10、30，P 为 550。

(3)工厂 1 的劳动成本增加，将会使 MC_1 向左水平移动，从而使 MC_T 也向左移动，新的 MC_T 与 MR 曲线在一个较低的产量 Q 和较高的边际收益 MR 处相交。在一个更高的边际收益点，Q_2 将增大，而总产量 Q 减小，故 Q_1 必定减小。总产量 Q 减少，价格 P 上升。

所以，假设工厂 1 的劳动成本增加而工厂 2 没有提高，厂商应该降低工厂 1 的产量，提高工厂 2 的产量，降低总产量，提高价格。

9. 某制药公司在一种专利药品上占有垄断地位。两个工厂都能生产该产品。两个工厂的生产成本分别为 $MC_1=20+2Q_1$ 和 $MC_2=10+5Q_2$。厂商估计该产品的需求为 $P=20-3(Q_1+Q_2)$。该厂商应计划在各个工厂生产多少，以及以什么价格销售？

解： 如图 10－14 所示，因为 MC_1 曲线在需求曲线之上，故工厂 1 不会生产该产品，$Q_1=0$，MC_2 曲线即为总的边际成本曲线。

需求曲线即为：

$$P=20-3(Q_1+Q_2)=20-3Q_2$$

厂商的利润函数为：

$$\pi=TR-TC=(20-3Q_2)Q_2-TC$$

利润最大化的一阶条件为：

$$\frac{\mathrm{d}\pi}{\mathrm{d}Q_2}=20-6Q_2-5Q_2-10=0$$

解得：$Q_2\approx0.91$，$P=20-3Q_2=17.27$。

该厂商应计划在工厂 1 不生产，工厂 2 生产 0.91，以 17.27 的价格销售。

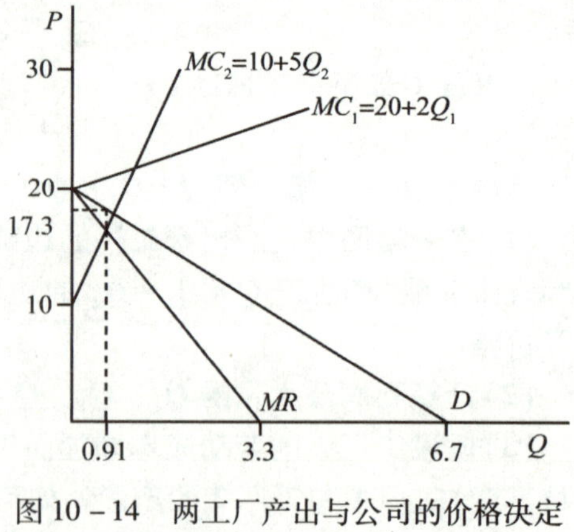

图 10－14　两工厂产出与公司的价格决定

10. 20 世纪较重要的反托拉斯案例之一涉及 1945 年的美国铝业公司。当时，美国铝业公司控制着大约 90% 的美国原铝生产，该公司被指控垄断铝市场。美国铝业公司争辩说虽然它确实控制了原铝生产的很大份额，但再生铝也占了铝总供给的 30% 左右，而且有许多竞争厂商从事再生铝的生产，因而它没有多大的垄断势力。

(1) 提供一个有利于美国铝业公司的明确的论证。

(2) 提供一个反对美国铝业公司的明确的论证。

(3) 汉德法官 1945 年的判决被称为“当代最值得称颂的司法见解之一”。你知道汉德法官的裁决是什么吗?

答：(1)有利于美国铝业公司的论证：虽然美国铝业公司控制了美国原铝生产的约 90%，但再生铝占铝的总供给的 30%，如果原铝涨价，铝的总供给可以以更大的比例来自再生铝。因而，对美国铝业公司原铝需求的价格弹性比预期的要高许多。其他金属，如铜和铁，在许多方面也是铝的可行的替代品。这样，美国铝业公司面临的需求弹性可能要比期望的高。

(2)不利于美国铝业公司的论证：尽管美国铝业公司很难在任何一个时间提高价格以赚取高额利润，但是因为铝的潜在供应总量是有限的，因此，美国铝业公司可以通过保持稳定的高价来获取垄断利润。而且，美国铝业公司生产的原铝是再生铝的来源，因此它在产量决策中应该已经考虑了原铝废物利用后的再生铝对原铝价格的影响。因此，它对再生铝的供给也具有垄断控制。

(3)美国铝业公司并没有被责令出售任何它在美国的生产设施，而是：①被禁止收购美国政府在第二次世界大战期间建造的两个原铝厂；②被责令放弃它的加拿大子公司，即后来的加拿大铝业公司。

11. 某垄断者面对的需求曲线为 $P=11-Q$，其中 P 以美元/单位衡量；Q 以千为单位计算。该垄断者有一个每单位 6 美元的不变平均成本。

(1) 画出平均收益曲线和边际收益曲线，以及平均成本曲线和边际成本曲线。该垄断者的利润最大化价格和产量是多少？相应的利润是多少？用勒纳指数计算该厂商的垄断势力。

(2) 设某政府管制机构设置了一个每单位 7 美元的价格上限，该厂商生产的产量将是多少？厂商的利润将是多少？垄断势力会发生什么变化?

(3) 什么样的价格上限会产生最大产出水平？最大产出水平是多少？在此价格下厂商的垄断势力为多少?

解：(1)垄断者面临的需求曲线为 $P=11-Q$，因此边际收益曲线为：$MR=11-2Q$。平均成本为常数每单位 6 美元，则边际成本 $MC=6$ 美元/单位，如图 10－15 所示。

要达到利润最大化，应该使 $MR=MC$，即 $11-2Q=6$，解得：$Q=2.5$(千单位)$=2500$ 单位。

$$P=11-Q=11-2.5=8.5\text{(美元/单位)}$$

$$\pi=TR-TC=AR\times Q-AC\times Q=8.5\times 2.5-6\times 2.5=6.25\text{(千美元)}=6250\text{ 美元}$$

因此，利润最大化产量为 2500 单位，价格为 8.5 美元/单位，相应利润为 6250 美元。

垄断势力为$\dfrac{P-MC}{P}=\dfrac{8.5-6}{8.5}\approx 0.294$。

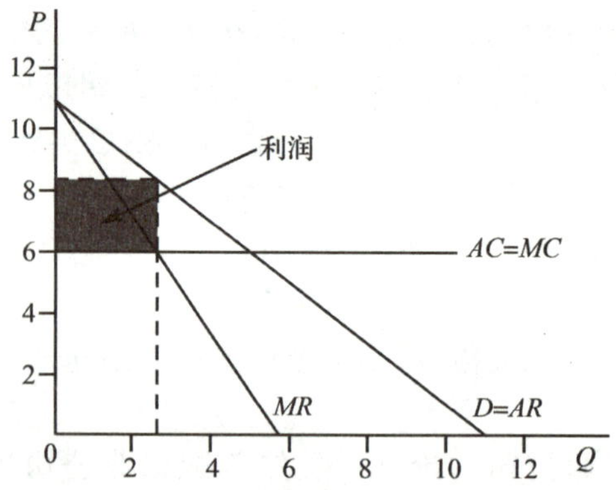

图 10－15　垄断者的平均收益与边际收益曲线以及平均成本和边际成本曲线

（2）设了每单位 7 美元的价格上限后，由需求曲线得，在价格为 7 美元时，需求量为 $Q=11-7=4$（千单位）。

因为边际成本为常数 6 美元/单位，则有：

$$P=\begin{cases}7 & Q\leqslant 4\\ 11-Q & Q>4\end{cases}$$

$$MR=\begin{cases}7 & Q\leqslant 4\\ 11-2Q & Q>4\end{cases}$$

MR 曲线即为图 10－16 中的黑粗线，可知当 $Q=4$ 千单位时，获得最大利润。

$$\pi=7\times4000-6\times4000=4000（美元）$$

故政府管制机构设置了 7 美元/单位的价格上限后，生产的产量将是 4000 件，厂商的利润将是 4000 美元。

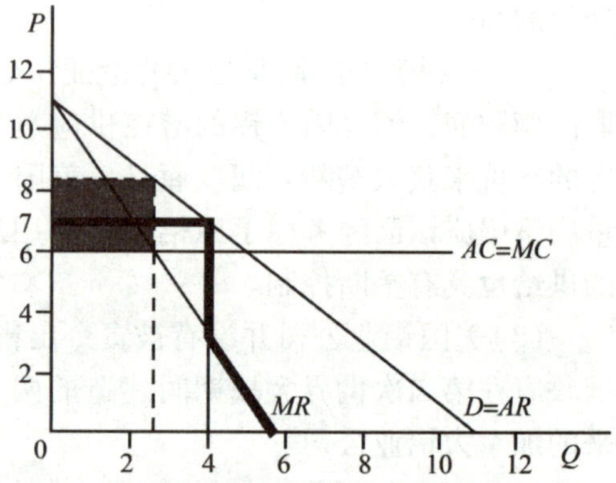

图 10－16　价格上限对垄断厂商的影响

垄断势力为：$\dfrac{P-MC}{P}=\dfrac{7-6}{7}\approx0.143$。

（3）完全竞争条件下，$P=MC=6$ 美元/单位，此时最有效率，有最大产出 $=11-6=5$（千单位）。如果政府设定的最高限价高于 6 美元/单位，垄断厂商会生产少于 5000 单位。如果政府设定的最高限价低于 6 美元/单位，垄断厂商会因赔本而退出经营。因此，价格上限设为 6 美元/单位，会产生最大产出水平，最大产出水平是 5000 单位，在此价格厂商的垄断势力为$\dfrac{P-MC}{P}=\dfrac{6-6}{6}=0$。

12. 米歇尔公司（MMMT）对忍者神龟的垄断使它拥有在美国销售忍者神龟 T 恤衫的专有权。对这种 T 恤衫的需求为 $Q=10000/P^2$。厂商的短期成本为 $SRTC=2000+5Q$，而它的长期成本为 $LRTC=6Q$。

（1）为了实现短期利润最大化，MMMT 应要价多少？销售量为多少？能赚多少利润？在短期中停业是否合算？

（2）在长期中 MMMT 应定价多少？它销售多大数量和赚得多少利润？在长期中停业是否合算？

(3)我们能期望 MMMT 在短期中有比长期中更低的边际成本吗？为什么？

解：(1)为实现短期利润最大化，应使短期边际成本 = 边际收益。

短期边际成本为：$MC=\frac{\mathrm{d}SRTC}{\mathrm{d}Q}=5$。

需求为 $Q=\frac{10000}{P^2}$，即 $P=100Q^{-1/2}$，则有：

$$TR=PQ=100Q^{1/2}$$

$$MR=\frac{\mathrm{d}TR}{\mathrm{d}Q}=50Q^{-1/2}$$

由 $MR=MC$，得：$5=50Q^{-1/2}$，解得 $Q=100$。

从而可得：

$$P=100\times1/10=10$$

$$\pi=10\times100-(2000+5\times100)=-1500(\text{美元})$$

所以，为了实现短期利润最大化，MMMT 应要价 10 美元/件，销售量为 100 件，厂商亏损。

尽管利润为负，但价格高于平均可变成本 5 美元，所以短期中停业不合算。如果停业，将损失固定成本 2000 美元；如果不停业，损失 1500 美元。

(2)长期内，米歇尔公司的利润函数为：

$$\pi=TR-LRTC=100Q^{1/2}-6Q$$

利润最大化的条件为：

$$\frac{\mathrm{d}\pi}{\mathrm{d}Q}=50Q^{-1/2}-6=0$$

解得：$Q=\frac{625}{9}\approx69.44$，$P\approx12$。

利润为：$\pi=12\times69.44-6\times69.44=416.67$(美元)。

长期中 MMMT 应定价 12 美元/件，它销售 69.44 件，赚得 416.67 美元的利润，利润为正，所以长期中停业不合算。

(3)能期望 MMMT 在短期中有比长期中更低的边际成本。因为在长期中，没有固定成本，所有的成本均看作可变成本，所以长期边际成本可以高于短期边际成本。

13. 你生产在完全竞争市场上以每件 10 美元价格销售的某小商品。这些商品是在两个工厂制造的，一个工厂位于马萨诸塞州，另一个位于康涅狄格州。由于在康涅狄格州有劳动纠纷，你被迫提高了那个工厂的工资，因此那个工厂的边际成本上升了。对于这种情况，你应该转移生产，在马萨诸塞州的工厂多生产一些吗？

答：不应该这么做。对于这种情况，康涅狄格生产量应该降低，但马萨诸塞生产量不变。

为了追求利润最大化，一个多工厂的厂商应该计划在所有工厂的产量以满足两个条件：①各厂的边际成本应该相同；②边际收益等于各厂的边际成本。这两个条件用数学式子可以表示为 $MR=MC_1=MC_2=\cdots=MC_n$。

对于本题而言，厂商有两个工厂，市场是完全竞争市场。在完全竞争市场上，价格 P

等于边际收益 MR，所以 $P=MC_c=MC_m$，其中 MC_m 与 MC_c 分别为马萨诸塞与康涅狄格的工厂的边际成本。因为在马萨诸塞工厂的边际成本 MC_m 没变，所以产量 Q_m 也不应该发生变化，如图 10－17 所示。

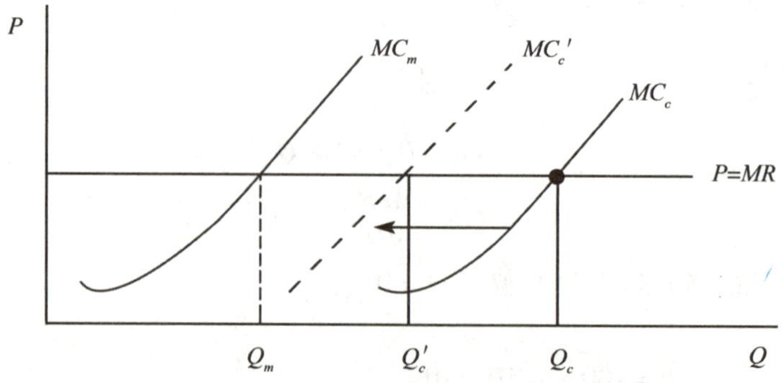

图 10－17　完全竞争市场下两工厂的产出决定

14. 各主要大学在雇用助教方面可以看作处于买方垄断地位。假设对助教的需求为 $W=30000-125n$，其中 W 是工资（以年薪计），n 是雇用的助教人数。助教的供给由 $W=1000+75n$ 给出。

（1）如果大学利用买方垄断地位的优势，它会雇用多少助教？支付多少工资？

（2）换一种情况，如果大学面对年工资 10000 美元水平上的无限大的助教供给，它会雇用多少助教？

解：（1）平均支出曲线与助教供给曲线相同，为 $W=1000+75n$，所以总支出为 $TE=Wn=1000n+75n^2$，对总支出方程求导得到边际支出曲线方程为 $ME=1000+150n$，助教的边际价值为 $MV=W=30000-125n$，作为买方垄断者，大学将会使边际价值 MV 等于边际支出 ME，即：

$$30000-125n=1000+150n$$

解得：$n=105.5$。

代入供给曲线得：$W=1000+75\times105.5=8912.5$（美元/年）。

即：大学利用买方垄断地位的优势，会雇用 105.5 名助教，付 8912.5 美元/年的工资。

（2）如果大学面临年工资 10000 美元水平上的无限大的助教供给，即助教供给曲线为在 10000 美元的水平线。总支出为 $10000n$，边际支出 $ME=10000$，令 $MV=ME$ 得：

$$30000-125n=10000$$

解得：$n=160$。

故大学会雇用 160 名助教。

15. 戴娜门挡公司（DD）是门挡行业的一个垄断者。它的成本为 $C=100-5Q+Q^2$，需求为 $P=55-2Q$。

（1）为了使利润最大化，DD 应将价格定在多少？该厂商会生产多少产量？DD 会得到多少利润和导致多少消费者剩余？

（2）如果 DD 像一个完全竞争者那样行动，并令其 $MC=P$，它的产量是多少？产生的利润和消费者剩余是多少？

（3）在（1）部分中的垄断势力导致的无谓损失是多少？

(4) 假设政府关注到了门挡的高价格，因此规定了一个 27 美元的最高限价，这会如何影响价格、产量、消费者剩余和 DD 的利润？相应的无谓损失为多少？

(5) 现在再假设政府规定的最高限价为 23 美元，这又会如何影响价格、产量、消费者剩余、DD 的利润以及无谓损失？

(6) 最后，考虑一个 12 美元的最高限价，这又会对产量、消费者剩余、利润和无谓损失造成什么影响？

解：(1) 公司的利润函数为：

$$\pi = TR - TC = (55 - 2Q)Q - 100 + 5Q - Q^2$$

利润最大化的条件为：

$$\frac{d\pi}{dQ} = 60 - 6Q = 0$$

解得：$Q = 10$，$P = 35$。

利润为：$\pi = 35 \times 10 - (100 - 5 \times 10 + 10^2) = 200$(美元)。

消费者剩余为：$CS = 0.5 \times 10 \times (55 - 35) = 100$(美元)。

(2) 如果 DD 像一个完全竞争者那样行为，并让 $MC = P$，则：

$$2Q - 5 = 55 - 2Q$$

解得：$Q = 15$，从而有：

$$P = 55 - 2 \times 15 = 25(\text{美元})$$

$$\pi = 25 \times 15 - (100 - 5 \times 15 + 15^2) = 125(\text{美元})$$

$$CS = 0.5 \times (55 - 25) \times 15 = 225(\text{美元})$$

产量是 15，产生的利润和消费者剩余分别是 125 美元和 225 美元。

(3) (1) 中的垄断势力的无谓损失是图 10－18 中三角形 ABC 的面积。即：

$$DWL = 0.5 \times (35 - 15) \times (15 - 10) = 50(\text{美元})$$

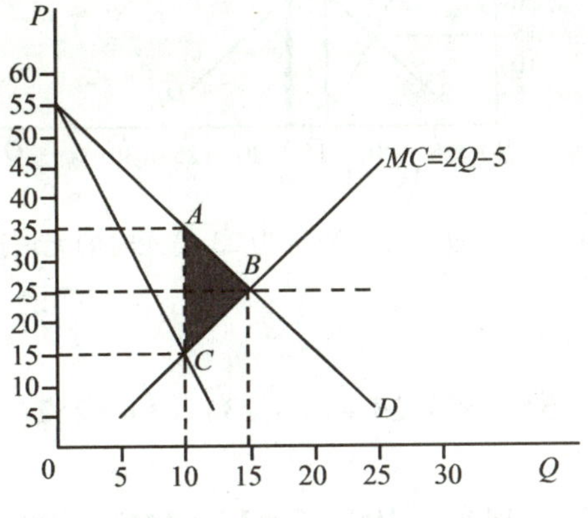

图 10－18　垄断势力的无谓损失

(4) 政府规定了一个 27 美元的最高限价后，*DD* 公司所能定的最高价格是 27 美元，高于完全竞争条件下的价格 25 美元。

将价格上限 27 美元代入需求方程，得到：$27 = 55 - 2Q$，解得 $Q = 14$。

如图 10－19 中的黑粗线为新的 MR 曲线，可知产量为 14。

消费者剩余为：$CS = 0.5 \times (55 - 27) \times 14 = 196$(美元)

利润为 $\pi=(27\times14)-(100-5\times14+14^2)=152$(美元)

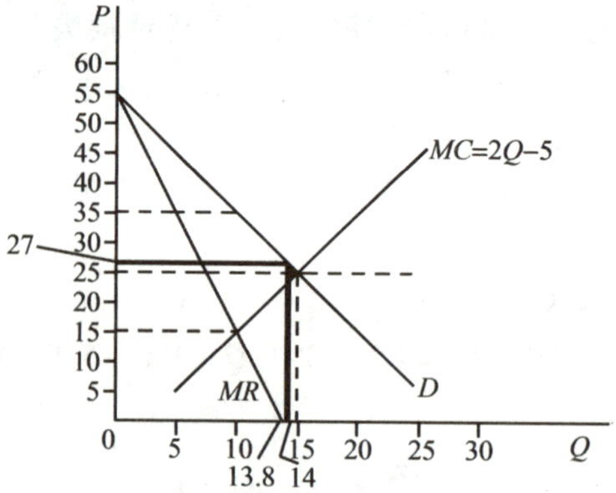

图 10－19　政府最高限价为 27 美元下的无谓损失

无谓损失为图 10－19 中小黑三角形的面积，将 $Q=14$ 代入 MC 曲线得：$MC=2Q-5=23$，故：

$$DWL=0.5\times(27-23)\times(15-14)=2(\text{美元})$$

(5)政府规定的最高限价为 23 美元，低于完全竞争条件下的价格 25 美元。

将价格上限 23 美元代入需求方程，得到：$23=55-2Q$，解得 $Q=16$。

图 10－20 中的黑粗线为新的 MR 曲线，令 $MR=MC$ 得 $2Q-5=23$，解得 $Q=14$。

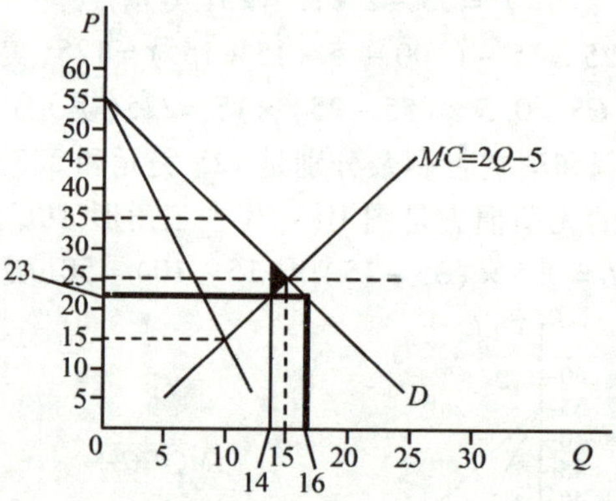

图 10－20　政府最高限价为 23 美元时的无谓损失

即产量为 14。

消费者剩余为：

$$CS=0.5\times(55-23+27-23)\times14=252(\text{美元})$$

利润为：

$$\pi=(23\times14)-(100-5\times14+14^2)=96(\text{美元})$$

因为产量与(4)中相同，故无谓损失与(4)相同，也是：

$$DWL=0.5\times(27-23)\times(15-14)=2(\text{美元})$$

(6)政府规定的最高限价为 12 美元，低于完全竞争条件下的价格 25 美元。

将价格上限 12 美元代入需求方程，得到：$12=55-2Q_d$，解得 $Q_d=21.5$。

图 10－21 中的黑粗线为新的 MR 曲线，令 $MR=MC$ 得：$2Q_s-5=12$，解得 $Q_s=8.5$。

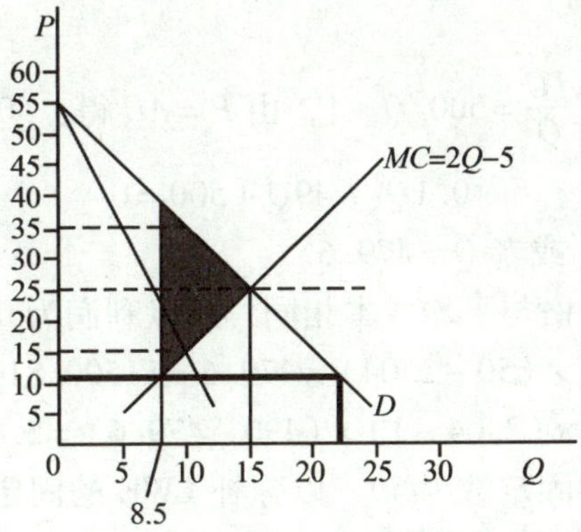

图 10－21　最高限价为 12 美元时的无谓损失

即产量为 8.5。

产量为 8.5 时，代入需求曲线得：

$$P=55-2Q_s=38(\text{美元})$$

消费者剩余为：

$$CS=0.5\times(55-12+38-12)\times 8.5=293.25(\text{美元})$$

利润为：

$$\pi=(12\times 8.5)-(100-5\times 8.5+8.5^2)=-27.75(\text{美元})$$

无谓损失为图中阴影三角形的面积：

$$DWL=0.5\times(38-12)\times(15-8.5)=84.5(\text{美元})$$

16. 在明尼苏达的沃伯根湖有 10 户人家，对电力的需求各为 $Q=50-P$。沃伯根湖电业（LWE）生产电力的成本为 $TC=500+Q$。

（1）如果 LWE 的管制者想要确保该市场没有无谓损失，他们会迫使 LWE 定价多少？在这种情况下产出为多少？计算这种价格下的消费者剩余和 LWE 的利润。

（2）如果管制者想要确保 LWE 不会亏损，它们最低可规定什么价格？计算该种情况下的产量、消费者剩余和利润。此时是否有无谓损失？

（3）克莉斯蒂娜知道，无谓损失是该小镇可以避免的，她提议每个家庭不管使用多少电力都先付一个固定数，然后根据每单位付费，这样 LWE 在按照你在（1）部分中计算出的价格收费时就能收支平衡。要使克莉斯蒂娜的计划成功，各家庭必须支付的固定数额是多少？为什么你能肯定没有家庭会选择宁愿不用电也不愿支付这笔固定费用？

解：（1）LWE 面临的需求曲线为 $Q=500-10P$，即 $P=50-Q/10$，边际成本为 $MC=\frac{dTC}{dQ}=1$。

如果 LWE 的管制者想要确保该市场没有无谓损失，他们应该使 LWE 定价为完全竞争条件下的价格，即满足 $P=MC=1$，即：$50-Q/10=1$，解得：$Q=490$。

消费者剩余：$CS=0.5\times(50-1)\times 490=12005$（美元）；

LWE 的利润：$\pi=(1\times 490)-(500+490)=-500$（美元）。

即定价为 1，在这种情况下产出 490，总消费者剩余为 12005，LWE 的利润为 −500。

（2）如果管制者想要确保 LWE 不会亏损，他们最低可规定价格为 LWE 的平均成本，即：$P=AC$。

LWE 的平均成本为 $AC=\dfrac{TC}{Q}=500/Q+1$，由 $P=AC$ 得：$500/Q+1=50-Q/10$，即：

$$0.1Q^2-49Q+500=0$$

解得：$Q\approx10.4$（舍去），或者 $Q\approx479.6$。

此时，$P=2.04$，因为价格与平均成本相同，所以利润为 0。

消费者剩余为：$CS=0.5\times(50-2.04)\times479.6=11500.81$（美元）。

无谓损失为：$DWL=0.5\times(2.04-1)\times(490-479.6)=5.41$（美元）。

（3）每个家庭应该支付的固定数为 50，以弥补 LWE 的固定成本，然后每单位按不变的边际成本 1 来收费，可以使 LWE 收支平衡。

因为在（1）中计算出的总消费者剩余为 12005，每个家庭的消费者剩余为 1200.5，远大于所付固定数 50，所以可以肯定没有家庭会选择宁愿不用电也不愿付这笔固定费。

17. 中西部的一个小镇靠一个叫北星电力的公司提供电力。虽然该公司是垄断者，但它由镇里的居民拥有，所有人在年末平分利润。该公司的 CEO 声称，由于所有利润都返还给居民，所以电力索取垄断价格有经济意义。这种说法对吗？请解释。

答：这种说法是错误的。如果公司索要垄断价格，则它所提供的电量将低于完全竞争均衡水平。因而，尽管该公司最终将垄断利润都返还给了居民，但是此时仍然存在一个由电力资源供应量减少所导致的无谓损失。

18. 某垄断者面临下列需求曲线：

$$Q=144/P^2$$

其中 Q 是需求数量；P 是价格。它的平均可变成本为：$AVC=Q^{1/2}$，且它的固定成本为 5。

（1）它的利润最大化价格和产量是多少？相应的利润为多少？

（2）假设政府将价格管制设定在不超过每单位 4 美元，该垄断者会生产多少？它的利润为多少？

（3）假设政府想要规定一个能促使该垄断者生产最大可能产量的最高限价，哪个价格能达到这个目的？

解：（1）需求曲线为：$Q=144/P^2$，即：$P=12Q^{-\frac{1}{2}}$。

垄断者的利润函数为：

$$\pi=TR-TC=12Q^{\frac{1}{2}}-5-Q^{\frac{3}{2}}$$

利润最大化的条件为：

$$\frac{d\pi}{dQ}=6Q^{-\frac{1}{2}}-\frac{3}{2}Q^{\frac{1}{2}}=0$$

解得：$Q=4$，$P=12Q^{-\frac{1}{2}}=12/2=6$（美元）。

利润 $\pi=12\times4^{\frac{1}{2}}-5-4^{\frac{3}{2}}=11$（美元）。

（2）若政府将价格管制在不超过每单位 4 美元，

当 $P=4$ 时，$Q=144/P^2=144/16=9$，因此：

需求曲线变为：$P=\begin{cases}4 & Q\leqslant 9\\ 12Q^{-\frac{1}{2}} & Q>9\end{cases}$

总收益为：$TR=\begin{cases}4Q & Q\leqslant 9\\ 12Q^{\frac{1}{2}} & Q>9\end{cases}$

边际收益为：$MR=\begin{cases}4 & Q\leqslant 9\\ 6Q^{-\frac{1}{2}} & Q>9\end{cases}$

要使利润最大化，应满足 $MR=MC$，即：

当 $Q\leqslant 9$ 时，$4=1.5Q^{\frac{1}{2}}$，解得：$Q\approx 7.11$；

当 $Q>9$ 时，$1.5Q^{\frac{1}{2}}=6Q^{-\frac{1}{2}}$，解得：$Q=4<9$（舍去）。

利润 $\pi=PQ-TC=(4\times 7.11)-(5+7.11^{3/2})=4.48$。

故若价格管制为 4 美元，该垄断者会生产 7.11，它的利润为 4.48 美元。

(3) 在完全竞争的市场条件下，生产能达到最大产量。因此若政府想要规定一个能促使该垄断者生产最大可能产量的最高限价，应该使 $P=MC$，即：

$$12Q^{-\frac{1}{2}}=1.5Q^{\frac{1}{2}}$$

解得 $Q=8$，价格 $P\approx 4.24$。

故若最高限价定为 4.24 美元，能促使该垄断者生产最大可能产量。

19. 在一些城市，Uber 在共享乘车市场具有垄断势力。在某个城市，平日的需求曲线如下：$P=50-Q$。不过，在周末晚间或节假日，需求曲线变为：$P=100-Q$。假设边际成本为 0。

(1) 确定平日和节假日利润最大化的价格。

(2) 如果边际成本为 10，请确定平日和节假日利润最大化的价格。

(3) 画出图形，描述 (2) 部分中节假日时的需求曲线、边际收益曲线、边际成本曲线，标出利润最大化价格和数量。计算此时 Uber 的利润和无谓损失，并在图中标出。

解：(1) 平日利润函数为：$\pi=PQ-TC=(50-Q)\times Q-0=50Q-Q^2$；

平日利润最大化的条件为：$d\pi/dQ=50-2Q=0$，得到 $Q=25$，$P=50-25=25$；

节假日利润函数为：$\pi=PQ-TC=(100-Q)\times Q-0=100Q-Q^2$；

节假日利润最大化的条件为：$d\pi/dQ=100-2Q=0$，得到 $Q=50$，$P=100-50=50$；

所以平日利润最大化价格为 25，节假日利润最大化价格为 50。

(2) 平日 $TR=PQ=50Q-Q^2$，$MR=dTR/dQ=50-2Q$，$MC=10$；

根据 $MC=MR$ 的利润最大化条件有：$10=50-2Q$，得到 $Q=20$，$P=50-20=30$；

节假日 $TR=PQ=100Q-Q^2$，$MR=dTR/dQ=100-2Q$，$MC=10$；

根据 $MC=MR$ 的利润最大化条件有：$10=100-2Q$，得到 $Q=45$，$P=100-45=55$；

所以平日利润最大化价格为 30，节假日利润最大化价格为 55。

(3) 如图 10－22 所示。(2) 中节假日时的需求函数为 $P=100-Q$，对应需求曲线为 D 线；边际收益函数为 $MR=100-2Q$，对应边际收益曲线为 MR 线；边际成本函数为 $MC=10$，对应边际成本函数为水平的 MC 线；利润最大化价格为 55，利润最大化数量为 45。

Uber 的利润函数为：$\pi=TR-TC=PQ-TC=55\times 45-10\times 45=2025$，为图 10－22 中

阴影部分；

要求无谓损失，先求竞争性市场中均衡价格和均衡数量：

根据竞争性市场均衡条件 $MC=AR=P$，即 $10=100-Q$，得到 $Q_c=90$，$P_c=10$；

从而 Uber 的 $DWL=1/2\times(90-45)\times(55-10)=1012.5$，如图 10－22 的空白大三角形所示。

所以 Uber 利润为 2025，为图 10－22 中阴影部分；无谓损失为 1012.5，为图 10－22 中空白大三角形。

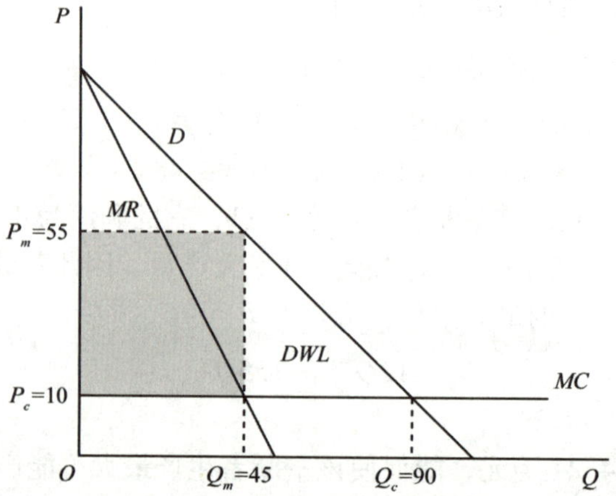

图 10－22 Uber 垄断图解

第11章　有市场势力的定价

11.1　复习笔记

【知识框架(庖丁解牛)】

有市场势力的定价

- 攫取消费者剩余
- 价格歧视
  - 一级价格歧视
  - 二级价格歧视
  - 三级价格歧视
- 跨期价格歧视和高峰负荷定价
  - 跨期价格歧视
  - 高峰负荷定价
- 两部收费制
  - 两部收费制概念
  - 入门费和使用费的确定
    - 单个消费者
    - 两个消费者
    - 多个消费者
- 捆绑销售
  - 捆绑销售的基本原理
  - 混合捆绑销售
  - 搭售
- 广告
  - 广告的效果
  - 广告的经验法则

【考点难点归纳(厚积薄发)】

考点一：攫取消费者剩余　★★

垄断厂商具有通过控制产量而控制价格的能力。假设厂商根据 $MR=MC$ 定价，他将失去完全竞争价格之上愿意付更低价格的顾客，以及愿意付更高价格的顾客的一部分消费者剩余。因此，垄断厂商针对不同的顾客索取不同的价格，可以攫取更多消费者剩余。

考点二：价格歧视　★★★★★

价格歧视是指对相同商品向不同的消费者索取不同价格的行为，有时是对完全相同的产品，有时是对有微小差异的产品。价格歧视有三种广义的形式，称为一级、二级和三级价格歧视。

1.　一级价格歧视

完全的一级价格歧视是指厂商根据消费者愿意为每单位商品支付的最高价格而为每单位商品制定不同的销售价格的行为，如图11－1所示。

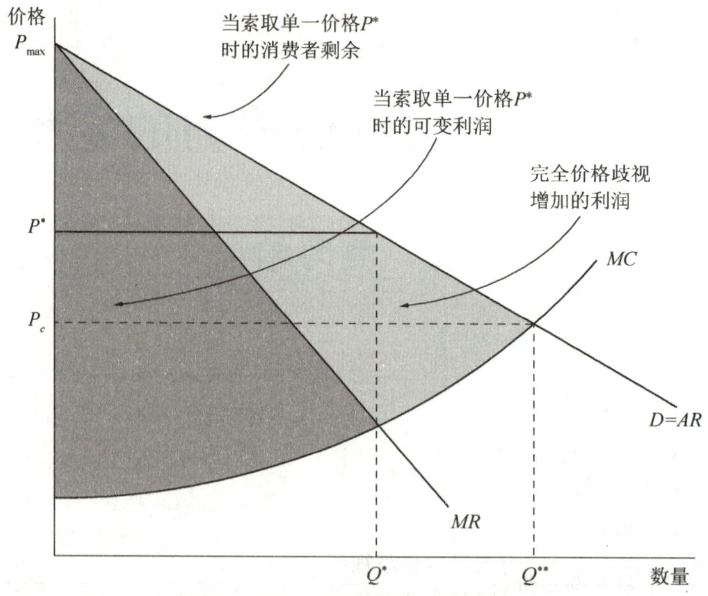

图 11－1　完全一级价格歧视

小贩中的讨价还价和对商品实行逐一拍卖类似于一级价格歧视，竞争者的加入会削弱厂商控制价格的能力。由于完全的一级价格歧视在现实中难以找到，厂商可以实施不完全价格歧视，对顾客保留价格的估计以索取几个不同价格。

2. 二级价格歧视

二级价格歧视是指垄断厂商根据不同的购买量或消费量来确定不同价格的方法，这样可以榨取相当一部分消费者剩余。二级价格歧视较多地出现在社会公用事业中，其产品必须是易于度量和记录并成批出售。

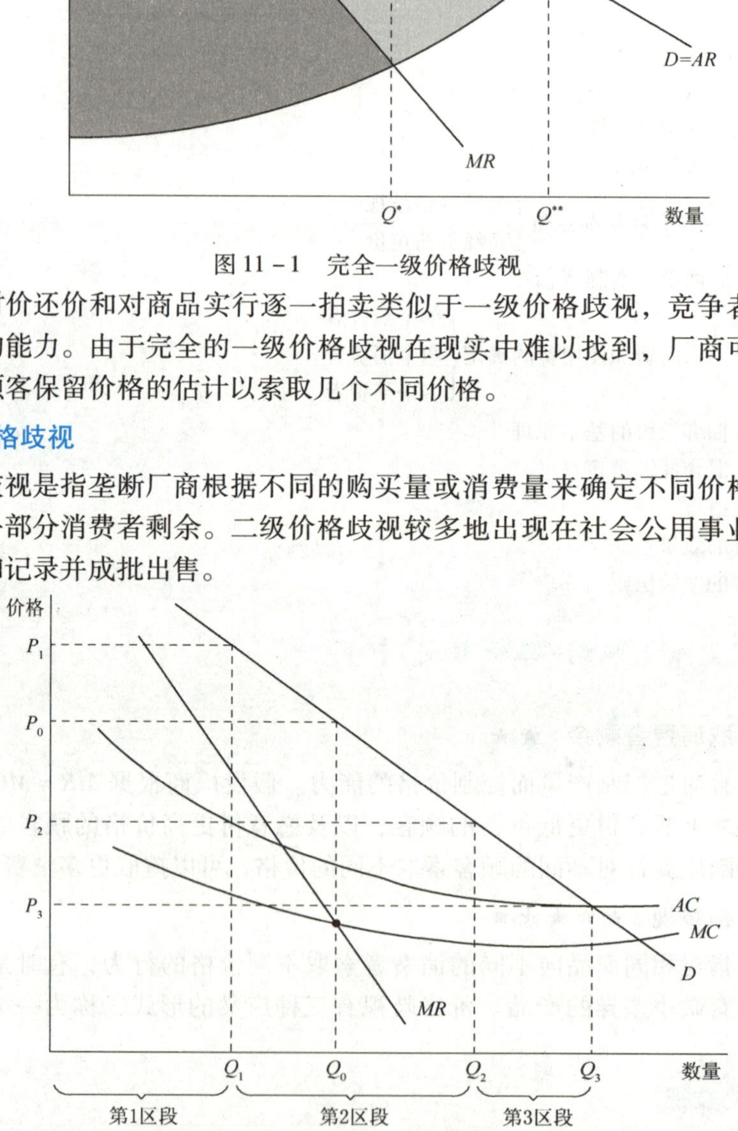

图 11－2　二级价格歧视

如图 11－2 所示，由于存在规模经济，平均成本和边际成本都是下降的。若索取一个

单一价格 P_0，产量为 Q_0。但现在根据购买量定了三个价格，销量的第一段定价 P_1，第二段定价 P_2，第三段定价 P_3。

3. 三级价格歧视

(1)三级价格歧视的定义：

三级价格歧视是指垄断厂商对同一种产品在不同市场上以不同的价格出售，以获取最高利润的定价方法。它是比较普遍的垄断定价方法。

(2)三级价格歧视的定价：

将消费者分为两组，设 P_1 是对第一组消费者的价格，P_2 是对第二组消费者的价格，而 $C(Q_T)$ 是生产产量 $Q_T=Q_1+Q_2$ 的总成本。

厂商总利润为：$\pi=P_1Q_1+P_2Q_2-C(Q_T)$。

由一阶条件，价格和产量的设定必须满足 $MR_1=MR_2=MC$。

记 E_1 和 E_2 是第一个和第二个市场中对厂商产品的需求弹性，则有 $MR_1=P_1(1+1/E_1)$ 和 $MR_2=P_2(1+1/E_2)$。让 MR_1 与 MR_2 相等，进而得到对价格而言必须成立的下述关系：

$$P_1/P_2=(1+1/E_2)/(1+1/E_1)$$

由上式可知，具有较低需求弹性的消费者将被索取较高的价格。

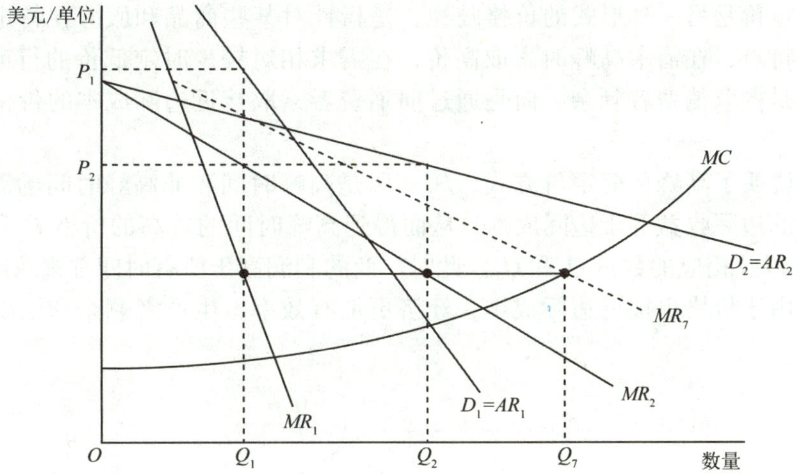

图 11－3　三级价格歧视

考点三：跨期价格歧视和高峰负荷定价　★★★

1. 跨期价格歧视

跨期价格歧视是指把具有不同需求函数的消费者分为不同组别，在不同时点对消费者索取不同的价格的行为。价格歧视的目标就是把消费者分为高需求和低需求的组，开始时索取高价格，之后索取低价格。

跨期价格歧视条件下，不同时间段的成本不是独立的，总利润最大化的条件是各组消费者的边际收益必须等于边际成本。

图 11－4 说明了跨期价格歧视的定价过程。厂商的策略就是开始将该产品根据 $MR_1=MC$ 定一个高价 P_1，主要卖给需求曲线 D_1 中的消费者，当第一组消费者已经购买了该产品

以后，按照 $MR_2=MC$ 将价格降到 P_2，向需求曲线 D_2 上的大量消费者销售。

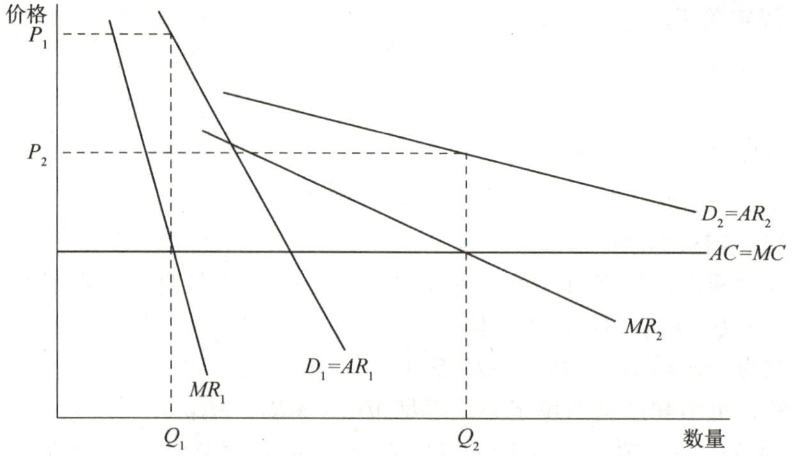

图 11－4　跨期价格歧视

2. 高峰负荷定价

(1)高峰负荷定价的定义与具体定价方式：

高峰负荷定价是另一种形式的价格歧视，是指针对某些商品和服务在特定时间内会出现需求高峰的特点，在需求高峰时索取高价，在需求相对较少时定低价的行为。高峰负荷定价的目标不是攫取消费者剩余，而是通过向消费者索取接近边际成本的价格来增进经济效率。

图 11－5 说明了高峰负荷定价方式，D_1、D_2 是高峰时间和非高峰时间的需求曲线。厂商令各个时期的边际收益等于边际成本，从而得到高峰时间的较高的价格 P_1 和非高峰时间较低的价格 P_2 以及相应的数量 Q_1 和 Q_2，此时厂商的利润高于所有时间都索取同样价格所能实现的水平。由于价格更接近边际成本，经济更加有效率，生产者剩余和消费者剩余的总和更大。

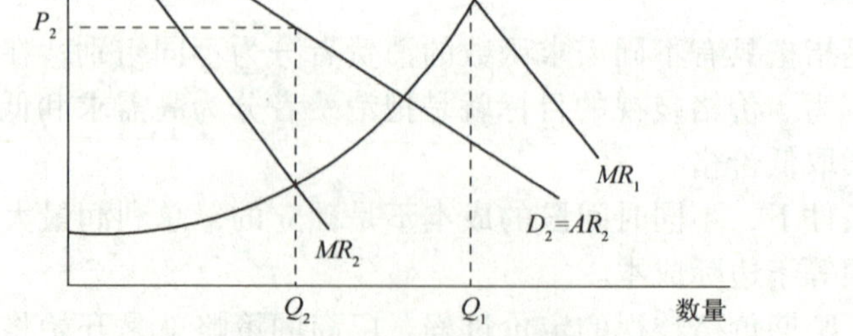

图 11－5　高峰负荷定价

(2)高峰负荷定价与三级价格歧视的不同如表 11－1 所示:

表 11－1　高峰负荷定价与三级价格歧视的不同

定价方式	定价标准	原因	目标
高峰负荷定价	分时期边际成本与边际收益相等	需求高峰时期的边际成本较高，需求非高峰时期需求增加不会明显增加成本	增进经济效率
三级价格歧视	各组消费者边际成本与边际收益相等	给不同组提供服务的成本并不独立	攫取消费者剩余

考点四：两部收费制 ★★★★

1. 两部收费制概念

两部收费是指先向消费者收取一定数量的固定费用，然后再按消费数量向消费者收取使用费的定价方式。经典的例子是游乐场，进入时要付门票费，并且也要为所玩的每个项目付一定金额。游乐场的所有者必须决定是收较高门票费而每个项目要低价，还是免费让人们进场但每个项目都要高价。

2. 入门费和使用费的确定

厂商的定价决策是确定入门费(T)和使用费(P)，即厂商要在低入门费和高使用费以及高入门费和低使用费之间寻找一个平衡点。

(1)单个消费者:

假设市场中只有一个消费者(或者有具有相同需求曲线的许多消费者)，并且厂商知道这个消费者的需求曲线，那么厂商可以令使用费 P^* 等于边际成本，入门费 T^* 等于消费者的总消费者剩余的定价方法来获得全部的消费者剩余，如图 11－6 所示。

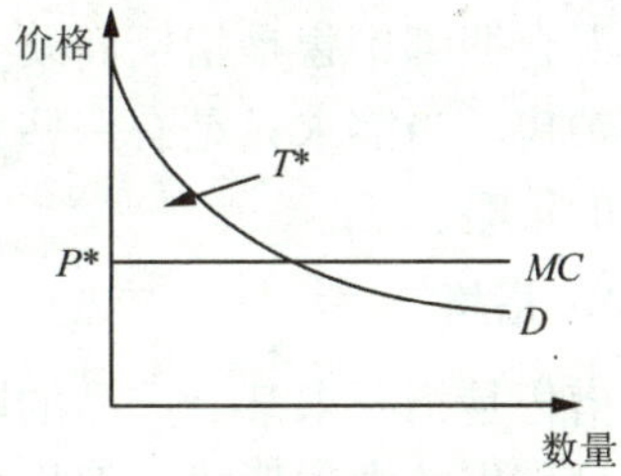

图 11－6　对单个消费者的两部收费

(2)两个消费者:

假设市场中有两个不同的消费者(或者两个消费者群体)，但厂商只能定一个入门费和一个使用费。在这种情况下，厂商会选择制定大于边际成本的使用费 P^*，入门费 T^* 等于需求弹性较小消费者的消费者剩余，这样厂商利润为 $2T^*+(P^*-MC)\times(Q_1+Q_2)$，如图 11－7 所示。

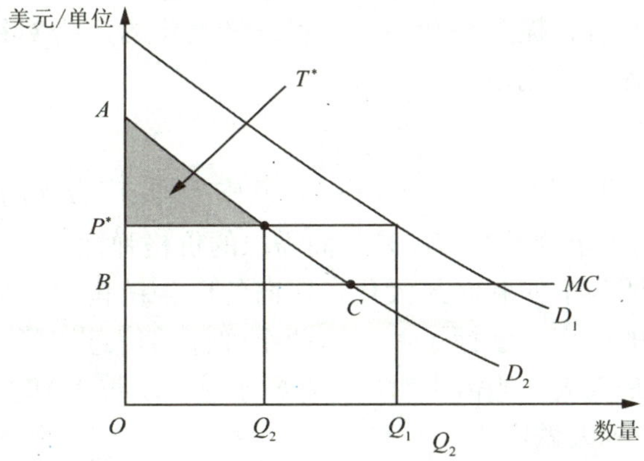

图 11－7　对两个消费者的两部收费

(3)多个消费者：

大多数厂商面对的是具有不同需求的许多消费者，但不存在计算这种情况下两部收费的简单公式，可用试错法不断逼近最优的两部收费。

考点五：捆绑销售　★★

1. 捆绑销售的基本原理

(1)含义：

捆绑销售也称为附条件交易行为，是指经营者在出售商品或提供服务时，违背交易对方的意愿，强行搭配其他商品或附加其他不合理条件的行为。

(2)获得的非法利益：

捆绑销售可能获得的非法利益有：借机推销滞销产品；比分别销售减少成本；使搭售品的价格高于竞争价格。捆绑销售使用户和消费者付出额外的代价购买自己所需要的产品，或者使其付出额外的代价接受不需要的产品。

(3)效果的影响因素：

捆绑销售的效果取决于需求负相关的程度。换句话说，当消费者对一种产品具有较高的保留价格，对另一种产品具有一个较低的保留价格时，该方法最有效。

2. 混合捆绑销售

混合捆绑销售是指厂商既分开出售它的产品，也以低于分开出售价格之和的成套价格捆绑销售。当需求只是有一些负相关或产品的边际成本比较显著时，混合捆绑销售常常是理想的策略。

3. 搭售

搭售是指要求某一产品的购买者同时购买同一企业的另一种产品的行为。纯粹的捆绑销售是搭售的常见形式，但搭售也有其他的形式。搭售使得厂商可以计算需求，从而更好的实行价格歧视；搭售也能拓展厂商的垄断势力以及保护消费者对一种品牌的信赖。

考点六：广告　★★

1. 广告的效果

广告可进一步增加利润，提升垄断势力。利润最大化的广告对销售比率在数值上等于需求的广告弹性和价格弹性的比率。

2. 广告的经验法则

广告的经验法则为：$A/(PQ)=-(E_A/E_D)$，其中 E_A 是广告支出增加 1% 所引起的需求量的百分比变化(广告的需求弹性)，E_D 是厂商需求的价格弹性。

广告的经验法则表明为了使利润最大化，厂商的广告销售比率应该等于负的广告的需求弹性和需求价格弹性的比率。掌握了关于这两个弹性的信息，厂商可以用这个法则检查它的广告预算是太小还是太大。当需求对广告非常敏感(E_A 很大)时，或者需求缺乏价格弹性(E_D 很小)时，厂商应该大做广告。

11.2　课后复习题详解

1. 假设某厂商能实行完全的一级价格歧视。它会定的最低价格是什么？它的总产量是多少？

答：如图 11－8 所示，由于厂商能实行一级价格歧视，向每个顾客索取其保留价格，各个消费者被索取的正好是他们愿意支付的最高价格，因此边际收益不再与厂商的产量决策相关，相反，从销售每个额外单位所增加的收益就简单地等于顾客为这个单位所付的价格，因而它由需求曲线给出。因为价格歧视并不影响厂商的成本结构，各额外单位的成本仍由厂商的边际成本曲线给出。因而，从生产和销售每个增加的单位所得到的利润就等于价格与边际成本之差，只要价格大于边际成本，厂商就能通过扩大生产而增加利润，并且它一直这么做，直到需求曲线与边际成本曲线相交，如图所示，此时总产量为 Q^{**}，价格为 P^{**}。

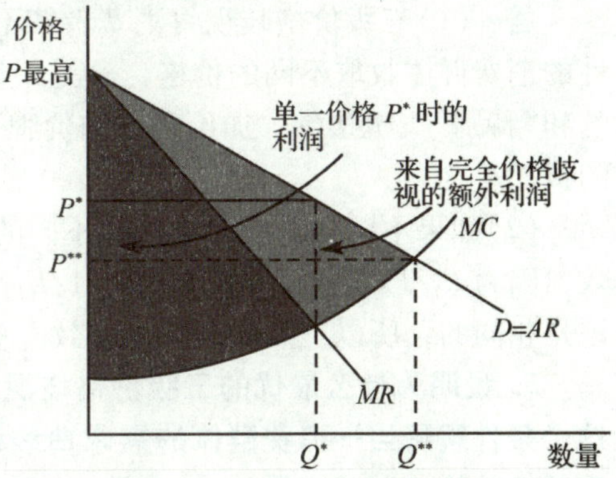

图 11－8　完全的一级价格歧视

2. 汽车推销员是怎样实行价格歧视的？正确利用歧视的能力是怎样影响他的收入的？

答：(1) 由于汽车推销员一般将价格差额作为其利润，所以推销员可以通过达成协议将其一部分利润转让给顾客，也可以坚持要求顾客支付汽车的牌价，通过这种方式，推销员可以实行价格歧视。

(2) 一个好的推销员知道怎样区分顾客，他能够确定哪些顾客如果得不到一个可观的折扣就会转向其他卖者。因此似乎要离开到别处购买的顾客可以得到大的折扣，而匆匆忙忙的顾客只能得到一小部分或者得不到折扣。因此，正确利用价格歧视的能力与汽车推销员的收入是正相关的。

3. 电力事业公司常常实行二级价格歧视。为什么这可能会改善消费者的福利？

答：(1) 二级价格歧视指通过对相同产品或服务的不同消费量“区段”索取不同的价格。电力公司一般都存在着规模经济，从而平均成本和边际成本下降，故电力公司可以增加产量同时降低价格。因此电力公司实行二级价格歧视，能够增加自己利润，同时也可以改善消费者的福利。

(2) 下面通过分析消费者剩余来看消费者福利的改善。如图 11－9 所示，假设实行了二级价格歧视，分为两个价格 P_1 和 P_2。为了分析的方便，假设 P_1 为不实行价格歧视时的单一价格。保留价格高于 P_1 的消费者取得消费者剩余 CS_1，保留价格低于 P_1 高于 P_2 的消费者获得消费者剩余 CS_2。在不实行二级价格歧视的情况下，消费者

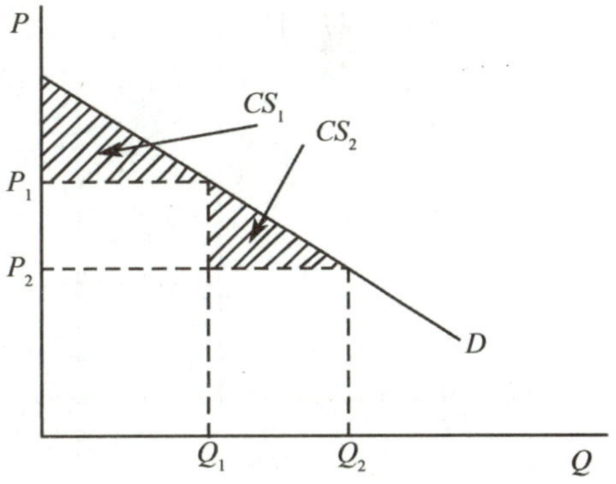

图 11－9　二级价格歧视

剩余为 CS_1，由此可见，在这种情况下，实行二级价格歧视时的消费者剩余增加，改善了消费者福利。

4. 给出一些三级价格歧视的例子。如果不同的消费群体有不同的需求水平但有相同的价格弹性，三级价格歧视会是有效的吗？

答：（1）三级价格歧视将消费者按不同的需求曲线分成不同的消费群体，对具有不同弹性的消费群体收取不同的价格，这是最盛行的价格歧视形式。三级价格歧视的例子：常规的和“特别”飞机票价，加价和不加价牌子的酒、罐头食品或冷冻蔬菜，对学生和老年公民的折扣等。

（2）如果不同的消费者群体有不同的需求水平但有相同的价格弹性，则三级价格歧视无效，因为 $P_1/P_2=(1+1/E_2)/(1+1/E_1)$，如果弹性相同，则不同群体的消费者的价格也应该是相同的，所以三级价格歧视失效。

5. 说明为什么最优的三级价格歧视要求对各消费者群体的边际收益等于边际成本。用这个条件解释当一消费群体的需求曲线外移，从而对该组的边际收益增加时，厂商应怎样变动它的价格和总产量。

答：（1）最优的三级价格歧视要求对各消费者群体的边际收益等于边际成本，其原因主要有以下两点：

①对各组消费者的边际收益是相等的，否则，厂商不可能实现利润最大化。例如，有两组顾客，对第一组的边际收益 MR_1 大于对第二组的边际收益 MR_2，则厂商可以通过将产量从第二组转移到第一组而获益。它会通过降低第一组的价格和提高第二组的价格来做到这一点。因此，不管两个价格是多少，它们必须使得不同组的边际收益相等。

②对各消费群体的边际收益等于边际成本。厂商通过选择产量从而使边际收益等于边际成本来达到利润最大化。如果对某消费群体的边际收益大于边际成本，厂商会增加销售以使得边际收益等于边际成本；如果对某消费群体的边际收益小于边际成本，厂商会减少销售以使得边际收益等于边际成本。因此，最优的三级价格歧视要求对各消费群体的边际收益等于边际成本。

（2）厂商应变动其价格和总产量的方法：

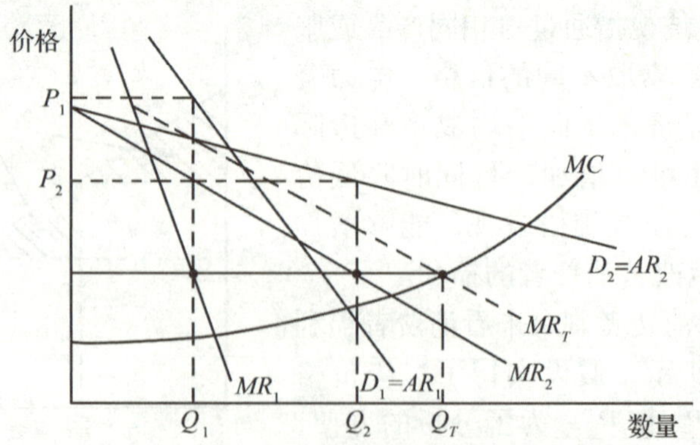

图 11－10　有两个消费群体时各曲线之间的关系

如图 11－10 所示，当一个消费群体（设为 1）的需求曲线外移，从而对该群体的边际收

益 MR_1 增加时，对该群体的边际收益 MR_1 大于边际成本 MC，为使 $MR_1 = MC$，应该提高产量 Q_1，降低价格 P_1。因为其他消费者群体的边际收益曲线不变，所以总边际收益曲线 MR_T 与 MR_1 移动方向相同，也右移，边际成本曲线 MC 与总边际收益曲线 MR_T 交于更高的产量水平，即厂商应该增加总产量。因为其他消费群体的需求曲线没有发生变化，边际成本提高，所以应该减少其他消费群体的销售量，提高其价格。

6. 在对批发给经销商的汽车定价时，美国的汽车公司典型地对豪华配置(例如真皮座椅等)的成本上的百分比加成比对汽车本身或对较基本配置(如助力方向盘和自动变速箱)的加成要高得多。给出原因。

答：这可以看作是一种三级价格歧视策略。三级价格歧视将消费者按不同的需求曲线分成不同的消费群体，对具有不同弹性的消费群体收取不同的价格，这是最盛行的价格歧视形式。根据三级价格歧视的定价原则：$P_1/P_2 = (1+1/E_2)/(1+1/E_1)$，根据需求弹性的不同，厂商可以将消费者分成不同的组，实行三级价格歧视。简单起见，假设只有两种选择配置："基本"的和"豪华"的。因为与基础性配置相比，豪华配置具有较低的需求弹性。由定价原则可知对需求弹性低的群体可以要求高的价格，即对豪华配置的加价百分比高。

7. 为什么高峰负荷定价是价格歧视的一种形式？它能使消费者受益吗？举一个例子。

答：(1)高峰负荷定价是价格歧视的一种形式的原因：

价格歧视是按不同的方法将消费者划分为不同的消费群，从而索要不同的价格，划分的方法可以依据消费者特征、地理、时间的不同等。高峰负荷定价是价格歧视的一种形式，指针对某些商品和服务在特定时间内会出现需求高峰的特点，可以在需求高峰时定高价，使价格更接近边际成本，生产者和消费者剩余的总和更大，在需求相对较少时定低价或以打折方式吸引顾客。

(2)高峰负荷定价能使消费者受益：

当按高峰价格策略定价时，因为对那些需求弹性比较大的消费者收取比较低的价格，所以可以使总的消费者剩余增大，从而使消费者受益。

高峰负荷定价与三级价格歧视的区别：对于三级价格歧视，厂商对应各组消费者的边际收益必须相等且等于边际成本，理由是给不同组提供服务的成本并不是独立的。例如，对无限制的二等舱和折扣的飞机票价，增加以折扣价卖出的座位的数量会影响卖出无限制二等舱机票的成本——当飞机满乘时边际成本上升很快。但对高峰负荷定价却不是，在工作日卖出更多的滑雪场或游乐场的票不会明显影响周末卖票的成本。因此，各时期的价格和销售，可以通过令各自的边际成本和边际收益相等而独立决定。

(3)高峰负荷定价使消费者受益的例子：

电影院夜场比日场票价高是高峰负荷定价的一个例子。对大多数电影院来说，为日场顾客服务的边际成本是独立于夜场的边际成本的。电影院的拥有者可以利用他对各个时间需求的估计和成本的估计分别决定夜场和日场的最优价格。那些需求弹性大的消费者因为对价格更敏感，可能就会选择日场，因为这部分消费者从选择日场中获得消费者剩余，从而增加消费者剩余的总量。

8. 如果某厂商有两个具有不同需求曲线的顾客，它怎样确定一种最优的两部收费？(假设它了解顾客的需求曲线。)

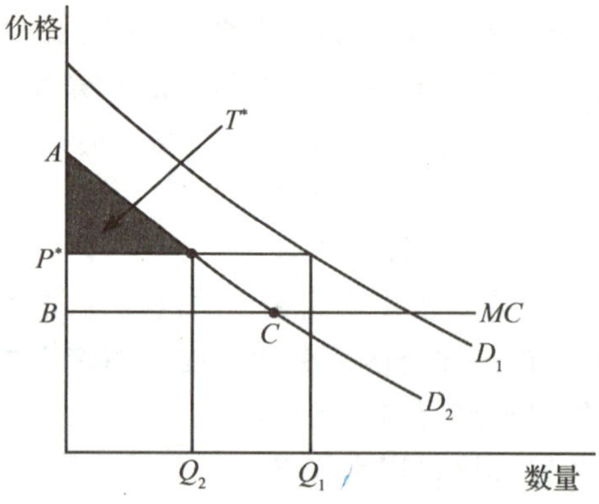

图 11－11 最优的两部收费

答： 如果厂商只有一个消费者，则会将使用费 P^* 定为等于边际成本，入门费 T^* 定为等于全部消费者剩余，使利润最大化。设有两个不同的消费者而厂商只能定一个入门价和一个使用价，厂商就不再愿意把使用费定为等于边际成本了。如果它这么做，它只能让入门费小于或等于较小需求的消费者的消费者剩余（要不然它会失去那个消费者），但这样并不能实现最大利润。厂商应该将使用费定得高于边际成本，并将入门费定在需求较小的消费者仍然有消费者剩余的某一点。图 11－11 表示这种情况。有了大于 MC 的最优使用价 P^*，厂商的利润为 $2T^* + (P^* - MC) \times (Q_1 + Q_2)$。可以证明该利润比三角形 ABC 面积（即 $P = MC$ 时需求较小的消费者的消费者剩余）的两倍要大。为了确定 P^* 和 T^* 的确切数值，如果厂商了解需求曲线 D_1 和 D_2，则可将它的利润写成 P 和 T 的函数，并选择使这个函数最大的两个价格。

9. 为什么吉列安全剃须刀的定价是一种两部收费？吉列一定要是它的刀片以及它的剃须刀的垄断生产者吗？假设你正在为吉列咨询如何决定两部收费，你会建议它怎样做？

答：（1）吉列安全剃须刀的定价是遵循两部收费原则的，因为要使用吉列剃须刀就必须同时拥有剃刀和刀片，而剃须刀可以视为入门费，消费者为了使用吉列剃须刀片就必须首先为剃须刀付费，然后再为刀片付费。

（2）吉列不一定必须是垄断生产者，但是必须有一定的市场势力，才能实行两部收费。所以，吉列在刀片市场上必须具有一定的垄断势力，才能使消费者为了使用吉列刀片而必须购买吉列剃须刀，从而利用吉列剃须刀来攫取消费者剩余，有效地实行两部收费。

（3）建议：要实行两部收费，应当了解市场的需求状况，如果消费者的需求相当接近，可以将刀片价格 P 定在接近边际成本，并使剃须刀价格 T 等于消费者剩余；如果消费者对产品的需求不同，可以将刀片价格定在比边际成本高出一截，并定较低的剃须刀价格。

10. 在加利福尼亚州的伍德兰小镇，有许多牙医但只有一个眼科医生。对于牙齿检查或眼睛检查，哪个项目更可能向有钱人提供折扣价格？为什么？

答： 牙齿护理市场可以视为完全竞争的，而眼科医生可以视为一个完全垄断者。只有拥有市场势力的厂商才可以实施价格歧视，这意味着有钱人更有可能从眼科医生那里获得折扣。每一个牙医索要的价格等于其边际成本，因而他们不太可能提供价格折扣。

11. 为什么 MGM 要将《飘》和《吉蒂的奖赏》捆绑销售？若捆绑销售能增加利润，需求必须具备什么特征？

答：（1）电影公司 MGM 要将《飘》和《吉蒂的奖赏》捆绑销售的原因：

电影公司 MGM 将《飘》和《吉蒂的奖赏》捆绑销售是为了增加利润。假设有两家电影院，对两部影片的保留价格如表 11－2 所示。

表 11－2　保留价格

	飘	吉蒂的奖赏
影院 A	12000 美元	3000 美元
影院 B	10000 美元	4000 美元

如果两部影片分开租赁，对《飘》可以定的最高价格为 10000 美元，因为要价超过10000 会将影院 B 排除掉，同样的，对《吉蒂的奖赏》能定的最高价格为 3000 美元，总收益为 26000 美元。如果实行捆绑销售，则影院 A 对这套影片的估价为 15000 美元，影院 B 的估价为 14000 美元，定捆绑销售价格为 14000 美元，总收益为 28000 美元。通过捆绑销售，可以赚到更多的利润。

(2)若捆绑销售能增加利润，需求必须要有的特征：

若捆绑销售能增加利润，对商品的需求必须是负相关的，即愿意为《飘》付得多的消费者只愿为《吉蒂的奖赏》付得少。虽然两家影院对《飘》比对《吉蒂的奖赏》都会支付多得多的钱，但影院 A 比影院 B 愿意为《飘》支付得更多(12000 美元对 10000 美元)，而影院 B 比影院 A 愿意为《吉蒂的奖赏》支付较多(4000 美元对 3000 美元)。若需求是正相关的，即影院 A 为两部影片都愿意付得较多，例如，在表 11－3 中，影院 A 最多愿为这套影片付 16000 美元，但影院 B 为这套影片只愿付 13000 美元。因此如果影片是捆绑销售的，能给这套影片定的最高价格是13000美元，产生 26000 美元总收入，与分开销售影片相同。

表 11－3　保留价格

	飘	吉蒂的奖赏
影院 A	12000 美元	4000 美元
影院 B	10000 美元	3000 美元

12. 混合捆绑销售与纯捆绑销售有何不同？在什么条件下混合捆绑销售优于纯捆绑销售？为什么许多餐厅实行混合捆绑销售(通过供应套餐和点菜)而不是纯捆绑销售？

答：(1)混合捆绑销售与纯捆绑销售的不同：

混合捆绑销售是指厂商既分开出售它的商品，也以低于个别价格之和的成套价格捆绑销售。纯捆绑销售是指将两个或更多的商品作为一套商品一起出售。

(2)混合捆绑销售优于纯捆绑销售的条件：

①需求不是完全负相关的，而只是有一些负相关；②产品有相当的边际成本；③需求有一些负相关，并且产品有相当的边际成本。

(3)许多餐厅实行混合捆绑销售而不是纯捆绑销售的原因：

许多餐厅实行混合捆绑销售(通过供应套餐和点菜)而不是纯捆绑销售，这是因为进餐厅的顾客有不同的偏好。在这里，需求不是完全负相关的，而是有一些负相关，而且产品有一定的边际成本。因此混合捆绑销售比纯捆绑销售好一些。例如，有些顾客对餐前开胃酒很看重，但是很不在乎餐后甜点；有些顾客有恰恰相反的偏好——他们不重视开胃酒，但甜点却是必须的；还有一些顾客对开胃酒和甜点都有适度的评价。对一个餐厅来说，混合捆绑销售意味着既供应套餐(开胃酒、主菜、甜点一整套)，也可以点菜(顾客分开买开胃酒、主菜、甜点)。这种混合捆绑销售策略使得它可以通过菜的定价从那些对某些菜点比对其他菜点偏爱得多的顾客那里夺取消费者剩余，从而增加了餐厅的利润。

13. 搭售与捆绑销售有何不同？为什么厂商想要实行搭售？

答： 搭售中的商品是互补品，而捆绑销售中的商品可以是互补品，也可以是替代品。搭售使得厂商可以计算需求，从而更有效地进行价格歧视。例如，20 世纪 50 年代期间，IBM 要求租用它的大型计算机的顾客使用由 IBM 制造的计算机纸卡。通过将这些卡的价格定得比边际成本高许多，IBM 成功地向需求较大的客户收取了较高的计算机使用费。

14. 为什么广告投入增加到最后 1 美元广告支出正好产生 1 美元额外销售之点是不正确的？什么是边际广告支出的正确法则？

答：(1)广告投入增加到最后 1 美元广告支出正好产生 1 美元额外销售这点是不正确的，因为这种定价忽略了一个重要的因素：广告导致产量的增加，但是产量增加反过来又意味着增加生产成本，而这一点在比较额外的 1 美元广告的成本收益时必须考虑到。

(2)边际广告支出的正确法则是不断增加广告支出直至从 1 美元增加的广告的边际收益 MR 恰好等于广告的全部边际成本 MC。这个全部边际成本是直接花在广告上的这 1 美元与广告带来的销量的增加所引起的边际生产成本之和。即厂商应该做广告直到满足下式：

$$MR_{Ads} = P\frac{\Delta Q}{\Delta A} = 1 + MC\frac{\Delta Q}{\Delta A} = \text{广告的全部边际成本}$$

因此，广告的简单法则为：$A/PQ = -(E_A/E_D)$。

15. 厂商如何检查广告销售比是否合理？它需要什么信息？

答：(1)广告对销售的比率：

$$\frac{P-MC}{P} \times \left(\frac{A}{Q} \times \frac{\Delta Q}{\Delta A}\right) = \frac{A}{PQ}$$

括号中的项$\left(\frac{A}{Q} \times \frac{\Delta Q}{\Delta A}\right)$为广告的需求弹性，即广告支出增长 1% 所引起的需求变化的百分比，用 E_A 表示该弹性。由于$\frac{P-MC}{P}$必须等于 $-\frac{1}{E_D}$，因此可将该式重新写为：$A/(PQ) = -(E_A/E_D)$，该式就是厂商做广告的简单法则，也是广告的基本法则。可知，为了使利润最大化，厂商的广告销售比率应该等于负的广告的需求弹性和价格弹性的比率。厂商可以用这个法则检查它的广告对销售比率是不是太高或太低。

(2)使用这个法则，需要有关于广告的需求弹性和价格弹性的信息，厂商应该通过一定的措施，譬如说通过市场研究，从而得到这两个弹性的大小，进而检查广告对销售比率是不是合理。

11.3 课后练习题详解

1. 价格歧视需要有将顾客分类的能力和防止套利的能力。解释下列项目是怎样起到价格歧视的作用的，并讨论其分类和套利。

(1)至少一个周六晚上不能在家过夜的旅客才可以购买低价机票。

(2)坚持将水泥送货上门，并以购买者的住址作为定价基础。

(3)销售食品加工机时附送 10 美元的回扣。

(4)对卫生纸提供临时促销价。

(5)给高收入病人做整形外科手术的要价高于低收入病人。

答：(1)通过周六能不能在家过夜这个条件将旅客分成两类，商务旅客和旅游者。因为商务旅客一般会回家度周末，而旅游者会在周末出游。如果机票上详细说明旅客姓名的话，就可以防止套利。

(2)通过以购买者的住址为定价基础，将顾客按照地段来分类，价格因此可以包括运输费用。因为水泥重量和体积大，运费可能是很大的。这种情况下基本上不存在套利的问题。

(3)食品加工机的回扣将顾客分成两个群体：①对价格不敏感(有较低的需求弹性)，不要求回扣的顾客；②对价格敏感(有较高的需求弹性)，要求回扣的顾客。为了防止套利行为，厂商应该限制每个家庭所能要求的折扣的数量。

(4)对卫生纸提供临时促销价是跨期价格歧视的一种形式。对价格敏感的消费者在削价期间会比不削价时买得多，而对价格不敏感的消费者则购买相同的数量。套利是可能发生的，但是转卖卫生纸所获的利润很可能不能补偿存储、运输和转卖卫生纸的花费，从而套利的可能性不大。

(5)整形外科医生可能比较难以区分高收入和低收入的病人，但是他/她可以先定一个比较高的价格，通过看病人对此的反应来作出判断，从而有效区分。套利是不可能的，因为整形手术不能从低收入的病人转移给高收入的病人。

2. 如果夫妻对汽车影院的需求比单身者更有弹性，则影院向开车者收门票费并向乘车者收额外的费用是最优的。这种做法是对还是错？请加以解释。

答：正确。分析如下：

这是一种两部收费定价策略。入门费是向开车者收的门票费，使用费是向乘车者收的费用。这可以看作是有两组不同的消费者(夫妻和单身个人)情况下的两部收费制。为达到利润最大化，影院应该定一个入门费 T 来攫取开车者消费者剩余，定一个高于放电影的边际成本的使用费 P，从而达到利润最大化。如果影院了解两组消费者的需求曲线，那么他可以将利润写成 P 和 T 的函数，并选择使利润最大的 P 和 T。

3. 在教材例 11.1 中，我们看到加工食品及相关消费品的制造商使用优惠券作为价格歧视的一种方式。尽管优惠券在美国很盛行，在其他一些国家情况却不同。例如在德国，使用优惠券是非法行为。

(1)禁止在德国使用优惠券是改善了还是恶化了德国消费者的境况？

(2)禁止在德国使用优惠券是改善了还是恶化了德国生产者的境况？

答：(1)很难概括地说禁用优惠券是改善了还是恶化了德国消费者的境况，因为总的消费者剩余可能增大也可能减小。优惠券是一种价格歧视，总的消费者剩余增大还是减少取决于优惠券所优惠的价格及消费者需求的分布情况。值得注意的是，因为优惠券的使用可以扩大市场容量，从而可以增大市场的总剩余。

在图 11－12 中，有两组具有不同的需求曲线的消费者。假定边际成本是 0。如果不实行价格歧视，第 2 组消费者被排除在市场之外，因此没有消费者剩余。如果实行价格歧视，第 2 组消费者可以获得一定的消费者剩余。同时，第 1 组消费者在这种价格歧视下，付出的价格与没有歧视时相同，因此获得的消费者剩余不变。在这种情况下，总的消费者剩余

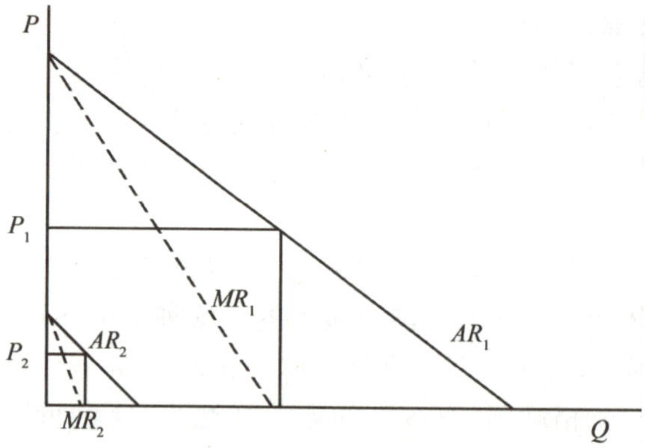

图 11－12 两组消费者情况下的价格歧视与消费者剩余

是增加的。

但有些情况下，第1组消费者在价格歧视下获得的价格可能会升高，从而使消费者剩余减少。减少值甚至可能大于第2组消费者增加的消费者剩余，从而使总的消费者剩余减少，恶化消费者整体的境况。但是第2组消费者即对价格敏感的消费者在价格歧视下境况一定会得到改善。

(2)禁止在德国使用优惠券使得德国生产者的境况恶化，至少是不会改善。如果生产者可以成功地使用价格歧视，就能最大程度地攫取消费者剩余，增加自身的利润，从而改善自身的境况。

4. 假设宝马能够以常数边际成本20000美元和100亿美元的固定成本生产任意数量的汽车。要求你就宝马应该给在欧洲市场的销售和在美国的销售定什么价格和数量向CEO提供咨询意见。各市场对宝马的需求由下列式子给出：

$$Q_E = 4000000 - 100P_E$$

$$Q_U = 1000000 - 20P_U$$

其中，下标 E 代表欧洲；下标 U 代表美国。假设宝马能够将美国的销售限制于只能由宝马授权的经销商来进行。

(1)厂商在各市场应该销售多少宝马汽车以及各个市场的价格为多少？总利润是多少？

(2)如果宝马被迫在各个市场制定相同的价格，在各个市场销售的数量是多少？均衡价格是多少？公司利润是多少？

解：(1)如果厂商在各市场上各自定价销售，为达到利润最大化，应该使得各自市场的边际收益等于边际成本。

反需求函数分别为：$P_E = 40000 - 0.01Q_E$

$P_U = 50000 - 0.05Q_U$

边际收益分别为：$MR_E = 40000 - 0.02Q_E$

$MR_U = 50000 - 0.1Q_U$

要使欧洲市场利润最大化，应该使 $MR_E = MC = 20000$，即：$40000 - 0.02Q_E = 20000$，解得：$Q_E = 1000000$，$P_E = 40000 - 0.01Q_E = 30000$。

要使美国市场利润最大化，应该使 $MR_U = MC = 20000$，即：$50000 - 0.1Q_U = 20000$，解得：$Q_U = 300000$，$P_U = 50000 - 0.05Q_U = 35000$。

总利润：

$$\pi = TR - TC = 30000 \times 1000000 + 35000 \times 300000 - (10000000000 + 20000 \times 1300000)$$
$$= 45(\text{亿美元})$$

故厂商在美国市场和欧洲应该各销售 300000 和 1000000 辆，市场的价格分别为 35000 和 30000 美元，总利润是 45 亿美元。

(2) 如果宝马被迫在各个市场定相同的价格，则需求变为：$Q = Q_E + Q_U$，即：$Q = 5000000 - 120P$，反需求函数为 $P = 5000000/120 - Q/120$。

所以，$MR = 5000000/120 - Q/60$。

令 $MR = MC$ 有利润最大化的产量 $Q^* = 1300000$。

所以，$P = 30833.33$，$Q_E = 916667$，$Q_U = 383333$。从而利润为：

$$\pi = 30833.33 \times 1300000 - (10000000000 + 20000 \times 1300000) = 40.83(\text{亿美元})$$

这种情况下，美国消费者可以少支付 4166.67 美元，欧洲消费者要多支付 833.33 美元，宝马公司的利润减少了 4.17 亿美元。

5. 某垄断者正在决定如何在两个市场之间分配产量。两个市场在地理上是分开的（东海岸和中西部）。两个市场的需求和边际收益为：

$$P_1 = 15 - Q_1 \qquad MR_1 = 15 - 2Q_1$$
$$P_2 = 25 - 2Q_2 \qquad MR_2 = 25 - 4Q_2$$

垄断者的总成本为 $C = 5 + 3(Q_1 + Q_2)$。请问在以下两种情况下价格、产量、利润、边际收益和无谓损失各为多少：(1) 如果垄断者可以采取价格歧视；(2) 如果法律禁止在两个地区索要不同的价格？

解：(1) 如果可以实行价格歧视，垄断者会分别选择在各个市场上的产量，从而使得各自的边际收益等于边际成本，从而达到利润最大化。边际成本为：

$$MC = \frac{dC}{dQ} = \frac{d(5+3Q)}{dQ} = 3$$

在市场 1：$MR_1 = MC$，即 $15 - 2Q_1 = 3$，解得：$Q_1 = 6$，$P_1 = 15 - Q_1 = 15 - 6 = 9$（美元）。

在市场 2：$MR_2 = MC$，即 $25 - 4Q_2 = 3$，解得：$Q_2 = 5.5$，$P_2 = 25 - 2Q_2 = 25 - 2 \times 5.5 = 14$（美元）。

利润：$\pi = (6 \times 9 + 5.5 \times 14) - (5 + 3 \times 11.5) = 91.5$（美元）。

由于垄断所带来的无谓损失是指比完全竞争条件下损失的福利，故：

$$DWL = 1/2 \times (Q_C - Q_M) \times (P_M - P_C)$$

完全竞争条件下，价格 P = 边际成本 MC，即为 3 美元。

则：在市场 1，$15 - Q_1 = 3$，解得 $Q_1 = 12$；

在市场 2，$25 - 2Q_2 = 3$，解得 $Q_2 = 11$。

因此，市场 1 的无谓损失为：$DWL_1 = 1/2 \times (12 - 6) \times (9 - 3) = 18$（美元）；

市场 2 的无谓损失为：$DWL_2 = 1/2 \times (11 - 5.5) \times (14 - 3) = 30.25$（美元）；

总的无谓损失为：$DWL = DWL_1 + DWL_2 = 48.25$（美元）。

故如果垄断者可以实行价格歧视，市场 1 和市场 2 的价格分别为 9 美元和 14 美元，产量分别为 6 和 5.5，利润为 91.5 美元，边际收益都为 3 美元，无谓损失分别为 18 美元和

30.25 美元。

(2)如果法律禁止在两个地区索要不同的价格，那么两个市场没有本质区别，其需求函数分别是 $P=15-Q_1$，$P=25-2Q_2$，则垄断厂商面临的总销量为 $Q=Q_1+Q_2=(15-P)+(25-P)/2=27.5-3P/2$，即 $P=(55-2Q)/3$，则总边际收益为 $MR=(55-4Q)/3$。

又因为垄断厂商的边际成本为 $MC=3$，其利润最大化条件为 $MR=MC$，解得 $Q=11.5$，则 $P=(55-2Q)/3=32/3$，$Q_1=15-P\approx4.33$，$Q_2=(25-P)/2\approx7.17$，$\pi=32/3\times11.5-5-3\times11.5\approx83.17$，$MR_1=15-2Q_1=6.34$，$MR_2=25-4Q_2=-3.68$。

若 $P=MC=3$，则 $Q_1=15-P=12$，$Q_2=(25-P)/2=11$，$DWL_1=1/2\times(12-4.33)\times(32/3-3)\approx29.40$(美元)；$DWL_2=1/2\times(11-7.17)\times(32/3-3)\approx14.68$(美元)。

故如果法律禁止价格歧视，市场1和市场2的价格均为32/3美元，产量分别为4.33和7.17，利润为83.17美元，边际收益分别为6.34和−3.68美元，无谓损失分别为29.40美元和14.68美元。

6. 伊丽莎白航空公司（EA）只飞一条航线：芝加哥—檀香山。对这条航线上各航班的需求是 $Q=500-P$。伊丽莎白运行各个航班的成本是30000美元，增加一个乘客成本增加100美元。

(1)EA的利润最大化价格是多少？每个航班会有多少乘客？EA每个航班的利润是多少？

(2)EA了解到每个航班的固定成本是41000美元而不是30000美元，它会长期经营下去吗？画一张由EA面临的需求曲线、当固定成本为30000美元时EA的平均成本曲线，以及当固定成本为41000美元时EA的平均成本曲线构成的图来演示你的答案。

(3)等一下！EA发现有两种不同类型的人飞到檀香山。类型A是需求为 $Q_A=260-0.4P$ 的商务人员。类型B是总需求为 $Q_B=240-0.6P$ 的学生。学生是很容易识别的，所以EA决定对他们制定不同的价格。画出各条需求曲线及各曲线之和。EA给学生定什么价？它对其他乘客定什么价？各航班上各类型乘客各有多少？

(4)各个航班EA的利润将是多少？它还会继续经营下去吗？计算各消费群体的消费者剩余。总的消费者剩余是多少？

(5)在EA开始实行价格歧视之前，需要到檀香山旅行的类型A乘客的消费者剩余是多少？类型B呢？为什么总剩余会随着价格歧视而下降，虽然销售总量没有变化？

解：(1)航线上各航班的需求是 $Q=500-P$，即 $P=500-Q$。

边际收益为：$MR=500-2Q$，航班每加载一名乘客的边际成本 MC 是100美元。

要使利润最大化，应该使 $MR=MC$，即 $500-2Q=100$，解得：$Q=200$。

此时价格为 $P=500-Q=500-200=300$；

利润为 $\pi=300\times200-(30000+200\times100)=10000$(美元)。

(2)固定成本的增加不会影响利润最大化价格和产量，如果每个航班的固定成本是41000美元，利润变为 $\pi=300\times200-(41000+200\times100)=-1000$(美元)，即每个航班EA会亏损1000美元。因此如果EA了解到每个航班的固定成本是41000美元，它不会长期经营下去。

EA面临的需求曲线如图11−13中的 D 曲线。当固定成本为30000美元时EA的平均成

本曲线为 $AC = 30000/Q + 100$，当固定成本为 41000 美元时，EA 的平均成本曲线为 $AC = 41000/Q + 100$，通过描点画图，做出两条平均成本曲线如图所示。达到利润最大化时，固定成本为 30000 和41000时的平均成本分别为 250 和 305，而平均收益为此时的价格 300，如图 11－13 所示：阴影部分为固定成本为 30000 时，EA 的利润；阴影部分为固定成本为 41000 时，EA 的亏损。

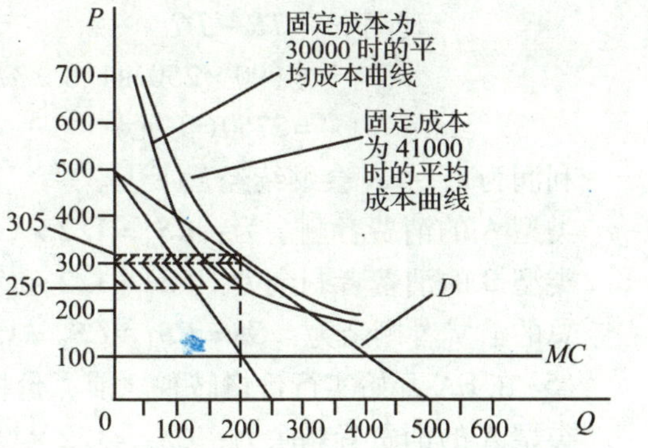

图 11－13　不同固定成本下 EA 的平均成本曲线

(3) 商务人员（类型 A）和学生（类型 B）的需求为

$$Q_A = 260 - 0.4P_A$$
$$Q_B = 240 - 0.6P_B$$

即：

$$P_A = 650 - 2.5Q_A$$
$$P_B = 400 - 1.67Q_B$$

边际收益分别为：

$$MR_A = 650 - 5Q_A$$
$$MR_B = 400 - 3.33Q_B$$

为达到利润最大化，应该使 $MR_A = MC$，$MR_B = MC$，即：

$$650 - 5Q_A = 100$$
$$400 - 3.33Q_B = 100$$

解得 $Q_A = 110$，$Q_B = 90$。从而：

$$P_A = 650 - (2.5 \times 110) = 375(\text{美元})$$
$$P_B = 400 - (1.67 \times 90) = 250(\text{美元})$$

类型 A 和类型 B 的需求曲线如图 11－14 所示，他们的水平叠加为图中的黑粗线。EA 给学生定价 250 美元，对其他乘客定价 375 美元，每个航班上学生乘客有 90 人，其他乘客 110 人。

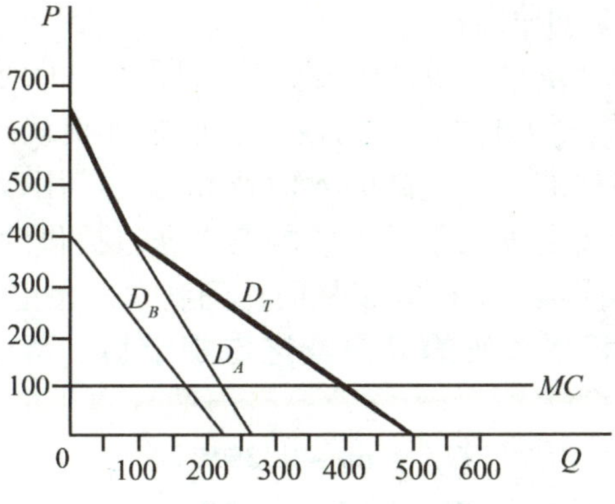

图 11－14　类型 A 与类型 B 的需求曲线

(4) 有价格歧视的条件下，

利润 $\pi = TR - TC$

$= (90 \times 250 + 110 \times 375) - [41000 + (90 + 110) \times 100)]$

$= 2750$(美元)

利润为正，EA 会继续经营下去。

类型 A 的消费者剩余为：$CS_A = 1/2 \times (650 - 375) \times 110 = 15125$(美元)；

类型 B 的消费者剩余为：$CS_B = 1/2 \times (400 - 250) \times 90 = 6750$(美元)；

总的消费者剩余为：$CS = CS_A + CS_B = 15125 + 6750 = 21875$(美元)。

(5)在 EA 开始实行价格歧视之前，价格 $P = 300$，$Q_A = 140$，$Q_B = 60$。

类型 A 的消费者剩余为：$CS_A = 1/2 \times (650 - 300) \times 140 = 24500$(美元)；

类型 B 的消费者剩余为：$CS_B = 1/2 \times (400 - 300) \times 60 = 3000$(美元)；

总的消费者剩余为：$CS = CS_A + CS_B = 24500 + 3000 = 27500$(美元)。

实行价格歧视前的总的消费者剩余大于实行价格歧视以后总的消费者剩余。虽然销售总量没有发生变化，但是价格歧视使得 EA 能够从对旅行出价高的消费者身上侵占消费者剩余，从而使得总的消费者剩余量下降。

7. 许多录像带零售店提供两种可选的租片方式：

(1)两部收费。支付一笔年度会员费(例如 40 美元)，然后在日常租赁影片时付较低的费用(例如每部影片每天 2 美元)。

(2)直接支付租赁费。不支付会员费，但支付较高的日租费(例如每部影片每天 4 美元)。

在本例中两部收费背后的理由是什么？为什么要给顾客两种选择方案，而不是只有两部收费一种方案？

答：(1)两部收费背后的理由：

两部收费与价格歧视相关并提供了攫取消费者剩余的一种方法。他要求消费者为获得购买一种产品的权利先预付一定的费用，然后消费者再为他们希望消费的每一单位产品付一个额外的费用。对于一些录像带零售店而言，总是存在一些租赁影片的顾客，他们愿意支付一个高的入门费和低的使用费从而可以提高自己的消费效用。因此实行两部收费法主要是针对租量大的顾客，录像带零售店可以通过这种定价方法攫取更多的消费者剩余。

(2)给顾客两种选择方案的原因：

通过提供两种方案的定价策略，录像带零售店将顾客分为两类：租量大的顾客和租量小的顾客。如果他只是提供一种方案，那么他就会面临如何确定入门费和使用费的困难，因为他面临的顾客是多种多样的。一个高的入门费和低的使用费会丧失租量小的顾客，而一个低的入门费和高的使用费会丧失租量大的顾客。通过提供两种方案供顾客选择解决了这个问题，可以吸引更多不同类型的顾客，从而达到利润最大化。

8. Sal 卫星公司向纽约和洛杉矶的订户发送电视节目。两地订户群体的需求曲线分别为：

$$Q_{NY} = 60 - 0.25P_{NY}$$

$$Q_{LA} = 100 - 0.5P_{LA}$$

其中，Q 以每年千户计；P 为年定价。提供 Q 单位服务的成本为：

$$C = 1000 + 40Q$$

其中，$Q=Q_{NY}+Q_{LA}$。

(1)纽约市场和洛杉矶市场的利润最大化价格和数量各是多少？

(2)作为五角大楼部署的一颗新卫星的结果，洛杉矶人可以接收到 Sal 在纽约发送的节目，而纽约人也可接收到 Sal 在洛杉矶发送的节目。这样纽约或洛杉矶的任何人只要在任一城市付费就可收到 Sal 的节目。因此，Sal 只能制定单一的价格。它会制定什么价格，以及它在纽约和洛杉矶能销售多大数量呢？

(3)在上面的(1)部分和(2)部分中，在哪种情况下，Sal 的境况更好？从消费者剩余的角度看，纽约人偏爱哪种情况？洛杉矶人偏爱哪种情况？为什么？

解：(1)在两个市场上可以采取不同价格，则垄断者会分别选择产量，从而使各个市场上的边际收益相等并且均等于边际成本，以达到利润最大化。

纽约市场和洛杉矶市场的需求曲线分别为：

$$P_{NY}=240-4Q_{NY}$$
$$P_{LA}=200-2Q_{LA}$$

纽约市场和洛杉矶市场的边际收益分别为：

$$MR_{NY}=240-8Q_{NY}$$
$$MR_{LA}=200-4Q_{LA}$$

边际成本为：$MC=\frac{dC}{dQ}=\frac{d(1000+40Q)}{dQ}=40$，令 $MC=MR_{NY}$，$MC=MR_{LA}$，即：

$40=240-8Q_{NY}$，解得 $Q_{NY}=25$，此时，$P_{NY}=240-4\times25=140$(美元)；

$40=200-4Q_{LA}$，解得 $Q_{LA}=40$，此时，$P_{LA}=200-2\times40=120$(美元)。

故纽约市场和洛杉矶市场的利润最大化价格和数量分别是 140 美元、25 千户和 120 美元、40 千户。

(2)Sal 只能制定单一的价格。当价格高于 200 美元时需求曲线就是纽约的需求曲线，当价格低于 200 美元时，$Q=Q_{NY}+Q_{LA}=160-0.75P$，即反需求函数为 $P=213.33-1.33Q$，$MR=213.33-2.67Q$。

令 $MR=MC$，即 $213.33-2.67Q=40$，解得 $Q=65$。

代入反需求函数有 $P=126.67$ 美元，代入各地的需求函数有 $Q_{NY}=28.3$，$Q_{LA}=36.7$。

(3)对于(1)和(2)哪种情况对 Sal 更好，只要看哪种情况下的利润大。

在(1)中，利润是 $\pi_1=Q_{NY}P_{NY}+Q_{LA}P_{LA}-[1000+40(Q_{NY}+Q_{LA})]=25\times140+40\times120-[1000+40(25+40)]=4700$(美元)；

在(2)中，利润是 $\pi_2=PQ-(1000+40Q)=126.67\times65-(1000+40\times65)=4633.55$(美元)；

因此，对 Sal 来说，情况(1)更好，即市场分离，可以定不同价格的时候更好。

看消费者偏爱哪种情况，只要看消费者剩余的大小。消费者剩余是指需求曲线下方高于市场价格的部分的面积。

在(1)中，消费者剩余是 $CS_{NY1}=0.5\times(240-140)\times25=1250$(美元)；$CS_{LA1}=0.5\times(200-120)\times40=1600$(美元)；

在(2)中，消费者剩余是 $CS_{NY2}=0.5\times(240-126.67)\times28.3=1603.67$(美元)；$CS_{LA2}=$

$0.5\times(200-126.67)\times36.7=1345.67$(美元)。

故纽约的消费者偏爱情况(2)，获得更多的消费者剩余；洛杉矶的消费者偏爱情况(1)，获得更多的消费者剩余。

9. 你是出租超级计算机的超级计算机公司（SC）的执行官。SC 出租计算机每次可以得到一个固定的租费(与使用时间无关)，并从每秒钟的使用时间中收费 P 美分。SC 有相同数目的两类潜在客户——10 个企业和 10 个学术机构。各个企业客户有需求函数 $Q=10-P$，其中 Q 以每月百万秒计；各学术机构有需求函数 $Q=8-P$。SC 增加的计算时间的边际成本为每秒 2 美分，不管总量是多少。

(1)假设你能将企业和学术机构分开，你对各组索要的租费和使用费各是多少？你的利润是多少？

(2)假设你无法把两类客户分开，且你不要租费，使你利润最大的使用费是多少？你的利润又是多少？

(3)假设你制定一种两部收费，即制定一种企业客户和学术机构客户共同的租费和使用费。你所制定的使用费和租费各为多少？你的利润是多少？解释为什么价格不等于边际成本。

解：为简化问题，不妨设固定成本 $FC=0$。

(1)假设能将企业和学术机构分开，即对企业和学术机构分别按照只有一种消费者的情况来确定两部收费的租费和使用费。为了达到利润最大化，应该攫取所有的消费者剩余，即把使用费定为边际成本，租费定为价格等于边际成本情况下的消费者剩余。

对于学术机构，当价格等于边际成本 2 美分/秒时，消费者剩余为 $0.5\times(8-2)\times6=18$(百万美分/月)，即 180000 美元/月。所以，应该对学术机构收取 180000 美元/月的租费，2 美分/秒的使用费。从每个学术单位租用者可获利润 180000 美元/月，10 个学术机构可获利 1800000 美元/月。

对于企业，当价格等于边际成本 2 美分/秒时，消费者剩余为 $0.5\times(10-2)\times8=32$(百万美分/月)，即 320000 美元/月。所以，应该对企业收取 320000 美元/月的租费，2 美分/秒的使用费。从每家企业租用者可获利润 320000 美元/月，10 家企业可获利 3200000 美元/月。

总利润：$3200000+1800000-FC=5000000$(美元/月)。

(2)假设你无法把两类客户分开，则总需求为：$Q=10\times(10-P)+10\times(8-P)=180-20P$，即 $P=9-\dfrac{Q}{20}$，因此边际收益为 $MR=9-\dfrac{Q}{10}$。

为达到利润最大化，应该使 $MR=MC$，即 $9-\dfrac{Q}{10}=2$，解得 $Q=70$。

从而价格为：$P=9-\dfrac{Q}{20}=9-70/20=5.5$(美分/秒)；

利润是 $\pi=(5.5-2)\times70=245$(百万美分/月)$=2.45$(百万美元/月)。

故若不要租费，使利润最大的使用费是 5.5 美分/秒，利润是 2.45 百万美元/月。

(3)制定一种两部收费，对企业客户和学术机构客户收取共同的租费和使用费。因为学术机构客户的需求较小，所以租费 T 应该定为学术机构客户的消费者剩余，而如果定为企业客户的消费者剩余，那么学术机构客户就不会租用了。

设最优使用价为 P^*，则租费为：

$$T=CS_A=0.5\times(8-P^*)\times(8-P^*)=0.5\times(8-P^*)^2$$

总收益和总成本分别为：

$$TR=20T+P^*(Q_A+Q_B)$$
$$TC=2(Q_A+Q_B)$$

利润为：

$$\pi=20T+P^*(Q_A+Q_B)-2(Q_A+Q_B)$$
$$=10\times(8-P^*)^2+(P^*-2)(180-20P^*)$$

利润 π 对 P^* 求导，并令导数为零，求得最优使用价 P^*。

$$\frac{d\pi}{dP^*}=-20P^*+60=0$$

解得：$P^*=3$(美分/秒)，从而租费为：

$$T=0.5\times(8-P^*)^2=0.5\times(8-3)^2=12.5(\text{百万美分/月})=125000(\text{美元/月})$$

在这个价格下，有：

$$Q_A=10\times(8-3)=50$$
$$Q_B=10\times(10-3)=70$$

利润为：

$$\pi=20T+P^*(Q_A+Q_B)-2(Q_A+Q_B)$$
$$=20\times12.5+(3-2)\times(50+70)$$
$$=370(\text{百万美分/月})=3.70(\text{百万美元/月})$$

故所定的使用费为 3 美分/秒，租费为125000美元/月，利润是 3.70 百万美元/月。

价格不等于边际成本是因为采用高于边际成本的价格 P^* 可以获得最大利润，从上面的计算可以看出，P^* 是利润取得最大值时的价格。如图 11－15 所示，价格等于边际成本时，租费 T 应该定为学术机构客户的消费者剩余，即图中的三角形 ABC 的面积。利润为三角形 ABC 面积的 2 倍。而价格取 P^* 时，利润为 $2T^*+(P^*-MC)\times(Q_1+Q_2)$，大于三角形 ABC 面积的 2 倍。

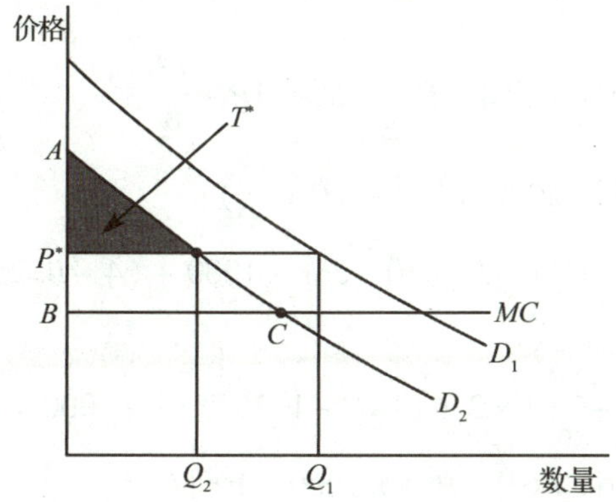

图 11－15　两部收费的价格决定

10. 作为一个孤立的富裕新区唯一的网球俱乐部的拥有者，你必须决定会员费和场地时间费。有两种类型的网球手。“网球发烧友”的需求为：

$$Q_1 = 10 - P$$

其中，Q_1 为每周场地小时；P 为每人每小时的费用。

“散客”球手的需求为：

$$Q_2 = 4 - 0.25P$$

设各类型都有 1000 人。你有足够的场地，因而场地时间的边际成本为零。你有每周 10000 美元的固定成本。“网球发烧友”和“散客”球手看上去类似，所以你必须对他们制定同样的价格。

(1) 假设为了保持一种“职业”气氛，你想将会员限制于“网球发烧友”。你将如何制定年会员费和场地费（假设每年为 52 周）以使利润最大化（记住只有“网球发烧友”会选择入会）？

(2) 有个朋友告诉你，鼓励两类网球手都入会你能赚取更多利润。这个朋友所讲的有道理吗？多少年会员费和场地费会使周利润最大化？利润是多少？

(3) 假设过了几年，年轻的、进取的专业人员搬到你的社区，他们都是“网球发烧友”。你相信现在有 3000 个“网球发烧友”和 1000 个“散客”球手。对“散客”球手开放还有利可图吗？利润最大化的年会员费和场地费是多少？每周利润是多少？

解：(1) 如果将会员限制在“网球发烧友”，为使利润最大化，应该使场地费 P 等于边际成本，会员费等于“网球发烧友”的消费者剩余。即：

$$P = MC = 0，T = 1/2 \times 10 \times 10 = 50（美元）$$

周利润 $\pi = TR - TC = 50 \times 1000 - 10000 = 40000$（美元）；

年会员费为：$50 \times 52 = 2600$（美元）。

即：若将会员限制在“网球发烧友”，为使利润最大化，应该不收场地费，收取 2600 美元的年会员费。

(2) 当有两类顾客时，俱乐部的拥有者通过将场地费定在高于边际成本和通过将会员费定在等于需求较小的消费者的消费者剩余时，可以实现利润最大化。会员费 T 等于去掉场地费以后的消费者剩余：

$$T = 1/2 \times (Q_2 - 0) \times (16 - P)$$

其中，$Q_2 = 4 - 0.25P$，

故 $T = 1/2 \times [4 - 0.25P] \times (16 - P) = 32 - 4P + \frac{P^2}{8}$。

所有网球手的总会员费是 $2000 \times (32 - 4P + \frac{P^2}{8})$；

场地费收益等于 $P(Q_1 + Q_2) = P[(10 - P) \times 1000 + (4 - 0.25P) \times 1000] = 1000(14P - 1.25P^2)$；

总收益 $TR = [(32 - 4P + \frac{P^2}{8}) \times 2 + (14P - 1.25P^2)] \times 1000 = (64 + 6P - P^2) \times 1000$；

周利润 $\pi = TR - TC = (64 + 6P - P^2) \times 1000 - 10000$。

令 $\frac{d\pi}{dP} = 6000 - 2000P = 0$，解得：$P = 3$（美元/小时），此时年会员费为 $T \times 52 = 1098.5$（美元）。

周利润 $\pi = TR - TC = (64 + 6P - P^2) \times 1000 - 10000 = 63000$（美元）。

这大于只有"网球发烧友"才成为会员的每周利润 40000 美元。

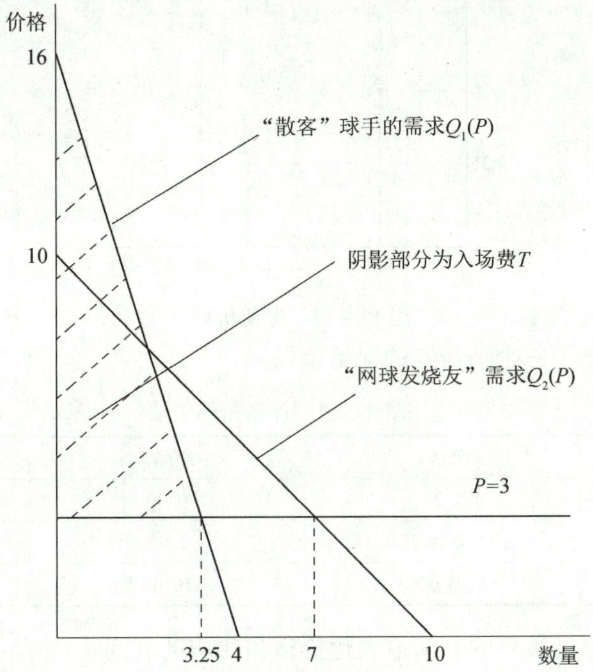

图 11－16 两部收费

（3）每周 50 美元的会员费只吸引"网球发烧友"时，周利润 $\pi = TR - TC = 50 \times 3000 - 10000 = 140000$（美元）。

既有"网球发烧友"也有"散客"球手时，所有网球手的总会员费是 $4000 \times (32 - 4P + \frac{P^2}{8})$。

场地费为：$P(Q_1 + Q_2) = P[(10 - P) \times 3000 + (4 - 0.25P) \times 1000] = 1000(34P - 3.25P^2)$；

总收益 $TR = [(32 - 4P + \frac{P^2}{8}) \times 4 + (34P - 3.25P^2)] \times 1000 = (128 + 18P - 2.75P^2) \times 1000$；

周利润 $\pi = TR - TC = (128 + 18P - 2.75P^2) \times 1000 - 10000$。

令 $\frac{d\pi}{dP} = 18000 - 5500P = 0$，解得：$P = 3.27$（美元/小时）。

周利润 $\pi = TR - TC = 147455$（美元）。

这高于全是"网球发烧友"时的每周利润 140000 美元。

11. 图 11－17 反映了三个消费者对两种产品的保留价格。假设两种产品的边际生产成本都是零，生产商通过分开出售、纯捆绑销售还是混合捆绑销售（即既分开销售，也捆绑销售）能赚到最多的钱？价格应怎样定？

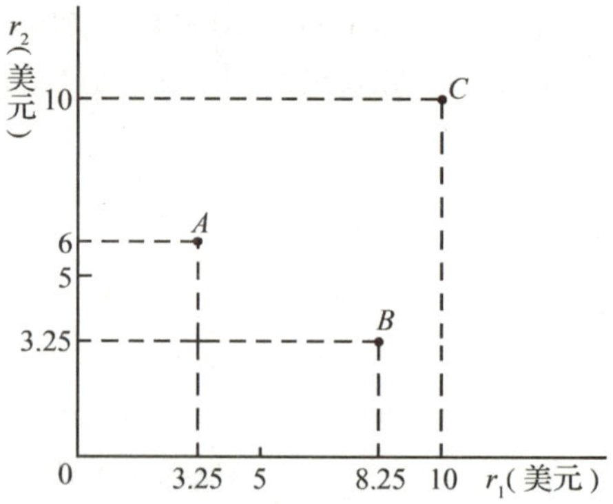

图 11－17　保留价格

答：表 11－4 给出了三个消费者的保留价格。

表 11－4　保留价格　（单位：美元）

	产品 1	产品 2	总
消费者 A	3. 25	6. 00	9. 25
消费者 B	8. 25	3. 25	11. 50
消费者 C	10. 00	10. 00	20. 00

表 11－5 给出了三种策略的利润最大化价格和相应的利润。

表 11－5　各种策略及利润　（单位：美元）

	价格 1	价格 2	捆绑销售	利润
分开销售	8. 25	6. 00	—	28. 50
纯捆绑销售	—	—	9. 25	27. 75
混合捆绑销售	10. 00	6. 00	11. 50	29. 00

利润最大化策略是混合捆绑销售。当需求只有一定程度的负相关和(或)边际成本较大时，混合捆绑销售常常是最理想的策略。当分开销售时，销售两单位产品 1 和两单位的产品 2，单位售价分别为 8. 25 美元和 6. 00 美元。在纯捆绑销售情况下，消费束的价格由最低的保留价格决定，所以三种消费束的价格都是 9. 25 美元。在混合捆绑销售情况下，一单位的产品 2 的售价为 6. 00 美元，而两种消费束的价格为 11. 50 美元。所以，当需求有一定程度的负相关而不是完全负相关和(或)产品只有相当的边际成本时，混合捆绑销售是最优策略。

12. 回到图 11－18。设边际成本 c_1 和 c_2 为 0，证明在这种情况下纯捆绑销售而不是混合捆绑销售是最有利可图的定价策略。这个捆绑销售该定价多少？而厂商的利润是多少？

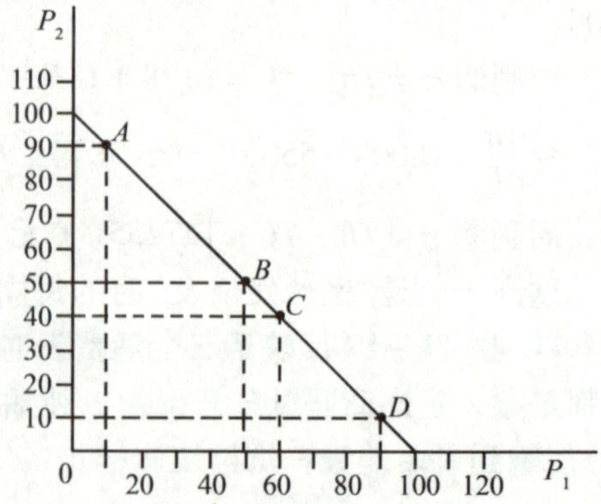

图 11－18　保留价格

答：在图 11－18 中需求是完全负相关的。四个消费者的保留价格如表 11－6 所示。

表 11-6 保留价格 （单位：美元）

	产品 1	产品 2	总
消费者 A	10	90	100
消费者 B	50	50	100
消费者 C	60	40	100
消费者 D	90	10	100

对每种策略，利润最大化价格和相应的利润如表 11-7 所示。

表 11-7 各种策略及利润 （单位：美元）

	P_1	P_2	P_B	利润
分开销售	50	50	—	250
纯捆绑销售	—	—	100	400
混合捆绑销售	89.95	89.95	100	379.90

因为边际成本为 0，所以没有理由限制消费者购买。例如，对于消费者 A 来说，尽管其对产品 1 的保留价格等于 10 美元，比较低，但是只要购买，就可以多获得 10 美元的利润。因为边际成本为 0，所以应该采取一种措施，使得消费者购买尽可能多的产品。若采用纯捆绑销售策略，纯捆绑销售价格为 100 美元，可以让所有消费者均购买产品 1 和产品 2，从而获得最大利润 400 美元。

13. 许多年前，《纽约时报》上出现了一篇关于 IBM 的定价政策的文章。此前一天 IBM 宣布对他的大多数中小型计算机削价。文章说：IBM 要使得它的顾客更多购买而较少租赁计算机，除了定期降价外，大概别无选择。如果它成功了，这就会使得 IBM 的主要竞争者的日子更难过。摩根士丹利的奥列克·韦尔（Ulric Weil）在他的新书《80 年代的信息系统》中这样说道："计算机的买断是不断扩大的 IBM 的收益和利润所必需的。"韦尔宣称，IBM 不可能再回到强调租赁的时代。

（1）提出一个简短但清楚的支持 IBM 应该试图"使顾客更多购买而较少租赁"的声明的论证。

（2）提出一个简短但清楚的反对该声明的论证。

（3）什么因素决定，究竟是租赁还是销售，对像 IBM 这样的公司更有利？试做简短解释。

答：（1）如果没有转售市场，至少有三条论证可以支持"使顾客更多购买而较少租赁"的声明：①如果顾客购买了 IBM 电脑，那么顾客就被锁定在购买的产品上，而如果是租赁，顾客可以在租期过后不再租用。②通过促使顾客购买 IBM 电脑可以使顾客在经济上更加支持 IBM 公司，反对其竞争者。这样，IBM 就更容易排除竞争者。③电脑的陈旧速度很快，如果 IBM 公司认为陈旧速度比顾客想象的要快，那么租赁费就会高于顾客想付的价格，因此，出售电脑比租赁会获利更多。

（2）反对该声明的论证主要是因为 IBM 公司在电脑市场上是一个垄断者，所以通过租赁，它可以实行一种两部收费制，从而侵占一部分的消费者剩余。比如，IBM 可以收取一个固定租用费和一个单位时间使用费。如果是直接出售电脑就无法实施这种两部收费制了。

(3)至少有三个因素决定是租赁还是销售对 IBM 这样的公司更有利：①通过租赁并且实行两部收费制，IBM 公司可以侵占的消费者剩余的多少。②现金流转的相对贴现率。如果 IBM 的贴现率高于它的客户，那么它会更倾向于出售电脑，反之，会更倾向于租赁。③IBM公司竞争者的可攻击性。出售可以使顾客在一段时间内对 IBM 财务支持更大，因此如果 IBM 感到它有足够的市场势力，它就会更偏好出售电脑。

14. 你在一个由三个消费者组成的市场上销售产品 1 和产品 2。三个消费者的保留价格如下：

保留价格(美元)		
消费者	产品 1	产品 2
A	20	100
B	60	60
C	100	20

各产品的单位成本为 30 美元。

(1)对分开销售两种产品、纯捆绑销售和混合捆绑销售，分别计算价格和利润。

(2)哪种策略是最有利可图的？为什么？

解：(1)对于各种策略，利润最大化价格和相应利润如表 11 - 8 所示：

表 11 - 8　各种策略及利润　　(单位：美元)

	价格 1	价格 2	捆绑销售	利润
分开销售	100	100	—	140
纯捆绑销售	—	—	120	180
混合捆绑销售	99.95	99.95	120	199.9

(2)混合捆绑销售策略是最有利可图的，因为当需求只有一定程度的负相关和(或)边际成本较大时，混合捆绑销售常常是最理想的策略。产品的边际成本(30 美元)高于某一消费者对产品的保留价格：消费者 A 对商品 2 的保留价格为 100 美元，而对商品 1 的保留价格仅为 20 美元。厂商可以以略微低于消费者 A 对商品 2 的保留价格的价格向其出售商品 2，并且对捆绑销售索要一个价格，捆绑销售价格与商品 2 的价格之间的差异(120 - 99.95 = 20.05 美元)大于消费者 A 对商品 1 的保留价格。消费者 C 与消费者 A 的选择是对称的。消费者 B 选择捆绑销售，因为捆绑销售价格等于保留价格，两种商品单卖的价格都高于其对每种商品的保留价格。

15. 你的企业生产两种产品，对它们的需求是相互独立的。两种产品生产的边际成本都是零。你面临有下列保留价格的四个消费者(或四个消费群体)：

消费者	产品 1(美元)	产品 2(美元)	消费者	产品 1(美元)	产品 2(美元)
A	25	100	C	80	40
B	40	80	D	100	25

(1) 考虑三种可选定价策略：①分开销售；②纯捆绑销售；③混合捆绑销售。对各种策略，确定最优定价和相应的利润。哪种策略是最好的？

(2) 现在假设每种产品的生产都有 30 美元的边际成本。你对(1)部分中问题的答案会怎样变化？为什么最优策略现在不同了？

答：(1)对于各种策略，利润最大化价格和利润如表 11－9 所示。

表 11－9　各种策略及利润　　**(单位：美元)**

	价格 1	价格 2	捆绑销售	利润
分开销售	80	80	—	320
纯捆绑销售	—	—	120	480
混合捆绑销售	94.95	94.95	120	429.9

因为边际成本为零，没有理由不让所有顾客都买两种产品，故纯捆绑销售优于混合捆绑销售，是最好的策略。

(2)如果每种产品都有 30 美元的边际成本，则利润最大化价格和相应的利润如表 11－10 所示。

表 11－10　各种策略及利润　　**(单位：美元)**

	价格 1	价格 2	捆绑销售	利润
分开销售	80	80	—	200
纯捆绑销售	—	—	120	240
混合捆绑销售	94.95	94.95	120	249.9

由表可知，实行混合捆绑销售策略获得的利润是最高的。边际成本 30 美元高于消费者 A 和 D 的保留价格，此时销售商可以采用混合捆绑销售来激励他们购买保留价格较高的那种产品。

16. 一个有线电视公司，除基本服务外，还提供两种产品：体育频道(产品 1)和电影频道(产品 2)。基本服务的用户可以分别订购这两种附加服务，每月各自收取的价格为 P_1 和 P_2，或者可以按价格 P_B 购买两种产品的捆绑服务，且 $P_B < P_1 + P_2$(用户也可以不购买附加服务，只购买基本服务)。附加服务的边际成本为零，通过市场调查，公司估计出了它所服务地区的一群具有代表性的顾客对于这两项服务的保留价格。保留价格(以 × 表示)与 P_1、P_2 和 P_B 都标在图 11－19 中，该图被划分为 Ⅰ、Ⅱ、Ⅲ和Ⅳ四个区域。

(1) Ⅰ区的消费者会购买何种产品？Ⅱ区、Ⅲ区、Ⅳ区呢？请简短解释。

(2) 如图所示，体育频道和电影频道的保留价格负相关，为什么你认为或者不认为消费者对有线电视频道的保留价格是负相关的呢？

(3) 公司副总裁曾说过："因为提供附加频道的边际成本为零，混合捆绑销售不比纯捆绑销售更有优势。如果我们把体育频道和电影频道一起捆绑销售而且仅提供捆绑销售，那么我们同样可获得高额利润。"你是否同意这一观点？为什么？

(4) 假设有线电视公司继续以混合捆绑销售的形式出售这两项服务。根据图 11－19 保留价格的分布，有线电视公司是否应该改变它目前的定价？如果应该，该如何改变？

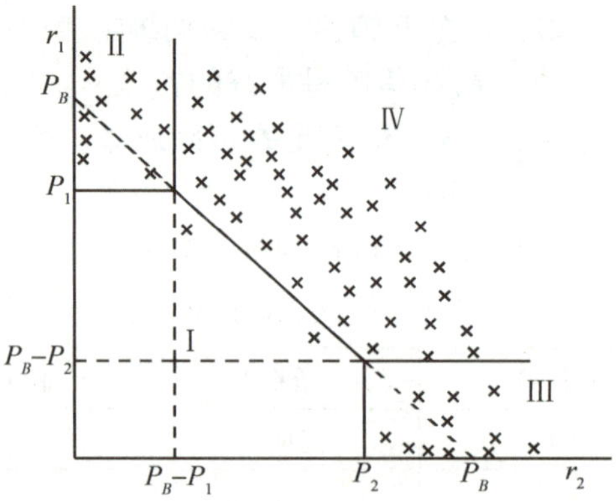

图 11－19　混合搭售

答：(1) 各区域的消费者购买的产品如表 11－11 所示。

表 11－11　不同区域消费者购买的产品

区域	购买的产品	保留价格
Ⅰ	什么都不买	$r_1<P_1$，$r_2<P_2$，$r_1+r_2<P_B$
Ⅱ	体育频道	$r_1>P_1$，$r_2<P_B-P_1$
Ⅲ	电影频道	$r_2>P_2$，$r_1<P_B-P_2$
Ⅳ	体育和电影频道捆绑销售产品	$r_1>P_B-P_2$，$r_2>P_B-P_1$，$r_1+r_2>P_B$

区域Ⅰ中的消费者什么都不购买是因为不论是单独销售的价格还是捆绑销售价格都高于其保留价格。

区域Ⅱ中的消费者只购买产品 1(体育频道)的原因是：因为 $r_1>P_1$，所以他/她会购买产品 1，如果他/她购买捆绑销售产品的话，他/她应该为产品 2 付 P_B-P_1，因为 $r_2<P_B-P_1$，即他/她对 2 的保留价格小于 P_B-P_1，所以他/她只会购买产品 1。

同样的道理，区域Ⅲ中的消费者只会购买产品 2。

区域Ⅳ中的顾客会购买捆绑销售产品，因为：首先 $r_1+r_2>P_B$，所以他/她可能购买捆绑销售产品；其次，他/她不会只购买产品 1 或者产品 2，因为如果他/她只购买产品 1，则他/她应该为产品 2 付 P_B-P_1，因为 $r_2>P_B-P_1$，即他/她对 2 的保留价格大于 P_B-P_1，所以他/她会购买产品 2，而 $P_B<P_1+P_2$，所以他/她会购买捆绑销售产品。

(2) 体育频道和电影频道的保留价格负相关时，人们的爱好是如下形式：消费者越喜欢体育节目，就越不喜欢电影节目，越喜欢电影节目就越不喜欢体育节目。

如果体育频道和电影频道的保留价格不是负相关，则乐意为体育节目花很多钱的观众同时也乐意为电影节目花很多钱。

(3) 不同意，因为利润不一定不变。如果采用纯捆绑销售策略，公司将会失去区域Ⅱ和Ⅲ中在捆绑销售价格线以下的顾客，从而使公司利润减小。同时，因为区域Ⅱ和Ⅲ中捆绑销售价格线以上的顾客必须选择捆绑销售，从而使得公司利润增大。公司是否盈利不变取决于这些区域中顾客的分布情况。

(4) 假设有线电视公司继续以混合捆绑销售这两项服务，则它应该改变目前的定价。它可以将 P_B、P_1、P_2 都少量提高，而不会失去任何顾客。或者，它可以适当的将价格提高到会丧失一部分顾客的程度，只要满足从保持下来的顾客中获得的利润增加额大于因为丧失顾客而带来的损失。

17. 一个有垄断势力的厂商面对的需求曲线为：

$$P=100-3Q+4A^{1/2}$$

而总成本函数为：

$$C=4Q^2+10Q+A$$

其中，A 是广告支出水平；P 和 Q 分别是价格和产量。

(1)找出实现厂商利润最大化的 A、Q 和 P 的值。

(2)计算该厂商在利润最大化时的 A、Q 和 P 水平下，垄断势力的勒纳指数 $L=(P-MC)/P$ 的值。

解：(1)厂商的利润 π 可以表示为：

$$\pi=TR-TC=PQ-C=(100-3Q+4A^{1/2})Q-(4Q^2+10Q+A)=-7Q^2+90Q+4QA^{1/2}-A$$

要求达到利润最大化的产量 Q 和 A，只需把利润 π 分别对 Q 和 A 求偏导数，并令其等于零。即：

$$\begin{cases}\dfrac{\partial\pi}{\partial Q}=90-14Q+4A^{1/2}=0\\ \dfrac{\partial\pi}{\partial A}=2QA^{-1/2}-1=0\end{cases}$$

解得：$Q=15$，$A=900$。

从而价格为：$P=100-3Q+4A^{1/2}=100-3\times15+4\times30=175$。

故，实现厂商利润最大化的 A、Q 和 P 的值分别为 900、15 和 175。

(2)厂商在 A、Q 和 P 的值分别为 900、15 和 175 时，

边际成本 $MC=\dfrac{\partial C}{\partial Q}=8Q+10=8\times15+10=130$；

勒纳指数 $L=\dfrac{P-MC}{P}=\dfrac{175-130}{175}=0.257$。

第 11 章附录　纵向联合厂商

1. 假设波音公司 787 飞机的每月销量面对以下需求函数：

$$Q = 120 - 0.5P$$

其中，Q 是每月出售的飞机数量，P 是价格，单位是百万美元。每架飞机使用通用电气公司生产的一套发动机，波音为每套发动机支付 P_E 的价钱。通用电气公司生产一套发动机的边际成本是 20 百万美元。除了支付发动机的费用外，波音公司还有一个每架飞机 100 百万美元的边际成本。

(1) 在给定发动机价格 P_E 的条件下，波音公司的利润最大化价格为多少？通用电气公司在利润最大化情形下为发动机定价多少？给定发动机的价格，波音公司会给飞机定价多高？

(2) 假设波音公司收购了通用电气公司的发动机生产部门，这样发动机和飞机就由一个企业来生产了。现在该企业设定的飞机价格为多少？

解： (1) 由已知可得波音公司面对反需求函数为：

$$P = 240 - 2Q$$

则可得波音公司的边际收益为：

$$MR = 240 - 4Q$$

波音公司生产每架飞机的边际成本等于自己生产的每架飞机的边际成本加上每套发动机的费用 P_E，即：

$$MC = 100 + P_E$$

波音公司利润最大化时有 ，即有：

$$240 - 4Q = 100 + P_E$$

可得：$Q = 35 - 0.25P_E$，代入反需求函数可得给定发动机价格 P_E 下，波音公司的利润最大化价格为：

$$P = 240 - 2(35 - 0.25P_E) = 170 + 0.5P_E$$

对于通用电子公司而言，发动机的需求为生产飞机的引致需求，由于每架飞机需要一套发动机，因此通用电气公司发动机的引致需求为：

$$Q = 35 - 0.25P_E$$

则反需求函数为：$P_E = 140 - 4Q$，从而通用电气公司的边际收益函数为：

$$MR = 140 - 8Q$$

由于通用电气公司生产一套发动机的边际成本为 20 百万美元，由 $MR = MC$ 可得：

$$140 - 8Q = 20$$

从而可得通用电气公司利润最大化时的产量和价格分别为：

$$Q = 15,\ P_E = 140 - 4 \times 15 = 80$$

给定发动机的价格 P_E，此时波音公司利润最大化的产量和价格分别为：

$$Q = 35 - 0.25P_E = 35 - 0.25 \times 80 = 15$$

$$P = 170 + 0.5P_E = 170 + 0.5 \times 80 = 210$$

此时每月飞机生产量等于发动机的生产量，因此满足利润最大化条件。

(2)若发动机和飞机都由一家企业来生产，则此时波音公司生产每架飞机的边际成本为单独生产每架飞机和每套发动机的边际成本之和，即：

$$MC = 100 + 20 = 120$$

该企业的边际收益仍旧为(1)中的 $MR = 240 - 4Q$，由利润最大化条件 $MR = MC$ 可得：

$$240 - 4Q = 120$$

解得：$Q = 30$。

代入波音公司的反市场需求函数可得飞机价格为：

$$P = 240 - 2Q = 240 - 2 \times 30 = 180$$

即现在此企业设定的飞机价格为每架 180 百万美元，即 1.8 亿美元。

2. 回顾莱斯卡摩托赛车公司的数字例子。计算在如下三种情况下上游分部、下游分部和厂商总体所赚到的利润：(1)没有发动机的外部市场；(2)有一个市场价格为 6000 美元的发动机的竞争性外部市场；(3)该厂商是发动机外部市场的垄断供应商。在哪种情况下莱斯卡摩托赛车公司赚到最多的利润？在哪种情况下上游分部赚到最多的利润？下游分部呢？

解：先探讨各种情况，然后比较利润。

莱斯卡摩托的需求为：$P = 20000 - Q$，故边际收益为 $MR = 20000 - 2Q$。下游分部装配汽车的成本为 $C_A(Q) = 8000Q$，因而边际成本为 $MC_A = 8000$。上游分部生产发动机的成本为 $C_E(Q_E) = 2Q_E^2$，因而边际成本为 $MC_E(Q_E) = 4Q_E$。

(1)不存在发动机的外部市场的情况。为求得利润最大化产量，令发动机的净边际收益等于生产发动机的边际成本。因为每辆车有一个发动机，因此 $Q_E = Q$，因而发动机的净边际收益为：$NMR_E = MR - MC_A = (20000 - 2Q) - 8000 = 12000 - 2Q_E$。

令 $NMR_E = MC_E$，则：$12000 - 2Q_E = 4Q_E$，解得 $Q_E = 2000$。

企业应该生产 2000 台发动机和 2000 辆汽车。最优转移价格是这 2000 台发动机的边际成本：$MC_E = 4Q_E = 4 \times 2000 = 8000$(美元)。

利润最大化价格为：

$$P = 20000 - Q = 20000 - 2000 = 18000(\text{美元})$$

上游分部的利润为：

$$\pi_E = (8000 \times 2000) - 2 \times 2000^2 = 8000000(\text{美元})$$

下游分部的利润为：

$$\pi_A = (18000 \times 2000) - [(8000 \times 2000) + 16000000] = 4000000(\text{美元})$$

总利润为：$\pi_E + \pi_A = 12000000$(美元)。

(2)有一个市场价格为 6000 美元的发动机的竞争性外部市场的情况。这个价格低于没有外部市场时的最优转移价格 8000 美元，因此企业会从外部购买一些发动机。发动机的边际成本，以及最优转移价格现在是 6000 美元。令这个 6000 美元的边际成本等于发动机的净边际收益：$6000 = 12000 - 2Q_E$，解得：$Q_E = 3000$。

因此，发动机和汽车的总产量现在为 3000。汽车的价格为：$P = 20000 - 3000 = 17000$

(美元)。

为确定上游分部生产发动机的量，令 $MC_E = 6000$，即 $4Q_E = 6000$，解得 $Q_E = 1500$。

因此，上游分部的利润为：

$$\pi_E = TR_E - TC_E = 6000 \times 1500 - 2 \times 1500^2 = 4500000(\text{美元})$$

下游分部的利润为：

$$\pi_A = TR_A - TC_A = 17000 \times 3000 - (8000 + 6000) \times 3000 = 9000000(\text{美元})$$

总利润为：$\pi_E + \pi_A = 13500000$(美元)。

(3)莱斯卡摩托是发动机外部市场的垄断供应商的情况。外部市场的需求为：$P_{E,M} = 10000 - Q_E$，因此在该外部市场销售的边际收益为 $MR_{E,M} = 10000 - 2Q_E$。为确定最优转移价格，将 $MR_{E,M}$ 和“销售”给下游分部的净边际收益 $12000 - 2Q_E$ 水平相加找出总净边际收益。对于大于 1000 的产量 Q_E，$NMR_{E,\text{Total}} = 11000 - Q_E$。

令 $NMR_{E,\text{Total}}$ 等于生产发动机的边际成本：即 $11000 - Q_E = 4Q_E$，解得：$Q_E = 2200$。

生产这 2 200 台发动机的边际成本，也是最优转移价格为 $4Q_E = 8800$(美元)，令它等于外部市场销售的边际收益，即：$8800 = 10000 - 2Q_E$，解得 $Q_E = 600$。因而 600 台发动机会销往外部市场，价格 $P_{E,M} = 10000 - 600 = 9400$(美元)。

令 8800 的转移价格等于“销售”给下游分部的净边际收益，即 $8800 = 12000 - 2Q_E$，解得 $Q_E = 1600$。

所以，汽车的市场价格为：$P = 20000 - 1600 = 18400$(美元)

因此，上游分部的利润为：

$$\pi_E = 8800 \times 1600 + 9400 \times 600 - 2 \times 2200^2 = 10040000(\text{美元})$$

下游分部的利润为：

$$\pi_A = 18400 \times 1600 - (8000 + 8800) \times 1600 = 2560000(\text{美元})$$

总利润为：$\pi_E + \pi_A = 12600000$(美元)。

三种情况的比较如下表所示：

(单位：美元)

	上游分部利润	下游分部利润	总利润
(1)无外部市场	8000000	4000000	12000000
(2)竞争性外部市场	4500000	9000000	13500000
(3)垄断市场	10040000	2560000	12600000

当有一个竞争性的发动机外部市场时，如果上游分部制造发动机的成本高于外部市场价格，若莱斯卡以最低成本生产，莱斯卡赚得最多的利润，如(2)。当莱斯卡具有在发动机市场方面的垄断时，制造发动机的上游分部赚到大多数利润，如(3)。当有一个竞争性的发动机外部市场时，如果上游分部制造发动机的成本高于外部市场价格，若莱斯卡以最低成本生产，下游分部赚得最多的利润，如(2)。

3. 阿贾克斯计算机(Ajax Computer)公司制造一种用于办公楼气温控制的计算机。该公司使用它的上游分部生产的一种微处理器，其他零件是从竞争性外部市场购买的。微处理器是以常数边际成本 500 美元生产的，下游分部装配计算机的边际成本(包括其他零件的

成本）为常数 700 美元。公司以 2000 美元的价格销售计算机，且直到目前为止没有微处理器的外部市场。

（1）假设微处理器外部市场发展起来了，而阿贾克斯在那个市场有垄断势力，每个微处理器卖 1000 美元。设对微处理器的需求与对阿贾克斯的计算机的需求没有关联，阿贾克斯对下游分部使用微处理器应定多高的转移价格？它的计算机生产应该增加、减少还是不变？试进行简要解释。

（2）如果对计算机的需求和对微处理器的需求是竞争性的，即有些人购买微处理器是用它们来制造他们自己的气温控制系统，你对（1）部分中问题的回答会如何变化？

答：（1）在阿贾克斯是微处理器的外部市场垄断者的条件下，最优转移价格应该等于生产微处理器的边际成本，因为微处理器的边际成本为常数 500 美元，所以最优转移价格不变。因此不会影响下游分部的生产量，即计算机生产量不变。

（2）如果对计算机的需求和对微处理器的需求是竞争性的，则处理器的外部销售意味着对计算机的需求降低，因此将会影响计算机的销售量。然而，厂商的内部转移价格仍然是微处理器的边际成本 500 美元。因此，计算机的生产量会降低。但是，厂商很有可能对外部厂商提高价格，而对下游分部降低价格以保持计算机的生产量。

4. 锐步（Reebok）生产和销售跑鞋。它面对的市场需求函数为 $P=11-1.5Q_S$，其中 Q_S 为销售跑鞋的双数；P 是每双鞋以美元计的价格。生产一双鞋需要一平方码的皮革。皮革由锐步的成形分部成形和切割。皮革的成本函数是：

$$TC_L=1+Q_L+0.5Q_L^2$$

其中，Q_L 是生产皮革的数量（以平方码计）。

跑鞋的成本函数（不包括皮革）是：$TC_S=2Q_S$。

（1）最优转移价格是多少？

（2）皮革可以以价格 $P_F=1.5$ 在一竞争性市场上买卖，在这种情况下，成形分部应该内部供应多少皮革？它应该向外部市场供应多少皮革？锐步会在外部市场购买皮革吗？找出最优转移价格。

（3）现在假设该皮革是独特的和质量特别高的，因而，成形分部可能会作为外部市场的垄断供应商来供给外部市场，就像下游分部在最终产品市场一样。假设对皮革的外部需求由 $P=32-Q_L$ 给出。对下游分部使用皮革的最优转移价格是多少？如果有，皮革卖到外部市场的价格应是多少？如果有，向外部市场销售的数量是多少？

解：（1）总利润函数为：

$$\pi=(11-1.5Q_S)Q_S-2Q_S-(1+Q_L+0.5Q_L^2)$$

因为生产一双鞋需要一平方码的皮革，所以 $Q_S=Q_L$，则：

$$\pi=(11-1.5Q_L)Q_L-2Q_L-(1+Q_L+0.5Q_L^2)$$

利润最大化条件为：

$$\frac{d\pi}{dQ_L}=11-3Q_L-2-1-Q_L=0$$

解得：$Q_L=2$。

最优转移价格为：$P_L=MC_L=1+2=3$（美元/平方码）。

(2)如果皮革可以以价格 $P_F=1.5$ 美元在一竞争市场上买卖，这一价格低于原最优转移价格 3 美元，因此转移价格应为 1.5 美元，成形分部使得皮革边际成本等于价格，即：$1.5=1+Q_L$，解得 $Q_L=0.5$。

为求最优转移数量，令 $NMR_L=P_L$，即 $9-3Q_L=1.5$，解得：$Q_L=2.5$，因此，制鞋分部应该从外部市场购买 $2.5-0.5=2.0$(平方码)的皮革。

即：在这种情况下，成形分部应该向内部供应 0.5 平方码的皮革，不向外部市场供应。锐步会在外部市场购买 2.0 平方码的皮革，最优转移价格是 1.5 美元/平方码。

(3)设 Q_S、Q_L 分别为内部供应量和外部供应量。

总利润为：

$$\pi=(11-1.5Q_S)Q_S+(32-Q_L)Q_L-[1+Q_L+Q_S+0.5(Q_L+Q_S)^2]-2Q_S$$

利润最大化的条件为：

$$\frac{\partial\pi}{\partial Q_S}=11-3Q_S-3-(Q_L+Q_S)=0$$

$$\frac{\partial\pi}{\partial Q_L}=32-2Q_L-1-(Q_L+Q_S)=0$$

解得：$Q_L\approx10.55$，$Q_S<0$。

锐步将不会再生产跑鞋，而是只生产和销售皮革，因此将不会有转移价格的问题。将 $Q_S=0$ 代入总利润函数中，再求总利润函数的最大化，得到 $Q_L\approx10.33$，价格为：$P_L=32-Q_L=21.67$(美元/平方码)。

第12章　垄断竞争与寡头垄断

12.1　复习笔记

【知识框架(庖丁解牛)】

- 垄断竞争与寡头垄断
  - 垄断竞争
    - 垄断竞争市场的特征
    - 短期和长期均衡
    - 垄断竞争和经济效率
  - 寡头垄断
    - 纳什均衡
    - 产量竞争
      - 古诺模型
      - 斯塔克伯格模型
      - 古诺模型和斯塔克伯格模型的比较
    - 价格竞争
      - 相同产品的价格竞争——伯特兰模型
      - 差别化产品的价格竞争
  - 竞争和共谋——囚徒困境
    - 支付矩阵
    - 囚徒困境
  - 囚徒困境对寡头定价的意义
    - 价格刚性
    - 价格信号和价格领导
    - 主导厂商模型
  - 卡特尔
    - 卡特尔成功的两个条件
    - 卡特尔定价分析

【考点难点归纳(厚积薄发)】

考点一：垄断竞争　★★★★★

1. 垄断竞争市场的特征

垄断竞争市场是指许多厂商出售相近而非同质的商品的市场组织。垄断竞争市场具有两个关键特征：①厂商之间通过出售相近而非同质的商品参与市场竞争，因此需求的交叉弹性很大但不是无穷大。②厂商可以自由进出。

2. 短期和长期均衡

(1)短期均衡：

在短期内，垄断竞争厂商是在现有的生产规模下通过对产量和价格的同时调整，来实现 $MR=SMC$ 的均衡条件。在短期均衡的产量上，边际收益曲线和边际成本曲线相交，垄断竞争性厂商可能获得最大的利润，也可能利润为零，也可能蒙受最小损失。图 12－1(a)反映了垄断竞争厂商短期均衡的一种可能状况。

(2)长期均衡：

垄断竞争厂商的长期均衡条件为：$MR = LMC = SMC$，$AR = LAC = SAC$，即边际收益等于边际成本，平均收益等于平均成本。因此，垄断竞争厂商在长期均衡时的利润必定为零，即在垄断竞争厂商的长期均衡点上，主观需求曲线必定与 LAC 曲线相切。图 12－1(b)反映了垄断竞争厂商的长期均衡。

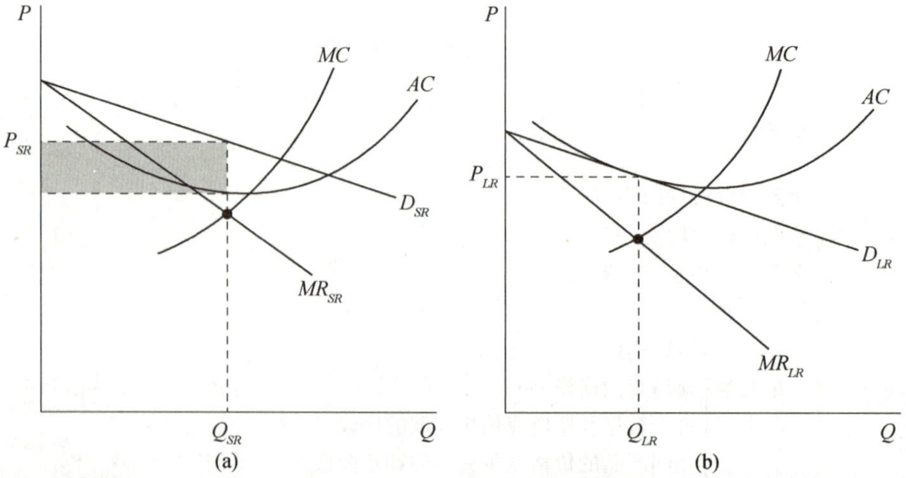

图 12－1 短期和长期中的垄断竞争厂商

3. 垄断竞争和经济效率

垄断竞争下的成本及价格高于完全竞争下的成本及价格，垄断竞争下的产量低于完全竞争下的产量。因此，垄断竞争市场的经济效率低于完全竞争市场，但不能得出完全竞争市场优于垄断竞争市场的结论。

(1)垄断竞争与低效率：

图 12－2(a)描述了完全竞争市场的均衡情况，图 12－2(b)描述了垄断竞争均衡的情况。在垄断竞争行业中主要有两个原因会造成低效率。

①垄断竞争市场的均衡价格大于边际成本，意味着增加的产出给消费者带来的价值超过给生产者带来的成本。

②垄断竞争厂商生产时有过剩能力，即它的产量是低于使平均成本最低时的水平。在完全竞争市场上，各厂商面临的需求曲线都是一条水平线，零利润点即为平均成本最低点。而在垄断竞争市场上，需求曲线向下倾斜，所以零利润点位于平均成本最低点的左边，存在低效率的过剩能力。

(2)垄断竞争——较好的市场结构：

对社会来说，垄断竞争是一种不需管制的较好的市场结构，这主要基于两方面的理由：

①大多垄断竞争市场中的垄断势力并不是很大。一般来说，垄断竞争市场中有很多厂商相互竞争，彼此之间具有相当强的替代性，不会出现某个厂商具有大的垄断势力的情况。因此，垄断引起的无谓损失也比较小。由于厂商的需求曲线是相当有弹性的，生产的平均成本离平均成本曲线的最低点十分近。

②在垄断竞争中，通过产品多样化可以获得很大的收益，并且可能很容易就超过了由于需求曲线向下倾斜所引起的效率损失。

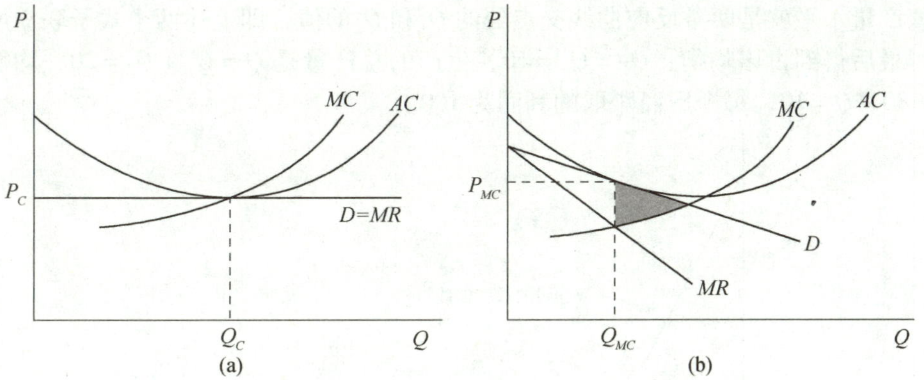

图 12－2　垄断竞争均衡和完全竞争均衡的比较

考点二：寡头垄断　★★★★★

寡头市场是指少数几家厂商控制整个市场生产和销售相同或相近产品的一种不完全竞争的市场。它既具有垄断竞争市场的特点，又具有完全垄断市场的特点，但更接近于完全垄断市场。寡头垄断行业包括汽车、钢铁、铝业、石油化工、电子设备和计算机等行业。只有两个厂商控制整个市场时的市场结构为双寡头垄断市场。

1. 纳什均衡

纳什均衡指这样一种策略集，在这一策略集下，每一个博弈者都确信，在给定竞争对手策略决定的情况下，他选择了最好的策略。纳什均衡是由所有参与人的最优策略所组成的一个策略组合，即给定其他人的策略，任何个人都没有积极性去选择其他策略，从而没有人有积极性去打破这个均衡。

在一个寡头垄断市场中，一个厂商的定价和定产部分要基于对它的竞争者行为的策略性考虑，竞争者的决策也取决于该厂商的决策。纳什均衡概念能用于各厂商生产可替代产品并通过定价进行竞争的市场。在均衡时，给定竞争者的价格，各厂商最大化自己的利润，所以它们没有改变价格的冲动。

2. 产量竞争

(1)古诺模型：

①含义。古诺模型是一个只有两个寡头厂商的简单模型，假设市场上只有 A、B 两个厂商生产同一种成本为零的产品，两个厂商都准确地了解市场的需求曲线，两个厂商同时做出决策，他们在已知对方产量的情况下，各自确定能够给自己带来最大利润的产量。

在均衡时，各厂商根据它自己的反应曲线定产，所以均衡产量水平在两反应曲线的交点找到，同时各厂商准确地假定了它的竞争者将生产的产量，并相应地最大化了自己的利润。古诺均衡是纳什均衡的一个例子，有时也被称作古诺－纳什均衡。

②古诺模型的例子：线性需求曲线。

如图 12－3 所示，假设双寡头(厂商 1 和厂商 2)面临的市场需求曲线为 $P=30-Q$。其中，Q 是两个厂商的总产量(即 $Q=Q_1+Q_2$)。假设两个厂商都有零边际成本，即 $MC_1=MC_2=0$。厂商 1 和厂商 2 的反应曲线分别为 $Q_1=15-Q_2/2$ 和 $Q_2=15-Q_1/2$。

均衡产量水平就是两条反应曲线交点处的 Q_1 和 Q_2 的值，即上述两个式子联立所得方程组的解。最后得到古诺均衡：$Q_1=Q_2=10$，生产的总产量是 $Q=Q_1+Q_2=20$，均衡市场价格为 $P=30-Q=10$，每个厂商赚取的利润为100。

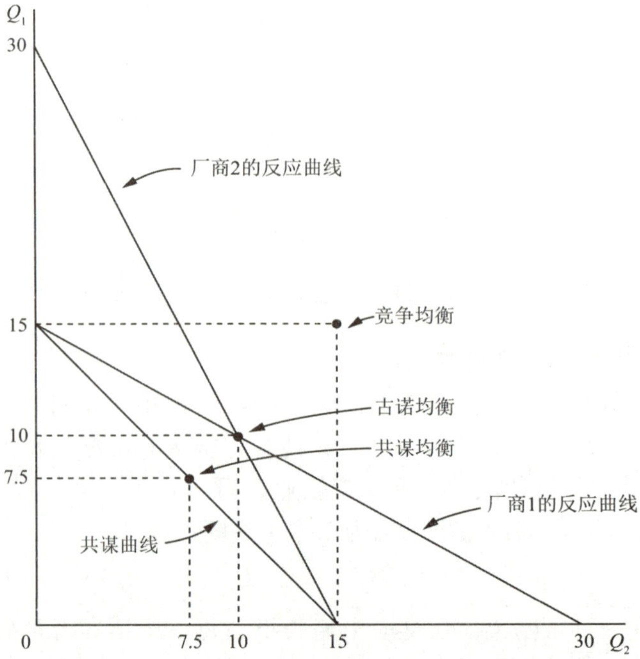

图12－3　古诺反应曲线和古诺均衡

(2)斯塔克伯格模型：

①含义。在斯塔克伯格模型中，有一个厂商先定它的产量，具有策略优势并能赚较高的利润。该厂商知道它可以选择一个大的产量，而它的竞争者想要使利润最大化将只能选较小的产量。

②斯塔克伯格模型的例子：线性需求曲线。

假设双寡头(厂商1和厂商2)面临的市场需求曲线为 $P=30-Q$。其中，Q 是两个厂商的总产量(即 $Q=Q_1+Q_2$)。假设两个厂商都有零边际成本，即 $MC_1=MC_2=0$。假设厂商1先决定产量，厂商2在看到厂商1的产量以后做出产量决策。因而，在设定自己的产量时，厂商1必须考虑厂商2会如何反应。

对于任意厂商1决定的产量，厂商2的反应曲线为 $Q_2=15-Q_1/2$。

根据 $Q_2=15-Q_1/2$，得到厂商1的收益为 $R_1=15Q_1-Q_1^2/2$。由一阶条件，得 $Q_1=15$。而根据厂商2的反应曲线，求得 $Q_2=7.5$。

(3)古诺模型和斯塔克伯格模型的比较如表12－1所示。

表12－1　古诺模型和斯塔克伯格模型的比较

模型	市场	决策时间	适用行业特点
古诺模型	寡头垄断	同时	行业中的厂商相似程度很高，没有哪个厂商具有较强的市场势力
斯塔克伯格模型	寡头垄断	有先后顺序	行业中存在一个大厂商在推出新产品或定价方面起主导作用

3. 价格竞争

(1)相同产品的价格竞争——伯特兰模型：

①含义。伯特兰模型是一种寡头垄断模型，市场中每个厂商生产同质产品，各个厂商都把其余竞争者的价格视为给定，并且所有厂商同时决定价格。

将策略选择变量从产量改为价格，能够得到完全不同的结果。伯特兰模型的均衡为厂商以边际成本定价，利润为零；在古诺模型的均衡中，各厂商都有利润。

②伯特兰模型的缺陷。

a. 当各厂商生产相同的产品时，倾向于通过产量竞争而不是价格竞争。

b. 即使各厂商进行的是价格竞争且选择了相同的价格，各厂商得到的份额无法确定，销售量不一定会在厂商之间平分。

(2)差别化产品的价格竞争：

①含义。寡头垄断市场存在某种程度的产品差别，市场份额不只是由价格决定，也由各厂商产品的设计、性能和耐用性决定，因而厂商选择价格竞争而不是选择产量竞争是很自然的。

②差别产品价格竞争的例子。

设双寡头(厂商 1 和厂商 2)各有固定成本 20 美元但可变成本为零，并且它们面临的需求曲线为：

厂商 1 的需求：$Q_1 = 12 - 2P_1 + P_2$

厂商 2 的需求：$Q_2 = 12 - 2P_2 + P_1$

其中，P_1和 P_2是厂商 1 和 2 各自索要的价格，Q_1和 Q_2是它们相应的销售量。当各厂商提高自己的价格时，该厂商能销售的数量减少；当它的竞争者提高价格时，它的销售量会增加。因此，厂商 1 和厂商 2 对价格的反应曲线分别为 $P_1 = 3 + P_2/4$ 和 $P_2 = 3 + P_1/4$。

纳什均衡点就是两条关于价格的反应曲线相交的点，在这一点，各厂商所做的是在给定它的竞争者的价格的情况下所能做的最好的决策，因此没有哪个厂商有改变它价格的冲动。均衡价格水平即上述两个式子联立所得方程组的解，最后得到均衡：$P_1 = P_2 = 4$，如图 12 -4 所示。

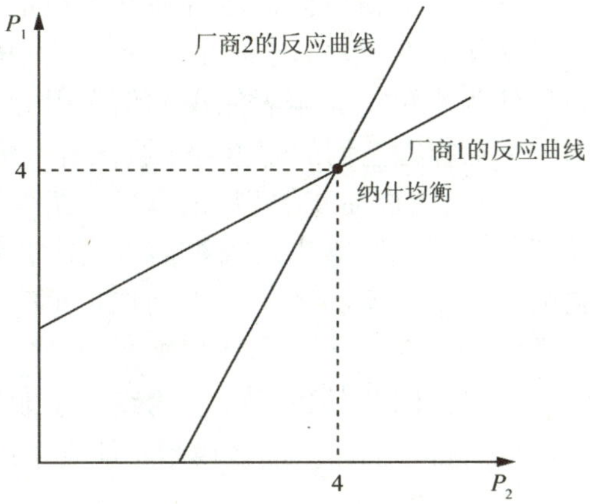

图 12 -4　对价格的反应曲线和均衡

考点三：竞争和共谋——囚徒困境 ★★★★

1. 支付矩阵

支付矩阵给出了给定各厂商和它的竞争者的决策时各厂商的利润(或得益)，表 12－2 给出了定价博弈的支付矩阵。

表 12－2　定价博弈的支付矩阵　　（单位：美元）

		厂商 2	
		定价 4 美元	定价 6 美元
厂商 1	定价 4 美元	12，12	20，4
	定价 6 美元	4，20	16，16

2. 囚徒困境

囚徒困境是指两个被捕获的囚犯之间的一种特殊“博弈”，博弈中两名囚徒必须各自决定是否坦白。如果其中一个囚徒坦白，他会受到较低的惩罚，而他的同伴会受到较重的惩罚；假如两个人都不坦白，他们受到的惩罚小于两人都坦白的情况下的惩罚。“囚徒困境”说明为什么在合作对双方都有利时，保持合作也是困难的。囚徒困境的支付矩阵见表 12－3。

表 12－3　囚徒困境的支付矩阵　　（单位：年）

		囚徒 B	
		坦白	不坦白
囚徒 A	坦白	－5，－5	－1，－10
	不坦白	－10，－1	－2，－2

考点四：囚徒困境对寡头定价的意义 ★★★

囚徒困境模型深刻地揭示了社会和经济生活中的一种普遍情形，即“个人理性”与“集体理性”的矛盾，这就是“困境”。

1. 价格刚性

由于隐性共谋是很脆弱的，寡头垄断厂商常常有强烈的稳定价格的愿望，即价格刚性是寡头垄断行业的一个特征。即使成本或者需求发生改变，厂商也不愿意对价格作出调整。成本或者市场需求下降时，厂商为避免给竞争者错误的信息引导并引发价格竞争，不愿降低价格。成本或需求上升时，厂商担心它们的竞争者不会跟着提价，所以不愿意提价。

价格刚性是寡头垄断的“折弯的需求曲线模型”的基础。折弯的需求曲线是一种特殊形式的需求曲线，如图 12－5 所示。当一家寡头厂商提高价格时，竞争对手为了增加销售量不提高价格；当它降低价格时，竞争对手为了不减少销售量也降低价格。因此，寡头垄断厂商的需求曲线是折弯的。

由于厂商具有折弯的需求曲线，因此其边际收益曲线也是非连续的，厂商的成本变化可能不会使价格发生变化。因此，折弯的需求曲线模型不能真正地对寡头的定价做出解释。

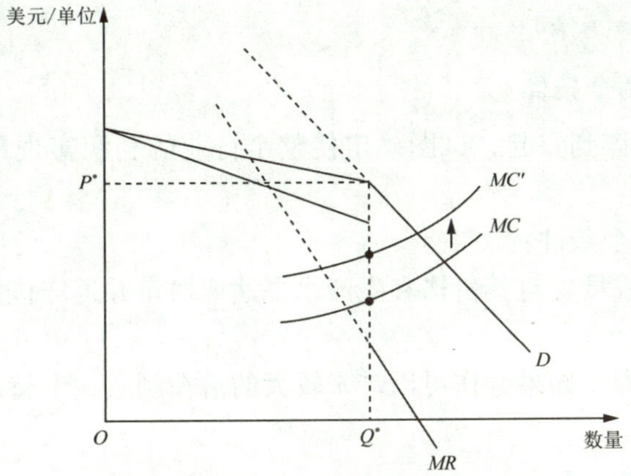

图 12-5 折弯的需求曲线

2. 价格信号和价格领导

隐性共谋定价的主要缺陷在于各厂商难以在价格水平的制定上达成一致。当成本和需求发生变动，从而“正确”的价格也发生变动时，更难达成一致。价格信号能够作为一种隐性共谋形式，如一厂商可以宣布它已经提高价格了，并希望其竞争者将此当作信号，暗示它们也应该提价。

价格领导指某行业中有一个厂商作为价格领导，决定商品价格，其他厂商按此价格出售商品。价格领导厂商根据自己的地位和实力确定价格政策。

3. 主导厂商模型

在一些寡头垄断市场中，由一个大厂商占有总销量的主要份额，由较少部分的厂商供给市场的其余部分。大厂商会像一个主导厂商那样进行决策和行动，确定一个可以实现利润最大化的价格。其余的少部分厂商由于单独行动对价格影响很小，所以会像完全竞争者那样行动，将主导厂商所定的价格视为给定价格，并据此进行生产。主导厂商的定价过程如图 12-6 所示。

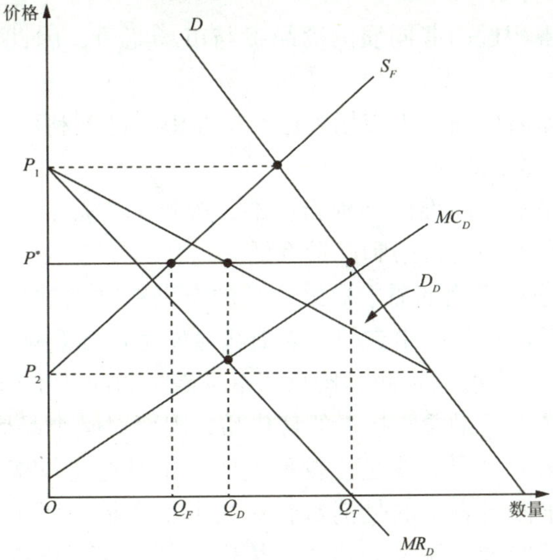

图 12-6 主导厂商的定价过程

考点五：卡特尔　★★★

1. 卡特尔成功的两个条件

卡特尔是指厂商共谋到一起，试图确定使整个行业的利润实现最大化的价格和产量而合作或者共谋。

卡特尔成功要有两个条件：

(1)卡特尔组织的成员要对其价格和生产水平达成协定并遵守该协定，这是形成稳定的卡特尔的基础。

(2)潜在的垄断势力。如果合作可以带来较大的潜在利益，卡特尔成员有更大的激励去解决组织上存在的问题。

2. 卡特尔定价分析

一种产品的所有生产商结合成一个卡特尔只是极少数情况。一般来说，一个卡特尔只占总产量的一部分，并且在作出价格决策时必须考虑到竞争性厂商的供给反应。因而卡特尔定价可以用主导厂商模型来分析。

在卡特尔中，生产商们在定价和产量水平方面公开共谋。成功的卡特尔化需要总需求的价格弹性不是很大，常常出现的情况是：卡特尔控制了大部分供给，或者非卡特尔生产商的供给缺乏弹性。

12.2　课后复习题详解

1. 垄断竞争市场的特征是什么？在这样一个市场中，如果某厂商推出一种新型的、改进的产品，对均衡价格和产量会产生什么影响？

答：(1)垄断竞争市场的特征：

垄断竞争市场是指那种许多厂商出售相近而非同质的商品的市场组织。一个垄断竞争的市场具有两个关键特征：

①厂商之间通过出售相近而非同质的商品参与市场竞争，因此需求的交叉弹性很大但不是无穷大。

②可以自由进出，即新厂商进入市场和已有厂商由于已无利可图退出市场都相对容易。

(2)对均衡价格和产量的影响：

在一个市场中，如果一厂商推出一种新型的、改进的产品，会使得所有其他厂商的需求曲线向内移动，因此导致均衡价格和产量降低。

2. 为什么在垄断竞争中厂商的需求曲线比总的市场需求曲线要平坦？假设一个垄断竞争厂商在短期中赚取利润，在长期中它的需求曲线会发生什么变化？

答：(1)垄断竞争中厂商的需求曲线比总的市场需求曲线要平坦的原因：

在垄断市场中，产品之间是非常接近的替代品，因而对某个品牌商品的需求弹性很大，所以厂商的向右下方倾斜的需求曲线是比较平坦的，相对地比较接近完全竞争厂商的需求曲线的形状。而市场需求曲线表示的是消费者对某个生产集团所生产的一类产品的总的需求状况，这类产品对于消费者来说是必须的，替代品很少甚至没有，其需求弹性显然小于消费者对此类产品中不同品牌产品的需求弹性，因此市场需求曲线较单个厂商的需求曲线陡峭。

(2)长期中需求曲线会发生的变化：

在短期内，垄断竞争厂商是在现有的生产规模下通过对产量和价格的同时调整，来实现 $MR=SMC$ 的均衡条件。在短期均衡时，垄断竞争性厂商可能获得最大的利润，也可能利润为零，也可能蒙受最小损失。而垄断竞争厂商在长期均衡时的利润必定为零，因为在垄断竞争市场上存在着相互竞争的厂商，其他厂商的进入将使得厂商的超额利润为零。

当生产集团内部某个厂商存在着利润时，新的厂商就会被吸引进来。当他们推出竞争性品牌时，在市场需求规模不变的条件下，这个厂商将会损失一部分市场份额，需求曲线、边际收益曲线向内平移，直至利润消失为止。

3. 有些专家论证说市场上早餐谷物食品的品牌太多了。分别给出一个支持该观点和反对该观点的论证。

答：(1)支持的观点：在任何一种单一产品上有很多品牌显示了在这种产品的市场上有过剩的生产能力，这种过剩生产能力是非效率的。在家乐福和沃尔玛可以看到种类繁多的各种麦片，比如黑牛牛奶高钙营养麦片、金味全味即溶麦片、皇室麦片、皇室营养麦片、雀巢营养麦片、雀巢中老年麦片、雅士利营养麦片……在麦片这种产品上产生了如此多的品牌，占用了很多经济资源，表明在这个行业中，生产能力过剩了。

(2)反对的观点：在垄断竞争市场上，垄断势力并不大。有足够多的厂商相互竞争，它们的品牌相互之间替代性相当强，所以没有哪个单个的厂商会有可观的垄断势力，由垄断势力引起的无谓损失也不大。并且，由于厂商的需求曲线是相当有弹性的，过剩能力也就不会很大。同时，垄断竞争有一大好处：产品多样性。大多数消费者都很重视可以在一大堆各方面有差异的竞争性品牌中挑选。从产品多样化中得到的利益可以是很大的，并且可能很容易就超过了由向下倾斜的需求曲线引起的非效率的成本。

4. 为什么古诺均衡是稳定的(即为什么一旦达到均衡，各厂商就不会有改变产量水平的冲动)？即使它们被允许公开共谋，它们为什么不将它们的产量定在共同利润最大化的水平(即如果它们能共谋时会选择的水平)？

答：(1)古诺均衡稳定的原因：

古诺模型是一个双寡头模型：假设两个厂商生产同样的产品并都知道市场需求，各厂商必须决定生产多少，并且两厂商是同时作出决策的。两个厂商能得到的价格将取决于两厂商的总产量。古诺模型的本质是各厂商将它的竞争者的产量水平当作固定的，然后决定自己生产多少。

因此，在古诺均衡中，每个寡头的产量都是在给定它的竞争对手的产量时它所能实现的利润最大化的产量。此时，双方都处在了给定竞争对手的条件下，自己所能做的最好的行为的情况，所以双方都没有改变其产量的冲动。

(2)被允许公开共谋而不将产量定在共同利润最大化水平的原因：

一个稳定的卡特尔是在各成员都对价格和产量达成协议并且遵守该协议的基础上形成的。厂商之间的共谋是很难实现的，如果将产量提高到共同利润最大化水平，就会出现“囚徒困境”的情形。卡特尔内的每个厂商都有违约的冲动，因为只要违约厂商的价格略低于共谋价格就可以夺得整个市场，从而使自己的利润更高。因此，每个厂商都会违约生产，卡特尔难以维持，所以两个厂商即使公开共谋，也会因为各自追求利润最大化的原因而难以维系。

5. 在斯塔克伯格模型中，先决定产量的厂商有一种优势。给出原因？

答： 斯塔克伯格模型是一个双寡头模型，但与古诺模型不同的是斯塔克伯格模型中两个寡头厂商不是同时作出它们的产量决策的。

在斯塔克伯格模型中，先决定产量将是一种策略优势。因为在宣布了产量之后，不管竞争对手怎么做，它都将把先决定者的产量视为给定，并给自己制定一个较低的产量水平，以实现利润最大化。因为后制定产量决策的厂商从理性的利润最大化的角度，不会将“争取平等”看得比赚钱还重要，从而制定一个大的产量水平进而压低价格，使双方都受损失。

6. 古诺模型和伯特兰模型的相同之处是什么？两个模型有何区别？

答： (1)古诺模型和伯特兰模型的相同之处：

①两者都是关于两个企业相互竞争的双寡头模型，而且在模型中两个厂商生产同质的商品。

②在两个模型中，每个厂商在做出自己的决策时，都将其竞争对手的行为的某些方面(产量或价格)视为固定的。

(2)古诺模型和伯特兰模型的区别：

①竞争的方式不同。在古诺模型中，两个厂商进行产量竞争；而在伯特兰模型中，两个厂商进行价格竞争。

②竞争的结果不同。在古诺模型中，两个厂商最终的产量高于垄断产量，但是低于竞争产量；而在伯特兰模型中，两个厂商最终在价格等于边际成本的水平上进行生产。

7. 解释当厂商进行价格竞争时纳什均衡的意义。为什么这种均衡是稳定的？为什么厂商们不将价格提高到最大化它们的共同利润的水平？

答： (1)厂商在价格方面竞争时纳什均衡的意义：

当厂商在价格方面竞争时，各厂商在给定它的竞争者已经确定了价格的情况下，采取它所能做的最好的行动。纳什均衡就是完全竞争的均衡，两个厂商都在价格等于边际成本处生产。

(2)均衡稳定的原因：

这种均衡是稳定的。在均衡条件下，每个厂商都在给定竞争者价格的条件下达到了利润最大化。任何提价的行为都将会导致丧失市场；如果降价，虽然可以赢得整个市场，但在生产的每个单位上都是亏损的。因此，任何厂商都没有偏离均衡价格的冲动。

(3)厂商不将价格提高到最大化共同利润水平的原因：

厂商之间的共谋是很难的，如果厂商将价格提高到最大化共同利润的水平，将会出现“囚徒困境”的情形。实际上，价格卡特尔很难实行，因为卡特尔中的厂商有违约冲动。只要违约厂商在共谋均衡的基础上把价格稍微降低，就可以夺得市场，从而使其他厂商受损。同时，价格卡特尔是违反反垄断法的。所以，厂商不会将价格提高到使它们的共同利润最大化的水平，而是维持在价格竞争方面的纳什均衡。

8. 折弯的需求曲线描述了价格刚性。解释该模型是如何说明问题的。它的局限性是什么？为什么价格刚性出现在寡头垄断市场？

答：(1)折弯的需求曲线模型对价格刚性的说明：

斯威齐模型又被称为折弯需求曲线模型，它所依据的假设是：寡头垄断厂商竞争时会同时降价，但不会同时提价。即当一个厂商降低价格时，竞争对手同样会降低价格，使得这个厂商想从降价中获得收益是不可能的；而当一个厂商提高价格时，竞争对手会增加销售量而不提高价格，使得这个厂商因为提价而受损。

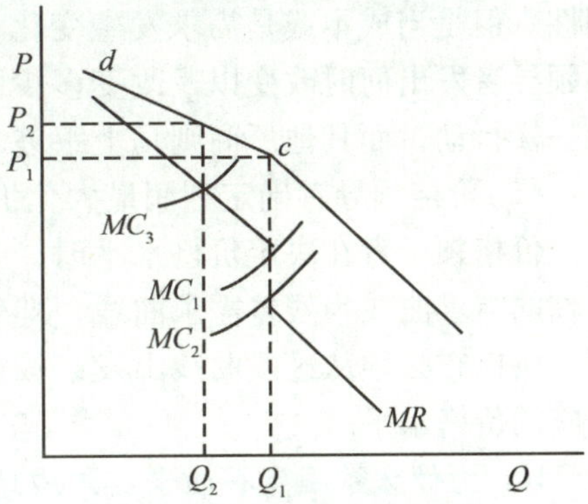

图12－7　折弯的需求曲线

图12－7中d是一家厂商的折弯需求曲线，曲线上的折弯点c将曲线分为左右两个线段，MR是这个厂商的边际收益曲线，边际收益曲线是根据需求曲线即平均收益曲线得出来的。由于曲线d分为c点左右的两条线段，相应地MR也分为两段，需求曲线d在c点折弯，与折点c相对应，边际收益曲线MR出现间断点。

图中边际成本曲线MC_1或MC_2和边际收益曲线MR的交点决定的产量为Q_1，这一产量通过需求曲线d上的对应点c确定的价格为P_1。图中MR曲线间断点上那段垂直虚线表明，寡头厂商的产量和价格具有稳定性。厂商的边际成本在MC_1和MC_2区间内上下变动，都不会改变价格和产量。除非边际成本出现很大幅度的上升或下降，才会引起价格和产量的变动。如当边际成本曲线上升为MC_3时，MR和MC_3的交点决定的产量为Q_2，通过这一产量在需求曲线上的对应点确定的价格为P_2，产量下降，价格上升。

一般地，人们认为折弯需求曲线是存在于寡头厂商决策者心目中的主观需求曲线，它为寡头厂商维持刚性价格(刚性价格指当成本或需求有着一定的改变时而价格却保持稳定)提供了一种解释。这就是说，即使厂商的成本发生一点变动，厂商的价格也较少发生改变。

(2)该模型的局限性：

只是为寡头市场上较为普遍的价格刚性现象提供了一种解释，但没有说明具有刚性的这个价格本身是如何来的，以及为什么厂商们原来不是定其他的价格。

(3)寡头垄断市场产生价格刚性的原因：

在寡头市场上，由于囚徒困境，不公开的串通是很脆弱的，而且，厂商之间为了避免价格战而导致亏本，所以即使成本或需求改变了，也不太愿意改变价格，以免给竞争者造成错觉，导致价格竞争。因此，寡头市场上价格具有刚性。

9. 为什么价格领导有时能在寡头垄断市场产生？解释价格领导者是如何确定利润最大化的价格的。

答：(1)寡头垄断市场产生价格领导的原因：

价格领导是寡头行业中很普遍的一种价格操纵方式。它是由于卡特尔的非法性，促使寡头垄断厂商寻求的一种更不正规的勾结方式。价格领导指某行业中有一家厂商作为价格领袖，决定商品价格，其他厂商按此价格出售商品。价格领导厂商根据自己的地位和实力确定价格政策。

在寡头市场上，由于囚徒困境和厂商们避免相互毁灭性的价格竞争的愿望，价格具有刚性。但是当成本或是需求发生变化，厂商不得不改变现有的价格时，他们希望有一个价格领导者发出何时改变以及改变多少的价格信号。有时一个大型厂商就会自然像一个领导者一样行动，而其他厂商则马上跟进，这样价格领导就产生了。

(2)价格领导者确定利润最大化价格的方法：

价格领导者在决定价格水平时，会充分考虑到以下情况：即一旦价格给出，自己将会面临的需求曲线为残差需求曲线，即价格领袖面临的需求是市场需求和其他厂商的供给之差，所以它必须从这条曲线出发，按边际成本等于边际收益的原则来确定产出，最后确定相应的价格水平。

10. 为什么欧佩克石油卡特尔成功地将价格抬高了许多，而西佩克铜卡特尔却做不到？卡特尔化成功的必要条件是什么？一个卡特尔必须克服什么组织上的问题？

答：(1)两个卡特尔一个成功而另一个没有成功的原因：

欧佩克石油卡特尔成功在于：它是由12个主要的石油生产国组成的，其石油产量占了世界石油总产量的相当比例，而且，在一定时期内，对石油的总需求以及非欧佩克的供给都是缺乏弹性的。因此，欧佩克具有相当的垄断势力，可以将价格提到高出竞争性价格许多的地方。

西佩克铜卡特尔没有成功在于：对铜的总需求是富有弹性的(因为其他的材料，如铝，可以很容易代替铜)，而且非西佩克的供给也有很大的弹性，短期中，如果价格上升，非西佩克生产厂商能很容易地扩大供给，因此，西佩克潜在的垄断势力很小。

(2)成功的卡特尔化所必需的条件：

在卡特尔中，生产商们在定价和产量水平方面公开共谋。成功的卡特尔化必须具备两个条件：①对产品的需求是缺乏弹性的；②该卡特尔必须控制大部分的产品供给。

(3)在组织上卡特尔必须克服的问题：

一个卡特尔在组织上必须解决以下的问题：在卡特尔内部如何达成关于价格和市场份额分配的协议，以及如何执行和监督协议的实施。

12.3　课后练习题详解

1. 假设在一个垄断竞争行业中的所有厂商都被并入一个大企业。这个新企业会仍然生产那么多品牌吗？或者它会只生产一种单一品牌吗？请解释。

答：(1)合并之后产生的垄断企业不会继续生产那么多品牌，因为这些品牌之间的竞争会削减利润，并且继续生产那么多品牌成本会很高，至少不会比合并之前低。

(2)合并之后的这个垄断企业也不会只生产一个品牌。在垄断竞争中，同种产品的不同品牌之间在品质、销售服务等方面的差别是厂商赚到经济利润的原因。生产不同价格和特点的几个品牌是将市场分为不同价格弹性的几组顾客的一种方法，通过生产多种品牌并实施价格歧视，企业能增加产品的销量和总利润，而且产品差别化也有可能会刺激总需求。

2. 考虑下面的两个厂商。它们面临的需求曲线是 $P=50-5Q$，其中 $Q=Q_1+Q_2$。厂商的成本函数分别为 $C_1(Q_1)=20+10Q_1$ 和 $C_2(Q_2)=10+12Q_2$。

(1) 假设两个厂商都已进入了该行业。共同利润最大化的产量水平是多少？各厂商将

生产多少？如果两个厂商都还没有进入该行业，你的回答将如何改变？

（2）如果两个厂商的行为非常不合作，各厂商的均衡产量和利润是多少？利用古诺模型，画出两厂商的反应曲线，并标示出均衡。

（3）如果共谋是非法的但接管却并不违法，厂商 1 会愿意出多少钱收购厂商 2？

解：(1)对厂商 1 和厂商 2 的成本曲线分别求导，得到其边际成本分别是 10 和 12。若要达到共同利润最大化，则应该只是厂商 1 生产，而厂商 2 不生产。

厂商的利润函数为：

$$\pi=(50-5Q_1)Q_1-20-10Q_1$$

利润最大化条件为：

$$\frac{\mathrm{d}\pi}{\mathrm{d}Q_1}=40-10Q_1=0$$

解得：$Q_1=4$，$P=30$。

厂商 1 的利润是 $\pi_1=30\times4-(20+10\times4)=60$(美元)；

厂商 2 的利润是 $\pi_2=30\times0-(10+12\times0)=-10$(美元)；

总利润是 $\pi_T=\pi_1+\pi_2=60-10=50$(美元)。

如果只有厂商 1 进入了行业，它的利润将是 60(美元)，产量为 4。

如果只有厂商 2 进入了行业，它将会使 $MC_2=MR$，即 $12=50-10Q_2$，解得 $Q_2=3.8$。

此时，均衡价格为 $P_2=50-19=31$；

厂商 2 的利润为 $\pi_2=P_2Q_2-C_2=31\times3.8-(10+12\times3.8)=62.2$(美元)。

(2)厂商 1 的利润函数为：

$$\pi_1=(50-5Q_1-5Q_2)Q_1-20-10Q_1$$

利润最大化的条件为：

$$\frac{\mathrm{d}\pi_1}{\mathrm{d}Q_1}=40-10Q_1-5Q_2=0$$

即厂商 1 的反应曲线：$Q_1=4-0.5Q_2$。

类似地，厂商 2 的反应曲线为：$Q_2=3.8-0.5Q_1$。

联立上面两式，解得古诺均衡时，各厂商的产量分别为：$Q_1=2.8$，$Q_2=2.4$。

将 Q_1，Q_2 代入需求曲线，得到均衡价格为：

$$P=50-5\times(2.8+2.4)=24$$

两厂商的利润分别为：

$$\pi_1=24\times2.8-(20+10\times2.8)=19.2(\text{美元})$$

$$\pi_2=24\times2.4-(10+12\times2.4)=18.8(\text{美元})$$

两厂商的反应曲线如图 12－8 所示，均衡产量分别为 $Q_1=2.8$，$Q_2=2.4$。

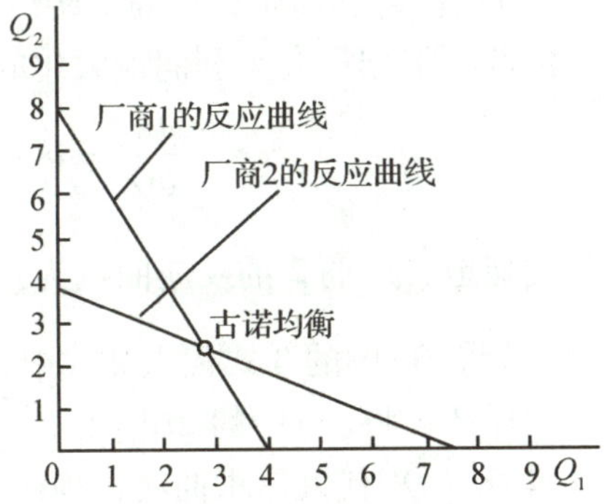

图 12－8　两厂商的反应曲线

(3)如果共谋是非法的但吞并却并不违法，为了确定收购价格，必须确定厂商 1 在完全垄断和寡头垄断这两种状态下的利润。这两个利润的差就是厂商 1 收购厂商 2 所最多愿意支付的价钱。

根据(1)，在垄断时，厂商 1 的利润最大化产量为$Q=4$，最大利润为 $\pi_1=60$(美元)。

根据(2)，在寡头垄断时，厂商 1 的利润将会是 $\pi_1=19.2$。因此，厂商 1 收购厂商 2 所愿意出的最高价钱就是 $60-19.2=40.8$(美元)。

3. 某垄断者能够以常数平均(和边际)成本 $AC=MC=5$ 美元生产。该厂商面对的市场需求曲线是 $Q=53-P$。

(1)计算这个垄断者的利润最大化价格和产量，并算出它的利润。

(2)假设第二个厂商加入该市场。Q_1 为厂商 1 的产量，Q_2 是厂商 2 的产量。市场需求现在由 $Q_1+Q_2=53-P$ 给出。设厂商 2 与厂商 1 有相同的成本，将各厂商的利润写成 Q_1 和 Q_2 的函数。

(3)假设(如在古诺模型中一样)各厂商在假定它的竞争者的产量固定时选择其利润最大化的产量水平。求出各厂商的反应曲线(即根据它的竞争者的产量求出它所需要的产量的规则)。

(4)计算古诺均衡(即给定竞争者的产量，两个厂商都选了自己所能选的最好的 Q_1 和 Q_2 的值)。求出的市场价格和各厂商的利润是多少?

(5)设该行业中有 N 个厂商，各厂商都有相同的常数边际成本 $MC=5$ 美元。求出古诺均衡。各厂商将生产多少? 市场价格为多少? 各厂商将赚到多少利润? 此外，证明当 N 变大时，市场价格接近于完全竞争下的价格。

解：(1)该垄断厂商的利润为：

$$\pi=R-C=PQ-C=(53-Q)Q-5Q=48Q-Q^2 \qquad ①$$

利润最大化的一阶条件为：$\frac{d\pi}{dQ}=-2Q+48=0$，即 $Q=24$。

将 $Q=24$ 代入需求曲线，得 $P=53-Q=29$。

将 $Q=24$ 代入①式中，得到最大利润为：

$$\pi=576$$

(2)将需求曲线稍做调整，用产量表示价格为：$P=53-Q_1-Q_2$。

则各厂商的利润分别为：

$$\pi_1=PQ_1-C(Q_1)=(53-Q_1-Q_2)Q_1-5Q_1=48Q_1-Q_1^2-Q_1Q_2$$

$$\pi_2=PQ_2-C(Q_2)=(53-Q_1-Q_2)Q_2-5Q_2=48Q_2-Q_2^2-Q_1Q_2$$

(3)在古诺均衡中，厂商 1 将厂商 2 的产量视为给定，从而确定自己的利润最大化的产量。因此，根据厂商 1 利润最大化的一阶条件，得到厂商 1 的反应曲线为：

$$\frac{\partial\pi_1}{\partial Q_1}=48-2Q_1-Q_2=0，即\ Q_1=24-\frac{Q_2}{2} \qquad ②$$

类似地，厂商 2 的反应曲线为： $Q_2=24-\frac{Q_1}{2}$ ③

(4)将(3)中的③式代入②式中，解得 $Q_1=16$；

同样地，将(3)中的②式代入③式中，解得 $Q_2=16$。

将 Q_1、Q_2 代入需求曲线，确定均衡价格为：

$$P=53-16-16=21$$

则厂商 1 的利润为：$\pi_1 = PQ_1 - C(Q_1) = 21 \times 16 - 5 \times 16 = 256$；

厂商 2 的利润为：$\pi_2 = PQ_2 - C(Q_2) = 21 \times 16 - 5 \times 16 = 256$。

(5) 由于行业中有 N 个厂商，则需求曲线为：

$$P = 53 - (Q_1 + Q_2 + \cdots + Q_N)$$

第 i 个企业的利润为：

$$\pi_i = PQ_i - C(Q_i) = 53Q_i - Q_1Q_i - Q_2Q_i - \cdots - Q_i^2 - \cdots - Q_NQ_i - 5Q_i$$

利润最大化的一阶条件为：

$$\frac{\partial \pi_i}{\partial Q_i} = 53 - Q_1 - \cdots - 2Q_i - \cdots - Q_N - 5 = 0$$

即

$$Q_i = 24 - \frac{1}{2}(Q_1 + \cdots + Q_{i-1} + Q_{i+1} \cdots + Q_N) \qquad ④$$

由于各厂商的成本函数是相同的，所以它们的最优产量也是相同的，这个相同的产量记为 Q^*，则④式可以改写为：

$$Q^* = 24 - \frac{1}{2}(N-1)Q^*$$

$$(N+1)Q^* = 48$$

$$Q^* = \frac{48}{N+1}$$

所以，行业总产量为 NQ^*，将其代入需求曲线，价格就为：

$$P = 53 - N\left(\frac{48}{N+1}\right) \qquad ⑤$$

行业总利润为：

$$\pi_T = P(NQ^*) - 5(NQ^*)$$

整理得：

$$\pi_T = 48 \times \left(\frac{N+1-N}{N+1}\right) \times 48 \times \left(\frac{N}{N+1}\right) = \frac{2304N}{(N+1)^2} \qquad ⑥$$

所以当 $N \to \infty$ 时，

由⑤式可以看出：$P = 53 - 48 = 5$；

由⑥式可以看出，$\pi_T = 0$。

也就是说当企业个数趋于无穷时，市场结构会趋于完全竞争。

4. 继续练习题 3。我们回到两个具有相同常数平均成本和边际成本 $AC = MC = 5$ 的厂商，面对的市场需求曲线还是 $Q_1 + Q_2 = 53 - P$。现在我们要利用斯塔克伯格模型来分析如果两个厂商之一在另一厂商之前先做产量决策将会发生什么情况。

(1) 设厂商 1 是斯塔克伯格领导者(即在厂商 2 之前进行产量决策)。找出反应曲线，使得各厂商能够根据它的竞争者的产量求出它自己应该生产多少。

(2) 各厂商将生产多少？利润为多少？

解：(1) 厂商 2 在厂商 1 之后做出决定，它的利润最大化产量由它的古诺反应曲线给出。在第 3 题中已经求出厂商 2 的反应曲线为：

$$Q_2 = 24 - \frac{Q_1}{2} \qquad (1)$$

厂商 1 没有反应曲线，因为它是在厂商 2 之前进行产量决策的。相反地，它是根据厂商 2 的反应曲线来决定自己的最优产出。

(2)厂商 1 知道厂商 2 将根据(1)式决定产量，故将(1)代入厂商 1 的利润函数：

$$\begin{aligned}\pi_1 &= PQ_1 - C(Q_1)\\ &= [53 - Q_1 - (24 - \frac{Q_1}{2})]Q_1 - 5Q_1\\ &= 24Q_1 - 0.5{Q_1}^2\end{aligned}$$

利润最大化的一阶条件为：$\frac{d\pi_1}{dQ_1} = 24 - Q_1 = 0$，解得：$Q_1 = 24$。

将 $Q_1 = 24$ 代入厂商 2 的反应曲线，得到厂商 2 的最优产量：

$$Q_2 = 24 - \frac{Q_1}{2} = 12$$

将 Q_1 和 Q_2代入需求曲线，均衡价格为：

$$P = 53 - 24 - 12 = 17$$

厂商 1 的利润为：$\pi_1 = 17 \times 24 - 5 \times 24 = 288$(美元)；

厂商 2 的利润为：$\pi_2 = 17 \times 12 - 5 \times 12 = 144$(美元)。

斯塔克伯格领袖将生产 24 个单位的产量，利润为 288；追随者生产 12 个单位的产量，利润为 144。

5. 两个厂商生产一种相同的商品。它们同时选择的产出水平为 Q_1 和 Q_2，面临的需求曲线为$P = 30 - Q$，其中 $Q = Q_1 + Q_2$。直到最近，两个厂商的边际成本都为零。新颁布的环境法规使得厂商 2 的边际成本上升到 15 美元。厂商 1 的边际成本保持不变，为零。判断正误：市场价格将因此上升到垄断水平。

答：正确。

厂商 1 的利润为：

$$\pi_1 = (30 - Q)Q_1 = 30Q_1 - Q_1^2 - Q_1Q_2$$

利润最大化的一阶条件为：

$$\frac{d\pi_1}{dQ_1} = 30 - 2Q_1 - Q_2 = 0$$

厂商 1 的反应曲线为：$Q_1 = 15 - 0.5Q_2$　①

厂商 2 的边际成本上升后，利润函数为：

$$\pi_2 = (30 - Q)Q_1 - 15Q_2 = 15Q_2 - Q_2^2 - Q_1Q_2$$

利润最大化的一阶条件为：

$$\frac{d\pi_2}{dQ_2} = 15 - Q_1 - 2Q_2 = 0$$

厂商 2 的反应曲线为：$Q_2 = 7.5 - 0.5Q_1$　②

联立①和②，解得 $Q_1 = 15$，$Q_2 = 0$。

也就是说，厂商 2 生产量为 0，市场上的需求完全由厂商 1 供给，所以 $P = 15$ 就是垄断价格。

6. 设有两个生产某种商品的相同厂商，并且它们是市场上仅有的两个厂商。它们的成本由 $C_1=60Q_1$ 和 $C_2=60Q_2$ 给出，其中，Q_1 是厂商 1 的产量，Q_2 是厂商 2 的产量。价格由下列需求函数给出：$P=300-Q$，其中 $Q=Q_1+Q_2$。

(1) 求出古诺－纳什均衡。算出各厂商在该均衡中的利润。

(2) 假设这两个厂商为了使共同利润最大化组成了一个卡特尔。它们将生产多少？算出各厂商的利润。

(3) 设厂商 1 是该行业中唯一的厂商。市场产量和厂商 1 的利润与 (2) 部分中求出的有何不同？

(4) 回到 (2) 部分中的双寡头，设厂商 1 遵守协定，但厂商 2 通过增产欺诈。厂商 2 将生产多少？各厂商的利润是多少？

解： (1) 为了确定古诺均衡，必须求出每个厂商的反应曲线。厂商 1 的利润函数为：

$$\pi_1=PQ_1-C_1=300Q_1-Q_1^2-Q_1Q_2-60Q_1=240Q_1-Q_1{}^2-Q_1Q_2$$

利润最大化的一阶条件为：$\frac{\partial\pi_1}{\partial Q_1}=240-2Q_1-Q_2=0$，所以厂商 1 的反应曲线为：

$$Q_1=120-0.5Q_2$$

类似地，厂商 2 的反应曲线为：

$$Q_2=120-0.5Q_1$$

联立上面两式，解得：$Q_1=80$，$Q_2=80$。

所以，均衡价格为：$P=300-160=140$；

两寡头的利润为：$\pi_1=\pi_2=140\times80-60\times80=6400$。

(2) 由于两厂商面对相同的边际成本和需求状况，所以，市场总收益为：

$$R=PQ=(300-Q)Q=300Q-Q^2$$

总利润为：

$$\pi=R-C=300Q-Q^2-60Q=240Q-Q^2$$

利润最大化的一阶条件为：$\frac{\mathrm{d}\pi}{\mathrm{d}Q}=240-2Q=0$，解得利润最大化的产量为：$Q=120$。

均衡价格为：$P=300-120=180$。

由于两厂商面对相同的边际成本和需求状况，所以假设它们平分产量是合理的，即 $Q_1=Q_2=60$。此时，它们的利润均为：

$$\pi_1=\pi_2=180\times60-60\times60=7200$$

(3) 如果该行业中只有一个厂商（厂商 1），那么可以根据 (2) 中的计算结果，它的利润最大化的产量为：$Q_1=120$，最大的利润为：$\pi_1=14400$。

(4) 根据 (2) 的计算，共谋时，每个厂商将生产 60 单位的产量。现在，厂商 2 要进行欺诈，它知道厂商 1 将会生产 60，因此将 60 代入厂商 2 的反应曲线，有：

$$Q_2=120-0.5\times60=90$$

此时，行业的总产量为：$Q_T=60+90=150$；

均衡价格为：$P=300-150=150$；

所以厂商 1 的利润为：$\pi_1=150\times60-60\times60=5400$；

厂商 2 的利润为：$\pi_2 = 90 \times 150 - 60 \times 90 = 8100$。

7. 假设两个竞争厂商 A 和 B 生产同质商品。两个厂商都有 $MC = 50$ 美元的边际成本。描述厂商若处于如下情形下，产量和价格会发生什么变化：①古诺均衡，②共谋均衡，③伯特兰均衡。

（1）因为厂商 A 必须增加工资，它的 MC 上升到 80 美元。

（2）两个厂商的边际成本增加。

（3）需求曲线向右移动。

答：(1)①在古诺均衡状态下，必须考虑变量变化对反应函数的影响，如教材中图 12.9 所描述。当厂商 A 经历边际成本的上升时，它的反应函数会向内移动。厂商 A 的产量会减少，而厂商 B 的产量会增加。总产量减少，价格上升。

②在共谋均衡状态下，两个厂商会联合起来，像一个垄断者一样行动。当厂商 A 边际成本的上升时，厂商 A 会使产量降低为零，假定厂商 B 可以生产足够多的产量，以至于可以满足整个市场的需求，此时产量和价格都不会发生变化。

③在伯特兰均衡状态下，假定产品都是同质的，两个厂商会把产量调整到价格等于边际成本时所对应的水平。厂商 A 会把价格提高到 80 美元，而厂商 B 会将价格上升到低于 80 美元的水平(比如 79.99 美元)抢占 A 厂商所有的销售份额。所以 A 公司将不会生产。

(2)①在古诺均衡状态下，两个厂商边际成本的提高会使他们的反应函数都向内移动，两厂商都会减少产量，价格上升。

②在共谋均衡状态下，和垄断市场上的情形相似，边际成本的上升，使得两个厂商都减少产量，价格会上升。

③在伯特兰均衡状态下，和前两种情况相同，价格会上升，总产量会下降。

(3)①同(2)中的情况相反，在古诺均衡状态下，两个反应函数都会向外移动，两厂商会增加产量，价格会上升。

②在共谋均衡状态下，随着需求和边际收益的增加，两个厂商都会增加产量，价格也会上升。

③在伯特兰均衡状态下，两个厂商都会提供更多的产量，在边际成本不变的情况下，价格保持不变。

8. 假设航空行业仅有两个厂商组成：美国航空公司和得克萨斯航空公司。让两厂商具有相同的成本函数 $C(q) = 40q$。设该行业的需求曲线为 $P = 100 - Q$，且各厂商都期望对方像古诺竞争者一样行动。

(1)计算各厂商的古诺 - 纳什均衡，假设各厂商是在将对手的产量当作给定时选择最大化自己利润的产量水平。各厂商的利润是多少？

(2)如果得克萨斯航空具有常数边际成本和平均成本 25 美元，而美国航空具有常数边际成本和平均成本 40 美元，均衡产量为多少？

(3)假设两个厂商原有成本函数为 $C(q) = 40q$，如果美国航空不会跟进，得克萨斯航空愿意投资多少资金以将它的边际成本从 40 美元降至 25 美元？如果不管美国航空怎么做，得克萨斯航空公司都要将边际成本降低为 25 美元，美国航空会愿意花费多少将它的边际成本降至 25 美元？

解：(1)为了确定古诺均衡，先求出两个厂商的反应曲线。

美国航空公司的利润函数为：

$$\pi_1 = PQ_1 - C_1 = 100Q_1 - Q_1^2 - Q_1Q_2 - 40Q_1 = 60Q_1 - Q_1^2 - Q_1Q_2$$

利润最大化一阶条件为：

$$\frac{\partial \pi_1}{\partial Q_1} = 60 - 2Q_1 - Q_2 = 0$$

所以美航的反应曲线为：$Q_1 = 30 - 0.5Q_2$　①

相似地，得克萨斯航空公司的反应曲线为：$Q_2 = 30 - 0.5Q_1$　②

联立①和②，解得 $Q_1 = 20$，$Q_2 = 20$。

均衡价格为：$P = 100 - 20 - 20 = 60$(美元)。

美航的利润为：$\pi_1 = 60 \times 20 - 40 \times 20 = 400$(美元)；

得航的利润为：$\pi_2 = 60 \times 20 - 40 \times 20 = 400$(美元)。

(2)在新的条件下，美航的利润函数为：

$$\pi_1 = PQ_1 - C_1 = (100Q_1 - Q_1^2 - Q_1Q_2) - 40Q_1 = 60Q_1 - Q_1^2 - Q_1Q_2$$

令$\frac{\partial \pi_1}{\partial Q_1} = 60 - 2Q_1 - Q_2 = 0$ 得到美航的反应曲线为：$Q_1 = 30 - 0.5Q_2$　③

相似地，得克萨斯航空公司的反应曲线为：$Q_2 = 37.5 - 0.5Q_1$　④

联立③和④，解得 $Q_1 = 15$，$Q_2 = 30$。

所以，市场的均衡产量为：$Q = Q_1 + Q_2 = 45$。

(3)原来两家公司的利润都为 400 美元。现在得航将边际成本降低至 25 美元，而美航的边际成本不变，仍为 40 美元。这两家公司的产量分别为 $Q_2 = 30$，$Q_1 = 15$。新的市场均衡价格为 $P = 100 - 15 - 30 = 55$ 美元。则得航的利润为：

$$\pi_2 = 55 \times 30 - 25 \times 30 = 900(\text{美元})$$

这与原来的利润相差 500 美元，这个差距就是得航将边际成本从 40 降低到 25 愿意支付的资金。

下面看美航。在得航的边际成本是 25 美元，而美航的边际成本不改变，从而美航的产量为 15 的条件下，美航的利润为：

$$\pi_1 = 55 \times 15 - 40 \times 15 = 225(\text{美元})$$

现在，美航也将边际成本下降到 25 美元，从而两家公司都有相同的边际成本(25 美元)，在这样的条件下，求出两公司的新的反应曲线为：

$$Q_1 = 37.5 - 0.5Q_2$$
$$Q_2 = 37.5 - 0.5Q_1$$

解上面这个方程组得，$Q_1 = 25$，$Q_2 = 25$。

将 Q_1，Q_2 代入需求曲线，均衡价格为：$P = 100 - 25 - 25 = 50$(美元)。

此时，美航的利润为：$\pi_1 = 50 \times 25 - 25 \times 25 = 625$(美元)。

这个新的利润与原来的利润相差 400 美元，这就是美航要把边际成本从 40 降到 25 所愿意支付的资金。

9. 对灯泡的需求为 $Q = 100 - P$，其中 Q 以百万盒灯泡的销售计；P 是每盒的价格。有两个灯泡生产商：永光和迪姆力。它们有相同的成本函数：

$$C_i = 10Q_i + 1/2Q_i^2 (i = E,\ D)$$

$$Q = Q_E + Q_D$$

(1) 由于认识不到共谋的潜在可能，这两个厂商像短期完全竞争者一样行动。均衡的 Q_E、Q_D 和 P 的值各为多少？各厂商的利润是多少？

(2) 两个厂商的最高层经营者都被换掉了。双方的新经理各自独立地认识到了灯泡行业的寡头垄断性质并采取古诺竞争策略。Q_E、Q_D 和 P 的均衡值又是多少？各厂商的利润是多少？

(3) 假设永光的经理准确猜到迪姆力是采用古诺策略，所以永光采用斯塔克伯格策略。Q_E、Q_D 和 P 的均衡值是多少？各厂商的利润是多少？

(4) 如果两个厂商的经理共谋，Q_E、Q_D 和 P 的均衡值是多少？各厂商的利润是多少？

解：(1)如果两厂商像完全竞争者一样行动，则他们将在价格等于边际成本处提供产品。

永光的边际成本为：$MC_E = 10 + Q_E$，令 $P = MC_E$，有 $P = 10 + Q_E$　①

同样地，令迪姆力的价格等于边际成本，有 $P = 10 + Q_D$　②

对灯泡的需求有 $P = 100 - Q_E - Q_D$　③

联立 ①②③式，解得：$Q_E = Q_D = 30$

$$P = 100 - 30 - 30 = 40$$

利润分别为：$\pi_E = PQ_E - C_E = 450$

$\pi_D = PQ_D - C_D = 450$

(2)为了确定古诺均衡，首先要求出两家公司的反应曲线。

永光的利润为：

$$\pi_E = PQ_E - C_E = 90Q_E - 1.5Q_E^2 - Q_EQ_D$$

利润最大化的一阶条件为：

$$\frac{\partial \pi_E}{\partial Q_E} = 90 - 3Q_E - Q_D = 0$$

所以反应曲线为：$Q_E = 30 - (1/3)Q_D$　④

相似地，迪姆力的反应曲线为：$Q_D = 30 - (1/3)Q_E$　⑤

联立④⑤式，解得：$Q_E = 22.5$，$Q_D = 22.5$。

均衡价格为：$P = 100 - 22.5 - 22.5 = 55$。

利润分别为：

$$\pi_E = 2050 - 759.375 - 506.25 = 759.375$$

$$\pi_D = 759.375$$

(3)永光的利润函数为 $\pi_E = PQ_E - C_E = 90Q_E - 1.5Q_E^2 - Q_EQ_D$　⑥

由于永光知道迪姆力将按照反应曲线 $Q_D = 30 - (1/3)Q_E$ 选择 Q_D，所以将其代入⑥式中得：

$$\pi_E = 60Q_E - (7/6)Q_E^2$$

利润最大化的一阶条件为：

$$d\pi_E/dQ_E = 60 - (7/3)Q_E = 0$$

解得：$Q_E \approx 25.7$，$Q_D \approx 21.4$。

所以均衡价格为：$P=100-25.7-21.4=52.9$。

利润分别为：

$$\pi_E = 52.9\times25.7-(10\times25.7+0.5\times25.7^2)$$
$$= 1359.53-587.245=772.285$$
$$\pi_D = 52.9\times21.4-(10\times21.4+0.5\times21.4^2)$$
$$= 1132.06-442.98=689.08$$

(4)由于两个厂商面对相同的需求、成本状况，所以在串通时，假定他们会平分产量和利润。设 Q 为行业产出，则每个厂商各生产 $Q/2$，因此，$C_t=10\left(\frac{Q}{2}\right)+\frac{1}{2}\left(\frac{Q}{2}\right)^2$。行业总成本为：

$$TC=2C_t=10Q+\left(\frac{Q}{2}\right)^2$$

行业利润函数为：

$$\pi=(100-Q)Q-\left[10Q+\left(\frac{Q}{2}\right)^2\right]$$

利润最大化的条件为：

$$\frac{\mathrm{d}\pi}{\mathrm{d}Q}=90-\frac{5}{2}Q=0$$

解得：$Q=36$。

因此，$Q_E=Q_D=18$，均衡价格为 $P=100-36=64$。

每个公司的利润是：$\pi_E=\pi_D=64\times18-(10\times18+18^2/2)=810$。

10. 两个厂商生产豪华型羊皮自动椅套：Western Where (WW) 和 B. B. B. Sheep (BBBS)。每个厂商的成本函数为：$C(q)=30q+1.5q^2$。市场需求由反需求方程 $P=300-3Q$ 给出，式中，总产出 $Q=q_1+q_2$。

(1)如果每个厂商在给定对手产出下追求利润最大化(即每个厂商都是古诺寡头)，每个厂商将选择的均衡产量为多少？总产出为多少？市场价格为多少？每个厂商各自的利润又为多少？

(2)对于 WW 和 BBBS 的管理者来说，共谋能使效率提高。如果两个厂商共谋，利润最大化时的产出为多少？该行业的价格为多少？在该情况下每个厂商各自的产出和利润为多少？

(3)厂商的经营者们认识到公开共谋是非法的。每个厂商必须独自决定是生产古诺数量还是生产卡特尔数量。为了帮助决策，WW 的管理者绘制了如下一个支付矩阵。每一空格中填入 WW 和 BBBS 的利润。根据这一支付矩阵，每个厂商会采取怎样的产出策略？

利润支付矩阵

		BBBS 利润	
		生产古诺产量 q	生产卡特尔产量 q
WW 利润	生产古诺产量 q		
	生产卡特尔产量 q		

(4)假设 WW 能在 BBBS 之前确定产出水平。在此情况下，WW 将会选择怎样的产量？BBBS 呢？市场价格为多少？每个厂商的利润又为多少？WW 首先选择产出水平对它更有利吗？请解释原因。

解：(1)WW 的利润函数为：

$$\pi_w = (300 - 3q_w - 3q_b)q_w - 30q_w - 1.5q_w^2$$

BBBS 的利润函数为：

$$\pi_b = (300 - 3q_w - 3q_b)q_b - 30q_b - 1.5q_b^2$$

利润最大化的条件为：

$$\frac{\partial \pi_w}{\partial q_w} = 300 - 9q_w - 3q_b - 30 = 0$$

$$\frac{\partial \pi_b}{\partial q_b} = 300 - 3q_w - 9q_b - 30 = 0$$

解得：$q_w = q_b = 22.5$，均衡价格为：$P = 300 - 3 \times 45 = 165$。

所以两个厂商的利润分别为：

$$\pi_w = 165 \times 22.5 - (30 \times 22.5 + 1.5 \times 22.5^2) = 2278.125$$

$$\pi_b = 165 \times 22.5 - (30 \times 22.5 + 1.5 \times 22.5^2) = 2278.125$$

(2)由于两个厂商面对相同的需求和成本状况，所以它们会平分总需求量，$q = Q/2$。

行业的总收益为：$R = PQ = 300Q - 3Q^2$；

行业的总成本为：$C = 2 \times \left[30\left(\frac{Q}{2}\right) + 1.5\left(\frac{Q}{2}\right)^2\right] = 30Q + \frac{3Q^2}{4}$；

行业的联合利润为：$\pi = R - C = 270Q - 3.75Q^2$。

利润最大化的一阶条件为：

$$\mathrm{d}\pi/\mathrm{d}Q = 270 - 7.5Q = 0$$

$$Q = 36$$

所以 $q_w = q_b = 18$。

均衡价格为：$P = 300 - 3 \times 36 = 192$。

利润分别为：

$$\pi_w = 192 \times 18 - (30 \times 18 + 1.5 \times 18^2) = 2430$$

$$\pi_b = 192 \times 18 - (30 \times 18 + 1.5 \times 18^2) = 2430$$

(3)如果 WW 生产古诺均衡，由(1)知为 22.5，而 BBBS 生产卡特尔产量，由(2)知为 18，则行业总产量为：$Q = 22.5 + 18 = 40.5$，从而市场价格为：

$$P = 300 - 3 \times 40.5 = 178.5$$

利润分别为：

$$\pi_w = 22.5 \times 178.5 - (30 \times 22.5 + 1.5 \times 22.5^2) = 2581.875$$

$$\pi_b = 18 \times 178.5 - (30 \times 18 + 1.5 \times 18^2) = 2187$$

反之，如果 WW 生产卡特尔产量，BBBS 生产古诺产量，也容易算得：

$$\pi_w = 2187,\ \pi_b = 2581.875$$

因此，得到下表：

		BBBS 利润	
		生产古诺产量 q	生产卡特尔产量 q
WW 利润	生产古诺产量 q	2278，2278	2582，2187
	生产卡特尔产量 q	2187，2582	2430，2430

从这个表可以看出，两家厂商都生产古诺产量是唯一的纳什均衡，所以它们都会选择生产这个产量。

(4)现在 WW 先决定产量。由于它知道，BBBS 将会根据反应曲线 $q_b=30-(1/3)q_w$ 决定产量，则 WW 的收益函数可以表示为：

$$\begin{aligned}\pi &= Pq_w - C_w = (300-3q_w-3q_b)q_w - (30q_w+1.5q_w^2)\\ &= 270q_w - 4.5q_w^2 - 3q_wq_b\\ &= 270q_w - 4.5q_w^2 - 3q_w(30-\frac{1}{3}q_w)\\ &= 180q_w - 3.5q_w^2\end{aligned}$$

利润最大化的一阶条件为：

$$\frac{d\pi}{dq_w}=180-7q_w=0$$

得 $q_w\approx 25.7$ 和 $q_b=30-(1/3\times 25.7)\approx 21.4$。

所以均衡价格和利润分别为：

$$P=300-3\ (q_w+q_b)\ =158.7$$

$$\pi_w=158.7\times 25.7-30\times 25.7-1.5\times 25.7^2\approx 2316.9$$

$$\pi_b=158.7\times 21.4-30\times 21.4-1.5\times 21.4^2\approx 2067.2$$

WW 先选择产量对它有利。WW 选定产量后，BBBS 只能将 WW 的这个产量当作是既成的事实，从而 BBBS 不得不选择一个较低的产量水平，从而只能赚到较少的利润，而 WW 可以赚得较多的利润。

11. 两个厂商通过选择价格竞争，它们的需求曲线是：

$$Q_1=20-P_1+P_2$$

$$Q_2=20+P_1-P_2$$

其中，P_1 和 P_2 分别是两个厂商所定的价格；Q_1 和 Q_2 则是相应的需求。注意对各产品的需求只取决于它们的价格差，如果两个厂商共谋并制定相同的价格，它们可以把价格定在任意的高度，并赚到无限的利润。边际成本为零。

(1)设两个厂商同时决定它们的价格，求出相应的纳什均衡。各厂商会定什么价格？它们将售出多少？利润为多少？(提示：对价格最大化各厂商的利润。)

(2)设厂商 1 先定价格，然后厂商 2 定价。各厂商将定价多少？能售出多少？利润为多少？

(3)假设你是两个厂商之一，且你们有三种博弈的方法：①两个厂商同时定价；②你先定价；③你的竞争者先定价。如果能从中选择，你喜欢哪种？给出原因。

解：(1)因为边际成本为零，利润等于总收益。

$$\pi_1=P_1Q_1=P_1(20-P_1+P_2)=20P_1-P_1^2+P_1P_2$$

$$\pi_2 = P_2Q_2 = P_2(20 + P_1 - P_2) = 20P_2 - P_2^2 + P_1P_2$$

要使厂商 1 和厂商 2 均达到利润最大化，应该满足：

$$\begin{cases} \dfrac{\partial \pi_1}{\partial P_1} = -2P_1 + P_2 + 20 = 0 \\ \dfrac{\partial \pi_2}{\partial P_2} = -2P_2 + P_1 + 20 = 0 \end{cases}$$

解得：$P_1 = P_2 = 20$。

此时，每个厂商生产的产量为：

$$Q_1 = 20 - 20 + 20 = 20$$
$$Q_2 = 20 - 20 + 20 = 20$$

此时两个厂商的利润为：$\pi_1 = P_1Q_1 = 400$，$\pi_2 = P_2Q_2 = 400$。

(2)厂商 1 先定价时，厂商 2 会根据反应曲线 $-2P_2 + P_1 + 20 = 0$ 定价，即 $P_2 = 10 + P_1/2$。

厂商 1 知道厂商 2 将根据反应曲线 $P_2 = 10 + P_1/2$ 选择 P_2。

厂商 1 的利润函数为：

$$\pi_1 = P_1Q_1 = 20P_1 - P_1^2 + P_1P_2 = 20P_1 - P_1^2 + P_1(10 + 0.5P_1) = 30P_1 - 0.5P_1^2$$

故为追求利润最大化，则：$\dfrac{d\pi_1}{dP_1} = -P_1 + 30 = 0$，解得：$P_1 = 30$，从而可得：

$$P_2 = 10 + P_1/2 = 25$$
$$Q_1 = 20 - 30 + 25 = 15$$
$$Q_2 = 20 + 30 - 25 = 25$$

所以厂商 1 的产量为 $Q_1 = 15$，利润为 $\pi_1 = P_1Q_1 = 450$；

厂商 2 的产量为 $Q_2 = 25$，利润为 $\pi_2 = P_2Q_2 = 625$。

(3)应该首选第③种，次选第②种。在价格领导模型中，将价格定在同时定价时的均衡值之上，所以价格领导模型对两厂商都是可选择的。根据反应曲线，价格领导会引起追随者价格提高，但追随者的价格小于价格领导者所定的价格，相当于削价与价格领导者竞争，双方都得到比同时定价更多的利润，追随者利润的增加更大。

12. 主导厂商模型可以帮助我们理解某些卡特尔的行为。让我们将这种模型应用于欧佩克石油卡特尔。我们将利用等弹性曲线来描述世界需求 W 和非卡特尔(竞争性)供给 S。世界需求和非卡特尔供给的价格弹性的合理数值分别为 $-1/2$ 和 $1/2$。然后，用每天百万桶(mb/d)表示 W 和 S，我们能写成：

$$W = 160P^{-1/2}$$

$$S = \left(3\frac{1}{3}\right)P^{1/2}$$

注意欧佩克的净需求为 $D = W - S$。

(1)画出世界需求曲线 W，非欧佩克供给曲线 S，欧佩克的净需求曲线 D 以及欧佩克的边际收益曲线。为了简化，设欧佩克的生产成本为零。在图中标出欧佩克的最优价格、欧佩克的最优产量以及非欧佩克的产量。现在，在图中表示出如果因为石油储量开始枯竭，

非欧佩克的供给成本增大，各条曲线会如何移动，以及欧佩克的最优价格会如何变化。

(2)计算欧佩克的最优(利润最大化)价格。(提示：因为欧佩克的成本为零，只需写出欧佩克的收益表达式并求出使其最大化的价格。)

(3)假设石油消费国想要联合起来并形成一个买方卡特尔以得到买方垄断势力。关于这会对价格造成的冲击，我们可以判断出什么，无法判断出什么？

答：(1)为了表示方便，将题中的曲线用直线代替，这不影响问题的实质。如图 12－9 所示，世界需求曲线 W，非欧佩克供给曲线 S，欧佩克的需求曲线 D，以及欧佩克的边际收益曲线 MR。图中均衡价格为 P^*，总产量为 Q_w，欧佩克的供给为 Q_{OPEC}，非欧佩克的供给为 $Q_{Non\text{-}OPEC}$。

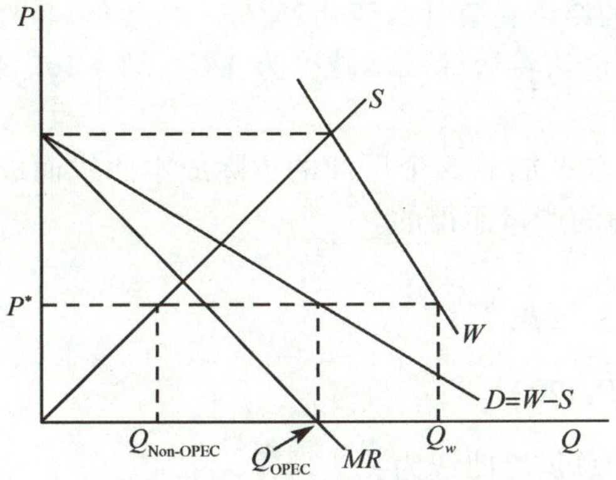

图 12－9　欧佩克石油卡特尔

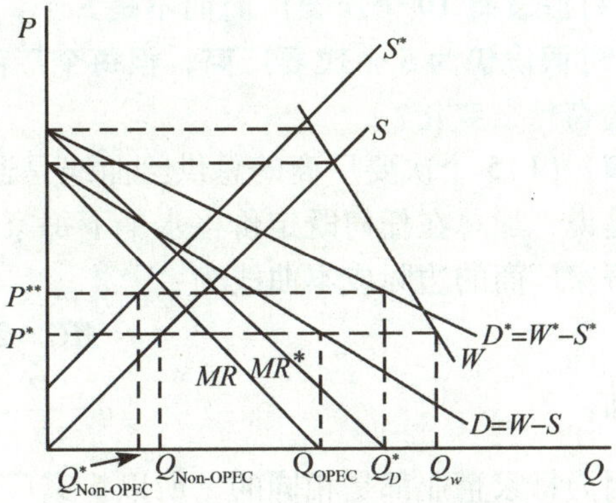

图 12－10　欧佩克石油卡特尔

现在石油储量开始枯竭后，供给曲线向左上平移，从 S 平移到 S^*。由于石油资源开始枯竭所导致的供给下降使得市场对欧佩克的需求相对上升了，需求曲线由 D 平移到 D^*，边际收益曲线也相应的上移。欧佩克新的均衡产量为 $Q_D{}^*$，新的均衡价格将在 P^{**} 处产生。此时，非欧佩克供给为 $Q^*_{Non\text{-}OPEC}$，如图 12－10 所示。

(2)OPEC 的需求曲线为：

$$Q = W - S = 160P^{-0.5} - (3\frac{1}{3})P^{0.5}$$

利润为：

$$\pi = PQ = 160P^{0.5} - (3\frac{1}{3})P^{1.5}$$

利润最大化的一阶条件为：

$$\frac{d\pi}{dP} = 80P^{-1/2} - 5P^{1/2} = 0$$

解得：$P = 16$。

(3)如果石油消费国也形成一个“买方卡特尔”，那么，石油市场上就由一个卖方垄断者(欧佩克)和一个买方垄断者(买方卡特尔)组成，对石油的需求曲线也消失了。因此，无法确定市场的均衡价格和数量。因为现在这将取决于两个垄断集团的力量对比，包括需求和供给的弹性、双方谈判的能力等等。

也可以想象，这个卡特尔的冲击是相当有限的。石油之于现代社会经济的意义不言而喻，对石油的需求是相当缺乏弹性的。如果这个买方卡特尔把油价压得很低，欧佩克完全可以停产几周，其后果是可以想象的。所以，这个买方卡特尔不太可能会威胁到欧佩克的垄断势力。

13. 假设网球鞋市场有 1 个主导厂商和 5 个次要厂商。市场需求为 $Q=400-2P$。主导厂商有 20 的不变边际成本。每个次要厂商有 $MC=20+5q$ 的边际成本。

(1)证明 5 个次要厂商的总供给曲线为 $Q_f=P-20$。

(2)求主导厂商的需求曲线。

(3)求利润最大化时的生产数量和主导厂商索取的价格，并求此时每个次要厂商的生产数量和价格。

(4)假设有 10 个次要厂商而不是 5 个，你的结果会有什么变化？

(5)假设仍为 5 个次要厂商，但每个厂商都设法将边际成本减少为 $MC=20+2q$。你的结果会有什么变化？

解：(1)5 个次要厂商的总供给曲线是通过水平加总 5 个厂商的边际成本曲线而成的，也就是说，加总在任何既定价格水平下每家厂商的产量而得的。

每家厂商的边际成本曲线为：

$$MC=20+5q=P$$

即：

$$q=\frac{P}{5}-4(P\geqslant 20)$$

因为每家企业都是相同的，所以 5 家厂商的总供给曲线为：

$$Q_f=5\left(\frac{P}{5}-4\right)=P-20$$

(2)主导厂商的需求曲线是市场需求与次要厂商总供给之间的差，即：

$$Q_D=400-2P-(P-20)=420-3P$$

(3)为了实现利润最大化，主导厂商将使边际收益等于边际成本。对于主导厂商而言，有：$Q_D=420-3P\Rightarrow P=140-\frac{1}{3}Q_D$。

其边际收益为：$MR=140-\frac{2}{3}Q_D$，因而有：$MR=140-\frac{2}{3}Q_D=20=MC$，可以解得：$Q=180$，$P=80$。

每个次要厂商将与主导厂商索要相同的价格，5 个次要厂商的总产量为：$Q_f=P-20=60$，每个次要厂商将生产 12 单位的产量。

(4)如果有 10 个次要厂商，则次要厂商的总供给曲线为：

$$Q_f=2P-40$$

从而主导厂商的总需求曲线为：$Q_D=440-4P$，其新的边际收益为：$MR=110-\frac{Q_D}{2}$。由 $MR=MC=20$ 可得，主导厂商的产量为 180，市场价格为 65。从而每个次要厂商的价格也将为 65。10 个次要厂商的总供给为 130－40＝90，每个次要厂商的供给为 9。主导厂商的市场份额从 75% 下降到了 67%。

(5)当边际成本下降时，次要厂商的供给曲线变为：$q=\frac{P}{2}-10$，从而 5 个次要厂商的总供给为：$Q_f=\frac{5}{2}P-50$。主导厂商的总需求为：$Q_D=450-4.5P$，其边际收益为：$MR=100-\frac{2Q}{4.5}$。由 $MR=MC=20$ 可得，主导厂商产量为 180，从而价格为 60。每个次要厂商将生产 20 单位的产量。主导厂商的市场份额从 75% 下降为 64%。

14. 一个生产柠檬的卡特尔由 4 个果园组成。它们的总成本曲线分别为：

$$TC_1=20+5Q_1^2$$
$$TC_2=25+3Q_2^2$$
$$TC_3=15+4Q_3^2$$
$$TC_4=20+6Q_4^2$$

（TC 以百美元计，Q 以每月采运的箱数计。）

（1）用表列出产量水平在每月 1～5 箱（即 1、2、3、4 和 5 箱）时各果园的总成本、平均成本和边际成本。

（2）如果该卡特尔决定每月采运 10 箱并将价格定在每箱 25 美元，产量在果园之间应怎样分配？

（3）在这个采运量水平下，哪个果园进行价格欺诈的冲动最大？是否哪个果园都没有进行价格欺诈的冲动？

解：（1）关于各果园的成本，计算得下表。其中，TC 为代入总成本曲线所得，$AC=TC/Q$，MC 为产量每增加 1，总成本的增加量，即相邻两个 TC 值的差额。

产量	厂商 1			厂商 2		
	TC	AC	MC	TC	AC	MC
0	20	—	—	25	—	—
1	25	25	5	28	28	3
2	40	20	15	37	18.5	9
3	65	21.67	25	52	17.33	15
4	100	25	35	73	18.25	21
5	145	29	45	100	20	27

产量	厂商 3			厂商 4		
	TC	AC	MC	TC	AC	MC
0	15	—	—	20	—	—
1	19	19	4	26	26	6
2	31	15.5	12	44	22	18
3	51	17	20	74	24.67	30
4	79	19.75	28	116	29	42
5	115	23	36	170	34	54

（2）产量的分配，应该使每一个单位的产量都在边际成本最小处生产。

分配第一箱时，由于厂商2的边际成本最小，因此由它生产。第二箱在其余3个厂商中分配，在他们中厂商3的边际成本最小，所以由它生产。所有厂商轮完一圈之后又重新开始第二轮分配，其结果由下表给出：

分配的产量 第 x 箱	厂商	MC
1	2	3
2	3	4
3	1	5
4	4	6
5	2	9
6	3	12
7	1	15
8	2	15
9	4	18
10	3	20

由表可以看出，厂商1和4各生产2箱，厂商2和3各生产3箱。

(3)由于厂商2在每个单位产量上的边际成本都是最小的，当它生产4箱时，其边际成本才为21，低于25的市价。而在这个产量水平上，其他3个厂商的边际成本都已经等于或超过了25，所以厂商2最可能欺诈以扩大市场份额。

厂商3和4没有欺诈的冲动。因为如果它们将产量超出分配给它们的份额(分别为3和2)，则它们的边际成本将超出市价，因而亏损，所以它们不会欺诈。厂商1如果欺诈，边际成本将等于市价，因此对欺诈也是不积极的。

第 13 章　博弈论与竞争策略

13.1　复习笔记

【知识框架(庖丁解牛)】

- 博弈论与竞争策略
  - 博弈与策略性决策
    - 博弈的概念、核心方面与核心任务
    - 合作和非合作博弈
  - 占优策略
  - 纳什均衡回顾
    - 纳什均衡的概念
    - 占优策略均衡与纳什均衡的关系
    - 极大化极小策略
    - 混合策略和纯策略
  - 重复博弈
    - 无限重复博弈与有限重复博弈的结果
    - 以牙还牙策略
  - 序贯博弈
    - 序贯博弈的概念
    - 博弈的扩展形
    - 先发优势
  - 威胁、承诺与可信性
    - 空头威胁
    - 承诺和可信性
    - 讨价还价策略
  - 阻止进入
  - 拍卖
    - 拍卖形式
    - 估价与信息
    - 最大化拍卖收入
    - 竞标与共谋

【考点难点归纳(厚积薄发)】

考点一：博弈与策略性决策　★★

博弈论又称对策论，是描述、分析多人对策行为的理论，从棋弈、桥牌、战争中借用而来，在经济学中应用广泛，如用来表现寡头间相互依存的竞争特点便有其突出的优越性。现代经济博弈理论始于 1944 年冯·诺依曼和奥斯卡·莫根施特恩的《博弈论与经济行为》一书。

1. 博弈的概念、核心方面与核心任务(见表13－1)

表13－1　博弈的概念、核心方面与核心任务

要点	具体内容
概念	参与人(参加者)考虑到了每个其他参与人的行动和反应后做出策略性决策的情形
核心方面	①博弈的参加者——博弈方； ②各博弈方的策略——博弈者在博弈中遵循的行动规则或者计划； ③博弈的次序； ④博弈方获得的支付——与某一可能结果对应的价值
核心任务	确定每个参与人的最优策略

2. 合作和非合作博弈(见表13－2)

表13－2　合作和非合作博弈

博弈类型 要点	合作博弈	非合作博弈
概念	如果各博弈方可以谈定能使它们设计联合策略的有约束力的合同，博弈就是合作的	如果各博弈方不可能谈判并执行有约束力的合同，博弈就是非合作的
例子：一个行业中的两个厂商谈判开发一种新技术的联合投资	如果两个厂商能够签订一份分配联合投资利润的有约束力的合同，则使双方都获益的合作的结果就是可能的	两竞争的厂商相互考虑到对方的可能的行为，并独立确定价格或广告策略以夺取市场份额
差别	在合作博弈中，有约束力的合同是可能存在的	在非合作博弈中，有约束力的合同是不可能存在的

考点二：占优策略　★★★

有些策略在竞争者做某些选择时很可能是成功的，但如果他们做另外的选择就会失败；其他一些策略却不管竞争者选择什么都会成功。占优策略是指不管对手做什么，这一策略对参与者都是最优的。当每个参与者都有占优策略时，这种博弈的结果称为占优策略均衡。

考点三：纳什均衡回顾　★★★

1. 纳什均衡的概念

纳什均衡就是一组满足给定对手的行为时各参与者所能做出的最优的策略(或行为)。由于各博弈方没有偏离它的纳什策略的冲动，因此这种策略具有稳定性。

2. 占优策略均衡与纳什均衡的关系

占优策略的均衡是纳什均衡的一种特例，不管其他博弈方如何做，占优策略总是最优的。而纳什均衡依赖各博弈方的理性。

3. 极大化极小策略

极大化极小策略是指博弈者所采取的策略是使自己能够获得的最小收入最大化。最小收入指采取某一策略所能获得的最小收入。极大化极小策略是一种保守的策略而不是利润最大化的策略，博弈者往往是在信息不完全的情况下才采取极大化极小策略。

4. 混合策略和纯策略

混合策略是相对纯策略而言的。纯策略指一种规定博弈参与人在每一个给定的信息情况下只选择一种特定行动的策略；混合策略指一种规定参与人在给定信息情况下以某种概率分布随机地选择不同行动的策略。混合策略纳什均衡，指在一个两人参与的混合策略博弈中，一方在给定对方混合策略的情况下，选择使自己期望效用最大的混合策略。

考点四：重复博弈 ★★★

1. 无限重复博弈与有限重复博弈的结果(见表 13－3)

表 13－3　无限重复博弈与有限重复博弈的结果

博弈类型	博弈结果
无限重复博弈	无限重复博弈的结果是合作均衡
有限重复博弈	有限重复博弈的结果取决于反复的次数与博弈者的理性程度： ①反复次数很少＋博弈者完全理性：博弈者只会出现竞争的解而不是合作的解； ②反复次数很多＋博弈者有限理性：博弈将产生合作的解，因为博弈双方报复的机会都很多，任何一方的不合作行为都会引起对手的报复，给自己造成较大的期望损失

2. 以牙还牙策略

“以牙还牙”策略就是指在一个重复博弈中，博弈一方以前一轮对手所选行动进行回应的一种策略。该策略将与合作者保持合作，而报复不合作者。

考点五：序贯博弈 ★★★★

1. 序贯博弈的概念

序贯博弈是指参与者根据对手的行动与反应依次行动的博弈。斯塔克伯格模型就是序贯博弈的一个例子，一个厂商在另一个厂商之前定产。

2. 博弈的扩展形

(1)博弈的表现形式：

博弈的表现形式有两种：一种是标准形式的博弈；另一种是扩展形式的博弈。需要说明的是，这两个只是博弈的表现形式而已，可以相互转换。

(2)扩展式表述：

扩展式表述在标准式表述的基础上，扩展了描述博弈局势的要素，比如参与者的行动顺序以及外生事件的概率分布等，可以描述更复杂的博弈局势，极大地扩大了博弈理论所能描述的范围，一般用来表述动态博弈。扩展式表述一般包含六个要素：

①博弈的参与者集 $N=\{1, 2, \cdots, n\}$；

②参与者的行动顺序：什么参与者在什么时候行动；

③参与者的行动空间：在每次行动时，参与者有些什么行动可供选择；

④参与者的信息集：每次行动时，参与者知道些什么；

⑤参与者的支付函数：在行动结束时，每个参与者得到什么；

⑥外生事件(即“自然”的选择)的概率分布。

3. 先发优势

先发优势产生于序贯博弈。在序贯博弈中，各博弈方依次行动，先行者获得比后来者更多的利益，因而各博弈方可能会有在他的竞争者行动之前抢先采取特定行动的冲动。

考点六：威胁、承诺和可信性 ★★

1. 空头威胁

空头威胁就是作出威胁者没有实施意愿的威胁。如果威胁者的竞争者是理性的，空头威胁没有任何价值。为了使一个威胁可信，有时必须采取一种特定的行为，从而创造一种具有实施其威胁的愿望的策略性行动。

2. 承诺和可信性

如果厂商想要吓退竞争者，必须作出一定推出新产品的承诺，并且采取策略性行动，保证承诺的可信性。

厂商必须有策略性行动，才会使得空头威胁变为承诺。即通过某种限制厂商选择范围的行动，改变竞争者对厂商行动的预期，从而迫使竞争者选择对厂商有利的策略，达到限制对手的目的。

3. 讨价还价策略

讨价还价问题是合作博弈的例子，讨价还价的结果依赖于每一方策略性地改变其相对谈判地位的能力。

从博弈论的角度来看，讨价还价是一个非零和博弈。博弈当事人的利益是对立的，任何一个人效用的增加都会损害另外一个人的利益。但博弈当事人的利益也有一致的地方，博弈者都希望避免两败俱伤，他们都希望至少达成某种协议。这样谈判方就需要在达成协议的底线和争取较优结果中进行权衡。

考点七：阻止进入 ★★

进入壁垒是垄断势力和利润的重要根源，规模经济、专利和许可证、关键投入要素的得到都能造成进入壁垒，但厂商自己有时也能阻止潜在的竞争者的进入。

为了阻止进入，原有厂商必须让任何潜在的竞争者确信，进入将是无利可图的。原有厂商可以通过投资，形成可信的价格战的威胁，阻止进入者进入。

一种先发制人的投资可以通过对潜在的竞争者造成一种可信的威胁而给厂商带来优势。在有些情况下先发制人的投资(补贴或政府的鼓励)也能给一国带来在国际市场上的优势，因而也是重要的贸易政策工具。

考点八：拍卖 ★★★

1. 拍卖形式

不同拍卖形式的选择会影响销售者的拍卖收入。以下几种不同的拍卖形式被广为采用，如表 13－4 所示。

表 13－4　几种拍卖形式

拍卖类型	拍卖过程及结果
英国式(口头式)拍卖	①卖方主动向潜在的买方群体询问不断累进的报价； ②所有参与者在每一个时点都知道当时的最高报价； ③当没有投标者愿意出价超过当时的最高报价时，拍卖就此结束； ④物品以当时的最高报价卖给最高报价的投标者
荷兰式拍卖	①开始时卖方提供一个相对较高的物品价格； ②所有潜在的买方如果没有人同意这个价格，卖方将会降低价格； ③所有买方中第一个接受卖方报价的，以此价格购买到此物品
密封投标拍卖	①同时将所有报价封存于信封中，由出价最高的买方赢得拍卖； ②赢得拍卖的投标者支付的价格由于所依赖的拍卖规则不同存在差异： a. 一级密封投标拍卖中，物品的销售价格等于最高报价； b. 二级密封投标拍卖中，销售价格等同于第二高的报价

2. 估价与信息(见表 13－5)

表 13－5　估价与信息

类型 要点	私人价值拍卖	公共价值拍卖
概念	①每个投标者确切地知道自己对物品的估价或保留价格，而且不同的投标者对标的物的保留价格不同； ②每个投标者对于其他人对物品的估价是不确定的	①被拍卖的物品对不同的投标者价值相似； ②投标者无法精确地确定具体的价值，只能作出估计，并且不同的投标者作出的估计值不同
投标策略	①在公开的英国式拍卖中，投标策略是选择一个能使竞标停止的价格； ②在荷兰式拍卖中，投标策略是找到一个投标者期望的那个唯一的价格； ③在密封投标拍卖中，投标策略是选择一个装在密封信封中的投标价格	需要考虑赢者的诅咒：共同价值拍卖的赢者往往比那些失败者境况更差，因为赢者过分乐观，导致报价远远高于商品的真实价值
支付	①赢者的支付等于其保留价格与投标支出价格之间的差额； ②输者的支付为零	
占优策略	①英国式拍卖和二级密封价格拍卖结果相似，真实的出价也将是占优策略； ②一级密封价格拍卖的最优策略：选择一个等于或者稍高于第二高的投标者的保留价格的报价	使最高报价低于估计值，两者的差额等于对赢者估计偏差的预期

3. 最大化拍卖收入

(1)在私人价值拍卖中，应该鼓励竞争使更多的投标者参与其中，额外的投标者会同时抬升赢者和第二高的投标者的预期报价。

(2)在共同价值拍卖中，应该：

①采用公开的拍卖，因为英国式(公开的)共同价值拍卖通常会比密封投标拍卖产生更

大的期望收入；

②应该尽可能多地显示被拍卖物品的信息，并且鼓励更多的人参与竞标。

(3)在私人价值拍卖中，给物品设定一个最低标价，使其等于或者略高于继续持有该物品以待将来出售的卖价，使拍卖者免于因为投标者相对较少而报价相对较低所导致的可能损失。同时向竞拍者们传递这件物品是有价值的这样的信号，从而提高报价的水平。

4. 竞标与共谋

(1)竞标：

竞标是指拍卖者可以通过鼓励买方之间的竞争而获得巨大收益。

(2)共谋：

①概念：通过减少购买者的人数和出价的频率，买方可以使自己讨价还价的力量得以加强。

②实现：a. 合法方式——形成购买集团；b. 非法方式——违背反托拉斯法的共谋协定。

③困难：很难在多个买方之间形成共谋，因为“协议”的达成并不保证协议的实施，单个买方仍然会在自身利益的驱使下在最后一分钟报出略高于协议规定的价格来实施欺骗，使自己得到全部拍卖的物品。

④场景：相对于密封投标拍卖，买方共谋在公开投标拍卖中更为严重，因为公开的拍卖使得共谋的投标者们更有机会去发现并惩罚那些欺骗行为，更大程度上避免了欺骗行为的出现，进一步巩固了买方共谋。

13.2　课后复习题详解

1. 合作博弈和非合作博弈之间的区别是什么？各举出一个例子。

答：博弈按照参与人之间能否达成协议分为合作博弈与非合作博弈。能达成协议的称为合作博弈，合作博弈强调团队理性；不能达成协议的称为非合作博弈，非合作博弈更注重个人理性。

合作博弈和非合作博弈之间的主要差别是一份有约束力的合同，即双方必须坚持的一项协议，在合作博弈中是可能的，但在非合作博弈中是不可能的。合作博弈的一个例子是关于一个行业中的两个厂商谈判一项开发一种新技术的联合投资(假设其中任何一个厂商都没有能独自成功的足够知识)。如果两个厂商能够签订一份分配联合投资利润的有约束力的合同，则使双方都获益的合作的结果就是可能的。非合作博弈的一个例子就是两竞争的厂商相互考虑到对方的可能的行为，并独立确定价格或广告策略以夺取市场份额的情况。

2. 什么是占优策略？为什么一个占优策略的均衡是稳定的？

答：占优策略指不管其对手采取什么策略，该竞争者采取的策略都是最优策略。占优策略均衡是指博弈方都采用占优策略所达到的均衡。占优策略均衡是一种纳什均衡。纳什均衡指每一个竞争者都确信，在给定竞争对手策略决定的情况下，他选择了最好的策略。占优策略均衡稳定的原因是参与者在均衡时都没有激励去改变各自的策略。

3. 解释纳什均衡的意义。它与占优策略均衡有何不同？

答：(1)纳什均衡的含义：

纳什均衡指这样一种策略集，在这一策略集中，每一个博弈者都确信，在给定竞争对手策略决定的情况下，他选择了最好的策略。纳什均衡是由所有参与人的最优策略所组成的一个策略组合，也就是说，给定其他人的策略，任何个人都没有积极性去选择其他策略，从而没有人有积极性去打破这个均衡。

(2)纳什均衡和占优策略均衡的不同：

占优策略的均衡是纳什均衡的一种特例，不管其他博弈方如何做，占优策略总是最优的。纳什均衡依赖各博弈方的理性。

占优策略均衡：我所做的是不管你做什么我所能做的最好的；你所做的是不管我做什么你所能做的最好的。

纳什均衡：我所做的是给定你所做的我所能做的最好的；你所做的是给定我所做的你所能做的最好的。

4. 一个纳什均衡与一个博弈的极大化极小解有什么区别？在什么样的情况下，一个极大化极小解是比纳什均衡更可能的结果？

答：(1)极大化极小策略是博弈中的一种策略，即选择所有最小可能收益中的最大值。与纳什均衡不同，极大化极小策略的解决办法不要求各博弈方对其对手的选择有反应。如果没有有势力的策略存在(在这种情况下结果取决于对手的行为)，各博弈方能通过适当的极大化极小策略降低依赖于其对手理性的固有的不确定性。

(2)如果非理性的行为发生的可能性很高或者如果对手非理性将会造成巨大损失，极大化极小解比纳什均衡解更可能出现。

5. 什么是“以牙还牙”策略？为什么它是无限重复囚徒困境的理性策略？

答：(1)“以牙还牙”策略的含义：

“以牙还牙”策略指在一个重复博弈中，博弈一方以前一轮对手所选行动进行回应的一种策略。该策略将与合作者保持合作，而报复不合作者。

(2)“以牙还牙”策略是无限重复囚徒困境的理性策略的原因：

如果博弈是无限期重复的博弈，博弈的结果将是合作均衡。在有限期重复的博弈中，博弈的结果取决于重复的次数与博弈者的理性程度。如果博弈重复的次数很少，博弈者具有完全的理性，则博弈只会出现竞争的解而不是合作的解。如果博弈的次数很多，且博弈者只具有有限的理性，则博弈将产生合作的解，因为博弈双方报复的机会都很多，任何一方的不合作行为都会引起对手的报复，给自己造成较大的期望损失。

所以，在无限期重复博弈中，对于任何一个参与者的欺骗和违约行为，其他参与者总会有机会给予报复，每一个参与者都不会采取违约或欺骗的行为，囚徒困境合作的均衡解是存在的。所以当博弈方认为他们将在未来的时期无限重复他们的博弈时，来自合作的长期收入将超过不合作的短期的收获，“以牙还牙”策略在无限重复的博弈中鼓励合作，它是合理的。

6. 考虑一个重复 10 次且两个参与人都是理性的和有充分信息的囚徒困境博弈。在这个例子中，以牙还牙策略是最优的吗？在什么条件下这种策略是最优的？

答：(1)例子中以牙还牙策略不是最优。

既然合作将从最后时期开始向第一个时期分析，当时期有限时，“以牙还牙”策略不是最优的。博弈双方会考虑其竞争者在每个时期的反应，假使对于在最后一期(第10个时期)里的行动没有可能影响下一时期(第11个时期)的反应，合作将在最后时期失败。然而，知道最后一时期没有合作，各博弈方会通过在倒数第二期不合作使收益最大化。因为各博弈方认为其竞争者已经在全部时期考虑全部结果，所以合作不会发生。

(2)以牙还牙策略是最优的条件：

在无限次重复博弈中，“以牙还牙”策略是最优的。虽然在现实生活中，无限次重复博弈是不可能的。然而，实际上，有时也能运用以牙还牙策略，并且合作可以奏效，这里有两个原因。首先，大部分参与者不知道他们将与对手竞争多久，这会使合作成为好策略。如果重复博弈最后的时点未知，预期最后一期不合作的论点不再适用。与无限重复博弈一样，以牙还牙将是最优的。其次，参与者的竞争对手可能对该参与者的理性程度有所怀疑。假设对手认为该参与者在采用以牙还牙策略，且有可能是在盲目地或者有限理性地实行“以牙还牙”策略，那么此时“以牙还牙”策略也是最优的。

7. 假设你和竞争对手在进行教材中表13.8中给出的定价博弈。你们双方必须同时宣布你们的价格。你能通过向竞争对手许诺你会宣布高价而改善你的结果吗?

答：如果博弈只进行有限次，通过向你的竞争者许诺你会宣布高价几乎不可能改善你的结果。假设你是厂商1，并且许诺宣布一个高的价格，厂商2将削价，而你将以一次(-50)的收益结束。不过，下一个时期你也将削价，两家公司将挣10。如果博弈进行很多次，很有可能厂商2将意识到如果它配合你的高价策略，也采用高价格，那么每期50的收益将比第一期收益100而此后的每个时期的收益10要好，从而使双方都得益。

8. “先发优势”的意思是什么？给出一个具有先发优势的博弈问题。

答：(1)“先发优势”的含义：

“先发优势”在先行动的一方获得最高收益的博弈中发生。先行动的一方用信号将其选择通知他的对手，对手必须对这个给定的信号进行反应。先行动的一方采取攻势，另一方只能进行防御。

(2)具有先发优势的博弈问题：

在很多娱乐的比赛中，从国际象棋到足球，先行动的一方有优势。在很多市场，介绍一种产品的第一个公司能确定标准让竞争者跟随。在斯塔克伯格模型中可以看到先发优势。在模型中，先行动的厂商可以选择一个很大的产量水平，从而使它的竞争者除了选择小的产量水平以外没有多大选择余地。

例如，双寡头面临下述需求曲线：$P=30-Q$，式中，Q是总产量，即$Q=Q_1+Q_2$。假设两厂商都有零边际成本。古诺均衡为$Q_1=Q_2=10$，因而价格$P=10$，各厂商赚到利润100。如果两厂商串通，它们会定$Q_1=Q_2=7.5$，从而$P=15$，各厂商赚到利润112.50。最后，在第12章的斯塔克伯格模型中，厂商1先行动，结果是$Q_1=15$，$Q_2=7.5$，$P=7.50$，两厂商的利润分别为112.50和56.25。

如果两厂商同时行动，该博弈的唯一解是两厂商都生产10和赚100。在这个古诺均衡中各厂商所做的是给定它的竞争者的选择时它所能做的最好的。可是，如果厂商1先行动，它知道它的决策将会限制厂商2的选择。从支付矩阵可以看出，如果厂商1定$Q_1=7.5$，厂商2的最佳反应将是定$Q_2=10$，这将给厂商1利润93.75和厂商2利润125。如果厂商1定

$Q_1=10$，厂商 2 将定 $Q_2=10$，两厂商都赚到 100。但如果厂商 1 定 $Q_1=15$，厂商 2 将定 $Q_2=7.5$，从而厂商 1 赚到 112.50，而厂商 2 赚到 56.25。因而，厂商 1 最多能赚 112.50，它要通过定产 $Q_1=15$ 做到这一点。与古诺结果相比较，当厂商 1 先行动时，它的结果能好一些，而厂商 2 的结果就差多了。如下表所示：

		厂商 2		
		7.5	10	15
	7.5	112.50，112.50	93.75，125	56.25，112.50
厂商 1	10	125，93.75	100，100	50，75
	15	112.50，56.25	75，50	0，0

9. 什么是“策略性行动”？造成一定类型的声誉为什么会是一种策略性行动？

答：(1)“策略性行动”指博弈的一方通过限制自身的行动灵活性从而为自己带来策略好处的行动。如果厂商想要吓退竞争者，必须作出一定推出新产品的承诺，它是一种无法反悔的行动。厂商必须有策略性行动，才会使得空头威胁变为承诺。即通过某种限制自己选择范围的行动，改变竞争者对自己行动的预期，从而迫使竞争者选择对自己有利的策略，达到限制对手的目的。

如果脱离了博弈的具体环境，“策略性行动”就会看起来不理性，但实际上，在竞争者的预期反应给定的条件下，它是理性的。

(2)对竞争者行动采取随机反应的行动可能看起来是不合理的，但是形成一个行为无法预言的声誉最终能导致更高的收益。另一个例子是如果你给一个消费者折扣，将会给以前的全部消费者折扣。这样的行为会使公司受损，但是这样的一个策略性行动的目的是用信号通知你的竞争对手，你不会打折并且希望你的竞争者也不会。

10. 价格战的威胁能阻止潜在的竞争对手进入吗？为了使这种威胁可信，厂商可以采取什么行动？

答：(1)价格战的威胁一般不能阻止潜在的竞争者进入。已有厂商和潜在的进入者都知道价格战将使他们的公司利润受损，通常这样的威胁不可信。

(2)因此，已有厂商必须通过向潜在进入者发出如果进入就会有价格战发生的信号，必须使价格战的威胁可信。一种策略性行动是增加生产能力，预示将来更低的价格；另一种策略性行动是做出一些显然无理性的行为，非理性的声誉能被用作一种策略性行动。这两种策略都可以阻止潜在竞争者进入，但却是通过两种不同的方式。增加生产能力是通过降低价格来降低预期的利润；而非理性行为是通过增加不确定性来降低预期利润。

11. 一个策略性行动既限制了你的灵活性又给了你一种优势，为什么？策略性行动可以怎样给人带来讨价还价优势？

答：(1)“策略性行动”指博弈的一方通过限制自身的行动灵活性从而为自己带来策略好处的行动。策略性行动影响对手的行为。如果能预期对手的反应，策略性行动虽然限制了自身的灵活性，但却使自己受益。

(2)经济活动总是与或暗示或明示的讨价还价有关。在讨价还价中，双方都试图使他们的自身利益最大化。一个厂商的策略性行动提供给其竞争者信号，竞争者做出反应。如果一场讨价还价的博弈仅仅进行一次(与声誉无关)，博弈各方可能采取策略行动使他们的利益最大化。如果该讨价还价的博弈被重复多次，各博弈方可能采取策略行动建立声誉来给自己带来讨价还价中的优势。

12. 为什么赢者的诅咒会在共同价值拍卖而不是在私人价值拍卖中成为一个潜在的问题?

答: “赢者的诅咒”指在投标者众多的拍卖中，赢者总是会出价过高。各种拍卖方式根据各出价者如何看待拍卖台上项目的价值而各不相同。经济学家们通常要把“私人价值”的情况与“共同价值”的情况区分开来。

(1)私人价值拍卖下没有“赢者诅咒”效应。

私人价值拍卖下竞拍者为个人消费而购买物品。换言之，拍卖品具有独立的私人价值，每个竞买人仅凭所掌握的私人信息就可以精确地对拍卖品估价，即使知道了所有其他人的估价信息也不会改变自己的估价。这里没有再转手的初衷，出价者情愿支付在某一限度之下的价格，而不受其他竞价者价值尺度的影响。所以消费者不会出价过高，从而没有“赢者的诅咒”效应。

(2)共同价值拍卖中可能出现“赢者诅咒”效应。

共同价值拍卖中竞拍者为在二级市场上进行盈利性转卖而购买物品。在这种情况下，买主各自的叫价不仅是基于个人的价值尺度，而且还基于其他潜在买主的价值尺度。在共同价值的情况下，每个喊价者都对拍卖项目赋予同样的价值——这就是说，每个人都试图根据同样的标准来估测拍卖物的最终价值。在拍卖发生的时候，这种共同价值也许是一个无法预见的变量，正如人们购买政府债券以期在二级市场上转卖的情况一样。

在共同价值拍卖中存在“赢者的诅咒”效应，此时赢者往往会因支付过高而亏损(即惨胜)。每个竞买人都必须意识到，只有当自己拥有最高信号(在对称均衡中)时才能赢得标的物。因此，理性竞买人为避免沦为它的牺牲品必须将与胜利相伴的坏消息考虑进去，并向下调整报价额。

13.3　课后练习题详解

1. 在许多寡头行业，同样的一些厂商在很长时期内相互竞争、反复定价和观察彼此的行为。假如重复次数很多，为什么共谋的结果并不是典型的结果?

答: 如果博弈无限重复进行而且所有参与者都了解全部获益情况，理性的行为将会明显导致共谋的结果。但是，有时候其他厂商的获益只能通过一些大量并且花费很大的信息交换得到，或者通过一定的改变，从而观察竞争者的反应来实现，而且共谋会鼓励新的进入者。也许保持共谋的最大问题是需求方面的外部变化和投入要素价格的变化。因此，厂商必须经常地改变达成的共谋的价格和产量，而这样做是花费很高的。并且这样会使其中某个厂商更容易欺诈而不会被发现。而且市场很多新的信息不能同时被所有的博弈方所获得，一个厂商的合理反应有可能被解释为对另一个厂商的威胁。

2. 许多行业常常被生产能力过剩困扰——各厂商同时进行重大投资以扩张生产能力，从而使生产能力远远超过需求。这会发生在需求高度不稳定和不可预测的行业，但也会发生在需求相当稳定的行业。什么因素导致生产能力过剩? 简短解释各种情况。

答：进入壁垒较小和产品的差别化是导致生产能力过剩的重要因素。在垄断竞争行业中，向下倾斜的需求曲线会导致产出的平均成本高于最低平均成本，实际产出和在长期平均成本最低点处生产的产出之间的差额被称为过剩的生产能力。所以，即使在需求相当稳定的行业也会出现生产能力过剩。

过剩的生产能力是用来阻止新厂商进入的，即加大投资使得生产能力过剩，从而使潜在进入者相信进入是无利可图的。

3. 两个计算机厂商 A 和 B 正计划推出用于办公室信息管理的网络系统。各厂商都既可以开发一种高速、高质量的系统（H），也可以开发一种低速、低质量的系统（L）。市场研究表明各厂商在不同策略下相应的利润由如下支付矩阵给出：

		厂商 B	
		H	L
厂商 A	H	50，40	60，45
	L	55，55	15，20

（1）如果两个厂商同时做决策且采用极大化极小（低风险）策略，结果将是什么？

（2）假设两个厂商都试图最大化利润，但厂商 A 先开始计划并且能先实施。现在结果将是什么样的？如果厂商 B 先开始计划并可先实施，结果又将如何？

（3）抢先行动是成本很高的（你必须组织一支庞大的工程师团队）。现在考虑两阶段博弈，其中第一阶段各厂商决定花费多少钱来加速它的计划过程，第二阶段宣布将生产哪种产品（H 还是 L）。哪个厂商将花费更多的钱以加速它的计划过程？它会花费多少？另一厂商应该花钱来加速它的计划过程吗？请给出解释。

答：（1）A 考虑，若选 H，min{50，60} =50；

若选 L，min{55，15} =15。

A 采取极大化极小策略，max{50，15} =50，所以 A 会选择 H。

B 考虑，若选 H，min{40，55} =40；

若选 L，min{45，20} =20。

B 采取极大化极小策略，max{40，20} =40，所以 B 会选择 H。

如果两个厂商同时做出极大化极小策略，则有均衡结果（H，H），二者的得益为（50，40）。

（2）如果 A 先行动，若选 H，B 会选 L，此时 A 的利润为 60；若 A 选 L，B 会选 H，此时 A 的利润为 55。所以若 A 先行动会选择 H，B 选 L，均衡策略为（H，L）。

如果 B 先行动，若选 H，A 选 L，此时 B 的利润为 55；若 B 选 L，A 会选 H，此时 B 的利润为 45。所以若 B 先行动会选择 H，A 选 L，均衡策略为（L，H）。

（3）在这个博弈中，先行者将会获得优势。如果 A 抢先行动，它的收益将是 60，如果它后行动，则其收益是 55，其中有 5 的差别。因此，A 将愿意花费 5 来获得先行者利益。另一方面，如果 B 抢先行动，它的收益将是 55，如果它后行动，则其收益是 45，其中有 10 的差别。因此，B 将愿意花费 10 来获得先行者利益。一旦厂商 A 认识到厂商 B 愿意为先行者利益花费更多，那么 A 抢先行动的价值就会减少，因为两个公司都有可能投资来开发高速、高质量的系统(H)。因此，如果厂商 A 相信厂商 B 已经进行开发，它将不会花钱来加速它的计划。然而，如果厂商 B 认识到厂商 A 将会等待，厂商 B 将会花足够的钱，即稍多于 10 的资金，阻止厂商 A 进行研发高速、高质量的系统(H)。

4. 巧克力市场上有两个厂商，各自都可以选择市场的高端(高质量)或市场的低端(低质量)。相应的利润由下表所示支付矩阵给出。

		厂商 2	
		低	高
厂商 1	低	-20，-30	900，600
	高	100，800	50，50

(1)如果有，哪些结果是纳什均衡?

(2)如果各厂商的经营者都是保守的，并都采用极大化极小策略，结果是什么?

(3)合作的结果是什么?

(4)哪个厂商从合作的结果中得到的好处更多?一个厂商要说服另一个厂商共谋需要给另一厂商多少好处?

答: (1)运用划横线法来求解:

这样支付矩阵就变为:

		厂商 2	
		低	高
厂商 1	低	-20，-30	900，600
	高	100，800	50，50

所以，有两个纯策略纳什均衡，(低，高)和(高，低)，二者的得益分别为:(900，600)和(100，800)。

(2)如果各企业的经营者都是保守的，并都采用极大化极小策略。

厂商 1 考虑，若选低，min{-20，900} = -20；若选高，min{100，50} =50。

厂商 1 采取极大化极小策略，max{-20，50} =50，所以厂商 1 会选择高。

厂商 2 考虑，若选低，min{-30，800} = -30；若选高，min{600，50} =50。

厂商 2 采取极大化极小策略，max{-30，50} =50，所以厂商 2 会选择高。

如果两家厂商同时做出极大化极小策略，则有均衡结果(高，高)，二者的得益为(50，50)。

(3)合作的结果将使共同收益最大化。如果厂商 1 选择低而厂商 2 选择高，共同收益(900，600)，为 1500。

(4)厂商 1 从合作获得的好处多。合作下的最大收益与仅次于最好的收益间的差别是 900 -100 =800。厂商 1 要说服厂商 2 共谋，需要向厂商 2 提供在合作时的收益 600 与它最好的收益 800 之间的差异 200。不过，厂商 2 意识到厂商 1 能从合作中获得更多好处，会尽力从厂商 1 那里获得更多利益(少于 800)。

【说明】划横线法具体如下：当厂商 1 选择低端策略时，厂商 2 会选择高端策略，当厂商 1 选择高端策略时，厂商 2 会选择低端策略；同理，当厂商 2 选择低端策略时，厂商 1 会选择高端策略，当厂商 2 选择高端策略时，厂商 1 会选择低端策略。

5. 两大电视网正在竞争一个给定的周末晚上 8:00～9:00 和 9:00～10:00 时段的收视率。各自都有两档节目可以安排在这两个时段并正在安排它们的顺序。各电视网都可以选择将它的“较好”节目放在前面时段还是放在后面时段。它们的决策的各种组合导致了如下表所示的“收视点”结果。

		电视网 2	
		前面时段	后面时段
电视网 1	前面时段	20，30	18，18
	后面时段	15，15	30，10

(1)找出该博弈的纳什均衡，假设两家电视网是同时决策的。

(2)如果各电视网都是风险规避的并使用极大化极小策略，均衡的结果是什么？

(3)如果电视网 1 先选择，均衡是什么？如果电视网 2 先选择呢？

(4)假设两大电视网的经营者会谈节目表的合作，且电视网 1 许诺它会将好节目放在前面。这个许诺可信吗？可能的结果是什么？

答：(1)用划横线法求解：

		电视网 2	
		前面时段	后面时段
电视网 1	前面时段	20，30	18，18
	后面时段	15，15	30，10

该博弈的纳什均衡为(前面时段，前面时段)，电视网 1 和 2 的收益分别为(20，30)。

(2)如果各电视网都是风险规避的并使用极大化极小策略，

电视网 1 考虑，若选前面时段，min{20，18}＝18；

若选后面时段，min{15，30}＝15。

电视网 1 采取极大化极小策略，max{18，15}＝18，所以电视网 1 会选择前面时段。

电视网 2 考虑，若选前面时段，min{30，15}＝15；

若选后面时段，min{18，10}＝10。

电视网 2 采取极大化极小策略，max{15，10}＝15，所以电视网 2 会选择前面时段。

如果两家厂商同时做出极大化极小策略，则有均衡结果(前面时段，前面时段)，二者的得益为(20，30)。

(3)电视网 1 先选，电视网 2 后选的情况：若电视网 1 选择前面时段，则电视网 2 会选择前面时段，电视网 1 的收益是 20；若电视网 1 选择后面时段，则电视网 2 会选择前面时段，电视网 1 的收益是 15，因此电视网 1 会选择前面时段，均衡是(前面时段，前面时段)，得益为(20，30)。

电视网 2 先选，电视网 1 后选的情况：若电视网 2 选择前面时段，则电视网 1 会选择前面时段，电视网 2 的收益是 30；若电视网 2 选择后面时段，则电视网 1 会选择后面时段，电视网 2 的收益是 10，因此电视网 2 会选择前面时段，均衡仍然是(前面时段，前面时段)，得益为(20，30)。

(4)因为电视网 2 将较好节目放在前面是一个占优策略均衡，所以为了实现收益最大，电视网 1 将好节目放在前面的许诺可信，此时电视网 1 没有激励去背离“前面时段”策略。可能的结果是两个电视网都将好节目放在前面时段，得益为(20，30)。

6. 两个竞争厂商各自计划推出一种新产品。每个厂商将决定是否生产产品 A、产品 B 还是产品 C。它们将同时做出选择。支付矩阵如下表所示：

		厂商 2		
		A	B	C
厂商 1	A	−10，−10	0，10	10，20
	B	10，0	−20，−20	−5，15
	C	20，10	15，−5	−30，−30

(1)是否存在纯策略纳什均衡？如果存在，请指出。

(2)如果两个厂商都采用极大化极小策略，结果会怎样？

(3)如果厂商 1 采用极大化极小策略，厂商 2 得知后，它会怎样做？

答：(1)用划横线法求解：

		厂商 2		
		A	B	C
厂商 1	A	−10，−10	0，10	10，20
	B	10，0	−20，−20	−5，15
	C	20，10	15，−5	−30，−30

该博弈有两个纯策略的纳什均衡为(A，C)与(C，A)，厂商 1 和 2 的得益分别为(10，20)与(20，10)。

(2)两厂商都采用极大化极小策略的情况：

厂商 1 考虑，若选 A，$\min\{-10, 0, 10\} = -10$；

若选 B，$\min\{10, -20, -5\} = -20$；

若选 C，$\min\{20, 15, -30\} = -30$。

厂商 1 采取极大化极小策略，$\max\{-10, -20, -30\} = -10$，所以厂商 1 会选 A。

厂商 2 考虑，若选 A，$\min\{-10, 0, 10\} = -10$；

若选 B，$\min\{10, -20, -5\} = -20$；

若选 C，$\min\{20, 15, -30\} = -30$。

厂商 2 采取极大化极小策略，$\max\{-10, -20, -30\} = -10$，所以厂商 2 会选 A。

如果两家厂商同时做出极大化极小策略，则有均衡结果(A，A)，二者的得益为(−10，−10)。

(3)如果厂商 1 采用极大化极小策略，厂商 2 得知后，如果厂商 2 选择生产 C 将会获得最大得益 20，达到纳什均衡(A，C)，得益为(10，20)。

7. 我们可以把美国和日本的贸易政策看作一个囚徒困境。这两个国家正在研究开放还是封闭它们的重要市场的政策。设支付矩阵如下表所示：

		日本	
		开放	封闭
美国	开放	10，10	5，5
	封闭	-100，5	1，1

(1) 设各国都了解该支付矩阵，并相信另一国会根据它自己的利益行事。两个国家都有占优策略吗？如果各国都为了最大化其福利而采取理性的行动，均衡政策将是什么？

(2) 现在假设日本不能肯定美国一定会表现得很理性。特别是，日本担心美国政治家即使不能最大化美国的福利也要惩罚日本。这将如何影响日本的策略选择？这将如何改变均衡？

答：(1) 选择开放对两个国家来说都是占优策略。日本如果选择开放，美国最好也选择开放。日本如果选择封闭，美国选择开放仍然是最有利的。对美国来说，开放是占优策略。同样，美国如果选择开放，日本应该选择开放，美国如果选择封闭，选择开放对日本来说仍然是最有利的。所以选择开放对两个国家来说都是占优策略。

		日本	
		开放	封闭
美国	开放	$\underline{10}$，$\underline{10}$	$\underline{5}$，5
	封闭	-100，$\underline{5}$	1，1

(2) 非理性的美国政治家如果为处罚日本而改变均衡，将选择封闭，但是日本的开放策略将不被影响，选择开放是日本的占优策略，不会随美国策略的改变而改变。

8. 你是一种相同商品的双寡头生产商之一。你和你的竞争对手都有零边际成本。市场需求曲线为：

$$P = 30 - Q$$

其中，$Q = Q_1 + Q_2$；Q_1 是你的产量；Q_2 是竞争对手的产量。

(1) 假设你们只进行一次博弈。如果你和你的竞争对手必须同时宣布你们的产量，你会选择生产多少？你的预期利润为多少？请解释。

(2) 假设你被告知，你必须在你的竞争对手之前宣布产量。在这种情况下你会生产多少？你认为竞争对手会生产多少？你预计你的利润是多少？先宣布是一种优势还是一种劣势？请做简短解释。为了得到先宣布或后宣布的选择权，你愿意付出多少？

(3) 现在假设你在进行一个十次博弈系列（与同一个竞争对手）中的第一次。每一次你和你的竞争对手都是同时宣布产量。你想要使你十次利润的总和最大化。在第一次你将生产多少？你期望第十次会生产多少？第九次呢？请做出简短解释。

(4) 假设你要再一次进行一个十次博弈系列。不过这一次，你的竞争对手在每次博弈中都将在你之前宣布产量。做了这种改变以后，你对 (3) 部分中问题的答案又是什么？

解：(1) 如果两家厂商必须同时宣布产量，两家厂商相信其他厂商会有理性的反应，并且每个厂商都视其对手的产量给定。显然，这属于古诺模型。

厂商 1 的利润函数为：

$$\pi_1=(30-Q_1-Q_2)Q_1$$

厂商 2 的利润函数为：

$$\pi_2=(30-Q_1-Q_2)Q_2$$

利润最大化的条件为：

$$\frac{\partial\pi_1}{\partial Q_1}=30-2Q_1-Q_2=0$$

$$\frac{\partial\pi_2}{\partial Q_2}=30-Q_1-2Q_2=0$$

解得：$Q_1=10$，$Q_2=10$，$P=30-(10+10)=10$。

利润为：$\pi_1=10\times10=100$，$\pi_2=10\times10=100$。

因此，当两个厂商均生产 10 单位产量，两家公司利润为 100 美元时，均衡出现。

(2)如果你必须首先宣布产量，根据(1)可得反应函数为：$Q_2=15-\frac{Q_1}{2}$，则利润函数为：

$$\pi=[30-(Q_1+Q_2)]Q_1=30Q_1-Q_1^2-Q_1\left(15-\frac{Q_1}{2}\right)=15Q_1-\frac{Q_1^2}{2}$$

利润最大化的条件为：

$$\frac{\mathrm{d}\pi}{\mathrm{d}Q_1}=15-Q_1=0$$

解得：$Q_1=15$，$Q_2=7.5$。

$\pi_1=15\times7.5=112.5$；竞争者利润为：$\pi_2=7.5\times7.5=56.25$。

在这场博弈中，首先宣布产量具有优势。首先宣布和后宣布的利润差别是 56.25 美元。你将愿意为首先宣布付 56.25 美元。(注：这是斯塔克伯格模型。)

(3)假设你的竞争者会理性地行动，你应该从古诺产量开始并且在每个回合过程中继续生产古诺产量，包括第 9 和第 10 个回合。任何与这不符合的产量将降低你在 10 个回合上的利润的总数。

(4)如果你的竞争者总是首先宣布，通过在某个时期的“非理性”回应可能更赚钱。例如，在本题(2)过程中，在第 1 轮你的竞争者将宣布 15 的产量。理性地，你将以 7.5 的产量回应。如果你在每个回合过程中都以这种方式回应，你在全部 10 个回合中的总利润将是 562.50 美元，你的竞争者的利润将是 1125 美元。但是，如果你的竞争者在某次宣布 15 的产量时，你仍以 15 的产量回应，你们两个在那个时期的利润将被降低到 0。如果你的竞争者惧怕，或者认为你将以这种方法回应，他将选择古诺产量 10，从那一期以后，你的利润将是每个时期 75 美元(如果你也选择古诺产量，你的利润将是每时期 100 美元)。这个策略赚钱与否取决于你的对手关于你的行为的预期，以及你怎样评价与当前的利润有关的将来的利润。

9. 以下是一个讨价还价博弈。A 首先行动，提供给 B 一个关于 100 美元的分配方案。(譬如，A 可以建议他得 60 美元而 B 得 40 美元。) 对此，B 可以接受也可以拒绝。如果 B 拒绝 A 的方案，钱的总额将降至 90 美元，再由 B 提供这笔钱的分配方案。如果 A 拒绝此方案，钱的总额将降至 80 美元，再由 A 提供一个分配方案。如果 B 再次拒绝，钱的总额将降至 0 美元。A 和 B 都是理性的，拥有完全信息，并且追求支付最大化。在此博弈中，哪一方将做得更好？

答：从最后开始并且向前分析来解决此博弈。如果在第 3 回合中 B 拒绝 A 的分配方案，B 将获得 0。因此，当 A 在第 3 回合中提出一个分配方案时，即使是很少的金额，比如 1 美元，B 也会接受。因此在这个阶段的 A 应该给 B 1 美元，留给自己 79 美元。在第 2 个回合中，B 知道 A 会拒绝任何少于 79 美元的分配，所以 B 会给 A 80 美元，给自己留 10 美元。在第 1 回合中，A 知道 B 将拒绝任何少于 10 美元的收益，因此 A 可以提供给 B 11 美元，自己留下 89 美元。B 将不可能获得更多因此不会拒绝并继续等待，他将接受这一个分配方案。在这一博弈中，A 有利。如下表所示：

回合	可供分配的金额	分配方	A 的所得	B 的所得
1	\$ 100	A	\$ 89	\$ 11
2	\$ 90	B	\$ 80	\$ 10
3	\$ 80	A	\$ 79	\$ 1
结束	\$ 0		\$ 0	\$ 0

10. 迪芬多已经决定推出一种革命性的电视游戏，而作为该市场的第一个生产商，至少在一段时间内它会占有垄断地位。在决定建造什么类型的制造厂时，它有两种技术可选。技术 A 是可以公开得到的，对应的年成本为：

$$C^A(q)=10+8q$$

技术 B 是在迪芬多的实验室里开发出来的专有技术。它需要较高的固定成本，但边际成本较低：

$$C^B(q)=60+2q$$

迪芬多的 CEO 必须决定采用哪种技术。对该新产品的市场需求为 $P=20-Q$，其中 Q 是行业总产量。

(1) 假设迪芬多确信，在整个产品生命周期（大约五年）中它都会保持在该市场的垄断地位而不会遇到进入的威胁，你会建议 CEO 采用哪种技术？在这个选择下，迪芬多的利润是多少？

(2) 假设迪芬多预计它的主要对手奥芬多会在迪芬多推出该新产品后不久考虑进入该市场。奥芬多将只能得到技术 A。如果奥芬多真的进入该市场，这两个厂商将进行古诺博弈（在产量方面）并达到一个古诺－纳什均衡。

①如果迪芬多采用技术 A 而奥芬多进入该市场，两个厂商的利润将是多少？给定这样的利润，奥芬多会选择进入市场吗？

②如果迪芬多采用技术 B 而奥芬多进入该市场，两个厂商的利润各是多少？给定这样的利润，奥芬多会选择进入市场吗？

③给定这种可能的进入的威胁，你会建议迪芬多的CEO采用哪种技术？在这种选择下迪芬多的利润是多少？给定这种选择，消费者剩余将是多少？

(3)进入该市场的威胁对社会福利(消费者剩余和生产者利润之和)有什么影响？对均衡价格有什么影响？你认为这意味着潜在的竞争在限制市场势力方面扮演了什么角色？

解：(1)迪芬多有两个选择：边际成本为8的技术A和边际成本为2的技术B。

采取技术A的利润函数为：

$$\pi_A=(20-Q)Q-10-8Q$$

采取技术B的利润函数为：

$$\pi_B=(20-Q)Q-60-2Q$$

根据利润最大化的一阶条件可解得：$Q_A=6$，$Q_B=9$。

将利润最大化的数量代入需求方程可得：$P_A=20-6=14$，$P_B=20-9=11$。

利润为：$\pi_A=14\times6-(10+8\times6)=26$；$\pi_B=11\times9-(60+2\times9)=21$。

为了使利润最大化，迪芬多应该选择技术A。

(2)①如果两家公司都按古诺模型确定产量，假定其他的策略给定，那双方都将选择利润最大化的产量。令下标D代表迪芬多，下标O代表奥芬多，市场需求将是：

$$P=20-Q_D-Q_O$$

迪芬多的利润将是：

$$\pi_D=(20-Q_D-Q_O)Q_D-(10+8Q_D)=12Q_D-Q_D^2-Q_DQ_O-10$$

确定使利润最大化的数量，使利润关于Q_D的导数等于零：

$$\frac{\partial\pi_D}{\partial Q_D}=12-2Q_D-Q_O=0$$

$$Q_D=6-0.5Q_O$$

这是迪芬多的反应曲线。因为两家公司能采用相同的技术以及相同的成本，奥芬多的反应曲线是类似的：

$$Q_O=6-0.5Q_D$$

将奥芬多的反应曲线代入迪芬多的反应曲线，求出Q_D：

$$Q_D=6-0.5(6-0.5Q_D)=4$$

将其代入奥芬多的反应曲线，求出Q_O：

$$Q_O=6-0.5\times4=4$$

因此总产量等于8。为了确定价格，将Q_D和Q_O代入需求曲线：

$$P=20-4-4=12$$

总收入减去总成本就是每家公司的利润：

$$\pi_D=4\times12-(10+8\times4)=6$$

$$\pi_O=4\times12-(10+8\times4)=6$$

因此，奥芬多将进入市场。

②迪芬多的利润将是：

$$\pi_D=(20-Q_D-Q_O)Q_D-(60+2Q_D)=18Q_D-Q_D^2-Q_DQ_O-60$$

利润最大化的一阶条件为：

$$\frac{\partial \pi_D}{\partial Q_D}=18-2Q_D-Q_O=0$$

即：$Q_D=9-0.5Q_O$

这是迪芬多的反应函数。将 $Q_O=6-0.5Q_D$ 代入迪芬多的反应函数，并求出 Q_D：

$$Q_D=9-0.5(6-0.5Q_D)$$

$$Q_D=8$$

将 Q_D 代入奥芬多的反应函数：

$$Q_O=6-0.5\times 8=2$$

为了确定价格，用使迪芬多和奥芬多的利润最大的数量代入需求函数：

$$P=20-8-2=10$$

总收入减去总成本就是每家公司的利润：

$$\pi_D=10\times 8-(60+2\times 8)=4$$

$$\pi_O=10\times 2-(10+8\times 2)=-6$$

由于利润为负，奥芬多不应该进入。

③使用技术 A 和奥芬多的进入，迪芬多的利润将是 6。使用技术 B 和没有奥芬多的进入，迪芬多的利润将是 21。迪芬多应使用技术 B，此时，总产量是 9，价格在 11。消费者剩余是：

$$0.5\times(20-11)\times 9=40.5$$

(3) 从本题(1)中可知：在垄断情况下，$Q=6$，利润是 26。

消费者剩余是：$0.5\times(20-14)\times 6=18$。

社会福利，即消费者剩余和利润的总数为：

$$18+26=44$$

由于奥芬多的进入，社会福利是 44 美元，其中包括 32 美元消费者剩余和 12 美元利润。整体上社会福利没有改变，但是奥芬多的进入把剩余从生产者转移到消费者。均衡价格下降，因此潜在的竞争能限制市场上的垄断势力。

注意到迪芬多有另外一种选择：从 6 的垄断水平增加数量阻止奥芬多进入。如果迪芬多在使用技术 A 的情况下将产量从 6 增加到 8，奥芬多不能赚得正的利润。如果产量为 8，迪芬多的利润从 26 美元减少到：

$$8\times 12-(10+8\times 8)=22$$

产量为 8，消费者剩余是 32 美元；社会福利是 54 美元。这样的话，产量的增加阻止奥芬多的进入时，社会福利提高。

11. 三个参加比赛者 A、B 和 C 各有一个气球和一支手枪。从固定的位置，他们相互射击对方的气球。当一气球被击中时，它的主人就出局了。当只剩一个气球时，它的主人就是胜者，并得到 1000 美元的奖金。开始时，各方通过抽签决定他们射击的顺序，而各人可以选择任一尚在的气球作为目标。每个人都知道 A 是最好的射手，并总能击中目标，B 击中目标的概率为 0.9，而 C 击中目标的概率为 0.8。哪个参赛者赢得 1000 美元的概率最大？为什么？

答：(1) 如果 A 先射击：

①根据抽签结果，A 先射击的概率为 1/3。

②因为 B 击中目标的概率高于 C 击中目标的概率，所以为了提高自己的胜率，A 一定会射击 B。又因为 A 总能击中目标，所以 A 一定能击中 B，B 一定会出局。

③然后 C 射击。C 击中 A 的概率为 0.8，未击中 A 的概率为 0.2。若 C 击中 A，A 出局，则 C 胜出；若 C 未击中 A，则 A 射击，A 一定能击中 C，故 C 出局，A 胜出。

所以，如果 A 先射击，C 胜出的概率为 $1/3\times0.8$，A 胜出的概率为 $1/3\times0.2$，B 胜出的概率为 0。

(2) 如果 B 先射击：

①根据抽签结果，B 先射击的概率为 1/3。

②如果 B 射击 C 并击中了 C，A 就射击，A 一定能击中 B，则 B 出局，A 胜出。因此，B 不会射击 C，只会先射击 A。B 击中 A 的概率为 0.9，未击中 A 的概率为 0.1。

③如果 B 击中 A，则 A 出局，C 射击。接下来就是 C 和 B 之间的“二连转”问题。假设在这个“二连转”问题上，C 获胜的概率为 P_C，则有：$P_C=0.8+0.2\times0.1\times P_C$，解得：$P_C=0.8/0.98$，则 $P_B=0.18/0.98$。

④如果 B 未击中 A，则分以下两种情况：

a. 接下来 A 射击，A 一定会射击 B，并且一定能击中 B，使 B 出局。然后 C 射击，若 C 击中 A，则 C 获胜；若 C 未击中 A，则 A 射击，击中 C，A 获胜。

b. 接下来 C 射击。如果 C 射击 B 并击中了 B，A 就射击，A 一定能击中 C，则 C 出局，A 胜出。因此，C 不会射击 B，只会先射击 A。C 击中 A 的概率为 0.8，未击中 A 的概率为 0.2。于是再分以下两种情况：

第一，若 C 击中 A，则 A 出局，B 射击，接下来就是 C 和 B 之间的“二连转”问题。假设在这个“二连转”问题上，B 获胜的概率为 P_B，则有：$P_B=0.9+0.1\times0.2\times P_B$，解得：$P_B=0.9/0.98$，则 $P_C=0.08/0.98$。

第二，若 C 没有击中 A，接下来 A 射击，A 一定会射击 B，并且一定能击中 B，使 B 出局。然后 C 射击，若 C 击中 A，则 C 获胜；若 C 未击中 A，则 A 射击，击中 C，A 获胜。

以上分析可总结为：

情况 1：B 先射击(1/3)⇒B 击中 A(0.9)⇒C 获胜(0.8/0.98)，B 获胜(0.18/0.98)；

情况 2.1：B 先射击(1/3)⇒B 未击中 A(0.1)⇒A 射击(0.5)⇒C 获胜(0.8)，A 获胜(0.2)；

情况 2.2.1：B 先射击(1/3)⇒B 未击中 A(0.1)⇒C 射击(0.5)⇒C 击中 A(0.8)⇒C 获胜(0.08/0.98)，B 获胜(0.9/0.98)；

情况 2.2.2：B 先射击(1/3)⇒B 未击中 A(0.1)⇒C 射击(0.5)⇒C 未击中 A(0.2)⇒C 获胜(0.8)，A 获胜(0.2)。

所以，如果 B 先射击，C 胜出的概率为 $1/3\times0.9\times0.8/0.98+1/3\times0.1\times0.5\times0.8+1/3\times0.1\times0.5\times0.8\times0.08/0.98+1/3\times0.1\times0.5\times0.2\times0.8\approx1/3\times0.79$，B 胜出的概率为 $1/3\times0.9\times0.18/0.98+1/3\times0.1\times0.5\times0.8\times0.9/0.98\approx1/3\times0.202$，A 胜出的概率为 $1/3\times0.1\times0.5\times0.2+1/3\times0.1\times0.5\times0.2\times0.2\approx1/3\times0.01$。

(3) 如果 C 先射击：

①根据抽签结果，C 先射击的概率为 1/3。

②如果 C 射击 B 并击中了 B，A 就射击，A 一定能击中 C，则 C 出局，A 胜出。因此，C 不会射击 B，只会先射击 A。C 击中 A 的概率为 0.8，未击中 A 的概率为 0.2。

③如果 C 击中 A，则 A 出局，B 射击。接下来就是 C 和 B 之间的“二连转”问题。假设在这个“二连转”问题上，B 获胜的概率为 P_B，则有：$P_B=0.9+0.1\times0.2\times P_B$，解得：$P_B=0.9/0.98$，则 $P_C=0.08/0.98$。

④如果 C 未击中 A，则分以下两种情况：

a. 接下来 A 射击，A 一定会射击 B，并且一定能击中 B，使 B 出局。然后 C 射击，若 C 击中 A，则 C 获胜；若 C 未击中 A，则 A 射击，击中 C，A 获胜。

b. 接下来 B 射击。如果 B 射击 C 并击中了 C，A 就射击，A 一定能击中 B，则 B 出局，A 胜出。因此，B 不会射击 C，只会先射击 A。B 击中 A 的概率为 0.9，未击中 A 的概率为 0.1。于是再分以下两种情况：

第一，若 B 击中 A，则 A 出局，C 射击，接下来就是 C 和 B 之间的“二连转”问题。假设在这个“二连转”问题上，C 获胜的概率为 P_C，则有：$P_C=0.8+0.2\times0.1\times P_C$，解得：$P_C=0.8/0.98$，则 $P_B=0.18/0.98$。

第二，若 B 没有击中 A，接下来 A 射击，A 一定会射击 B，并且一定能击中 B，使 B 出局。然后 C 射击，若 C 击中 A，则 C 获胜；若 C 未击中 A，则 A 射击，击中 C，A 获胜。

以上分析可总结为：

情况 1：C 先射击(1/3)⇒C 击中 A(0.8)⇒C 获胜(0.08/0.98)，B 获胜(0.9/0.98)；

情况 2.1：C 先射击(1/3)⇒C 未击中 A(0.2)⇒A 射击(0.5)⇒C 获胜(0.8)，A 获胜(0.2)；

情况 2.2.1：C 先射击(1/3)⇒C 未击中 A(0.2)⇒B 射击(0.5)⇒B 击中 A(0.9)⇒C 获胜(0.8/0.98)，B 获胜(0.18/0.98)；

情况 2.2.2：C 先射击(1/3)⇒C 未击中 A(0.2)⇒B 射击(0.5)⇒B 未击中 A(0.1)⇒C 获胜(0.8)，A 获胜(0.2)。

所以，如果 C 先射击，C 胜出的概率为 $1/3\times0.8\times0.08/0.98+1/3\times0.2\times0.5\times0.8+1/3\times0.2\times0.5\times0.9\times0.8/0.98+1/3\times0.2\times0.5\times0.1\times0.8\approx1/3\times0.23$，B 胜出的概率为 $\approx1/3\times0.8\times0.9/0.98+1/3\times0.2\times0.5\times0.9\times0.18/0.98\approx1/3\times0.75$，A 胜出的概率为 $\approx1/3\times0.2\times0.5\times0.2+1/3\times0.2\times0.5\times0.1\times0.2\approx1/3\times0.02$。

综上所述，C 胜出的概率为 $1/3\times0.8+1/3\times0.79+1/3\times0.23=1/3\times1.82$；B 胜出的概率为 $0+1/3\times0.21+1/3\times0.75=1/3\times0.96$；A 胜出的概率为 $1/3\times0.2+1/3\times0.01+1/3\times0.02=1/3\times0.23$。显然，参赛者 C 赢得 1000 美元的概率最大。

12. 一个古董商经常在家乡小镇的拍卖会上购买物品，这些拍卖的竞标者仅限于其他少数几个古董商。大多数她竞标成功的拍品到最后都被证明是值得的，因为她能在出售这些古董时获得利润。偶尔她会去邻近小镇参加一个公开的拍卖会。她发现她偶尔竞标成功的那几次，结果都是令人失望的——这些古董不能给她带来利润。你能解释她在这两种环境下竞标成功的差异吗？

答：(1)当她在家乡的小镇拍卖会上竞拍时，由于竞拍者的出价要受其他交易商的限制，其竞拍的对手都希望自己出价成功并把商品转卖掉。所有的竞拍者都压低自己的出价，从而可以获得利润。一个理性的交易商不会使自己的出价高于他所期望转卖该商品时的价格，假定所有的交易商都是理性的，最终的成交价会低于该商品转卖时的期望价格。

(2)当她参加向公众的拍卖会时，她所面临的竞争对手很可能是光顾其店铺的人。可以假定古董爱好者会经常参加这些拍卖会，就像经常光顾当地的店铺一样。在这种情况下，他们就不会再到店铺以更高的价格购买可以使店主获利的古董。只有当顾客不是本地人，或者是没有参加拍卖会但其保留价格相当高的人时，她才可能获利。在其他情况下，最后的拍卖价格会比较高，因为她面对的是顾客而不是交易商。当她竞标成功时，很有可能她会高估古董的价格。这是一个“赢者的诅咒”的典型例子。

13. 你在市场上寻找新房并且决定参加某所房子的竞拍。你相信你这所房子的价值在 12.5 万美元和 15 万美元之间，但你不确定房子的真正价值落于这个范围的何处。然而你知道，如果最高报价不能令拍卖者满意，他保留从市场中撤销拍卖的权利。

(1)你应该参加竞拍吗？为什么？

(2)假设你是一个建筑承包商。你计划将房子改进然后出售并获利。这种情形会如何影响你在(1)部分中的决策？它是否依赖于你在改进这所特定房子时所拥有的特殊技能的程度？

答：(1)如果自己对住房的估价有信心，或者允许自己的出价出现错误，就应该出价竞拍。为了降低自己出现错误的概率，你会降低自己的出价，从而使得降低部分与最终竞价成功者的期望失误损失相等。如果自己有拍卖的经验，就会推测出自己出价错误的可能性，然后相应地调整出价。

(2)这种情况下，除了要考虑“赢者的诅咒”，还有其他方面需要考虑。在(1)中决策时，你购买房子是为了自用，是在跟一群有着同样目的的购买者竞拍。而当你是一个建筑承包商时，你购买房子是为了改进后再出售，而跟你竞拍的是一群为了自己居住而购房的人，这部分人也正是你购房改进后想要转手出售的对象。因此，如果你成功竞拍，你会比那群人支付得更多。这对于你的投机来说并不是一个很好的开始。然而，可以盈利的唯一方式是，你改进房子的效率比典型购买者的效率高(不管是他们自己改进还是雇人改进)。因此，你改进房子的技能越出类拔萃，你就越有可能在竞拍时支付得更多，同时仍然能获得利润。

第14章　投入要素市场

14.1　复习笔记

【知识框架(庖丁解牛)】

- 投入要素市场
  - 竞争性要素市场
    - 生产要素
    - 引致需求
    - 只有一种投入可变时对投入要素的需求
    - 几种投入要素可变时对一种投入要素的需求
    - 市场需求曲线
    - 对厂商的投入要素供给：利润最大化条件
    - 投入要素的市场供给
  - 竞争性要素市场的均衡
    - 竞争性要素市场均衡的条件
    - 经济租
  - 有买方垄断势力的要素市场
    - 边际支出和平均支出
    - 厂商的投入要素购买决策
  - 有卖方垄断势力的要素市场
    - 工资率的垄断势力
    - 工会化与非工会化
    - 劳动市场的双边垄断

【考点难点归纳(厚积薄发)】

考点一：竞争性要素市场　★★★★

竞争性要素市场上有大量的生产要素出售者和购买者。没有任何单个出售者或购买者对要素的价格有影响，每个人都是价格接受者。

1. 生产要素

(1)生产要素的概念：生产要素是指厂商为从事产品生产和提供劳务而投入的各种经济资源，通常也被称为生产资源。

(2)生产要素的种类：生产要素通常被分为四种，即劳动、土地、资本和企业家才能。

2. 引致需求

(1)概念：引致需求是指消费者对商品的需求间接地引致厂商对生产要素的需求。

(2)引致需求与直接需求的区别如表14－1所示：

表 14-1 引致需求与直接需求的区别

要点＼类型	引致需求	直接需求
概念	厂商对生产要素的需求	消费者对商品的需求
市场	生产要素市场	产品市场
来源	直接来自厂商，间接来自消费者	直接来自消费者
目的	厂商并不是为了满足自身的需求，而是为了生产和出售这些商品以获得收益	消费者为了直接满足自己的需要而产生对商品的需求

3. 只有一种投入可变时对投入要素的需求

(1)厂商雇佣和产出选择时遵循的原则：

边际成本等于边际收益，即边际生产收益等于边际要素成本。

(2)要素的“边际收益”：

要素的“边际收益”是指增加一单位要素所增加的收益，用要素的边际生产收益 MRP 来表示。对于竞争性厂商来说，$MR=P$，得到 $MRP_L=MP_L\times P$。

(3)竞争性厂商使用要素的原则：

①原则：$MRP_L=w$，即 $MR=w/MP_L$。

②解释：

a. MP_L衡量的是每单位投入的边际产出，w/MP_L衡量的是一单位额外产出的成本，即生产的边际成本。

b. 等式表明厂商对要素的使用和产出选择都遵循同样的规则——边际收益(来自产出品的销售)等于边际成本(来自投入品的购买)。这一结论对竞争性市场和非竞争性市场都成立。

4. 几种投入要素可变时对一种投入要素的需求

(1)困难：当厂商需要对两种及以上投入品的数量做出选择时，雇佣问题更具有挑战性，因为一种投入品价格的变化会对其他投入品的需求造成影响。

(2)原则：当两种投入品均为可变投入品时，厂商对一种投入品的需求取决于两种投入品的边际生产收益。也就是说，厂商应该通过对两种要素投入量的不断调整，使得花费在每一种要素的最后一单位的成本支出所带来的边际产量相等，即：$MP_L/w=MP_K/r$。

5. 市场需求曲线

为了得到总的劳动市场需求曲线，必须首先决定每个行业对劳动的需求，然后水平地把行业的需求曲线加总。

(1)第一步：决定行业需求曲线。厂商生产的产出水平及其产品价格也会随着生产投入要素价格的变动而发生变动。当产品市场是非竞争性的时候，推导劳动(或其他任何投入品)市场需求曲线的原理和在竞争性市场上是基本相同的，但非竞争性市场的产品价格的变化对工资率下降的反应很难预测。

(2)第二步：把行业的劳动需求曲线水平加总即可得到劳动的市场需求曲线。

6. 对厂商的投入要素供给：利润最大化条件

(1)如果投入要素的市场是完全竞争市场，厂商能够以某一固定价格购买任意数量的该投入品，且该投入品的价格由市场需求和供给曲线的交点决定，厂商所面临的是一条完全有弹性的投入要素供给曲线。

(2)利润最大化条件：边际生产收益等于边际支出，即 $ME = MRP$。在竞争性产品市场，利润最大化条件为投入要素的价格等于边际支出，即 $ME = w$。

7. 投入要素的市场供给

(1)要素市场供给曲线的性质：要素的市场供给曲线通常是向上倾斜的。

(2)劳动的供给曲线：

劳动的供给曲线先有正斜率，后有负斜率，是一条向后弯曲的曲线。

劳动供给是工资率和闲暇愿望的函数，工资率的提高对劳动供给产生两种效应：替代效应和收入效应，劳动供给曲线的形状取决于两种效应的大小。

图 14－1 显示了向后弯曲的劳动供给曲线。当工资率较低时，替代效应大于收入效应，工资增长将会减少对闲暇的需求，从而导致劳动供给增加。对于较高的工资率，收入效应有可能超过替代效应，工资增长就会使劳动供给减少。

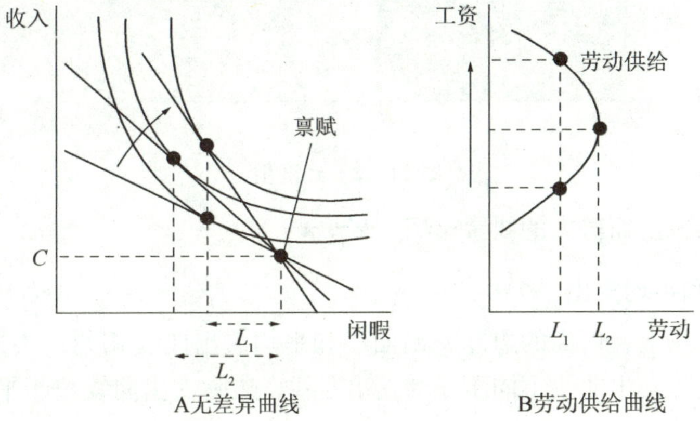

图 14－1 向后弯曲的劳动供给曲线

考点二：竞争性要素市场的均衡 ★★

1. 竞争性要素市场均衡的条件

(1)当投入品的价格使要素市场供求相等时，竞争性要素市场达到均衡。

(2)资源有效率使用：

①当产出品市场和投入品市场都是完全竞争市场时，资源得到有效率地使用，此时总收益与总成本之间的差额实现最大化。

②效率要求厂商增加一单位劳动投入得到的额外收入等于额外产出的社会收益，等于产品的价格乘以劳动的边际产出($P \times MP_L$)。当产品市场是不完全竞争市场时，条件 $MRP_L = P \times MP_L$ 也就不再成立。

2. 经济租

(1)概念：经济租是准地租的一种特殊形式，是指为生产要素所支付的金额与为得到该要素所必须支付的最小金额之间的差额。

(2)经济租与一般准地租的异同：

①异：一般准地租指边际生产力较高、素质较好的生产要素，在短期内由需求方面的因素所引起的一种超额收入；经济租是指素质较差的生产要素，在长期内由于需求增加而获得的一种超额收入。

②同：都是由需求方面决定，而与供给无关。

图 14 - 2 说明了在竞争性劳动市场的经济租概念。阴影区域 ABw^* 是所有工人得到的经济租，雇用 L^* 单位劳动所需的最低支出是 AL^*OB 部分，即供给曲线以下，均衡劳动供给 L^* 左面的区域。

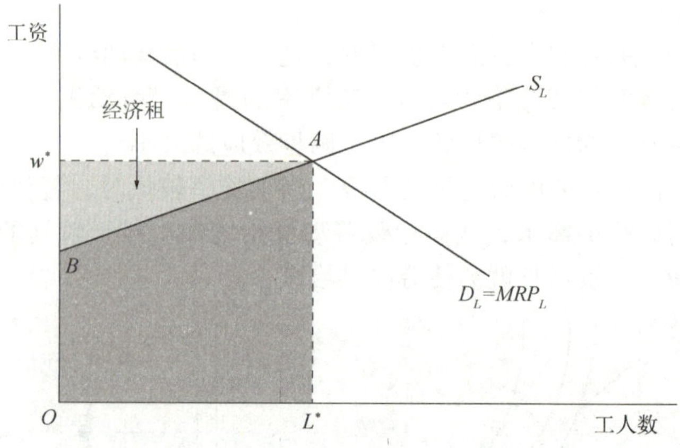

图 14 - 2　经济租

考点三：有买方垄断势力的要素市场 ★★★

1. 边际支出和平均支出

竞争性要素市场上，厂商的边际支出曲线和平均支出曲线相同；买方垄断的要素市场上，买方厂商的边际支出曲线不同于平均支出曲线，边际支出曲线位于平均支出曲线之上，如图 14 - 3 所示。

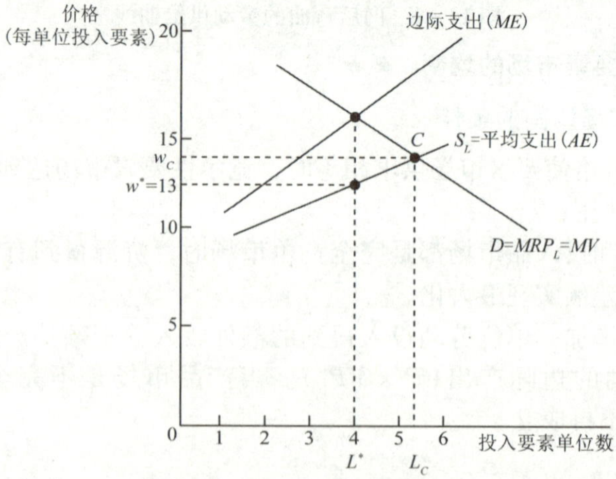

图 14 - 3　具有垄断势力的买方的边际支出曲线与平均支出曲线

垄断买主面临的要素供给曲线是市场供给曲线，该曲线表示要素供给者在每一要素价格水平上愿意提供的要素数量。由于垄断买主每单位支付相同的价格，因此供给曲线是它的平均支出曲线。平均支出曲线是一条向上倾斜的曲线，也就是说，如果垄断买主想购买更多的要素，必须支付更高的价格。对于一家利润最大化的厂商来说，要素购买决策与边际支出曲线相关。当厂商提高要素的价格并雇佣更多劳动时，该厂商要以这个较高的价格购买所有单位的劳动，而不仅仅是最后雇佣的劳动，即劳动边际支出曲线位于平均支出曲线之上。

2. 厂商的投入要素购买决策

具有买方垄断势力的购买者在每一次购买中，一直购买到边际价值(*MV*)等于边际支出(*ME*)那一点，使净收入(效用减去支出)最大化，即投入要素购买决策原则为 $MV=ME$。

对于一家购买投入要素的厂商，*MV* 就是要素的边际生产收益 *MRP*。因此，投入要素购买决策原则 $MV=ME$ 等价于 $ME=MRP$。

考点四：有卖方垄断势力的要素市场 ★★★

产品市场上的销售者常常具有某种垄断势力，同样地，要素市场的供应者也可以拥有某种卖方垄断势力。但一般来说，要素市场上的垄断因素要远远小于产品市场。

如图 14－4 所示，当工会是垄断者时，在购买者的劳动需求曲线 D_L上的点中进行选择。通过同意工人在工资 w^* 上工作，卖方在 L^* 点使雇用的工人数目达到最大。劳动数量 L_1是使雇员获得的经济租达到最大时的数量，由边际收益曲线和劳动供给曲线的交点决定，此时工会成员得到 w_1的工资率。当工会向工人支付的总工资最大时，允许被雇用的工会成员为 L_2，工资率为 w_2，此时工会的边际收益为零。

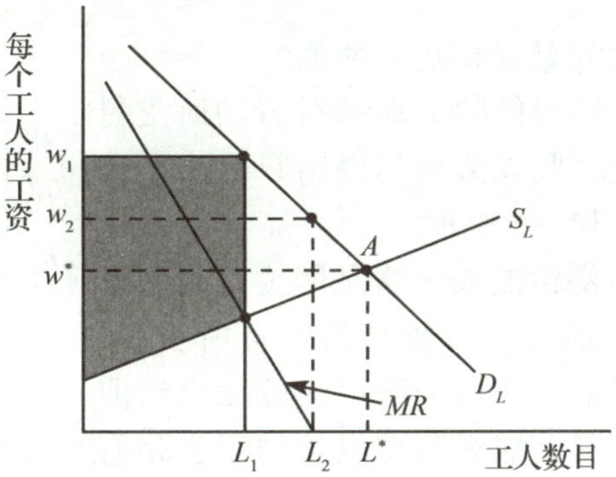

图 14－4　劳动卖方的垄断势力

1. 工资率的垄断势力

由于卖方垄断势力的存在，工会能够选择任何工资率以及相应的劳动供给数量。如果工会的目标是雇用的工人数目最大化，它将选择 *A* 点。如果工会的目标是得到高于竞争性工资的工资，它会将工会成员限制在 L_1个工人，厂商在此时将支付 w_1的工资。在工会成员中，那些有工作的境况变好，而那些没有工作的境况变糟，如图 14－4 所示。

2. 工会化与非工会化

当工会利用其垄断势力提高其成员的工资时，被雇佣的工会工人减少。因此，加入工会和不加入工会的工人组成两个部门，工会化可以改善工作条件，并为工人提供有用的信息和管理。当劳动需求不是完全有弹性的时候，工会工人是以非工会工人为代价得到帮助的。

3. 劳动市场的双边垄断

双边垄断指在要素市场上买方垄断与卖方垄断同时存在的市场结构。在劳动市场上，当工会代表与雇佣某种类型工人的公司谈判工资时，双边垄断可能出现。

在双边垄断的情况下，工资和就业水平都是不确定的，最终的工资和就业水平取决于双方的讨价还价能力。

14.2 课后复习题详解

1. 为什么当厂商在产品市场具有垄断势力时，它对劳动的需求曲线比厂商从事的是竞争性生产时的弹性小?

答：厂商在产品市场具有垄断势力时，它对劳动的需求曲线比厂商从事的是竞争性生产时的弹性小，其原因在于：

(1)厂商对劳动的需求曲线是由劳动的边际生产收益 MRP_L 决定的。MRP_L 指在其他生产要素的投入量固定不变时追加一单位的劳动力要素投入所带来的收益。它等于边际产出(MP_L)与边际收益(MR)的乘积，即 $MRP_L = MP_L \cdot MR$。

(2)在完全竞争市场上，边际收益曲线具有完全弹性并且等于价格 P，故 $MRP_L = MP_L \cdot P$。在垄断市场上，边际收益曲线是向下倾斜的，弹性较小。通过边际收入产出 MRP_L 的表达式可以看出，当厂商在产出品市场具有垄断势力时，对劳动的需求曲线比厂商是竞争性生产时弹性小。

2. 为什么劳动供给曲线可能是向后弯曲的?

答：劳动供给曲线是人们提供的劳动和对劳动所支付的报酬之间关系的表现形式。假设劳动的供给只取决于工资，则劳动供给曲线可用图14－5表示。

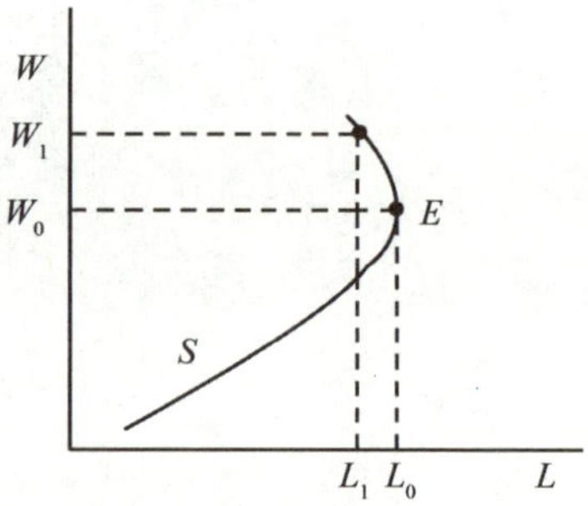

图14－5 劳动供给曲线

此图是向后弯曲的劳动供给曲线。这是因为，当工资较低时，随着工资的上升，消费者为较高的工资所吸引，将减少闲暇，增加劳动供给量。在这个阶段，劳动供给曲线向右上方倾斜。但是，工资上涨对劳动供给的吸引是有限的。当工资涨到足够高(例如 W_0)时，消费者的劳动供给量达到最大，此时，如果继续增加工资，劳动供给量不会继续增加，反而会减少，如当工资从 W_0 提高到 W_1 时，劳动供给则从 L_0 减少到 L_1。劳动力供给曲线可能向后弯曲的具体理由从以下三方面来阐述：

(1)劳动的供给曲线之所以向后弯曲，是劳动工资率产生的替代效应和收入效应综合影响的结果。劳动者在不同的工资率下愿意供给的劳动数量取决于劳动者对工资收入和闲暇所带来效用的评价。消费者的总效用由收入和闲暇所提供。收入通过消费品的购买为消费者带来满足：收入越多，消费水平越高，效用满足越大。同样，闲暇也是一种特殊的消费，闲暇时间越长，效用水平越高。然而，可供劳动者支配的时间是既定的，所以劳动者的劳动供给行为可以表述为：在既定的时间约束条件下，合理地安排劳动和闲暇时间，以实现最大的效用满足。

(2)一般而论，工资率越高，对牺牲闲暇的补偿也就越大，劳动者宁愿放弃闲暇而提供劳动的数量也就越多。换言之，工资率提高，闲暇的机会成本相应也就越大，劳动者的闲暇时间也就越短。因此，工资率的上升所产生的替代效应使得劳动数量增加。同时，工资率的提高，使得劳动者收入水平提高。这时，劳动者就需要更多的闲暇时间。也就是说，当工资率提高以后，劳动者不必提供更多的劳动就可提高生活水平。这说明，工资率提高的收入效应使得劳动数量减少。

(3)替代效应和收入效应是工资率上升的两个方面，如果替代效应大于收入效应，那么，工资率提高使得劳动数量增加，即劳动的供给曲线向右上方倾斜；反之，工资率的提高会使劳动数量减少，劳动供给曲线向左上方倾斜。在工资率较低的条件下，劳动者的生活水平较低，闲暇的成本相应也就较低，从而，工资提高的替代效应大于收入效应，劳动的供给曲线向右上方倾斜。但是，随着工资率的进一步提高和劳动时间的增加，闲暇的成本增加，替代效应开始小于收入效应，结果劳动供给数量减少。

基于以上原因，劳动供给曲线可能是向后弯曲的。

3. 为什么说一个计算机公司对计算机程序员的需求是引致需求?

答：引致需求又称“派生需求”，指由于消费者对产品的需求而引起企业对生产要素的需求，这种需求来自厂商。

计算机公司的主要任务是销售计算机以获得利润，计算机系统需要雇佣计算机程序员。计算机程序员的需求是由计算机销售量决定的，即计算机公司对编程人员的需求取决于所面临的计算机市场的需求。如果计算机市场的需求改变了，对计算机程序员的需求也会相应改变，因此，计算机公司对计算机程序员的需求是引致需求。

4. 比较垄断性雇主和竞争性雇主对工人的雇用选择。哪个会雇用较多的工人？哪个会支付较高的工资？请解释。

答：竞争性雇主会雇用更多的工人，支付较高的工资。原因如下：

(1)当一家厂商在竞争性市场上购买劳动力时，边际支出曲线和平均支出曲线是相同的。但是当厂商是一个垄断买主时，边际支出曲线和平均支出曲线是不一样的。垄断买主面临的劳动力供给曲线是市场供给曲线。由于垄断买主每单位支付相同的价格，因此，供给曲线是它的平均支出曲线。平均支出曲线是向上倾斜的，因为如果垄断买主想雇用更多的劳动力，它必须支付更高的价格。当厂商具有买方垄断势力时，边际支出曲线处于平均支出曲线之上，因为随着雇用量增加，厂商提高投入要素的价格。

(2)关于厂商雇用量的决策，具有买方垄断势力的购买者在每一次购买中，一直购买到边际价值(MV)等于边际支出那一点(即 $MV=ME$)，以使净收入最大化。对于一家购买投入要素(劳动力)的厂商，MV 就是要素的边际收入产出 MRP。因此，就像在竞争性要素市场上一样，有：$ME=MRP$。

(3)如图 14－6 所示，在一个竞争性劳动市场上，将有 L_C 的劳动被雇用，相应工资为 w_C；在一个垄断性劳动市场上，将有 L^* 的劳动被雇用，相应的工资 w^*。故垄断买主雇用的劳动 L^* 比没有垄断势力的厂商雇用的劳动 L_C 少，相应的工资 w^* 低于竞争性工资 w_C。

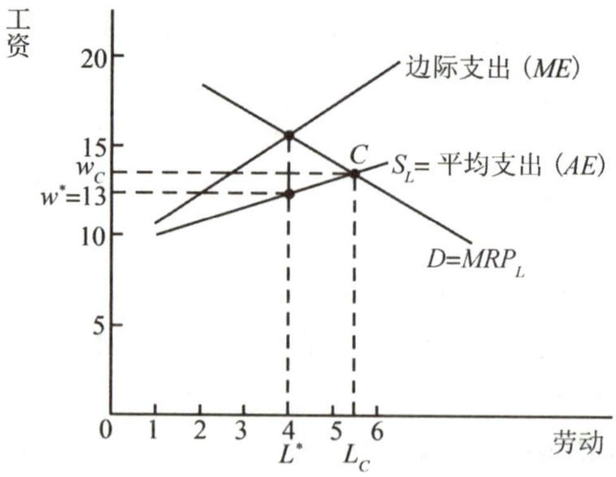

图 14－6 竞争性劳动市场与垄断性劳动市场的均衡

5. 摇滚乐手有时每年能挣到好几百万美元的收入。你能用经济租来解释这一大笔收入吗？

答： 经济租是为生产要素实际支付的金额与为得到该生产要素所必须支付的最小金额之间的差额。在这个案例中，可以假设有限的一些一流的摇滚乐手，他们不论收入多少都会表演摇滚乐，这表现为完全无弹性或接近于完全无弹性的供给曲线。只要存在对摇滚音乐的高需求，摇滚乐手的报酬将非常高，因而存在着很大的经济租。如果摇滚乐手很多，或摇滚乐手的供给更有弹性，经济租会变小。

6. 当使用的一种投入的互补品增加时，对此投入的需求会出现什么变化？

答： 当投入要素的互补品需求增加时，对该投入要素的需求也增加。为确定该投入要素的需求变化量，应该考虑所有互补品的价格和边际产量的变化。

(1)当两种投入要素是可变互补投入要素时，厂商对一种投入要素的需求取决于两种投入要素的边际收入产出。即厂商应该通过对两要素投入量的不断调整，使得花费在每一种要素的最后一单位的成本支出所带来的边际产量相等，即$\frac{MP_L}{w}=\frac{MP_K}{r}$。

(2)若资本的投入增加，则资本的边际产量 MP_K 会减小，在两种投入要素的价格不变的情况下，$\frac{MP_L}{w}>\frac{MP_K}{r}$，追求利润最大化的厂商会增加对劳动的需求，从而使得 MP_L 减小，一直减小到$\frac{MP_L}{w}=\frac{MP_K}{r}$。

(3)若资本的价格提高，则对资本的需求会降低，由于资本和劳动互为互补品，所以对劳动的需求亦会降低，即若两种投入要素存在互补关系时，则一种投入要素的价格与它的互补品的需求量呈反方向的变动，对应的需求交叉价格弹性为负值，所以，当使用的互补投入要素增加时，对投入要素的需求会增加。

7. 对一个买方垄断购买者来说，一种要素的供给与该要素的边际支出之间是什么关系？

答： 当一家厂商在竞争性市场上购买一个要素投入品时，边际支出曲线和平均支出曲线是相同的。但是当厂商是一个买方垄断购买者时，边际支出曲线和平均支出曲线就不一样了。

买方垄断购买者面临的要素供给曲线是市场供给曲线（它显示，随着要素价格的上升，要素供给者愿意出售多少要素）。由于买方垄断购买者每单位支付相同的价格，因此供给曲线是它的平均支出曲线。平均支出曲线是向上倾斜的，因为如果买方垄断购买者想购买更多的要素，它必须支付更高的价格。然而，对于一家利润最大化的厂商来说，它在决定购买多少要素时，与边际支出曲线相关。边际支出曲线处在平均支出曲线上面，是因为当厂商提高要素的价格以雇佣单位劳动时，该厂商必须以这个较高的价格购买所有的单位，而不是最后雇佣的单位劳动。

8. 目前，国家橄榄球大联盟有一项挑选大学球员的制度，它要求一个球员只能由一个球队选中，并必须与该球队签约，否则就不能在联盟中踢球。如果这一挑选制度被废除，让所有的球队都能竞争球员，新挑中的球员的工资与资格较老的球员的工资会出现什么变化？

答：根据国家橄榄球联盟挑选大学球员的制度，要求一个球员只由一个球队选中，并必须与该球队签约，否则就不能在联赛中踢球。这种规定使得橄榄球队所有者在与他们的老队员谈判新合同时具有垄断势力——球员不签协议的结果只能是放弃比赛或者到美国之外去打球。因此该制度使得老足球队员市场高度买方垄断。

对于新球员来说，这一挑选制度被废除时，球队就要相互竞争争夺好球员，所以本身就是一个竞争性的市场。所以新挑中的球员的工资从一开始就处于完全竞争的水平，即工资等于边际生产收益 MRP_L。

对于资格较老的球员来说，如果该制度被废除，老橄榄球队员市场由高度买方垄断变成竞争性市场。球队之间的竞争会使得橄榄球队员的工资等于边际生产收益 MRP_L。故制度废除后，资格较老的球员的工资会增加。

9. 政府希望鼓励那些靠社会福利救济的人去争取工作。考虑的两种激励计划如下：

（1）雇用靠社会福利救济的人，政府给厂商每小时每人 2 美元的补贴。

（2）对于每个雇用了一个或多个靠社会救济的人的厂商，政府每年补贴 1000 美元，而不管雇用的人数是多少。

请问，各项计划在多大程度上有助于扩大靠社会救济的人的就业机会？

答：对于厂商而言，只要雇用工人的额外收益高于额外成本，它们就会雇用更多的工人。

（1）对于计划（1），厂商将从其雇的每个工人那里每小时获得 2 美元的补贴，这将降低有效工资 w，厂商将会发现雇更多的工人直至边际生产收益（MRP_L）再次等于边际成本（w）是最优的。因而激励计划（1）是有效的。

（2）对于计划（2），厂商雇用了一个或多个靠社会救济的人，每年将获得 1000 美元的补贴，这将增加就业机会。因而激励计划（2）也是有效的。

但是，激励计划（2）未必有（1）有效，因为激励计划（2）给予厂商一个总量支付，而不管厂商雇用人数的多少。在这种情况下，厂商可能仅有激励去雇一个靠社会福利救济的工人。

10. 一个小型的专门生产甜饼的企业唯一的投入变量是劳动，它发现每个工人每天能制作 50 个曲奇饼，而成本是每人每天 64 美元。曲奇饼的价格是 1 美元。企业实现了利润最大化吗？试解释。

答：每个工人的边际产出为 50 个曲奇饼/天，每个曲奇饼的价格为 1 美元，因而边际生产收益为 50 美元/天。这低于每天的工资 64 美元，因而该公司没有最大化其利润。因为劳动的边际成本高于劳动的边际收益，因此，厂商雇用的劳动过多了，从而生产的曲奇饼也过多了。

11. 一个企业使用劳动和机器进行生产。试解释为何平均工资率的提高导致了沿着劳动需求曲线的变动，同时也导致了劳动需求曲线本身的移动。

答：工资率的提高会导致沿着劳动需求曲线向上的变化。对于任何给定的边际生产收益曲线，当工资提高时，厂商将会雇佣更少的劳动。同时，当工资增加时，边际成本也会增加，从而合意的产出水平将减少。当产出下降时，厂商不再需要许多机器，如果劳动和资本是互补品，则劳动的边际产出曲线(即劳动的需求曲线)将向左移动。这会导致劳动需求的减少。

14.3　课后练习题详解

1. 假设工资率是每小时 16 美元，产品价格是 2 美元。每小时产出和劳动投入之间的关系如下：

q	L
0	0
20	1
35	2
47	3
57	4
65	5
70	6

(1)找到利润最大化时的劳动数量。

(2)假设产品价格保持 2 美元不变，但工资率上升到 21 美元。找到新的利润最大化的劳动数量。

(3)假设产品价格增加到 3 美元而工资率保持在 16 美元。找到新的利润最大化的劳动数量。

(4)假设产品价格 2 美元和工资率 16 美元保持不变，但是技术进步导致任何劳动投入水平下的产出增加 25%。找到新的利润最大化的劳动数量。

解：(1)劳动的边际产出、边际收益产品如下表所示：

q	L	MP_L	MRP_L
0	0	—	—
20	1	20	40
35	2	15	30
47	3	12	24
57	4	10	20
65	5	8	16
70	6	5	10

由 $MRP=w$ 可得，当工资率为 16 美元时，利润最大化的劳动数量为 5。

(2)当产品价格不变，而工资率上升到 21 美元时，此时从上表中找不到 $MRP=w$ 的劳动数量。由于当 $L=3$ 和 $L=4$ 时，MRP 接近 21，所以考虑 $L=3$ 和 $L=4$ 时的利润情况，从而决定最优劳动数量。

当 $L=3$ 时，利润为：$47\times2-21\times3=31$；

当 $L=4$ 时，利润为：$57\times2-21\times4=30$。

因而此时劳动的最优数量为 $L=3$(公司也可以再雇佣一个兼职人员)。

(3)如果产品价格增加到 3 美元而工资保持在 16 美元/小时时，劳动的边际产出、边际收益产品如表所示：

q	L	MP_L	MRP_L
0	0	—	—
20	1	20	60
35	2	15	45
47	3	12	36
57	4	10	30
65	5	8	24
70	6	5	15

由于 $L=5$ 和 $L=6$ 时，MRP 接近 16，所以考虑 $L=5$ 和 $L=6$ 时的利润情况，从而决定最优劳动数量。

当 $L=5$ 时，利润为：$65\times3-16\times5=115$；

当 $L=6$ 时，利润为：$70\times3-16\times6=114$。

因而此时劳动的最优数量为 $L=5$。

(4)当技术进步导致任何劳动投入水平下的产出都增加 25% 时，劳动的边际产出、边际收益产品如下表所示：

q	L	MP_L	MRP_L
0	0	—	—
25	1	25	50
43. 75	2	18. 75	37. 5
58. 75	3	15	30
71. 25	4	12. 5	25
81. 25	5	10	20
87. 5	6	6. 25	12. 5

由于 $L=5$ 和 $L=6$ 时，MRP 接近 16，所以考虑 $L=5$ 和 $L=6$ 时的利润情况，从而决定最优劳动数量。

当 $L=5$ 时，利润为：$81.25\times2-16\times5=82.5$；

当 $L=6$ 时，利润为：$87.5\times2-16\times6=79$。

因而此时劳动的最优数量为 $L=5$。

2. 假定那些收入低于 10000 美元的工人目前不必缴纳联邦所得税。假定一项新的政府计划保证给每个工人 5000 美元，无论他有没有收入。所有收入达到 10000 美元的工人都必须向政府缴纳 50%的税。画出在这项新计划下工人面对的预算线。这一计划会如何影响工人的劳动供给？

答：对这一问题进行分段讨论——将原来的收入分为 0 ~ 5000 元、5000 ~ 10000 元和 10000 元以上三种情况讨论：①对于原来收入在 0 ~ 5000 元的劳动者，在实施新政策后，其总收入仍然小于 10000 元，仍然不需要缴税。再加上其对工作和闲暇的偏好没有改变，所以只是预算约束线向上平移了 5000 个单位，斜率并没有改变。②对于原来收入在 10000 元以上的劳动者，在实施新政策后，其总收入仍然大于 10000 元，仍然需要缴税。再加上其对工作和闲暇的偏好没有改变，所以只是预算约束线向上平移了 5000 个单位，斜率并没有改变。③对于原来收入在 5000 ~ 10000 元的劳动者，分析其收入情况：

表 14 – 2　收入在 5000 ~ 10000 元的劳动者在政策实施前后的收入

原来收入	政策实施之后的收入	收入变化
5000	5000	0
6000	5500	-500
7000	6000	-1000
8000	6500	-1500
9000	7000	-2000
10000	7500	-2500

可以看出，新政策实施后，收入在 5000 ~ 10000 元的劳动者的总收入都下降，原来收入越高的劳动者现在收入下降越多。所以，这部分劳动者的工作时间会减少，闲暇时间会增加。无差异曲线的斜率变为原来的一半。

具体情况如下图所示：

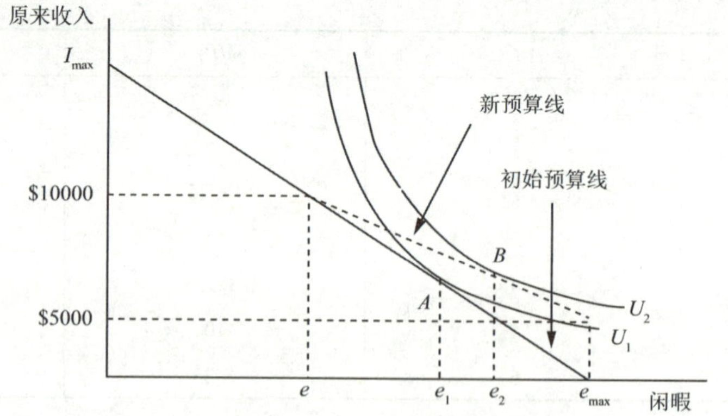

图 14 – 7　工人的预算线

3. 利用你关于边际生产收益的知识解释下列情况：

(1) 一个著名的网球明星在一个 30 秒钟的电视商业片中得到 20 万美元酬金。那个扮演他的替身的演员只得到 500 美元。

(2) 为了让一个经营不善的储蓄贷款机构的总裁放弃最后两年的合同，付给他钱。

(3) 一架载客 400 人的大型喷气式客机比载客 250 人的客机定价高，即使两种飞机的制造成本相同。

答： (1) 劳动的边际生产收益 MRP_L 是通过增加一单位的劳动所能获得的额外收益。在题目中，广告商会不断增加广告支出直至增加的广告的边际收益 MR 恰好等于广告的边际成本 MC。

网球明星对收入增加的边际贡献远远大于其替身演员，从而网球明星的边际收益产品比替身演员大得多，根据工资率等于边际生产收益的规则，网球明星所得到报酬远远大于替身演员。替身演员所能得到的收入是由愿意做网球明星替身的演员的供给和需求所决定的。

(2) 总裁的边际生产收益是负的，因此，如果通过向他支付工资让他不在其位的话，对这家储蓄贷款机构会更好一些。

(3) 大型客机能够为航空公司带来更多的收益，边际生产收益要比小客机大，因此航空公司乐意为它付更多的钱。

4. 如果对下列生产要素的需求增加了，对相关消费品的需求会如何变化？如果对消费品的需求保持不变，对这些生产要素的引致需求的增加有哪些可能解释？

(1) 计算机内存；

(2) 客机用航空燃料；

(3) 新闻用纸；

(4) 饮料罐用的铝。

答： 一种产品的需求的增加会引起投入要素需求的增加，投入要素需求的增加却不一定说明产品需求的增加。

(1) 对计算机内存需求的增加会使 $Q_d > Q_s$，则厂商会提价。对电脑制造商来说，成本的提高会导致电脑价格的提高。根据需求与价格成反比的关系则电脑的需求会减少。若消费品的需求保持不变而对内存的需求增加，则可能由于制作内存的加工费用减少，从而保持其价格不变。

(2) 对燃料的需求增加会引起燃料价格的上涨，从而可能票价上涨。在消费者收入水平不变的条件下，人们很有可能减少对客机的需求而改用其他的交通工具。若对飞机的需求保持不变，而燃料需求增加很可能是人们收入水平提高或者人们都赶时间。

(3) 对新闻用纸的需求增加，可能会导致版面费上升，从而对其需求量减少。若加工纸的技术提高或者其费用下降，则可以增加对纸的需求量而对新闻的需求不变。

(4) 对铝的需求增加，可能会导致饮料价格上升，从而对其需求量减少。如果加工铝的技术提高或者其费用下降，则可以增加对铝的需求量而对饮料需求不变。

5. 假定有两组工人，加入工会的和未加入工会的。国会通过了一项法律，要求所有工人加入工会。你预期以前没有加入工会的工人和原来已加入工会的工人的工资率会出现什么变化？你是如何假设工会的行为的？

答： (1) 如果法律规定所有工人都必须加入工会，那么工资将会取决于工会的目标，比如，工会是想最大化工资率还是最大化就业率。如果工会要保证原工会工人的工资不发生变化，那么原来的非工会工人的工资会提高到工会工人的工资水平。拒绝加入工会的工人将会没有工作从而没有工资收入。同时，原来加入工会的工人的工资不会发生变化。但是，因为工会工人的供给增加了，所以会有来自雇佣方的降低工资的压力。因而，可能的结果是，工资确定在一个值，与没有这项法律之前相比，以前没有加入工会的工人的工资上涨，而以前加入工会的工人工资下降。

(2)如果对劳动力的需求是无弹性的，那么所有工人的平均工资会上升；如果对劳动力的需求是富有弹性的，那么所有工人的平均工资会下降。

6. 假定厂商的生产函数是 $Q=12L-L^2$，$L=0\sim6$，其中 L 是每天的劳动投入，Q 是每天的产出。如果产品在竞争性市场上以 10 美元出售，推导并画出厂商的劳动需求曲线。当工资率为每天 30 美元时，厂商将雇佣多少工人？工资率为每天 60 美元呢？（提示：劳动的边际产出是 $12-2L$。）

解：对劳动的需求由劳动的边际收入产出 $MRP_L=MR\cdot MP_L$ 给出。

在一个竞争性市场上，价格等于边际收入，因此，$MR=10$。

劳动的边际产出由对生产函数求导得出，$MP_L=\frac{dQ}{dL}=12-2L$。

所以，$MRP_L=MR\cdot MP_L=10(12-2L)$。

厂商的劳动需求曲线如图 14－8 所示。

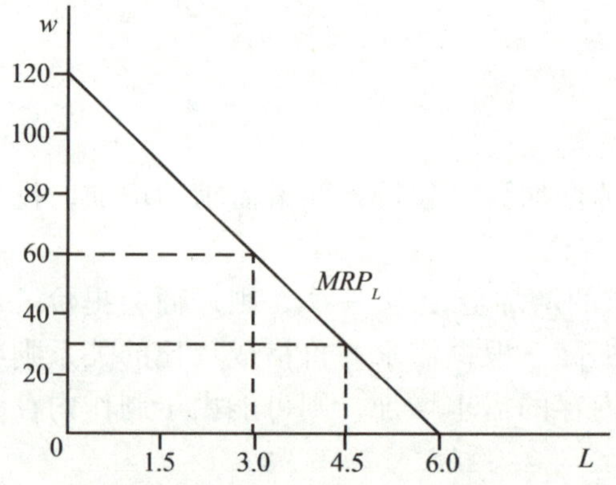

图 14－8　厂商的劳动需求曲线

厂商的利润最大化劳动数量在 $MRP_L=w$ 时取得。

当工资率 $w=30$ 时，$10(12-2L)=30$，解得 $L=4.5$。

当工资率 $w=60$ 时，$10(12-2L)=60$，解得 $L=3$。

7. 在美国，士兵的唯一合法雇主是联邦政府。如果政府利用自己的买方垄断者的地位，在估计征募多少士兵时，将会制定什么标准？如果实行义务兵役制又会怎样？

答：(1)由题意可知，士兵的雇佣市场是一个买方垄断市场，联邦政府会一直雇佣士兵，直到边际支出等于士兵的边际生产收益(即 $ME=MRP$)。通过本章“课后复习题”详解第 4 题的分析可知，在买方垄断市场上，垄断性买主联邦政府会雇佣比竞争性条件下较少的士兵，并支付较低的工资。

(2)若实行义务兵役制，则专业士兵的工资会更低。义务服兵役的士兵的工资会下降，所以，所有被召入伍者的工资都会很低。

8. 一行业对劳动的需求由曲线 $L=1200-10w$ 给出，其中 L 是每天的劳动需求，w 是工资率。供给曲线由 $L=20w$ 给出。均衡工资率和雇用的劳动数量是多少？工人得到的经济租是多少？

答： 依题意得，劳动的需求曲线 $L_D=1200-10w$，供给曲线为 $L_S=20w$。根据均衡条件 $L_D=L_S$，即 $1200-10w=20w$，得 $w=40$，$L=800$。

因为经济租是被雇佣工人的总工资减去吸引这些工人去工作所需要的工资额的差额。如图 14－9 所示，经济租为阴影部分的面积。

经济租 $=1/2\times40\times800=16000$。

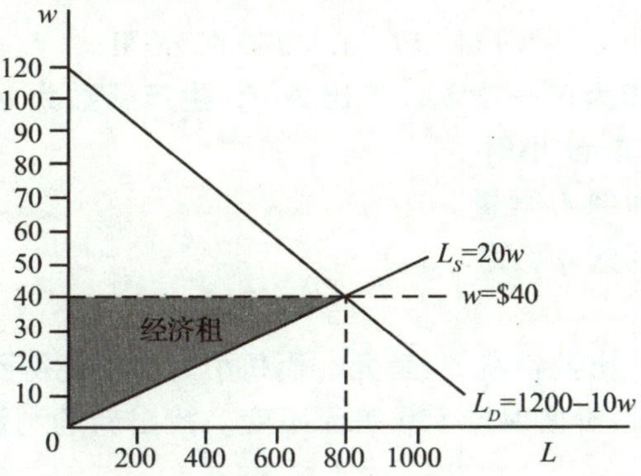

图 14－9　劳动市场均衡与经济租

9. 利用第 8 题的信息。现在假设唯一可得的劳动由一个垄断性工会控制，它希望使工会成员得到的经济租最大化。被雇用的劳动数量和工资率将是多少？你的答案如何与第 8 题的答案进行比较？请讨论。（提示：工会的边际收益曲线由 $MR=120-0.2L$ 给定。）

解： 为了追求经济租最大化，工会应该选择一个被雇佣工人的数量，使得边际收入与促使最后一个工人工作所支付的成本相同，即应该选择边际收益曲线与劳动力供给曲线相交处的劳动力数量。

由劳动需求曲线可得劳动的反需求曲线为：

$$w=120-0.1L$$

工会的边际收益曲线方程为：$MR=120-0.2L$，工资率 w 关于的劳动供给 L 的方程为：$w=0.05L$。工会经济租最大化时有工会的边际收益等于工资率，即有：

$$120-0.2L=0.05L$$

解得：$L=480$。

故为了使得工会成员得到的经济租最大化，应该限制受雇佣的劳动力数量为 480。

工会成员的工资率由劳动需求曲线决定，即有：

$$w=120-0.1L=120-0.1\times480=72$$

受雇佣的工会工人所获得经济租如图 14－10 所示阴影部分，为：

$$(72-24)\times480+0.5\times24\times480=28800$$

与第 8 题对比，可知受雇佣的工人数下降，工资上升。

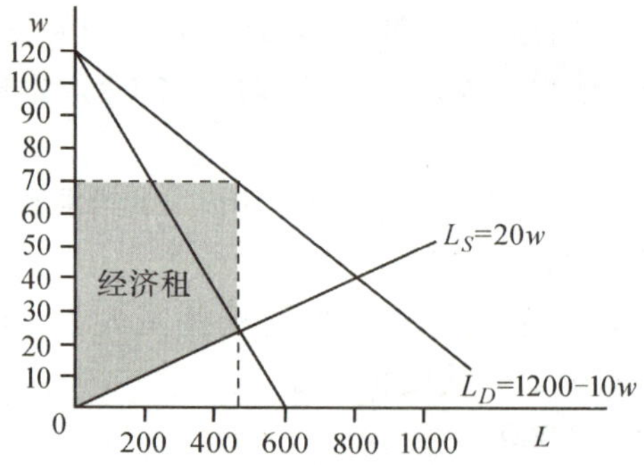

图 14－10 工人获得的经济租

10. 一个企业以劳动作为单一投入，产出为 q，生产函数为 $q=8L^{1/2}$。商品售价是 150 美元/单位，工资率是 75 美元/小时。

(1) 找出利润最大化时的 L 数量。

(2) 找出利润最大化时的 q 数量。

(3) 最大利润是多少？

(4) 假设现在每单位产出要征税 30 美元，而每小时劳动能得到 15 美元的补贴，并且假设企业是价格接受者，产品价格保持 150 美元不变。找出新的利润最大化的 L 和 q 的水平和利润。

(5) 现在假设企业要为利润支付 20% 的税收。找出新的利润最大化的 L 和 q 的水平和利润。

解：(1) 该企业的利润为：

$$\pi = TR - TC = pq - wL = 150 \times 8 \times L^{\frac{1}{2}} - 75L$$

从而有：$\frac{\mathrm{d}\pi}{\mathrm{d}L} = 600L^{-\frac{1}{2}} - 75 = 0 \Rightarrow L = 64$。

即利润最大化的 L 数量为：$L=64$。

(2) 由 (1) 可得 $L=64$，因而利润最大化的产量为：$q = 8L^{\frac{1}{2}} = 8 \times \sqrt{64} = 64$。

(3) 最大化的利润为：$\pi = 150 \times 64 - 75 \times 64 = 4800$。

(4) 在征税和补贴的情况下，企业的利润为：

$$\pi = TR - TC = pq - wL = 120 \times 8 \times L^{\frac{1}{2}} - 60L$$

从而有：$\frac{\mathrm{d}\pi}{\mathrm{d}L} = 480L^{-\frac{1}{2}} - 60 = 0 \Rightarrow L = 64$。

因而产量为：$q=64$，厂商的利润为：$\pi = 3840$。

(5) 如果企业要为利润支付 20% 的税额，则企业的利润为：

$$\pi = 0.8(TR - TC) = 0.8(pq - wL) = 0.8 \times (150 \times 8 \times L^{\frac{1}{2}} - 75L)$$

从而有：$\frac{\mathrm{d}\pi}{\mathrm{d}L} = 480L^{-\frac{1}{2}} - 60 = 0 \Rightarrow L = 64$。

因而产量为：$q=64$，厂商的利润为：$\pi = 3840$。

第15章　投资、时间与资本市场

15.1　复习笔记

【知识框架（庖丁解牛）】

- 投资、时间与资本市场
  - 存量与流量
  - 贴现值
    - 概念
    - 解释
  - 债券的价值
    - 概念
    - 永久债券
    - 债券的有效收益率
  - 资本投资决策的净现值标准
    - 净现值标准
    - 实际贴现率与名义贴现率
    - 负的未来现金流
  - 对风险的调整
    - 风险溢价
    - 可分散风险与不可分散风险
    - 资本资产定价模型
  - 消费者的投资决策
  - 人力资本投资
  - 跨时生产决策（可耗竭资源）
    - 个体资源生产者的生产决策
    - 市场价格的行为和使用者成本
    - 垄断者的资源生产
  - 利率的决定

【考点难点归纳（厚积薄发）】

考点一：存量与流量（见表15－1）★★

表15－1　存量与流量

形式	概念	例子
存量	是一定时点上存在的变量，即在一定的时点上（如2014年12月1日）存在变量的数值	①国民财富； ②资本（以厂商拥有的工厂和设备的数量来衡量）
流量	是一定时期内发生的变量，即在一定时期内（如一季度，一年）测算出来的变量的数值	①国内生产总值； ②劳动投入品和原材料

考点二：贴现值　★★★

1. 概念

贴现是通过一定的方式把发生在未来（或不同时间）的费用和效益转化为现值（PV）的方

式，贴现值的大小依赖于利率。

2. 解释

如果今天以利率 R 投资 1 美元，它在一年以后就值 $(1+R)$ 美元，在两年后值 $(1+R)(1+R)=(1+R)^2$ 美元。由于两年后 $(1+R)^2$ 美元等于今天的 1 美元，两年后支付的 1 美元就值今天的 $1/(1+R)^2$ 美元。同样，三年后支付的 1 美元就值今天的 $1/(1+R)^3$ 美元，而 n 年后支付的 1 美元值今天的 $1/(1+R)^n$ 美元。则：

1 年后 1 美元的贴现值 $=1/(1+R)$ 美元

2 年后 1 美元的贴现值 $=1/(1+R)^2$ 美元

3 年后 1 美元的贴现值 $=1/(1+R)^3$ 美元

n 年后 1 美元的贴现值 $=1/(1+R)^n$ 美元

考点三：债券的价值 ★★★

1. 概念

债券是指政府、企业、银行等债务人为筹集资金，按照法定程序发行并向债权人承诺于指定日期还本付息的有价证券。债券的价值是指债券未来现金流收入的贴现值，其大小随着利率的提高而下降。

2. 永久债券

永久债券指不设到期日，每年支付固定金额且永远支付的债券。永久债券不可赎回，但可提供永久的利息收入，永久债券支付流的现值与利率反方向变化。

3. 债券的有效收益率

(1)概念：有效收益率是债券支付流的现值等于债券市场价格时的利率。

(2)有效收益率的确定：

如图 15－1 所示，支付流的现值是利率的函数，因此，有效收益率可以通过在债券的价格水平处画一条水平线得到。若债券市场价值为 1000 美元，则对应有效收益率为 10%。

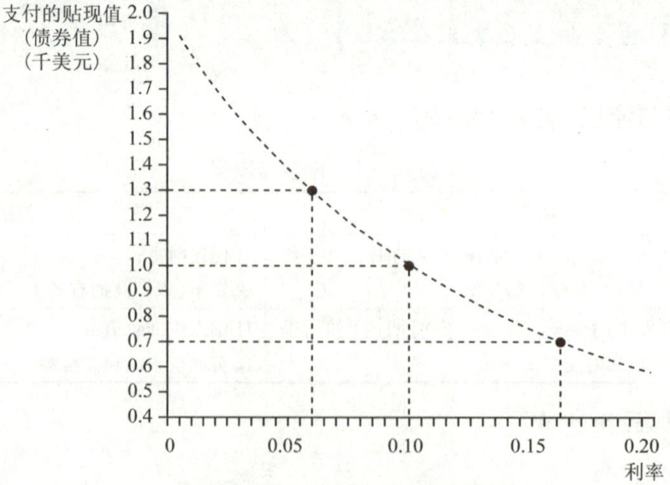

图 15－1 债券的有效收益率

(3)收益率差异与风险：

债券的收益是对债券风险的补偿，债券的风险不同，其收益率也存在差异。一般来说，风险较高的债券有较高的收益率。

考点四：资本投资决策的净现值标准 ★★★

1. 净现值标准(NPV 标准)

(1)如果一项投资预期的未来现金流的现值大于投资的成本，就应该进行投资。

(2)假定一项资本投资的成本为 C，它预期在未来的 10 年内产生数量为 π_1、π_2、…、π_{10}的利润。净现值可写成：$NPV=-C+\pi_1/(1+R)+\pi_2/(1+R)^2+\cdots+\pi_{10}/(1+R)^{10}$。其中，$R$ 是未来利润流的贴现率。

等式描述了厂商从投资中得到的净收益，厂商应当只有在净收益为正，即仅当 $NPV>0$ 时，才进行投资。

2. 实际贴现率与名义贴现率

名义贴现率是指既包含了最低期望收益率又考虑通货膨胀因素时的必要收益率。实际贴现率等于名义贴现率减去预期的通货膨胀率。

在利用净现值规则评估投资时，计算中的数字可以是实际的，也可以是名义的，只要现金流与贴现率保持一致。

3. 负的未来现金流

工厂和其他设施的建造需要很长时间，由此产生的成本需要在未来几年分别进行计算，预期会给企业带来负的净现金流，但负的未来现金流也可以进行贴现。

考点五：对风险的调整 ★★★

1. 风险溢价

无风险利率是指将资金投资于某一项没有任何风险的投资对象而能得到的利息率，是确定未来现金流量的合适贴现率。由于存在不确定性，一般在无风险利率上加一个风险溢价来确定贴现率，使有风险的未来现金流比确定性的未来现金流的现值要低。

风险溢价是指风险厌恶者为规避风险而愿意付出的最大货币额，其大小取决于风险的性质。

2. 可分散风险与不可分散风险

(1)可分散风险是指某一企业或行业特有的风险，只影响某些股票的收益，能够通过分散投资消除。不可分散风险是指由于公司外部、不为公司所预计和控制的因素造成的风险，不能通过分散投资消除。

(2)只有不可分散风险影响资本的机会成本，从而应当纳入风险溢价。

3. 资本资产定价模型

(1)模型含义：资本资产定价模型(CAPM)通过比较一项资本投资的回报率与投资于整个股票市场的回报率，来衡量该投资的风险溢价。

(2)模型方程：

资本资产定价模型用下列方程归纳了预期回报率与风险溢价的关系：$r_i - r_f = \beta(r_m - r_f)$。

方程表明资产的风险溢价（其预期回报率 r_m 减去无风险利率 r_f）是与市场的风险溢价成比例的，比例常数 β 被称作资产贝塔，衡量了资产的回报率对市场变动的敏感性，从而衡量了该资产的不可分散风险。

考点六：消费者的投资决策　★

消费者在作出是否购买耐用品的决策时，必须将未来收益流与当前购买成本进行比较，决策结果依赖于贴现率。

考点七：人力资本投资　★

人力资本是指存在于人体之中的具有经济价值的知识、技能和体力（健康状况）等质量因素之和。进行人力资本投资的原则为预期的未来收入增加的贴现值超过投资教育成本的贴现值。

考点八：跨时生产决策（可耗竭资源）　★★

厂商进行跨时期生产决策时，如考虑将可耗竭资源用于生产，必须考虑当前的生产对于未来生产和销售的影响。

1. 个体资源生产者的生产决策

假定别人给了你一口油井。该油井含有 1000 桶石油，它能以每桶 10 美元的不变平均成本和边际成本进行生产。令 P_t 为今年的石油价格，P_{t+1} 为明年的价格，C 为开采成本，单个资源生产者的这一生产规则可以写成：

如果 $(P_{t+1} - C) > (1 + R)(P_t - C)$，把石油储存在地下。

如果 $(P_{t+1} - C) < (1 + R)(P_t - C)$，现在出售石油。

如果 $(P_{t+1} - C) = (1 + R)(P_t - C)$，没有差别。

2. 市场价格的行为和使用者成本

在地下的可耗竭资源就像在银行里的钱，它必须得到相类似的回报率。因此，如果市场是竞争性的，其价格减去边际开采成本必须上升得与利率一样快。价格与边际成本的差额称为生产的使用者成本，即消耗 1 单位资源的机会成本。

3. 垄断者的资源生产

对于一个面临向下倾斜的需求曲线的垄断者来说，价格高于边际收益。因此，如果边际收入减去边际成本上升得与利率一样快，价格减去边际成本将会上升得比利率慢。所以，垄断者比竞争性产业更加保护资源。在存在垄断势力时，垄断者一开始就索取较高的价格，从而使资源消耗得较慢。

考点九：利率的决定　★★★

市场利率由可贷资金的需求和供给决定。家庭供给资金是为了将来消费更多；利率越高，它们供给得越多。家庭和厂商都需求资金，但是利率越高，资金需求越少。需求或供给的变动导致利率的变化。

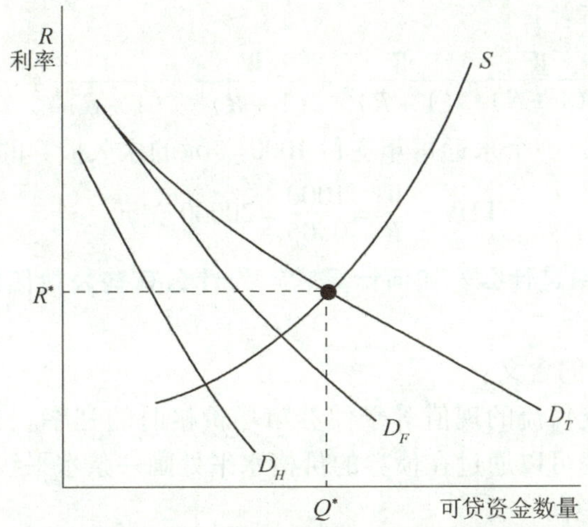

图 15－2　可贷资金的供给和需求

图 15－2 显示了可贷资金理论的利息率的决定。可贷资金的供给 S 来自家庭，是一条向上倾斜的曲线。家庭对可贷资金的需求 D_H 和厂商对可贷资金的需求 D_F 是利率的减函数，对可贷资金的总需求 D_T 是家庭需求和厂商需求的加总，因而是一条向下倾斜的曲线。总需求曲线 D_T 与供给曲线 S 一起决定了均衡利率 R^*。

15.2　课后复习题详解

1. 一个厂商用布和劳动作为投入要素生产衬衫，工厂是用 1000 万美元买来的。这些要素中哪些是以流量衡量的？哪些是以存量衡量的？如果该厂商不是购买而是租赁该工厂，你的回答会如何变化？它的产出以流量还是存量衡量？它的利润呢？

答：(1)存量是描述事物在一个时间点上所处的状态的变量，是一个时点概念，也就是某一时刻的量；流量是描述一个时间段内的事件状态的，即发生的并能在相加减后仍有意义的量，实际上是一段时期内的变化数量。一家厂商对资本的持有是以存量衡量的，但劳动和原材料的投入以流量衡量。

(2)因此，用 1000 万美元买来的工厂是以存量衡量的，而布(原材料)和劳动是以流量衡量的。

(3)如果厂商不是购买而是租赁了该工厂，那么厂商与工厂所有者之间有流动的买卖支付关系，因此这种情况下，工厂也是以流量衡量的，产出和利润都是以流量衡量的。

2. 投资者如何计算一种债券的净现值？如果利率是 5%，每年支付 1000 美元的永久债券的现值是多少？

答：(1)债券是借款人同意向债券持有人支付货币流量的合同。债券的价值是该流量的贴现值。一种每年支付 W 美元利息的 n 年期债券，并在 n 年后支付 M 美元本金的债券贴现值的计算公式如下：

$$\text{PDV}=\frac{W}{(1+R)}+\frac{W}{(1+R)^2}+\cdots+\frac{W}{(1+R)^n}+\frac{M}{(1+R)^n}$$

永久债券是每年支付固定金额且永远支付的债券。一种每年支付 W 美元利息的永久债券贴现值的计算公式如下：

$$\mathrm{PDV}=\frac{W}{(1+R)}+\frac{W}{(1+R)^2}+\frac{W}{(1+R)^3}+\frac{W}{(1+R)^4}+\cdots=\frac{W}{R}$$

（2）如果利率是5%，一个永远每年支付1000美元的永久债券的现值为：

$$\mathrm{PDV}=\frac{W}{R}=\frac{1000}{0.05}=20000\text{ 美元}$$

3. 债券的有效收益率是什么？如何计算它？为什么有些公司债券的有效收益率比另一些公司债券高？

答：（1）有效收益率的含义：

有效收益率是债券支付流的现值等于债券市场价格时的利率。支付流的现值是利率的函数，因此，有效收益率可以通过在债券的价格水平处画一条水平线得到。

（2）有效收益率的计算：

对于一种每年支付 W 美元利息的永久债券来说，$\mathrm{PDV}=\frac{W}{R}$。永久债券的市场价格为 P，则 $P=\frac{W}{R}$，从而得出有效收益率 $R=\frac{W}{P}$。

对于一种每年支付 W 美元利息的 n 年期债券，并在 n 年后支付 M 美元本金的债券来说，债券支付流的现值为：

$$\mathrm{PDV}=\frac{W}{(1+R)}+\frac{W}{(1+R)^2}+\cdots+\frac{W}{(1+R)^n}+\frac{M}{(1+R)^n}$$

若债券的市场价格为 P，令 $P=\mathrm{PDV}$，代入上式，可以求出有效收益率 R。

（3）不同债券的收益率可以有很大差别的原因：

不同债券的收益率可以有很大的差别。有些公司的债券收益率比另一些公司的债券收益率高得多。最重要的原因之一是，不同的债券有不同程度的风险，一项投资的风险越大，投资者要求的回报也越高。因此，风险较大的债券有较高的收益率。有些公司财务上较弱，因此对它们债券违约的可能性比另一些公司高，必须提供较高的有效收益率才能吸引投资者。

4. 投资决策的净现值标准是什么？如何计算投资项目的净现值？如果该项目的所有现金流量都是确定的，应当用什么样的贴现率来计算净现值？

答：（1）投资决策的净现值标准：如果一项投资预期的将来现金流的现值大于投资的成本，就应该进行投资。

（2）该项资本投资的成本为 C，它预期在未来的 n 年内产生数量为 π_1、π_2、…、π_n 的利润。净现值的计算公式为：

$$\mathrm{NPV}=-C+\frac{\pi_1}{(1+R)}+\frac{\pi_2}{(1+R)^2}+\cdots+\frac{\pi_n}{(1+R)^n}$$

其中，R 是将来利润流量的贴现率。上式描述了厂商从投资中得到的净收益。厂商应当只有在净现值为正，即只有 $\mathrm{NPV}>0$ 时，才进行投资。

厂商对贴现率的选择取决于厂商使用其货币的其他选择。例如，厂商不进行这项投资，而可能投资于另一项带来不同利润流量的资本，或者它可能投资于产生不同收益率的另一债券。因此，可以把 R 看作是厂商资本的机会成本。厂商如果不投资于这个项目，它可以通过投资于其他项目而得到回报。因此，正确的 R 值是厂商能够从一项“相似的”投资中得到的回报率。所谓“相似的”投资，指具有相同风险的投资。投资此项目的机会成本，是投资具有相同风险的另一项目或资产可以得到的回报。

(3)该项目的所有现金流量都是确定的，即上式中的利润值 π_1、π_2、…、π_n 是确定的，这个项目可以看作是没有风险的。这样，投资的机会成本就是无风险的回报，因此应该利用无风险的利率计算该项目的净现值。在投资学里的“无风险利率”，通常标的为政府公债或国库券的利率。

5. 你退休了并且有两种选择：一是可以从公司拿到一次性支付；二是接受在你有生之年每年都会支付给你数额较小的年金。哪种决策将是最优的？你需要什么信息？

答： 最优的决策将是选择现值最高的投资项目。一次性支付的现值等于一次性支付的数量。而年金支付流的现值的计算则需要知道人的寿命。如果某人退休以后活了 25 年，则需要将未来 25 年的年金收入贴现到现在，并加总。贴现率将为平均的预期利率。

此外，也可以取平均的预期利率，计算从一次支付中每年所获得利息，将其与年金的数量比较，来决定哪个选择更为有利可图。例如，如果一次支付总额为 600000 美元，利率为 8%，则每年的利息收入为 48000 美元，此时，年金支付必须大于 48000 美元才更为合算。

最后，你也必须考虑管理一次性支付金额中的时间和风险问题，从而决定是否接受年金更为合算。

6. 你注意到了过去几个月里债券价格的上升。这意味着利率发生了怎样的变化？试解释。

答： 这意味着利率已经下降了，因为债券的价格和利率负相关。当有固定票息支付的债券的价格上升时，债券的有效收益率就会下降。此时，人们愿意持有债券的原因就是利率也下降。如果利率低于债券的实际收益率，则人们就会选择持有债券。当更多的人转而持有债券的时候，债券的价格将会上升，其有效收益率会下降。因而债券的价格将调整到其有效收益率与利率相符。

7. 实际贴现率与名义贴现率之间的区别是什么？什么时候应当用实际贴现率来计算净现值？什么时候应当用名义贴现率？

答： (1)实际贴现率与名义贴现率之间的区别是有没有考虑通货膨胀的影响。实际贴现率是名义贴现率减去预期的通货膨胀率。

(2)如果现金流是实际的，贴现率也必然应该用实际的；如果现金流是名义的，贴现率也必然应该用名义的。理由是贴现率是投资的机会成本。如果通货膨胀没有包括在现金流中，它也不应该包括在机会成本中。因此在利用净现值规则评估投资时，计算中的数字可以是实际的，也可以是名义的，只要它们一致就行。

8. 风险溢价是如何用来补偿净现值计算中的风险的？可分散风险与不可分散风险有什么不同？为什么只有不可分散风险应当包括在风险溢价内？

答： (1)为确定某项目现金流的净现值，贴现率必须反映出项目的风险大小。风险溢价反映投资项目风险程度的贴现率与无风险利率之间的差额。通过在无风险利率上加一个风险溢价，提高贴现率，可以用来补偿净现值计算中的风险，以弥补投资者对高风险的承受。

(2)投资中的风险分为可分散风险和不可分散风险。可分散风险能够通过投资分散化消除，不可分散风险不能通过投资分散化消除。

(3)对于可分散风险来说，由于投资者能够消除可分散风险，他们不能期望因承担可分散风险而得到高于无风险利率的回报率，即风险溢价中不包括可分散风险。对于不可分散风险来说，风险不能通过投资分散化而消除，增大了资本的机会成本，投资者必然因承担高风险而要求提高贴现率，从而应当纳入风险溢价。

9. 资本资产定价模型(CAPM)中的“市场回报率”是什么意思？为什么该市场回报率高于无风险利率？资本资产定价模型中一项资产的 β 值衡量什么？为什么高 β 值资产的预期回报率应比低 β 值资产的高？

答：(1)CAPM 中市场回报率的含义：

资本资产定价模型(CAPM)通过比较一项资本投资的回报率与投资于整个股票市场的回报率，来衡量该投资的风险溢价。资本资产定价模型用下列方程归纳了预期回报与风险溢价的关系：$r_i - r_f = \beta(r_m - r_f)$。式中，$r_i$ 是预期回报率，r_m 是市场回报率，r_f 是无风险利率。“市场回报率”是投资于整个股票市场得到的回报率 r_m。

如果投资者投资于整个股票市场，投资就完全分散化了，从而不承担可分散风险。然而，投资者将承担不可分散风险，因为股票市场趋于与整个经济一起变动(股票市场反映预期的未来利润，而未来利润又部分地取决于整个经济)。因此，预期的股票市场回报率高于无风险利率。

(2)市场回报率高于无风险利息率的原因：

如果投资者投资于整个股票市场，投资就完全分散化了，从而不承担可分散风险。然而，投资者将承担不可分散风险，因为股票市场趋于与整个经济一起变动(股票市场反映预期的未来利润，而未来利润又部分地取决于整个经济)。因此，预期的股票市场回报率高于无风险利率。

(3)β 值的含义：

一项资产的 β 值衡量资产的回报率对市场的变动的敏感程度，从而衡量该资产的不可分散风险。如果一家公司的股票可能与整个市场几乎没有相关性，即该股票的价格的变动独立于市场的变化，它就没有或很少有不可分散风险，则该股票的回报率就应当大致与无风险利率一样。如果一种股票与市场高度相关，其价格的变化甚至可能大于整个市场价格的变动，则该股票将会有很大的不可分散风险，其回报率平均来说将会超过市场回报率 r_m。

(4)高 β 值资产的预期回报率应比低 β 值资产高的原因：

高 β 值的资产即回报率对市场的变动的敏感程度较高的资产，具有较大的不可分散风险，提高了资本的机会成本，投资者必然因承担高风险而要求提高贴现率，从而预期回报率较高。

10. 假定你正在决定是否将 1 亿美元投资于一个钢厂。你知道该项目的预期现金流量，但是它们是有风险的——钢的价格在将来会上涨或下跌。资本资产定价模型将怎样帮助你在计算净现值时选择贴现率？

答： 为确定将 1 亿美元投资于一家钢厂的净现值，应该选择一个合适的贴现率。根据资本资产定价模型 $r_i - r_f = \beta(r_m - r_f)$，可以得出 $r_i = r_f + \beta(r_m - r_f)$。

应该首先确定无风险利率 r_f，通过市场数据的统计分析等得出钢铁行业的市场回报率 r_m，然后通过统计数据分析估算出 β 值（在这个方面有一些财务服务机构会提供帮助），代入 $r_i = r_f + \beta(r_m - r_f)$ 可以求出预期回报率 r_i。

11. 消费者在选择空调或其他大件家电时如何平衡当前成本与未来成本？净现值的计算如何有助于这种选择？

答：（1）购买一台新的空调涉及到作出当前成本与将来成本间的平衡。购买空调大部分的收益（和运行成本）都发生在将来。有些空调较便宜，当前成本较低，但效率低——相对于制冷能力来说，消耗许多电——因此将来成本较高。另一些空调则相反，当前成本高，但将来成本低。因此消费者作出选择前必须进行平衡，把不同空调带来的将来运行成本与购买的价格进行综合考虑，选择总成本低的空调。

（2）当消费者决定购买哪种空调时，对成本的净现值的计算有助于作出选择。假设消费者正在比较具有相同制冷能力的空调，因此它们会产生同样的收益流量。这样只需要比较它们成本的贴现值。假设有 n 年的使用期，并且不能再出售，购买和操作空调 i 的成本的贴现值就是：$\text{PDV} = C_i + OC_i + \dfrac{OC_i}{(1+R)} + \dfrac{OC_i}{(1+R)^2} + \cdots + \dfrac{OC_i}{(1+R)^n}$，式中，$C_i$ 是空调 i 的购买价格；OC_i 是它的平均年运转成本。

哪种空调好取决于消费者的贴现率。如果该消费者没有什么自由现金而必须借款的话，应当用一个高贴现率，这会使将来操作成本的现值较小，因此可能会选择较便宜，但相对效率较低的空调。如果消费者有充足的自由现金，应当用一个低贴现率，使货币的机会成本较低，可能会购买较贵的空调。

12. 生产可耗竭资源的“使用者成本”是什么意思？为什么在一个竞争性可耗竭资源市场上，其价格减去开采成本以与利率相同的速度上升？

答：（1）生产可耗竭资源时，除在开采和销售中有机会成本之外，还有因为现在开采销售一单位将来就减少一单位的机会成本，这种机会成本就是生产可耗竭资源的“使用者成本”。使用成本等于市场价格与边际成本的差额。使用成本会随时间发展而提高，因为开采的资源越多，剩余资源的价值就越高。

可耗竭资源的生产决策原则是：如果预期该资源价格减去开采成本上升得快于利率，就保留所有的该资源。如果预期该资源价格减去开采成本上升得慢于利率，就开采并销售所有的该资源。如果预期价格减去成本上升得正好与利率一样快，开采该资源和把它留在地下是无差异的。

（2）在一个竞争性可耗竭资源市场上，价格减去边际成本必须上升得与利率一样快。假定某种资源的价格减去成本上升得快于利率。这时，没有人会销售任何这种资源。这不可避免地会促使这种资源的当前价格上升。另一方面，如果价格减去成本上升的速度慢于利率，每个人都会试图立即出售所有的这种资源，而这会促使当前价格下降。

13. 可贷资金的供给和需求由什么决定？哪些因素可能会导致可贷资金的供给移动或需求移动？这将会如何影响利率？

答：(1)可贷资金的供给来自家庭。这些家庭希望储蓄一部分收入以便在将来消费更多(或者给他们的继承人留下遗产)。可贷资金的供给决定于储蓄者(家庭)所面临的利率。利率越高，储蓄的刺激越强。因此，可贷资金的供给是一条向上倾斜的曲线，在图15-3中以S标出。

(2)对可贷资金的需求有两个组成部分。①有些家庭想要消费的比他们的当前收入多，这或者因为他们的当前收入低而预期将增加，或者因为他们想要进行大笔购买(例如房子)，而这种购买不得不用将来收入来支付。这些家庭愿意支付利息，这样就可不必等待消费。然而，利率越高，消费而不是等待的成本就越高，从而这些家庭借钱的意愿就越低。因此，家庭对可贷资金的需求是利息率的减函数。在图15-3中，它是标有D_H的曲线；②想进行资本投资的厂商。厂商将投资于那些净现值为正的项目，因为正的净现值意味着，项目的预期回报率超过资金的机会成本。

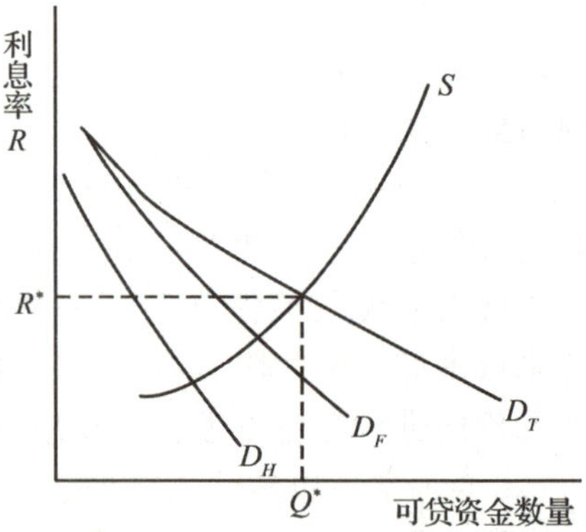

图15-3　可贷资金的供给和需求

这个机会成本——用来计算净现值的贴现率——就是利率，但可能是经过风险调整的。厂商经常借钱投资，因为投资的利润流量要在将来得到，而投资的成本通常必须现在支付。因而，厂商的投资愿望是可贷资金需求的一个重要来源。然而，利率越高，项目的净现值就越低。如果利率上升，某些以前有正净现值的项目现在将有负的净现值，因而将被取消。总之，由于在利率上升时，厂商的投资意愿下降，它们对可贷资金的需求也下降。厂商对可贷资金的需求因而是一条向下倾斜的曲线，在图15-3中，它是标有D_F的曲线。对可贷资金的总需求是家庭需求和厂商需求的加总，在图15-3中，它就是标有D_T的曲线。总需求曲线D_T与供给曲线S一起决定了均衡利息率。在图15-3中，这个利率就是R^*。对可贷资金的需求就决定于家庭和厂商所面临的贷款利率。

(3)有很多因素可能导致可贷资金的供给移动或需求移动，并由此影响利率。比如，①假如经济进入衰退，这时厂商就会对新投资资本预期较低的销售和较低的未来利润。项目的净现值将下跌，厂商的投资意愿将降低，它们对可贷资金的需求也随之减少。D_F左移，从而D_T会向左移动，均衡利率将因此下降；②假定政府支出的钱比它从税收中得到的多得多，即存在严重赤字，它将不得不借钱来为这些赤字融资，使得对可贷资金的总需求D_T向右移动，从而使均衡利率上升；③货币政策是利率的另一个重要决定因素，通过发行更多货币，使可贷资金的供给向右移动，从而降低均衡利率。

15.3　课后练习题详解

1. 假设利率是10%。如果今天以这个利率投资100美元，一年之后它将值多少？两年之后呢？五年之后呢？一年之后支付的100美元，今天值多少？两年之后支付的100美元，今天值多少？五年之后支付的100美元，今天值多少？

解：(1)今天以10%的利率投资100美元，一年之后的价值为：

$$FV=100+100\times10\%=110(\text{美元})$$

两年之后其价值为：

$$FV=PDV(1+R)^t=100\times(1.1)^2=121.00(\text{美元})$$

五年之后其价值为：

$$FV=PDV(1+R)^t=100\times(1.1)^5=161.05(\text{美元})$$

(2)如果利率为10%，一年之后支付的100美元的今天的价值为：

$$PDV=(FV)(1+R)^{-t}=100\times(1.1)^{-1}=90.91(\text{美元})$$

两年之后支付的100美元的今天的价值为：

$$PDV=(FV)(1+R)^{-t}=100\times(1.1)^{-2}=82.64(\text{美元})$$

五年之后支付的100美元的今天的价值为：

$$PDV=(FV)(1+R)^{-t}=100\times(1.1)^{-5}=62.09(\text{美元})$$

2. 你可以在两种支付流中选择其一：①一年后支付150美元，两年后再支付150美元；②一年后支付130美元，两年后再支付160美元。如果利率是5%，你会选择哪种支付流？如果利率是15%呢？

解：对于支付流的选择，可以比较现值大小，挑选现值大的投资项目。

(1)当利率为5%时，①的现值为：

$$PDV_a=150\times(1.05)^{-1}+150\times(1.05)^{-2}=278.91(\text{美元})$$

②的现值为：

$$PDV_b=130\times(1.05)^{-1}+160\times(1.05)^{-2}=268.93(\text{美元})$$

因此，当利率为5%时，选择①。

(2)当利率为15%时，①的现值为：

$$PDV_a=150\times(1.15)^{-1}+150\times(1.15)^{-2}=243.86(\text{美元})$$

②的现值为：

$$PDV_b=130\times(1.15)^{-1}+160\times(1.15)^{-2}=234.03(\text{美元})$$

因此，当利率为15%时，仍选择①。

3. 假定利率是10%。一种有息债券在未来五年内每年支付80美元，并在第六年偿还1000美元本金，它的价值是多少？若利率是15%，它的价值是多少？

解：对于一种未来5年内每年支付80美元，并在第6年支付1000美元本金的债券来说，如果利率为10%，则价值为：

$$PDV=\frac{80}{(1+0.1)}+\frac{80}{(1+0.1)^2}+\cdots+\frac{80}{(1+0.1)^5}+\frac{1000}{(1+0.1)^6}\approx 867.74(\text{美元})$$

如果利率为15%，则价值为：

$$PDV=\frac{80}{(1+0.15)}+\frac{80}{(1+0.15)^2}+\cdots+\frac{80}{(1+0.15)^5}+\frac{1000}{(1+0.15)^6}\approx 700.50(\text{美元})$$

4. 一种债券期限为两年。它在一年后支付100美元的债息，并在两年后支付100美元的债息和1000美元的本金。债券以966美元出售。它的有效收益率是多少？

解：有效收益率是债券支付流的现值等于债券市场价格时的利率。支付流量的现值是利率的函数，因此，有效收益率可以通过在债券的价格水平处画一条水平线得到。

对于债券期限为两年，在一年后支付100美元的债息，并在两年后支付100美元的债息和 1000 美元的本金的债券来说，现值为：

$$\text{PDV} = \frac{100}{(1+R)} + \frac{100}{(1+R)^2} + \frac{1000}{(1+R)^2}$$

若债券以 $P=966$ 美元的价格出售，令 $P=\text{PDV}$，代入上式可得：

$$966 = (100)(1+R)^{-1} + 1100(1+R)^{-2}$$

整理得：$966R^2 + 1\,832R - 234 = 0$，可以求出有效收益率 $R=0.12$。

即这种债券的有效收益率为 12%。

5.（教材）式（15.5）显示了对一家电机厂投资的净现值，其中 1000 万美元成本的一半在一开始时就支付，另一半在一年后支付，工厂预期在最初运营的两年里将会赔钱。如果贴现率是 4%，净现值是多少？投资是否值得？

$$\text{NPV} = -5 - \frac{5}{(1+R)} - \frac{1}{(1+R)^2} - \frac{0.5}{(1+R)^3} + \frac{0.96}{(1+R)^4} + \frac{0.96}{(1+R)^5} + \cdots + \frac{0.96}{(1+R)^{20}} + \frac{1}{(1+R)^{20}} \quad (15.5)$$

解：将 $R=4\%$ 代入式（15.5），可以得出

$$\begin{aligned}\text{NPV} &= -5 - \frac{5}{(1+0.04)} - \frac{1}{(1+0.04)^2} - \frac{0.5}{(1+0.04)^3} + \frac{0.96}{(1+0.04)^4} + \frac{0.96}{(1+0.04)^5} \\ &\quad + \cdots + \frac{0.96}{(1+0.04)^{20}} + \frac{1}{(1+0.04)^{20}} \\ &\approx -0.338（百万美元）\end{aligned}$$

净现值为负，所以投资不值得。

6. 市场利率是 5%，并预期会维持在这个水平上。消费者能以这个利率借入和贷出所有他们想要借贷的金额。在下列每种情况下，解释你的选择：

（1）你是要今天的 500 美元礼金，还是要一年后的 540 美元礼金？

（2）你是要现在的 100 美元礼金，还是要 500 美元四年期的无息贷款？

（3）你在购买一辆 8000 美元的汽车时，是愿意直接降价 350 美元，还是以零利率贷款一年全价支付？

（4）假定你赢得了“百万美元彩票”。你将在未来的 20 年里每年得到 50000 美元。这在今天对你来说值多少？

（5）你赢得了“诚实的百万”头奖。你可以今天拿 100 万美元，也可以每年拿 60000 美元，永远拿下去（这一权利可以传给你的继承人）。你选择哪一种？

（6）过去，一个成年孩子若想从她的父母那里得到超过 10000 美元的遗产，就必须缴税，但是父母可以向他们的孩子贷款而不收利息。为什么某些人认为这样做不公平？这一规则对谁不公平？

解：（1）今天的 500 美元礼金现值是 500 美元，一年后的 540 美元礼金现值是 $540/(1+0.05)=514.29$ 美元 >500 美元，所以，要一年后的 540 美元礼金。

（2）500 美元四年期无息贷款的现值 $=500/(1+0.05)^4=411.35$ 美元，

$500-411.35=88.65$ 美元 <100 美元礼金，

即 500 美元四年期的无息贷款现值为 411.35 美元，意味着消费者借入了 500 美元，却

只需要还 411.35 美元，那么消费者获益就是 88.65 美元，低于 100 美元，所以消费者选择要现在的 100 美元礼金。

(3)由于贷款利率为 0%，低于目前市场利率 5%，因此，相当于 1 年后节省 400(= 8000×0.05)美元。则 400 美元的现值为：

$$\frac{400}{1+0.05}=380.95$$

大于当前折扣价 350 美元，因此，应该选择以零利率贷款一年全价支付。

(4)现值为：

$$\text{PDV} =50000\left[1+\frac{1}{(1+0.05)}+\frac{1}{(1+0.05)^2}+\cdots+\frac{1}{(1+0.05)^{18}}+\frac{1}{(1+0.05)^{19}}\right]$$
$$=654266.04(\text{美元})$$

(5)今天拿 100 万美元现值为 100 万，每年拿 60000，相当于每年支付 60000 的永久债券，其现值为：60000/0.05 = 1200000 美元，所以选择每年拿 60000 美元。

(6)N 美元的遗产与向孩子贷款 $\frac{N(1+r)}{r}$ 美元是等值的，但向孩子贷款却可以避免纳税。例如，为了避免缴纳 50000 美元的遗产税，父母可以向孩子贷款 $\frac{50000(1+0.05)}{0.05}=$ 1050000 美元，孩子在一年后归还本金 1050000，一年中孩子可以获得 52500 美元的利息，而一年后的 52500 美元现值为 50000。通过这种方式可以避免交税，但并不是所有的人都能够有这样一大笔钱。从而只有一部分人可以这样避税，是不公平的。

这一规则对普通收入的家庭是不公平的，因为他们只能通过缴纳遗产税，却不能通过贷款给孩子而避税。

7. 拉尔夫正试图决定是否去读研究生。如果他花两年时间读研究生，每年支付 15000 美元的学费，他可以在以后的工作时间里得到每年 60000 美元薪水的工作。如果他不去读研究生，他将立即参加工作。他将在最初三年里每年得到 30000 美元薪水，在随后的三年里每年得到 45000 美元薪水，并在此后每年得到 60000 美元薪水。如果利率是 10%，读研究生是不是一项好的金融投资？

答：因为在 6 年以后拉尔夫的收入不管是不是读了研究生都是相同的，所以只需考虑在接下来的 6 年中拉尔夫的收入，假定所有的支付都在年末完成。

如果读了研究生，在接下来的 6 年中，拉尔夫的收入现值为：

$$-\frac{15000}{(1.1)^1}-\frac{15000}{(1.1)^2}+\frac{60000}{(1.1)^3}+\frac{60000}{(1.1)^4}+\frac{60000}{(1.1)^5}+\frac{60000}{(1.1)^6}=131150.35(\text{美元})$$

如果不读研究生，在接下来的 6 年中，拉尔夫的收入现值为：

$$\frac{30000}{(1.1)^1}+\frac{30000}{(1.1)^2}+\frac{30000}{(1.1)^3}+\frac{45000}{(1.1)^4}+\frac{45000}{(1.1)^5}+\frac{45000}{(1.1)^6}=158683.95(\text{美元})$$

所以，读研究生不是一项好的金融投资。

8. 假定你的叔叔给了你一口像教材第 15.8 节中描述的油井。(边际生产成本是不变的 50 美元。)当前的石油价格是 80 美元，但它受到一个卡特尔的控制，该卡特尔占了总产出的一个很大的比重。你应当现在生产和销售你的石油，还是等待以后再生产？解释你的答案。

答： 应当现在生产和销售你的石油。理由如下：

(1) 可耗竭资源石油的生产决策原则是：如果你预期石油价格减去开采成本上升得快于利率，就保留所有的石油。如果预期石油价格减去开采成本上升得慢于利率，就开采并销售所有的石油。如果预期价格减去成本上升得正好与利率一样快，开采石油和把它留在地下是无差异的。令 P_t 为今年的石油价格，P_{t+1} 为明年的价格，C 为开采成本，这一生产规则可写成：

如果 $(P_{t+1}-C)>(1+R)(P_t-C)$，把石油保留在地下。

如果 $(P_{t+1}-C)<(1+R)(P_t-C)$，现在出售石油。

如果 $(P_{t+1}-C)=(1+R)(P_t-C)$，没有差别。

(2) 如果总生产的一个很大的比重受到一个卡特尔的控制，现在的价格减去边际成本 P_t-MC 的上升将会低于利率。因为卡特尔将会选择一个产量，使得边际收益减去边际成本 $MR-MC$ 上升得与利率一样快，因为价格大于边际收益，所以 P_t-MC 的上升将会低于利率，因此为了使净现值最大化，应该现在生产和出售石油。

9. 你计划投资于优质葡萄酒。每箱成本为 100 美元，而你根据经验知道，每箱葡萄酒保存 t 年后的价值为 $100t^{0.5}$。现有 100 箱酒可销售，并且利率是 10%。

(1) 你应当买多少箱？应等待多久再出售它们？你在出售它们时能够得到多少钱？

(2) 假定在购买时有人立即开价每箱 130 美元。你应当接受这个价格吗？

(3) 如果利率只有 5%，你的回答有什么变化？

答： (1) 如果购买一箱优质葡萄酒，然后在 t 年后卖掉。则需要支付 100 美元，卖掉后收到 $100t^{0.5}$ 美元，投资的 NPV 为：

$$\mathrm{NPV}=-100+e^{-rt}100t^{0.5}=-100+e^{-0.1t}100t^{0.5}$$

$$\frac{\mathrm{dNPV}}{\mathrm{d}t}=e^{-0.1t}(50t^{-0.5})-0.1e^{-0.1t}\times 100t^{0.5}=0$$

可以求出：$t=5$。

此时，$\mathrm{NPV}=-100+e^{-0.1\times 5}100\times 5^{0.5}=35.62$。

因为投资每箱都可以获益，所以应该购买 100 箱酒，等待 5 年后出售，出售时能得到 $35.62\times 100=3562$ 美元。

(2) 如果每箱价格为 130 美元，$\mathrm{NPV}=130-e^{-0.1\times 5}\times 100\times 5^{0.5}=-5.62<0$，净现值是负的，所以不能接受这个价格。

(3) 如果利率只有 5%，此时的 NPV 为：

$$\mathrm{NPV}=-100+e^{-0.05t}100t^{0.5}$$

$$\frac{\mathrm{dNPV}}{\mathrm{d}t}=0$$

可以求出：$t=10$。

此时，$\mathrm{NPV}=-100+e^{-0.05\times 10}\times 100\times 10^{0.5}=91.8$。

所以，应该购买 100 箱酒，等待 10 年后出售，出售时能得到 9180 美元。

10. 从现存厂商的角度再考察一次性纸尿裤产业中的资本投资（教材中例 15.4）。如果宝洁公司或金佰利－克拉克公司通过再建三个新工厂来扩大生产能力，它们在开工之前不

必再在研究与开发上花费 6000 万美元。这将如何影响表 15－2 中净现值的计算？在贴现率为 12%时，这一投资是有利可图的吗？

表 15－2　净现值计算的资料　　单位：百万美元

	2015 年以前	2015 年	2016 年	2017 年	……	2030 年
销售		133.3	266.7	400.0	……	400.0
减去					……	
可变成本		96.7	193.3	290.0	……	290.0
持续的研究与开发		20.0	20.0	20.0	……	20.0
销售人员、广告和推销		50.0	50.0	50.0	……	50.0
经营利润		－33.4	3.4	40.0	……	40.0
减去					……	
建设成本	60.0	60.0	60.0		……	
初始的研究与开发	60.0				……	
净现金流量	－120.0	－93.4	－56.6	40.0	……	40.0
贴现率		0.05	0.10	0.15	……	
净现值		80.50	－16.90	－75.10	……	

解： 现存厂商中现金流量的变化只是少了 60 百万美元的研究开发费，所以表 15－2 中的净现值 NPV 只是简单的增加 60 百万美元。

贴现率	0.05	0.10	0.15
净现值	140.50	43.1	－15.10

贴现率为 12%时，净现值为：

$$NPV = -60-\frac{93.4}{(1.12)}-\frac{56.6}{(1.12)^2}+\frac{40}{(1.12)^3}+\frac{40}{(1.12)^4}+\frac{40}{(1.12)^5}+\frac{40}{(1.12)^6}+\frac{40}{(1.12)^7}+\frac{40}{(1.12)^8}+\frac{40}{(1.12)^9}+\frac{40}{(1.12)^{10}}+\frac{40}{(1.12)^{11}}+\frac{40}{(1.12)^{12}}+\frac{40}{(1.12)^{13}}+\frac{40}{(1.12)^{14}}+\frac{40}{(1.12)^{15}}$$

$$=16.3(\text{百万美元})$$

因此，贴现率为 12%时，现存厂商投资扩大生产是有利可图的。

11. 假设你可以以 2 万美元购买一辆新的丰田卡罗拉，并且六年后出售，仍可得到 1.2 万美元。另一个方案是，你可以以每月 300 美元的价格租用三年，到期将车退还。为了简单起见，假设租金是以年支付而不是以月支付——比如，三年中每年都支付 3600 美元。

(1) 如果利率 *r* 是 4%，是否租用比购买好？

(2) 如果利率 *r* 是 12%，哪种方式更好？

(3) 利率为多少时，在购买和租用之间无差异？

解： (1) 为了回答这个问题，需要计算出每种选择下的净现值。

买车的 NPV：$-20000+\frac{12000}{1.04^6}=-10516.23$；

租车的 NPV：$-3600-\frac{3600}{1.04}-\frac{3600}{1.04^2}=-10389.94$。

所以，你应该租车，因为这种情况下净现值较高。

(2)如(1)中一样，需要计算出每种选择下的净现值。

买车的 NPV：$-20000+\frac{12000}{1.12^6}=-13920.43$；

租车的 NPV：$-3600-\frac{3600}{1.12}-\frac{3600}{1.12^2}=-9684.18$。

所以，你应该租车，因为这种情况下净现值较高。

(3)该消费者对这两种选择感到无差异的条件为：买车和租车的净现值相等，即：

$$-20000+\frac{12000}{(1+r)^6}=-3600-\frac{3600}{(1+r)}-\frac{3600}{(1+r)^2}$$

在这种情况下需要计算的是两个净现值相等的 r。一个简单的方法是列出各种利率水平下的 NPV，如下表所示：

r	买车的 NPV	租车的 NPV
0.03	-9950.19	-10488.49
0.035	-10237.99	-10438.90
0.037	-10350.41	-10419.24
0.038	-10406.06	-10409.44
0.039	-10461.33	-10399.68
0.04	-10516.23	-10389.94

所以，当利率为3.8%时，该消费者对买车和租车感到无差异。

12. 一个消费者面对如下决策：她可以以1000美元购买一台计算机并且在接下来的三年中每月支付10美元的网费；或者接受400美元的折扣(因此购买成本是600美元)但在接下来的三年中每月支付25美元的网费。为简化起见，假设消费者是以年支付网费(就是说，10美元/月=120美元/年)。

(1)如果利率是3%，消费者该如何决策？

(2)如果利率是17%呢？

(3)当利率为多少时，消费者对两种选择是无差异的？

解：(1)为了做出最好的决策，需要计算出每种情况下的净现值。

第一种选择下的 NPV 为：

$$-1000-120-\frac{120}{1.03}-\frac{120}{1.03^2}=-1349.62$$

第二种选择下的 NPV 为：

$$-600-300-\frac{300}{1.03}-\frac{300}{1.03^2}=-1474.04$$

第一种选择下消费者得到更高的净现值，所以，该消费者应该花 1000 美元购买一台计算机，三年内每月支付 10 美元的网费。

(2)如(1)中一样，需要计算出每种情况下的净现值。

第一种选择下的 NPV 为：

$$-1000-120-\frac{120}{1.17}-\frac{120}{1.17^2}=-1310.23$$

第二种选择下的 NPV 为：

$$-600-300-\frac{300}{1.17}-\frac{300}{1.17^2}=-1375.56$$

比较而言，第一种选择下消费者得到更高的净现值，所以，该消费者还是应该花 1000 美元购买一台计算机，三年内每月支付 10 美元的网费。

(3)该消费者对这两种选择感到无差异的条件为：两种选择下的净现值相等，即：

$$-1000-120-\frac{120}{1+r}-\frac{120}{(1+r)^2}=-600-300-\frac{300}{1+r}-\frac{300}{(1+r)^2}$$

$$220=\frac{180}{1+r}+\frac{180}{(1+r)^2}$$

$$220(1+r)^2=180(1+r)+180$$

$$220r^2+260r-140=0$$

可以求出 $r=40.2\%$。

所以，在利率为 40.2% 时，该消费者对这两种选择感到无差异。

第4篇　信息、市场失灵与政府的角色

第16章　一般均衡与经济效率

16.1　复习笔记

【知识框架（庖丁解牛）】

- 一般均衡与经济效率
  - 一般均衡分析
    - 两个相互依赖的市场——向一般均衡移动
    - 一般均衡的实现
  - 交换的效率
    - 贸易的好处
    - 埃奇沃思盒状图
    - 有效配置
    - 契约曲线
    - 竞争性市场中的消费者均衡
    - 竞争性市场的经济效率（福利经济学第一定理）
  - 公平和效率
    - 效用可能性边界
    - 公平的四种观点
    - 公平和完全竞争
  - 生产的效率
    - 投入效率
    - 生产可能性边界
    - 产出效率
    - 产出市场的效率
  - 自由贸易的好处
    - 比较优势
    - 生产可能性边界的扩张
  - 竞争性市场的效率
    - 交换的效率
    - 生产中要素使用的效率
    - 产品市场的效率
  - 市场失灵的原因

【考点难点归纳（厚积薄发）】

考点一：一般均衡分析　★★★

局部均衡是指在假设其他市场不变的情况下，某一特定产品或要素市场的市场均衡。一般均衡是指在一个经济体系中，所有市场的供给和需求同时达到均衡的状态。

一般均衡分析从微观经济主体行为的角度出发，考察每一种产品和每一个要素的供给和需求同时达到均衡状态所需具备的条件和相应的均衡价格以及均衡供销量应有的量值，并把反馈效应考虑在内（某一个市场的价格和数量调整所导致的相关市场的价格或数量调整）。

1. 两个相互依赖的市场——向一般均衡移动

当市场相互依赖时，所有产品的价格必须同时决定。影响某一市场的价格政策也会影响另一个市场，而该市场的变化又会对第一个市场产生反馈效应，可以用一般均衡分析来进一步考察。

2. 一般均衡的实现

经济社会是由相互联系的各个局部组成的体系，当消费者偏好、要素供给和生产函数为已知时，就能从数学上论证所有商品市场和要素市场可以同时达到均衡状态，即整个经济可以处于一般均衡状态。在这种状态下，所有商品和要素的价格和数量都有确定的量值，均衡条件是消费者的效用最大化和生产者的利润最大化，所有市场的供需总量相等。

考点二：交换的效率 ★★★★

一个不受管制的竞争性市场是有效率的，使消费者和生产者的剩余达到最大。

帕累托有效配置是指不存在帕累托改进的资源配置状态，即在该状态上，任何改变都不可能使一个人的状况变好而又不使任何人的状况变坏，但达到帕累托有效配置并不能保证总福利最大化。

1. 贸易的好处

一般来说，两个人或两个国家之间自愿的贸易总是互利的。只有当商品的分配使任何两种商品的边际替代率对于所有的消费者都相等时，商品的配置才是有效率的。

2. 埃奇沃思盒状图

埃奇沃思盒状图是 20 世纪初的英国经济学家埃奇沃思最先创造的一种分析方法，用以分析交换过程和消费活动的情况。假设在这种活动中所消费的产品或所投入的生产要素在数量上是固定的，但这个假设是这种分析工具的一个很大的限制条件。埃奇沃思盒状图的主要特点是，这种长方形“盒形图”的长度和宽度代表消费者双方共有的两种商品的总量，而在“方盒”内的每一点则代表这两种商品的总供给量在这两个消费者之间的分配，即两个消费者所拥有的市场篮子。

3. 有效配置

当没有消费者能够在不使别人的境况变糟的情况下通过贸易使自己的境况改善时，这种配置就是有效率的。消费者在进行了所有互利的贸易后，其结果是有效率的，并处在契约曲线上。

4. 契约曲线

契约曲线是指两个消费者之间所有有效配置点所组成的曲线，或者两种商品生产之间的两种投入品的所有有效配置所组成的曲线。因此，契约曲线包含了所有消费者无差异曲线相切的配置，曲线上的每一点都是有效率的，一个人无法在不使另一个人境况变糟的情况下使自己的境况得到改善。

如图 16－1 所示，图中以 E、F、G 表示的三种配置，虽然每一种都显示不同的食品和衣服的分配，但它们都是帕累托有效的。

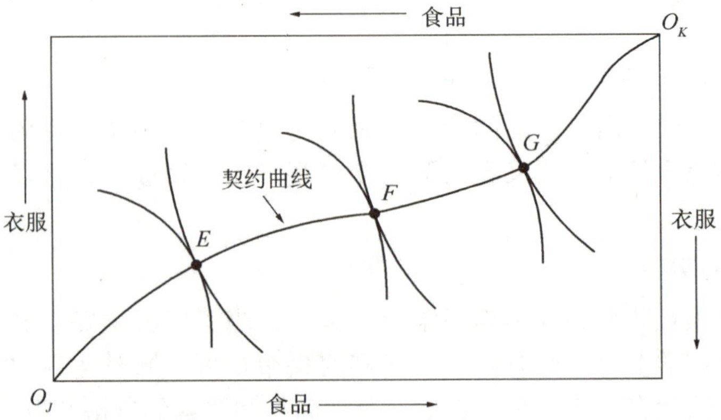

图 16－1　契约曲线

5. 竞争性市场中的消费者均衡

在一个竞争性市场中，两种商品的价格决定消费者交换的条件，如图 16－2 所示。如果 A 点是商品的初始配置点，价格线 PP' 代表价格比率。竞争性市场会导致 C 点的均衡，C 点是两条无差异曲线的切点，即竞争性均衡是有效率的。

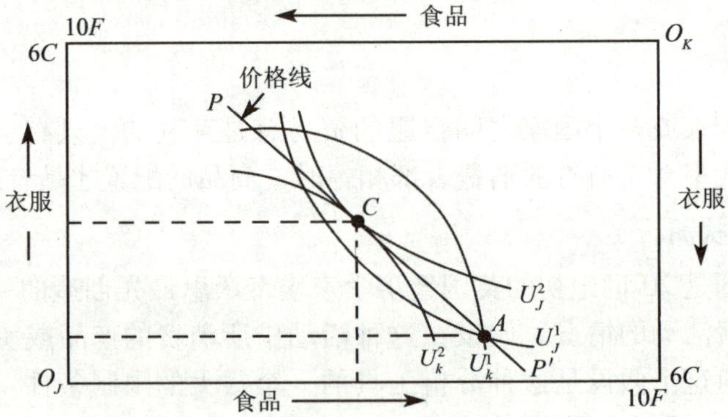

图 16－2　竞争性均衡

在一个竞争性市场中，如果在某些市场中存在超额需求，而在另一些市场中存在超额供给，价格就会调整。当交换只涉及两个人时，讨价还价使最终的结果是不确定的；当涉及许多人时，商品的价格就由商品的需求者和供给者的选择共同决定。

6. 竞争性市场的经济效率（福利经济学第一定理）

福利经济学第一定理是指在一定的条件下，任何的竞争性市场均衡都是帕累托最优的，或者说，任何的竞争性市场都将导致资源的帕累托有效配置。

考点三：公平和效率 ★★★★

1. 效用可能性边界

效用可能性边界是指在交易的一般均衡条件下，个人所获得的各种效用水平的组合点的轨迹，代表所有帕累托有效的配置。该边界之外的点都是消费者不能达到的效用组合点，该边界之内的点都是消费者在既定约束下效用没有达到最大化的点，边界上的点则是消费者达到效用最大化实现交换的一般均衡的点。

如图 16－3 所示，效用可能性边界显示了两个消费者（消费者 A 和消费者 B）通过贸易达到契约曲线上的有效率结果时，每个人的效用水平。点 E、点 F 和点 G 对应于契约曲线上的点，因而是有效率的。点 H 是无效率的，因为任何在阴影区域内的贸易都会使两人中的一个或两个的境况得到改善。

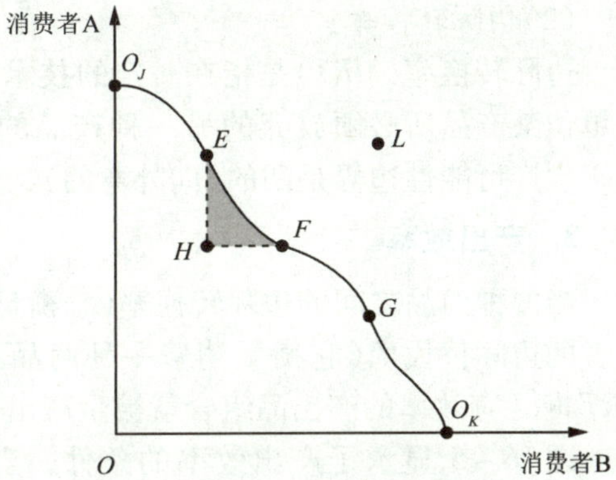

图 16－3　效用可能性边界

2. 公平的四种观点

（1）平均主义——社会的所有成员都得到同等数量的商品。

（2）罗尔斯主义——最公平的配置使社会中境况最差的个人效用达到最大化。

（3）功利主义——赋予每个人的效用以同样的权数，并使社会所有成员的总效用最大化。

（4）市场主导——市场结果是最公平的。

3. 公平和完全竞争

一种导致帕累托有效配置的竞争性均衡可能是公平的，也可能不是公平的，社会必须在某种程度上依靠政府在家庭之间进行收入或商品再分配以实现公平的目标。

福利经济学第二定理：如果个人的偏好是凸的，则每种帕累托有效配置（契约曲线上的每一点）都是某些商品的初始配置下能够得到的竞争性均衡。

考点四：生产的效率 ★★★★

1. 投入效率

在生产过程中，如果一种商品的产出在不使某种其他商品的产出减少的情况下就不能再增加，则生产投入要素的配置就是技术上有效率的。如果重新配置投入要素能生产出更多的一种或两种商品，这些投入要素的配置就是无效率的。

2. 生产可能性边界

（1）生产可能性边界的含义：

生产可能性边界是指在技术既定的条件下，用给定的劳动和资本投入可以生产出来的各种商品的组合。沿着生产可能性边界，边界内的点表明经济尚未达到有效生产，边界之外的点是不可达到的。

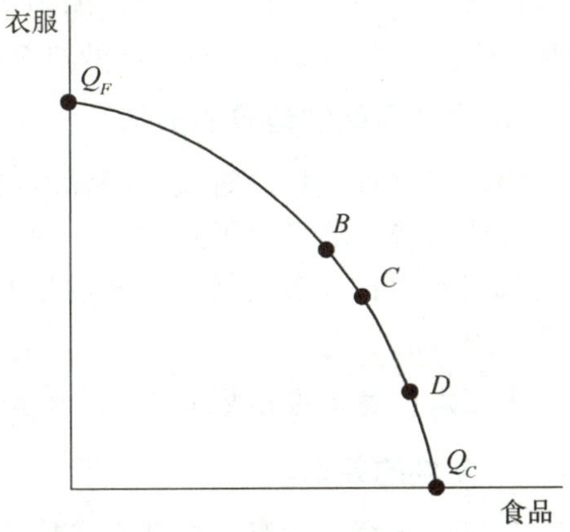

图 16－4　食品和衣服的生产可能性边界

如图 16－4 所示，生产可能性边界是从生产契约曲线推导出来的，在契约曲线和生产可能性边界上的每一点都描述了食品和衣服的一种有效生产水平。点 Q_F 代表一种极端，只有衣服生产出来；而 Q_C 代表另一种极端，只有食品生产出来；点 B、C 和 D 表示食品和衣服都是有效产出的点。

（2）边际转换率：

边际转换率（MRT）是指在一定的技术水平下，利用既定资源生产两种产品时，为增加一单位某产品所必须放弃的另一种产品的数量，对应着生产可能性边界上每一点的斜率。由于生产可能性边界是凹的（向外弯的），边际转换率随着食品生产水平的提高而提高。

3. 产出效率

当两种商品之间的边际转换率（它衡量生产一种商品相对于另一种商品的成本）等于消费者的边际替代率（它衡量消费一种商品相对于另一种商品的边际收益）时，即当 $MRS = MRT$ 时，有效率的产出品组合就被生产出来了。

图 16－5 显示了产出效率的条件，当消费者的无差异曲线与生产可能性边界上相切时，产出最有效率。在相切点 C，无差异曲线的斜率与生产可能性边界的斜率相等。

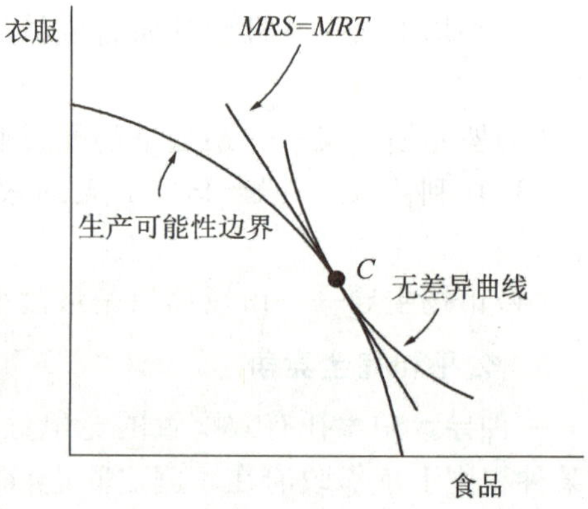

图 16－5　产出效率

4. 产出市场的效率

在一个竞争性产出市场上，消费者按照边际替代率等于价格比率确定需求数量，生产者按照边际转换率等于价格比率确定产出，即边际替代率等于边际转换率，竞争性产出市场是有效率的。任何其他价格比率都将导致对一种商品的超额需求和对另一种商品的超额供给。

考点五：自由贸易的好处　★★★

1. 比较优势

绝对优势是指在一国生产一种商品的成本绝对低于另一国生产该产品的成本的优势。比较优势不同于绝对优势，比较优势是指一个国家生产一种产品的机会成本（用其他产品来衡量）低于在另一国生产该产品的机会成本的优势。

2. 生产可能性边界的扩张

当存在比较优势的时候，国际贸易具有使一个国家在其生产可能性边界之外消费的效应，促使消费者的境况得到改善。图 16－6 显示了贸易获益的情况。没有贸易时，生产和消费都在 A 点；开展贸易后，国内生产现在处在 B 点，而国内消费在 D 点。自由贸易使效用从 U_1 提高到 U_2。

考点六：竞争性市场的效率　★★★★★

1. 交换的效率

在交换方面，所有交换都必须位于交换契约曲线上，使每个消费者的边际替代率都相等，即 $MRS_{XY}^{A} = MRS_{XY}^{B}$，此时该社会生产达到了产品分配的帕累托最优状态，从而实现了交

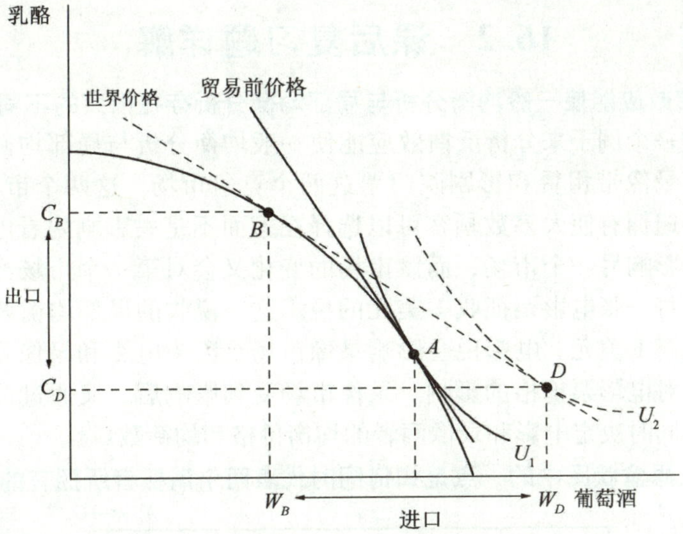

图 16-6 贸易获益

换的效率。竞争性市场会实现这一有效率的结果。

2. 生产中要素使用的效率

在生产方面，所有投入组合都必须位于生产契约曲线上，任何一对生产要素之间的边际技术替代率在用这两种投入要素生产的所有商品中都相等，即 $MRTS_{LK}^{X}=MRTS_{LK}^{Y}$，此时该社会达到了帕累托最优状态，从而实现了生产的效率。竞争性市场会实现这一有效率的结果。

3. 产品市场的效率

产品的组合必须这样来选择：它使产品之间的边际转换率等于消费者的边际替代率，即 $MRS_{XY}=MRT_{XY}$（对所有消费者）。

只要 MRT 与 MRS 不等，重新配置资源都会使消费者受益。只有 $MRS=MRT$ 时，才能使生产满足消费者的需要，又使资源达到有效的配置，实现生产和交换的帕累托最优状态。竞争性市场会实现这一有效率的结果。

考点七：市场失灵的原因（见表 16-1） ★★★

表 16-1 市场失灵的原因

原因	机制
市场势力	当生产者或要素的供给者拥有市场势力时，会选择边际收益与边际成本相等的产出，并以比竞争性市场高的价格出售较低的产出
不完全信息	信息的不完全导致消费者和生产者不能做出消费和生产的有效决策，阻碍市场有效运行
外部性	价格体系的效率依赖于市场价格向生产者和消费者双方传递信息的能力。当外部性存在时，某些消费或生产活动对其他消费或生产活动产生的间接影响不反映在市场价格中
公共物品	由于公共物品的非竞争性和非排他性导致市场对公共物品的供给不足

16.2　课后复习题详解

1. 为什么反馈效应能使一般均衡分析与局部均衡分析存在很大的不同？

答：可以通过一个例子来分析反馈效应能使一般均衡分析与局部均衡分析发生很大的差异的原因。考察录像带租赁和影剧院门票这两个竞争市场。这两个市场有紧密的联系，是因为录像机的普遍拥有使大多数顾客可以选择在家而不是去影剧院看电影。影响某一市场的价格政策也会影响另一个市场，而该市场的变化又会对第一个市场产生反馈效应。现在假定政府对购买每一张电影票征收 1 美元的税。这一税收的局部均衡效应就是使对电影的需求曲线向上提高 1 美元。电影税会影响录像市场是因为电影和录像是替代品。局部均衡分析会低估税收对电影票价格的影响。录像市场受到影响后，又通过反馈效应影响电影票价格，结果必然同时决定电影和录像两者的均衡价格和均衡数量。

2. 解释埃奇沃思盒状图中的一点是如何同时代表两个消费者所拥有的商品配置的。

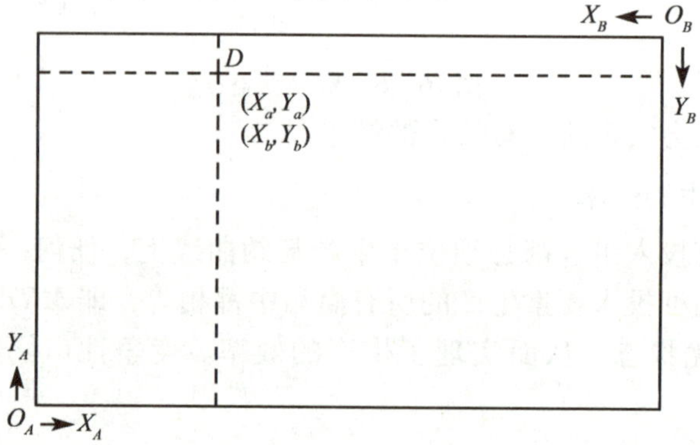

图 16－7　埃奇沃思盒状图

答：假定两种产品分别为 X 和 Y，其既定数量为 X' 和 Y'，两个消费者分别为 A 和 B，如图 16－7 所示的埃奇沃思盒状图，盒子的水平长度表示整个经济中的第一种产品 X 的消费量 X'，盒子的垂直长度表示第二种产品 Y 的数量 Y'，O_A 表示第一个消费者 A 的原点，O_B 表示第二个消费者 B 的原点，从 O_A 水平向右测量消费者 A 对第一种商品 X 的消费量 X_A，垂直向上测量它对第二种商品 Y 的消费量 Y_A；从 O_B 水平向左测量消费者 B 对第一种商品 X 的消费量 X_B，垂直向下测量消费者 B 对第二种商品 Y 的消费量 Y_B。现在考虑盒中的任意一点 D，对应于消费者 A 的消费量 (X_a, Y_a) 和消费者 B 的消费量 (X_b, Y_b)，这样，$X_a + X_b = X'$；$Y_a + Y_b = Y'$。即盒中任意一点确定了一组数量，表示每一个消费者对每一种商品的消费，同时代表了两个消费者的市场篮子。

3. 在埃奇沃思盒状图的交换分析中，解释为什么在契约曲线上的每一点，两个消费者的边际替代率都相等。

答：埃奇沃思盒状图中的契约曲线上是一组两个消费者的无差异曲线相切点的组合。由于边际替代率等于(负的)无差异曲线的斜率，而且当两条无差异曲线相切在某一点时，在这一点它们的斜率相等。因此，由于契约曲线是一组无差异曲线相切点的组合，如果假设无差异曲线是凸的，那么对于两个消费者来说，两种商品的边际替代率相等。

4. “因为契约曲线上的所有点都是有效率的，所以从社会的角度来看它们都是同样合意的。”你同意这种说法吗？请解释。

答：不同意。原因如下：

如果社会只是注重效率而不注重公平的话，契约曲线上所有的点就都是同样理想的。契约曲线包含了所有消费者无差异曲线相切的点。曲线上的每一点都是有效率的。因为一个人不能在不使另一个人境况变糟的情况下使自己的境况得到改善。但如果社会也注重公平的话（比方说关注最终分配是否公平），那么契约曲线上的点就不是同样理想的。因为在交换的契约曲线上，两个消费者的福利分配具有不同的情况，当沿着契约曲线从一点移到另一点时，其中一个消费者可以通过牺牲另一个消费者的利益而好起来；反之亦然。因此，契约曲线不是对资源最优配置的完整描述。

5. 效用的可能性边界是如何与契约曲线相联系的？

答：将产品空间的消费契约曲线转换到效用空间便得到相应的效用可能性曲线。图 16－8 表示的是简单的两人经济中 A、B 两个人的效用可能性曲线。横坐标为 A 的效用 U_A，纵坐标为 B 的效用 U_B。效用可能性曲线表明，要提高 A 的效用只能以降低 B 的效用为代价。

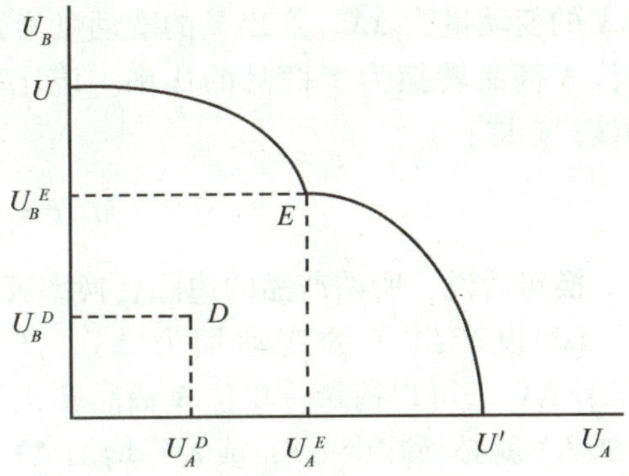

图 16－8　效用可能性边界

在消费契约线上消费中的边际替代率等于生产中的边际转换率的点是效用可能性曲线上生产与消费的帕累托最优点。在生产可能性曲线上选择任一点都会得到一条新的消费契约曲线，进而得到一条新的效用可能性曲线。在每一条效用可能性曲线上都存在边际替代率与边际转换率相等的点即效用可能性曲线上生产与消费同时达到帕累托最优点，连接所有这些帕累托最优点可以得到一条总效用可能性曲线，这条总效用可能性曲线概括了社会既定资源与消费者偏好下全部消费与生产的最优点。

6. 在埃奇沃思生产盒状图中，要使配置处在契约曲线上必须具备什么样的条件？为什么竞争性均衡出现在契约曲线上？

答：（1）使配置处在契约曲线上需要具备的条件：

在埃奇沃思生产盒状图中，要使配置处在契约曲线上，任何一对生产要素之间的边际技术替代率在用这两种投入要素生产的所有商品中都相等，即 $MRTS_{LK}^X = MRTS_{LK}^Y$，此时该社会达到了帕累托最优状态，从而实现了生产的效率。当然，此时也就实现了生产的一般均衡。连接埃奇沃思盒状图中无穷多个最优均衡点所得到的一条曲线通常被称为生产的契约曲线。因此，在埃奇沃思生产盒状图中，要使配置处在契约曲线上，X、Y 两种产品在生产中所使用的 L 和 K 两种生产要素的边际技术替代率必须是相等的。

（2）竞争性均衡是在契约曲线上的原因：

在完全竞争条件下，每种生产要素的价格对于所有生产者来说都是相同的。那么生产者为了追求利润最大化，就一定会使其使用的任何两种生产要素之间的边际技术替代率相等，同时每一生产所使用的任何两种生产要素的数量必使其边际替代率等于生产要素市场上这两种生产要素的价格之比。因此，在竞争性均衡下，就所有生产商来说，任何两种生产要素之间的边际技术替代率相等，满足帕累托最优条件，是在契约曲线上的。

7. 生产可能性边界是如何与生产契约曲线相联系的？

答：生产契约曲线上的每一点均表示两种投入要素在两个生产者之间的分配为最优，即表示最优投入。但在该曲线上的每一点也表示了一定量投入要素在最优配置时所能生产的一对最优的产出。曲线上每一点均为两个生产者的等产量线的切点，故它同时处在两个生产者的两条等产量线上，从而代表了两种产品的产量。因而，生产契约曲线上的每一点便与生产可能性边界上的每一点对应。

8. 什么是边际转换率（MRT）？为什么一种商品对另一种商品的边际转换率等于生产两种商品的边际成本之比？

答：（1）边际转换率表示从一种产品生产转换为另一种产品生产的难易程度。如果设产出 X 的变动量为 ΔX，产出 Y 的变动量为 ΔY，则它们的比率的绝对值 $|\Delta Y/\Delta X|$ 可以衡量1单位 X 商品转换为 Y 商品的比率。该比率的极限则定义为 X 商品对 Y 商品的边际转换率 MRT，亦即：

$$MRT=\lim_{\Delta X\to 0}\left|\frac{\Delta Y}{\Delta X}\right|=\left|\frac{\mathrm{d}Y}{\mathrm{d}X}\right|$$

换句话说，所谓产品的边际转换率就是生产可能性曲线的斜率的绝对值。

（2）设产出 X 的变动量为 ΔX，产出 Y 的变动量为 ΔY，则变动比率的绝对值为 $|\Delta Y/\Delta X|$，可以衡量一单位 X 商品转化为 Y 商品的数量，即 $MRT_{XY}=|\Delta Y/\Delta X|$，它表示增加 ΔX 就必须减少 ΔY，或者，增加 ΔY 就必须减少 ΔX。在生产可能性边界上，所有的点的总成本是相同的，在某点增加一单位的 X 需要增加的成本为 MC_X，而 MC_X 的成本可以生产 Y 的单位数为MC_X/MC_Y，因此 $MRT_{XY}=|\Delta Y/\Delta X|=MC_X/MC_Y$。生产可能性边界的斜率衡量相对于生产另一种商品的边际成本来说，生产一种商品的边际成本。因此，一种商品对另一种商品的边际转换率等于生产这两种商品的边际成本之比。

9. 解释为什么当边际转换率不等于消费者的边际替代率时，商品在消费者中间就没有进行有效率的分配。

答：根据生产和交换的帕累托最优状态的条件，任何一对商品间的生产的边际转换率等于消费这两种商品的每个人的边际替代率，即 $MRS_{XY}^{A}=MRS_{XY}^{B}=MRT_{XY}$。

当边际转换率不等于消费者的边际替代率时，商品在消费者中间就不会有效率地分配。假定边际转换率等于1，但边际替代率等于2。这时消费者就愿意放弃2单位 Y 来得到1单位 X，但是得到1单位 X 的成本只是1单位 Y 的损失。显然，X 生产得太少。要实现效率，X 生产必须增加，从而使边际替代率下降，边际转换率提高，直到两者相等。只有在所有各对商品的 $MRS=MRT$ 时，结果才是有效率的。

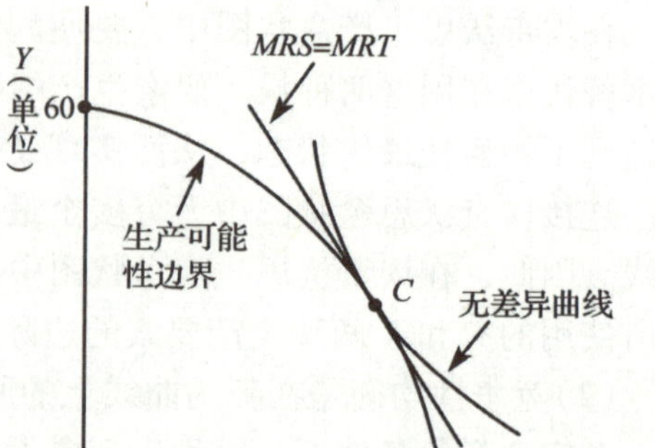

图16－9 产出效率

图16－9显示了这一重要的效率条件。把一

个消费者的无差异曲线添加到生产可能性边界上。注意，C 点是生产可能性边界上使消费者满足最大化的唯一点。虽然生产可能性边界上的所有点技术上是有效率的，但是从消费者的角度看，它们并不都是商品最有效率生产的点。最有效率生产的点是在无差异曲线与生产边界相切之点，此时，边际替代率（无差异曲线的斜率）与边际转换率（生产边界的斜率）相等。

10. 为什么两个国家间的自由贸易使两国消费者的境况都得到了改善？

答：在交换经济中进行国际贸易可以获益是明显的——两个人或者两个国家通过贸易达到契约曲线上的一点而获益。然而，当两个国家的经济有差异，使得一个国家在生产某一种商品方面有比较优势，而第二个国家在生产另一种商品方面有比较优势时，它就通过生产其最擅长的商品，并购买其余的商品而获益。

11. 如果国家 A 在生产两种商品上和国家 B 相比都具有绝对优势，那么国家 A 与国家 B 贸易就不符合国家 A 的利益。这种说法对吗？试解释。

答：这种说法是错误的。在生产所有商品上都具有绝对优势的国家，在生产某些商品上仍具有比较优势。例如，国家 A 需要 4 单位劳动生产 1 单位商品 1，需要 8 单位劳动生产 1 单位商品 2；而国家 B 生产两种商品需要劳动的数量分别为 8 单位和 12 单位。国家 A 可以比较低廉的成本生产两种商品，因而在两种商品的生产上都具有绝对优势。但是贸易是基于比较优势的。对于国家 A 而言，它必须放弃 2 单位的商品 1 才能多生产 1 单位的商品 2，而对于国家 B 而言，它只要放弃 1.5 单位的商品 1 就可以多生产 1 单位的商品 2。因而国家 B 在生产商品 2 上具有比较优势。类似地，国家 A 在生产商品 1 上具有比较优势。因此，国家 A 应该生产商品 1，而国家 B 应该生产商品 2，两者进行交换，可以实现贸易利得。

12. 你是否同意下面的陈述？试解释。

(1) 如果 3 磅奶酪可以交换 2 瓶葡萄酒，那么奶酪的价格是葡萄酒的价格的 2/3。

(2) 只有当一个国家相对于它的贸易伙伴能在较低的绝对成本水平上生产时，它才能从贸易中获益。

(3) 如果生产的边际成本和平均成本固定，那么对于这个国家来说，它应该完全专业化生产一些产品，而进口其余的产品。

(4) 假设劳动力是唯一的投入，生产 1 码布的机会成本是 3 蒲式耳小麦，那么每单位小麦的生产需要 3 倍于 1 单位布所需要的劳动投入。

答：(1) 该说法正确。如果 3 磅奶酪可以交换 2 瓶葡萄酒，那么奶酪的成本是葡萄酒的成本的 2/3，从而奶酪的价格是酒的 2/3。

(2) 该说法错误。贸易是基于比较优势的，而不是基于绝对优势。一个生产所有商品都具有绝对劣势的国家，在某些商品的生产上仍具有比较优势。

(3) 该说法正确。例如，如果国家 A 总是要放弃 2 单位的商品 1 才能多生产 1 单位的商品 2，而国家 B 总是要放弃 3 单位的商品 1 才能多生产 1 单位的商品 2，则国家 A 生产商品 2 具有比较优势，它应该生产足够多的商品 2 来满足两国的需求；类似的，国家 B 生产商品 1 具有比较优势，它应该生产足够多的商品 1 来满足两国的需求。注意，在现实中，当更多的资源投入于固定的行业时，边际成本和平均成本都会上升。

(4)该说法错误。如果某国放弃 3 蒲式耳小麦才能生产 1 码布，则相同的劳动力资源(生产 3 蒲式耳小麦所需的劳动力资源)可以生产 1 码布，因而生产 1 码布所需的劳动投入是每 1 蒲式耳小麦所需劳动投入的 3 倍。

13. 市场失灵的四个主要来源是什么？请在每种情况下都简单解释为什么竞争性市场不能有效率地运作。

答：市场失灵指价格机制在某些领域不能起作用或不能起有效作用的情况。从社会福利角度来看，价格机制并不是万能的，它不可能调节人们经济生活的所有领域。价格机制在某些领域不能起作用或不能完全有效起作用的情况，称之为市场失灵。市场失灵是指市场在某种场合不能提供符合社会效率条件的商品或劳务。

市场失灵的四个主要来源是：

(1)市场势力。当生产者或要素的供给者拥有市场势力时，会产生无效率。假定某企业具有垄断市场势力，由于企业的边际收益与平均收益分离，所以价格高于边际成本。这时，尽管消费者之间仍可以实现有效率的交换，但社会并不能用最低的成本向消费者提供最需要的商品组合。不完全竞争的市场不仅不能使用最低成本的生产方式，而且增加生产还会进一步提高社会的福利水平，从而生产没有达到最优。

(2)不完全信息。不完全信息是指市场的供求双方对于所交换的商品不具有充分的信息。例如，消费者并不完全清楚要购买的商品的质量，生产者也并不完全清楚市场上究竟需要多少本企业产品，也不完全知道可供给的数量、作出最有利选择的所有生产技术和所能使用的最合算的全部生产要素。如果消费者和生产者对市场信息的了解不完全，就不能作出消费和生产的有效决策，市场体系就不会有效率地运作，从而导致市场失灵。

(3)外部性。外部性是造成社会估价与社会成本出现差异的另一个重要原因。它是指交易双方的经济行为未经交换而强加于其他方的经济影响。从社会的角度来看，施加外部影响的经济当事人的成本不仅包括生产成本，而且包括强加于他人的成本；同样，它的收益不仅包括它收取的出卖产品所获得的收入，而且包括给他人带来的但又无法收取报酬的好处。但是，按照市场的原则，施加外部影响的经济当事人只会考虑他看到的收益和成本。结果，外部经济效果使得社会估价不等于社会成本，并且完全竞争的市场体系也没有提供一种机制，让交易双方考虑对其他人所施加的经济效果。

(4)公共品。公共品具有非排他性和非竞争性。由于非排他性，公共品一旦被生产出来，每一个消费者可以不支付就获得消费的权利。这就是说，在消费公共品时，每一个消费者都可以做一个免费搭便车者，造成公共品市场供给不足。公共品的非竞争性使得私人供给的社会成本增加，而社会利益得不到发挥。

16.3　课后练习题详解

1. 假设金(G)和银(S)是替代品，因为它们都是有助于抵制通货膨胀的保值品。再假定两者的供给在短期内是固定的($Q_G=75$，$Q_S=300$)，而对金和银的需求由下列方程给定：

$$P_G=975-Q_G+0.5P_S$$

$$P_S=600-Q_S+0.5P_G$$

(1)金和银的均衡价格是多少？

(2) 如果新发现的金矿使金的供给增加到 150，这一发现会如何影响金和银的价格?

解: (1) 金的供给在短期内是固定的，$Q_G = 75$。

将 $Q_G = 75$ 代入金的需求方程 $P_G = 975 - Q_G + 0.5P_S$ 得:

$$P_G = 900 + 0.5P_S \quad ①$$

银的供给在短期内是固定的，$Q_S = 300$。

将 $Q_S = 300$ 代入银的需求方程 $P_S = 600 - Q_S + 0.5P_G$ 得:

$$P_S = 600 - 300 + 0.5P_G \quad ②$$

方程①②联立求解得:

$$P_S = 600 - 300 + 0.5 \times (900 + 0.5P_S)$$

得 $P_S = 1000$，$P_G = 975 - 75 + 0.5 \times 1000 = 1400$。

金和银的均衡价格分别是 1400 和 1000。

(2) 假如金的供给增加到 150 单位，则:

$$P_G = 975 - 150 + 0.5P_S \quad ③$$

方程②③联立求解得: $P_G = 1300$，$P_S = 950$。若金的供给增加到 150 单位，金和银的价格将分别下降至 1300 和 950。

2. 考虑到反馈效应，请对以下各种情形进行一般均衡分析:

(1) 禽流感的暴发对于鸡肉市场和猪肉市场有什么影响?

(2) 机票征税的增加对加利福尼亚之类的主要旅游目的地以及那些旅游地的旅馆有什么影响?

答: (1) 如果消费者担心鸡肉的品质，则他们会转而选择消费更多的猪肉。这会导致猪肉的需求曲线右移，鸡肉的需求曲线左移。反馈效应会部分抵消两条需求曲线移动的幅度：随着猪肉价格的上涨，一些人会转而购买鸡肉，这会导致鸡肉的需求曲线右移一定的幅度。鸡肉价格的上涨，又会使得猪肉的需求曲线进一步向右移动。因此，总体上而言，在考虑反馈效应的情况下，鸡肉的价格会下降，但幅度低于未考虑反馈效应下的幅度。猪肉的价格会上涨，可能会比未考虑反馈效应时上涨的更多。

禽流感的暴发也可能导致鸡肉的供给减少，从而使得鸡肉价格上升，最终导致猪肉的需求上升。猪肉的价格也会随之上升，这又会导致鸡肉需求的增加，从而鸡肉价格上升。鸡肉价格的上涨又会使得猪肉的需求进一步增加……。最终这种影响会逐渐消失，但是价格上涨的幅度低于未考虑反馈效应时的幅度。

(2) 机票征税的增加将提高旅行的成本，机票的需求曲线因而将左移，从而机票的价格将下降。机票销售的减少将会导致旅馆客房需求的减少，因为旅客减少了。这会导致旅馆客房需求曲线左移，从而降低了旅馆客房的价格。

考虑到反馈效应，低廉的机票和旅馆客房价格，将促使某些消费者增加旅游次数，这将使两条需求曲线又按相反方向回移一定幅度，这部分抵消了价格下降。

3. 珍妮有 3 升软饮料和 9 个三明治。而鲍勃有 8 升软饮料和 4 个三明治。在这些初始禀赋下，珍妮以软饮料换三明治的边际替代率是 4，而鲍勃的边际替代率是 2。画出埃奇沃思盒状图，说明这一资源配置是不是有效率的。如果是，解释原因；如果不是，那么怎样的交换会使双方的境况都得到改善呢?

答：因为 $MRS_B \neq MRS_J$，所以当前的资源配置是无效率的。珍妮和鲍勃可以通过交易而使他们中的某一人效用增大而不使另一个人情况变糟。

尽管不知道珍妮和鲍勃的无差异曲线的确切形状，但当前的资源配置条件下，两者的边际替代率是已知的：$MRS_J = 4$，$MRS_B = 2$，画出埃奇沃思盒状图，如图 16－10 所示。W 点为当前配置。珍妮和鲍勃的无差异曲线如图 16－10 所示，U_J 与 U_B 相交。

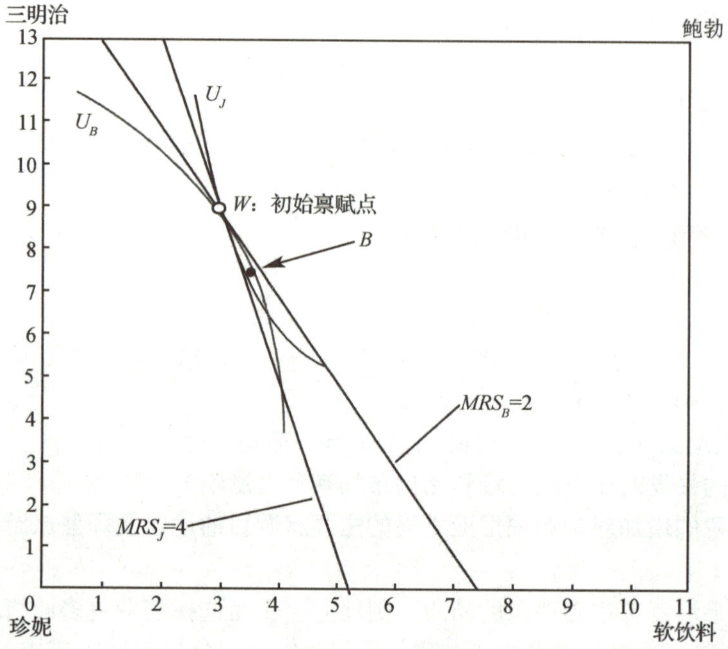

图 16－10 交换的效率

因为当前配置下，饮料换三明治的边际替代率 $MRS_J > MRS_B$，所以珍妮应该拿三明治换鲍勃的饮料，从而使得双方的效用均增大，直至两者的无差异曲线在某点相切，假设为 B 点，此时两者的边际替代率 $MRS_J = MRS_B$，资源达到有效配置。

4. 詹妮弗和德鲁都消费橙汁和咖啡。詹妮弗以橙汁换咖啡的边际替代率等于 1，德鲁以橙汁换咖啡的边际替代率等于 3。如果橙汁的价格等于 2 美元，而咖啡的价格等于 3 美元，那么哪一个市场存在着超额需求？你认为这两种商品的价格会有什么变化？

答：詹妮弗愿意以 1 杯咖啡换 1 杯橙汁，而德鲁愿意以 3 杯咖啡换 1 杯橙汁。在市场上，在给定的市场价格下，可以 2/3 单位咖啡交换 1 单位橙汁。詹妮弗和德鲁发现用咖啡交换橙汁是有利可图的，因为与市场交换比率相比，他们愿意放弃更多的咖啡来换取橙汁。因此橙汁市场存在着超额需求，而咖啡市场存在着超额供给。咖啡的价格将会下降，而橙汁的价格将会上升。

5. 请补充以下表格中空缺的信息。对每一个表，请根据已有信息来确认可能的交易行为，然后确定最终的资源配置情况及相应的 MRS 值。（注意：正确答案并不唯一。）用埃奇沃思盒状图来解释你所给出的结果。

（1）诺曼以食品换衣服的 MRS 是 1，吉娜以食品换衣服的 MRS 是 4：

个人	初始配置	贸易	最终配置
诺曼	$6F$，$2C$		
吉娜	$1F$，$8C$		

(2) 迈克尔以食品换衣服的 MRS 是 1/2，凯利以食品换衣服的 MRS 是 3：

个人	初始配置	贸易	最终配置
迈克尔	$10F$，$3C$		
凯利	$5F$，$15C$		

答：(1) 填表如下：

个人	初始配置	贸易	最终配置
诺曼	$6F$，$2C$	$1F$ 换 $3C$	$5F$，$5C$
吉娜	$1F$，$8C$	$3C$ 换 $1F$	$2F$，$5C$

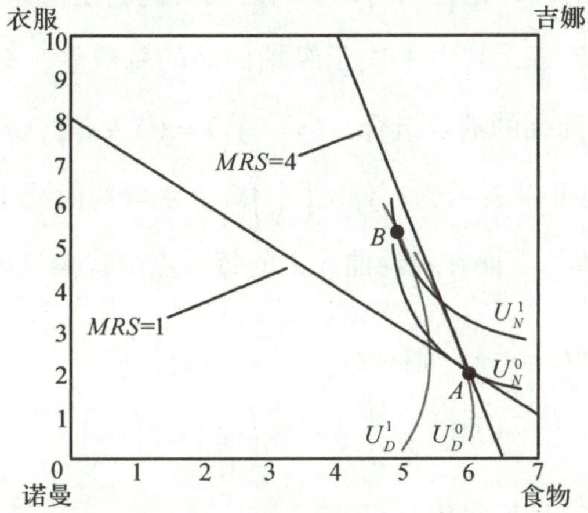

图 16－11　贸易使诺曼和吉娜境况改善

与表中数据相符的埃奇沃思盒状图如图 16－11 所示。初始配置点为 A 点，诺曼和吉娜的无差异曲线分别为：U_N^0，U_D^0。在 A 点处，U_N^0 的切线的斜率为－1，而 U_D^0 的切线的斜率为－4。双方经过交换，某一最终的配置点为 B 点（B 点不是唯一的最终配置点），在 B 点 U_N^1 与 U_D^1 相切，而且 U_N^1 与 U_D^1 所代表的效用水平高于 U_N^0，U_D^0 所代表的效用水平。因此，交换使得两人的效用水平都提高了。此时以食品换衣服的边际替代率为 3。以食品换衣服的边际替代率为位于 1 与 4 之间的最终配置都可能同时提高两个消费者的效用。

(2) 填表如下：

个人	初始配置	贸易	最终配置
迈克尔	$10F$，$3C$	$1F$ 换 $1C$	$9F$，$4C$
凯利	$5F$，$15C$	$1C$ 换 $1F$	$6F$，$14C$

与表中数据相符的埃奇沃思盒状图如图 16－12 所示。初始配置点为 C 点，迈克尔和凯利的无差异曲线分别为：U_M^0，U_K^0。在 C 点处，U_M^0 的切线的斜率为 －1/2，而 U_K^0 的切线的斜率为 －3。双方经过交换，某一最终的配置点为 D 点（D 点不是唯一的最终配置点），在 D 点 U_M^1 与 U_K^1 相切，而且 U_M^1 与 U_K^1 所代表的效用水平高于 U_M^0 与 U_K^0 所代表的效用水平。因此，交换使得两人的效用水平都提高了。此时以食品换衣服的边际替代率为 1。以食品换衣服的边际替代率为位于0.5 与3 之间的最终配置都可能同时提高两个消费者的效用。

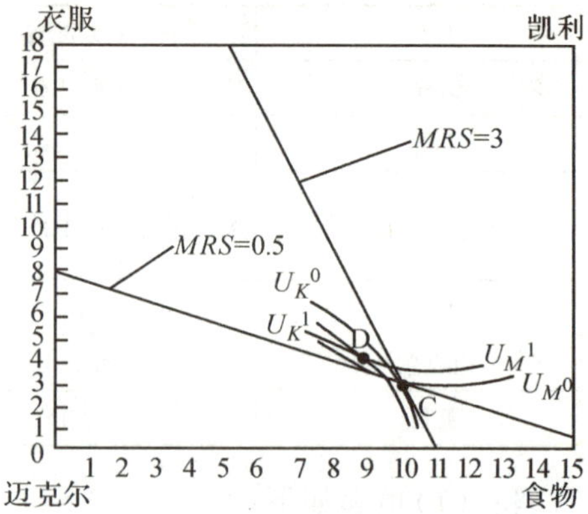

图 16－12　贸易使迈克尔和凯利境况改善

6. 在对两人之间交换的分析中，假定两个人的偏好完全相同，契约曲线会不会是一条直线？请解释。你能找出一个反例吗？

答：（1）假定两个人的偏好完全相同，契约曲线可能会是一条连接两个原点的直线（对角线）。该契约线的斜率为$\frac{Y}{X}$，其中 Y 表示纵轴商品的总数量，而 X 表示横轴商品的总数量。(x_1, y_1)是消费者 1 面临的消费组合，$(x_2, y_2)=(X-x_1, Y-y_1)$是消费者 2 面临的消费组合。契约曲线的方程可以表示为：$y_1=\left(\frac{Y}{X}\right)x_1$。在契约曲线上，两个消费者的边际替代率相等，即 $MRS_{XY}^1=MRS_{XY}^2$，而在契约曲线上的每一点则代表这两种商品的总供给量在这两个消费者之间的分配。

例如，考虑效用函数 $U=x_i^2y_i$，则有：

$$MRS_{XY}^i=\frac{MU_x^i}{MU_y^i}=2x_i\left(\frac{y_i}{x_i^2}\right)=2\left(\frac{y_i}{x_i}\right)$$

如果 $MRS_{XY}^1=MRS_{XY}^2$，可以推出：

$$2\left(\frac{y_1}{x_1}\right)=2\left(\frac{y_2}{x_2}\right)$$

这一交换点一定在契约曲线上，因为 $x_2=X-x_1$，$y_2=Y-y_1$，所以：

$$2\left(\frac{y_1}{x_1}\right)=2\left(\frac{Y-y_1}{X-x_1}\right)$$

$$\frac{y_1(X-x_1)}{x_1}=\frac{y_1X-y_1x_1}{x_1}=Y-y_1$$

$$\frac{y_1X}{x_1}-y_1=Y-y_1$$

$$\frac{y_1X}{x_1}=Y$$

即：$y_1=\left(\frac{Y}{X}\right)x_1$。

在这个效用函数下，$MRS_{XY}^1=MRS_{XY}^2$，而且契约曲线是一条直线。

(2)反例：如果两个消费者有相同的偏好而收入不同，则当一种商品是劣等品时，契约曲线不会是一条直线。

7. 举例说出生产可能性边界不是凹的条件。

答：大多数生产可能性边界是内凹的(即向右上方凸出)，原因是边际转换率递增。边际转换率递增的原因在于要素的边际报酬递减，当用减少一种产品产量的方法来增加另一种产品产量的时候，为了使另一种产品的产量增加值相同而减少的第一种产品的数量是递增的。

但是，生产可能性边界也有可能不是内凹的。如果两种商品的生产函数呈现出规模报酬不变，则生产可能性边界为一条直线；若两种商品的生产函数呈现规模报酬递增，生产可能性边界则为凸的。

8. 一个垄断买方以低于竞争性工资的价格购买劳动。这种垄断势力的使用会导致什么样的无效率？如果这个劳动市场上的垄断买方同时也是产出市场上的垄断卖方，你的回答将会有怎样的改变？

答：(1)具有买方垄断势力的购买者在每一次购买中，一直购买到边际价值 MV 等于边际支出 ME 那一点，使净收益最大化：$MV=ME$。对于一家购买要素投入品的厂商，MV 就是要素的边际收入产出 MRP，因此，有 $ME=MRP$。这时，垄断买方支付给工人的工资是 W，低于在竞争性市场上会支付给工人的工资 W_C，同时雇佣的劳动的数量比竞争性市场上的少，但因为投入的花费低，产出可能增加。

(2)如果这个劳动市场上的垄断买方也是产品市场上的垄断卖方，在产品市场上，因为价格要高于边际成本，所以产量肯定会降低。因此对所讨论的厂商来说，它作为劳动市场上的垄断买方，可能会增加产出；作为产品市场上的垄断卖方，会降低产出。降低产量的激励可能会小于、等于或大于增加产量的激励。只有在特定的条件下，两种激励相等，产出才会保持有效率的不变状态。

9. 埃克米公司分别生产 x 单位的商品 A 和 y 单位的商品 B。

(1)用生产可能性边界解释生产更多或更少 A 的意愿是怎样取决于 A 或 B 之间的边际转换率的。

(2)考虑两种极端的生产情况：①埃克米公司一开始时生产零单位的 A；②埃克米公司一开始时生产零单位的 B。如果埃克米公司总是在试图使其生产行为处在其生产可能性边界上，描述情况①和②的初始位置。当埃克米公司开始同时生产两种商品时会发生什么情况？

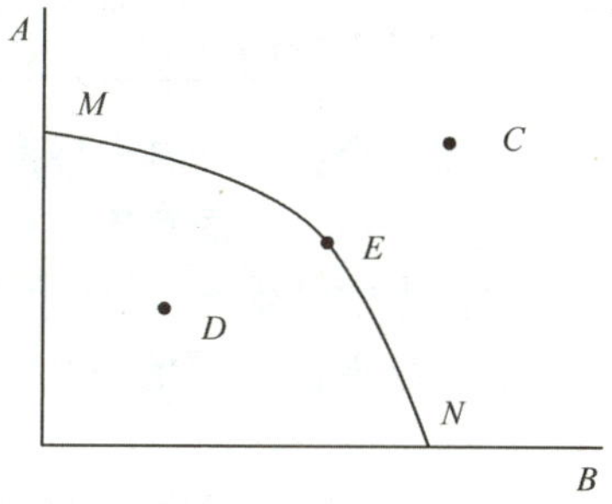

图 16-13　生产可能性边界

答：(1)如图 16-13 所示，生产可能性边界显示所有有效率的 A 和 B 的产出组合。A 对 B 的边际转换率为生产的可能性边界的斜率。从生产的契约曲线可知，当沿着该曲线运动时，一种产出的增加必然伴随着另一种产出的减少，即可通过减少 B 的数量来增加 A 的数量。产品的边际转换率递增即生产可能性曲线斜率的绝对值递增。也即为了增加 A 的生产所需放弃的 B 的数量越来越多。边际转换率给出了有效率地将生产 B 的资源用来生产 A 的比率，也就是说，为了有效率地生产，当生产更多(或更少)A 时，必须按照 A 或 B 之间的边际转换率相应地生产更少(或更多)B。

(2)如果埃克米总是试图处在其生产可能性边界上，则两种极端的生产情况①和②的初始位置分别为生产可能性边界的两个端点，如图 16－13 中的 M 点和 N 点。当埃克米公司开始两种产品都生产时，将会位于除了 M 点和 N 点之外的生产可能性边界的其他点上。在市场价格给定的情况下，拐点解可能会出现。如果市场价格比发生变化，且生产可能性边界是凹的，为了获取更大的收益，应该改变生产结构，同时生产两种产品，直到边际转换率 MRT 等于两种产出的市场价格的比率。

10. 在我们关于生产的埃奇沃思盒状图的分析中，假定一种新的发明改变了食品的生产特征，从原先的规模报酬不变的生产变为规模报酬急剧递增。请问这一变化如何影响生产契约曲线？

答：在埃奇沃思生产盒状图的分析中，生产契约曲线是由两种产品的等产量线的切点形成的。从规模报酬不变的生产变为规模报酬递增的生产并不意味着等产量线形状的改变。只需重新定义与等产量线相关联的数量，使得投入的比例增加小于产出的比例增加。在这一假定下，边际技术替代率将不会改变，因此生产契约曲线也不会改变。

但是，如果导致规模报酬变为急剧递增的技术涉及到两种投入要素之间的取舍变化，则等产量线的形状将会改变，从而生产契约曲线将会改变。

例如，假定一个经济中食品和衣服的初始生产函数都为 $Q=\sqrt{LK}$，边际技术替代率为 $MRTS_{LK}=\dfrac{K}{L}$。如果食品的生产函数变为 $Q=L^2K^2$，则边际技术替代率仍为 $MRTS_{LK}=\dfrac{K}{L}$，等产量线的形状没有改变。在上述两种情形下，生产契约曲线是线性的。如果衣服的生产函数不变，食品的生产函数变为 $Q=L^2K$，则边际技术替代率变为 $MRTS_{LK}=2\left(\dfrac{K}{L}\right)$，此时生产契约曲线不是线性的。

11. 假设 A 国和 B 国同时生产葡萄酒和奶酪。A 国有 800 单位的劳动力，B 国有 600 单位的劳动力。在交易之前，A 国消费了 40 磅奶酪和 8 瓶葡萄酒，而 B 国消费了 30 磅奶酪和 10 瓶葡萄酒。

	A 国	B 国
每磅奶酪的劳动	10	10
每瓶葡萄酒的劳动	50	30

(1)哪一个国家在哪一种商品的生产上具有比较优势？试解释。

(2)请为每一个国家确定一条产出可能性曲线，用图形和代数的方法表示这条曲线。(标出交易之前的生产点 PT 和交易之后的点 P。)

(3)如果两国之间的贸易为 36 磅奶酪和 9 瓶葡萄酒，请标出该贸易行为之后的消费点 C。

(4)证明两个国家都从贸易中获益了。

(5)在贸易发生的那一点，价格线的斜率是多少？

答：（1）为了多生产 1 瓶葡萄酒，A 国需要 50 单位的劳动，因而必须少生产 5 磅奶酪。因而生产一瓶葡萄酒的机会成本为 5 磅奶酪。对于 B 国而言，1 瓶葡萄酒的机会成本为 3 磅奶酪。因此，B 国生产 1 瓶葡萄酒的机会成本较低，它在生产葡萄酒上具有比较优势，而 A 国在生产奶酪上具有比较优势。

（2）对于 A 国而言，其生产可能性曲线为：$10C+50W=800$，即：$C=80-5W$；对于 B 国而言，其生产可能性曲线为：$10C+30W=600$，即：$C=60-3W$。两国的生产可能性曲线如图 16－14 所示。A 国的生产可能性曲线的斜率为 -5，其绝对值等于葡萄酒的价格除以奶酪的价格。因此，在 A 国葡萄酒的价格是 5，而在 B 国葡萄酒的价格是 3。在交易后，价格会介于两者之间。交易后的产量点位于贸易线上，该线的斜率等于负的世界价格比（例如 -4）。A 国将会仅生产奶酪，而 B 国会仅生产葡萄酒。每个国家可以消费贸易曲线某一点处的商品量，而贸易曲线位于生产可能性曲线的上方，如图 16－14 所示。

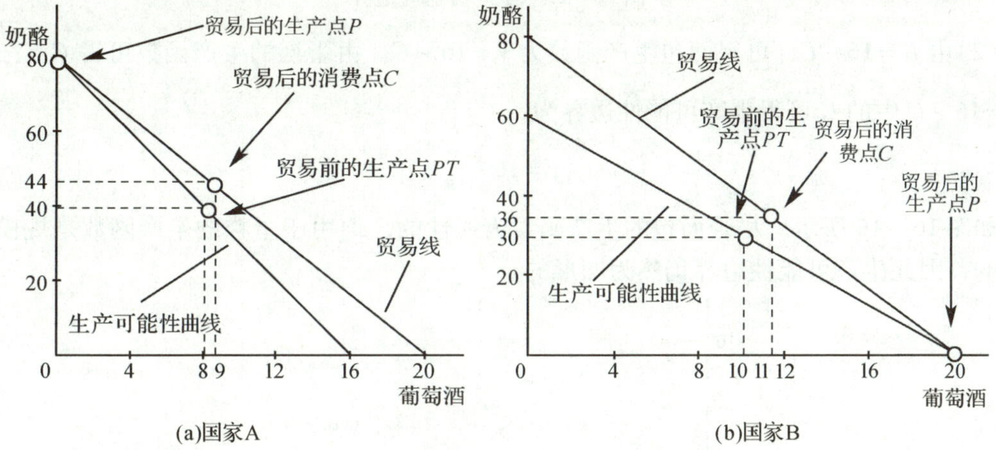

图 16－14　贸易对国家 A 和国家 B 的影响

（3）贸易之后的消费点如图 16－14 中的点 C 所示。

（4）两个国家都通过贸易获益了，是因为它们能够比贸易前消费更多的两种商品。如图 16－14 所示，贸易后的消费点 C 位于贸易前的生产点的外面。A 国通过贸易，可以多消费 1 瓶葡萄酒和 4 磅奶酪；B 国通过贸易，可以多消费 1 瓶葡萄酒和 6 磅奶酪。

（5）在贸易发生时，本题中假设价格线的斜率为 -4。但是，贸易发生之点价格线的斜率可以介于贸易前两国的价格线的斜率之间。

12. 假设一个面包店有 16 名员工，分别作为面包师（B）和蛋糕师（C），因此 $B+C=16$。画出以下生产函数下的生产可能性边界（y 是面包产量，x 是蛋糕产量）：

（1）$y=2B^{0.5}$，$x=C^{0.5}$；

（2）$y=B$，$x=2C^{0.5}$。

答：（1）由 $B=16-C$，则面包生产函数为 $y=2(16-C)^{0.5}$。由蛋糕的生产函数 $x=C^{0.5}$ 可得 $C=x^2$。在 $y=2(16-C)^{0.5}$ 中替换 C 可得：

$$y=2(16-x^2)^{0.5}$$

即：$y=2\sqrt{16-x^2}$，此即为生产可能性边界，如图 16－15 所示，PPF 为凹形。

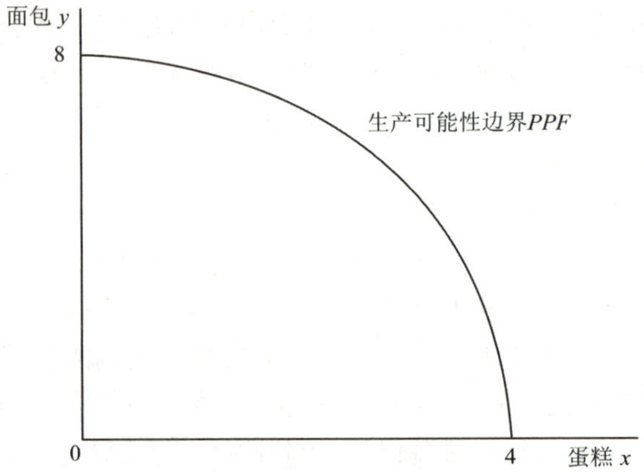

图 16－15　生产可能性边界

(2)由 $B=16-C$，可得面包生产函数为 $y=16-C$。由蛋糕的生产函数可得 $C=\frac{x^2}{4}$。消除 $y=16-C$ 中的 C 可得生产可能性边界为：

$$y=16-\frac{x^2}{4}$$

如图 16－16 所示。尽管面包的生产函数为线性的，但由于蛋糕的生产函数是规模报酬递减的，因此生产可能性边界仍然为凹形的。

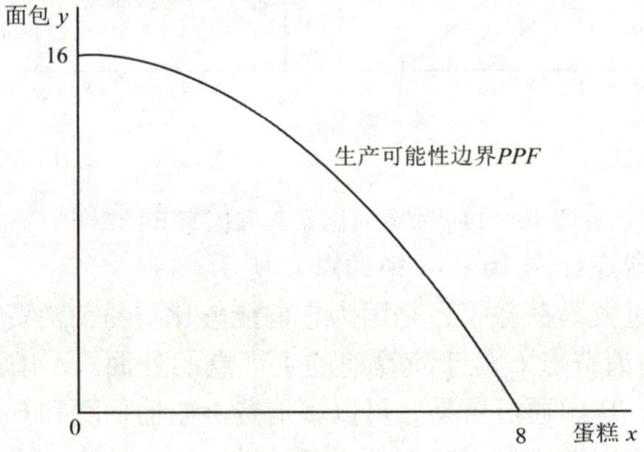

图 16－16　生产可能性边界

第 17 章　信息不对称的市场

17.1　复习笔记

【知识框架（庖丁解牛）】

- 信息不对称的市场
  - 质量不确定性和“柠檬”市场
    - 旧车市场：柠檬问题
    - 不对称信息
  - 市场信号传递
    - 一个劳动市场信号的简单模型
    - 质量保证和保修单
  - 道德风险
  - 委托－代理问题
    - 委托－代理问题的含义
    - 公共企业的委托－代理问题
    - 委托－代理问题的解决措施
    - 委托－代理框架中的激励
  - 联合一体化企业的管理激励
    - 联合一体化企业里的不对称信息和激励设计
    - 应用
  - 劳动市场的不对称信息：效率工资理论

【考点难点归纳（厚积薄发）】

考点一：质量不确定性和“柠檬”市场　★★★

1. 旧车市场：柠檬问题

阿克洛夫在 1970 年提出的分析旧车市场的“柠檬”（次货或二手货）模型，拉开了信息不对称在商品市场上应用的序幕，开创了逆向选择理论的先河：在旧车市场上，只有卖者知道车的真实质量，买者只知道车的平均质量，因而只愿意根据平均质量支付价格。

在一辆旧车的任一价格上，那些最差的次品车的主人最急于将他们的车出手；当买主把这些次品买回家后，才会逐渐发现它的缺陷；一段时间后，买主能够接受的旧车的平均价格会下降，那些持有缺陷最少的车的车主这时会认为还是将车留着自己用更为合算，即那些还留在市场上出售的汽车的平均质量又进一步降低了。因此，随着价格的下降，存在着逆向选择效应：质量高于平均水平的卖者会退出交易，只有质量低的卖者才会进入市场。

“柠檬”问题：市场的信息不对称会导致低质量商品将高质量商品逐出市场，是产生市场失灵的重要原因之一。

2. 不对称信息

（1）不对称信息的含义：

不对称信息是指市场上买卖双方所掌握的信息是不对称的，一方掌握的信息多些，一方掌握的信息少些，包括两种情况：有些市场卖方所掌握的信息多于买方，例如商品市场和要素市场；有些市场买方所掌握的信息多于卖方，例如保险与信用市场。

(2)逆向选择的含义：

逆向选择是指由于交易双方信息不对称和市场价格下降产生的劣质品驱逐优质品，进而出现市场交易产品平均质量下降的现象。例如，在产品市场上，特别是在旧货市场上，由于卖方比买方拥有更多的关于商品质量的信息，买方由于无法识别商品质量的优劣，只愿根据商品的平均质量付价，这就使优质品价格被低估而退出市场交易，结果只有劣质品成交，进而导致交易的停止。

(3)不对称信息和逆向选择的例子：

①保险市场。

在保险市场上，逆向选择来自保险公司事前不知道投保人的风险程度，从而使保险水平不能达到对称信息情况下的最优水平。当保险金处于一般水平时，低风险类型的消费者投保后得到的效用可能低于他不参加保险时的效用，因而这类消费者会退出保险市场，只有高风险类型的消费者才会愿意投保。当低风险消费者退出后，如果保险金和赔偿金不变，保险公司将亏损。为了不出现亏损，保险公司将不得不提高保险金，导致那些不大可能碰到事故的顾客认为支付这笔费用不值得，从而不再投保，即高风险类型消费者就会把低风险类型消费者"驱逐"出保险市场，产生保险市场的逆向选择问题。

②信贷市场。

在信贷市场上，许多人通过使用信用卡只借钱而不提供任何抵押品，信用卡公司或银行通过对借款余额收取利息来赚钱。但是信用卡公司或银行很难对高质量借款人和低质量借款人加以区分，信用卡公司或银行对所有借款人收取同样的利率，比较多的低质量借款人被吸引借款，迫使利率上升，进而又增加低质量借款人，再次迫使利率上升，如此循环。

(4)声誉和标准化的重要性：

通常采用声誉和标准化的方法来减少信息不对称现象。在交易频率比较高时，厂商可以通过提高服务、产品质量等，在人群中创造声誉，减少信息不对称性，并在一定程度上起到宣传的作用。当交易频率比较低时，可以通过标准化的方法来减少信息不对称性。

考点二：市场信号传递 ★★★

市场信号传递是指在某些市场，卖方向买方发出传递产品质量信息的信号，它是由迈克尔·斯彭思首先提出来的。

1. 一个劳动市场信号的简单模型

通过一个劳动市场信号的简单模型可以得出：教育是一个重要的信号，它使厂商能够根据生产率挑选工人。即使教育对提高工人生产率不起任何作用，具有高生产率的工人也将会获得大学教育，通过接受教育来发出一个信号，证明他们是高生产率的。

2. 质量保证和保修单

由于一项涉及多方面内容的保修单对低质量产品的生产者来说要比高质量产品的生产者成本更高，所以质量保证和保修单可以有效地发出关于产品质量的信号。因此，出于自身利益的考虑，生产低质量产品的厂商不会提供内容广泛的保修单。一项内容广泛的保修单可以被看作是产品高质量的信号，并愿意为那些提供保修单的产品支付较多的钱。

考点三：道德风险 ★★★

道德风险是指代理人签订合约后隐藏行为，由于代理人和委托人之间信息不对称，给委托人带来损失。

保险市场上的道德风险是指投保人在投保后，降低对所投保标的的预防措施，从而使损失发生的概率上升，给保险公司带来损失的同时降低了保险市场的效率。

基于理性人假设，个人努力追求自己的效用最大化，由于任何预防性措施的采取都有代价，同时保险公司承担了全部风险，所以理性的投保人不会在预防措施上投资，增加了风险发生的可能，给保险公司带来了损失。更为极端的是个人会促使损失的发生，从而获得保险公司的理赔。保险公司预计到投保人投保后的这种行为，就会要求投保人交纳更多的保险金，降低了保险市场的效率，投保人相对于采取预防措施下的收益也会降低。此外，保险公司为了激励投保人采取预防措施，可以采用设置免赔额，并且要求投保者也承担一定比例的损失的方式来保护自己的利益，能够收到一定的效果。

道德风险改变了市场配置资源的有效性。由于参加保险以后，个人对活动的成本或收益的看法与真实的社会成本或收益不同，导致无效率的产生。

考点四：委托－代理问题 ★★★

1. 委托－代理问题的含义

只要在一种制度中，一个人的福利依赖于另一个人的行为，代理关系就产生了。代理人是行动者，而委托人是受代理人行为影响的一方。

由于所有权和经营权的分离，使厂商内部各经济行为主体之间产生目标差异，经营者不把追求利润最大化作为目标，于是产生委托－代理问题。由于信息不对称的存在，企业所有者无法选择合适劳动者，无法解决合理激励问题。

2. 公共企业的委托－代理问题

虽然公共部门缺乏一些使私人经理人受约束的市场力量，政府机构仍旧能够受到有效监督：①政府机构的经理人并不仅仅关心他们机构的大小，许多人选择工资较低的公共工作是因为他们关心"公共利益"。②公共部门的经理人在很大程度上与私人企业的经理人一样，也要经受经理人工作市场的严酷选择，如果公共部门经理人被察觉在追求不适当的目标，他们在将来得到更高工资的能力将被削弱。③立法机关和其他政府机构起到了监督的作用。

3. 委托－代理问题的解决措施

解决委托－代理问题不能通过政府干预，因为政府和企业所有者一样无法对经营者和工人进行观察和监督。

解决委托－代理问题可从企业外部规范竞争和内部增强约束角度采取一些措施，如经理市场的建立、企业间的收购和并购以及董事会的监督、股东抛出股票的威胁等。要想从根本上解决委托－代理问题应该重视对代理人的激励，如企业所有者对经理可采取根据企业盈利情况发奖金或者让经理参加固定的利润分享等。

4. 委托 – 代理框架中的激励

所有者可以通过设计出合同，以产生对其代理人有效率地工作的激励，进而避免某些委托 – 代理问题。对于所有的委托 – 代理问题，当直接衡量努力程度不可能时，奖励高水平努力结果的激励结构能够使代理人追求所有者设定的目标。

考点五：联合一体化企业的管理激励　★★

1. 联合一体化企业里的不对称信息和激励设计

在一个一体化企业内，不同部门的经理对关于他们经营成本和生产潜力的信息比中央管理部门知道得多。这种不对称信息导致两个问题：

(1) 中央管理部门如何通过部门经理获知关于部门经营成本和生产潜力的准确信息？

(2) 中央管理部门要制定怎样的奖励或刺激结构来鼓励部门经理进行有效地生产？部门经理是否应当根据他们生产的数量获得奖金？如果是的，应该设计怎样的结构？

可以设计一种奖金计划对经理进行激励，使其能准确地估计工厂的规模。如果经理报告的可行的生产能力与实际的生产能力相符，那么得到的奖金就最高；如果经理夸大现行的生产能力时，得到的奖金就少。

2. 应用

信息不对称问题和激励设计在管理方面经常发生，例如，如何鼓励销售员确定和透露实际的销售目标，然后尽可能努力地去实现这些目标。

考点六：劳动市场的不对称信息：效率工资理论　★★★★

效率工资理论主要从信息不对称的角度出发，认为雇主给雇员支付高于市场出清水平的工资是为了激励员工努力工作，提高工作效率，因此是雇主的理性选择。该理论不仅为旧凯恩斯主义提供了微观基础，而且合理地解释了失业和工资黏性并存的原因。

偷懒模型是效率工资理论假定中最有代表性的模型，是从雇佣关系中激励的角度来研究工资和劳动生产率之间的关系的。在偷懒模型中，作为对不偷懒的激励，厂商必须向工人提供高于均衡工资 w^* 的工资。如果工资的差异足够大，工人就会有效地工作，解决了偷懒问题。这种不发生偷懒的工资就是效率工资。在市场上，所有厂商为解决偷懒问题都将提供高于市场出清工资 w^* 的工资，导致对劳动的需求就小于市场出清的数量，从而就存在失业。

在图 17 – 1 中，均衡工资处在无偷懒约束曲线与 D_L 曲线的交点上，厂商以高于市场出清工资 w^* 的效率工资 w_e 雇用 L_e 的工人，产生 $L^* - L_e$ 的失业人口。无偷懒约束曲线从不与劳动供给曲线相交，表明在均衡时总有一些失业。

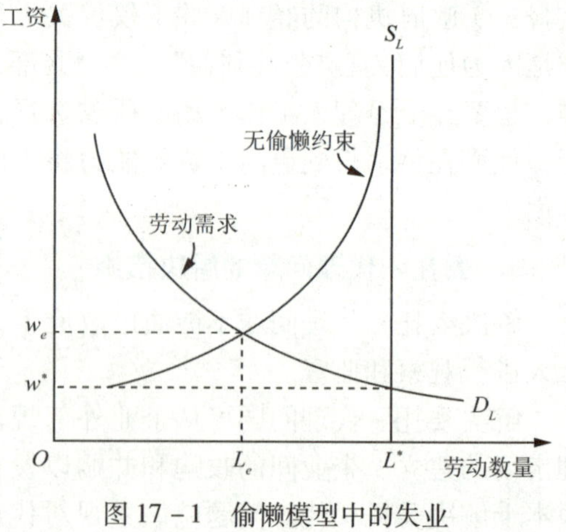

图 17 – 1　偷懒模型中的失业

不对称信息可以解释为什么当有些工人在积极寻找工作的时候，劳动市场还有大量的失业。根据效率工资理论，一个高于竞争性工资的工资（效率工资）通过鼓励工人不在工作中偷懒而提高工人的生产率。

17.2　课后复习题详解

1. 当一个市场在其他方面都是完全竞争的时，为什么买方和卖方之间的不对称信息会导致市场失灵？

答： 即使一个市场在其他方面都是完全竞争的，当买方和卖方之间对商品存在着不对称信息时，即当不同质量的产品的购买者或出售者买卖时没有充分的信息来确定产品的质量时，从而不同质量的产品以单一价格出售，逆向选择问题就出现了，结果市场就有太多的低质量产品和太少的高质量产品出售，低质量产品把高质量的产品逐出了市场，导致市场失灵。

2. 假设旧车市场是一个“柠檬”市场。你预测售出的旧车的修理记录与没有售出的旧车的修理记录相比会怎样？

答： 如果旧车市场是一个“柠檬”市场，我认为售出的旧车的修理记录要比没有售出的旧车的修理记录多。

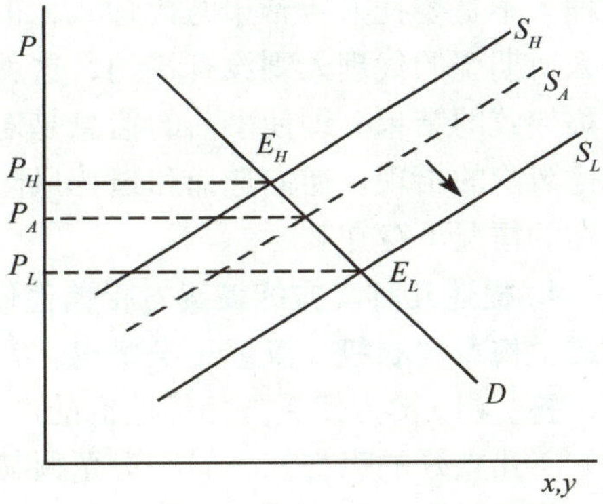

图 17－2　“柠檬”市场和逆向选择

（1）“柠檬”市场是一个有代表性的信息不对称的例子。在“旧货”市场上，卖者比买者拥有更多的信息，因而市场上并不必然出现高质高价现象。举例来说，假定在旧车市场上，只有两种类型的轿车，高质量轿车的供给曲线为 S_H，低质量轿车的供给为 S_L。再假定卖方知道轿车的质量，但买方不知道这一点，因而 S_H 高于 S_L，如图 17－2 所示。如果信息是完全的，那么对应于需求曲线 D，将分别决定两个不同的价格 P_H 和 P_L，即高质量的轿车按较高的价格成交，低质量的轿车按低价格成交。但是由于信息不完全，买者并不知道轿车的质量，因而他会以一定的可能性（比如 50%）来推断轿车的质量，从而按平均质量决定供给曲线 S_A，即买者接受的价格是 P_A。结果，高质量的轿车因不愿意接受 P_A 而退出市场。因此，在这一市场上只有低质量的汽车才能成交，即用低的价格购买“货真价实”的低质品。

（2）在“柠檬”市场上出现的高质量产品遭淘汰而低质量产品生存下来的现象就被称为“逆向选择”。修理记录是反映旧车质量的一个指标。因此，具有少的维修记录的车将被保留，而具有较多的维修记录的车将被卖出。可以预期，售出的旧车的修理记录比没有售出的旧车的修理记录要多。

3. 解释保险市场上逆向选择与道德风险的区别。其中的一种能在另一种不存在的情况下存在吗？

答：（1）保险市场逆向选择与道德风险的区别：

在保险市场上，逆向选择和道德风险都存在。

保险市场的逆向选择指购买保险的人的自我选择。以医疗保险市场为例，由于信息的不对称，即使保险公司做身体检查，购买保险的人对他们总的健康情况也比任何保险公司所希望知道的清楚得多。由于不健康的人可能更需求保险，不健康的人在被保险人总数中的比例提高了。这迫使保险的价格上升，从而使得那些较健康的人，由于知道自己的低风险，作出不投保决定，这进一步提高了不健康的人购买保险的比例，这又迫使保险价格上升，如此等等，直到几乎所有买保险的人都是不健康的人。

保险市场的道德风险是在保险公司和被保人签订保险合同后，由于信息的不完全产生的问题。当被保险一方充分保险，而一家信息有限的保险公司又不能准确地监督他的话，被保险方可能采取会提高事故或受伤可能性的行动，当被保险方能影响导致赔偿的事件的可能性或程度时，道德风险就会发生。

两者的区别在于：逆向选择是委托人与代理人在签订合同前的信息不对称引起；道德风险是签订合同后代理人有意利用信息不对称带来的风险。

(2)其中的一种能在另一种不存在的情况下存在。

逆向选择和道德风险都起源于信息不对称。逆向选择是在契约签订之前，签订契约的代理人不是委托人所希望的代理人，但是，这些代理人是符合委托人的契约条件的，而委托人所期望的代理人则没有签约，这就是逆向选择。而道德风险则是在签约之后因信息不对称导致的结果。即使事前的信息是对称的，即在不存在逆向选择的情况下，也可能会有道德风险的出现。逆向选择和道德风险没有必然的联系。所以，其中的一种能在另一种不存在的情况下存在。

4. 描述几种卖方能使买方相信他们的产品是高质量产品的方法。哪种办法适用于下列产品：梅泰洗衣机、汉堡王汉堡包、大钻石？

答：(1)卖方使买方相信他们的产品是高质量产品的方法主要有以下几种：

①建立好的声誉。人们经常光顾某家超市是因为这家超市服务、产品质量及价格在人群中创造了极高的声誉，一定程度上人们还在免费为该超市提供宣传。

②产品标准化。人们在外地旅游，游玩过程中有点饿了，就会发现肯德基对其极具吸引力，原因是肯德基食物的标准化作法使人们在此吃的和在自己家附近吃的味道一样。

③证明书(比如劳动市场上，学历证书的应用)。应聘者通常会带上学历等证书以便向雇主传递自己实际工作能力的信息。

④保证和担保书。旧货市场的卖主会主动与顾客签订保证书保证在一定时期内因质量问题引起的所有损失由卖方承担，金额非常大时甚至能够提供第三方连带担保，以消除顾客对质量的顾虑。

(2)梅泰通过在市场上提供最好的保证书而使消费者相信它的洗衣机是高质量的；汉堡王通过生产标准化的产品使顾客相信它的产品是高质量的；大钻石在销售时给出了检验重量和形状的证明书。

5. 为什么卖方会认为发出有关他们产品的信号是有利的？质量保证和保修单是如何成为市场信号的一种形式的？

答：(1)卖方认为发出有关其产品的信号对其有利的原因：

由于信息不对称，即买主对产品质量的信息知道的比卖主少得多，当买主与卖主买卖不同质量的产品时，由于买主没有充分的信息来确定产品的真实质量，从而不同质量的产品以单一价格出售时，逆向选择问题就出现了。低质量的产品会把高质量的产品驱逐出市场。因此，生产高质量产品的厂商要想成功收取高价，不被驱逐出市场，就必须让潜在的消费者认识到不同品牌产品质量的差别，认识到自己的产品是高质量的。因此卖主会觉得发出有关他的产品质量的信号是有利的。

(2)质量保证和保修单成为市场信号的一种形式：

质量保证和保修单发出了有关产品质量的信号，因为一项内容广泛的保修单对生产低质量产品的厂商来说意味着更高的成本。结果，出于自身利益的考虑，生产低质量产品的厂商一般不会提供内容广泛的保修单。消费者因此就把一项保修单看作是产品高质量的信号，并愿意为提供保修单的商品支付较多的钱。所以，厂商可以通过提供质量保证和保修单来使顾客了解到其生产质量较高、较可靠的产品，质量保证和保修单也就成为市场信号的一种形式。

6. 乔伊在大学四年的时间里平均成绩很高。这是能反映乔伊的生产率高的强信号吗？为什么？

答：在大多数情况下，这是能反映乔伊的生产率高的强信号。不管他实际所学的东西，学分绩点高意味着他的表现高于大多数学生，他具有较强的学习能力，因而能够很快适应各种要求。

但是，另一方面，也可能是他选择了许多较为简单的课程，而且这些课程大多由许多较为随便的教授讲授。此时，学分绩点就无法作为有效的信号了。

7. 为什么企业经理人或许会实现不同于企业股东利润最大化目标的目标？

答：企业经理人之所以或许会实现不同于企业股东利润最大化的目标，其原因可以从以下两个方面分析：

(1)企业经理人的信息比股东多得多，这种信息的不对称，产生委托－代理问题。经济学上的委托－代理问题是指由于信息的不完全性，委托人往往不知道代理人要采取什么行动或者即使知道代理人采取某种行动，也不能观察和测度代理人从事这一行动时的努力程度，同时两者之间存在的利益分割关系，通常会使得代理人不完全按照委托人的意图行事。

(2)在企业股东和经理人的委托－代理问题中，因为监督经理人的成本很高，大多数企业的股东并不能监督企业经理人所做的一切。如果股东控制经理人行为的手段是有限的、不完善的，那么经理就可以追求他们自己的目标，甚至不惜以获得较低利润为代价。

8. 委托－代理模型如何被用来解释为什么像邮电局之类的公共企业可能追求的不是利润最大化的目标？

答：公共企业的经理和私人企业的经理类似，他们除了利润最大化的目标以外，还有权利和其他方面的利益。公共企业的问题也是信息不对称的问题之一。比起委托人(如必须通过经理得出成本控制信息的官员)，经理(代理人)更熟悉公司的成本结构和消费者的利益。由公共企业提供的成本和证实的信息以及独立收集的关于收益方面的信息可能比代理人的潜在的回报(利润)和了解到的回报的差额更多。这种差别为懈怠提供了空间：它可以作为个人利益分配给经理，可以作为高于效率的工作安全分配给代理工人，也可以作为高于效率的商品和服务的提高分配给代理的消费者。

9. 为何奖金和利润分享支付计划可能解决委托－代理问题，而固定工资支付却不能？

答：(1)奖金和利润分享支付计划可能解决委托－代理问题的原因：

在解决委托人－代理人问题上，一般的方法是设立一个激励机制。任何一个有效的激励机制的设计必须遵循两个原则：①代理人参与工作所得净收益必须不低于不工作也能得到的收益，这是参与约束；②代理人让委托人最满意的努力程度也是给他自己带来最大净收益的努力程度，即激励相容约束。

从奖金方面看，奖金实际上相当于分成制。分成制是在一个非对称信息条件下的次优激励机制。如果要使代理人尽自己的努力工作，那就必须让报酬与产出相联系，这样就让厌恶风险的代理人承担了过多的风险，而风险在委托人和代理人之间的分配是低效率的；但如果相对爱好风险的委托人承担一切产量波动的风险，那么代理人又没有动力工作，并且委托人无法及时地、完全地发现代理人的偷懒行为，或者其监督成本很高，生产率将是低效率的。在完全信息条件下，由于产量完全确定地取决于劳动的真实投入量，分成制并不能使代理人满足委托人所期望的目标。但是在非对称情况下，分成制却是一种良好的折衷方案。这是因为代理人的报酬与产出直接相关，产量波动的风险分摊在委托人和代理人双方面。奖金是与代理人努力程度成正比的“非全额报酬”，由于非全额报酬部分的存在，代理人必须努力工作，以期其收入高于偷懒情况下的所得，尽管他创造的每一元产值都要在自己和委托人之间进行分配。从这方面看，奖金是一个次优的选择，可能解决委托－代理问题。

从利润分享方面看，有效的激励机制的设计，除了需要满足参与约束与激励相容约束外，还应将产量波动的风险，按照委托人和代理人对风险的相对爱好或规避程度，作适当的分配。另外现实中的激励机制设计，不管采取何种可能方案，都要考虑两点：①劳动努力之外的因素对产量的影响程度以及监督劳动的成本；②产量的波动程度以及委托人与代理人对待风险的态度。利润分享将代理人的收入和公司业绩联系起来，满足了上述有效激励机制的条件，所以利润分享是一种很好的激励机制，可能会解决委托－代理问题。

(2)固定的工资支付不能解决委托－代理问题的原因：

代理人希望得到的是报酬减去所作努力的成本以后的最大化值。所以支付固定工资时，代理人会降低努力的成本使净报酬最大化。在这种情况下，固定报酬的激励制度无法满足这两个约束条件。所以固定工资在激励效果上最弱，它不能解决委托－代理问题。

10. 什么是效率工资？为什么工人对他们的生产率比厂商有更多的信息时，支付效率工资对厂商是有利的？

答：(1)效率工资的含义：

效率工资指的是企业支付给员工比市场平均水平高得多的工资，促使员工努力工作的一种激励与薪酬制度。它的主要作用是吸引和留住优秀人才。

①效率工资是一种礼物交换行为。

效率工资理论中，有一个基本假定：企业的效率工资是用来交换员工加倍工作的，而员工的加倍工作也是用来获取企业的高工资。社会关系中的互惠原则是效率工资起作用的基本条件。

②一旦发现偷懒行为立即严惩偷懒者是企业理想的做法。

效率工资理论中，效率工资要起激励、约束作用，必须按照游戏规则，严惩偷懒者。这是保证效率工资起作用的重要前提。只有这样，员工才会努力工作。因此，能否保证凡被发现有违纪者一律严惩，是效率工资能否奏效的重要因素。

③效率工资水平的确定具有主观性。

员工对企业的认同感如何，员工关系的亲密程度以及对外部失业情况和经济景气状况的判断都影响效率工资水平以及效率工资的实际效用。从这一意义上说，企业是否主动支付员工工资，是否拥有良好的信誉和名声，尤其是在劳动关系上的名声如何及企业文化的建设水平都会影响员工对效率工资的判断，进而影响效率工资的有效性。

(2)当工人对其生产率比厂商有更多的信息时支付效率工资对厂商有利的原因：

由于监督成本很高或根本不可能，厂商对于工人的生产率具有不完全的信息，因此厂商不能有效地监督工人的生产效率，从而工人就可能偷懒，这样就会影响到厂商的产出和利润。如果厂商向工人提供高于市场出清的工资，工人就可能因偷懒而被解雇，再次就业的工人会面临市场出清这样一个较低的工资。因此支付效率工资会降低工人偷懒的动机，对厂商是有利的。

所有厂商都面临偷懒问题，这意味着所有厂商都提供高于市场出清的工资，因而对劳动的需求就小于市场出清的数量，从而就存在失业。这就是说，被一家企业解雇的工人就面临一段时间的失业，工人被解雇的成本越高，偷懒所冒的风险越大。为了避免失业，工人将会进行有效率的工作。所以，支付效率工资对厂商是有利的。

17.3　课后练习题详解

1. 许多消费者把著名品牌的商标看作是质量的信号，并愿意为名牌产品多付钱(例如，拜耳阿司匹林而不是一般的阿司匹林，或者 Birds Eye 蔬菜而不是超级市场自己牌子的蔬菜)。品牌名称能否提供有用的质量信号？为什么？

答：品牌能提供有用的质量信号。具体原因如下：

(1)存在信息不对称问题时，创建品牌是解决问题的办法之一，产品的标准化能够给产品带来具有一定质量水平的声誉，而这种声誉以品牌的形式作为信号。

(2)如果品牌声誉的建立花费很大的话(比如广告、担保书等)，可以将品牌产品与低质量的产品区分开来，因此品牌可以成为一种高质量的信号。

(3)对于最先进入市场的厂商，因为有“先锋者”的品牌形象，如果质量可靠的话，会建立一定的顾客忠诚度，从而与有质量不确定性特点的新进入市场者区分开来。

2. 加里是毕业不久的大学生。在新的工作岗位上干了六个月之后，他最终存够了买他的第一辆车的钱。

(1)加里对样式和型号之间的区别知道的很少。他如何利用市场信号、声誉或标准化来进行比较？

(2)你是一家银行的贷款员。在选好了一辆车之后，加里到你这里来寻求贷款。由于他毕业不久，没有较长的信贷记录。尽管如此，该银行具有为新毕业生融资买车的悠久历史。这一信息在加里的例子中是否有用？如果答案为“是”，有什么用？

答：(1)加里面临的问题是一个信息不对称的问题。加里作为第一次买车的人，他可以询问了解情况较多的已买车者，也可通过了解各种品牌的声誉来掌握更多的信息。首先，他要决定是买一辆新车还是一辆二手车，如买二手车，还要决定是从专业的二手车市场购买还是从个人手里购买。每种市场都有提供他们产品质量的特定信号。

新车经销商与汽车生产商合作，可以提供标准的和扩展的担保来保证车具有广告中的品质。对于二手车经销商来说，他们不是很熟悉车况，而且二手车一般没有生产商的担保，所以他们一般不会为二手车提供担保，因此买二手车主要是依赖于经销商的声誉，尤其是他们提供"优良价值"的声誉。对于个人售车者来说，他们既不提供担保也没有声誉可言，因此，应该从机械人员那里得到信息帮助，或者阅读消费者报道中购买二手车的建议。因为加里没有经验，因此应该在市场信号、声誉或标准化方面收集多多益善的信息。

(2)"该银行具有为新毕业生融资买车的悠久历史"这一信息在加里的例子中是有用的。

银行在贷款给加里的问题上，也是一个非对称信息的问题。加里对自己的偿贷能力和信誉比银行清楚的多。以往新毕业生(尤其是和加里情况类似的毕业生)融资买车所建立的声誉，是大学生偿贷能力和他们信誉的一个信号，信贷员可以通过所提供的信息来对加里进行判断。

3. 一家重点大学禁止给学生成绩 D 或 F。它对自己的行为辩解说，学生在没有因不及格而退学的压力时，他们的表现会超过平均水平。该大学说，它希望所有学生都得到 A 和 B。如果目标是把总体成绩提高到 B 或以上的水平，这是不是一项好的政策？结合道德风险问题进行讨论。

答：这不是一项好政策。

这项政策会产生类似保险市场上的道德风险问题。由于没有不及格的压力，一些学生会失去努力学习的动力，最后他们的水平可能低于应达到的平均水平。这项政策只对那些平均水平以下的学生起作用。平均水平(成绩为 C)和高于平均水平的学生并没有不及格的压力，对于这些学生来说，取得好成绩而不仅仅是保持及格的压力仍然存在。因此，这项政策可能会使平均水平以下的学生面临道德风险问题，而这部分学生也正是这项政策的目标受益者。

4. 琼斯教授刚被一家重要大学的经济学系聘用。董事会主席刚刚声明，该大学要为本科生提供最高质量的教育。开学两个月后，琼斯教授还没有到教室讲课。看来他把所有的时间都用于经济学研究而不是教学了。琼斯教授争辩说，他的研究会给系里和大学带来更多的声誉。应当允许他继续只搞研究吗？结合委托 - 代理问题进行讨论。

答：不应当。

大学董事会及它的主席和教授之间存在委托 - 代理问题。董事会及主席是委托人，教授是代理人。大学有教学和研究的双重目标，因此雇用的大部分教授都是用来完成这两个目标的。但教授是否努力教学容易衡量，而研究则往往需经过一段时间才能证实是否有成果，不易衡量。因此，大学不应当简单地相信琼斯教授的争辩，让他继续只搞研究而不改变他的薪资水平。大学可以通过激励机制来解决问题：教授可以不教学，但只能享有一个较低的工资水平，如果有重大的科研成果，可以获得奖励。

5. 面对生产的轿车有修理记录很差的名声，一些美国汽车公司为买方提供广泛的保修服务(例如，对所有零部件和与机械问题有关的修理给予七年的保修)。

（1）根据你对“柠檬”市场的知识，为什么这是一项合理的政策？

（2）这一政策是否会产生道德风险问题？请解释。

答：（1）这是一项合理的政策，具体原因如下：

①质量保证和保修单可以有效地发出产品质量的信号，因为一项内容广泛的保修单对低质量产品的生产者来说要比高质量产品的生产者成本更高（在保修单下，低质量产品更需要修理服务，而这都将由生产者支付）。结果，出于他们自身的利益，低质量产品的生产者就不会提供内容广泛的保修单。消费者就能因此而把一项内容广泛的保修单看作是高质量的信号，并为提供保修单的产品支付较多的钱。

②在过去，美国的汽车公司曾经有高质量的名声，但最近面临日本生产者的竞争，美国汽车对消费者来说质量相对较低。为了扭转这一趋势，美国公司开始投资于质量控制，以改善他们的潜在修理记录。但消费者仍然认为美国汽车是低质量的“柠檬”，不愿意购买。美国汽车公司就必须把他们改善了质量的信号传达给消费者。一种传达方式就是通过改善保修单来发出它们产品质量改进的信号。这是解决他们面临的“柠檬”问题的合理的政策。

（2）当被保险方（拥有一辆具有广泛保证的美国汽车的所有者）能够影响导致支付事件（汽车的修理）发生的可能性或严重性时，道德风险就产生了，当保修单包括了所有的部件及与机械问题相关的劳动时，保养汽车的激励就降低了。因此，广泛的保证导致了道德风险问题。

6. 为了促进竞争和提高消费者的福利，联邦贸易委员会要求厂商真实地做广告。广告的真实性如何促进竞争？为什么如果厂商做欺骗性的广告，市场的竞争性会降低？

答：（1）真实性的广告向消费者提供了他们作出最优决策所需要的信息，提高市场资讯的透明化程度，让消费者可以就商品与服务予以比较从而促进了竞争。联邦贸易委员会要求厂商真实地做广告，这项政策有助于提高广告的真实性，从而促进竞争和提高消费者的福利。

（2）如果厂商做欺骗性的广告，购买者无法在产品之间做比较。定价相同的商品，质量可能并不一样。因此购买者就会有一种倾向，“盯住”已被证实的商品，从而降低现存厂商之间的竞争，并阻碍新厂商进入。

7. 一个保险公司在考虑推出三种火灾保险单：（1）全额赔偿的保险；（2）扣除 10000 美元以后，超出部分全额赔偿；（3）对于所有损失给予 90% 的赔偿。哪一种保险单更可能产生道德风险问题？

答：全额赔偿的保险单更可能产生道德风险问题。

道德风险指代理人签订合约后隐藏行为，由于代理人和委托人之间信息不对称，给委托人带来损失。保险市场上的道德风险是指投保人在投保后，降低对所投保标的物的预防措施，从而使损失发生的概率上升，给保险公司带来损失的同时降低了保险市场的效率。

在火灾保险中，当被保险方能够影响火灾发生的可能性和严重性时，道德风险就会产生。财产所有者可以降低火灾发生的可能性，比如通过经常性的检查和更换电线。火灾引起的损失的大小也可以降低，比如安装报警装置或者将贵重物品放在远离火灾易发处。

如果购买了全额赔偿的保险单，那么被保险人降低火灾发生的可能性和严重性的激励就很小了，道德风险就会比较严重。而后两种方法，使被保险人发生火灾后所得到的赔偿小于所受的损失，因此能减少道德风险的产生。

8. 你已经看到，随着低质量产品把高质量产品逐出市场，不对称信息是如何降低市场上出售的产品的平均质量的。对于那些不对称信息盛行的市场，你是否同意下列每一种情况？试简要解释。

(1) 政府应当对消费者投诉给予补贴。

(2) 政府应当实施质量标准，例如，不应当允许厂商出售低质量产品。

(3) 高质量产品的生产者可能想提供内容广泛的保修单。

(4) 政府应当要求所有的厂商提供内容广泛的保修单。

答：(1) 不同意。消费者投诉可能会使潜在消费者知道一部分商品的质量信息，但是因为处于信息不对称盛行的市场，对消费者投诉给予补贴，已经知道正确信息的消费者可能产生道德风险问题，故意给出不正确的信息，或被低质量产品厂商收买，信息不对称问题会更加严重。

(2) 不同意，这是一项监督成本很高的办法，如果实施质量标准，政府就应该或者对产品质量进行行政管理，或者通过法律来解决公众与生产者的纠纷。并且如果低质量的产品价格足够便宜，仍会有市场。

(3) 同意，这是解决信息不对称花费最小的办法。它使生产者通过提供一项内容广泛的保修来将高质量产品与低质量产品区分开来，因为对低质量产品提供保修的成本是昂贵的，因此不会提供保修。

(4) 不同意，因为如果所有产品都提供保修，则高质量产品所提供的保修便失去了意义。

9. 两家旧车行在一条大路旁并排竞争。第一家是哈里车行，它出售经过仔细检查并在必要时进行修理的高质量轿车。哈里平均要花 8000 美元购买和修理它出售的每一辆车。第二家是刘氏车行，它出售低质量轿车。刘氏车行出售的车平均每辆的成本只有 5000 美元。如果消费者知道他们所买轿车的质量，他们会很高兴地以平均每辆 10000 美元的价格购买哈里车行出售的车，并仅以平均每辆 7000 美元的价格购买刘氏车行出售的车。

如果没有更多的信息，消费者并不知道每家车行的轿车质量。在这两家车行购车的消费者估计，不管他们到哪一家车行去，他们买到一辆高质量车的机会都是相等的，因而他们愿意以平均每辆 8500 美元的价格买车。

哈里车行有了一个主意——它将为所有它所出售的轿车提供相应的保修单。它知道，一项期限为 γ 年的保修单会使它平均花费 500γ 美元，并且它还知道，如果刘氏也提供同样的保修单，会使刘氏车行平均花费 1000γ 美元。

(1) 假定哈里车行对所有它出售的轿车提供一年的保修。①如果刘氏车行不提供一年保修，其利润是多少？如果刘氏车行也提供呢？②如果刘氏车行不提供一年保修，哈里车行的利润是多少？如果刘氏车行也提供呢？③刘氏车行会跟哈里车行一样提供一年的保修吗？④哈里车行提供一年的保修，这是一个好主意吗？

(2) 如果哈里车行对它的车提供两年保修会怎样呢？这会产生可信的质量信号吗？三年的保修又会怎样呢？

(3) 如果你为哈里车行做广告，你会建议它提供多长时间的保修？解释原因。

答：(1)①如果刘氏车行不提供一年保修，则它的利润为：7000 - 5000 = 2000(美元)。如果它提供一年保修，这将花费他 5000 + 1000 = 6000(美元)。此时由于消费者无法确定汽车的质量，因而只愿意支付 8500 美元，因而刘氏的利润为：8500 - 6000 = 2500(美元)。

②如果刘氏车行不提供保修，哈里车行提供保修，则哈里车行的利润为：10000 - 500 - 8000 = 1500(美元)；如果刘氏车行提供保修，哈里车行也提供保修，则哈里车行的利润为：8500 - 500 - 8000 = 0。

③刘氏车行会跟哈里车行一样提供一年保修，因为刘氏车行提供一年的保修使得其利润从 2000 美元增加到 2500 美元。

④哈里车行提供一年的保修不是一个好主意。哈里车行不应该提供一年的保修，除非它认为刘氏车行是非理性的，并且不会提供一年的保修。

(2)哈里车行提供两年期保修的盈利为：10000 - 500 × 2 - 8000 = 1000(美元)。

不提供保修的盈利为：8500 - 8000 = 500(美元)。

由于 1000 > 500，所以哈里车行会提供两年期的保修。

刘氏车行提供两年期保修的盈利：8500 - 1000 × 2 - 5000 = 1500(美元)。

不提供保修的盈利为：7000 - 5000 = 2000(美元)。

由于 1500 < 2000，因此，刘氏车行不会提供两年期的保修，所以哈里车行对所有它所出售的轿车提供两年的保修会产生可靠的质量信号。

哈里车行提供三年期保修的盈利为：10000 - 500 × 3 - 8000 = 500(美元)。

不提供保修的盈利为：8500 - 8000 = 500(美元)。

提供保修与不提供保修的情况利润相等，因此哈里车行不会提供三年的保修。刘氏车行更不会提供三年期的保修。

(3)哈里车行应该提供一个足够长时间的保修，从而使得刘氏车行如果也提供相同时间的保修，则哈里车行利润不会比不提供保修高。设 t 为哈里车行提供的保修时间。

所以对于刘氏车行而言：

$$7000 - 5000 \geqslant 8500 - 5000 - 1000t$$

解得：$t \geqslant 1.5$(年)。

因此，哈里车行应该提供一个 1.5 年的保修，刘氏车行不会提供同样的保修，从而消费者能够正确地假设：由于有了保修，哈里车行的轿车是高质量的，因此平均每辆值 10000 美元。

10. 作为 ASP 工业董事会的主席，你估计你的年度利润如下表所示。利润取决于市场需求和你新任的 CEO 的努力程度。每种需求情况发生的可能性也如下表所示。

市场需求	低需求	中等需求	高需求
概率	0.3	0.4	0.3
低努力	π = 500 万美元	π = 1000 万美元	π = 1500 万美元
高努力	π = 1000 万美元	π = 1500 万美元	π = 1700 万美元

你必须设计出一个薪酬计划来最大化企业的预期利润。

如果企业是风险中性的，CEO 是风险规避的，CEO 的效用函数为：

低努力水平时，效用 = $W^{0.5}$

高努力水平时，效用 = $W^{0.5}-100$

式中，W 是 CEO 的收入（-100 是 CEO 努力的效用成本）。你知道 CEO 的效用函数，并且你和 CEO 都知道上表所示的信息。但是你不知道 CEO 的努力程度或者准确的市场需求。当然，你知道企业的利润。

在以下三种薪酬制度下，你宁愿选择哪一种？为什么？

第一种：支付 CEO 固定工资每年 575000 美元。第二种：支付 CEO 每年企业利润的 6%作为工资。第三种：支付 CEO 固定工资每年 500000 美元，加上当企业利润超过 1500 万美元后超出部分的 50%。

答：本问题实际上是考虑如何促使 CEO 提高其努力程度，同时使公司能够获得更多的利润。对于每一个薪酬制度，首先计算 CEO 是采取高的努力程度，还是低的努力程度；接下来计算每种努力下公司的期望利润；最后比较三个制度，从而选定期望利润最大化的那个薪酬制度。

（1）对于薪酬制度 1，在这种固定薪酬制度下，CEO 在不努力时的期望效用为：

$$EU_L=575000^{0.5}\approx 758.29$$

在努力的情况下，CEO 的期望效用为：

$$EU_H=575000^{0.5}-100\approx 658.29$$

在薪酬制度 1 下，当 CEO 不努力时，公司所能获得的期望利润为：

$$E\pi_L=0.3\times 500+0.4\times 1000+0.3\times 1500-57.5=942.5\text{（万美元）}$$

当 CEO 努力时，公司所能获得的期望利润为：

$$E\pi_H=0.3\times 1000+0.4\times 1500+0.3\times 1700-57.5=1352.5\text{（万美元）}$$

因此，在薪酬制度 1 下，CEO 将会选择不努力，其期望效用为 758.29，公司的期望利润为 942.5 万美元。

（2）在薪酬制度 2 下，CEO 不努力时，其期望效用为：

$$EU_L=0.3\times(0.06\times 500\times 10^4)^{0.5}+0.4\times(0.06\times 1000\times 10^4)^{0.5}+0.3\times(0.06\times 1500\times 10^4)^{0.5}\approx 758.76$$

在薪酬制度 2 下，CEO 努力时，其期望效用为：

$$EU_H=0.3\times(0.06\times 1000\times 10^4)^{0.5}+0.4\times(0.06\times 1500\times 10^4)^{0.5}+0.3\times(0.06\times 1700\times 10^4)^{0.5}-100\approx 814.84$$

在薪酬制度 2 下，当 CEO 不努力时，公司的期望利润为：

$$E\pi_L=0.94\times[0.3\times 500+0.4\times 1000+0.3\times 1500]=940\text{（万美元）}$$

当 CEO 努力时，公司的期望利润为：

$$E\pi_H=0.94\times[0.3\times 1000+0.4\times 1500+0.3\times 1700]=1325.4\text{（万美元）}$$

因此，在薪酬制度 2 下，CEO 会选择努力，其期望效用为 814.84，公司的期望利润为 1325.4 万美元。

（3）在薪酬制度 3 下，CEO 不努力时，其期望效用为：

$$EU_L=0.3\times 500000^{0.5}+0.4\times 500000^{0.5}+0.3\times 500000^{0.5}\approx 707.11$$

CEO 努力时，其期望效用为：

$EU_H = 0.3 \times 500000^{0.5} + 0.4 \times 500000^{0.5} + 0.3 \times (500000 + 2000000 \times 0.5)^{0.5} - 100 \approx$ 762.4

在薪酬制度 3 下，当 CEO 不努力时，公司的期望利润为：

$$E\pi_L = 0.3 \times 500 + 0.4 \times 1000 + 0.3 \times 1500 - 50 = 950(\text{万美元})$$

当 CEO 努力时，公司的期望利润为：

$$E\pi_H = 0.3 \times (1000 - 50) + 0.4 \times (1500 - 50) + 0.3 \times (1700 - 50 - 200 \times 0.5) = 1330(\text{万美元})$$

因此，在薪酬制度 3 下，CEO 会选择努力，其期望效用为 762.4，公司的期望利润为 1330 万美元。

综上所述，ASP 公司为了获得最大期望利润，它应该选择薪酬制度 3，此时它所获得的期望利润为 1330 万美元。CEO 为了使期望效用最大化，将选择努力。

11. 一个厂商的短期收益由 $R = 10e - e^2$ 给出，其中 e 为一个代表性工人（所有工人都假设为是完全一样的）的努力水平。工人选择他的收入减去努力成本以后的净工资 $\omega - e$（努力的单位成本假设为 1）最大化的努力水平。根据下列每种工资安排，确定努力水平和利润水平（收入减去支付的工资）。解释为什么这些不同的委托 - 代理关系产生不同的结果。

(1) 对于 $e \geqslant 1$，$\omega = 2$；否则 $\omega = 0$。

(2) $\omega = R/2$。

(3) $\omega = R - 12.5$。

解： (1) 工人追求净工资最大化。工人的净工资 ω_n 为：

$$\omega_n = \omega - e = \begin{cases} 2 - e & e \geqslant 1 \\ -e & e < 1 \end{cases}$$

当 $e = 1$ 时，ω_n 取得最大值 1。

此时厂商的利润 $\pi = 10e - e^2 - \omega = 10 \times 1 - 1 - 2 = 7$。

在这种委托 - 代理关系中，因为没有激励促使工人增加努力水平，因此净工资与厂商的收益无关。

(2) 工人净工资：

$$\omega_n = R/2 - e = 5e - 0.5e^2 - e = -0.5e^2 + 4e$$

净工资最大化一阶条件为：$\dfrac{d\omega_n}{de} = -e + 4 = 0$，解得：$e = 4$。

此时厂商的利润 $\pi = R - \omega = R/2 = 5e - 0.5e^2 = 5 \times 4 - 0.5 \times 16 = 12$。

在这种委托 - 代理关系中，工人的净工资与厂商的收益相关。工人为了使净工资最大化，会提高工作努力程度，这将给厂商带来更大的利润。因此工人的努力水平提高，从而使厂商的利润提高。

(3) 工人净工资为：

$$\omega_n = R - 12.5 - e = -e^2 + 9e - 12.5$$

净工资最大化一阶条件为：$\dfrac{d\omega_n}{de} = -2e + 9 = 0$，解得：$e = 4.5$。

此时厂商的利润 $\pi = R - \omega = R - (R - 12.5) = 12.5$。

在这种委托 - 代理关系中，工人的净工资与厂商的收益的相关性更强，因此工人的努力水平更高，从而使厂商的利润更大。

12. 全球储贷银行有 1000 美元可以贷出。无风险的贷款在未来一年会得到 4% 的利率。有 20% 违约风险（收不回来）和 80% 履约可能的贷款利率为 30%。

（1）该贷款机构预期可以赚多少钱？证明无论进行有风险放贷还是进行无风险放贷，预期回报均相同。

（2）现在，假设该贷款机构知道政府将为机构做担保人，如果违约就补偿给它 1000 美元的本金。贷款机构会如何选择？政府的预期成本是多少？

（3）假设该贷款机构不确知是否有政府担保，但知道有政府担保的概率为 P。在 P 为多少时，该贷款机构会选择风险性贷款？

答：（1）在无风险贷款的情形下全球储贷银行的贷款收益为 40 美元，有风险的贷款的收益为 300 美元。因此，无风险放贷与有风险放贷的预期回报分别为：

$$E(\pi)=40(\text{美元})$$

$$E(\pi)=0.80\times300+0.20\times(-1000)=40(\text{美元})$$

因此，可知此贷款机构无论进行有风险的放贷还是进行无风险放贷，预期回报是相同的。

（2）政府担保下，贷款机构风险放贷的预期回报为：

$$E(\pi)=0.80\times300+0.20\times0=240(\text{美元})$$

全球储贷银行此时进行有风险放贷其境况会变得更好，因为其预期回报为 240 美元，远大于无风险贷款时的 40 美元。

如果贷款违约，则政府的成本为 1000 美元，因此，政府的预期成本为：

$$0.80\times0+0.20\times1000=200(\text{美元})$$

（3）在有政府担保和无政府担保的情形下，全球储贷银行风险性贷款的预期收益为 240 美元和 40 美元。如果政府进行担保的概率为 P，则不担保的概率为 $1-P$，因此，全球储贷银行的预期回报为：

$$240P+40(1-P)=40+200P$$

只要风险贷款的预期收益高于无风险贷款的预期收益，全球储贷银行就会选择风险性贷款。即：

$$40+200P>40$$

可得：$P>0$。

所以，只要政府存在为此贷款机构进行担保的可能性，即便概率很小，全球储贷银行也会选择风险性贷款。

第 18 章　外部性与公共物品

18.1　复习笔记

【知识框架（庖丁解牛）】

外部性与公共物品
- 外部性
  - 负的外部性和无效率
  - 正的外部性和无效率
- 纠正市场失灵的办法
  - 纠正市场失灵的四种方法
  - 排污标准与排污费的比较
- 存量外部性
  - 存量外部性及其影响
  - 存量外部性与政策制定
- 外部性和产权
  - 产权
  - 谈判与经济效率
  - 成本高昂的谈判：策略行为的作用
  - 法律解决途径：对损害的诉讼
- 共有资源
- 公共物品
  - 公共物品的特性
  - 效率和公共物品
  - 公共物品和市场失灵

【考点难点归纳（厚积薄发）】

考点一：外部性　★★★

外部性是指一个经济主体的经济活动对他人和社会造成的非市场化影响，这种影响既可以是正向也可以是负向。当某个经济主体的行为使他人或社会受益，而受益者无须付出任何代价时，称之为正的外部性；当某个经济主体的行为使他人或社会受损，而行为主体却无须为此承担成本时，称之为负的外部性。由于外部性并不反映在市场价格中，因此可能会导致经济无效率和市场失灵。

1. 负的外部性和无效率

当出现负外部性时，边际社会成本（MSC）高于边际私人成本（MC），它们之间的差额即为边际外部成本（MEC）。从社会的角度看，由于厂商未能将与负外部性伴随的成本纳入考虑，导致生产过剩。有效产出水平应当是价格等于生产的边际社会成本。

外部性既导致短期也导致长期的无效率。厂商通过对比产品价格和生产的平均成本来决定是否进入行业：价格高于成本，厂商就进入；价格低于成本，厂商就退出。在市场的长期均衡中，价格等于（长期）平均成本。当出现负外部性时，平均私人生产成本低于平均社会成本，厂商判断产品价格高于其生产的成本即平均私人成本，选择留在产业内，但对社会而言是无效率的。

2. 正的外部性和无效率

当出现正外部性时，边际社会收益（MSB）高于边际私人收益（D），它们之间的差额即为边际外部收益（MEB），即 $MSB = D + MEB$。有效产出水平处于 MSB 和 MC 曲线的相交处。

正的外部性也会导致无效率。一个正的外部性导致无效率的例子就是厂商在研究与开发上所花费的钱，研究带来的创新常常难以受到保护而被别的厂商得到，研发投资得不到回报就无法再获得资金支持。

考点二：纠正市场失灵的办法　★★★

污染是外部性导致市场失灵的一般例子，可以通过排污标准、排污费、可转让排污许可证或者通过鼓励再生利用得到纠正。在成本和收益都存在不确定性时，这些机制的选择，取决于边际社会成本和边际收益曲线的形状。

1. 纠正市场失灵的四种方法（见表 18－1）

表 18－1　纠正市场失灵的四种方法

方法	主要内容	作用原理
排污标准	排污标准是制定一个法定限制，规定厂商可以排放多少污染物。有效排放标准是 $MSC = MCA$ 时的排放量，即图 18－1 中的 E^* 点所对应的排放量	如果厂商排污量超过排污标准，就会面临经济惩罚甚至刑事惩罚。该标准保证了厂商有效率地生产，可以通过安装减少污染的设备来达到这一标准
排污费	排污费是厂商每排放一单位污染物所要交的费用。达到有效率行为的单位收费标准是 $MSC = MCA$ 时的排污费，即图 18－1 中 E^* 所对应的排污费	当厂商排污量低于有效排放标准时，减排成本（MCA）高于排污费，厂商更愿意支付排污费；当厂商排污量高于有效排放标准时，排污费高于减排成本，厂商更愿意安装减污设备等以使排污量达标
可转让排污许可证	①可转让排污许可证是一种可以排放数量一定且有限的污染的许可证，在各个厂商之间进行分配和买卖。 ②标准：所选的许可证总数使排放达到最理想的水平	在可转让排污许可证制度下，拥有许可证的厂商才可以排污。任何厂商排放未经允许的污染或超出许可证规定的排放数量时都将受到大量的罚款
回收	将废弃物加工利用或将个人或单位闲置物品回收再利用	通过给予回收产品适当的刺激，例如押金，增加其处理废物的机会成本，以此约束消费者和生产者行为

2. 排污标准与排污费的比较

当政策制定者的信息不完全，并且管制成本很高时，排污标准和排污费有明显差异，如表 18－2 所示。

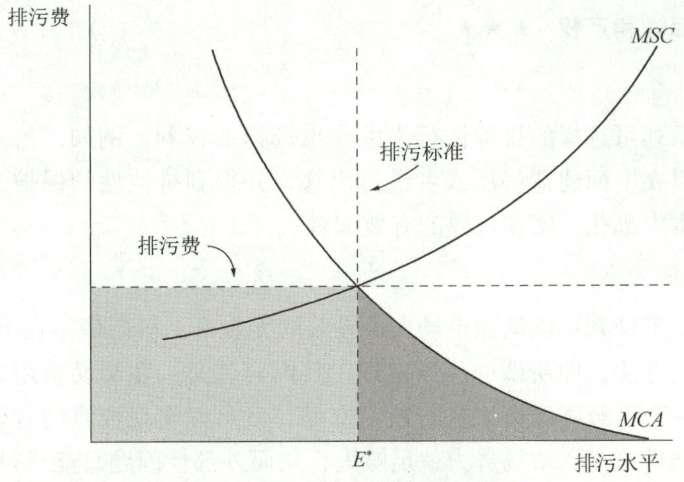

图 18－1　排污标准和排污费

表 18－2　排污标准与排污费的比较

情形	具体内容
收取排污费优于制定排污标准	①当排污费或排污标准对所有厂商都相同时，实现同样的排污削减，排污费只需花费较低的成本。 ②排污费使厂商更有激励安装新设备，这有利于进一步削减排放
制定排污标准优于收取排污费	当边际社会成本曲线较陡而减排的边际成本较平坦时，不减少排污面临很高的成本，排污标准优于排污费
政策选择	在信息不完全时，排污标准可以确定排污水平但不能确定减排成本；排污费可以确定减排成本但不能确定排污水平。因此如何进行政策的抉择取决于不确定性的性质和各成本曲线的形状

考点三：存量外部性 ★★★

1. 存量外部性及其影响

存量外部性是指由生产者和消费者的行为带来的累积结果，这些结果虽然不能反映在市场价格中，但影响其他生产者和消费者。

存量外部性可能是正的，如知识存量会随着研发中的投资增加而发生累积增长，长期来说，这种积累会给整个社会带来更多新创意、新产品、新技术，这不仅使进行投入研发的人获益，而且产生了正的外部性。存量外部性也可能是负的，如污染对生态和经济等方面的影响来自积累的存量，每年的新增污染中的一部分会在大自然自净能力下消散，另一部分会积累下来，积少成多，对经济产生的影响不断增加。

2. 存量外部性与政策制定

当存在存量外部性时，制定环境政策时需要考虑社会贴现率。社会贴现率反映为获取未来经济收益而对社会造成的机会成本。一般来说，社会贴现率取决于三个因素：①预期的真实经济增长率；②社会整体的风险规避程度；③社会整体的纯时间偏好率。

考点四：外部性和产权 ★★★

1. 产权

产权是在一系列可选择的排他性行为中作出选择的权利。例如，当人们拥有对土地的产权时，他们可以在上面建造房屋或者进行出售，并得到排他性的保护。确定清晰的产权能够使外部性成本内部化，实现资源的有效配置。

2. 谈判与经济效率

利益各方的私下谈判可以消除市场失灵导致的无效率。科斯最早在 1960 年提出了采用产权纠正外部性的办法，即所谓的科斯定理。其内容就是：在交易费用为零时，只要产权初始界定清晰，并允许经济当事人进行谈判交易，就可以实现资源的有效配置。科斯定理说明，只要假设条件成立，市场势力就足够大，从而外部性问题总能通过市场自身来解决，而不需要政府的干预。

没有策略行为时，谈判是可以有效解决市场失灵导致的无效率问题的，但谈判各方经常有策略行为，因此谈判不大可能产生有效率的结果。

3. 成本高昂的谈判：策略行为的作用

谈判很消耗时间且成本高昂，在产权没有明确界定的时候交易成本更高，因为此时双方都不知道什么条件能够使对方达成协议。即使在交流和监督都无成本时，如果双方都渴望并坚信能够得到更多的收益，一方提出大额补偿要求，同时假定另一方会最终让步而拒绝还价，谈判就会破裂。这一策略行为会导致无效率、非合作的结果。

4. 法律解决途径：对损害的诉讼

在许多涉及外部性的情况下，受到伤害的一方(受害者)有起诉的法定权利。如果胜诉，受害者可以得到与他受到伤害相等的货币补偿。对损害的诉讼与排污费不同，因为得到支付的是受害者而不是政府。

考点五：共有资源 ★★★

共有资源是那些任何人都可以免费使用的资源。共有资源不是由一个人控制的，并且可以不付价格就被使用。由于自由使用的关系，外部性就产生了，当前对资源的过度使用损害了那些可能在未来使用它的人。

如图 18 -2 所示，当某种资源是任何人都可以得到的共有资源时，例如鱼，该资源就会被不断利用直到点 F_c，此时私人成本等于所产生的额外收益，但资源使用量超过了边际社会成本等于边际收益时的有效水平 F^*。

对共有资源问题的一个解决办法是让某个所有者对共有资源进行管理。该所有者要对使用该资源的费用加以确定，使用费用要等于耗竭现有存量资源的边际成本。但是大多数共有资源都比较庞大，单个所有权可能难以解决问题，可能需要政府所有或者政府直接管制。

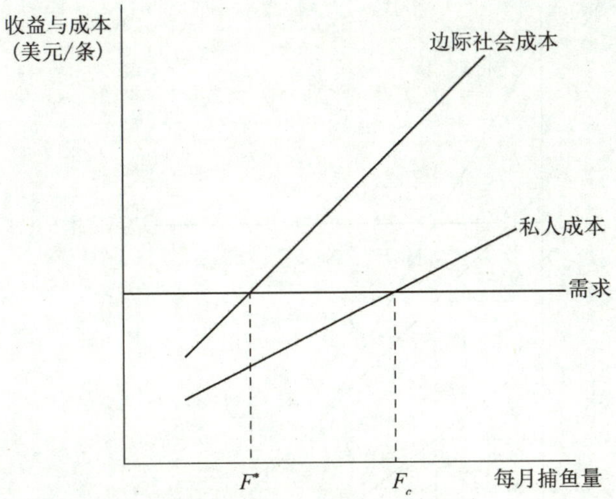

图 18－2　共有资源过度使用

考点六：公共物品　★★★

1. 公共物品的特性(见表 18－3)

表 18－3　公共物品的特性

特性	具体内容	典型例子
非竞争性	若在一种商品给定的生产水平下，向一个额外消费者提供商品的边际成本为零，则该商品是非竞争性的	灯塔、公共电视
非排他性	如果人们不能被排除在消费一种商品之外，这种商品就是非排他性的	国防、空气

2. 效率和公共物品

私人商品供给的有效水平是通过对增加一单位的边际收益与生产该单位的边际成本进行比较来确定的，有效率的生产在边际收益等于边际成本时实现。公共物品也适用同样的原则，但是具体的分析不同。当个人对公共物品需求的垂直相加与生产它的边际成本相等时，该公共物品就是有效供给的。

图 18－3 显示了生产一个公共物品的有效水平。D_1和 D_2代表两个消费者对该公共物品的需求。需求曲线 D 表示消费的社会边际收益，它由个人的需求曲线 D_1和 D_2的垂直相加决定。需求曲线和边际成本曲线交点处的产量即为有效率的产出水平。

3. 公共物品和市场失灵

对于公共物品，免费搭车者的存在使得市场难以实现有效生产。如果涉及的人很少，计划所需费用又相对便宜，所有家庭都会自愿分摊成本；但是如果涉及到的家庭太多时，自愿的私人安排通常是无效率的。因此，公共物品会导致市场失灵，公共物品想要实现有效生产就必须由政府直接提供或者给予补助。

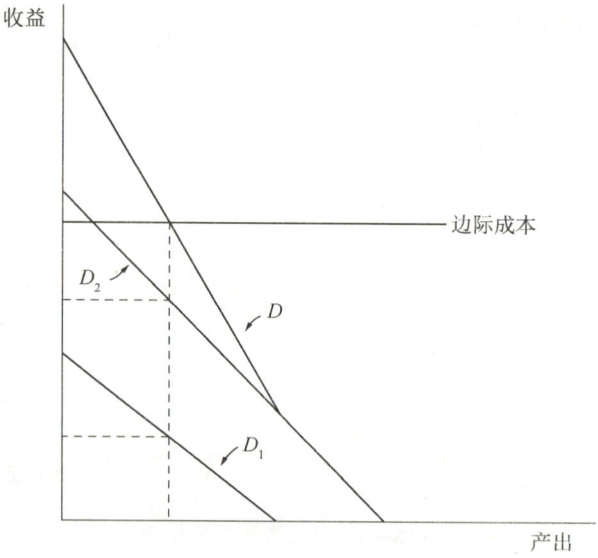

图18-3　公共物品的有效供给

18.2　课后复习题详解

1. 下列哪种情形描述了外部性，哪种没有？解释它们的区别。

（1）巴西限制咖啡出口的政策导致美国咖啡的价格上升，它反过来又导致茶叶的价格上升。

（2）一则广告传单使一个驾驶汽车的人分心，然后他撞上了一根电线杆。

答：（1）巴西限制咖啡出口的政策没有外部性。巴西限制咖啡出口的政策导致美国咖啡的价格上升，是因为美国所面临的咖啡的供给减少了。因为咖啡的价格提高，所以消费者转向咖啡的替代品茶，从而使得茶的需求增加，因此导致茶叶价格的上升。这是市场的作用，而不是外部性的作用。

（2）广告传单有外部性。广告传单通过宣传某些产品或服务而传达信息。但是，它传达这些信息的方式可能会使驾驶汽车的人分心，对那些在电线杆附近的驾驶者就可能会造成事故。因为广告公司索取的广告费中并不包含使驾驶者分心的外部性的成本，传单对驾驶者产生了危害他们安全的负的外部性。

两者的区别在于：巴西的这项政策对美国产生的影响并没有造成其私人成本和社会成本之间，或其私人收益和社会收益之间的不一致，所以没有外部性；而广告传单对它所处的经济环境产生负面影响，所以具有外部性。

2. 在减污的成本和收益不确定时，比较和对照下列三种对付污染外部性的机制：

（a）排污费；

（b）排污标准；

（c）可转让排污许可证制度。

答：（1）三种机制的含义：

排污费是对厂商每单位排污的收费。征收一定的排污费将产生有效率的行为。

排污标准是对厂商可以排放多少污染物的法定限制。如果厂商超过限制，它就会面临经济惩罚甚至刑事惩罚。

可转让排污许可证是一种可以产生数量一定且有限的污染的许可证，它分配在各个厂商之间并且可以在他们之间进行买卖。

(2)排污费和排污标准的比较：

①某一点的有效排放水平可以通过排污费或者排污标准来实现。如图 18 -4 所示，E^* 点的有效排污水平可以通过排污费或者排污标准来实现。当面临每单位排放 3 美元的排污费时，厂商减少排放直至排污费等于边际收益那一点。同样水平的排放削减可以用排污标准将排放限制在 12 单位来实现。在信息完全的情况下，当排污标准对所有厂商都相同时，排污费能以较低的成本实现同样的污染减少度，而且排污费的征收可以刺激厂商安装会进一步减少污染的新设备，所以在信息完全的情况下，排污费优于排放标准。

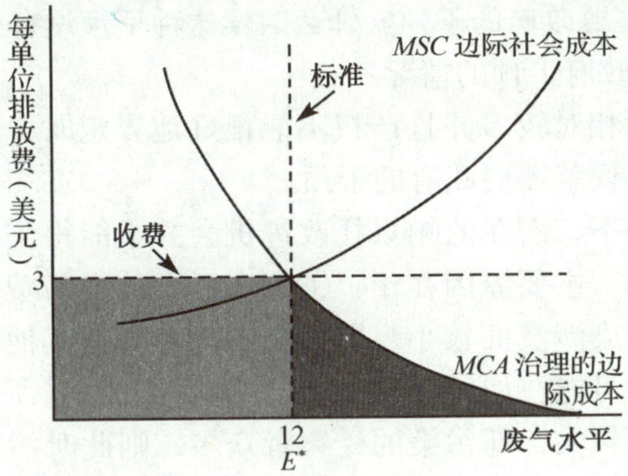

图 18 -4　排污标准和排污费

②在信息不完全时，排污标准可以确定排污水平但不能确定减排成本；排污费可以确定减排成本但不能确定排污水平。因此如何进行政策的抉择取决于不确定性的性质和各成本曲线的形状。

③边际社会成本曲线较陡而降低污染的边际成本曲线较为平坦时，排污标准优于排污费(图 18 -5)；边际社会成本曲线较平坦而降低污染的边际成本曲线较陡时，排污费优于排污标准。如图 18 -5 所示。如果采用排污费，设有效率的排污费是 8 美元。但是假定由于信息有限而征收了 7 美元较低的排污费(这相当于减少 12.5%)。由于 *MCA* 曲线较平坦，厂商的排放就会从 8 单位增加到 11 单位。这降低了一些厂商的减污成本，但是由于 *MSC* 曲线较陡。社会成本就会增加很多。社会成本的增加减去减污成本的节约，由整个阴影三角形 *ABC* 表示。但如果采用排污标准，有效率的排污标准是 8 单位排放物，但假定排污标准放松了 12.5%，从 8 单位放松到 9 单位，这同样会导致社会成本增加和减污成本减少。三角形 *ADE* 表示这时社会成本的净增加，大大小于三角形 *ABC*。同理可以通过画图比较边际社会成

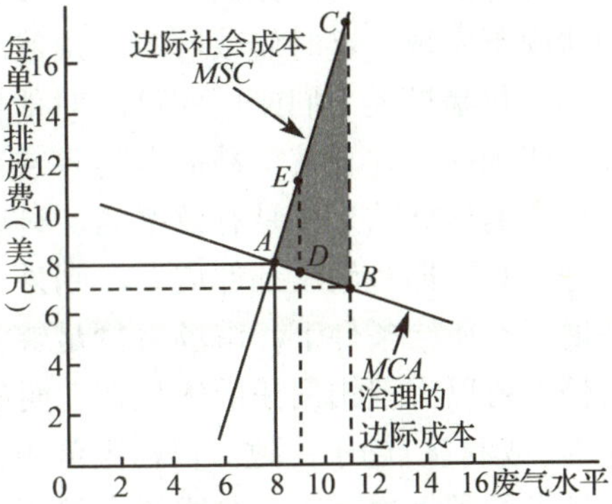

图 18 -5　设立标准的例子

本曲线较平坦而降低污染的边际成本曲线较陡时的情形，可以得出排污费优于排污标准的结论。

总的说来，哪一种方法更好，取决于不确定性的性质和各成本曲线的形状和位置。

(3)可转让排污许可证与排污费和排污标准的比较：

可转让排污许可证结合了排污费和排污标准的特点。可转让排污许可证产生了一个外部性的市场。由于这一市场方法把排污标准制度下的某些优点和收费制度下的成本优点结合了起来，它是有吸引力的。管理这一制度的机构决定总的许可证数目，从而决定了总的排放量，这就像标准制度所做的那样。但是许可证的可销售性使得污染的减少以最低成本实现，这又像收费制度所做的那样。但是，许可证的总数量的错误选择可能产生无效率。

在实际中，污染控制部门一般会先实施一种机制，然后评价结果，然后再重新确定合适的排污费或标准或许可证数量，或者选择其他的机制。

3. 什么时候外部性需要政府的干预？什么时候这种干预没有必要？

答：(1)外部性需要政府干预的情况：

当外部性影响的方面相对较多并且产权不能很好地界定时，经济效率无法在没有政府干预的情况下实现，这时候就需要政府的干预。

在存在外部性的条件下，潜在的帕累托改进机会并不能得到实现，在没有政府干预的情况下无法实现经济效率。主要原因在于：①存在巨大的交易费用。以生产的外部不经济如污染问题为例，如果污染涉及面较小，即污染者只对少数其他人的福利造成影响，则此时污染者和这少数受害者可能在如何分配“重新安排生产计划”所得到的好处问题上不能达成协议；如果污染涉及面较大，即污染的受害者众多，则此时污染者和受害者以及受害者之间要达成协议就更加困难；②很难避免“免费搭便车”的现象；③势力的不对称性。即使污染者与受害者有可能达成协议，但由于通常是一个污染者面对众多受害者，因而污染者在改变污染水平上的行为就像一个垄断者。在这种情况下，由外部性产生的垄断行为也会破坏资源的最优配置。

污染者导致外部不经济，自行解决污染的成本远大于直接将污染排入环境的成本，所以必须由政府出面加以管理。

(2)政府没必要干预的情况：

当外部性影响的方面相对较少并且产权很好地界定时，经济效率可以在没有政府干预的情况下实现，这时候政府的干预就没有必要了。

产权是描述人们或厂商可以对他们的财产做什么的法律规则。根据科斯定理，只要产权是明确的，并且其交易成本为零或者很小，则无论在开始时产权的配置是怎么样的，市场均衡的最终结果都是有效率的。科斯定理进一步扩大了“看不见的手”的作用。按照这个定理，只要那些假设条件成立，则外部影响就不可能导致资源配置不当。或者从另一角度来说，在所给条件下，市场力量足够强大，总能够使外部影响以最经济的办法来解决，从而仍然可以实现帕累托最优状态。明确的产权及其转让可以使得私人成本(或利益)与社会成本(或利益)趋于一致。以污染问题为例，科斯定理意味着，一旦所需条件均被满足，则污染者的私人边际成本曲线就会趋于上升，直到与边际社会成本曲线完全重合，从而污染者的利润最大化产量将下降至社会最优产量水平。

4. 考虑一个厂商有垄断势力的市场，同时假定厂商的生产有正的或负的外部性。外部性必然导致资源配置的更大扭曲吗？

答： 外部性未必导致更大的扭曲。在负的外部性的情况下，相对于社会最优水平而言，市场将会导致产出过多。但是垄断者为了实现垄断利润的最大化，将会生产过少的产量。垄断企业的产量可能比竞争性的企业更为接近社会最优水平。

在正的外部性的情况下，市场提供的产量不足，垄断者提供的产量更少。此时垄断企业会导致更大的扭曲。

5. 外部性的产生只是因为个人没有意识到其行动的结果。你是否同意这种观点？请解释。

答： 不同意。不是人们没有意识到，而是他们没有被要求去考虑和承担他们行为的后果。例如，一个企业向一条河流倾倒了污水，影响了下游的游泳区域。倘若它未被要求去考虑和承担它施加给游泳区域使用者的成本，它的排污行为就会产生外部性。无论厂商是否意识到其行为给他人造成的影响，在该企业无需为其行为负责的时候，外部性就会产生。

6. 为了鼓励一个行业生产社会最优的产量，政府应该对产出征收等于边际生产成本的单位税。这种观点是否正确？请解释。

答： 这种观点是错误的。尽管税收可以激励企业生产社会最优的产量，但是税收应该等于边际外部成本，而不是边际私人成本。企业将通过生产使价格等于边际成本的产量来最大化其利润。当存在负的外部性时，从社会角度而言，一个企业的边际私人成本太低，因而产量过多。通过设定一个等于边际外部成本的税收，这将增加厂商的总的边际成本，从而厂商将考虑所有的成本，从而减少产量至社会最优水平。

7. 乔治和斯坦是邻居。乔治喜欢在他的花园里种花，但每次他一种花，斯坦的狗就过来把花弄坏。斯坦的狗导致了损失。为了达到经济效率，斯坦必须付费沿着他的院子建起一道篱笆以防止狗去破坏乔治的花园。你是否同意这种观点？请解释。

答： 不同意。实现经济效率并不要求斯坦一定要为篱笆付费。无论谁为此付费，只要斯坦和乔治解决这个问题使得社会福利最大化即可。例如，乔治和斯坦可用共同分担篱笆的费用，或乔治付费给斯坦让他的狗远离自己的花园，或斯坦付钱给乔治让他不要种花。

给定乔治财产所有权，则乔治可能会因此起诉斯坦，法院将会判决斯坦为篱笆付费以使其狗远离乔治的花园。斯坦这样做似乎很公平，但这并不符合经济效率的要求。

8. 排污费是付给政府的，而被起诉并应受罚的厂商直接向受到外部性伤害的一方支付赔偿。在这两种制度下，你预计受害者的行为会出现哪些不同？

答： 受害者的行为要根据具体的情况做具体分析。

（1）当受害者可以直接获得伤害赔偿时，他们倾向于提出索赔，投诉排放废气伤害他们的工厂，而且会试图夸大所受伤害。如果不可能直接获得赔偿，他们一般不会投诉，而且不会故意夸大所受伤害。

（2）从理论上讲，排污费制度下，政府不但对厂商每单位废气收费，还要求排放废气的工厂向受害者如数赔偿，这种情况下产量水平会向社会最佳水平趋近。如果受害者认为他们不可能直接获得赔偿，则他们也不会对工厂的污染行为投诉。

9. 为什么对一种共有资源的自由获取会产生无效率的结果？

答：共有资源指任何人都可以自由得到的资源，具有竞争性但没有排他性。可以举例说明为什么共有资源的自由获取会产生无效率的结果。例如，一个有鲑鱼的大湖，无限数目的渔民都可以进入该湖。每个渔民都会捕鱼直到他的边际收入与边际成本相等。但是湖是共有资源，因此没有渔民会考虑他的捕鱼会如何影响其他人的机会。结果，渔民的私人成本低估了对社会的成本。因为较多的捕鱼减少了鱼的存量，使其他人可得到的鱼就少了。这导致无效率——捕获的鱼太多了。

如图 18 –6 所示，假定相对于需求来说，捕鱼量充分地小，因而渔民们把鱼的价格看作是给定的。再假定有人可以控制进入湖的渔民数。每个月鱼的有效水平 F^* 由捕鱼的边际收益等于边际社会成本那一点决定。边际收益是从需求曲线得到的价格。图中显示的边际社会成本不仅包括私人成本，而且包括耗竭鱼的存量的社会成本。

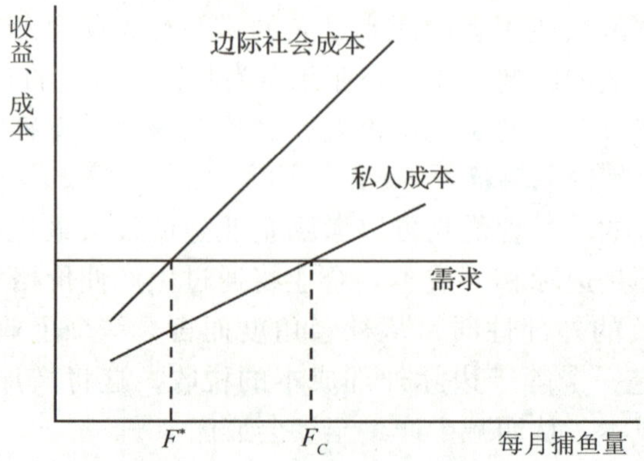

图 18 –6　共有资源

现在将此有效率的结果与湖是共同财产时会发生的情形进行比较。当湖作为共同财产时，边际外在成本就不会得到考虑，而每个渔民都会捕到没有任何利润为止。当只有 F^* 的鱼被捕时，捕鱼的收益大于私人成本，捕更多的鱼就可以得到利润。更多的人就会进入捕鱼业，直到价格等于边际成本，即图中的 F_C。但是在 F_C，将有太多的鱼被捕。这就产生了无效率。

10. 公共物品既是非竞争性的，又是非排他性的。解释这两个概念并清楚地说明它们之间的区别。

答：(1)非竞争性和非排他性的含义：

公共物品是没有排他性又没有竞争性的产品和服务。非排他性指当某个人使用或消费一种产品和服务时，不可能排除与阻止其他人使用或消费该种产品和服务或者排除其他人消费该种产品和服务的成本非常高。非竞争性指当某个人使用或消费一种产品和服务时，并不会减少其他人使用或消费该种产品和服务的机会。

(2)非竞争性和非排他性的区别：

①如果一个商品在给定的生产水平下，向一个额外消费者提供商品的边际成本为零，则该商品是非竞争的。对于私人提供的大多数商品来说，生产更多商品的边际成本是正的。但对有些商品来说，额外的消费者并不增加额外成本，例如交通流量较低时对公路的使用。由于公路已经存在并且没有拥塞，在上面开车的额外成本为零。再比如公共电视，显然多

一个观众的成本为零。

②如果人们不能被排除在消费一种商品之外，这种商品就是非排他的。因为很难或者不可能对人们使用非排他性商品收费，因此这些商品能够在不直接付钱的情况下被享用。一个非排他性商品的例子是国防。一旦一个国家提供了国防，所有公民都能享受到它的好处。灯塔和公共电视也是非排他性商品的例子。

③非排他性是公共物品的基本特性；非竞争性则由于公共物品性质上的差别而表现出不同的程度。根据非排他性与非竞争性结合程度的差异，可将公共物品区分为纯公共物品和准公共物品。

11. 一个村庄位于面积为 1000 英亩的牧场附近。村庄拥有这片牧场，并且允许所有居民自由放牧，村庄的一些人指出牧场过度放牧了。这可能是真的吗？这些人还建议村庄要么要求放牧者购买年度许可证，要么将牧场卖给放牧者。这些建议是否合适？

答：通常情况下，这可能是真的。公地可能存在过度放牧问题，因为每个个人仅考虑他们的私人成本，而没有考虑放牧的真实社会成本。放牧的社会成本可能高于任何个人的私人成本，因为没有一个人有激励去考虑他的放牧行为如何影响其他人的机会成本。例如，个人决定在一年中的某些时节仅在某一特定的区域放牧，其他区域留作其他时节放牧。但是，如果牧场是公共所有，则他不会这样做，因为任何其他人都可以自由使用公地，从而破坏他所建起来的保护计划。

出售许可证制度，或出售所有权可以解决过度放牧问题。出售许可证制度将使放牧者的边际成本上升，放牧的数量会下降。如果个人购买了牧场，他有激励去考虑所有与牧场使用相关的成本，结果他们会更为合理地使用资源。

12. 即使任何有电视机的人都会免费观看电视，公共电视也仍有一部分是由私人缴费资助的。你能根据免费搭车者问题解释这一现象吗？

答：(1)公共品的制造及使用常常会发生搭便车问题，其情况是，某些人会宣称他们并不需要某种公共品，例如将社区环境整理的干净美丽，但是事实上他们却希望别人付出代价去取得该公共品，他们便可因此不劳而获地享受成果。简单的说，贪小便宜想要不劳而获的行为，就是搭便车的行为。

(2)公共电视是一种公共品，既没有排他性也没有竞争性。公共电视的一部分是由私人资助的，有些观众作出了贡献，但很多人只是免费观看，而希望由别人来提供，自己坐享其成。“搭便车问题”意味着市场机制不能解决公共品的供给问题。

(3)为解决搭便车问题，可以采取以下措施：①让消费者自行评估消费该公共品需要支付的费用；②并要求其支付这一费用；③想办法让每个消费者都感觉到搭便车是个可耻行为。

13. 在用多数原则投票制决定公共支出水平时，解释为什么中间投票人结果不一定是有效率的。

答：中间投票人指所有投票人中偏好居中的那些投票者，即其偏好处于所有投票人偏好的中间状态。假设公共项目的成本分摊已定，投票的最终结果总是反映中间投票人的偏好，即中间选民的偏好决定了投票结果。所以，在多数决定投票制中，中间投票人偏好的支出水平总能击败其他选择而赢得选举。

但是中间投票人所偏好的不一定是经济上有效率的支出水平，因为它给每个公民的偏好同等的权重。而有效率的结果应该基于每个公民的偏好程度给他或她的投票以权重。

14. 你认为维基百科是一种公共物品吗？它提供了正的外部性还是负的外部性？

答：(1)维基百科是一个免费的网上百科全书，其主要是由网上匿名的志愿者们编写和编辑的，但志愿者们并没有为此获得任何报酬。公共物品是指既没有排他性又没有竞争性的产品和服务。维基百科具有非竞争性，因为向额外一个消费者提供百科服务的边际成本基本上为零。尽管维基百科服务是免费的，但它在本质上并不是非排他性的物品。因为，如果维基百科要求只有会员才能免费使用或一些其他的条件(例如志愿者编写和编辑)才能使用该产品，那么它仍可能会排除人们消费。因此，维基百科并不是完全意义上的公共物品。

(2)当一个消费者或生产者的经济行为对其他的消费者或生产者产生影响但他并不为此承担责任时，外部性就产生了。由于使用者从维基百科获取信息，但并不为此付出任何费用，因此存在正的外部性。维基百科在一定程度上提供了负的外部性，例如它使得学生写学术论文时剽窃变得更加容易，这增加了导师检查学生是否存在此种行为的成本。

15. 区分下列商品是否具有竞争性和排他性，并解释。

(1)衣服。

(2)有线电视。

(3)拥挤的非收费公路。

(4)国防。

答：(1)衣服具有竞争性和排他性。多生产一件衣服对生产者来说一定会产生边际成本，因而衣服具有竞争性。每件衣服的产量是有限的，一旦售完，其他消费者就无法购买，并且衣服的价格高低不一，一些价格昂贵的品牌服装很容易将消费实力不足的顾客排除在外，因此衣服具有排他性。

(2)有线电视具有非竞争性和排他性。一个家庭安装并观看有线电视，并不影响其他家庭的安装和观看，因而具有非竞争性。只有支付了有线电视收视费用的消费者才能观看电视节目，因而有线电视具有排他性。

(3)拥挤的非收费公路具有竞争性和非排他性。非收费公路是一种公共资源，不能排除人们消费这种资源，因而具有非排他性。但当道路处于拥挤状态，多一个车辆驶入这条道路会降低其他车辆的行驶速度，因而具有竞争性。

(4)国防既具有非竞争性也具有非排他性。一旦一个国家提供了国防，向新增公民提供国防的边际成本几乎为零，并且所有公民都能享受到它的好处，因而国防通常被视作一种纯公共物品。

18.3　课后练习题详解

1. 在居民住宅占据了一个城镇的东部后，有几个厂商定址在西部。每个厂商生产相同的产品，并在生产中排放有害气体，对社区的居民产生不利的影响。

(1)为什么存在厂商产生的外部性？

(2)你认为私下的谈判能够解决这一外部性问题吗？请解释。

(3)社区可能会怎样决定空气质量的有效水平?

答:(1)因为厂商在生产中排放的有害气体，损害了居民的身体健康，增加了社会成本，而这种成本不能在市场中反映出来，因此就存在厂商生产的负外部性。

从另一个角度讲，厂商生产所排放的有害气体是居民效用函数的一个变量，但是居民并不能控制气体的排放量，气体排放量与效用是反方向变动的关系，即有害气体的排放减小了居民的效用。所以厂商的生产具有负的外部性。

(2)私下的谈判很难有效解决这一外部性问题。因为社区居民对西部的空气并不具有清洁权，而且这种外部性的影响又非常大。产权没有明确确定的情况下，谈判是无效率的。

如果居民在买房时已经预料到了厂商的建厂地址，那么房价应该已经反映了有害气体的危害，外部性就已经在房地产市场上内化在房价中。如果买房的时候并没有预料到厂商的建厂地址，则外部性并没有内化在房价中。只有当外部性影响的方面相对较少并且产权很好地界定时，私下的谈判才可能解决这一外部性问题。私下的谈判取决于每个家庭愿意为空气质量支付的价格，但这些很可能被厂商生产技术的适应性和厂商与家庭之间的雇用关系所复杂化，从而私下谈判解决这一外部性问题的可能性比较小。

(3)社区可能会通过合计每个家庭愿意为空气质量支付的价格，并使之等于减少污染的边际成本来决定空气质量的有效水平。值得注意的是，必须收集到真实的数据。

2. 一个计算机编程人员游说反对对软件进行版权保护。他的论点是，每个人都应当从为个人计算机编写的创新程序中获益，与各种各样计算机程序的接触甚至会鼓舞年轻的编程人员编写出更多的创新程序。考虑到由于他的建议而可能得到的边际社会收益，你同意该编程人员的主张吗?

答:不同意他的主张。原因如下:

(1)外部性指一个经济活动的主体对它所处的经济环境的影响。外部性的影响会造成私人成本和社会成本之间，或私人收益和社会收益之间的不一致，因此容易造成市场失灵。外部性的影响方向和作用结果具有两面性，可以分为外部经济和外部不经济。那些能为社会和其他个人带来收益或能使社会和个人降低成本支出的外部性称为外部经济，它是对个人或社会有利的外部性；那些能够引起社会和其他个人成本增加或导致收益减少的外部性称为外部不经济，它是对个人或社会不利的。

(2)不对软件进行版权保护，则其他使用软件的人实际上免费获得软件的使用权。也就是说，边际社会效益远远大于私人边际效益，软件制造商的生产具有正的外部性。对于制造软件的制造商来说，他根据私人边际成本和私人边际收益原则制作软件，在社会边际效益大于私人边际效益的情况下，制作商制作的软件数量低于社会需求，从而没有达到社会的最大福利。更进一步说，如果由于对版权不保护，软件制作商的边际收益小于边际成本，软件制作商就不会生产软件，社会福利受到极大损失。

3. 假定科学研究让你知道了二氧化硫排放的收益与成本:

减少排放量的收益: $MB=500-20A$

减少排放量的成本: $MC=200+5A$

A 是减少排放的数量，单位是百万吨。收益和成本的单位是美元/吨。

(1)社会有效减污量是多少?

（2）在社会有效减污量处，减污的边际收益和边际成本是多少？

（3）如果减污量超过社会有效减污量 100 万吨，社会净收益会如何变化？减少 100 万吨呢？

（4）为什么当边际收益等于边际成本而不是总收益等于总成本时排放量会达到社会有效水平？

解：（1）为求社会的有效二氧化硫排放减少量，须使得边际收益等于边际成本，即：

$$500-20A=200+5A$$

$$A=12$$

所以，社会的有效二氧化硫排放减少量为 12 百万吨。

（2）把 $A=12$ 分别代入边际收益和边际成本函数，则有：

$$MB=500-20\times12=260$$

$$MC=200+5\times12=260$$

所以，在社会有效减污量边际收益和边际成本都为 260 美元/吨。

（3）净社会收益等于边际收益曲线之下的面积与边际成本曲线之上所围成的面积，在社会有效减污量，净社会收益为图 18－7 中 $a+b+c+d$ 的面积，即：

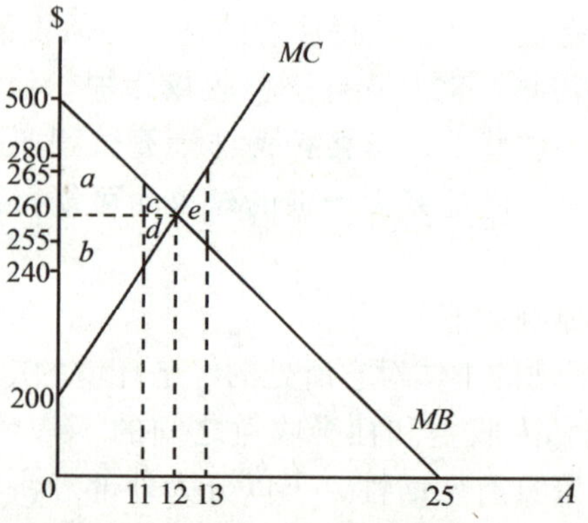

图 18－7　净社会收益的图示

$$0.5\times(500-200)\times12=1800(\text{百万美元})$$

如果多减少 100 万吨，净社会收益为图中 $a+b+c+d-e$ 的面积，即：

$$1800-0.5\times(265-240)\times1=1787.5(\text{百万美元})$$

如果少减少 100 万吨，净社会收益为图中 $a+b$ 的面积，即：

$$1800-0.5\times(280-255)\times1=1787.5(\text{百万美元})$$

（4）社会有效减污量对应的是边际收益等于边际成本而不是总收益等于总成本，这是因为要最大化净收益，即使总收益与总成本之差最大化。最大化总收益与总成本之差意味着最后一单位的排放减少量的收益和成本必须相等，即边际量相等。选择总收益与总成本相等所对应的减少量，则会导致过多的二氧化硫排放减少量。如果总收益与总成本总是相等，则厂商不会有任何收益。在本题中，只要超过有效减污量，减少得越多，成本越大。给定一定的资金水平，一定要使这些资金的分配使得最后一单位二氧化硫排放减少量的边际收益大于或者等于其边际成本。

4. 处于不同地点的四个厂商向一条河中排放不同数量的废水。废水对住在河下游的房屋主人的游泳质量产生了不利影响。这些人可以建造游泳池来避免到河中游泳，而厂商可以购买过滤设备，消除向河中排放的物质中的有害化学成分。作为一个地区计划组织的政策顾问，你将如何比较和对照下列对付废水有害影响的选择？

(1) 对位于河边的厂商收同样费率的废水排放费。

(2) 对每个厂商可以排放的废水量规定同样的标准。

(3) 实行可转让废水排放许可证制度，它确定废水的总水平并给所有厂商同样数量的许可证。

答：(1) 对河边厂商收同样费率的废水排放费(排污费)：

对位于河边的厂商收同样费率的废水排放费(排污费)，首先需要知道下游的房屋主人在河里游泳的价值，这一信息是比较难以得到的。因为房屋主人可能会夸大这一价值。如果河没有其他价值的话，可以将建造游泳池的花费作为这一价值的估算。其次，需要知道减污的边际成本。如果减污技术易于理解，那么减污成本就易于得到，否则就只能在对厂商了解的基础上进行估算。

废水排放费的确定取决于边际收益和减污的边际成本。如果对所有的厂商收取同样的费，厂商会减少排放直至排污费等于边际收益那一点。如果废水排放量的降低不够达到能够游泳的程度，那么就应该提高排污费，或者将废水排放费的收入用来建造游泳池，使减小污染的需要降低。

(2) 对每家厂商可以倾倒的废水水平规定同样的标准(排污标准)：

如果有关当局对减污的边际成本和边际收益具有完全信息的时候，设定标准是有效的。在信息不完全时，排污标准使污染排放水平比较确定而使得降低污染的成本不很确定，因此可能使降低污染的成本很大。但如果边际社会成本曲线较陡而降低污染的边际成本曲线较为平坦时，排污标准可能是比较合适的方法。

(3) 实行可转让排污许可证制度：

可转让排污许可证结合了排污费和排污标准的特点。可转让排污许可证产生了一个外部性的市场。由于这一市场方法把标准制度下的某些优点和收费制度下的成本优点结合了起来，它是有吸引力的。管理这一制度的机构决定总的许可证数目，从而决定了总的排放量，这就像标准制度所做的那样。但是许可证的可销售性使得污染的减少以最低成本实现，这又像收费制度所做的那样。但是，许可证的总数量的错误选择可能产生无效率。许可证制度仍然要求决策者确定有效的废水标准。

对三种方法的总体比较：

①信息完全的情况下，排污费优于排污标准，因为：a. 当排污标准对所有厂商都相同时，排污费能以较低的成本实现同样的污染减少度；b. 排污费的征收，刺激厂商安装新设备，这些设备会进一步减少污染。

②考虑信息不对称的情况：

a. 在信息不完全时，排污标准使污染排放水平比较确定而使得降低污染的成本不很确定；而排污费使降低污染的成本比较确定而使污染排放水平的降低不很确定。

b. 边际社会成本曲线较陡而降低污染的边际成本曲线较为平坦时，排污标准优于排污费；边际社会成本曲线较平坦而降低污染的边际成本曲线较陡时，排污费优于排污标准。

c. 实行可转让废水许可证制度把标准制度下的某些优点和收费制度下的成本优点结合了起来，但是，许可证的总数量的错误选择可能产生无效率。

总的说来，哪一种方法更好取决于不确定性的性质和各成本曲线的形状和位置。

5. 在医学研究表明二手烟对健康有负外部效应后，最近社会显示出对在公共场合吸烟越来越不能容忍的倾向。许多人指出了二手烟对健康的负效应。如果你是个吸烟者，并且你希望继续吸烟，将越来越严厉的反吸烟法规放在一边，描述下列立法建议对你的行为的影响。从这些计划的结果看，你作为一个吸烟者是否受益？社会作为一个整体是否受益？

(1) 一项议案要求降低所有香烟中的焦油和尼古丁含量。

(2) 对每包香烟征税。

(3) 对出售的每包香烟征税。

(4) 要求吸烟者在所有时候都携带吸烟许可证，这些许可证由政府签发。

答： 因为在公共场合吸烟类似于空气污染。这些立法计划类似于对污染所采取的措施。所有这些计划都是将吸烟的负外部性内部化，因此对于吸烟者个人来说，均不会受益。社会是否受益取决于从这些计划中获得的收益与实施计划的成本的比较。

(1) 降低所有香烟中的焦油和尼古丁相当于设定排放标准。这一措施可能使得吸烟者吸更多的烟，从而保证每天吸入的焦油和尼古丁含量，所以吸烟者可能不会从中获益。如果空气中的焦油和尼古丁含量不变的话，社会作为一个整体可能不会受益。

(2)(3) 无论是对每包香烟征税，还是对出售的每包香烟征税，生产者和消费者(吸烟者)都将承担一部分税收。香烟的价格将会增加，吸烟者会减少吸烟。税收的影响程度取决于对香烟的需求价格弹性。不吸烟者会更好，但吸烟者的情况变差，所以社会整体是否受益是不确定的。此外，一些吸烟者可能用雪茄或烟斗代替香烟，这对不吸烟者来说可能更糟糕。

(4) 吸烟许可证的分发相当于污染排放许可证。这种政策会有效地将得益从吸烟者转移到非吸烟者。社会得益的主要障碍是实行排放许可证体系后，可能会有很高的成本。香烟价格的上升及香烟消费的减少量也取决于香烟的需求弹性。

6. 美国某一地区的纸品市场的需求曲线和供给曲线如下：

$$Q_D = 160000 - 2000P$$

$$Q_S = 40000 + 2000P$$

其中，Q_D 是需求数量，Q_S 是供给数量，单位是百磅；P 表示每百磅的价格。目前尚没有任何管制造纸厂向河中排放废水的措施，结果造成了大量的废水排放。生产纸张的边际外部成本(MEC)由曲线 $MEC = 0.0006Q_S$ 给出。

(1) 在没有任何规制措施时，竞争性产出和价格是多少？

(2) 计算社会有效产量和价格。

(3) 解释为什么(1)部分和(2)部分的答案会不同。

解： (1) 由市场供求相等，即：

$$160000 - 2000P = 40000 + 2000P$$

可得竞争性价格为：$P = 30$，产出为：$Q = 100000$(百磅)。

(2)由 $Q_S=40000+2000P$ 可得私人边际成本为：

$$P=0.0005Q_S-20=MC$$

因此，社会边际成本为：

$$MSC=MC+MEC=0.0005Q_S-20+0.0006Q_S=0.0011Q_S-20$$

令社会边际成本等于社会边际收益，可得：

$$0.0011Q-20=80-0.0005Q$$

从而可以解得社会最优的产出和价格分别为：

$$Q=62500\ ,\ P=48.75$$

(3)在(2)中，在社会最优下，均衡产出减少，均衡价格提高，是因为考虑了外部成本。忽视外部成本会导致产出过多，从而以一个较低的价格出售。

7. 在干洗市场中，逆市场需求曲线为 $P=100-Q$，总体（私人）边际社会成本 $MC=10+Q$。最后，干洗过程产生的污染导致的边际外部成本 $MEC=Q$。

(1)计算在没有管制情况下的竞争性产出和价格。

(2)计算社会有效产出和价格。

(3)计算使得市场竞争产量等于社会有效产量的税收水平。

(4)计算在没有管制时，垄断厂商的产出和价格。

(5)计算使得垄断厂商的产量等于社会有效产量的税收水平。

(6)若没有管制的打算，哪一种市场结构的社会福利更高？试讨论。

解：(1)在没有管制下，价格等于边际产出，即：$100-Q=10+Q$。

因而可以解得竞争性产出和价格分别为：

$$Q=45,\ P=55$$

(2)边际社会成本为：

$$MSC=MC+MEC=10+2Q$$

因而由 $P=MSC$，即：$10+2Q=100-Q$。

可以解得社会最优的产出和价格分别为：

$$Q=30,\ P=70$$

(3)单位产品征收 t 单位税收水平的情况下，厂商的边际成本为：$MC'=10+Q+t$。

社会最优的价格为 $P=70$，最优产量为 $Q=30$，因此，由 $P=MC'$ 可以解得社会最优的税收水平为：$t=30$。

(4)在没有管制下，垄断厂商的利润函数为：

$$\pi=(100-Q)Q-TC$$

利润最大化的一阶条件为：

$$\frac{\mathrm{d}\pi}{\mathrm{d}Q}=100-2Q-10-Q=0$$

解得垄断厂商的产量为：$Q=30$，价格为：$P=70$。

(5)税收等于零，因为垄断厂商的生产已经实现了社会最优水平。

(6)在本题的情况下，垄断比竞争产生了更高的社会福利水平，因为垄断者的利润最大化问题倾向于生产更少的产量水平，在存在负的外部性的情况下，它比竞争性厂商的产量更接近于社会最优的水平。

8. 回忆例 18.4 中的全球变暖问题，教材表 18.3 显示了每年减少 1%温室气体排放所带来的净收益。什么样的贴现率能够刚好使得 NPV 等于 0?

答：教材表 18.3 显示的是每 10 年的净收益，所以不可能准确地计算出 NPV，因为每年的净收益都会变化。而下表给出了每年的准确净收益，运用这些数据可以计算例 18.4 中的 NPV 以及使 NPV 等于 0 的贴现率。

年份	净收益	年份	净收益	年份	净收益	年份	净收益
2010	-0.650	2035	-0.813	2060	-1.266	2085	2.139
2011	-0.658	2036	-0.818	2062	-1.199	2086	2.377
2012	-0.665	2037	-0.822	2062	-1.127	2087	2.625
2013	-0.673	2038	-0.825	2063	-1.051	2088	2.884
2014	-0.680	2039	-0.829	2064	-0.970	2089	3.154
2015	-0.688	2040	-0.832	2065	-0.885	2090	3.436
2016	-0.695	2041	-0.834	2066	-0.795	2091	3.730
2017	-0.702	2042	-0.837	2067	-0.700	2092	4.036
2018	-0.710	2043	-0.838	2068	-0.599	2093	4.356
2019	-0.717	2044	-0.840	2069	-0.493	2094	4.689
2020	-0.724	2045	-0.841	2070	-0.382	2095	5.036
2021	-0.731	2046	-0.841	2071	-0.264	2096	5.397
2022	-0.738	2047	-0.841	2072	-0.141	2097	5.774
2023	-0.745	2048	-0.874	2073	-0.011	2098	6.165
2024	-0.751	2049	-0.839	2074	0.126	2099	6.573
2025	-0.758	2050	-0.838	2075	0.269	2100	6.997
2026	-0.764	2051	-0.912	2077	0.578	2102	7.898
2027	-0.770	2052	-0.951	2078	0.743	2103	8.375
2028	-0.777	2053	-0.951	2078	0.743	2103	8.375
2029	-0.782	2054	-0.992	2079	0.916	2104	8.871
2030	-0.788	2055	-1.033	2080	1.098	2105	9.387
2031	-0.794	2054	-1.077	2081	1.288	2106	9.923
2032	-0.799	2057	-1.122	2082	1.487	2107	10.480
2033	-0.804	2058	-1.168	2083	1.695	2108	11.059
2034	-0.809	2059	-1.216	2084	1.912	2109	11.660
						2110	12.284

要找到使得净现值等于 0 的贴现率，建立了一个有 101 年净收益值的表格，如上表给出。很容易将这些数值列在一栏，另一栏为时间变量，将 2010 年定义为 0 并且每年增加 1，因此 2110 年的时间变量为 100。下一步，选择表示贴现率的单元格，例如 0.013（即 1.3%）。然后，时间变量所在列旁边计算每个净收益目前的贴现值。通过这种方式可以反

映出不同贴现率条件下的 PDV，最后加总贴现后的净收益就得到 NPV 了。可以得到当贴现率 = 1.3% 时的 NPV = 21.3 美元。接着可以尝试不同的贴现率，直到找到 NPV 等于 0 的贴现率为 2.09%。

如果不使用上述表中的确切净收益值，还有另外两个方法可以得到合理的近似。首先，可用教材表 18.3 给出的净收益，并用插值的方式给出没有显示的那些年份的净收益。当使用线性插值方式，当贴现率等于 0.13% 时 NPV = 23.0。使用这些净收益值计算出使净现值等于零的贴现率为 0.0214，即 2.14%。

最后不用任何计算，画出四个贴现率与净收益对应的点，然后用平滑的曲线将这些点连接起来，可以得到近似的图 18－8，可知使 NPV 等于 0 的贴现率为 2.1%。

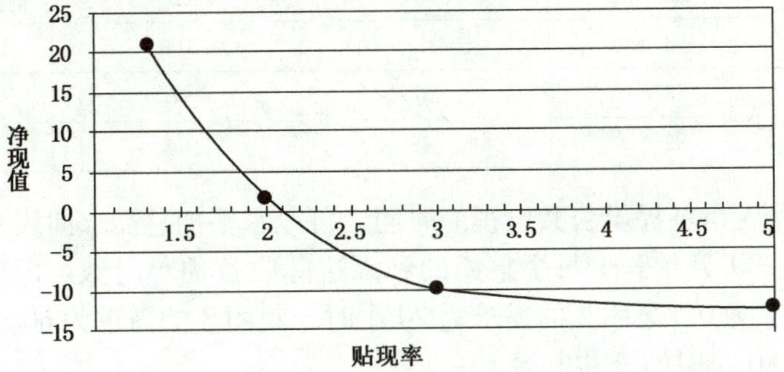

图 18－8 减少温室气体排放的净现值

9. 一个养蜂人住在一个苹果园旁边。果园主人由于蜜蜂而受益，因为每箱蜜蜂大约能为一英亩果树授粉。然而，果园主人并不为这一服务支付任何费用，因为蜜蜂并不需要他做任何事就会到果园来。蜜蜂并不足以使全部果园都授到粉，因此果园主人必须以每英亩果树 10 美元的成本，用人工来完成授粉。养蜂人的边际成本为 $MC = 10 + 5Q$，其中 Q 是蜂箱数目。每箱产生价值 40 美元的蜂蜜。

(1) 养蜂人将会持有多少箱蜜蜂？

(2) 这是不是经济上有效率的蜂箱数目？

(3) 什么样的变动可以导致更有效率的运作？

答：(1) 养蜂人根据 $MR = MC$ 原则决定生产，由于 $10 + 5Q = 40$，所以养蜂人会持有蜜蜂箱数为 $Q = 6$（箱）。

(2) 这不是有效率的蜂箱数目，因为这点蜜蜂不足以使全部果园都授到粉，原因是蜜蜂免费授粉，使养蜂活动具有正的外部性，养蜂的私人收益小于社会收益。如果苹果园主人把人工授粉的 10 美元给养蜂人的话，养蜂产量可满足 $40 + 10 = 10 + 5Q$，所以养蜂人会持有蜜蜂箱数为 $Q = 8$（箱）。

(3) 若能让果园和养蜂合并，就可将蜜蜂授粉的外在正效应内部化，则会导致更有效运作。或者让果园主和养蜂人订一份合同，使养蜂人得到适当授花粉服务的利益。

10. 在一个社区内有三个集团。它们对公共电视节目小时数 T 的需求曲线分别是：

$$W_1 = 200 - T$$

$$W_2 = 240 - 2T$$

$$W_3 = 320 - 2T$$

假定公共电视是一种纯粹的公共物品，它能以每小时 200 美元的不变边际成本生产出来。

（1）公共电视有效率的小时数是多少？

（2）一个竞争性的私人市场会提供多少公共电视？

答：（1）公共电视的有效率的小时数等于使得边际收益等于边际成本的小时数。在给定代表每个个体边际收益的需求曲线的情况下，可以垂直加总这些需求曲线从而确定所有的边际收益之和，如下表所示。由 $MSB = MC$，可得公共电视有效率的小时数为 112 小时。

小时数	集团 1	集团 2	集团 3	垂直加总（MSB）
100	100	40	120	260
106	94	28	108	230
112	88	16	96	200
118	82	4	84	170

（2）为了找到私人市场提供公共电视的时间，可以水平加总需求曲线，有效率的时间是使得私人边际成本 200 美元等于每个集团的私人边际收益的小时数。因此在价格等于 200 美元时集团 1 的需求为 0、集团 2 的需求为 20 小时、集团 3 的需求为 60 小时，所以竞争性的私人市场会提供 80 小时的公共电视。

11. 重新考虑（教材中）例 18.6 中的共有资源问题。假设龙虾的受欢迎度继续提高，需求曲线从 $C = 0.401 - 0.0064F$ 变为 $C = 0.5 - 0.0064F$。这一需求的转变会如何影响龙虾的实际捕捞量和有效率的捕捞量，以及共同进入的社会成本？（提示：利用例子中给出的边际社会成本曲线和边际私人成本曲线。）

解：令 F 代表每年数百万磅的龙虾捕捞量，令 C 代表每磅的美元成本，则：

需求：　$C = 0.50 - 0.0064F$　①

边际社会成本：　$C = -5.645 + 0.6509F$　②

私人成本：　$C = -0.357 + 0.0573F$　③

联立①②两式，可解得：有效的龙虾捕捞量为 9.35 百万磅；

联立①③两式，可解得：实际的龙虾捕捞量为 13.45 百万磅。

捕捞量为 13.45 时的私人成本为：$C = -0.357 + 0.0573 \times 13.45$，解得 $C \approx 0.41$。

捕捞量为 13.45 时边际社会成本为：

$MSC = -5.645 + 0.6509 \times 13.45 \approx 3.11$

如图 18－9 所示，共同进入的社会成本为图中阴影三角形面积，$1/2 \times (13.45 - 9.35) \times (3.11 - 0.41) = 5.535$ 百万美元。

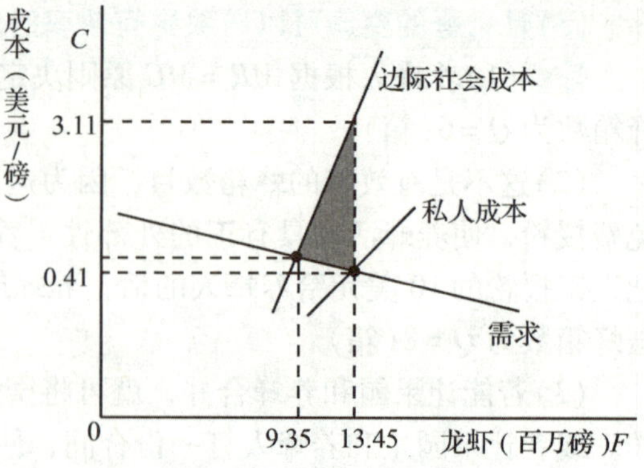

图 18－9　公共资源

12. 乔治斯海滩是新英格兰海岸外鱼的高产地区，但根据鱼的总数可分为两个区域。1 区每平方英里鱼的总数较高，但它对捕鱼努力来说是报酬严重递减的。

1 区每天的捕捞量(以吨计算)是：$F_1 = 200X_1 - 2(X_1)^2$。其中，X_1 是在那里捕鱼的船只数目。

2 区每平方英里的鱼少一些，但也大一些，并且报酬递减也不太严重。它每天的捕捞量是：$F_2 = 100X_2 - (X_2)^2$。其中，X_2 是在 2 区捕鱼的船只数目。

各区的边际捕捞量 MFC 由下式给出：

$$MFC_1 = 200 - 4X_1$$

$$MFC_2 = 100 - 2X_2$$

现在有 100 条船得到美国政府许可在这两个区域捕鱼。鱼以每吨 100 美元出售。每条船的总成本(资本和运作)为每天不变的 1000 美元。就这一情况回答下列问题：

(1)如果船都能在渔民想去的地方捕鱼，政府不加限制，每个区域将有多少条捕鱼船？捕捞的总值将是多少？

(2)如果美国政府能够限制船只，每个区域应当配置多少条船？捕捞的总值将是多少？假定船的总数仍为 100。

(3)如果其他渔民想购买船只，加入捕鱼队伍，一个希望捕鱼净值最大化的政府是否应当发给他们许可证，让他们捕鱼？为什么？

解：(1)如果船都能在渔民想去的地方捕鱼，政府不加限制的话，会使得船只在两个区的平均捕捞量相等。因为如果某区的平均捕捞量小于另一区域，就会有船只离开该区而到另一区捕鱼直至两区的平均捕捞量相等。因此，可以得到以下方程：

$$AF_1 = AF_2$$

$$X_1 + X_2 = 100$$

$$AF_1 = \frac{200X_1 - 2X_1^2}{X_1} = 200 - 2X_1$$

$$AF_2 = \frac{100X_2 - X_2^2}{X_2} = 100 - X_2$$

联立以上方程，解得：

$$X_1 = \frac{200}{3}, \quad X_2 = \frac{100}{3}$$

代入捕捞量的方程，解得：

$$F_1 = 200 \times \frac{200}{3} - 2 \times \left(\frac{200}{3}\right)^2 \approx 4444(\text{吨})$$

$$F_2 = 100 \times \frac{100}{3} - \left(\frac{100}{3}\right)^2 \approx 2222(\text{吨})$$

总的捕捞量为 $F_1 + F_2 = 6666$(吨)，在每吨 100 美元的价格下，总价值为 666600 美元。

每条船的利润为：$\pi = 100 \times 66.66 - 1000 = 5666$(美元)。

总利润为 566600 美元。

(2)如果美国政府能够限制船只，政府将会追求捕鱼的社会价值最大化，因此会使每个区域的边际捕鱼量相等。因此：

$$MFC_1 = MFC_2$$

$$X_1 + X_2 = 100$$

$$MFC_1 = 200 - 4X_1$$
$$MFC_2 = 100 - 2X_2$$

联立以上方程，解得：

$$X_1 = 50,\ X_2 = 50$$

代入捕捞量的方程，解得：

$$F_1 = 200 \times 50 - 2 \times 50^2 = 5000(\text{吨})$$
$$F_2 = 100 \times 50 - 50^2 = 2500\ (\text{吨})$$

总的捕捞量为 $F_1 + F_2 = 7500$(吨)，在每吨 100 美元的价格下，总价值为 750000 美元。

应该注意的是，利润在两个区域不是平均分配的。在 1 区，每条船的平均捕捞量为 100 吨，而 2 区每条船的平均捕捞量为 50 吨，1 区的船只获得一个较高的利润。

(3)为回答这个问题，首先应该计算出在每个区域追求利润最大化时的船只数量。

区域 1：

$$\pi_1 = 100(200X_1 - 2X_1^2) - 1000X_1 = 19000X_1 - 200X_1^2$$

利润最大化一阶条件为：$\frac{d\pi_1}{dX_1} = 19000 - 400X_1 = 0$，解得：$X_1 = 47.5$。从而区域 1 的利润为：

$$\pi_1 = 100(200 \times 47.5 - 2 \times 47.5^2) - 1000 \times 47.5 = 451250(\text{美元})$$

同理，对区域 2：

$$\pi_2 = 100(100X_2 - X_2^2) - 1000X_2 = 9000X_2 - 100X_2^2$$

利润最大化一阶条件为：$\frac{d\pi_2}{dX_2} = 9000 - 200X_2 = 0$，解得：$X_2 = 45$。从而区域 2 的利润为：

$$\pi_2 = 100(100 \times 45 - 45^2) - 1000 \times 45 = 202500(\text{美元})$$

总利润为：$\pi_2 = \pi_1 + \pi_2 = 451250 + 202500 = 653750$(美元)。

在 1 区和 2 区船只分别为 47.5 和 45 时，达到利润最大化。任何大于 92.5 的船只数都会降低总利润。因此政府不会再授予捕鱼许可证。

13. 香烟的需求为 $P = 500 - 0.2Q$。香烟生产的边际成本固定不变，为 50，并在竞争性市场上出售。

(1)市场均衡时香烟的交易量为多少？

(2)如果香烟产生边际外部成本 $MEC = 0.1Q$，社会最优的香烟水平为多少？

(3)画出私人和社会边际成本曲线。指出私人市场交易量、社会最优交易量以及社会福利成本。

解：(1)市场均衡时，价格等于边际成本，因此：

$$500 - 0.2Q = 50$$
$$Q = 2250$$

市场均衡时香烟的交易量为 2250。

(2)当香烟产生负外部性，有效产出水平应当是价格等于生产的边际社会成本。

边际社会成本 $MSC = MC + MEC$，即 $50 + 0.1Q$。

令 $500-0.2Q=50+0.1Q$。

解得：$Q=1500$。

社会最优的香烟水平为 1500。

(3) 如图 18－10 所示，私人市场交易量是需求曲线 D 与私人边际成本 MC 交点的横坐标 2250。社会最优交易量是需求曲线 D 与边际社会成本 MSC 交点的横坐标 1500。

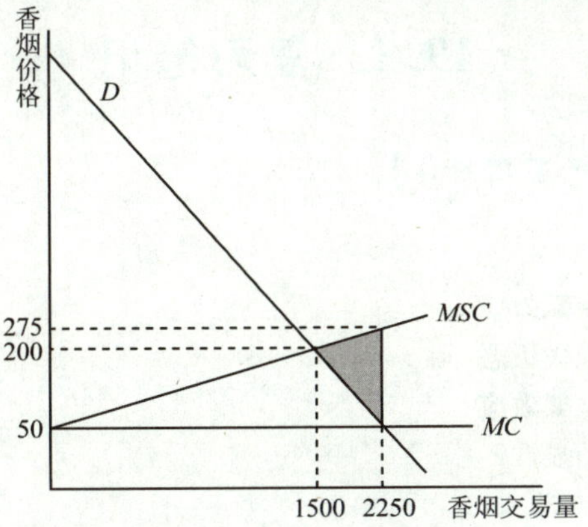

图 18－10 社会福利成本

社会福利成本是指由于市场未处于最优运行状态而引起的社会成本。对于每一单位超出社会最优交易量 1500 以上的交易，社会福利成本由边际社会成本与边际收益即需求曲线的差额给出，社会福利总成本就是图 18－10 中阴影三角形的面积，$(2250-1500)\times(50+225-50)\times(1/2)=84375$。

第19章 行为经济学

19.1 复习笔记

【知识框架(庖丁解牛)】

- 行为经济学
  - 参照点
    - 含义及原因
    - 参照点表现
      - 禀赋效应
      - 损失厌恶
      - 框架效应
      - 凸显性
  - 经验法则
    - 经验法则的含义
    - 经验法则的表现
      - 锚定效应
      - 小数定律
      - 过度乐观
      - 过度精确
  - 行为经济学的应用
    - 公平
    - 泡沫
    - 公共政策

【考点难点归纳(厚积薄发)】

考点一：参照点 ★★★

1. 含义及原因

(1)含义：参照点是指人们进行决策时参考的某一点，是决策的出发点，它对消费决策有着强烈的影响。根据不同的参照点，消费者会做出不同的消费决策，即使消费者的其他特征均相同。

(2)参照点出现的原因：过去的消费习惯、市场经历和对价格的预期等。

2. 参照点表现(见表19－1)

表19－1 参照点表现

表现	含义	例子
禀赋效应	当个人一旦拥有某项物品，那么他对该物品价值的评价要比未拥有之前大大增加	拥有榨汁机的人比没有它的人认为其价值更高
损失厌恶	人们面对同样数量的收益和损失时，认为损失更加令他们难以忍受	股票亏损，卖出仍犹豫

续表

表现	含义	例子
框架效应	人的决策依赖于所描述的选择背景的影响	同一种产品，不同的广告描述，商品需求量存在差别
凸显性	人们通过商品的一种或多种特征所感知到的重要性	名牌产品让消费者认为其更出色，更能吸引消费者购买

凸显性可以帮助人们更好地进行消费决策，因为“凸显性”向消费者传达了商品的某种特异性信号，对于消费决策有正向影响。“凸显性”可以增加人们对于某种商品或服务可选择的信念的准确性，也可以增加人们对于这种商品或服务的成本与收益的信息。

框架效应与凸显性是密切相关的，两者都强调商品或服务的某种特征，但两者之间也存在着一些细微的差别，框架效应强调商品或服务的背景特征，而凸显性更倾向于质量、性价比等特征。

考点二：经验法则 ★★★

1. 经验法则的含义

经验法则是指依据过去的经验进行决策的方式。这种经验可以是自己的，也可以是他人的，如自己或他人的消费经历。

使用经验法则能够节省时间和精力，可以更加快速地做出决策，是一种普遍的节省努力的决策方式。但是，这种决策方式会存在偏差，尽管多数时候偏差很小，但是有时也会存在强烈的偏差。

2. 经验法则的表现(见表19－2)

表19－2 经验法则的表现

表现	内容	例子
锚定效应	指建议的信息片段(相关的或不相关的)影响人的最终决策	慈善机构给出的建议的捐款金额影响人们实际的捐款额
小数定律	指人们倾向于将从大样本中得到的结论错误地移植到小样本中的倾向	股市上，连续几年的高收益使人们倾向于认为下一年有高收益
过度乐观	指由于受到诸如信念、情绪、偏见和感觉等主观心理因素的影响，人们常常过度相信自己的判断能力，高估自己的前景	认为自己能够更快晋升
过度精确	指高估自己对信息的准确程度的把握，确信可以对结果作出精确预测	不能购买足够的医疗保险

过度乐观与过度精确都是过度自信的表现，过度自信是指人们对于自己的信念坚信不疑，因此在决策时会高估前景或自己的能力。过度自信是人们在决策中最常见的一种偏见。

考点三：行为经济学的应用 ★★

1. 公平

公平也是影响人们决策的因素之一，尽管公平并不能给人们带来物质利益。人们对于公平的考虑会影响其决策，比如餐厅小费、志愿工作和慈善捐助等。

“公平”可以纳入到消费者行为的基本模型中，即成为效用函数的解释变量之一。

2. 泡沫

泡沫是指商品或服务的价格在没有需求支撑的情况下持续上涨的现象。

泡沫经常是非理性行为的结果，人们不再依靠理性，购买商品仅是因为这种商品的价格在持续上涨。泡沫产生的原因可能是信息流，即人们并非根据其所掌握的基本信息做出决策，而是依赖于其他人的投资决策。信息流导致的泡沫在一定意义上是理性的，因为价格的上涨可以最终归根于正面信息。

3. 公共政策

与理性人假设不同，行为经济学需要考虑人们的非理性行为。实际上，人们并不能获得对于自身有利的全部的信息，或者不会主动去获取这种信息。因此，公共政策需要向人们传达这些信息，从而提高社会总福利。如公益广告、道德劝说和开设相关课程等。

部分公共政策通过改变个体的决策环境，来引导其做出完全信息下正确的决策。最常见的是改变消费者的默认选项。

19.2　课后复习题详解

1. 你走进本地杂货店，看到两包碎牛肉，两者除标签外都一样。一个标签上写着“80%的瘦肉”，另一个标签上写着“20%的肥肉”。你更可能买哪一包？这个例子说明了行为经济学中的什么概念？

答： 更可能买标签上写着“80%的瘦肉”的碎牛肉。

这个例子说明了框架效应的概念，即人的决策行为依赖于选择本身的描述。本例中的两种广告词说明的内容是相同的，但是强调点存在差别，前一个标签强调的“瘦肉”给人的印象比后一个标签强调的“肥肉”要好，从而更可能买前者。

2. 什么是禀赋效应？举例说明这一效应。

答： 禀赋效应是指当个人一旦拥有某项物品，那么他对该物品价值的评价要比未拥有之前大大增加。

如某一个咖啡杯的价值是 5 元，当人们拥有这个杯子时，在他们看来杯子的价值高于 5 元，可能是 6 元或更多；而当他们不拥有这个杯子时，在他们看来杯子的价值只有 5 元。

3. 什么是经验法则？饭馆小费的做法是其中一例吗？请解释。

答： 经验法则是指依据过去的经验进行决策的方式。这种经验可以是自己的，也可以是他人的，如自己或他人的消费经历。

使用经验法则能够节省时间和精力，可以更加快速地做出决策，是一种普遍的节省努力的决策方式。但是，这种决策方式会存在偏差，尽管多数时候偏差很小，但是有时也会存在强烈的偏差。

饭馆小费的做法是其中一例。因为人们在做出是否付小费以及确定小费金额的决策时，往往是依据自己或他人的消费经历来决定的，也就是依据过去的经验做出的决策，符合经验法则的定义。

4. 零售商店提出了一个营销计划，消费者可以试用某商品 30 天，之后如果不满意可以退货。该例隐含了行为经济学中的什么思想？请解释。

答：(1)该例隐含了凸显性的思想，即人们对于商品某种或多种特征重要性的感知。“凸显性”向消费者传达了商品的某种特异性信号，对于消费决策有正向影响。“凸显性”可以增加人们对于某种商品或服务可选择的信念的准确性，也可以增加人们对于这种商品或服务的成本与收益的知识。

(2)这种营销计划通过凸显性传达了商品质量高的信息。试用 30 天之后不满意还可以退货，是商家对产品质量的一种保证，类似于潮流商品或某种大牌商品。通过这种营销计划，消费者感知到商品的质量高的特征，强化了消费者的购买信念，从而消费者更加愿意去购买这种商品。

5. 你在一个博物馆看见一个牌子上写着“付多少门票钱您自己定”。结果，你决定付 10 美元，因为你觉得这个价格比较公道。不过，你到购票款台时，你看到另一个牌子上写着“建议票价 25 美元”。之后，你改变了想法，决定支付 25 美元。解释此例中的行为经济学思想以及它如何影响你的决定。

答：该例体现了锚定效应，即一些建议的信息片段会影响人的决策。当人们需要对某个事件做定量估测时，会将某些特定数值作为起始值，这种起始值会制约着估计值。在做出决策时，人们会不自觉地给予最初获得的信息过多的重视。

在本例中，消费者决定支付的价值为 10 美元，而当其看到建议票价为 25 美元时，消费者改变了决策，此时“25 美元”就是锚。建议的信息片段改变了消费者的认知，即改变了消费者主观上的公平价值，进而改变了消费者的决策。

6. 在本地超市购物时，你看见一个牌子上标注着 Campbell 浓汤，每罐 0.79 美元。后来，你注意到一个新的牌子上写着“每人限购 5 罐”。新的标牌会如何影响消费行为？其中蕴含着什么行为经济学原理？

答：新的标牌体现了凸显性的经济学原理。凸显性是指人们通过对商品某种或多种特征的认识形成的对商品重要性的感知。“凸显性”向消费者传达了商品的某种特异性信号，对于消费决策有正向影响。“凸显性”可以增加人们对于某种商品或服务可选择的信念的准确性，也可以增加人们对于这种商品或服务的成本与收益的信息。

新标牌中“每人限购 5 罐”向消费者传达出这种商品供不应求的信息，从而使消费者在主观上认为这种商品的性价比高或具有其他吸引消费者的特征。主观上的观念认为这种商品物超所值，所以消费者对于这种商品的购买会增加。

7. 你正在搜寻并打算投资一只共同基金。你把搜索的范围限定在那些过去三年回报率高于平均回报率的基金经理，你的理论是连续三年成功意味着下一年成功的可能性非常大。这一逻辑错在什么地方？为什么？

答：逻辑错误在于投资者只使用近三年的回报率来预测该基金下一年的回报率，夸大了这支基金成功的可能性。

该事例体现了小数定律的原理。小数定律是指当人们难以从过去的经验中获得足够的信息时，往往倾向于对特定事件发生的概率进行夸大。使用小数定律能够节省时间和精力，更加快速地做出决策，但是这种决策方式会存在偏差。

一般而言，共同基金回报率的预测需要使用尽可能多的时间序列数据，从而预测才会更加准确。即使如此，某种突发的不可预测的冲击也会导致共同基金的收益率发生变化。因此，投资者在选择基金经理时依靠的年度数据过少，且忽视了潜在的其他风险，对于该基金成功的预测概率过高。

8. 泡沫之下隐含着什么行为经济学思想？解释你的逻辑。

答：泡沫是指商品或服务的价格在没有需求的基础上持续上涨的现象。

泡沫经常是非理性行为的结果，人们不再依靠理性，购买商品仅是因为这种商品价格一直上涨。泡沫产生的原因之一是信息流，即人们并非根据其所掌握的基本信息做出决策，而是依赖于其他人的投资决策。当人们依赖其他人的决策做出决策时，同样会有人依赖你的决策做出决策，如此循环之下，这种虚假的需求不断推高商品的价格，从而出现泡沫。

信息流导致的泡沫在一定意义上是理性的，因为价格的上涨可以最终归根于正面信息。泡沫通常是无害的，不会对整体经济产生持续的影响，但也有泡沫对经济造成了巨大的危害。

19.3　课后练习题详解

1. 在某一特定城市，平日对 Uber 的需求曲线为 $Q=50-P$。平均打车成本为 25 美元。不过在周末的晚上，需求剧烈上升，新的需求曲线是 $Q=100-P$。因此，Uber 实施周末溢价，打车成本翻倍为平均 50 美元。

(1) 画出需求曲线，按照题干中的价格确定平日和周末晚上的打车需求量。在图中标出价格和数量。

(2) 现在，设想 Uber 乘客在高峰时段只愿意支付最多 40 美元，而不是 50 美元。解释消费者的此类行为背后的原因，画出周末晚上新的需求曲线。Uber 还可以收 50 美元的价格吗？

(3) 需求的这一变化影响 Uber 周末晚上的利润吗？如果影响，利润是增加还是下降？

答：(1) 将两种情况下的平均打车成本放入需求曲线中，平日的打车需求量为 $50-25=25$，周末需求量为 $100-50=50$。需求曲线如图 19－1 所示。

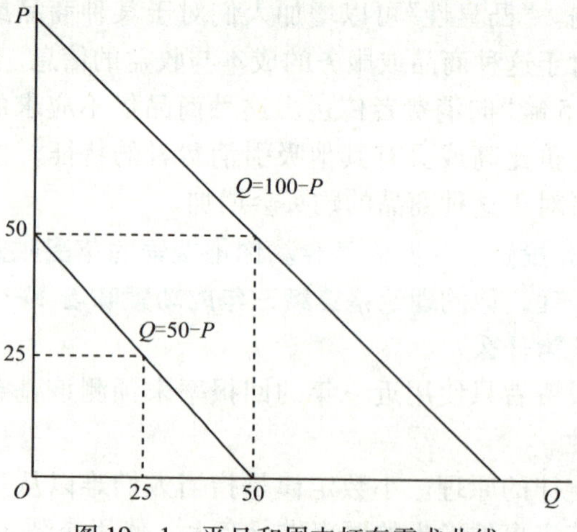

图 19－1　平日和周末打车需求曲线

(2)体现了公平对消费决策的影响。在行为经济学中，尽管公平并不能给人们带来物质利益，但是人们对于公平的考虑会影响其决策。Uber 乘客认为公平的价格最多上升到 40 美元，当价格高于 40 美元时，市场需求会快速降低，市场需求曲线会变得平缓，弹性变大。此时的需求曲线如图 19 -2 所示。

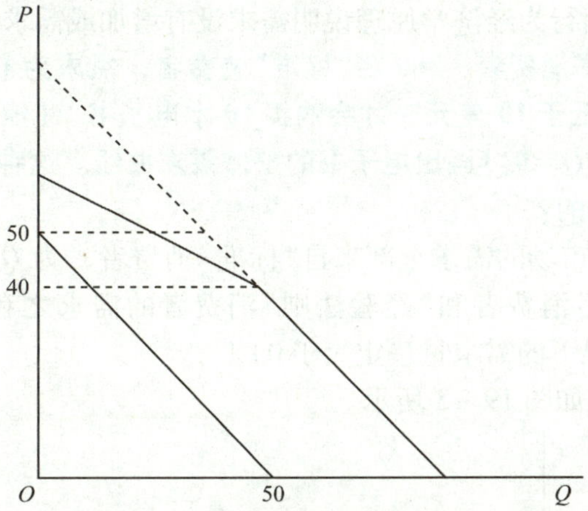

图 19 -2 平日和周末新的打车需求曲线

Uber 不能再收 50 美元，因为价格微弱的上涨会引起需求量的大幅降低。如果价格仍收取 50 美元，公司的利润会降低。

(3)需求的这一变化会影响 Uber 周末晚上的收益，Uber 的利润降低。因为平均打车成本降低了，但是总需求没有发生变化，所以 Uber 的利润降低。

2. 石油企业在海湾地区开采石油。钻井事故导致的泄漏对海湾地区居民产生了负外部性。运用你关于外部性和行为经济学的知识提出解决石油开采外部性及其伤害的两种方法。

答：(1)解决外部性的方法可以通过科斯定理或外部性内部化的解决方式。科斯定理要求在交易成本很低或零的情况下，当地居民与石油企业进行谈判，要求石油企业清理污染或给予居民补偿。如果使用外部问题内部化的解决方式，需要政府插手，如使用庇古税或罚金的形式。

(2)如果使用行为经济学的原理，那么就要从石油企业和居民的行为入手。对于居民而言，政府可以向他们宣讲污染的坏影响以及如何维权；对于石油企业而言，政府可以通过税收、许可证或罚金等方式向石油企业传达抑制外部性的信息，从而使得石油企业将负外部性纳入到他们的成本中，改变生产的行为。

3. 近年来，一些批评认为，法学院学费(以及法学院教育的感知价值)的上升是一种泡沫。你认同这种观点吗？为什么？

答：同意这种观点。

泡沫是指商品或服务的价格在没有需求的基础上持续上涨的现象。泡沫经常是非理性行为的结果，人们不再依靠理性，购买商品或服务仅是因为这种商品或服务的价格一直上涨。泡沫产生的原因可能是信息流，即人们的决策并非依赖于其所掌握的基本信息，而是依赖于其他人的决策。

尽管法学院学费的上涨看似有需求基础，即读法学的学生的数量上涨。但是，对于“法学教育"的真实的需求可能并没有那么大，即一部分人选择读法学是因为看到他人做出了相同的决策。因此，读法学学生数量的上涨是虚假的需求，法学院学费上涨是一种泡沫。也有可能学费上涨是一种营销计划，仅仅是为了凸显出法学院的高质量的特征，但是并没有需求量的真实的增加，所以法学院学费上升是一种泡沫。

【说明】本题只要使用行为经济学原理说明需求没有增加或需求增加相对较少即可。

4. 假设有两类电子书消费者：100 名"标准"消费者，需求为 $Q=20-P$；100 名"经验法则"消费者，只有价格低于 10 美元时才会购买 10 本电子书。(他们的需求为：若 $P<10$，则 $Q=10$；若 $P\geqslant 10$，则 $Q=0$。) 画出电子书的整体需求曲线。这种"经验法则"行为是如何影响对电子书的需求弹性的？

答：当 $P\geqslant 10$，整个市场的需求全部来自"标准"消费者，为 $Q=20-P$；当 $P<10$ 时，整个市场的需求为"标准"消费者和"经验法则"消费者的需求之和，为 $Q=20-P+10=30-P$(需要注意这种情况下的需求量一定大于 0)。

据此绘制需求曲线，如图 19－3 所示。

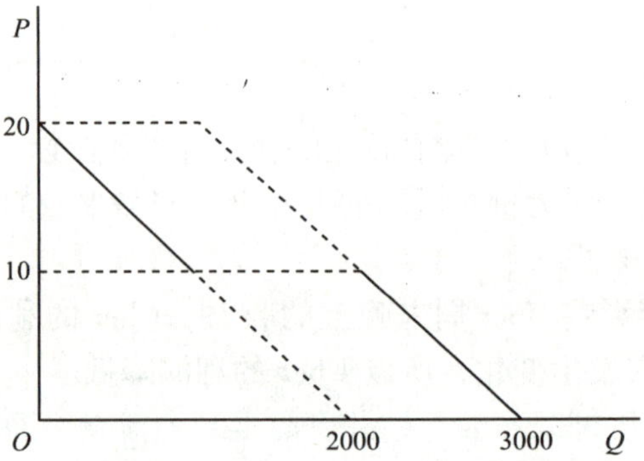

图 19－3　电子书整体需求曲线

消费者根据以往的经验，形成的主观的想法是电子书的价值不超过 10 美元，而实际上的价值并非如此，从而导致部分消费者对于电子书的需求曲线发生变化，当价格的范围是 $0<P<10$ 或 $10\leqslant P\leqslant 20$ 时，需求曲线是单位弹性，即价格变动 1% 时，需求量也变动 1%；当价格从 9 上升到 10 时，需求弹性增大。

5. 厂商正在考虑提高工人产出的两种方案。第一种是提高工资从而激励工人更努力地工作。第二种是支付那些特别努力的工人超额奖金。从行为经济学的角度出发，哪种方法更有效？

答：第二种方法更加有效。

该事例涉及到行为经济学中凸显性的经济学原理。凸显性是指人们通过对商品某种或多种特征的认识形成对商品重要性的感知。"凸显性"向人们传达了某种选择的某种特异性信号，对于做出决策有正向影响。

给予超额奖金的方式相当于给出了接受工人服务的一种"凸显性"特征——高生产率。提供高生产率的工人能够获得超额奖金回报，厂商向整个工厂内的工人传达了"奖励高生产率工人"的信息，使他们做出"努力工作"的决策，从而提高工人产出。而第一种方式提供普遍的工资的上涨并没有准确传递出这一信号，因此不能刺激工人努力工作。

6. 运用你所学的行为经济学知识解释，为什么许多人在对汽车投保时选择购买很低的免赔额。

答： 这涉及到经验法则理论。经验法则是指人们会依据他人或自己以往的信息片段做出决策。当有人选择低免赔额的保险时，可能出现他人根据这种信息选择同样的保险，如此循环下去就会有许多人选择这种保险。使用经验法则能够节省时间和精力，可以更加快速地做出决策，是一种普遍的节省努力的决策方式。

7. 假设你正在向能源部推广通过家庭隔热降低能源消费的最好方式。安装额外的隔热设施可以得到税收抵免，但是税收抵免计划现在看来收效甚微。有人建议给予隔热设施生产企业补贴，减少阁楼清理费用。运用你的行为经济学和政策知识，分析阁楼清理计划的优点和缺点。

答： (1)优点：

与理性人假设不同，行为经济学需要考虑人们的非理性行为。人们并不能获得对于自身有利的全部的信息，因此公共政策需要向人们传达这些信息，进而提高社会总福利。阁楼清理计划给予隔热设施企业补贴，降低了企业的生产成本，给予企业更多的生产激励，从而企业更有动力去向居民宣讲使用隔热设施会降低能源消费，使消费者自发地做出完全信息下降低能源的决策，进而使得该计划得以顺利进行。

(2)缺点：

阁楼清理计划通过补贴激励企业向人们宣传使用额外的隔热设施对于降低能源消费的积极意义，是一种间接的宣传方式。由于企业可能缺乏公信力，居民会怀疑甚至排斥企业向他们传达的信息，因此相比于政府直接向居民做出宣传，阁楼清理计划的效果会大打折扣，甚至降低消费者消费的激励，降低社会福利。

8. 在美国和许多其他国家，愿意在生命结束时捐赠器官的人需要“选择加入”，即授权同意成为器官捐献者。相反，另一些国家实行“选择退出”机制，即你必须明确声明你不希望成为器官捐献者，拒绝器官捐献选项。可以运用你的行为经济学知识解释器官捐献率在两种制度下的巨大差异吗?

答： 两种制度下器官捐献率有巨大的差异，第一类国家的捐献率低于第二类国家。行为经济学中，公共政策可以通过改变个体决策的环境来影响个体决策，最常见的是改变默认选项。第一类国家将“不捐献”作为默认项，第二类国家将“捐献”作为默认项，在第二类国家中“捐献”这一选择更加突出明显，从而就会有更多的人选择“捐献”；同理，第一类国家会有更多的人选择“不捐献”。

附录　指定平狄克《微观经济学》教材为考研参考书目的院校列表

平狄克所著的《微观经济学》(第9版)被列为“十三五”国家重点图书出版规划项目，是我国众多高校采用的经济学优秀教材，也被众多高校(包括科研机构)指定为“经济类”专业考研参考书目，具体如下表所示。

高校(包括科研机构)	对应学院
清华大学	经济管理学院
中央财经大学	经济学院(西方经济学)
对外经济贸易大学	国际经济贸易学院、保险学院、中国世界贸易组织研究院、全球价值链研究院
北京交通大学	经济管理学院
北京理工大学	管理与经济学院
中山大学	管理学院
华南师范大学	公共管理学院(复试)
厦门大学	经济学院(经济系、金融系、国际经济与贸易系、财政系、计划统计系、经济研究所)、王亚南经济研究院、宏观经济研究中心
福建师范大学	经济学院
汕头大学	商学院
西安交通大学	经济与金融学院
中国科学院大学研究生院	经济与管理学院、数学与系统科学研究院
哈尔滨工业大学	经济与管理学院

说明：①本表虽尽量确保准确，但难免有所遗漏，请学员查看所报高校当年招生简章及参考书目。本表仅供参考！

②部分高校将该书列为相关专业考研复试参考书目，在本表中在相关专业后标注了“(复试)”字样。

③更多相关信息请登录圣才考研网(www.100xuexi.com)。